国家社科基金
GUOJIA SHEKE JIJIN HOUQI ZIZHU XIANGMU
后期资助项目

周礼学史

丁进 著

SSAP 社会科学文献出版社
SOCIAL SCIENCES ACADEMIC PRESS (CHINA)

图书在版编目(CIP)数据

周礼学史 / 丁进著 . --北京：社会科学文献出版社，2025. 3. --ISBN 978-7-5228-4848-8

Ⅰ. K224. 06

中国国家版本馆 CIP 数据核字第 2024T7R574 号

国家社科基金后期资助项目

周礼学史

著　　者 / 丁　进

出 版 人 / 冀祥德
责任编辑 / 郑彦宁
文稿编辑 / 贾全胜
责任印制 / 岳　阳

出　　版 / 社会科学文献出版社 · 历史学分社（010）59367256
　　　　　地址：北京市北三环中路甲 29 号院华龙大厦　邮编：100029
　　　　　网址：www. ssap. com. cn
发　　行 / 社会科学文献出版社（010）59367028
印　　装 / 天津千鹤文化传播有限公司

规　　格 / 开 本：787mm × 1092mm　1/16
　　　　　印 张：42　字 数：663 千字
版　　次 / 2025 年 3 月第 1 版　2025 年 3 月第 1 次印刷
书　　号 / ISBN 978-7-5228-4848-8
定　　价 / 158. 00 元

读者服务电话：4008918866

国家社科基金后期资助项目
出版说明

后期资助项目是国家社科基金设立的一类重要项目，旨在鼓励广大社科研究者潜心治学，支持基础研究多出优秀成果。它是经过严格评审，从接近完成的科研成果中遴选立项的。为扩大后期资助项目的影响，更好地推动学术发展，促进成果转化，全国哲学社会科学工作办公室按照“统一设计、统一标识、统一版式、形成系列”的总体要求，组织出版国家社科基金后期资助项目成果。

全国哲学社会科学工作办公室

序

《周礼》一书，先秦文献未曾获见。它最早由西汉河间献王从民间征得。因其书按王朝官名及其职责的载录方式撰写，故名《周官》。这个书名是原来就有还是河间献王得书后儒者所加，今日已无从得知。其后，刘歆将《周官》一书更名为《周礼》，因为此书记载礼制的内容甚多，称得上典章制度的大荟萃。这一更名当然有其理据。史称“周公制礼作乐”，所制何礼？因为春秋时期“礼坏乐崩”，学者已难知晓。这部书被更名为《周礼》，俨然成了周公所作之书，这就将此书推到了崇高的地位。也正因如此，它便有被列入经典的可能性了。因为前此“五经”——《诗经》《尚书》《仪礼》《周易》《春秋》的地位已经确定，如称《周官》书名，既非经，亦非传，便等同于一般文献了。所以刘歆此举对此书地位的提升起了创发性的作用。到了东汉时期，杜子春、郑兴、郑众、贾逵、卫宏、马融等经学家纷纷为《周礼》作注解。郑玄早年“从东郡张恭祖受《周官》《礼记》”，其后注《周礼》，所用经说以杜子春、郑兴、郑众三家为主，而兼及他家，集《周礼》注释之大成。郑玄又以《周礼》所言制度与思想来注群经，使《周礼》的地位得到进一步提升。

唐代孔颖达作《五经义疏》（《五经正义》），其五经中的所谓“礼经”，是指《礼记》。随后，贾公彦作《周礼义疏》《仪礼义疏》，杨士勋作《春秋穀梁传义疏》，徐彦作《春秋公羊传义疏》，在当时合称《九经义疏》。至此，《周礼》已经名正言顺地进入经典之列了。

但在这个过程中，《周礼》（《周官》）一书未尝没有受到质疑。当此书被河间献王奏上朝廷之时，汉武帝颇不以为意，认为是“末世渎乱不验之书”。其后，与郑玄学派对峙的何休则认为此书是“六国阴谋之书”。汉武帝与何休为什么会这样说？首先，此书在先秦文献中并无记载；其次，此书以王朝职官设置为架构，所述多关王朝政治、经济、军事、文化的经验总结和制度设计。从经验总结的角度说，其中许多内容或许在历史上存在过。从制度设计的角度说，则有两种可能性：一是反映西周初周公关于礼制建设的构想；二是战国时思想家对未来统一国家的制度设计。因为其中一些内容与现实政治差距甚大，也与人们已知的历史难相印证，汉武帝怕其干扰现实政治，将其说成“末世渎乱不验之书”；而何休则借此打击论敌郑玄，将其说成“六国阴谋之书”。

然而由于此书被当时人称“经神”的郑玄看作反映“周公致太平之迹”的皇皇大典，所以它还是登上了儒家经典之列，并且在古文经学一派看来，《周礼》是众经的主脑。

近年的一些出土文献表明，《周礼》所讲的一些原本无法印证的内容，逐渐得到了印证。例如《周礼·春官·大卜》：“大卜……掌三易之法：一曰《连山》；二曰《归藏》；三曰《周易》。其经卦皆八，其别皆六十有四。”《连山》易与《归藏》易，原本无法印证其真实性。然而1993年湖北江陵县荆州镇邱北村王家台15号秦墓出土《归藏》394枚竹简，4000余字，证明先秦时期《归藏》易确实存在。

再举个例子。《礼记·缁衣》中有“故上之所好恶，不可不慎也，民之表也”一句，“表”，篆书从衣从毛，南唐徐锴《说文解字系传》：“以皮为裘，毛皆在外，故衣毛为表，会意。”“表”的本义是指裘皮衣服有毛的一面，即外表，用在上文中乃是一个借用字。那么它的本字是什么呢？本字早已失落，原不可知。但在《上海博物馆藏战国楚竹书》（一）的《缁衣》中这个“表”字写作“蔈”。为什么“表”字会这样写？学者不得其解。我当时从《周礼》中找出答案，写出关于此字的考释，后来收入拙著《中国文化的根与魂》中，大意如下：

《周礼·夏官·大司马》：“虞人莱所田之野，为表，百步则一，为三表，又五十步为一表。”注：“表，所以识正行列也。”古代习兵之礼，先选山田之野放火除草莱，并以一定规制建立列阵场地，且设有相应标志，而称此事为“表”，“蘪”字象其事，当为其本字。其字上部象焚草莱建列阵之地，下从“木”，盖“表”者竖木以为之。《汉书·淮南王传》：“树表其上。”注：“表者，竖木为之，若柱形也。”“蘪”既含“识正行列”之义，因此，“民之蘪也”一句，可以解释为“民之仪范”。

从这个例子可以看出，《周礼》一书所蕴含的古代礼制的知识量有多么大，也由此证明《周礼》一书不容忽视！

《周礼》一书也反映了上古时期的民风民俗。《周礼·地官司徒·媒氏》说：“中（仲）春之月，令会男女，于是时也，奔者不禁。若无故而不用令者，罚之。司男女之无夫家者而会之。”西周时代，当男女达到应该结婚的年龄而没有结婚时，官方鼓励青年男女相会，“奔者不禁”（中国西南的一些少数民族，至今还保留类似习俗）。《诗经》中有些诗篇便歌咏了当时青年男女相会的情景。这种情况到了后世就不被学者理解了。汉唐儒者认为是“刺淫”之诗；宋代朱熹虽然指出了《诗经》中有 24 首男女相会之诗，但他以道学家的心态称其为“淫奔”之诗。由此看来，唯一记录古代“奔者不禁”制度的《周礼》多么难能可贵！而无论汉儒，还是宋儒，没有好好理解《周礼》一书，又是多么可悲可叹！

唐代杜佑《通典·选举三》载，唐玄宗开元八年（720）国子司业李元瓘上言说：“《周礼》，经邦之轨则。”这意思是说，《周礼》是一部治国理政的指导性经典。宋代儒者李觏的《周礼致太平论》、郑伯谦的《太平经国之书》亦作如是观。而在中国历史上，真正想按照《周礼》进行治国理政的重要代表人物应数政治改革家王安石。

宋代是一个积弱积弊的王朝，宋神宗时期，王安石作为宰辅想通过理财以达到富国强兵的目的，儒家经典《周礼》便成为他推行制度改革的最好资源。在王安石看来，“《周礼》一书，理财居其半”。王安石以“先王之道”为号召进行政治改革，具有理想主义的特征。但当时的财税政策改革牵涉到现实社会各阶层的利益，由于既得利益者的顽强抵制，以及王安石操作上的失误，变法以失败告终。王安石援引《周礼》以论证变法的正当性，既无补于变法本身，也无益于经典诠释。韩琦当日曾批评王安石说："今古异制，贵于便时。《周礼》所载有不可施于今者，其事非一。"王安石怀抱一种虚幻的先王理想，企图用以解决棘手的现实问题，而无视历史与现实的巨大差异，这就注定了其改革的失败。

清代学者擅长考据，开创了《周礼》注释研究的朴学时代，他们的《周礼》名物制度考证堪为经典考据学的高峰，其中孙诒让的《周礼正义》成为《周礼》考据学的集大成之作。

现代学者从不同学科视角切入《周礼》研究，发掘出《周礼》的经济思想、军事思想、法律思想、管理学思想等，开创了《周礼》学研究的新局面。

《周礼》中的一些思想内容，即使在现代也有非常重要的现实意义。这里仅举一例。《周礼·天官》："以听（明代王应电谓"听"为衍字）官府之六计，弊群吏之治，一曰廉善；二曰廉能；三曰廉敬；四曰廉正；五曰廉法；六曰廉辨。"这里的"计"是统计的意思，"弊"是治理弊端的意思；要考察、统计官吏的功过，有六项标准，每一项标准的前面都加一个"廉"字，意思是官员应以"廉"为本，即要有以"廉"为本的口碑善誉，以"廉"为本的执政能力，以"廉"为本的敬慎勤勉，以"廉"为本的公正无私，以"廉"为本的守法精神，以"廉"为本的明辨是非。从中国范围说，今日中国"反腐倡廉"；从世界范围说，联合国确定12月9日为国际反腐败日。以中国两千多年前的经典文献《周礼》提出的"六廉"思想衡之，岂不发人深思吗？

丁进教授的新著《周礼学史》，是一部研究两千多年《周礼》学发展演变学术通史的著作，也是古今中外第一部《周礼学史》。其书认为《周礼》学由知识学、义理学和致用学三大内容构成，这三个方面的发展演变形成《周礼》学史。《周礼》学史既是《周礼》名物制度阐释的历史，也是《周礼》思想意蕴发掘的历史，更是《周礼》思想和制度用于国家治理的历史。其书从三大历史轨迹中分别找到历代《周礼》学名著所处的位置，并给予客观公正的评价，这样的经学史专著，别开生面，对于《周礼》学研究者和爱好者来说，不啻提供了一部可读性强的专门史著作这么简单。

两千多年来，《周礼》所蕴含的思想在礼制、官制、税制等多个方面融入中央王朝的天下治理体系中，对中华古代文明的发展产生了巨大影响。《周礼》是中华上古政治文明的结晶，《周礼》学史在一定程度上就是中国国家治理思想的发展历史。

丁进教授《周礼学史》书成，请我写一篇序言，我欣然从命，写下如上文字。

姜广辉

2024 年 1 月

于湖南大学岳麓书院

目　录

绪　论

《周礼》原名《周官》，由西汉武帝时期河间献王刘德从民间征集所得。后世学者或以为周公遗制，或以为战国秦汉之际学者所撰。因其理论体系过于理想化，与西周乃至汉代的政治现实多有不合，汉武帝斥之为“末世渎乱不验之书”。然而此后历代政治家推行国家治理制度改革，大多以此书为蓝本，说明此书中的国家制度思想有不可替代的价值。古今学者的研究成果表明，《周礼》既总结了西周礼治的经验教训，又反映了战国时代“大一统”的要求，虽非西周制度实录，却是中华早期国家治理思想的结晶，是中华政治文明的标志性成果，对秦汉以下历代王朝的国家治理产生了深远的影响。古今学者为读懂《周礼》、发掘《周礼》的思想意蕴付出了巨大心血，他们的研究活动和研究成果在两千多年的历史空间展开，形成跨越时空的灿烂轨迹，这个轨迹就是《周礼》学史。

一　《周礼》和《周礼》学史的主要内容

《周礼》与“周礼”是两个不同的概念。“周礼”一般指构成宗周礼乐文明的制度、器物和思想观念，例如礼仪活动及其规范，礼器配置规定，以及体现在这些礼仪、礼器中的意义表达。“周礼”源于商代中晚期周部落居豳期间；到居岐山周原时期，周礼形成体系；到成康时期成熟，最终发展成可与夏礼、殷礼并列的西周礼，是宗周礼乐文明的标志性成果。《周礼》则为一部书，当河间献王征集到这部书时，它还是以“周官”命名的古文著作。到西汉末年，刘歆个人体悟出该书就是西周初年周公所作的《周礼》。东汉郑玄为之作注，称《周礼注》。由于郑玄注影响很大，到汉末三国之际，郑玄经学一统天下，“周礼”之称逐渐取代“周官”之名，成为后世该书的主流名称。由于难以确定《周礼》一书由何人撰写于何时，我们研究《周礼》学史，不得不从西汉河间献王发现《周官》开始。本节对《周礼》和《周礼》学史的内容做简要分析。

（一）《周礼》是关于天下治理的著作

《周礼》现存天、地、春、夏、秋官五部分，每一部分由序官和六十左右王朝职官的职文组成。由此可以确定遗失的《冬官》也是如此。那么《周礼》一书就是由六篇序官和三百六十余职官的职文组成，《周礼》的天下治理方案就包含在这些职官职文中。《周礼》一书如此设计非常巧妙，将深刻的天下治理思想寄寓在三百六十余职官的职文中，“王”无须费时费力，只要挑选好三百六十余官员，每位官员按照各自的职文行事，“天下大治”即可到来，真给人“治大国若烹小鲜”的感觉。《周礼》显示的可操作性极强，系统严密，立意深远，无疑是中华上古政治文明的结晶。

然而《周礼》又是一部充满争议的著作，在《周礼》学史上发生过无数次争论，其中有名的大论战就有三次。

第一次发生在两汉时期。唐人贾公彦《序周礼废兴》非常简略地记载了这次论战的情况：“然则《周礼》起于成帝、刘歆而成于郑玄，附离之者大半。故林孝存以为武帝知《周官》末世渎乱不验之书，故作《十论》《七难》以排弃之。何休亦以为六国阴谋之书。”① 由此我们知道这次争论由西汉武帝刘彻开其端，刘歆“推波助澜”。到东汉，林孝存亲自操刀，作《十论》《七难》，对《周礼》进行攻击。争论从朝廷转到民间，这是学术争论，非政治斗争，贾公彦引述的“武帝知《周官》末世渎乱不验之书”之说当出自林孝存，至于是汉武帝亲自说出来的还是林孝存个人推测出来的，《史记》和《汉书》都没有记载，史部、子部其他材料也不见此说。林孝存说或有根据，也不排除此说为林孝存根据汉武帝对《周礼》冷淡的态度所做的推测。但更大的可能是汉武帝亲口所说，不然林孝存不会贸然将汉武帝抬出来。“末世”指《周礼》非周公所处时

① 贾公彦：《周礼注疏》，《十三经注疏》，中华书局，1980年影印版，第636页。

代，乃是周之末世，即战国时代。这一点与何休以为“六国阴谋之书”一致。“渎乱”当指《周礼》的内容不严密。“不验”当指《周礼》非实际制度，其制度也没有得到验证。今天看来，林孝存“末世”“不验”两说还是成立的，但“渎乱”不但不能成立，而且属于未深入研究《周礼》逻辑体系而贸然提出的谬说。宋儒陈亮说《周礼》“文理密察，累累乎如贯珠，井井乎如画棋局，曲而当，尽而不污，无复一毫之间，而人道备矣。”① 陈亮之说来自潜心研究《周礼》而“心知其意”。

林孝存对《周礼》的非难最为系统，是《周礼》学史上第一次大辩论否定方的代表。郑玄作《答临硕难周礼》，② 以自己的通人之学驳倒了对方，终结了这次长达几个世纪的大争论，《周礼》学由此获得正统地位，真正跻身经部，进入第一个活跃期。清人皮锡瑞将这个时期描述为经学中“郑学小一统”时代。

第二次争论发生在两宋时期。欧阳修首开其端，以为《周礼》所说“王畿千里”与历史不符；《周礼》官员太繁，施行不便。苏辙也从《周礼》相关制度入手，指出这些制度多为“空言”，不是西周制度实录。另一位否定论者胡宏给出了一个惊人的命题，认为《周礼》为西汉刘歆伪造。更具杀伤力的是在所著《皇王大纪论》中，胡宏还将新莽篡汉归罪于刘歆、王莽以《周礼》改制；将金人覆灭北宋归罪于王安石利用《周礼》“舍仁义而营货财”。“刘歆用《周礼》而西汉覆灭”“王安石用《周礼》而北宋灭”，胡宏将这两件历史悲剧与《周礼》捆绑在一起，对《周礼》的声誉造成极大的损害。胡宏之说非个人的心血来潮，代表了当时一部分学者、政治家的意见。这种观点的提出对《周礼》是一次沉重的打击。这次争论对于《周礼》的致用打击更大，此后很少有学者公开主张在政治上以《周礼》治国，以《周礼》治国成了约定俗成的忌讳。与林孝存、郑玄之间的争论止于学术不同，这一次争论带有鲜明的政治色

① 陈亮：《陈亮集》，中华书局，1987年版，第104页。

② 按：临硕即林孝存，《郑志》称“临硕”，贾公彦疏称“林硕”“林孝存”。此人曾质疑《周礼》，故郑玄作《答临硕难周礼》，其书已逸，有多种辑佚本。清王仁俊辑佚本收入《玉函山房辑佚书续编》。本书依《后汉书·郑玄传》，以下径称《答临孝存周礼难》。

彩。质疑《周礼》者大多为熙宁变法的反对者。不可否认，熙宁变法的确存在与民争利的现象，质疑者指出《周礼》非周公所作也是正确的；而李觏、王安石、郑伯谦等以为《周礼》乃周公遗法，在今天看来反而是错误的。因而这次争论比上一次更加复杂，结果令人遗憾。

第三次争论发生在晚清民国之际。廖平作《辟刘篇》，康有为作《新学伪经考》，将宋儒胡宏"刘歆伪造说"再次提出来并加以发挥。其中康有为带有明显的政治目的，试图为变法革新提供历史依据。后来钱穆作《刘向歆父子年谱》，以比较坚实的考证基本上否定了廖平、康有为"刘歆伪造说"的可靠性。经过几十年的争论，"刘歆伪造说"的信奉者已经不多，"周公所作说"也少有人坚持。此后学者致力于《周礼》成书年代的考证和对《周礼》内容进行分学科研究，《周礼》学进入新时期。

不过，"刘歆用《周礼》而西汉亡""王安石用《周礼》而北宋伤""太平天国用《周礼》而天国灭"，此类论调依然如梦魇一般挥之不去。学者都知道以上三说均属片面之词，就是缺乏动力研究中国历史上《周礼》致用的真相。在具体的制度方面，从来就没有一个政府完全照抄《周礼》，包括王莽、王安石的"改革"，也不是真的全然效仿《周礼》。然而《周礼》制度渗入几千年古代中国社会治理的方方面面。从大处看，中国古代政府的机构设置多可见《周礼》的影子。中国古代王朝官制有秦汉制、隋唐制之别。南北朝时期北周官制改革，其成果为隋唐官制所吸收。"三省六部制"中，"三省"是对秦汉官制的继承，不是对《周礼》"三公"的落实。但是隋唐的"六部"显然深受《周礼》六官的影响。几乎没有人怀疑吏部、户部、礼部、兵部、刑部、工部可与天官大宰、地官司徒、春官宗伯、夏官司马、秋官司寇、冬官司空一一对应。这种六部制一直沿用到清朝灭亡。

《仪礼》礼学体系由冠、婚、饮、射、丧、祭、燕、聘、觐等组成，结构不合理，欠缺颇多，非一代王朝大典。《周礼·春官》的吉、凶、宾、军、嘉五礼，在分类上具有更高的概括性和系统性；而五礼各有领属，合计三十六礼典，将人类社会绝大多数重大社会活动仪式包括在内，其涉及范围是《仪礼》无法比拟的。从西汉中晚期开始，《周礼》的礼学思想逐渐被朝廷所接受，其中由王莽主导建设的“元始祀典”的主要理论支柱就是《周礼·春官·大司乐》，真正的“汉系祀典”由此形成。到南北朝时期，国家礼典建设完全接受了《周礼》五礼分类思想，以“元始祀典”为模板的隋唐礼典建立起来，“汉系祀典”一直延续到清朝灭亡。

从细处看，《周礼》直到今天仍然多多少少地影响着每一个中国人。类似于《周礼》“日成”“月要”“岁会”的会计制度，即使在今天仍然见于各企事业单位，只是普通人不知道其源头来自《周礼》而已。至于事业单位和公务员的“年终考核”，类似于《周礼》中的“岁会”，其源头可以追溯到《周礼·大宰》的“岁终，则令百官府各正其治，受其会，听其致事，而诏王废置”。新中国开展的全国人口普查、工业普查，我们也能从《周礼·地官》“小司徒九比”中找到影子。

今天我们每一个人都知道在中国有“户籍”，不管一个人的地位如何，在城市都有一个对应的“居民委员会”管辖；在乡村，也有一个对应的“村民委员会”管辖。而《周礼·秋官》有“司民”一职：“掌登万民之数，自生齿以上皆书于版。辨其国中与其都鄙及其郊野，异其男女，岁登下其死生。”此为人口登记制度，每年一登记，登记项目包括性别、居住地、生死情况等。同时，《周礼·地官》有“族师”一职：

> 族师各掌其族之戒令政事。月吉，则属民而读邦法，书其孝弟睦姻有学者。春秋祭酺，亦如之。以邦比之法，帅四闾之吏，以时属民，而校登其族之夫家众寡，辨其贵贱、老幼、废疾、可任者，及其六畜、车辇。五家为比，十家为联；五人为伍，十人为联；四闾为族，八闾为联。使之相保相受，刑罚庆赏相及相共，以受邦职，以役国事，以相葬埋。①

综合《司民》与《族师》两职文可以看出，《周礼》设计的社会制度中有一个“社会基层组织体系”，这个社会基层组织体系以五家为最小单位，以族为基本行政单位，开展人才选拔、宗教祭祀、人口登记、安

---

① 贾公彦：《周礼注疏》，《十三经注疏》，第718—719页。

排徭役等“公共事务”活动。在族之上有党，党之上有州，州之上有乡。比、闾、族、党、州、乡构成王畿核心区严密的社会管理体系。虽然秦汉以后这种基层组织不一定称“比闾制”，但汉代的“伍什里制”、唐代的“邻保里制”、宋代的“保制”、元代的“甲制”，乃至清代和民国时期的“保甲制”，我们都能从中看到《周礼》比闾、邻里制度的影子。哪怕是今天的街道委员会、村民委员会，多多少少与《周礼》比闾、邻里都有可比性。两千多年以来在中华大地上，不管社会如何动荡，社会基层组织都能发挥“稳定器”的作用，基层社会组织的巨大功能不可忽视。

《周礼》一书的制度思想已经渗入中华文化的血液中。唐人王勃的名句“海内存知己，天涯若比邻”中的“比邻”，来自《周礼》设计的乡遂制度：六乡的“细胞”是五家之比；六遂的“细胞”是五家之邻。以比邻为起点的中华古代基层治理，具有极高的行政效能，是秦汉以下“皇权不下县”得以成立的基础。而《周礼·遂人》“乡遂授田法”以及《大司徒》的“都鄙授田法”即中华民族“耕者有其田”理想的源头。三等之田体现了先进的轮休耕作法，农业耕作思想对于中华文明长期领先于世界功不可没。

鸦片战争之后，西方列强相对于仍然处在“小农经济社会”的清王朝不仅取得了军事、经济优势，还在思想文化上获得优越感。他们普遍蔑视中华五千年文明，以优越的制度文明创造者自居；殊不知《周礼》才是人类最早、最系统的关于国家治理制度的文献，是人类古代制度文明的代表作。

《周礼》研究自两汉之际的杜子春起就偏重于校勘、训诂和名物解说，对于《周礼》国家治理体系研究关注不多。北宋虽出现了《周礼》义理学，但这一批学者大多关注《周礼》的财政措施，对《周礼》财政制度背后的精神实质缺乏深度发掘。王安石变法后，连累《周礼》遭受长期冷落。其实古人用《周礼》，或食古不化、舍本求末，或借《周礼》之名行违“周礼”之事，非《周礼》自身之过。清乾嘉学派崛起，经学考据学与义理学分途，汉、宋之学俨然壁垒。《周礼》考据学虽获得长足进步，终以“轿夫”为“轿中人”。《周礼》义理学研究也乏善可陈。到晚清民国之际，《周礼》学界出现了以孙诒让的《周礼政要》为代表的致用学著作，试图以《周礼》为蓝本，改造和变革清朝的社会制度。① 然而当时的中国社会已进入救亡与革命时代，不破不立；《周礼》却是为和平建设时代而设计，仅仅依靠《周礼》不可能挽狂澜于既倒，此类学问已错失良机，未获发展机遇。直到改革开放新时期，关于《周礼》国家治理体系和思想的研究才真正走上学术前台。

（二）“民极”是《周礼》的灵魂

《周礼》的核心思想是“为民极”。《周礼》现存五官的序官都有“惟王建国，辨方正位，体国经野，设官分职，以为民极”二十字，这二十字被宋儒视为《周礼》全书“二十字总纲”。从《周礼》一再强调这二十字看，它们无疑是《周礼》一书的灵魂所在。“以为民极”不是《周礼》编撰者的杜撰，“极”的思想有悠久的历史渊源。西周后期《毛公鼎铭》（《集成》2841）有“父厝！今余唯申先王命，命汝亟一方”，② 同时期的《班簋铭》（《集成》4341）也有“甲戌，王令毛伯更虢城公服，甹王位，作四方亟”。毛公厝被任命为冢宰，“亟一方”与《班簋铭》“甹王位，作四方亟”都是一个意思。此“亟”即“极（極）”字的本源字，甲骨文、金文象一人立于天地之间，不难看出，该字正表示一个人顶天立地，支撑一方。《尚书·君奭》有“作汝民极”，《商颂·殷武》有“商邑翼翼，四方之极”，东汉经学家郑玄释“极”为“中”，后世学者或释为“正”，或释为“准则”，说的是该字的引申义，未点出该字庇护四方人民之义。③ 宋儒王安石巧解“极”字，以为就是房屋之极，“为民极”就是庇护人民。我们赞成王安石说，一部《周礼》阐述的就是庇护人民的制度体系。西周金文中的“作四方亟”和《周礼》中的“为民

① 孙诒让：《周礼政要》，《孙诒让集》第 18 册，凤凰出版社，2016 年版。

② 中国社会科学院考古研究所编《殷周金文集成（修订增补本）》，中华书局，2007 年版。以下引此书径作《集成》。

③ 按：《说文》解“亟”字为敏捷，实非该字本义。该字甲骨文、金文之初文作人在二之中，郭沫若释班簋铭之“亟”为“望”，有误，但以为后出之“极”字所含栋梁、正中、准则义由此字引申而出，还是有一定道理的。见郭沫若《班簋的再发现》，《文物》1972 年第 9 期。于省吾以为此“亟”字即古“极”字，见于省吾《甲骨文字释林》，中华书局，1979 年版，第 94—95 页。

极”，犹如鲁迅所说“中华民族的脊梁”，而流行语“栋梁之材”则取其比喻义。“民极”就是庇护人民的栋梁，就是国家的脊梁。

《周礼》的“民极”思想吸收了西周礼乐文明的精髓以及春秋战国时代天下治理的经验教训，反映了那个时代人民渴望天下一统的愿望。《周礼》肯定不是西周初年周公所作的《周官》，将《周礼》与《尚书》中西周著作以及西周金文进行比较不难发现，《周礼》的词汇、语法与西周金文和《尚书》西周诸篇差异巨大。但是《周礼》六官序官中的“民极”思想源自《尚书·君奭》，还可以与西周金文互证。今人张亚初、刘雨将《周礼》职官与西周金文职官做了系统的比较研究，虽然不能确定《周礼》职官与西周金文职官属于同一个系统，但发现两者职官名称相似度不低。两者不完全一致说明《周礼》非西周实录；相似性不低说明《周礼》职官体系的设计显然参考了西周职官材料。《周礼》“设官分职，以为民极”，将源于西周的“民极”思想发展成为“设官为民”的官僚机构设置的终极思想。在这条大纲之下，《周礼》的作者将治典的治理目标设为“以纪万民”，将教典、礼典、政典、刑典、事典的治理目标分别设为“以扰万民”“以谐万民”“以均万民”“以纠万民”“以生万民”。“六典”由纪民开始，由扰民①而谐民，而均民，而纠民，最后落实在事典的“生民”上。“生民”就是养民，即对民众的生存发展予以保障。如何保障民众的生存发展？《周礼·大宰》职文有“以九职任万民”，包括种植九谷、培育草木、繁育鸟兽等最基本的农业生产，也有手工业的“百工，饬化八材”，有工商业者的“商贾，阜通货贿”，还有类似于商品经济社会的“待业者”——“闲民，无常职，转移执事”。这是关于生活资料生产、流通的保障体系。地官大司徒有“十二职”，除了以上九职外，还有学艺、世事、服事。其中的“学艺”，郑司农释为“学道艺”。这一职事反映了《周礼》设计者为民众留下一条通过学习道艺突破阶层限制的通道，这一制度设计反映了春秋战国时代下层民众提高社会地位的愿望。

宋儒叶时深入挖掘了《周礼》“民极”思想。叶时所作《礼经会元》

---

① 按：“扰民”之“扰”，有训导之义。郑玄注说：“扰犹驯也。”其说可从。

有《民极》篇，他在该篇提出："经礼三百，一言以蔽之，曰：为民极。"对《周礼》的核心精神做了精彩归纳。他分析《周礼》"民极"思想体现在驭民在宽、任民在爱、役民在均、系民在淑心、聚民在散利、化民在恒产等多个方面，每一个方面都有比较深刻的内涵和相应的制度规定（见本书第六章第三节），下面仅以"驭民在宽"为例。

叶时发现大宰"以八统诏王驭万民"的"八统"是"宽民"精神总纲，其细目体现在多个方面。法律方面，见于《小司寇》"八辟之议"中。《小司寇》给人定罪有"亲、故、贤、能"之议，此四项即"以八统诏王驭万民"中的亲亲、敬故、进贤、使能；而《小司寇》"功、贵、勤、宾"之议四项，即"大宰八统"中的保庸、尊贵、达吏、礼宾。叶时总结说："《小司寇》之丽邦法、附刑罚必以是八物而议其辟者，盖周人所恃以维乎下者，即此八物也。周民所安以属乎上者，亦此八物也。一旦有丽于法而于八者之中犹有一目之可议，则罪犹可以原也。向之驭民也，以此所以导其从善之路。"① 这里仅列举了"驭民在宽"在刑罚方面的制度体现。

叶时所揭示的只是《周礼》"民极"思想的冰山一角。《周礼》制定了一套严密的制度体系，以保证"民极"思想的落实。"以为民极"四字是全书的总纲；天地、四时六官分别从治民、教民、谐民、正民、纠民、养民角度落实"民极"思想。"二十字总纲"之后，各官还有"乃立……"以下二十字的序言，② 是为六官系统各自的分纲：

> 乃立天官冢宰，使帅其属而掌邦治，以佐王均邦国。（《天官·序官》）
>
> 乃立地官司徒，使帅其属而掌邦教，以佐王安扰邦国。（《地官·序官》）
>
> 乃立春官宗伯，使帅其属而掌邦礼，以佐王和邦国。（《春官·序官》）

---

① 叶时：《礼经会元》，《景印文渊阁四库全书》第92册，台北：台湾商务印书馆，1986年版，第17—18页。

② 《地官》为二十一字。

乃立夏官司马，使帅其属而掌邦政，以佐王平邦国。（《夏官·序官》）

乃立秋官司寇，使帅其属而掌邦禁，以佐王刑邦国。（《秋官·序官》）

天官均邦国，地官安扰邦国，春官和邦国，夏官平邦国，秋官刑邦国，遗失的《冬官》，根据大宰建六典职文，冬官当掌事典“以富邦国”，那么《周礼》六官各自责任的精髓在均、安、和、平、刑、富六字上，即邦治在均，邦教在安扰，邦礼在和，邦政在平，邦禁在刑，邦事在富。以上精髓，在“大宰六典”中再次以新的面貌展现出来：

一曰治典，以经邦国，以治官府，以纪万民。

二曰教典，以安邦国，以教官府，以扰万民。

三曰礼典，以和邦国，以统百官，以谐万民。

四曰政典，以平邦国，以正百官，以均万民。

五曰刑典，以诘邦国，以刑百官，以纠万民。

六曰事典，以富邦国，以任百官，以生万民。①

这组引文是中华政治文明中典章制度文明的思想之源，我们将在后面的相关章节予以揭示。本小节分析以上“六典”的逻辑问题。

以上引文对六官各自分纲的精髓做了邦国、百官（官府）、万民三个方面的落实。《周礼》的编撰者是古汉语运用大师，六官精髓落实在邦国上用了经、安、和、平、诘、富六个动词，落实在百官（官府）上用了治、教、统、正、刑、任六个动词，落实在万民上用了纪、扰、谐、均、纠、生六个动词，十八个动词，没有一个重复。汉唐学者对这十八个字的分析已经十分透彻了。这里特别提出一点：“大宰六典”的逻辑终点在哪里？“六典”以治典为起点，以事典为终点。“六典”均作用于邦国、百官（官府）、万民，其逻辑终点在万民。事典为冬官大司空所掌，大司空

① 贾公彦：《周礼注疏》，《十三经注疏》，第645页。

系统六十官主要负责手工业与工程。我们都知道，手工业在当时属于“第二产业”，即手工产品制造业；工程即“基础设施建设”和建筑业。《周礼》的设计者最终通过冬官之事实现“以富邦国，以任百官，以生万民”的终极任务。

六官首长职文中的首句为此职官的纲要。我们将现存五官首长的职文首句汇集如下：

> 掌建邦之六典，以佐王治邦国。（大宰）
> 掌建邦之土地之图与其人民之数，以佐王安扰邦国。（大司徒）
> 掌建邦之天神、人鬼、地示之礼，以佐王建保邦国。（大宗伯）
> 掌建邦国之九法，以佐王平邦国。（大司马）
> 掌建邦之三典，以佐王刑邦国，诘四方。（大司寇）

显然，这是《周礼》“以为民极”思想落实在六官各系统一级职官的情况。我们以地官系统为例，简要说明“以为民极”如何在地官系统中落实。《大司徒》职文说：

> 施十有二教焉：一曰以祀礼教敬，则民不苟。二曰以阳礼教让，则民不争。三曰以阴礼教亲，则民不怨。四曰以乐礼教和，则民不乖。五曰以仪辨等，则民不越。六曰以俗教安，则民不偷。七曰以刑教中，则民不虣。八曰以誓教恤，则民不怠。九曰以度教节，则民知足。十曰以世事教能，则民不失职。十有一曰以贤制爵，则民慎德。十有二曰以庸制禄，则民兴功。①

以上“祀礼教敬”“阳礼教让”“阴礼教亲”“乐礼教和”“以仪辨等”“以俗教安”“以刑教中”“以誓教恤”“以度教节”“以世事教能”“以贤制爵”“以庸制禄”共十二条是教典的核心内容。这是“以为民极”在地官系统的第一次落实，是天官“大宰六典”之教典在地

① 贾公彦：《周礼注疏》，《十三经注疏》，第703页。

官系统的第一次反映：通过“安扰邦国”以落实“以为民极”。

《小司徒》职文说：“小司徒之职，掌建邦之教法。”《小司徒》的“教法”即《大司徒》中的“十二教”的实施办法，也属于教典的一部分，是“以为民极”在地官系统的第二次落实，也是教典在第二层次的显现。小司徒所建的这个“教法”，由六乡之乡大夫从小司徒处接受。《乡大夫》职文说：“正月之吉，受教法于司徒，退而颁之于其乡吏。”这是教典在地官系统第三次“下沉”。而《州长》职文说：“州长各掌其州之教治政令之法。”这是教典在地官系统第四次“下沉”。《党正》职文说：“党正各掌其党之政令教治。”此为第五次“下沉”。

从以上分析可见，《周礼》本身就是一部活生生的逻辑教科书，经学史上许多学者对《周礼》制度设计“缺陷”的“指瑕”大多属于没有弄懂《周礼》各职官之间的逻辑关系而产生的误解。

《周礼》通过制度设计，保障“民极”落实到社会组织的各个方面。治理邦国的制度有治典、教典、礼典、政典、刑典、事典“六典”；治理官府的制度有官属、官职、官联、官常、官成、官法、官刑、官计“八法”；治理采邑的制度有祭祀、法则、废置、禄位、赋贡、礼俗、刑赏、田役“八则”。此外尚有“八柄”“八统”“九职”“九赋”“九式”“九贡”“九两”。这些制度从国家治理的政治、经济、法律等各个方面落实“以为民极”的思想。《天官·小宰》说：“执邦之九贡、九赋、九式之贰，以均财节邦用。”又说：“以官府之六职辨邦治：一曰治职，以平邦国，以均万民，以节财用。”这是对“大宰六典”中治典精神的再次阐释。第一条引文以“以均财节邦用”作归结，第二条引文也以“以节财用”作归结，可见治典的根本精神是均节财用。后世主张“开源节流”，而《周礼·天官》却主张“均节财用”，没有“开源”的职责。为什么不去开源？因六官各有所职，天官以治典治国，治典的任务非推动物质生产，而是王朝的国家治理，因而第一目标是均财，防止财富过分集中于少数人之手，防止资源被过度开发。“节用”是降低王朝行政成本，提高现有财富的使用效能。王安石曾经认为《周礼》大半内容是“理财”，这个观点受到南宋学者的激烈批评，其实他们都有片面之处。《周礼》负责创造财富的部门在冬官，其制度称

“事典”，可惜《冬官》部分亡佚，后世已经看不到“以富邦国，以任百官，以生万民”的事典了。与其余五官不同，冬官的责任是“开源”，是创造财富。创造财富交给天官之后，其余五官保障财富使用的公平，提高财富使用的效能。

不过《周礼》“民极”思想并没有完全超越自己的时代。《周礼》中的“万民”与今天的“人民群众”不可同日而语。《周礼》中的终极权力是王权，以上所有制度的制定、执行都是受“王”的控制。百官受王指派，以庇护人民为使命，其进步意义不容置疑，但毕竟有一个高高在上的“王”。此即“王道”“王统”在《周礼》中的体现。《周礼》所设计的一系列制度反映的是春秋战国时代的要求，其精髓在于落实“民极”思想，并不在于制度本身。“民极”思想与制度之间是道与器的关系，如果说实现“民极”为道，那么制度就是载道之“器”。道可以在一段时期不变，器必须因时而变。历史上曾经出现过生搬硬套《周礼》制度导致王朝治理混乱的个案，因而理解《周礼》制度，一定要把握决定和制定这些制度的核心思想——《周礼》“民极”观。

（三）研究意义

《周礼》的学术研究由《周礼》知识学、《周礼》义理学和《周礼》致用学三大内容构成，这三个方面的发展构成《周礼》学史的主体。研究《周礼》学史，就是发掘这三个方面的巨大成就，特别是其中的义理学、致用学成就，可为创造性转化和创新性发展中华优秀传统文化提供借鉴。

古代学者致力于《周礼》的文字校勘、训诂和名物解说，为阅读《周礼》扫除了文字和名物制度障碍，出现了东汉郑玄的《周礼注》和晚清孙诒让的《周礼正义》两部集大成之作。现代学者对《周礼》“辨伪”和成书年代的考证有浓厚的兴趣。他们利用出土文献与《周礼》职官制度做比较；利用传世文献与《周礼》思想内容做比较，从而判断《周礼》成书年代。前者代表作有郭沫若《周官质疑》《金文所无考》等；后者的代表作有钱穆的《周官著作时代考》《刘向歆父子年谱》、杨向奎的《周礼内容的分析及其制作时代》等。他们的研究基本上推翻了《周礼》“周公所作说”。改革开放后《周礼》成书年代研究向更深层次拓展，训诂、名物制度研究更加专门化。许多学科在《周礼》中找到了自己的源头，《周礼》法律思想研究、《周礼》经济思想研究、《周礼》管理思想研究、《周礼》军事思想研究等兴起，形成多学科并进局面。在两千多年的发展历程中，《周礼》学展示了自己辉煌的发展轨迹。

研究《周礼》学史第一项意义就是摸清这份宝贵的文化遗产的“家底”。《周礼》学史本身与《周礼》一样，也是前人馈赠给我们的文化遗产。研究《周礼》学史就是研究这份遗产是怎么来的，规模有多大，属于什么性质的遗产，价值怎样，特点如何，等等。为了解决这些问题，有必要对两汉以来的《周礼》学著作进行一次全面梳理，对《周礼》学名著的作者、《周礼》学流派、《周礼》学名著所反映的思想与所处时代的关系等做简要分析，从中归纳出《周礼》学发展的基本规律，辨析出一批重要著作对《周礼》知识学和义理学做出了哪些贡献等。家底摸清楚了，才能谈开发和利用。

研究《周礼》学史第二项意义就是发掘《周礼》的价值。国家正处在中华民族伟大复兴的关键时期，迫切需要从历史文化中汲取动力和营养。《周礼》就是历史文化中一份重要的文化遗产，它包含了丰富的思想资源。《周礼》吸收了两个时代的国家治理经验，一个是西周礼乐文明时代的国家治理经验，另一个是春秋战国时代的社会治理经验；同时，还包含了春秋战国时代人们对未来大一统国家的希望。《周礼》就是这样一部既包含历史经验总结又包含理想社会愿望的著作，我们研究中国古代国家治理体系不可舍弃《周礼》。

《周礼》对于当今国家治理具有两个方面的价值：一是对于中国特色社会主义道路的认识价值；二是在国家治理决策中的参考价值。《周礼》一书中，无法外之官，也无体制外之民；无官不接受监督，无民不具有生存发展权利。王朝中央政府通过一套完整而严密、自我纠偏的职官体系掌控天下资源，监督生产、消费和交易，应对灾荒祸乱，最大限度地维护国家稳定和繁荣，保障人民安康。《周礼》这种天下治理思想既总结了西周礼治经验教训，又反映了春秋战国的时代要求。依据这种思想设计的一套职官体系虽非西周制度实录，却是中华早期国家治理思想的结晶，对秦汉以后历代王朝的国家治理产生了深刻影响。吃透这种天下治理思想有助于理解中国特色社会主义道路的历史渊源，对于道路自信、理论自信、制度自信和文化自信无疑会产生支撑力量。《周礼》一书“设官为民”的职官思想、“守望相助”的基层治理思想、“全民皆兵”的军事管理思想、“进贤使能”的官吏选拔思想、“诗乐舞三位一体”的乐教思想、“以教为先”的法律思想、“怀柔远人”的邦交思想、“无官不考”的官僚考核审计思想，以及以吉、凶、宾、军、嘉五礼为核心的“礼治主义”思想等，对后世影响深远，在中华文化共同体的形成和发展过程中起到过重要作用。

世界进入21世纪第二个十年之后，一场大变局的序幕正式拉开，中国正在积极参与全球治理，构建人类命运共同体。中国与世界正在面临一系列新问题和新挑战，在制定应对问题和挑战的具体策略时，《周礼》的相关思想无疑具有参考价值。中国数千年的国家治理经验无疑是全球治理的“中国方案”和构建人类命运共同体“中国策略”的理论来源之一。《周礼》深刻影响了历代王朝的国家治理，曾经为中华文化共同体构建做出了突出贡献。同样，在中国参与全球治理、构建人类命运共同体历程中，《周礼》的“天下治理”思想也具有参考价值。中国有着连续三千多年横跨古今的大一统国家治理经验，又通过融合多地域、多民族文化，形成中华民族共同体和中华文化共同体。在这两个方面，《周礼》都做出了重要贡献。《周礼》是全人类关于国家治理最早的系统性文献，反映了中国“轴心时代”政治、经济、文化、环境等多方面治理的历史经验和要求，又在其诞生后的两千多年中发挥了巨大作用。制定全球治理的“中国方案”和构建人类命运共同体的“中国策略”，无疑都可以在充分把握《周礼》国家体系设置思想精髓的基础上借鉴《周礼》，汲取精华，抢占在全球治理中的话语权和主导权。

然而学术界对《周礼》国家治理体系关注较少。历史上确实存在误用《周礼》而导致政治改革失败的教训，学者心存疑虑，无可厚非。但误用《周礼》误在哪里也应当作为《周礼》学的内容纳入《周礼》学研究之中。

从前的研究或以《周礼》成书年代为中心，或以《周礼》某个方面的思想为着力点，基本上属于侧面的或单个方面的研究，对于整部《周礼》的国家治理体系关注不多。《周礼》体系严密，各部分紧密相连，不可分割。《周礼》国家治理体系是通过三百六十多个职官职责的规定及其相互关系体现出来的，没有直接的文字表述，需要从三百六十多个职官职文中钩沉、归纳、总结出来。但无论是古典经学《周礼》学研究还是现当代“分学科《周礼》学”研究都没有系统的整体性研究成果。《周礼》精髓隐含于该书所设计的国家治理制度体系之中，以往《周礼》学研究未能在国家治理思想体系方面有重大突破，《周礼》致用学和义理学研究目前依然需要有一个大发展。

（四）研究策略

从河间献王发现《周官》到今天，《周礼》学研究已经积累了两千多年的历史。虽然前人大量的研究成果湮灭在这两千多年的历史长河中，流传下来的成果仍是卷帙浩繁，特别是明清以来的成果，大多没有经过整理。要撰写一部《周礼》学通史之作，难度非常大。在本书之前，还没有一部《周礼》学通史类著作。为顺利展开研究，我们有针对性地制定了研究策略和研究方法。

我们决定抓主线、抓重点，大踏步前进，让读者通过有限的篇幅了解两千多年《周礼》的发展脉络及其辉煌成就。

“抓主线”就是厘清《周礼》学发展主线索。我们在研究中归纳出《周礼》学发展史存在三大线索：第一条是《周礼》知识学演进线索；第二条是《周礼》义理学演进线索；第三条是《周礼》致用学线索。由于《周礼》致用学涉及范围太广，那将是另一项研究工程；而《周礼》义理学到宋代才成熟起来，至清代又受到考据学的挤压，在总体上要比《周礼》知识学略逊一筹。因此我们在本书以《周礼》知识学为主线，以《周礼》义理学和致用学为辅线，梳理出《周礼》学发展的历史脉络，并依据“一主二辅”的三线索演变情况将《周礼》学史划分为汉魏传注学、晋唐义疏学、宋明义理学、清代考据学和现代分学科之学五大阶段。这样安排有利于把握两千多年来《周礼》学发展脉络，辨析各个历史时期《周礼》学的总体风貌，使历代学者的成果在这个框架中获得准确定位，可以彰显其特色，显示其地位、贡献、影响和不足，便于跨越学派偏见，准确评估一个时代和具体学者的《周礼》学成就和影响。

我们在研究中发现，《周礼》知识学以名物训诂和文献校勘为主；《周礼》义理学还可以分为经义解说和经文思想的发掘两类；《周礼》致用学则根据每一个时代的要求，开展对《周礼》思想的实践可行性研究。虽然以上研究内容难以截然分开，每一位《周礼》学者的研究各有所长，但每一个《周礼》学者群体大多体现了共同的倾向，由此形成一个时代的学术风尚。依此，我们发现两汉以至隋唐的《周礼》研究大多以训诂为主，经义解说为辅，经学思想发掘比较少。到了两宋，《周礼》思想发掘成为潮流。那时的《周礼》学虽有一定数量的文字校勘和名物训诂研究，但已经不是主流。到了清代，学者又开始以文字校勘和名物训诂为重点，《周礼》学研究似乎回到了起点。不过此时与两汉隋唐学者的研究还是有一定的区别：他们的校勘训诂喜欢穷尽证据，显示了清代朴学的特征。我们因此依据现有称呼，称清代《周礼》学为“《周礼》考据学”。两宋学者的作风，学术界也有定论，“理学”是一个广泛流行的名称。但我们觉得用“义理”来定义更加符合两宋、元、明时代学者《周礼》研究的特点，因而称之为“《周礼》义理学”。两汉、三国时期学者的《周礼》学研究倾向比较相似，但自两晋开始，学者不但研究经文，还研究郑玄的注文，加上他们爱用“义疏”给著作命名，我们借用这个名称，称之为“《周礼》义疏学”。两汉学者的著作爱用“传”“注”命名，我们因此称之为“《周礼》传注学”。至于现代《周礼》学，我们强烈感觉到现代《周礼》学与古典《周礼》学有明显的区别，那就是经学的《周礼》学已经为现代学科所“裂”，现代学者从各自的学科出发，将研究触角伸入《周礼》，我们姑且称之为“分学科《周礼》学”。在我们之前，刘丰的《百年来〈周礼〉研究的回顾》对现代《周礼》学的特点有所概括；① 潘斌的《二十世纪中国三礼学史》对现代《周礼》学研究成果有比较全面的梳理。② 由于我们都属于“山中人”，身在其中，视野难免受到限制，难以揭示现代《周礼》学的真面目。因此在最后一章作“现代

① 刘丰：《百年来〈周礼〉研究的回顾》，《湖南科技学院学报》2006 年第 2 期。

② 潘斌：《二十世纪中国三礼学史》，南京大学出版社，2016 年版。

《周礼》学概要”，希望对现代《周礼》学予以撷要。

“抓重点”就是吃透《周礼》学史上的重点研究成果。《周礼》学著作汗牛充栋，特别是清代学者的研究成果，收录在经部和集部的超过了之前历代成果的总和。受本研究规模的限制，针对汉唐《周礼》学，我们以杜子春、郑司农、郑玄、贾公彦的研究成果为重点。由于杜子春、郑兴父子的著作已经亡佚，片言只语弥足珍贵，我们在分析其成就时采用了细致的辨析法，因而行文略显烦琐，辨析盖过了史论，请读者谅解。对于两宋时期《周礼》学，我们重点关注《周礼》义理学的代表作。元、明两代则重点关注上承两宋义理学、下启清代考据学的研究成果。清代以考据学成果为主，选择其中具有代表意义的成果进行分析。出于篇幅考虑，我们不得不放弃了一批重要成果，这个遗憾只能将来在多卷本《周礼学史》中弥补了。

在研究方法上，我们回归经学本身，按照《周礼》知识学、义理学和致用学的发展逻辑考察《周礼》学发展历史，舍弃一般性专门史的时代—作者—著作“三板块”结构。

《周礼》是一部逻辑教科书般的著作，系统性非常强。如果我们将《周礼》比作一棵参天大树，那么六官的序官就是《周礼》主干上的六大巨枝，三百六十余职官的职文就是六大巨枝上的三百六十余分枝。历代学者原创性知识学发现是三百六十余分枝上生长出来的叶片，其义理学原创性发现则为这些枝条上绽放的花朵。至于历代学者继生性知识和义理学发现，则是枝上发新芽，花落结新果。无论枝叶，无论花蕾，无论果实，总之《周礼》学史上任何新发现都可以在这棵大树上找到自己的位置。这就是中国经学研究的魅力所在：个人的学术成果与经学生命之树紧密相连。我们的研究方法就是判断《周礼》学史上的成果是原创性发现还是继生性发现，从而为它们在《周礼》学生命树上找到各自的位置。

“三礼”难治，《周礼》尤其难治，难就难在名物制度方面，也难在判别历代学者义理发掘的深浅上。如果不通读历代学者的原作，吃透他们的成果，理解他们的用心，并做横向、纵向比较，很难想象能够给他们的成果做准确的评价，这就是我们回归经学传统的理由。由此，我们特别注重《周礼》学著作的研究，对作者生平、思想及其时代的研究则退居次要地位。

二 《周礼》知识学

《周礼》知识学有三大内容：第一，《周礼》的作者和成书年代问题；第二，《周礼》文献学问题，包括《周礼》文字校勘、版本沿革等问题；第三，《周礼》的职官问题，包括职官来源、职官体系、职官制度、各职官职能及其相互关系等问题。这些问题的每一次突破都带来《周礼》学研究的进步，《周礼》学史在很大程度上就是一部《周礼》知识研究的突破史。

（一）《周礼》的作者和成书年代问题

《周礼》的真伪问题、成书年代问题、作者问题、名称问题、六官来源问题往往交织在一起。由关于《周礼》作者的各家说法以及彼此的辩驳附带出《考工记》为何人所作、周成王之《周官》与《周礼》的关系、《周礼》六官是否齐全等问题，这些问题的争论从西汉中后期就已经开始，贯穿于整个《周礼》学史。直到今天，这些问题还是众说纷纭，难以定于一尊。

关于《周礼》一书的作者问题，《周礼》学史上影响比较大的说法有“周公所作说”“周成王所作说”“末世渎乱不验之书说”“刘歆、王莽伪造说”“春秋战国时代文人所作说”等，这些说法大致上可以综合为“周初派”、“伪托派”和“蓝图派”。

“周初派”主张《周礼》为周初周公或周成王所作。“周公所作说”在古典《周礼》学时期一直占主流地位，刘歆、郑玄、陆德明、贾公彦、李觏、程颐兄弟、朱熹、孙诒让等古代《周礼》学成就突出的学者大多持“周公所作说”，直至今天还有一部分学者仍然主张此说。依据《汉书·艺文志》，刘歆最早提出此说，但刘歆说的具体理由传世文献已经失载。贾公彦《序周礼废兴》引马融《周官传序》说：“至孝成皇帝，达才通人刘向、子歆校理秘书，始得列序，著于《录》《略》，然亡其《冬官》一篇，以《考工记》足之。时众儒并出共排，以为非是。唯歆独识，其年尚幼，务在广览博观，又多锐精于《春秋》。末年乃知其周公致太平之迹，迹具在斯。”① 刘歆在分析《周礼》天下治理思想后确定此书为周公所作，用的是思想史推理法。郑玄也明确主张周公作《周礼》说：“周公居摄而作六典之职，谓之《周礼》。营邑于土中，七年致政成王，以此礼授之，使居雒邑，治天下。”② 陆德明《经典释文》也说：“周、仪二《礼》，并周公所制，宜次文王。”③ 贾公彦《序周礼废兴》也说：“唯有郑玄遍览群经，知《周礼》者乃周公致太平之迹，故能答林硕之论难，使《周礼》义得条通。”④ 唐以来，《周礼》郑玄注、贾公彦疏为《周礼》主流读本，地位至今不能动摇，周公作《周礼》之说因此也取得了主流地位。直到晚清孙诒让作《周礼正义》，还对“周公所作说”深信不疑。即使在怀疑论大盛的两宋时期，二程、朱熹等理学宗师仍然主张《周礼》最初由周公所作，后经历代学者增补，成为河间献王所见的样子，而且不一定完全施行过。此说可以视为“周初派”中比较温和平实的一路。

“周成王所作说”以东汉马融为代表。此派以为《书序》所说《尚书》中的《周官》篇即今传《周礼》。伪古文《尚书》中有《周官》一篇，根据《书序》，真《尚书》中的确有周成王所作《周官》一篇：“成王既黜殷命，灭淮夷，还归在丰，作《周官》。”⑤ 说的就是周成王所作的《周官》。这个《周官》与河间献王所上《周官》之间有什么联系？马融主张今本《周礼》即收入了《尚书》中的周成王所作《周官》篇。此说流传不广，连贾公彦都不信。贾公彦从文体发展史角度提出疑问：

> 是言盖失之矣。案《尚书》，《盘庚》《康诰》《说命》《泰誓》之属三篇，⑥《序》皆云某作若干篇，今多者不过三千言。又《书》

① 贾公彦：《周礼注疏》，《十三经注疏》，第 635—636 页。按：《考工记》非刘向父子所增，为河间献王君臣所加，史有明文，见于班固《汉书·艺文志》相关记叙，马融说有误，后文有评析。

② 贾公彦：《周礼注疏》，《十三经注疏》，第 639 页。

③ 吴承仕：《经典释文序录疏证》，中华书局，2008 年版，第 22 页。

④ 贾公彦：《周礼注疏》，《十三经注疏》，第 636 页。

⑤ 孔颖达：《尚书正义》，《十三经注疏》，第 234 页。

⑥ 按：引文说“《盘庚》《康诰》《说命》《泰誓》之属三篇”，则为四篇，却说三篇。查《书序》原文，《盘庚》《说命》《泰誓》均说“三篇”，且分上、中、下，而《康诰》未说“三篇”，不分上、中、下。《康诰》当为衍文。

> 之所作，据时事为辞，君臣相诰命之语。作《周官》之时，周公又作《立政》上、下之别，正有一篇。《周礼》乃六篇，文异数万，终始辞句，非《书》之类，难以属之。时有若兹，焉得从诸？①

贾公彦以为《尚书》中最长的一篇不过数千字；《周礼》一书篇幅达数万字，若为《尚书》中的一篇，就破坏了《尚书》的体例。贾公彦从文体学角度否定了《周礼》即周成王所作《周官》说。此后此说信奉者也不多，到今天少有人提及。

“伪托派”主张《周礼》非西周实录，乃后人伪造，托名西周人所作。其中又有“末世渎乱不验之书说”“刘歆、王莽伪造说”“汉儒伪造说”等。“末世渎乱不验之书说”由东汉末年学者林孝存提出。据贾公彦《序周礼废兴》一文，东汉林孝存“以为武帝知《周官》末世渎乱不验之书，故作《十论》《七难》以排弃之”。② 林孝存所作《十论》《七难》为郑玄所驳斥。“末世渎乱不验之书”，即称《周官》是战国时代学者所编之书，所记载的制度没有得到任何验证。与郑玄同时代的《公羊》学大家何休也以为《周官》是“六国阴谋之书”。在林孝存之前虽没有人直接提出此说，不过从刘歆提倡古学而当朝博士“或不肯质对”看，西汉今文经学博士们也不赞成《周官》为周公所作，他们亦当持有“末世渎乱不验之书”的观点。此说作为“周公所作说”的对立面，一直贯穿于整个《周礼》学史。

“刘歆、王莽伪造说”曾经非常流行。宋人罗璧、胡宏、晁说之、洪迈等都主张刘歆伪造说。清代学者中，万斯大、方苞等也以之为刘歆篡改。其中方苞有所不同，以为《周礼》中有真有伪，并企图将刘歆、王莽“伪造”的部分从《周礼》中辨析出来。晚清廖平以为刘歆根据《佚礼》羼杂己说，糅合而成《周官》。③ 康有为作《新学伪经考》也以为刘

---

① 贾公彦：《周礼注疏》，《十三经注疏》，第 636 页。

② 贾公彦：《周礼注疏》，《十三经注疏》，第 636 页。

③ 按：廖平关于《周礼》作者说也有前、后说之别。在《今古学考》中提出可能是六国时期燕赵人所作，见《廖平全集》，上海古籍出版社，2015 年版，第 74 页。后在《古学考》中，廖平又提出刘歆伪造说，见《廖平全集》，第 106 页。

歆、王莽伪造《周官》。[①] 近人徐复观以为王莽、刘歆两人合作。[②] 侯家驹以为刘歆根据残缺的《周官》并采录《周政》等《汉书·艺文志》中所列材料编撰而成。[③] 康有为之说，钱穆作《刘向歆父子年谱》予以批驳后，信奉的人已经不多。河间献王得《周官》远在刘歆之前，献王征集图书的版本观念很强，留真本，送抄本，民间传习《周官》者代有其人，刘歆不可能一手遮天，“伪造说”不可轻信。清人万斯大的《周官辨非》、方苞的《望溪集·周官辨伪》也指斥《媒氏》《方相氏》等篇“荒诞不经”。不过今天从文化人类学角度看，“奔者不禁”“黄金四目以驱傩”等风俗十分古老，后人难以凭空捏造，相关内容反而证明《周礼》所说是十分古老的风俗。

“蓝图派”以为《周礼》是春秋战国时代学者为后世设计的建国蓝图，这些观点大多为现当代学者提出。其中有“孔子作《周礼》说”“三晋学者作《周礼》说”“齐国学者作《周礼》说”“秦地学者作《周礼》说”等。近人熊十力主张《周礼》为孔子所作，口授七十子。[④] 金春峰主张《周礼》是战国末年秦地学者所作。[⑤] 近来郭伟川又提出《周礼》为战国初期魏文侯组织整理编写的新看法。[⑥]

总之，关于《周礼》的作者，早期主流观点是“周公所作说”；晚清以降，“刘歆、王莽伪造说”一度影响最大；最近三十年来，主流观点是《周官》大约成书于春秋至战国这一时期的某一学派，所记制度也非西周实际情况，但大量参考了西周制度。近代以来，学者结合考古发掘、传世青铜器铭文等材料，从器物、礼制、庙制、兵制、赋税等多方面与《周礼》内容进行比较，虽然没有确定《周礼》确切的撰作时间，但发现一个共同点，那就是《周礼》保存了相当多的西周制度。出土文献和出土

① 康有为：《新学伪经考》，古籍出版社，1956年版，第76页。
② 徐复观：《徐复观论经学史二种》，上海书店出版社，2006年版，第248页。
③ 侯家驹：《周礼研究·序》，台北：联经出版事业公司，1987年版，第3页。
④ 熊十力：《论六经》，《熊十力全集》第5册，湖北教育出版社，2001年版，第737页。
⑤ 金春峰：《周官之成书及其反映的文化与时代新考》，台北：东大图书股份有限公司，1993年版，第1—6页。
⑥ 郭伟川：《〈周礼〉制度渊源与成书年代新考》，国家图书馆出版社，2016年版，第357—443页。

器物研究拓展了《周礼》成书年代研究的新视野，对于推动《周礼》作者及其年代研究具有重要作用。

我们赞成“蓝图说”，主张《周礼》为战国时期儒家某一学派所作。基本材料来自东周朝廷保存的西周文献，与该学派对于未来“大一统”国家的设想相融合，形成颇具“礼治主义”色彩的建国方案。这是儒家某一学派献给未来国家的建国蓝图。

（二）《周礼》文献学问题

《周礼》一书知识十分丰富，其中训诂学占据重要地位，历代学者在这方面耗费了大量精力，研究成果最为丰富。

《周礼》训诂学包含《周礼》普通词语训诂、名物词阐释、制度解说三个主要方面。刘歆及其弟子对《周礼》一书中一些文字的字形、读音、字义进行了研究，试图最准确地界定该字在文本中的含义，这些工作构成《周礼》研究的基础。历代学者对《周礼》中普通词语做了大量的研究工作，分别其读音，探究其本义、引申义、假借义。从目前遗留的成果看，《周礼》文字训诂学研究奠基于两汉之际的杜子春，郑兴父子、贾逵、马融多有发展，郑玄则是《周礼》训诂学的第一个集大成者。此后历代学者多只能在郑玄注的基础上做一些修补工作。到晚清孙诒让作《周礼正义》，吸收了郑玄之后历代学者特别是乾嘉学者的研究成果，词义辨析细致入微，将《周礼》训诂学又推进一大步。至于《周礼》音韵学研究，陆德明《周礼音义》为汉唐《周礼》音韵学的集大成之作。

《周礼》名物词是指《周礼》一书中所涉及的物质和非物质类事物的专有名称，在词汇学上属于专有名词研究。由于时代久远，汉代以来读者难以辨认这些专有名物所指对象。对于《周礼》一书中的职官名称、礼器名称、社会组织机构名称、军事组织名称、工程类和手工业类名称等，汉代读者已经比较陌生。学者为减轻《周礼》阅读难度，对这些名物做了描述性解释，这一类研究成果属于《周礼》研究中的名物词阐释。

《周礼》一书还涉及大量制度问题。制度是指《周礼》书中各职职文所包含的王朝管理规则和规定，如兵制、田制、赋制、爵制、册命制、分封制、刑罚制、饮食制、庙制、祀制、乐制、车制、服制、器制等，每一项制度都需要通过官常、官职、官联、官法、官成等“八法”去实施。这些制度非直接单列，而是散在相关职官职文中，要想窥见这些制度的主要内容，不得不从三百六十多个职官职文中将它们一一辨别钩沉出来，难度非常大，需要研究者具有相当高的辨识能力。历代学者在这一方面多有建树，尤其是乾嘉学者，这一类成果非常突出，产生了一批名著，例如《周官禄田考》《周礼井田谱》《九谷考》《九旗古义述》《畿内授田考实》《周礼军赋说》《沟洫疆理小记》等。进入现代，学者以现代学科理论为分析工具切入《周礼》制度研究，《周礼》名物制度的研究进入新时期。《周礼》大宰掌六典、八法、八则、八柄、八统、九职、九赋、九式、九贡、九两，“六典”以下具体内容和实施程序如何，《周礼》并没有在《天官·冢宰》经文中直接说出来。《冢宰》经文所记“八则”以下条文非常简略，具体内容散布在各官职文中，难以辨别。仅就“大宰八法”而言，有官属、官职、官联、官常、官成、官法、官刑、官计共八项，每一法都涉及众多职官，历代学者对散布在《周礼》一书中的“八法”进行了分析、辨别，做了卓有成效的探索，但至今仍没有完全整理清楚“八法”的全部内容，在具体“八法”上也没有取得一致意见。

《周礼》文献学研究伴随《周礼》训诂学而产生。河间献王所得民间献书为古文，献王往往将新抄本奖赏给献书者而留其底本。河间君臣发起的西汉《周礼》研究的第一步，无疑要以民间献书为母本传抄《周礼》为起点。他们或以隶书抄写《周礼》，或按照古文原貌抄写《周礼》。这样，仅仅流行于河间地区的《周礼》版本就有古文本、古文摹写本、新抄隶书本、新抄古文本，加上刘向、刘歆父子的《周礼》校勘本，《周礼》在西汉至少有五类版本。各类版本在递抄过程中难免产生讹变，因此，文字的校勘成了《周礼》训诂的基础，由此诞生《周礼》文献学这一门新学问。

《周礼》文献学还可以细分为版本、校勘和辑佚三个方面，不过在实际的研究中，这三个方面的成果往往难以分开。对河间献王《周官》版本、河间献王以前的《周官》版本、河间献王所献本、刘向父子校勘本、杜子春本、郑兴父子本、马融本、卢植本、郑玄本、贾公彦注疏本等一系列《周礼》经典版本的探索构成《周礼》文献学的第一类研究成果。对杜子春以下古代学者《周礼》学著作进行校勘、辑佚和再校勘构成《周礼》文献学第二类研究成果。其中最著名的研究有河间献王《周礼》版本问题，《周礼》"故书"和"今书"问题，杜子春本问题，郑司农本问题，郑玄《周礼注》版本问题，唐石经单经本问题，贾公彦《周礼注疏》版本问题，宋版白经和《注疏》本问题，等等。从杜子春作注到阮元作《周礼校勘记》，再到当代日人加藤虎之亮《周礼经注疏音义校勘记》，直至21世纪学者的《周礼》校勘学研究，关于《周礼》的校勘成果层出不穷。

（三）《周礼》的职官问题

《周礼》一书职官设置十分严密，职官数量庞大，职官职能纵横交错，历代学者为此耗尽心血，取得了丰富的研究成果。这些成果大致包括单个职官职能研究、职官来源研究、此职官与他职官的联系研究、同类职官研究、《冬官》体系研究、职官总数研究等。

《周礼》职官职能问题。《周礼》文本除了现存五官的五篇序官外，主体部分由各职官职文组成，相当于一部王朝各职官的"岗位职责汇编"。除了五官正、贰、考的职文有些复杂外，其余职官职文大多寥寥数语。然而《周礼》职官体系严密，牵一发而动全身，各职官职能脱离不了整个体系。学者大多以"大宰八法"为线索，去归纳各职官职能。例如从"官属"角度可以分析该职官的领属、所属、直属、联属、兼属；从"官职"角度可以分析该职官的职掌、职称、主职、兼职、联职；从"官联"角度可以分析该职官与他职官的协同、联动、主次关系；从"官常"角度可以分析该职官的日常事务、定期事务和突发性事务；从"官成"角度可以分析该职官行使职责的基本依据；从"官法"角度可以分析该职官行使职责的方法、手段；从"官计""官刑"角度可以分析该职官对本系统本官府官员的监督、考核和惩处等。研究者对《周礼》职官体系的理解深浅有别，因而其成果难免有偏颇，难以做到"一步到位"。到目前为止，还没有任何一种成果能够完全准确地把握《周礼》职官的全部职能。

《周礼》职官来源问题。《周礼》三百六十余职官从何而来？从古到今，学者一直在探索这个问题。关于《周礼》六官的来源研究，郑玄首开其端。他在《周礼注》中提出，以天地四时命名六官就是模拟天地四时，并做了简要论证。郑玄说："六官之记可见者，尧育重黎之后，羲和及其仲叔四子掌天地四时。《夏书》亦云'乃召六卿'。商周虽稍增改，其职名六官之数则同矣。"① 贾公彦《周礼正义序》则从《尚书》《左传》等传世文献中梳理出中国远古职官制度的演进轨迹。郑玄为我们寻找《周礼》六官称为天地四时之官的思想来源提供了线索，但先秦典籍包括甲骨文、金文中没有出现天官、地官、春官、夏官、秋官、冬官称呼，倒是能够寻找到宰、宗、司徒、司马、司空、司寇的踪迹。因此就职官称呼来说，宰、宗、司徒、司马、司空、司寇与西周职官设置情况接近，而天地四时职官称呼恐为后人依据"人法自然"思想所设计。现代学者利用青铜器铭文研究《周礼》六官与其余职官的来源，取得了前所未有的成果。②

《冬官》职官问题。《冬官》虽亡，但它包括的职官除了大小司空外有哪些，一直是学者关心的问题。历代都有学者试图为《冬官》配置附属官员，这项研究到今天还在进行中。

《冬官》职官问题中还包括《冬官》亡与不亡的问题。郑玄说："象冬所立官也，是官名'司空'者，冬闭藏万物，天子立司空，使掌邦事，亦所以富立家，使民无空者也。《司空》之篇亡，汉兴，购求千金不得。此前世识其事者记录以备大数。"③ 《汉书·艺文志》记载，河间献王得书时缺一篇《冬官》，以《考工记》补之。但宋元时期，一批学者认为《冬官》不亡，其职官散见于其余五官中。俞庭椿、吴澄等人还从其余五官中抽出六十职以外的职官补充《冬官》，这种割裂元典旧貌的做法受到明清以来学者的批评。

职官总数问题。六官各官除了长官官署外，各有六十个左右的二级职能部门。一级职能部门除了一正、两副、四考外，还有数量不等的属官，

① 贾公彦：《周礼注疏》，《十三经注疏》，第905页。
② 张亚初、刘雨：《西周金文官制研究》，中华书局，1986年版。
③ 贾公彦：《周礼注疏》，《十三经注疏》，第905页。

乃至有府、史、胥、徒之类的从属人员。二级部门的职官结构更为多样，各官大夫、士以及府、史、胥、徒的数量不等。有人计算，全书官员累计达十多万人。另一些学者在计算后认为只有数万人。孰是孰非，一时难以定论，这个问题到目前为止仍然在争论中。

（四）《周礼》知识学谱系性特点

《周礼》文字训诂和名物、制度解说问题是《周礼》知识之学的核心问题，也是历代学者研究最深入的问题。这门学问发展到今天呈现出一个典型的特征，即形成层级分明的发展谱系。这就是古代学者所谓的“叠床架屋”。由于学者对于《周礼》经文所涉及的名物词语的把握不能一步到位，加上历代学者问题意识也有差别——有说对的，也有说错的；有正中有误的，也有错中存真的；有人善于独断而解说未善，有人不善识断而善于弥缝旧说——这样，历代学者有关《周礼》知识之学形成典型的累积状态，有明显的层级性，形成结构分明的知识演进的谱系。如杜子春或郑司农提出训诂、解说意见，此为一级知识；郑玄对杜子春或郑司农说进行补充或纠正，此为二级知识；贾公彦、王安石等对郑玄说再进行补充或纠正，此为三级知识；孙诒让对贾公彦、王安石等人所说又进行补充或纠正，此为四级知识……这种知识的演进环环相扣，轨迹清晰，便于做学术史的研究。这里以大宰“九职任万民”为例：

> 以九职任万民。一曰三农，生九谷。二曰园圃，毓草木。三曰虞衡，作山泽之材。四曰薮牧，养蕃鸟兽。五曰百工，饬化八材。六曰商贾，阜通货贿。七曰嫔妇，化治丝枲。八曰臣妾，聚敛疏材。九曰闲民，无常职，转移执事。①

我们考察《周礼》学史上从郑司农到孙诒让的相关研究成果，发现“大宰九职”的知识谱系有三个层级。其中原创性的一级知识点二十一个，继生性二级知识点四个，三级知识点也有两个。

① 贾公彦：《周礼注疏》，《十三经注疏》，第647页。

在二十一个原创性知识点中，郑司农贡献了四个：以“三农”为平地山泽之农；以“九谷”为黍、稷、秫、稻、麻、大小豆、大小麦；以“八材”为“珠曰切，象曰瑳，玉曰琢，石曰磨，木曰刻，金曰镂，革曰剥，羽曰析”；以“闲民”为“无事业者，转移为人执事，若今佣赁也”。[①] 由于郑司农之前众多学者的研究成果没有流传下来，因此郑司农这四项解说都属于原创性质的一级知识点。

郑玄贡献了十四个一级知识点：“任，犹倳也”“树果蓏曰圃；园，其樊也”“虞衡，掌山泽之官，主山泽之民者”“泽无水曰薮。牧，牧田，在远郊，皆畜牧之地”“行曰商，处曰贾”“阜，盛也”“金玉曰货，布帛曰贿”“嫔，妇人之美称也”“臣妾，男女贫贱之称”“疏材，百草根实可食者”。[②] 这十四个知识点属于原创性解说，归于一级知识谱系。

贾公彦疏贡献了一个原创性知识点：“饬，勤也，勤力以化八材。”[③]

江永也贡献了一个一级知识点。大宰有“九职”，大司徒有“十二职”，两者的关系如何？江永以为：“九职”之民加上大司徒的学士习道艺，巫、医、卜、筮守世事，府、史、胥、徒服公事，合为十二民。“大宰九职”与“大司徒十有二职”不同，原因在于“大宰九职”都是生材之职，属于物质生产之职；而学士、巫、医、卜、筮、府、史、胥、徒不生材，类似于今天的“服务业”，故不列在“九职任万民”之中。[④]

孙诒让也贡献了一个一级知识点。孙诒让对“虞衡作山泽之材”的“作”进行了训诂：“作，谓蓄聚兴发之以给用也。”[⑤]

在四个继生性二级知识点中，郑玄贡献了两个。郑玄以为“三农”即原、隰及平地之民；以为“九谷”之中无秫、大麦，有粱、苽。[⑥] 以上两点为纠正郑司农而发，而郑司农属于原创性解说，郑玄继起，因而郑玄此二说为二级知识点。

孙诒让贡献了两个二级知识点。孙诒让对郑玄释“嫔”做了补充：

① 贾公彦：《周礼注疏》，《十三经注疏》，第 647 页。
② 贾公彦：《周礼注疏》，《十三经注疏》，第 647 页。
③ 贾公彦：《周礼注疏》，《十三经注疏》，第 647 页。
④ 江永：《周礼疑义举要》，《清经解》第 2 册，上海书店，1988 年版，第 224 页。
⑤ 孙诒让：《周礼正义》，王文锦、陈玉霞点校，中华书局，1987 年版，第 80 页。
⑥ 贾公彦：《周礼注疏》，《十三经注疏》，第 647 页。

“嫔，义取可宾敬，故为妇人之美称。”① 孙诒让不同意贾公彦解“饬”为勤：“《考工记》饬五材，先郑注谓饬为治。此‘饬化’与下文‘化治’义盖略同。”②

三级知识点两个，均为贾公彦所贡献。第一个是探讨后郑不从先郑“三农”说的原因：

云“郑司农云‘三农平地山泽也’”者，以其积石曰山，水钟曰泽，不生九谷，故后郑不从之也。……云“玄谓三农原、隰及平地”者，《尔雅》高平曰原，下湿曰隰。原及平地可种黍稷之等，隰中可种稻麦及苽也。③

第二个是对郑玄的“九谷”说进行论证：

云“九谷无秫、大麦而有粱、苽”者，以秫为赤粟，与稷黏疏为异，故去之。大麦所用处少，故亦去之。必知有粱、苽者，下《食医》云“凡膳食之宜”，有“犬宜粱、鱼宜苽”。故知有粱、苽也。且前七谷之中，依《月令》，麦属东方，黍属南方，麻属西方，豆属北方，稷属中央，故知有黍、稷、麻、豆、麦。稻与小豆所用处多，故知有稻、有小豆也。必知有大豆者，《生民》诗云：“艺之戎菽。”戎菽，大豆，后稷之所殖，故知有大豆也。④

以上仅仅从五位学者的研究成果中进行了归纳，因而“大宰九职”的“知识谱系”还比较粗疏，如果再扩大范围，则其枝叶远比以上所说繁茂。如果再算上现当代研究成果，关于“大宰九职”的“知识谱系”将会达到四级以上。《周礼》知识学的谱系性不仅见于自身，也见于经学各经，是对中华文化的连续性、谱系性特征最好的阐释。

---

① 孙诒让：《周礼正义》，王文锦、陈玉霞点校，第 88 页。
② 孙诒让：《周礼正义》，王文锦、陈玉霞点校，第 80 页。
③ 贾公彦：《周礼注疏》，《十三经注疏》，第 647 页。
④ 贾公彦：《周礼注疏》，《十三经注疏》，第 647 页。

三 《周礼》义理学

《周礼》义理学主要关注的是《周礼》的思想内容。《周礼》一书从文本层面看就是一套职官制度，这套制度包括六典、八法、八则、八柄、八统、九职、九赋、九式、九贡、九两等核心内容。《周礼》义理学研究这些规定背后的意图，试图从庞大的职官体系中抽象出这些规定的思想意蕴。从整体上看，《周礼》义理学研究《周礼》的经世济民思想；从细部看，还可以按照现代学科分为《周礼》政治思想研究、经济思想研究、法律思想研究、赋税思想研究、军事思想研究、土地思想研究、教育思想研究等。以《周礼》的文化思想研究为例，其体现在祭祀思想、宫室思想、礼乐思想、教育思想、饮食思想、医疗思想、舆服思想、民俗思想中，在这些方面，虽然古今学者取得了不少研究成果，但《周礼》蕴含的文化思想远远没有被充分揭示出来。《周礼》知识学试图解决《周礼》"是什么"的问题，《周礼》义理学试图解决《周礼》"为什么"的问题，而《周礼》致用学解决"该怎样做"的问题。本节选择政治思想、经济思想、军事思想、法律思想略做说明。

（一）《周礼》的政治思想

《周礼》义理学从国家治理角度探索《周礼》所包含的政治思想意蕴，如《周礼》的天下观念、王朝与诸侯关系思想、君臣与人民关系思想、宗法思想、权力思想、选举思想、考核思想、秩序思想、奖惩思想等。历代学者根据自己时代的需要或个人的政治旨趣对《周礼》一书的政治思想进行了深入研究，为他们所处时代的社会治理提供了思想资料。

《周礼》职官设置蕴含着十分深刻的政治思想。我们仅以"设官为民"思想为例。《周礼》"设官为民"思想有多角度、多层次的体现。《周礼》五官序官每篇都有"惟王建国，辨方正位，体国经野，设官分职，以为民极"之句，此为《周礼》学著名的"二十字总纲"。"设官分职，以为民极"就是设官为民。从"设官为民"总纲中还可以分出驭民、系民、任民、纪民、安民、谐民、均民、纠民、生民等思想。因纪民而有天官治典，因安民而有地官教典，因谐民而有春官礼典，因均民而有夏官政典，因纠民而有秋官刑典，因生民而有冬官事典，因驭民而有“大宰八统”，因系民而有“大宰九两”，因任民而有“大宰九职”等，这就是《周礼》“设官为民”的内在逻辑。

以上仅仅揭示了《周礼》“设官为民”在典、法层次的体现。如何实现“设官为民”？一部《周礼》，无人不在组织中，无人不在职业中。《周礼》给所有人安排了“组织”。这个组织没有奴隶与奴隶主，只有官吏和民。官吏是从事管理职业的人，民是从事生产、商贸、文化服务职业的人。在这个组织中，人人都有活着的权利，人人都有从事生产或管理的权利和义务。这里不是“物竞天择，适者生存”的丛林法则，而是“人尽其能，地尽其力，物尽其用”的人道法则。虽经历代学者的艰苦探索，《周礼》“设官为民”思想的意蕴和内容还远远没有发掘穷尽。

（二）《周礼》的经济和军事思想

《周礼》一书也蕴含着丰富的经济思想，古今学者虽多有阐释，但包含在《周礼》中的赋税思想、货币思想、消费思想、财政思想、朝贡思想、俸禄思想、会计思想、审计思想、市场管理思想仍然有待深度发掘。从现存《周礼》一书中似乎看不到发展经济学的影子，全书充满“均衡经济学”的色彩，具体表现在资源利用的适度性，生产资料配给的公平性，利益分配的普惠性。例如对于伐木、狩猎、捕鱼实行休禁期制，对于土地实行休耕制，按上中下三等划分土地实行调剂制，对于兵役、徭役实行轮换制，对于劳动力使用实行互助制，等等。《周礼》一书主张维持人与自然之间的均衡、财富的均衡、组织的均衡，是典型的“均衡主义”经济学。然而从“大宰六典”之事典建设目标“以富邦国，以任百官，以生万民”看，其意在通过“任百官”达到“富邦国”，以实现“生万民”，可见《周礼》的经济思想并不是简单的“平均分配”。由于《冬官》的缺失，如何在维护土地、人、物产相对平衡的基础上发展手工制造业，达到富邦国、生万民的目标，我们今天已经不能直接看到了。不过，我们虽然看不到《冬官》如何设计“开源”，却能看到其余五官所体现的“节流”精神，在总体上杜绝财政“赤字”，防止国家“破产”。主张财政应稍有结余，并设计将上年的财政结余与本年的赏赐支出挂钩。

《周礼》一书还蕴含着独具特色的军事思想。《周礼》军事思想最大的特点是寓兵于民。《周礼》中，王朝乡遂各有六军，六军有建制而无常备军队，士兵与六乡农民一体，乡遂组织与军事组织一体，军事将领与乡遂职官一体，这与西周青铜器铭文所见西周设有“西六师”“成周八师”“殷八师”等常备军不同。农业生产时只有民，没有兵；农闲时则从乡遂基层抽调农民参加军事训练，作战时各乡职官率领本级组织内抽调的农民士兵，带上装备，组成各级作战单位，会集到指定地点，听从大司马指挥。《周礼》这种军事思想对此后历代军队建设都有影响，例如曹魏时期的屯田制、隋朝的府兵制等。《周礼》的军事装备思想、军事训练思想、军事组织思想、军事治理思想等在今天仍然有许多内容值得进一步发掘。

（三）《周礼》的法律思想

《周礼》同样蕴含着丰富的法律思想，这里选择四个例子略做分析。第一个例子是《周礼》中的法律学习和法律教育思想。《周礼》设计了一年之中各级官员开展多层级、多节点的法律宣传和学习活动的制度，其中最突出的是观象和读法活动。

《周礼》规定王朝“中央”官府必须组织“观象”活动，天、地、夏、秋四官都有“观象”职责。① 《天官·冢宰》职文说：“正月之吉，始和布治于邦国都鄙，乃县治象之法于象魏，使万民观治象，挟日而敛之。”《地官·大司徒》职文说：“正月之吉，始和布教于邦国都鄙，乃县教象之法于象魏，使万民观教象，挟日而敛之。”《夏官·大司马》职文说：“正月之吉，始和布政于邦国都鄙，乃县政象之法于象魏，使万民观政象，挟日而敛之。”《秋官·大司寇》职文说：“正月之吉，始和布刑于邦国都鄙，乃县刑象之法于象魏，使万民观刑象，挟日而敛之。”天官观“治象”，地官观“教象”，夏官观“政象”，秋官观“刑象”，这“四象”包含行政法象、政教法象、刑罚法象等用图画形式颁布到邦国、都鄙的法规。显然，这是一次由“中央政府”组织的大规模法律学习和教育活动，在正月初吉之日的农闲时节开展。

---

① 按：春官职文未记载观象活动，冬官职文亡佚，不能确定是否有观象活动。

“读法”即法律学习和教育活动，是六乡以下“地方”各级政府开展的学习、传达法律法规的活动，包括州长一年四次读法，党正一年七次读法，族师一年十四次读法，闾胥读法次数则更多。据彭林估计，一年之中，地方官员“读法”多达四十次以上。① “读法”也分层级，第一层级的读法是州长：“各掌其州之教治政令之法。正月之吉，各属其州之民而读法。”其次是党正：“各掌其党之政令教治。及四时之孟月吉日，则属民而读邦法。”再次是族师：“各掌其族之戒令政事。月吉，则属民而读邦法。”最后是闾胥：“凡春秋之祭祀、役政、丧纪之数，聚众庶。既比，则读法。”教育在先，惩罚不是目的，防范犯罪才是根本。因此，《周礼》各级官员都有“读法”的责任，越到基层，一年之内“读法”的次数越多。这是用一系列制度预防出现孔子所说的“不教而杀谓之虐，不戒视成谓之暴”的暴虐之政。

第二个例子是《周礼·秋官·小司寇》中的“八辟”“三刺”。《小司寇》职文说：“以八辟丽邦法，附刑罚：一曰议亲之辟，二曰议故之辟，三曰议贤之辟，四曰议能之辟，五曰议功之辟，六曰议贵之辟，七曰议勤之辟，八曰议宾之辟。”“八辟”后世又称为“八议”。《小司寇》职文还说：“以三刺断庶民狱讼之中：一曰讯群臣，二曰讯群吏，三曰讯万民。听民之所刺宥，以施上服、下服之刑。”这就是著名的“三刺法”。“八辟”“三刺”乃为定罪量刑之法，前者的目的在于为士大夫减刑，后者的目的在于避免出现冤假错案和量刑失当，二者都具有“量刑民主化”倾向。

第三个例子是大司寇的“刑国三典法”。《大司寇》职文说：“一曰刑新国用轻典，二曰刑平国用中典，三曰刑乱国用重典。”为什么针对新国、平国、乱国的刑法不一样呢？郑玄以为，新辟地立君之国用轻法，为其民未习于教；承平守成之国，由于一切都走上正常轨道，因而可以用常行之法——中典；而篡杀叛逆之国，需要化恶伐罪，因而不得不用重典。② 此为郑玄对大司寇“三典”义理的分析。此后历代都有学者提出新的看法，形成内容丰富的“大司寇三典”专题研究史。

---

① 彭林：《〈周礼〉主体思想与成书年代研究》，中国社会科学出版社，1991年版，第70页。

② 贾公彦：《周礼注疏》，《十三经注疏》，第870页。

第四个例子是“圜土法”。《大司寇》职文说：“以圜土聚教罢民，凡害人者，置之圜土而施职事焉，以明刑耻之。其能改者，反于中国，不齿三年。其不能改而出圜土者，杀。”孙诒让以为，凡入圜土之民为非故意犯罪，但已经造成伤害，在五刑处罚之列。由于犯罪的非故意性，因而给予悔过改造的机会，将这些人收押在早期监狱圜土中，由司圜官看管，通过劳役使他们悔改。①

以上四个例子仅仅体现了《周礼》法律思想几处小小的角落，远远没有触及《周礼》法律思想的系统性。其余如“嘉石法”“三槐九棘法”“两造法”“两剂法”等，无不饱含深刻的法学思想。《周礼》设置刑官遵循有罪必惩、重在改正、有冤能伸的基本原则，这是《周礼》法律思想的主要特色。中国古代在法制建设和刑罚实施中对《周礼》一书多有参考。《周礼》书中的法律思想今天仍然值得我们深入研究。

（四）《周礼》义理学的特点和价值

《周礼》义理学就是研究《周礼》思想的学问。古典时期学者发掘出《周礼》的“王权大一统”思想，政府及其官员必须接受监督、审计和管理绩效考核的行政思想，人尽其才、地尽其力的生产劳动思想，有约束地合理利用自然资源的“可持续发展”思想，重民生、轻徭役的赋税思想，讲究公平、维护正义的社会治理思想，等等。在《周礼》学史上，《周礼》义理学成就最高的是两宋时期的学者，代表性著作有李觏的《周礼致太平论》、王安石的《周官新义》、郑伯谦的《太平经国之书》②、叶时的《礼经会元》等。

《周礼》义理学以《周礼》知识研究为基础，义理发掘以对文字的正确训诂和对名物制度的正确解说为前提，因而凡是拥有《周礼》义理学优秀成果的学者，大多精于《周礼》文字训诂和名物制度训释；反之，将严重影响其成果的可信度。例如王安石的《周官新义》尽管对《周礼》财政思想的发掘有独到之处，但建立在《字说》基础上的字形解说损害了该书的思想价值，以致落下千年的“诟病”。

---

① 孙诒让：《周礼正义》，汪少华点校，中华书局，2015年版，第3308—3309页。

② 按：郑伯谦《太平经国之书》，四库荟要本、丛书集成本均名《太平经国之书》，四库本名《太平经国书》。明高叔嗣刻本称《太平经国之书》。有清以来《太平经国之书》之名已大为流行，今用《太平经国之书》之名。

古人的《周礼》义理学研究成果绝大多数以短篇议论文、书信的形式收入作者的文集中。到清人编《四库全书》时，这些成果大多被放在集部，如李觏的《周礼致太平论》。只有少部分以专著的形式出现，如叶时的《礼经会元》、郑伯谦的《太平经国之书》等。

《周礼》义理学研究并没有随着封建社会的终结而结束。在当代，《周礼》的义理学研究尤其活跃。由于现代哲学、社会科学学科分类更加细化，学者正从现代学科视角切入《周礼》的义理学研究，这些研究可以视为《周礼》义理学在当代的延续。当代《周礼》义理学研究不仅能够“释中国”，为制度自信提供支撑，其研究成果还可以为今天的经济建设和社会发展提供参考。

《周礼》义理学研究并不是晚到北宋时期才兴起，在东汉时期，义理研究就已经萌芽。例如郑玄对六官名称的解说、对昊天上帝的解说；唐人贾公彦则提出“后、夫人无外事”，故天地、山川、社稷祭祀，“后、夫人不与”的见解，这也是关于“王后六服”的思想学研究。《周礼》义理学研究一直潜随《周礼》学的发展，到北宋才爆发而已。

《周礼》义理学是走向《周礼》致用的桥梁。《周礼》中的制度继承了西周礼乐文明的成果，又反映了春秋战国的时代要求，但《周礼》中具体的制度设计并不适合所有时代。有些《周礼》义理学研究过分着眼于《周礼》制度而忽视了这些制度背后的思想意蕴，食古不化，容易走上复古主义和教条主义。

四 《周礼》致用学

《周礼》致用学是研究如何将《周礼》治理思想付诸实践的学问。国家治理是系统工程，牵一发而动全身，任何改革不仅有现实需要，还要有理论依据。《周礼》在发现之初遭到汉武帝的冷遇，但此后受到历代许多统治者和政治家的重视。中国古代王朝制度建设对于《周礼》多有参考。从西汉匡衡等人“建始祀典”开始，历代官员为制度改革往往从《周礼》中寻找思想资源和理论支撑，形成自己的改革方案，并付诸社会实践。《周礼》致用学在五个方面取得了令人惊叹的效果。第一是在礼制方面，《周礼》吉、凶、宾、军、嘉五礼的礼制思想在南北朝期间逐渐被采纳，最终促成了隋唐礼制的诞生，从此中华礼制基本固定以五礼为其框架。第二是在职官体制方面，以治、教、礼、政、刑、事六官为主的《周礼》职官思想在北周被纳入朝廷治理体系，最后形成隋唐官职的“三省六部制”，其中“六部”就是《周礼》六官的演变结果。第三是在爵制方面，《周礼》的公、侯、伯、子、男五等爵制从西汉晚期进入朝廷政治体系，此后历代王朝封爵大多采用这个制度。第四是《周礼》的法律思想，包括《小司寇》的“五听”“八议”“三刺”在内的一系列思想深刻影响了中华法系，让中华法系带有鲜明的“礼法”色彩。第五是《周礼》的会计思想，以《司会》为主的一套日成、月要、岁会审计思想，以“小司徒九比”为代表的统计思想深刻影响了古代王朝治理的方方面面。此外，中国古代的土地制度改革、赋税制度改革、科举制度改革、军事制度改革等，多可窥见《周礼》的影子。参考《周礼》一书制定治理国家的方案与措施，是一门实践性学问，其学术旨趣与知识学和义理学研究有明显的区别。这一类学问的主要成果保留在古代君臣的诏书、奏议、律疏、对策和以国家名义编撰的礼典、刑律等文献中。

《周礼》的致用范围十分广泛，如对《周礼》官制体系的借鉴，对《周礼》爵位、俸禄制度的借鉴，对《周礼》祭祀制度的借鉴，对《周礼》礼乐制度的借鉴，对《周礼》土地制度的借鉴，对《周礼》赋税制度的借鉴，对《周礼》军事制度的借鉴，等等。直至今天，我们在政府官员任命书里关于官员负责、分管、协管、联系单位等的规定中还能看到《周礼》中“大宰八法”官职、官联、官属的影子。可以说，从刘歆、王莽建立“元始祀典”开始，到晚清孙诒让为响应清政府“变法倡议”而撰写《周礼政要》，《周礼》致用学贯穿两千多年的《周礼》学史。现当代学者撰写了为数众多的中国职官史、中国政治制度史、中国法律史、中国经济史、中国礼制史、中国音乐史、中国教育史、中国军事史、中国农业史、中国建筑史等方面的著作，在这些著作中对历代官员、学者利用《周礼》的情况大多语焉不详。我们这里以《周礼》地制、官制和社会组织制度为例，简要介绍《周礼》在后世的致用情况。

（一）《周礼》地制的致用

《周礼》中，土地属于“王”，不属于任何个人。“三农”有耕种土地的权利，从中不难导出“耕者有其田”的思想。公卿大夫在取得“王”的授权后，有按比例从采地“食税”的权利。但是土地不能私下买卖，“王”的“赐采”仅仅赏赐公卿士大夫“食税”的资格，并没有将土地的所有权赏赐给贵族。李普国称《周礼》的这种土地制度为“领主封建制”，非“地主封建制”，[①] 此说道出了《周礼》土地制度与秦汉以下土地私有制的区别。不过此说还不准确，《周礼》设计的土地制度是“王有制”，与“公有制”只差一步。《周礼》的这种设计与西周金文所反映的土地制度显然不一致。西周金文中的裘卫诸器铭显示，西周土地是可以用来交换的。秦汉以后，基本上执行的是土地所有权私人化制度，土地可以买卖。由此，秦汉以下历代王朝到后期都出现了共同的社会问题：土地兼并严重，失去土地的农民越来越多，天灾人祸的偶发往往成为引发社会暴乱的导火索，典型事件就是农民起义。影响重大的农民起义往往提出与“耕者有其田”类似的口号，其与《周礼》的土地思想多有相通。中国古代王朝在初建时期，多着力解决“耕者有其田”问题，但没有解决土地私有化问题，这样，占田—买卖土地—土地兼并—农民起义的循环一再上演，由此可反观《周礼》地制设计的用意。从近代太平天国运动流传下来的《天朝田亩制度》中，也不难看出其制度设计对《周礼》的参考。

（二）《周礼》官制的致用

《周礼》官制中的王朝政府官制大体上可以称为“三公六卿三百六十余职官制”。三公为天下治理的谋划者，没有具体的职文，是《考工记》所谓的“坐而论道者”；六卿及以下职官为“行事者”，有具体的职文规定其职责。中国历史上没有哪一个王朝完全依据《周礼》官制设置王朝职官。西汉官制以秦官制为蓝本，秦汉官制一直影响到南北朝。到北朝苏绰开始借鉴《周礼》改革官制，并于北周真正实行《周礼》六官官制，其部分成果为隋朝官制设置所吸收，例如吏、户、礼、兵、刑、工六部即《周礼》天、地、春、夏、秋、冬六官的变称，而隋朝官制又为唐官制做了预演。此后隋唐官制成为中国古代官制的主流，其中六部官制一直延续

① 李普国：《〈周礼〉的经济制度与经济思想》，中州古籍出版社，1987年版。

到清朝灭亡。①

有些农民起义政权在职官建设中也参考了《周礼》职官思想。近代的太平天国设天地四时六类丞相官，六类丞相官再分正、又正、副、又副四级，共六官二十四丞相。著名的战将如天官正丞相秦日纲，天官副丞相林凤祥，地官正丞相李开芳、李秀成，地官又正丞相罗苾芬，春官正丞相张遂谋，春官又正丞相蒙得恩，春官副丞相吉文元，夏官正丞相黄玉昆，夏官副丞相赖汉英，秋官正丞相朱锡琨，冬官正丞相罗大纲，冬官又正丞相陈玉成，等等。这一套职官体系的复杂程度显然超过了《周礼》，不过从中不难看出《周礼》的影响。

（三）《周礼》乡遂制的致用

《周礼》中王朝直辖区六乡基层组织制度大致上可以体现在“大比法”中。根据《小司徒》职文“乃颁比法于六乡之大夫，使各登其乡之众寡、六畜、车辇，辨其物，以岁时入其数，以施政教，行征令”，则“比法”为人口与财产登记法。此法为什么称“比”？《大司徒》职文说：“令五家为比，使之相保。五比为闾，使之相受。四闾为族，使之相葬。五族为党，使之相救。五党为州，使之相赒。五州为乡，使之相宾。”可见比法起于最基层的五家之比。这是一个以“家”为基本单位的比、闾、族、党、州、乡六级社会组织结构。《小司徒》职文还说：“五人为伍，五伍为两，四两为卒，五卒为旅，五旅为师，五师为军，以起军旅，以作田役，以比追胥，以令贡赋。”《小司徒》的伍、两、卒、旅、师、军与《大司徒》比、闾、族、党、州、乡一一对应。如果说《大司徒》是讲组织民众，那么《小司徒》所说就是使用民众的军事组织。“以起军旅，以作田役，以比追胥，以令贡赋”分别揭示了这个体系在军事、劳役、治安、经济四大领域中的作用。《族师》职文则说：“以邦比之法，帅四闾之吏，以时属民，而校登其族之夫家众寡，辨其贵贱、老幼、废疾、可任者，及其六畜、车辇。”显然“邦比法”就是一次以族为单位的人口和经济普查活动，与后世“编户齐民”类似。《族师》职文还说：“五家为比，十家为联；五人为伍，十人为联；四闾为族，八闾为联。使之相保相受，

---

① 陈茂同：《中国历代职官沿革史》，百花文艺出版社，2005年版，第189页。

刑罚庆赏相及相共，以受邦职，以役国事，以相葬埋。”这是一个规模达到百家并且兼具政治、血亲、军事、经济性质的“闾族共同体”。

《周礼》六乡之外为六遂，《遂人》职文说：“以土地之图经田野，造县鄙形体之法，五家为邻，五邻为里，四里为酂，五酂为鄙，五鄙为县，五县为遂，皆有地域，沟树之。使各掌其政令刑禁，以岁时稽其人民，而授之田野，简其兵器，教之稼穑。”六遂组织也以家为起点，由邻、里、酂、鄙、县、遂六级构成。每级各有官长负责本级治理。其中《酂长》职文说：“各掌其酂之政令，以时校登其夫家，比其众寡，以治其丧纪、祭祀之事。若作其民而用之，则以旗鼓、兵革帅而至。若岁时简器，与有司数之。”职能与族师相似。

后世政治家对这个乡遂二元基层组织多有借鉴，例如施行了数千年的户籍制度，还有著名的“编户齐民”制度，很难说未受《周礼》的启发。民国时期，县以下设乡，有乡长；乡之下设保，有保长；保之下设甲，有甲长。虽没有规定每甲有多少户，但其基本框架仍然与《周礼》乡遂“比邻法”相似。新中国在完成社会主义改造之后，从1958年起，陆续建立起人民公社、生产大队、生产队三级基层组织。1978年之后，基层组织有所改变，但直到今天，我们还能从乡镇、村、组基层组织中看到《周礼》所设计的乡遂制度的影子。

（四）《周礼》致用的经验教训

《周礼》致用学的精髓在于学其神而非模其形。作为中华制度文明的宝贵遗产，《周礼》致用学采纳的应当是《周礼》制度文明背后的思想追求。《周礼》职官的终极思想是“以为民极”，即设官为民，其余如教育在先、以制度规范约束官吏、定期考核官吏任职绩效、监督与任职同步进行等，都可以根据使用者所处的时代特点制定相应的规定，不必都如《周礼》所述。《周礼》书中具体的制度规定反映的是作者所处时代的要求，并非适合所有的时代。中国历史上用《周礼》而食古不化者有之，借用《周礼》之名行非《周礼》之事者亦有之。这些做法违背了《周礼》致用的基本精神，招致失败，非《周礼》之过。

王莽无疑是《周礼》致用学研究的第一人，也是综合运用《周礼》思想对社会实行全面改革的第一人。王莽的所谓托古改制对《周礼》制度进行了融合吸收，如以“九赐”为主的官僚制度，以郊祀天地为主的礼乐制度，以封爵制域为主的封建制度，以设官分职为主的职官制度，以王田为主的土地改革制度，以五均、赊贷为主的经济制度，等等。这些所谓的改制的确对《周礼》有所参考，不过大多属于生搬硬套，没有经过详细的论证，更没有做过试验，尤其是违背“设官为民”的“民极”精神，失败在所难免。王莽托古改制的失败对《周礼》的声誉造成不小的打击。王莽的教训是《周礼》致用学不可回避的一个重要命题。

西汉朝廷官制由丞相、太尉、御史大夫组成最上层官僚机构，再由太常、光禄勋、卫尉、廷尉、太仆、宗正、大鸿胪、大司农、少府这九卿组成次级权力机构，这种三公、九卿官制成为隋唐以前的主流官制。到西魏、北周时期，宇文泰试图改变这个职官体系，他委托苏绰、卢辩等依据《周礼》建六官制度。由宇文泰发起的官制改革最终获得实行。后来隋文帝对北周六官制再做改革，终于建成三省六部制，这个官制改革成果对唐以来的中国社会产生重要影响。北周、隋唐官制改革的成功经验也是《周礼》致用学的重要命题。

王安石是经学家，也是政治家。作为经学家的王安石，其《周官新义》是《周礼》义理学的代表作。作为政治家，王安石的熙宁变法对《周礼》参考尤其多。王安石变法与《周礼》的关系也是《周礼》致用学不可回避的重要问题。如熙宁变法中“保甲法”对《周礼》乡遂“九两系民”思想指导下的比闾什伍制度的参考，“市易法”“青苗法”对《周礼·泉府》等职的参考，等等。王安石变法的经验教训与《周礼》的关系同样是《周礼》致用学不可回避的重要命题。

太平天国是一个失败的政权，职官设计混合了民间宗教、西方基督教和传统儒家思想，该政权对于《周礼》思想的吸收及其教训，亦是《周礼》致用学不能回避的命题。

《周礼》在后世的实践有成功，也有失败，可谓毁誉参半。《周礼》用之于社会改革实践最能体现儒家“经世致用”精神。但是《周礼》致用学研究最大的困难是有关材料都散见于史志著作中，相对于《周礼》知识学和义理学研究，《周礼》致用学研究还非常薄弱。特别是其反面教训研究，不能因为这些教训影响《周礼》的声誉而裹足不前。例如王莽的改革生搬硬套《周礼》的土地制度，导致社会秩序的崩溃；王安石的改革过分强调《周礼》的“理财”制度，导致与民争利，后继者变本加厉，以至于改革失去民心，错失扭转北宋衰落良机。这些课题依然有研究的空间。

关于《周礼》致用学这类学问的研究，学术界目前尚未充分开展。这是一项浩大的工程，本书受研究规模的限制，只能摘取其中一部分做简要分析。

五 《周礼》学史的分期

一部《周礼》学史从表面上看是《周礼》知识学、义理学和致用学发展的历史，但是从主客体关系看，《周礼》学史又是《周礼》文本和《周礼》学者两个主要因素相互影响所留下的痕迹，主要的表现形式是学者的研究活动和研究成果的形成与传播呈现周期性，这样就产生了《周礼》学史的分期问题。每个分期之所以成立，还与《周礼》学者及其成果样式有很大关系，这又产生了《周礼》学的类型问题。我们总结出《周礼》学五大类型后发现：《周礼》学五大类型各有传承，并且与时代紧密联系。因此《周礼》学史也存在分期问题。《周礼》研究与古代封建王朝更替有直接关系，但研究类型的转变略有滞后。综合考虑这些因素后我们提出《周礼》学史五期说：第一期为汉魏时期，《周礼》研究类型以传注为主；第二期为晋唐时期，《周礼》研究标准样式是义疏学；第三期为宋明时期，《周礼》研究的主要内容是义理学；第四期为清时期，《周礼》研究的主要方面是考据学；第五期为现代《周礼》学时期，《周礼》研究的主要特征是分学科展开。

（一）汉魏《周礼》传注之学

从西汉河间献王发现《周官》到东晋干宝作《周礼注》，这一时期都属于《周礼》传注学时期。主要学术特征是力求发现《周礼》经文文字在文本中的本义。最主要的研究目的是帮助读者读懂《周礼》。

河间献王整理《周官》为《周礼》传注学的起点，收在《汉书·艺文志》子部儒家类的《河间周制》十八篇，颜师古注以为“似河间献王所述也”。颜师古拿不出确切的证据，但题名“河间”，显然是刘向父子编《七略》就以之为河间学派所作。研究“周制”当然离不开《周官》，该书必采摘《周官》或依据《周官》而作。刘向父子校书撰写的《周官书录》则为《周礼》传注学时期最重要的目录学著作。由于刘向《别录》已经失传，我们今天不能判断其具体贡献。到西汉末期，《周礼》学出现了一个小高潮，那就是在刘歆身边聚集了一批《周官》学者，开展他们的研究活动。可惜，由于随后的社会大动乱，这批《周礼》学者大都没有活到东汉开国。《周礼》传注学第一个真正的高潮出现在东汉初年。刘歆的学生杜子春有幸见证了东汉建国，并在东汉社会稳定后开展了自己的学术活动。不久，以杜子春为中心的学术小团体成果爆发性出现。杜子春以民间学者的身份传授《周礼》，并对《周礼》做了文字校勘和字义阐释工作，他的研究成果一部分保存在郑玄所作《周礼注》中。他的学生郑众更是青出于蓝而胜于蓝，所作《周官解诂》在郑玄《周礼注》中被引用七百多条。郑众的父亲郑兴在失官后潜心著述，所作《周官注》也有一部分保存在郑玄《周礼注》中。郑兴的好友古文经学家卫宏也有《周官解诂》，不过卫宏的《周官解诂》，郑玄在自己的《周礼注序》中仅仅提及一次而已。杜子春另一个学生贾逵也撰写了《周官解诂》。据贾公彦《序周礼废兴》转引郑玄《周礼注》之序，贾逵的《周官解诂》在当时的影响远远超过了郑兴父子的著作，到汉末郑玄研究《周礼》时，贾逵的著作已具有压倒性优势，以致郑兴父子的著作在市面上难得一见。据史志记载，东汉大科学家张衡作过《周官训诂》，① 但未被《隋书·经籍志》著录。郑玄的老师马融也作过《周官礼注》，在《隋书·经籍志》中尚有记载。郑玄的好友卢植作有《周官解诂》，② 亦不见于《隋书·经籍志》。两汉学者《周礼》学著作最终被郑玄《周礼注》所取代，因而可以说《周礼》学兴于郑玄，而两汉其他学者的《周礼》学成果，除了杜子春和郑兴父子外，也大多因郑玄《周礼注》而逐渐失去影响力。

郑玄之后，《周礼》学面临如何突破的问题。三国曹魏时期经学家王肃作《周官礼注》十二卷，处处针对郑玄《周礼注》，也算是一种突破性

---

① 范晔：《后汉书》，中华书局，1965年版，第1939页。

② 按：《后汉书·卢植传》说卢植作《三礼解诂》，“三礼”自然包括了《周礼》。见《后汉书》，第3116页。

尝试。不过王肃之学依然属于两汉传注学的路数。由于这些著作的流行名称为“传”和“注”，我们称之为“汉魏传注学”，而郑玄的《周礼注》为这一时期《周礼》研究成果的集大成者。

（二）晋唐《周礼》义疏之学

进入两晋，学者或祖郑玄，或宗王肃，著作形式以传注为主。见于《隋书·经籍志》的有伊说《周官礼注》十二卷、干宝《周礼注》十二卷、王懋约《周官宁朔新书》八卷、刘昌宗《礼音》三卷、陈劭《周官礼异同评》十二卷、虞喜《周官驳难》三卷等。这些著作可以视为从《周礼》传注学向义疏学转变的转变期成果。以上著作虽有书名可查，但内容我们已经不得而知，它们最终湮灭于历史长河中，成为岁月大浪所淘之“沙”。

从两晋、南北朝到隋唐，《周礼》学发生了重要的转变，那就是学者不但研究《周礼》经文，还研究汉晋学者的注文。其著作爱用“义疏”命名。虽然崔灵恩著作称《集注周官礼》，没有用“义疏”名称，却出现了“集注”，此书为《周礼》学“集注”的滥觞。从后世的“集注”既汇集各家注说也对各家注发表评论看，崔灵恩的《集注周官礼》与义疏类著作非常接近。《隋书·经籍志》著录有沈重撰《周官礼义疏》四十卷，无名氏撰《周官礼义疏》十卷，另一无名氏撰《周官礼义疏》九卷，又一无名氏撰《周官礼义疏》十九卷。据《周书·熊安生传》，熊安生也作有《周礼义疏》二十卷。此外还出现了《郊祀图》《周官礼图》等，此为《周礼》图学的滥觞。

以上“义疏”类著作到唐人贾公彦撰《周礼注疏》，到达登峰造极的地步，此后《周礼》义疏学开始走下坡路。晋唐时代《周礼》义疏学成果只有贾公彦的《周礼注疏》完整地流传下来。贾公彦《周礼注疏》既是《周礼》义疏学的集大成者，也是隋唐《周礼》义疏学的终结者。这一时期学者《周礼》研究的主流成果称为“疏”或“义疏”，故以之为名。《周礼》义疏学始于两晋南北朝而终结于唐末。

从河间献王到郑玄，学者主要研究对象是《周礼》经文，主要成果是针对经的注解。但自两晋南北朝开始，学者不但研究《周礼》经文，还研究以郑玄、王肃为主的注文。到贾公彦作《周礼注疏》，晋唐注疏之学终于达到高峰。此后虽有宋明义理学和明代考据学兴起，但注疏之学一直延续不断，并且历代都有名作出现，只是已经不是所属时代的主流形式。从沈重的《周官礼义疏》到盛唐时期贾公彦的《周礼注疏》，这类著作研究内容以文字训诂和名物制度解说为主，成果形式多为注或解，以及对注、解做进一步的疏通证明。

（三）宋明《周礼》义理之学

从北宋到明清之际，《周礼》学的主流研究类型是义理学。这一期还可分出两宋和元明两个阶段。其中两宋是《周礼》义理学的鼎盛时期，也是《周礼》学的大盛时期，学者人数众多，成果丰富，是《周礼》学研究的黄金时代。元代《周礼》义理学有所式微，几部著作基本上步宋学后尘，创新性明显下降。明代处在转变期，《周礼》研究虽以义理学为主，却也酝酿着新的变革。

两宋《周礼》学著作十分丰富，史志著录多达一百二十种，流传至今的也有二十二种。名著有王安石的《周官新义》、李觏的《周礼致太平论》、黄裳的《周礼义》、王昭禹的《周礼详解》、胡铨的《周礼解》、朱熹的《周礼说》、吕祖谦的《东莱周礼说》、史浩的《周官讲义》、黄度的《周礼说》、陈傅良的《周礼说》、俞庭椿的《周礼复古编》、叶时的《礼经会元》、夏惟宁的《礼经会元节要》、易祓的《周官总义》、郑伯谦的《太平经国之书》、朱申的《周礼句解》、魏了翁的《周礼折衷》、王与之的《周礼订义》、黄震的《读周礼日抄》。其中王安石的《周官新义》、易祓的《周官总义》、黄度的《周礼说》原书已佚，今传本是清人的辑佚之作。《周官新义》《周官总义》收入《四库全书》，《周礼说》收入《续修四库全书》。除以上专著外，宋人还有大量单篇文章涉及《周礼》。

两宋《周礼》学特点鲜明。《四库全书总目提要》已经指出宋学与汉唐注疏学的区别：

《周礼》一书，得郑《注》而训诂明，得贾《疏》而名物制度考究大备。后有作者，弗能越也。周、张、程、朱诸儒，自度征实之学必不能出汉唐上，故虽盛称《周礼》，而皆无笺注之专书。其传于今者，王安石、王昭禹始推寻于文句之间；王与之始脱略旧文，多辑新说；叶时、郑伯谦始别立标题，借《经》以抒议。其于《经》义，盖在离合之间。于是考证之学渐变为论辩之学，而郑、贾几乎从祧矣。①

这是经学史上首次给宋代《周礼》学提炼特色。《提要》用批评的口吻评价宋代《周礼》学，然而其所揭示的《周礼》宋学与《周礼》汉唐之学的区别相当准确，那就是宋人将汉唐考证之学转变为论说之学。论说之学即“借经以抒议”，这是《周礼》学史上的一件大事。就思想史价值来说，宋代《周礼》学的“借经以抒议”不可小视，是《周礼》学的一次大突破。受学派观点的局限，《提要》作者未能给予宋学《周礼》学以客观评价。

宋人“好论说”突出表现在《周礼》辨伪上。经过宋人的辨伪，《周礼》“周公所作说”受到空前的挑战，这种怀疑精神有利于学者从对周公的迷信中解脱出来，将《周礼》当作思想史资料看待。宋人《周礼》疑经辨伪也存在消极影响。由于疑经，宋人出现改经、删经、移经等极端做法。例如王昭禹《周礼详解》、朱申《周礼句解》均删去《周礼》序官经文，王与之《周礼订义》移经文序官文字于各官经文之前。俞庭椿取五官以补《冬官》，又以《天官·世妇》与《春官·世妇》为一官，以《夏官·环人》与《秋官·环人》为一官，当合并。王与之、叶时、赵彦卫、金叔明、黄震等人也赞同附和。直至元人丘葵、吴澄，明人方孝孺、柯尚迁、舒芬等也纷纷推崇，《周礼》“补亡”方案迭出，《周礼》研究的“《冬官》不亡”一派由此形成。

宋明两代《周礼》义理学典型著作可以分为两大类。一类随经说义，即按照经文次序，先列经文，再于经文之下列出自己的解说，如王安石的《周官新义》、王昭禹的《周礼详解》，都是沿袭汉唐传统。另一类据经说理，即选择自己感兴趣的《周礼》命题，做自由发挥。如李觏《周礼致太平论》、叶时《礼经会元》、郑伯谦《太平经国之书》都是如此。这一类著作并不特别在意经文的校勘与训诂，他们着意于经文思想内涵的发

① 纪昀等：《四库全书总目提要》，河北人民出版社，2000 年版，第 518 页。

掘，以及历代遵循与违背《周礼》的经验教训。这是汉唐时代不曾有过的研究模式。这些研究以发掘《周礼》的思想价值为主，是对《周礼》义理的阐发，成果形式多为论说。这是《周礼》研究的创新，属于宋明《周礼》学研究的典型样式，因此我们称之为“宋明义理学”。

（四）清代《周礼》考据之学

清朝学者不满于宋明《周礼》学对义理的过度阐发而忽略了作为义理存在基础的文字、名物制度研究，乾嘉时期兴起了以文字、音韵、训诂和制度为主要研究对象的考据之学。这种考据之学看似是对汉唐注疏之学的回归，实际上是对汉唐《周礼》注疏之学的继承、发展和超越，我们称之为“清代考据学”。

清代《周礼》学著作，《清史稿·艺文志》著录四十一种。清代前期如万斯大、毛奇龄、李光地等的《周礼》学研究承宋明义理学余绪。万斯大《周官辨非》沿袭宋明义理学而反之。宋明义理学大多以《周礼》为周公致太平之书，万斯大则以为此书与五经、《论语》、《孟子》多不合，有反圣人之道，因而摘取《周礼》中如“大宰九赋”“鱼征入于玉府”“大府、玉府供玩好”等四十余条违背“五经论孟”者予以一一否定，这部书是《周礼》学史上少有的极端否定论的代表性著作，同时代人李业嗣为之作序说：“吾友万子充宗最精于经学，生平于六艺之文辨若秋芒，尽发其义。更取《周官》一书，条举件系，极辨其非，凡五十余节，大略惟官冗而赋重，此则为其害之大者也。”① 所说言过其实，未免有广告推销的嫌疑。此书以提出论说为主，没有多少坚实的考证，走的是宋人义理学的路数。

与万斯大《周官辨非》路数相近而观点正好相反，毛奇龄作《周礼问》二卷，维护《周礼》为战国儒者所作说。《周礼问》通过一问一答的形式解说《周礼》非汉儒伪造、《周礼》职官与三代职官的异同、《周礼》人员配置数量庞大等问题，并对明人罗喻义非难《周礼》的谬误进行了分析。此为清初义理派回护《周礼》的代表作。万斯大、毛奇龄是

① 李业嗣：《周官辨非序》，《续修四库全书》第 78 册，上海古籍出版社，2002 年版，第 401 页。

清代前期《周礼》学义理派的代表。李光地《周官笔记》仅一卷，虽云“笔记”，却多说《周礼》设官分职之义。

清代出现了一大批《周礼》学研究者，他们的成果呈现融合汉、宋的基本特征。在李光地《周官笔记》中已经透露出一点苗头，例如李光地关于“大宰八法”之“官常”的分析就有一点考据学的味道。方苞则为融合汉、宋比较突出的学者。其《周官辨》《周官析疑》为典型的宋学路数，而《周官集注》则仿照朱熹《诗经集传》，训诂、义理兼采。李光地之弟李光坡《周礼述注》、李光地之子李钟伦《周礼纂训》已经呈现从义理学向考据学转变的迹象。

清代《周礼》考据学，皖派始于婺源江永，其名作《周礼疑义举要》多含名物制度研究。此后，戴震撰《考工记图》，一时声名鹊起。另金榜的《礼笺》、程瑶田的《沟洫疆理小记》和凌廷堪的《周官九拜解》《周官九祭解》《乡射五物考》成为皖派经学《周礼》专题研究的重要收获，而段玉裁的《周礼汉读考》、王引之的《周礼经义述闻》则为乾嘉时期考据学的重要成果。至此，清代《周礼》考据学全面成熟。晚清孙诒让作《周礼正义》，将古典《周礼》学推上新的高峰。

从汉魏传注学、晋唐义疏学，经过宋明义理学，再到清代考据学，《周礼》学研究呈现典型的“螺旋式上升运动”。孙诒让之后，古典《周礼》学终结，《周礼》学史进入新时代。

（五）现代《周礼》分学科之学

清帝逊位之年，中国历史进入全新时期，《周礼》学也发生重大变化，呈现新的面貌。这个时期至今已经有一百一十多年历史了。由于这一时期的《周礼》学研究按照现代学科分类分学科展开，我们统称为“分学科《周礼》学”。现代《周礼》学应当分为两个阶段。

第一阶段从清帝退位到 1978 年改革开放前夕，为“新史学”阶段。随着科举制度的终结，古典经学在现代失去了生存的基础。梁启超提出建立“新史学”，周予同先生更是明确提出要让新史学替代传统的经学，①

---

① 周予同著，朱维铮编《周予同经学史论著选集·群经概论》，上海人民出版社，1996 年版，第 220 页。

传统的经学研究转变成了经学史研究。其间虽有少数学者沿着乾嘉学派的路数继续研究《周礼》，取得不错的研究成果，但已经不是主流。相对来说，这一时期的《周礼》学研究以怀疑、批判为主，具有学术价值的成果不及第二阶段丰富。

第二阶段从改革开放至今，是真正意义上的“分学科《周礼》学”阶段。《周礼》研究分学科突进：一部分研究被纳入中国历史学科的“专门史”或“文献学”中；一部分研究被纳入中国文学学科的“古代汉语”或“汉语史”中；一部分被纳入理论经济学学科的“中国经济史”中；一部分被纳入政治学学科的“中国政治史”中；还有一部分被纳入法学理论学科的“中国法制史”中。《周礼》成为经济学、管理学、财政学、政治学、法学、语言学、历史学、考古学、工艺美术学、军事学、教育学、文学等众多人文社会科学学科的研究对象，这种局面在《周礼》学史上还是第一次出现。学者分别从各自的学科出发，利用本学科的研究方法对《周礼》相关方面的内容展开研究，推动了《周礼》学向更细分的领域突进。

第一章

《周礼》学的开端

一部元典之学的开端应当从它首先产生影响时算起。由于《周礼》的作者问题至今没有解决，《周礼》一书的撰作时代就不能准确定位。依据目前所能看到的材料，我们认为可以将河间献王发现《周官》为《周礼》学的起点。经刘歆的大力发扬，到杜子春撰写《周官解诂》，《周礼》学走过了萌芽期、初创期和奠基期，形成自己的学术传统。《周礼》学萌芽于河间献王君臣发现并开始整理此书，初建于刘歆、王莽立《周礼》学博士，到杜子春教授《周礼》，《周礼》学传统正式确立。本章重点描述《周礼》学从萌芽到奠基期这段发展过程。这一时期是《周礼》学的初创期，也是《周礼》传注学的发轫期，还是《周礼》致用学的滥觞期，不过主体上还是《周礼》传注学时期。因此本章也将刘歆、王莽的《周礼》礼制改革的致用学包括在内。这一时期出现了刘歆、杜子春、郑兴父子、贾逵等一批杰出的《周礼》学者。由于贾逵的研究成果亡佚，前人引用大多片言只语，不成系统，本章重点研究刘歆、杜子春、郑兴父子的《周礼》学。

第一节　《周礼》学的初创

《周礼》学萌芽于西汉武帝时期河间王国。河间献王发现这部古书后，河间君臣对这部书做了初步的整理，为遗失的《冬官》补充了《考工记》，并且根据这部书和其他资料，编写了《河间周制》。《河间周制》著录于《汉志·诸子略·儒家类》，今已不存，却开创了《周礼》研究的先河。后来刘向父子校勘《周官》，《周官》的文献学研究获得进展。刘歆意识到该书与周公的“制礼作乐”有关，在编写《七略》时将该书放在《六艺略》中的礼类。刘歆是“王官”，他的做法代表西汉王朝的官方立场，从此《周官》的礼学著作身份被固定下来。刘歆此举可以视为后来“三礼”学的滥觞。正统的《周礼》学真正初创于刘歆。新莽时期为《周官》设立博士，这是《周礼》学史上的重要事件，《周礼》的学术研究由此走上正轨。由于两汉之际社会大动荡，《周礼》博士和弟子们在战乱中大多死于非命，这一时期的《周礼》学研究成果主要依赖河南杜子春的教学活动而被传承下来。

一 河间献王的《周官》学

河间献王掀开了《周官》学的第一页。他是西汉《周礼》学的功臣，是《周礼》学的开创者，河间献王的主要贡献有六项。

第一项贡献是征集到了古文《周官》。《汉书·景十三王传》说：

> 河间献王德以孝景前二年立，修学好古，实事求是。从民得善书，必为好写与之，留其真，加金帛赐以招之。繇是四方道术之人不远千里，或有先祖旧书，多奉以奏献王者，故得书多，与汉朝等……献王所得书皆古文先秦旧书，《周官》《尚书》《礼》《礼记》《孟子》《老子》之属，皆经传说记，七十子之徒所论。①

班固明确指出《周官》为河间献王所得，并且是古文本，传自孔子门徒，不存在伪造、伪托问题。

第二项贡献是河间君臣将《考工记》补入《周礼》，以替代遗失的《冬官》。《经典释文·序录》引“或说”，以为李姓人士将《周官》五篇献给河间献王。② 这个说法为《隋书·经籍志》所接受：“有李氏得《周官》。《周官》盖周公所制官政之法，上于河间献王，独阙《冬官》一篇。

① 班固：《汉书》，中华书局，1962 年版，第 2410 页。
② 吴承仕：《经典释文序录疏证》，第 87 页。

献王购以千金不得，遂取《考工记》以补其处，合成六篇奏之。”① 《考工记》为先秦旧籍，非《周礼》类职官职文文献。但该书记载百工之事的工作规范、行业标准、工艺流程，与《周礼·冬官》的大司空所管理的营造之事有高度的重合性。通过《考工记》探索《周礼·冬官》是一条最能接近《冬官》的“快捷方式”。河间献王君臣将《考工记》纳入《周礼》系统，从文献学角度看虽然不妥，但只要将《考工记》视为《周礼》的附录，河间献王君臣此举不但无过，还有功于《周礼》研究，更有功于中国古代制造业，有功于中华手工业文化。《考工记》本身就是人类宝贵的文化遗产，其价值不言而喻；而《考工记》也因河间献王君臣此举保存下来，河间君臣居功至伟。

第三项贡献是河间君臣利用《周官》编写著作，开创了《周官》学的先河。河间献王利用《周官》中的部分材料编写了《乐记》一书。《汉书·艺文志》说：“武帝时，河间献王好儒，与毛生等共采《周官》及诸子言乐事者，以作《乐记》。”② 这一记载明确指出《周官》为河间君臣编撰《河间乐记》所利用，是《周礼》第一次体现其致用价值。这部《河间乐记》有别于收在《小戴礼记》中的《乐记》，今已不传。不过河间献王此举对于西汉以来传承两周礼乐文明无疑起到了重要作用。

第四项贡献是撰写了《周官传》。《汉书·艺文志·六艺略》在礼类《周官经》后列有《周官传》四篇。班固、颜师古都没有指出《周官传》四篇的作者是谁，郑玄也没有征引《周官传》。其仅见于《汉书·艺文志》，在东汉就已经失传。四篇《周官传》紧挨在《周官经》六篇之后，显然就是为《周官经》撰写的“传”。四篇《周官传》是《周礼》最早的传注学成果。由于《艺文志》没有标明《周官传》的作者，《周官传》由何人所作已经成为千古之谜。根据《艺文志》所列五经经传惯例，紧随五经之后不署名的传、记、说等往往是该经的师法构成之一。③ 例如今

① 魏徵等：《隋书》，中华书局，1973 年版，第 925 页。

② 班固：《汉书》，第 1712 页。

③ 丁进：《经学师法、家法与〈汉志·六艺略〉的家数问题》，《中国哲学史》2012 年第 1 期。

文《尚书》学欧阳、夏侯博士师法都包括了先师伏生的《尚书大传》。考虑到西汉设立博士必有师说，因此王莽当权时刘歆立《周官》博士，《周官》此时必有“师法”，《周官传》四篇作为“师法”载体之一被纳入《周官》学师法中，也就不足为奇了。王葆玹认为《周官传》四篇为西汉河间学者所作，[①] 我们赞成此说。班固《艺文志》依据刘歆《七略》，有所改动一般注明“出”哪些篇、“入”哪些篇。礼类，班固只注“入《司马法》一家，百五十五篇”，可见《周官传》非班固加入。刘歆《七略》完成于王莽摄政之前，因而可以判断《周官传》非刘歆所作。又刘歆之前，习《周官》的学者集中于河间，因而我们赞成此书为河间学派所作。

第五项贡献是河间君臣对《周官》有过初步的研究。《汉书·艺文志》儒家类列有《河间周制》十八篇。题名“河间”，可见这部著作为河间学派研究西周制度的结晶。研究西周制度，不可避免要从《周官》中发掘材料。至于河间学派有没有对《周官》做进一步的研究，由于文献缺乏，我们难以确定。

第六项贡献是倡导“实事求是”的治学精神。这一点非常重要，可以说河间献王奠定了中华古典时代学术研究的品格和自我约束的传统。如果没有这一学术要求，那么两千多年中华学术研究失去了自我约束，可信度将受到削弱，虚妄之说将会大肆流行。“实事求是”精神不仅在学术领域影响深远，在政治领域亦是如此，这里不再讨论。

二　武帝朝的《周官》学

《周官》学在武帝朝不兴的原因值得思考。河间献王既然将这么一部重要的著作献给了汉武帝，为什么《周官》没有在武帝朝发扬光大？马融《周官传序》说：“孝武帝始除挟书之律，开献书之路，既出于山岩屋壁，复入于秘府，五家之儒莫得见焉。”[②] 河间献王所上《周官》被藏之秘府，也许是事实，但“五家之儒莫得见焉”就难说了。《史记·孝武本

① 王葆玹：《今古文经学新论》，中国社会科学出版社，1997年版，第151页。
② 贾公彦：《周礼注疏》，《十三经注疏》，第635页。

纪》记载:“自得宝鼎,上与公卿诸生议封禅。封禅用希旷绝,莫知其仪礼,而群儒采封禅《尚书》《周官》《王制》之望祀射牛事。”① 今文《尚书》没有《周官》一篇;这个《周官》也不是今本伪古文《尚书》里的《周官》。托名成王所作的伪古文《周官》没有任何封禅内容。而《周礼·春官》中的《大宗伯》有天神、地祇、人鬼的祭祀内容,司马迁所说《周官》显然不是《尚书》中的《周官》,而是河间所献《周官》。可见在汉武帝时代,大臣还是能见到《周官》一书的。

《周官》学不兴的原因在于汉武帝不支持。为了维护王朝的“大一统”,汉武帝实行了“左官之律”“附益之法”,对诸侯王进行多方面的限制。② 武帝对于诸侯王的文化建设一直采取压制措施。《汉书·景十三王传》记载河间献王觐见武帝,又是献雅乐,又是对三雍宫,还有对策诏问三十余条,可见河间献王刘德非常有才华,并且具有一定的政治见解。这次来朝讨论学问的成果,在当时就有流传。收在《汉书·艺文志》中的《河间献王对上下三雍宫》三篇,就是这次探讨成果的一部分。不过这次讨论学问的结局非常悲惨,《史记集解》引《汉名臣奏·杜业奏》说:“河间献王经术通明,积德累行,天下雄俊众儒皆归之。孝武帝时,献王朝,被服造次必于仁义。问以五策,献王辄对无穷。孝武帝艴然难之,谓献王曰:‘汤以七十里,文王百里,王其勉之。’王知其意,归即纵酒听乐,因以终。”③ 汉武帝防止诸侯王坐大有据可查,对于诸侯王的文化建设,汉武帝也是多加防备。同样是《诗经》,齐、鲁、韩三家诗立于学官,不立来自河间学的《毛诗》,因《毛诗》曾经被河间献王立为博士,而《楚元王诗》也因在楚国立为博士,失去了在西汉王朝立博士的资格。可见汉武帝对诸侯王的提防不是个别现象。

三 刘向、刘歆父子的《周官》学

真正属于王朝官方的《周官》研究起于刘向校书。刘向勘定《周官》

---

① 司马迁:《史记》,中华书局,1959年版,第473页。

② 班固:《汉书》,第395页。

③ 司马迁:《史记》,第2094页。

文字，这个工作属于校勘学；又为整理后的《周官》撰写了《周官叙录》，这是目录学著作。刘向奠定了《周官》研究的文献基础。刘歆的贡献首先在于他对《周官》一书的认识成果。马融说得好，“时众儒并出共排，以为非是。唯歆独识，其年尚幼，务在广览博观，又多锐精于《春秋》。末年乃知其周公致太平之迹，迹具在斯”。[①] 刘歆在博览群书之后体会到《周官》这部书不是寻常著作，乃是周公精心构思的治国宏图。史书没有直接记载刘歆《周官》学的研究成果。我们通过爬梳史料，发现刘歆对《周官》学也有三大贡献。

第一，刘歆设立《周官》博士，提高了《周官》的地位。[②]《隋书·经籍志》说：“至王莽时，刘歆始置博士，以行于世。”这是历史上《周官》第一次跻身于朝廷学统，取得了政治身份。当然，刘歆为了提高《周官》的地位，采用不正当手段，鼓吹王莽“发得周礼”，有失学者的人格，另当别论。

马融《周官传序》说刘歆弟子杜子春“能通其读，颇识其说”。其中“识其说”之“识”与《论语》“默而识之”之“识”相同。朱熹《论语集注》以为“识，记也”。杜子春所记，除了自己的学术研究成果，也必然包括刘歆传授给他的学术成果，即刘歆的师法。郑玄注引“杜子春云”必定包含了杜子春老师刘歆的《周官》学说，只是我们今天已经不能辨别郑玄所引“杜子春云”中哪些是刘歆的思想、哪些是杜子春的思想。我们今天笼统地将“杜子春云”视为杜子春的思想，那是无可奈何之举。

第二，刘歆将自己的《周官》学术传授弟子，开启了《周礼》学的

---

① 按：马融对刘向父子的《周礼》学贡献做过介绍。贾公彦《序周礼废兴》引马融《周官传》说：“至孝成皇帝，达才通人刘向、子歆校理秘书，始得列序，著于《录》《略》，然亡其《冬官》一篇，以《考工记》足之。时众儒并出共排，以为非是。唯歆独识，其年尚幼，务在广览博观，又多锐精于《春秋》。末年乃知其周公致太平之迹，迹具在斯。”由此可知，刘向父子对《周官》做了文献学工作，即整理了《周官》，并撰写《周官叙录》，《周官叙录》收在刘歆的《七略》中，也见于刘向的《别录》，但不见杜子春、郑司农、郑玄称引，可见该书没有流传下来。

② 按：关于刘歆立《周官》博士，还有三条证据。荀悦《汉纪》卷二十五说：“刘歆以《周官》六篇为《周礼》，王莽时，歆奏以为礼经，置博士。”陆德明《经典释文·序录》说：“王莽时，刘歆为国师，始建立《周官经》，以为《周礼》。”《汉书·艺文志·周官经》六篇下，颜师古注说：“王莽时，刘歆置博士。”

经学学统。杜子春是刘歆《周礼》学一个承上启下的人物。马融《周官传序》说："奈遭天下仓卒，兵革并起，疾疫丧荒，弟子死丧，徒有里人河南缑氏杜子春尚在。永平之初，年且九十，家于南山，能通其读，颇识其说，郑众、贾逵往受业焉。"① 汉末郑玄虽从马融受学，但他的《周礼注》引用郑司农说最多，引用郑兴说也不在少数，而郑兴是刘歆的入门弟子。可见郑兴、郑司农对郑玄影响更大。如果没有刘歆，从杜子春到郑玄这一《周官》学传统也就不存在了，也就没有东汉以来的《周礼》学。

第三，刘歆认为《周官》就是周公所制定的周礼，并将《周官》纳入礼学体系，编辑《七略》，将《周官》放在《六艺略》中的"礼类"，这一思想深刻影响了后世两千多年的《周礼》学研究走向。刘向校书，成果为《别录》。刘歆子承父业，成果为《七略》。刘向的功绩主要在于勘定文字，撰写了书目提要。刘歆的功绩主要在于分类编目，撰写总目提要，他的编目成果为班固《汉书·艺文志》所继承。我们今天看到的《汉书·艺文志》，《周官》放在《六艺略》的礼类中，位列《仪礼》类之记的后面，并且直接称为"周官经"，将《周官》升格为元典，这是历史上的首次，也是后世"三礼"学的滥觞。可见早在王莽母亲功显君去世之前，刘歆自己已经"发得周礼"，《功显君丧服议》中说王莽"发得周礼"，只不过是政治上的逢迎拍马而已，与学术关系不大。

第二节 《周礼》致用学的初试

《周礼》第一次用于国家制度建设出现在汉武帝时期。《史记·孝武本纪》有"群儒采封禅《尚书》《周官》《王制》之望祀射牛事"的记录，② 说明此时儒生已经在使用《周礼》去解决实际问题。不过儒生这次利用《尚书》《周官》《王制》三书重建封禅仪的对策建议未被汉武帝采纳，具体情况也不得而知。但这一次确实是《周礼》致用学第一次登上历史舞台。从此《周礼》与历代祭祀礼仪建设建立了不解之缘。本节以

① 贾公彦：《周礼注疏》，《十三经注疏》，第636页。
② 司马迁：《史记》，第473页。

天神祀典建设为中心，分析“汉典”建设中的《周礼》致用学情况。

中华祀典有殷商祀典、周系祀典、秦系祀典和汉系祀典四大体系。魏晋以下祀典发展变化多，特别是唐以下朝廷编撰的祀典文本更加丰富，然而这些祀典大多没有超出西汉平帝元始年间建成的“元始祀典”框架。西汉以下，中华文化进入经学文明时代，元始祀典建成，开启了一个传统：凡是变革祀典，必从五经中找依据。中华祀典建设也从以方士为主导转变为以儒生为主导。在这个意义上，我们称西汉元始祀典以下的历代祀典为“汉系祀典”。刘歆、王莽是元始祀典的真正建立者。由于王莽、刘歆的个人品格为东汉以下学者所不齿，他们采用歆、莽成果，却忌讳歆、莽之名，称其成果为“元始故事”。本节分析匡衡、王莽等人是如何利用《周礼》建立“建始祀典”和“元始祀典”的。

一　建始祀典：《周礼》致用学的开篇

在元始祀典建立以前，影响最大的是秦系祀典。秦系祀典从春秋战国的秦国开始，到秦始皇统一中国，初步建立了天神地示祭祀体系。这个体系的思想深度远不及商周祀典。汉因秦制，秦系祀典也被继承下来。西汉前期从高祖开始到汉武帝为止，都是对秦系祀典进行补充完善。汉武帝将太一、后土、明堂纳入这个体系，秦系祀典已经登峰造极，不堪重负，缺陷暴露无遗，严重脱离了“大一统”王朝的实际需要。

西汉元帝时期，五经博士制度造就了大量“学者型官员”。他们不仅在重大礼制问题上能够给出建议，还主动提出重大礼制建设方案。这些“学者型官僚”学以致用，突出成就是在西汉元、成二帝时期将以毁庙为重点的西汉庙制建立起来。在神灵祀典方面，儒者在礼典建设上都处在主导地位。《汉书·郊祀志》记载了汉成帝时期关于南北郊祭祀的争论：

右将军王商、博士师丹、议郎翟方进等五十人以为《礼记》曰：“燔柴于太坛，祭天也；瘗薶于大折，祭地也。”兆于南郊，所以定天位也。祭地于大折，在北郊，就阴位也。郊处各在圣王所都之南北。《书》曰：“越三日丁巳，用牲于郊，牛二。”周公加牲，告徙新邑，定郊礼于雒。明王圣主，事天明，事地察。天地明察，神明章矣。天地以王者为主，故圣王制祭天地之礼必于国郊。长安，圣主之居，皇天所观视也。甘泉、河东之祠非神灵所飨，宜徙就正阳大阴之处。违俗复古，循圣制，定天位，如礼便。①

王商、师丹、翟方进等五十人提出，武帝祀典中的甘泉太一祠、汾阴后土祠都不符合儒家经典《礼记》《尚书》精神。主要理由有两点：第一是应南郊祀天、北郊祀地；第二是南北郊均应处王者之都。这两条理由来自所引《礼记》的“兆于南郊，所以定天位也。祭地于大折，在北郊，就阴位也。郊处各在圣王所都之南北”，以及从《尚书》引发出来的“天地以王者为主，故圣王制祭天地之礼必于国郊”。根据这两条精神，后土祠应当在王都太阴之位北郊；但汾阴后土祠却在河东，处少阳之位，而少阳无后土，显然不符合儒家学说。同样，甘泉太一祠名义为祀天，天处王都南郊，阳位。祭天当在王都南郊阳位，而甘泉太一祠却在云阳，远离国都。那么，依据儒家经典，甘泉太一祠、汾阴后土祠就失去了合理性，秦系祀典的“合法性”被抽离。

在这次祀典大讨论中，《周礼》也出现在儒家论据中。《汉书·郊祀志》记匡衡奏议说：

臣闻郊〔柴〕飨帝之义，埽地而祭，上质也。歌大吕舞《云门》以俟天神，歌太蔟舞《咸池》以俟地祇，其牲用犊，其席槁秸，其器陶匏，皆因天地之性，贵诚上质，不敢修其文也。以为神祇功德至大，虽修精微而备庶物，犹不足以报功，唯至诚为可，〔故〕上质不饰，以章天德。紫坛伪饰、女乐、鸾路、骍驹、龙马、石坛之属，宜皆勿修。②

引文前半段见于《周礼·大司乐》。师古注说：“此《周礼》也。”

① 班固：《汉书》，第1254页。
② 班固：《汉书》，第1256页。

可见此时《周礼》已经进入儒者视野。元、成时代“学者型官僚”具有儒家的担当精神，敢于对祀典做大规模改造。相比之下，身为皇帝的汉成帝、汉哀帝一因无后嗣，一因久病，对新祀典没有信心，多次动摇。匡衡则坚持自己的学术立场，认为武帝祀典“不应经典”，应当废除，并自作祈祷文，祈祷神灵若对新祀典不满，不必惩罚皇帝，直接降罪于实际操作者匡衡自己。匡衡此举显示了巨大的政治勇气和对儒家经典高度的信心。

在“学者型官僚”的推动下，一个完全不同于秦系祀典的“汉典”终于被提到议事日程。《汉书·郊祀志》说：

> 成帝初即位，丞相衡、御史大夫谭奏言：“帝王之事莫大乎承天之序，承天之序莫重于郊祀，故圣王尽心极虑以建其制。祭天于南郊，就阳之义也；瘗地于北郊，即阴之象也。天之于天子也，因其所都而各飨焉。往者，孝武皇帝居甘泉宫，即于云阳立泰畤，祭于宫南。今行常幸长安，郊见皇天反北之泰阴，祠后土反东之少阳，事与古制殊。又至云阳，行溪谷中，阸陕且百里，汾阴则渡大川，有风波舟楫之危，皆非圣主所宜数乘。郡县治道共张，吏民困苦，百官烦费。劳所保之民，行危险之地，难以奉神灵而祈福祐，殆未合于承天子民之意。昔者周文武郊于丰鄗，成王郊于雒邑。由此观之，天随王者所居而飨之，可见也。甘泉泰畤、河东后土之祠宜可徙置长安，合于古帝王。愿与群臣议定。”①

匡衡、张谭的奏议从祭祀地点方面否定了汉武帝祀典中的太一、后土祭祀的合理性，在祭祀地点上改“皇帝就神灵”为“神灵就皇帝”，即以长安为中心，建立“帝都”祭祀体系。这个措施符合“大一统”时代“神权一统”的要求，杜绝了此后方士捏造新神灵进入神灵祀典的可能。后来，匡衡、张谭等陆续建议，遵循儒家“天地祭祀尚质”思想改造神灵祭祀用牲制度；废除“诸侯”所造祀典，直接将秦系地方神灵剔除出祭祀体系。这就是汉成帝“建始祀典”改革的大体情况。此后虽有反复，

---

① 班固：《汉书》，第1253—1254页。

但秦系祀典退出历史舞台几成定局，而汉系祀典的大体建设基本完成，匡衡等人利用《周礼》等儒家经典推动祭祀制度改革的成果得以实施。这是《周礼》学史上致用研究成果第一次得以实施，因此，我们将汉成帝建始祀典的成功视为《周礼》致用学的开篇。

二 元始祀典的建立

汉成帝建始祀典虽获实施，但由于成帝无子嗣，一部分大臣以为这与毁坏武帝祀典有关，于是武帝祀典再次被启用，但成帝依然无子嗣。汉成帝临终悔悟，遗命恢复建始祀典，皇太后以“顺帝意”的名义下诏书再次废除了武帝祀典，建始祀典再次被启用。但继位的汉哀帝久病不起，君臣又怀疑建始祀典，武帝祀典再次恢复，而哀帝病不见轻，终不获福。

汉平帝元始五年（5），大司马王莽多次上奏，不但要求恢复建始祀典南北郊制度，还要求对祭祀对象的名称、次序、位置以及祭祀用乐、用牺牲、用粢盛制度进行大规模改革。王莽的建议被采纳。这就是史书多次提及的所谓“元始故事”。我们按照惯例，称王莽所改祀典为“元始祀典”。

元始祀典是真正的“汉典”，在建始祀典基础上，元始祀典有两项重要贡献：一是建立天神地示南北郊合祀与别祀体系，二是将“五帝”纳入郊祀体系。本小节分析第一项贡献。

元始祀典利用《周礼·春官·大司乐》章，建立了天神地示南北郊合祀与别祀体系。《汉书·郊祀志》所引王莽一篇奏议说：

> 《周官》天墬之祀，乐有别有合。其合乐曰“以六律、六钟、五声、八音、六舞大合乐”，祀天神，祭墬祇，祀四望，祭山川，享先妣先祖。凡六乐，奏六歌，而天墬神祇之物皆至。四望，盖谓日月星海也。三光高而不可得亲，海广大无限界，故其乐同。祀天则天文从，祭墬则墬理从。三光，天文也。山川，地理也。天地合祭，先祖配天，先妣配墬，其谊一也。天墬合精，夫妇判合。祭天南郊，则以墬配，一体之谊也。天墬位皆南乡，同席，墬在东，共牢而食。高帝、高后配于坛上，西乡，后在北，亦同席共牢。牲用茧栗，玄酒陶匏。《礼记》曰天子籍田千亩以事天墬，繇是言之，宜有黍稷。天地

用牲一，燔尞瘗薶用牲一。高帝、高后用牲一。天用牲左，及黍稷燔尞南郊；墬用牲右，及黍稷瘗于北郊。其旦，东乡再拜朝日；其夕，西乡再拜夕月。然后孝弟之道备，而神祇嘉享，万福降辑。此天墬合祀，以祖妣配者也。

其别乐曰："冬日至，于墬上之圜丘奏乐六变，则天神皆降；夏日至，于泽中之方丘奏乐八变，则墬祇皆出。"天墬有常位，不得常合，此其各特祀者也。

阴阳之别于日冬夏至，其会也以孟春正月上辛若丁。天子亲合祀天墬于南郊，以高帝、高后配。阴阳有离合，《易》曰"分阴分阳，迭用柔刚"。以日冬至使有司奉祠南郊，高帝配而望群阳，日夏至使有司奉祭北郊，高后配而望群阴，皆以助致微气，通道幽弱。当此之时，后不省方，故天子不亲而遣有司，所以正承天顺地，复圣王之制，显太祖之功也。①

以上引文是王莽提出的天地郊祀方案。这个方案不仅继承了建始祀典的南郊祭天、北郊祭地这一重要内容，还根据《周礼·春官·大司乐》经文推导出"周礼"祭祀天地有合祭与别祭之分。合祭即引文的第一段内容。合祭时间，见于第三段的"孟春正月上辛若丁"，即正月上辛日或丁日；地点，见于第三段"天子亲合祀天墬于南郊"；祭祀对象则为天地、四望、山川、祖妣，即王莽所引《大宗伯》职文中的"祀天神，祭墬祇，祀四望，祭山川，享先妣先祖"。这个祭祀对象体现了阴阳对应观念：天为阳，地为阴；星辰为阳，山川为阴；先祖为阳，先妣为阴。孤阴不生，孤阳不立，故阴阳搭配，阴从阴，阳从阳。祭天，以先祖配，星辰从祀；② 祭地，以先妣配，山川从祀。这个思想在《周礼》中并不明显，当为刘歆、王莽所加，至于祭祀方位、牺牲、粢盛、乐奏都各有分别。

---

① 班固：《汉书》，第1265—1266页。

② 按：这段引文中，王莽以阴阳说祀礼，遗留下来一个漏洞。他将"四望"分解为"三光"和海。三光属天文，是可以成立的，天文从天也说得过去，但海难说属阳。而刘昭注《后汉书·祭祀志》引用《黄图》所记王莽元始四年所上奏议将日、月、星、山、川、海视为"六宗"，为对海的另外一种处理方法。

三 元始祀典的礼学依据

王莽这个方案可以称为“一合二分祀天地法”。上面我们分析了“一合”，即天神、地示、人鬼共祭；二分，分别是冬至日南郊祭天，夏至日北郊祭地。二分祭级别要低一级，天子不亲祭祀。这样，一年之中有三次重要的天地祭祀活动：正月上辛或丁日，天地合祭于南郊，以祖妣配祀；夏至日北郊祭地；冬至日南郊祭天。一年两次南郊，时间不一样，级别不一样，祭祀对象不一样。

王莽这份奏议展现了他《周礼》研究的新成果。王莽巧妙地利用《大司乐》“大合乐”经文，又在“二至”乐奏经文中找到线索，推导出《周礼》所包含的天地祭祀大典。不能不说这是当时《周礼》学研究一项了不起的成果。他利用自己手中的权力，将这项研究成果付诸实践，确实是《周礼》致用学史上的大事。上面引文中，王莽所引《大司乐》职文并不是直接引用，而是概述式引用。我们将《大司乐》原文分段列于下：

以六律、六同、五声、八音、六舞大合乐，以致鬼神示，以和邦国，以谐万民，以安宾客，以说远人，以作动物。

乃分乐而序之，以祭，以享，以祀。

乃奏黄钟，歌大吕，舞《云门》，以祀天神。

乃奏大蔟，歌应钟，舞《咸池》，以祭地示。

乃奏姑洗，歌南吕，舞《大磬》，以祀四望。

乃奏蕤宾，歌函钟，舞《大夏》，以祭山川。

乃奏夷则，歌小吕，舞《大濩》，以享先妣。

乃奏无射，歌夹钟，舞《大武》，以享先祖。

凡六乐者，文之以五声，播之以八音。

凡六乐者，一变而致羽物及川泽之示，再变而致羸物及山林之示，三变而致鳞物及丘陵之示，四变而致毛物及坟衍之示，五变而致介物及土示，六变而致象物及天神。①

---

① 贾公彦：《周礼注疏》，《十三经注疏》，第 788—789 页。

《大司乐》职文确实体现了“大合乐”与“乐奏六分”思想。第一段说的正是“大合乐”。第一段引文“以六律、六同、五声、八音、六舞大合乐，以致鬼神示”的鬼、神、示，即人鬼、天神、地示。第二段到第八段说的是分奏。最后一段说的是“变奏”。王莽奏章显示的就是关于《大司乐》中“大合奏”“六分奏”的研究心得，至于“六变奏”则没有涉及。①

元始祀典第二项贡献是将“五帝”纳入郊祀体系。《汉书·郊祀志》记载了王莽又一封奏议：

谨按《周官》“兆五帝于四郊”，山川各因其方，今五帝兆居在雍五畤，不合于古。又日月雷风山泽，《易》卦六子之尊气，所谓六宗也。星辰水火沟渎，皆六宗之属也。今或未特祀，或无兆居。谨与太师光、大司徒宫、羲和歆等八十九人议，皆曰天子父事天、母事墬，今称天神曰皇天上帝，泰一兆曰泰畤，而称地祇曰后土，与中央黄灵同，又兆北郊未有尊称。宜令地祇称皇墬后祇，兆曰广畤。《易》曰“方以类聚，物以群分”。分群神以类相从为五部，兆天墬之别神：

中央帝黄灵后土畤及日庙、北辰、北斗、填星、中宿中宫于长安城之未墬兆；

东方帝太昊青灵勾芒畤及雷公、风伯庙、岁星、东宿东宫于东郊兆；

南方炎帝赤灵祝融畤及荧惑星、南宿南宫于南郊兆；

西方帝少皞白灵蓐收畤及太白星、西宿西宫于西郊兆；

北方帝颛顼黑灵玄冥畤及月庙、雨师庙、辰星、北宿北宫于北郊兆。②

“五帝四郊兆”的理论依据为《周官》“兆五帝于四郊”，即《周

① 按：王莽奏议中体现的《周礼》学研究成果，一批学者以为就是刘歆的成果。这种可能是存在的，但没有直接证据，我们还是尊重原始文献，认为这些成果为王莽所有。

② 班固：《汉书》，第1268页。

礼·春官·小宗伯》职文“小宗伯之职，掌建国之神位，右社稷，左宗庙。兆五帝于四郊，四望、四类亦如之。兆山川、丘陵、坟衍，各因其方”。这次奏议当然“奏可”，并获得落实。《汉书·祭祀志》评论说：“于是，长安旁诸庙、兆、畤甚盛矣。”我们可以从以上引文中判断这些庙、兆、畤的布局情况：庙三、兆五、畤五。“庙三”，分别是日庙、风伯庙、雨师庙。“兆五”，分别是长安城之未墬兆、东郊兆、南郊兆、西郊兆、北郊兆。“畤五”，分别是中央帝黄灵后土畤、东方帝太昊青灵勾芒畤、南方炎帝赤灵祝融畤、西方帝少皞白灵蓐收畤、北方帝颛顼黑灵玄冥畤。

元始祀典中出现了“五畤”，是否意味着元始祀典是对秦系祀典的回归？显然不是。“元始五畤”从内容到实质与“秦五畤”有根本性不同，但可以说元始祀典吸收了秦系祀典的成分。至于“郊法”，已经从建始祀典的“二郊法”变成了实质上的“七郊法”。其中中央黄灵后土畤在长安城未墬，未墬即西南角。这样元始祀典五郊分别是天地合祀于南郊，祀天于南郊，祀地于北郊，祀黄帝于西南郊，祀青帝于东郊，祀赤帝于南郊，祀白帝于西郊，祀黑帝于北郊。由此可见，这是一个围绕帝都长安布局的庞大的天神地示祭祀体系。

元始祀典是利用《周礼》建立王朝祀典的典型案例。《后汉书·祭祀志》上篇刘昭注引《黄图》记元始仪说：

> 元始四年，宰衡莽奏曰：“帝王之义，莫大承天；承天之序，莫重于郊祀。祭天于南，就阳位；祠地于北，主阴义。圆丘象天，方泽则地。圆方因体，南北从位。燔燎升气，瘗埋就类。牲欲茧栗，味尚清玄。器成匏勺，贵诚因质。天地神所统，故类乎上帝，禋于六宗，望秩山川，班于群神。皇天后土，随王所在而事祐焉。甘泉太阴，河东少阳，咸失厥位，不合礼制。圣王之制，必上当天心，下合地意，中考人事。故曰：“恺悌君子，求福不回。”回而求福，厥路不通。（正月）〔在《易》〕《泰卦》，乾坤合体，天地交通，万物聚出，其律太蔟。天子亲郊天地。先祖配天，先妣配地，阴阳之别。以日冬至祀天，夏至祀后土，君不省方而使有司。六宗，日、月、星、山、川、海，星

则北辰，川即河，山岱宗，三光众明山阜百川众流渟污皋泽，以类相属，各数秩望相序。”于是定郊祀，祀长安南北郊，罢甘泉、河东祀。①

王莽奏章中引经据典，至少涉及《周易》《尚书》《周礼》三部经书，但所定长安南北郊祀的主体思想还是来自《周礼》的《春官·大司乐》。王莽将天地别祀的时间定为冬至、夏至，地点为圜丘、方泽；将天地合祀的时间定在正月上辛或丁日，地点在南郊。一大批通学大儒支持王莽这个祀典方案，王莽的建议获得实施。从此，秦郊祀体系终结，元始郊祀体系成为主流。

第三节 《周礼》致用学的挫折

王莽对西汉祀典的改革很成功，为后世留下了宝贵的遗产——元始祀典。但是王莽利用《周礼》等经典推进社会全面改革却招致失败。王莽改制的失败是王莽政权的失败，责任在他自己，并不能归罪于《周礼》。不过，王莽改制的失败确实使《周礼》致用学遭受挫折。《周礼》从此在整个东汉都处于“民间”地位，没有进入国家学术和意识形态的主流体系。王莽是中国历史上第一个将《周礼》全面用于社会改革实践的政治家，“王莽改制”是一个经久不衰的话题。他的改制在多大程度上依据了《周礼》、怎样依据《周礼》改制等，都是值得深入研究的课题。王莽改制依据的经典远远不止一部《周礼》，他综合数部经典，将有关问题汇集在一起，或兼收并蓄，或择“善”而从。本节选择其中四个问题做简要分析。

一 王莽“发得周礼”问题

王莽对《周礼》的关注可能受刘歆的影响，但在客观上他强调《周礼》的经典地位，并推崇《周礼》，确实推动了《周礼》研究的开展，对于《周礼》学的发展有一定的贡献。汉平帝元始四年，《汉书·王莽传》

① 范晔：《后汉书》，第3158页。

说："是岁，莽奏起明堂、辟雍、灵台，为学者筑舍万区，作市、常满仓，制度甚盛。立《乐经》，益博士员，经各五人。征天下通一艺教授十一人以上，及有逸《礼》、古《书》、《毛诗》、《周官》、《尔雅》、天文、图谶、钟律、月令、兵法、《史篇》文字，通知其意者，皆诣公车。网罗天下异能之士，至者前后千数，皆令记说廷中，将令正乖缪，壹异说云。"① 这项措施对于天下研究《周礼》学的学者不啻是福音，《周礼》学自武帝束之高阁之后，终于获得当权者的青睐。

王莽居摄三年九月，王莽生母功显君死，王莽"意不在哀"，不想为母服丧，令太皇太后下诏讨论如何为功显君服丧。刘歆领会王莽心意，与博士诸儒七十八人提出：

> 今太皇太后比遭家之不造，委任安汉公宰尹群僚，衡平天下。遭孺子幼少，未能共上下，皇天降瑞，出丹石之符，是以太皇太后则天明命，诏安汉公居摄践祚，将以成圣汉之业，与唐虞三代比隆也。摄皇帝遂开秘府，会群儒，制礼作乐，卒定庶官，茂成天功。圣心周悉，卓尔独见，发得周礼，以明因监，则天稽古，而损益焉，犹仲尼之闻《韶》，日月之不可阶，非圣哲之至，孰能若兹！纲纪咸张，成在一匮，此其所以保佑圣汉，安靖元元之效也。②

此段引文被普遍视为王莽依据《周礼》改制的证据，然而我们认为此说存在误读。在"摄皇帝遂开秘府，会群儒，制礼作乐，卒定庶官，茂成天功"这段话中，"开秘府"不等于"开《周官》"，秘府即刘向《别录》一再提到的"内书"，也即马融所说"既出于山岩屋壁，复入于秘府"的秘府。秘府所藏非一，《周官》只是其中一部藏品而已。"发得周礼"中的"周礼"，犹《论语·八佾》孔子所说"夏礼吾能言之"的"夏礼"，乃一代礼制总称，非特指《周官》一书。原文在"发得周礼"之后，紧跟"以明因监"一句，"因监"各有所指。其中"因"的源头

① 班固：《汉书》，第 4069 页。

② 班固：《汉书》，第 4091 页。

来自《论语·为政》篇："子张问十世可知也？子曰：'殷因于夏礼，所损益，可知也；周因于殷礼，所损益，可知也。其或继周者，虽百世，可知也。'"① 其中"监"的源头来自《论语·八佾》："子曰：'周监于二代，郁郁乎文哉！吾从周。'"② 可见这个"周礼"与孔子所说"周监于二代""周因于殷礼"的语义环境是一脉相承的，体现了王莽以"继周"自居的精神追求。引文中所说"周礼"不仅包含了《周官》一书，还包括《礼记》《尚书》《仪礼》等其他文献，因而引文说"会群儒，制礼作乐"，而不说"会通《周官》者制礼作乐"。王莽"发得周礼"非"发得《周官》"，《周官》改称《周礼》也不是从王莽始；学者发现王莽改制并非仅仅依据《周官》。王莽"发得周礼"，即王莽从周礼中找到治国平天下的"真理"，这虽然包含吹捧的意味，但也反映了王莽向西周寻求治国之道的企图，其中还包含利用《周礼》文献在内的一系列复古活动。王莽曾经自诩为周公，但周公并没有代周成王为王，而是"致政成王"，自己退居臣位。王莽却违背了自己的政治承诺，取而代之，因此王莽用《周礼》属于"非其人"而用《周礼》。

二 王莽以《周官》税民改地制问题

王莽及其政治集团试图采用《周官》一书所记载的制度来推动社会改革，解决西汉末年的社会矛盾。我们根据《汉书·王莽传》以及《食货志》等文献，对王莽利用《周官》"改制"的社会实践做简要分析。

《汉书·食货志下》说："又以《周官》税民：凡田不耕为不殖，出三夫之税；城郭中宅不树艺者为不毛，出三夫之布；民浮游无事，出夫布一匹。其不能出布者，冗作，县官衣食之。"③ 这个规定的思想源头是《周礼·地官·载师》之说："宅不毛者，有里布；凡田不耕者，出屋粟；凡民无职事者，出夫家之征。"④ 然而这是惩罚性措施，不是国家正常税收来源，更不是《周礼》设计的国家土地根本大法。王莽君臣凭着对

① 邢昺：《论语注疏》，《十三经注疏》，第2463页。
② 邢昺：《论语注疏》，《十三经注疏》，第2467页。
③ 班固：《汉书》，第1180页。
④ 贾公彦：《周礼注疏》，《十三经注疏》，第726页。

《周礼》经文的错误理解就去开展社会经济改革，其效果可想而知。至于国家正常税收是否完全按照《周礼》实行了改革，目前还没有文献依据能给出确切的回答。

始建国元年（9），王莽颁布《王田私属令》说：“今更名天下田曰‘王田’，奴婢曰‘私属’，皆不得卖买。其男口不盈八，而田过一井者，分余田予九族邻里乡党。”① 这是《周礼》土地思想第一次应用于社会改革。据郑玄注，《周礼》的土地制度有都鄙、乡遂之分，都鄙授田法用于采邑；乡遂授田法用于王国乡遂。都鄙授田法，见于《地官·大司徒》职文：“凡造都鄙，制其地域而封沟之，以其室数制之。不易之地家百亩，一易之地家二百亩，再易之地家三百亩。”② 这是说王子弟和卿大夫封邑中的土地有三等：第一等土地不需要休耕，封地内农民每家授田一百亩；如果是一年休耕田，每家授田二百亩；如果是两年休耕田，每家授田三百亩。乡遂授田法见于《地官·遂人》职文：“辨其野之土，上地、中地、下地，以颁田里。上地，夫一廛，田百亩，莱五十亩，余夫亦如之。中地，夫一廛，田百亩，莱百亩，余夫亦如之。下地，夫一廛，田百亩，莱二百亩，余夫亦如之。”③ 这两种授田法有共同点，都是每家分田百亩，再根据土地质量，中等之地轮休一年，授两百亩；下等之地轮休两年，授田三百亩。只不过乡遂授田法有田、莱之别。

王莽规定中所说的一家人口不足八人而田过一井，是指一户人口不满八人却拥有九百亩以上的土地。这里的“井”是指《周礼·地官·小司徒》所说的“九夫为井”中的井，指一井的面积，即耕地九百亩。郑玄注说：“九夫为井者，方一里九夫所治之田也。”《晋书·地理志上》所引《司马法》说：“古者六尺为步，步百为亩，亩百为夫，夫三为屋，屋三为井，井方一里，是为九夫。”④ 王莽的规定与《周礼》平均土地的精神一致，但内容略有不同。第一，《周礼》中的井为九百亩耕地，如果是上等地，由九夫承担耕种任务；中地、下地则耕夫递减。王莽所规定以八夫

① 班固：《汉书》，第 4111 页。
② 贾公彦：《周礼注疏》，《十三经注疏》，第 705 页。
③ 贾公彦：《周礼注疏》，《十三经注疏》，第 740 页。
④ 房玄龄等：《晋书》，中华书局，1974 年版，第 412 页。

为标准，乃《孟子》关于“井田制”之说，不是《周礼》中的井田之制。第二，《周礼》中的“夫”是成家的男子，未成家的男子称“余夫”。王莽不分男子成家与否，不分人口老弱，按照家庭人口数量，每户基准男性人口为八人，可以保留九百亩耕地。超过此数，采取强制措施收回。可见王莽针对当时土地兼并严重的社会现象，采取了“损有余而补不足”的剥夺措施。这是一项重大改革，触及当时社会矛盾的本质，同时也造成社会基础的激烈动荡。在没有保证社会稳定的前提下强行推行，必将遭到激烈反对。王莽这项改革措施不久即遭废弃。

三　王莽以《周官》改区划和官制问题

王莽在居摄、即真期间，根据《周礼》等文献对官僚制度进行了部分调整，其中有改革吏制的愿望，也掺杂了一些借重“三王”之制以提高自己政权声望的目的，这就是所谓的托古改制。《汉书·王莽传》说：

> 莽以《周官》《王制》之文，置卒正、连率、大尹，职如太守；属令、属长，职如都尉。置州牧、部监二十五人，见礼如三公。监位上大夫，各主五郡。公氏作牧，侯氏卒正，伯氏连率，子氏属令，男氏属长，皆世其官。其无爵者为尹。分长安城旁六乡，置帅各一人。分三辅为六尉郡，河东、河内、弘农、河南、颍川、南阳为六队郡，置大夫，职如太守；属正，职如都尉。更名河南大尹曰保忠信卿。益河南属县满三十。置六郊州长各一人，人主五县。及它官名悉改。大郡至分为五。郡县以亭为名者三百六十，以应符命文也。缘边又置竟尉，以男为之。诸侯国闲田，为黜陟增减云。莽下书曰：“常安西都曰六乡，众县曰六尉。义阳东都曰六州，众县曰六队。粟米之内曰内郡，其外曰近郡。有鄣徼者曰边郡。合百二十有五郡。九州之内，县二千二百有三。公作甸侯，是为惟城；诸在侯服，是为惟宁；在采、任诸侯，是为惟翰；在宾服，是为惟屏；在揆文教，奋武卫，是为惟垣；在九州之外，是为惟藩：各以其方为称，总为万国焉。①

① 班固：《汉书》，第4136—4137页。

这是一个将行政区划、官制、爵制、分封制综合在一起的大规模社会改革，其中六乡、六队之称似参考了《周礼》六乡、六遂；但六尉、六郊与《周礼》无关。显然，这是一个混合了《周礼》《王制》《尚书》《诗经》以及五经各家之说、秦朝官制而成的大杂烩，既不是真正的《周礼》邦国、都鄙制度，也不是完全的《王制》天下规划。其中六乡以及队、县、牧、监等只是略显《周礼》的影子而已。

四 王莽以《周礼》改服制问题

王莽君臣除了改革官僚制度和行政区划外，还依据《周礼》等文献改革丧服制度。王莽居摄期间，自己的亲生母亲功显君死，王莽在如何服孝服问题上遭遇难题。刘歆与博士七十八人上书说：

> 今功显君薨，《礼》："庶子为后，为其母缌。"传曰："与尊者为体，不敢服其私亲也。"摄皇帝以圣德承皇天之命，受太后之诏居摄践祚，奉汉大宗之后，上有天地社稷之重，下有元元万机之忧，不得顾其私亲。故太皇太后建厥元孙，俾侯新都，为哀侯后。明摄皇帝与尊者为体，承宗庙之祭，奉共养太皇太后，不得服其私亲也。《周礼》曰"王为诸侯缌缞""弁而加环经"，同姓则麻，异姓则葛。摄皇帝当为功显君缌缞，弁而加麻环经，如天子吊诸侯服，以应圣制。①

刘歆等引用了《礼经》和《周礼》。引用《礼经》一条说："《礼》：'庶子为后，为其母缌。'传曰：'与尊者为体，不敢服其私亲也。'"这段话在今本《仪礼·丧服》经中是这样说的："缌麻三月者……庶子为父后者为其母。《传》曰：'何以缌也?'《传》曰：'与尊者为一体，不敢服其私亲也。'"② 缌服在丧服礼中是五服最轻的一种。庶子之父死后，在没有嫡长子的情况下，庶子可以接替嫡长子为家族继承人。庶子只能为

① 班固：《汉书》，第 4091 页。

② 贾公彦：《周礼注疏》，《十三经注疏》，第 1119 页。

自己的生母服缌服这一最低等级。而《周礼》中无直接说“王为诸侯缌缞”“弁而加环经”之句，乃刘歆概括《周礼》之义为之。刘歆等人的建议为王莽所采纳，以缌缞之服为自己的亲生母亲服丧，从而证明自己代汉的合法性。

此外，王莽利用《周礼》对国家祭祀制度进行了改革。《汉书·郊祀志》说：

> 莽又颇改其祭礼，曰：“《周官》天墬之祀，乐有别有合。其合乐曰‘以六律、六钟、五声、八音、六舞大合乐’，祀天神，祭墬祇，祀四望，祭山川，享先妣先祖。凡六乐，奏六歌，而天墬神祇之物皆至。”①

王莽的《周礼》“致用”只是阴谋家的一种手段而已，并没有真正把握《周礼》设官为民的精神实质。从主观意图看，王莽有借重古代圣人周公“致太平之迹”以提高自己皇位的合法性的一面，也有借助《周礼》“耕者有其田”的思想解决当时土地兼并严重的社会矛盾的意愿。但是在客观上，他的土地改革造成社会动荡，他的官制改革成了回馈投机变节者的手段，反而失去了合法性。

王莽利用《周礼》推行社会政治变革，在《周礼》学史上是第一次。王莽改制的失败，多少对《周礼》一书的声誉造成一定的负面影响，以致东汉时代《周礼》一书与其他经典相比，所获得的官方支持最少，《周礼》学术大师虽代有其人，但大多限于民间人士。

① 班固：《汉书》，第 1265 页。

第二章

《周礼》传注学的奠基和发展

从河间献王校勘整理先秦古文《周官》到杜子春撰写《周官解诂》并传授《周礼》学，这一时期是《周礼》传注学的奠基期，这一过程大约持续了两百年。

由于两汉之际社会大动荡，《周礼》博士和弟子们在战乱中大多死于非命，这一时期的《周礼》学研究成果大多依赖河南杜子春传承下来。自杜子春开始，《周礼》学的研究发展脉络有迹可循。当时经学通人郑众、大学者贾逵都向杜子春请教《周礼》。郑众和贾逵分别撰写了《周官解诂》。随着这些专著的流传，《周礼》学在东汉大放异彩。东汉后期，大儒马融作《周官传》，对经学大师郑玄有一定的影响。郑玄撰写《周礼注》，对杜子春、郑兴、郑众的研究成果多有称述。出于对同姓大儒的尊敬，郑玄在《周礼注》中尊称郑兴为“郑大夫”，郑众为“郑司农”。郑玄称引次序以“二郑”为先，其次才是杜子春。不过从我们的研究来看，杜子春在《周礼》学史上的地位要高于郑兴、郑众父子。

第一节　郑兴的《周礼》学

东汉初年，除杜子春外还有另一位著名的《周礼》学者——郑兴。郑兴和杜子春都是刘歆的门人弟子，郑兴在西汉末年就是著名学者，其子郑众曾向杜子春学习《周礼》。

据《后汉书·郑兴传》，郑兴研修经学主要在西汉末年王莽执政时期。他早年学习《公羊传》，后来又喜爱《左氏传》，在师从刘歆之前就已经是学术名家。郑兴在王莽天凤年间带领门人投到刘歆门下“讲正大义”，刘歆十分欣赏他的才华，让他撰写关于《左传》的条例、章句、训诂，校勘刘歆的《三统历》。可见郑兴虽为刘歆门下高徒，却是刘歆经学研究的得力助手。绿林、赤眉起，郑兴担任刘更始朝廷的凉州刺史。兵败后，郑兴投奔西州军阀隗嚣，与经学家杜林共事。东汉光武帝刘秀建武六年（30），郑兴设法摆脱隗嚣，回到中原，受先期归来的杜林举荐，为太中大夫。郑玄《周礼注》因此称其为“郑大夫”。郑兴因不讲谶纬之学，刘秀不喜，未予重用。建武九年，郑兴奉命监察征南大将军岑彭军营，而岑彭为刺客所杀，郑兴统领岑彭军，与大司马吴汉一同击破西蜀割据势力公孙述，建立大军功。留屯成都不久，却遭御史弹劾，降为莲勺县令，旋即再遭事免官。此后郑兴基本上脱离了官场，客居阌乡，教授生徒，直至老死。

郑兴经学研究水平最高的是《左传》研究，其次是《周礼》研究。郑兴本传说：“兴好古学，尤明《左氏》《周官》，长于历数，自杜林、桓谭、卫宏之属，莫不斟酌焉。世言《左氏》者多祖于兴，而贾逵自传其父业，故有郑、贾之学。”① 郑兴最拿手的《左传》研究成果不传；他的《周礼》研究成果一部分幸赖郑玄《周礼注》的引用流传至今。我们可以从郑玄引用的十三条“郑大夫云”中窥见郑兴《周礼》学的部分面貌。

郑兴的《周礼》学源自刘歆还是杜子春？这个问题从前没有引起学者的注意。陆德明《经典释文·序录》中有“注解传述人”一节，提出郑兴父子都从杜子春学习《周礼》：“王莽时，刘歆为国师，始建立《周官经》，以为《周礼》。河南缑氏杜子春受业于歆，还家以教门徒，好学之士郑兴父子等多往师之。”② 但唐人贾公彦《序周礼废兴》引马融《周官传》，所说不同。马融只说“郑众、贾逵往受业焉”③，没有提到郑兴从杜子春学《周官》。由此可见往学杜子春的不是郑兴，而是郑兴的儿子郑众。④

① 范晔：《后汉书》，第 1223 页。
② 吴承仕：《经典释文序录疏证》，第 90—91 页。
③ 贾公彦：《周礼注疏》，《十三经注疏》，第 636 页。
④ 按：今人王葆玹提出郑兴派儿子郑众向杜子春学习，再从郑众处了解《周官》之学的内容，证据尚嫌薄弱，今不采用，见氏著《今古文经学新论》，第 153 页。

我们认为郑兴没有师从杜子春学习《周礼》。依据《后汉书·郑兴传》，郑兴应与杜子春同在刘歆门下，郑兴是刘歆门下高足，是《左传》学大宗师，“尤明《左氏》《周官》”，《周礼》学水平自然很高。东汉建立后，郑兴的儿子郑众为什么要师从杜子春呢？我们认为杜子春不仅传承了刘歆的《周礼》学，还将刘歆的《周礼》学发扬光大，自己也有所发明，因此郑众才去师从杜子春。我们以下将郑兴的《周礼》学与杜子春的《周礼》学进行比较，从差异中辨析郑兴《周礼》学的特点。

一 意见相同，或同中有异

在郑玄《周礼注》所引十三条“郑大夫云”中，郑兴说与杜子春说完全相同的有一例，同中有异的有两例。

郑兴说与杜子春说完全相同的一例是《天官·醢人》注。《天官·醢人》说：“馈食之豆，其实葵菹、蠃醢，脾析、蠯醢，蜃、蚳醢，豚拍、鱼醢。”其中“豚拍”之“拍”，郑玄注说：“郑大夫、杜子春皆以拍为膊，谓胁也。”①

还有两例意见虽然相同，但解说有差异。《天官·小宰》有“以官府之八成经邦治”，第四成是“听称责以傅别”，其中“傅别”一词，郑玄注说：“故书作傅辨，郑大夫读为符别，杜子春读为傅别。”② 关于“傅辨”二字中的“辨”字，郑兴、杜子春都读为“别”字；对于“傅”字，杜子春不破读，而郑兴破为“符”字。郑玄不从郑兴而从杜子春，郑玄注以为“傅”是完整的券书，“别”是一分为二的券书。“傅”即傅著于文书，没有必要破“傅”为“符”。杜子春说似更合理，二者可谓同中有异。

《春官·小宗伯》说：“卜葬兆，甫竁，亦如之。”郑玄注说：“郑大夫读竁皆为穿。杜子春读竁为毳，皆谓葬穿圹也。今南阳名穿地为竁，声如腐脆之脆。”③ 郑兴直接用通假字解“竁”为“穿”，没有拖泥带水；杜子春有一个过渡，从“竁”到“毳”再到“穿”。就学问的发展水平

---

① 贾公彦：《周礼注疏》，《十三经注疏》，第674页。

② 贾公彦：《周礼注疏》，《十三经注疏》，第654页。

③ 贾公彦：《周礼注疏》，《十三经注疏》，第768页。

而言，杜子春辗转求义更严密一些。

从以上同中有异的两例看，杜子春的解说更细密一些，显示出真正的专家特色。说同中有异，表明两人同受刘歆之学；但杜子春在刘歆基础上又进行深挖，拓展了《周礼》传注学的深度。

二 意见不同，杜说为长

在郑玄所引十三条“郑大夫云”中，郑兴“说”与杜子春“说”不同的有十条，其中杜子春“说”优于郑兴“说”的有四条。

《天官·醢人》职文说：“醢人掌四豆之实。朝事之豆，其实韭菹、醓醢，昌本、麋臡，菁菹、鹿臡，茆菹、麋臡。”郑玄注说：“郑大夫读茆为茅，茅菹，茅初生。或曰茆，水草。杜子春读茆为卯。”郑兴以“茆菹”为“茅菹”，即以初生的茅草制作成的酱，以“茆”为通假字。杜子春未改字，从“或曰”，读“茆”为“卯”。他认为“卯”为本字，“茆”为后起字。两人的观点完全不同，郑玄认为茅草不能作为食物，不从郑兴说。①

《天官·甸师》职文有“祭祀，共萧茅”。郑玄注说：

> 郑大夫云：“萧字或为莤。莤读为缩，束茅立之祭前，沃酒其上，酒渗下去，若神饮之，故谓之缩。缩，浚也。故齐桓公责楚不贡苞茅，王祭不共，无以缩酒。”杜子春读为萧。萧，香蒿也。玄谓《诗》所云“取萧祭脂”，《郊特牲》云“萧合黍稷，臭阳达于墙屋。故既荐然后焫萧合馨香”。合馨香者，是萧之谓也。茅以共祭之苴，亦以缩酒，苴以藉祭。缩酒，泲酒也。醴齐缩酌。②

郑兴以萧、茅为一物，“萧茅”为一偏正结构双音节词，以“萧”假借为“缩”，即《左传》所谓“苞茅”。杜子春以萧为香蒿，则茅为另外一物，两人意见完全不同。郑玄以萧和茅为二物，一以燃香，一以缩酒，

① 贾公彦：《周礼注疏》，《十三经注疏》，第 674 页。

② 贾公彦：《周礼注疏》，《十三经注疏》，第 663 页。

从杜子春说。杜子春以“萧茅”为萧、为茅，两种祭祀用消耗品，郑兴拘泥于《左传》“苞茅”之说，以杜子春说为长。

《地官·遂人》职文说：“以兴锄利氓。”郑玄注说：“郑大夫读锄为藉，杜子春读锄为助，谓起民人，令相佐助。”郑大夫读“藉”，“藉”为“借”，借民力耕种。然而整部《周礼》经文并没有借民力之事，故不从。杜子春读为相助之“助”，意思是指农人助耕之法。古有藉田，借民力耕种，获利者为官僚。这里用“兴氓”，是农人获利，显然与藉田不同，郑兴说与经文不合，故从杜子春。①

《春官·大胥》职文有“比乐官”，郑玄注所引杜子春为“次比乐官”；引郑兴说“比为庀，庀，具也，录具乐官”。杜子春以“比”为次比，简洁明了；郑兴借助音近义近原理，读“比”为“庀”，转相解释为“具备”，与经文原义相差甚远。② 两种说法完全不同，郑玄采用杜子春说，以杜子春说为长。

以上四条，郑兴研究也颇深入，但与杜子春相比，在深度上尚有欠缺。

三 所说不同，郑说为长

在郑玄所引“郑大夫云”十三条中，意见不同但以郑兴说为长的情况有二条。

第一条，《地官·乡师》职文说：“大祭祀，羞牛牲，共茅蒩。”根据郑玄注，杜子春以为“蒩当为菹。以茅为菹，若葵菹也”。即将茅蒩视为食品。郑大夫“读蒩为藉，谓祭前藉也”，视茅蒩为礼器，并以《周易》“藉用白茅，无咎”作为证据。郑玄从郑大夫说，以为茅蒩就是祭前之藉。③

第二条，《春官·典同》说：“凡声，高声硍，正声缓，下声肆，陂声散，险声敛，达声赢，微声韽，回声衍，侈声筰，弇声郁，薄声甄，厚声石。”郑玄注说：

① 贾公彦：《周礼注疏》，《十三经注疏》，第 740 页。
② 贾公彦：《周礼注疏》，《十三经注疏》，第 794 页。
③ 贾公彦：《周礼注疏》，《十三经注疏》，第 713 页。

故书硍或作硍，杜子春读硍为铿枪之铿，高谓钟形容高也。䶂读为暗不明之暗，筰读为行扈唶唶之唶。石，如磬石之声。郑大夫读硍为衮冕之衮，陂读为人短罢之罢，䶂读为鹑鹌之鹌……玄谓高，钟形大上，上大也，高则声上藏，衮然旋如里。正，谓上下直正，则声缓无所动。下，谓钟形大下，下大也，下则声出去放肆。陂，读为险陂之陂，陂谓偏侈，陂则声离散也。险，谓偏弇也，险则声敛不越也。达，谓其形微大也，达则声有余若大放也。微，谓其形微小也。䶂，读为飞钻涅暗之暗，䶂声小不成也。回，谓其形微圜也，回则其声淫衍无鸿杀也。侈，谓中央约也，侈则声迫筰出去疾也。弇，谓中央宽也，弇则声郁勃不出也。甄，读为甄耀之甄，甄犹掉也。钟微薄则声掉，钟大厚则如石，叩之无声。①

《典同》经文所记总共有十二种声音，杜子春揭示了其中高、䶂、筰、石四种，特别解释了硍字；郑兴解释了其中的硍、陂、䶂三种，有两处与杜子春重合，重合部分与杜子春的解释完全不同。郑玄注解硍字，字形从故书或本，解释从郑大夫说，对杜子春四说也只采纳了“石，如磬石之声”一说。可见郑玄以郑大夫说为长。

四 所说不同，难分高下

有时候，杜子春说与郑大夫说各有不同，但难以一辨高下，这样的例子有四例。

第一例，《春官·大祝》九拜：“一曰稽首，二曰顿首，三曰空首，四曰振动，五曰吉拜，六曰凶拜，七曰奇拜，八曰褒拜，九曰肃拜”。郑玄注说：

杜子春云：“振读为振铎之振，动读为哀恸之恸，奇读为奇偶之奇，谓先屈一膝，今雅拜是也。或云：‘奇读曰倚，倚拜，谓持节持戟拜，身倚之以拜’”。郑大夫云：“动读为董，书亦或为董。振董，

① 贾公彦：《周礼注疏》，《十三经注疏》，第798页。

以两手相击也。奇拜，谓一拜也。褒读为报，报拜，再拜是也。”①

杜子春解释了九拜中的振动拜和奇拜。郑兴解释了其中的振动拜、奇拜、褒拜。其中振动拜、奇拜与杜子春交叉，但观点完全不同。郑玄对两人的解释进行了取舍。贾公彦分析说：

> 杜子春云“振读为振铎之振”者，读从《小宰职》“振木铎于朝”之振。云“动读为哀恸之恸”者，谓从孔子哭颜回“哀恸”之恸。云“奇读为奇耦之奇”者，谓从《郊特牲》“鼎俎奇、笾豆耦”之奇。已上读字，后郑皆从之。云“先屈一膝，今雅拜是也。或云：奇读曰倚，倚拜谓持节持戟拜，身倚之以拜”。此二者后郑皆不从之。郑大夫云“动读为董，书亦或为董振之董”者，此读从《左氏》“董之以威”，是“董振”之董。云“以两手相击”，此后郑皆不从。云“奇拜，谓一拜也”，一拜者，谓君拜臣下。按《燕礼》《大射》有一拜之时，君答一拜，后郑从之。云“褒读为报，报拜，谓再拜是也”，后郑亦从。②

可见郑兴、杜子春说互有短长。

第二例，《天官·腊人》职文说：“凡祭祀，共豆脯，荐脯、膴、胖，凡腊物。”郑玄注引郑大夫意见说：“胖读为判。”又引杜子春意见说：“读胖为版”，“膴、胖皆谓夹脊肉”，“礼家以胖为半体”。③ 杜子春和郑兴对“判”字提出了不同的意见，郑玄都没有采用，以为“判”是“析肉”。

第三例，《天官·女祝》职文说：“掌以时招梗禬禳之事，以除疾殃。”其中的“梗”，根据郑玄注所引，郑大夫读“梗”为“亢”，谓招善而亢恶去之。杜子春读“梗”为“更”。郑玄都不采用。④

---

① 贾公彦：《周礼注疏》，《十三经注疏》，第 810 页。
② 贾公彦：《周礼注疏》，《十三经注疏》，第 810 页。
③ 贾公彦：《周礼注疏》，《十三经注疏》，第 664 页。
④ 贾公彦：《周礼注疏》，《十三经注疏》，第 690 页。

第四例，《地官·乡师》职文说："巡其前后之屯而戮其犯命者，断其争禽之讼。"郑玄注说："故书巡作述，屯或为臀。郑大夫读屯为课殿。杜子春读为在后曰殿，谓前后屯兵也。"郑大夫读"屯"为"课殿"，意思是课查优劣。杜子春读为"殿"，指屯兵，与郑兴说思路完全不同。①

从以上分析看，第一，郑兴说经与杜子春说经差别很大，两人相同的只有一例，占所有成果的比例不到十分之一。这么小的比例不能证明郑兴从杜子春学习《周官》。第二，郑兴解经，胜过杜子春的只有两例，不到总数的四分之一，看不出"后出转精"的迹象。第三，郑兴研究《周礼》的方法主要是通过假借字中的因音近而借法，加上另一条"经典证明法"，方法比较简单，没有杜子春的丰富，也看不出"后出转精"的迹象。因此我们初步断定，郑兴并没有师从杜子春学习《周礼》，他在传承刘歆《周礼》学基础上有所发明，撰写了《周官解诂》，但成就不如杜子春。这样，郑众师从杜子春学习《周礼》也就不奇怪了。但郑兴是《周礼》传注学的开创者之一，功劳不可磨灭。

从西汉武帝时期河间学派的《河间周制》、《周官传》和《河间乐记》的编撰到两汉之际郑兴的《周官解诂》，《周礼》学正式确立。与郑兴同时或稍后，以杜子春为首的一批经师别开生面，研究方法与今文经学有别，开始形成《周礼》传注学传统。

第二节　杜子春的《周礼》学

杜子春虽曾为刘歆弟子，但此人淡泊名利，终其一生只是一位"民间学者"。然而正是这位民间学者担负起继承和发扬《周礼》绝学的重任，研究水平达到了他那个时代的顶峰。杜子春不像今文经学家那样讲究师法，强调门派，贾逵、郑众虽从问学，却不见二人刻意宣扬杜子春之学。后世学者多以杜子春为普通的民间经师。我们研究了郑玄注所引"杜子春曰"后认为，杜子春是一位《周礼》学大师，他才是《周礼》学范式真正的奠基者。

① 贾公彦：《周礼注疏》，《十三经注疏》，第714页。

一 杜子春的生平和学术

《周礼》学在西汉时期的发展十分缓慢，除了在刘歆、王莽政治得意期有过短暂的兴盛外，《周礼》学没有成为西汉主流学术。但刘歆培养了一批《周礼》学术研究人才，这些人中，卫宏、郑兴、杜子春活到了东汉。与卫宏、郑兴汲汲于功名不同，杜子春凭借绝学养家糊口，靠职业精神发扬光大了《周礼》之学。我们认为杜子春是《周礼》传注学奠基事业的最终完成者。杜子春是《周礼》学史上第一个开创学说传统的学者，除了在《周礼》学传承上占据承上启下的地位外，他还是第一个真正开启《周礼》学研究范式的学者，他将研究旨趣放在勘定文字字形、确定文字读音、明确经文句读、训诂先秦词语、阐释名物制度和解说经义六个方面。这个做法奠定了《周礼》学的发展方向，影响了两千多年以来的《周礼》学研究。有别于西汉今文经学家致力于经学元典的义理阐发，杜子春的《周礼》学研究确实具有古文经学的学派性质。此后郑司农、贾逵的《周官解诂》在具体的文字训诂和名物制度的阐释上虽取得新的进展，但没有突破杜子春所奠定的研究范式。从这一点上说，杜子春在《周礼》学史上的地位十分重要，同时也是《周礼》传注学传统真正的确立者。

（一）杜子春的学术活动

关于杜子春的学术活动，史书记载非常有限。从目前流传下来的材料看，以贾公彦《序周礼废兴》引马融《周官传》说最早：

> 时众儒并出共排，以为非是。唯歆独识，其年尚幼，务在广览博观，又多锐精于《春秋》。末年乃知其周公致太平之迹，迹具在斯。奈遭天下仓卒，兵革并起，疾疫丧荒，弟子死丧，徒有里人①河南缑

---

① 按："里人"，有学者以为"同里人"。认为刘歆祖籍沛国，生在西京，与河南缑氏无涉，因而否认杜子春为刘歆弟子的真实性。实际上"里人"非"同里人"，义为乡里之人，即"乡下人"，即没有入仕之人。例如毛晋《陆氏诗疏广要·释鸟》"鹳鸣于垤"条说："鹳形状略如鹤，每遇巨石，知其下有蛇，即于石前如术士禹步，其石阞然而转。南方里人学其法者伺其养雏，缘木以蔑絙缚其巢，鹳必作法解之。"

氏杜子春尚在。永平之初，年且九十，家于南山，能通其读，颇识其说，郑众、贾逵往受业焉。众、逵洪雅博闻，又以经、书、记转相证明为解。逵解行于世，众解不行，兼揽二家为备，多所遗阙，然众时所解说近得其实。①

刘歆设立《周官》博士，招收博士弟子，这些博士弟子遭遇新莽政权颠覆的巨大变故，大多未能活到东汉社会稳定时代，杜子春是个例外，他活过了那个动乱年代，并且将刘歆的《周礼》学传承下来。根据马融《周官传序》，杜子春到东汉明帝永平初年，年纪将近九十岁。我们可以根据这个记载探究此人大致的学术活动时间。“永平”是东汉第二个皇帝汉明帝的年号，沿用了十八年（58—75），我们取杜子春汉明帝永平元年为八十九岁，那么他当生于公元前 30 年，即西汉成帝建始三年前后。成为博士弟子一般要在十八岁以上，那么他从刘歆学习《周官》当在公元前 12 年前后，即西汉成帝永始、元延年间。史书没有说他活到一百岁，估计在东汉明帝永平中去世。我们估计他享年九十五岁左右，则杜子春的生卒年为公元前 30 年到公元 64 年。

关于杜子春的学术研究活动，文献记载非常有限。马融《周官传序》只是说他从刘歆学习《周官》，至于如何学习，有什么著作，都没有提及。对杜子春教授《周官》，仅做了非常简略的介绍，说他能“通其读”与“识其说”。从马融的叙述口吻中我们看不出对杜子春的尊重，似乎杜子春只是一个普通的教书先生。

什么是“通其读”？因故书假借字多，必须识别本字才能理解原文。能对全书文字全部识别，尤其是掌握了其中本字与借字的音读，才能算得上“通其读”。显然，这已经达到相当高的水平了。《大司乐》原文作“凡六乐者，文之以五声，藩之以八音”。郑玄注引杜子春说：“藩当为播，读如后稷播百谷之播。”②《典同》职文说：“凡声，高声硍，正声缓，下声肆，陂声散，险声敛，达声赢，微声韽，回声衍，侈声筰，弇声

① 贾公彦：《周礼注疏》，《十三经注疏》，第 636 页。
② 贾公彦：《周礼注疏》，《十三经注疏》，第 789 页。

郁，薄声甄，厚声石。”郑玄注引说：“杜子春读硍为铿枪之铿，高谓钟形容高也。韽读为暗不明之暗。笮读为行扈唶唶之唶。”① 杜子春以上工作就是“通其读”，若无杜子春这些通读，以上职文将非常难懂。

什么是“识其说”？我们认为马融《周官传序》所说有两种可能：一是说杜子春记得刘歆的《周官》解说，即师承；还有一种可能，是说杜子春年纪虽然快到九十了，但仍然记得《周官》的解说。这些解说既包括刘歆的，也包括他自己的，以及其他学者的。我们认为后者的可能性更大。《小宗伯》职文说：“凡王之会同、军旅、甸役之祷祠，肆义为位。”根据郑玄注，杜子春读“肆当为肄，义为仪”，这是“通其读”；杜子春通读之后说“若今时肄司徒府也，小宗伯主其位”②，这就是杜子春的“说”。再如《甸师》职文说：“祭祀，共萧茅。”郑玄注说：别本“萧茅”之“萧”或为“茜”，杜子春读为“萧”。这是杜子春的“通其读”。杜子春在“通读”之后解释说：“萧，香蒿也。”③ 这就是“说”。《大驭》职文说：“大驭掌驭玉路以祀。及犯軷，王自左驭，驭下祝，登，受辔，犯軷，遂驱之。”郑玄注说：

> 故书軷作罚，杜子春云：“罚当为軷。軷读为别异之别，谓祖道、轹軷、磔犬也。《诗》云：‘载谋载惟，取萧祭脂，取羝以軷。’诗家说曰：‘将出祖道，犯軷之祭也。’《聘礼》曰：‘乃舍軷，饮酒于其侧。’礼家说亦谓道祭。”④

“谓祖道、轹軷、磔犬也”以下都是“说”。“谓祖道、轹軷、磔犬也”是他自己或刘歆的观点，以下为证明这个观点，除了引用《诗经》和《聘礼》外，还引用了“诗家”和“礼家”的观点，说明杜子春对这个问题有比较深入的考证。

我们这个发现对于理解两汉经学家如何利用出土文献有一定的启发。

---

① 贾公彦：《周礼注疏》，《十三经注疏》，第 798 页。
② 贾公彦：《周礼注疏》，《十三经注疏》，第 768 页。
③ 贾公彦：《周礼注疏》，《十三经注疏》，第 663 页。
④ 贾公彦：《周礼注疏》，《十三经注疏》，第 857 页。

经学史上有一个古文“今读”问题。《汉书·儒林传》说：“孔氏有古文《尚书》，孔安国以今文字读之，因以起其家，《逸书》得十余篇[①]。……司马迁亦从安国问故。迁书载《尧典》《禹贡》《洪范》《微子》《金縢》诸篇，多古文说。”孔安国的“以今文字读之”就是杜子春、郑司农、郑玄等人使用的技术，即故书作某，今“读为”“读如”“读若”“当为”某，也即清儒段玉裁所说的“汉读”。凭着“以今文字读之”，孔安国开创了古文《尚书》家法，才有太史公从孔安国问故，才有太史公书“多古文说”。同样，杜子春“能通其读”就是校勘，就是训诂，也是作名物制度解说，更是在创立自己的《周礼》学说，其价值不可低估。

（二）杜子春研究成果的形式

马融《周官传序》说杜子春“能通其读，颇识其说，郑众、贾逵往受业焉”，并没有说杜子春撰写了什么著作。同时在言语中似乎带有看低杜子春的意思，句中透露的信息似乎显示：杜子春只是刘歆《周礼》学说的一般传授者，不是一位能创新的学者。如果杜子春真的是刘歆研究成果的一般传授者，那么出现在郑玄《周礼注》中的“杜子春云”一百八十七条是什么性质的成果？这些成果的存在形式是郑众、贾逵受业时的笔记，还是郑玄对郑众、贾逵二人《周官解诂》中所引杜子春讲授口说的转引？或者杜子春别有著作传世？这些问题一直困扰着经学史研究者。我们认为杜子春撰写了学术著作，其成果形式为学术专著。

朱彝尊《经义考》在“考”《周礼》部分首列杜子春《周官注》。不过杜子春的《周官注》在朱彝尊之前从未有其他文献予以著录，《汉书·艺文志》没有，《隋书·经籍志》也没有。可见这是朱彝尊个人的推测，他没有见过这部著作。不过从郑玄《周礼注》所引一百八十七条杜子春的观点看，杜子春的《周礼》学研究显然已经形成独立的研究成果，这些成果无论是口说还是著作，都在《周礼》学史上占有重要地位。我们

① 按：现代学者多读为“因以起其家逸《书》，得十余篇”。然而东汉学者称经学元典“逸篇某某”有特定含义，如郑玄注引“逸奔丧礼”，是指当时还能看得到《礼古经》五十六篇之一的《奔丧》篇。之所以称“逸”，不是亡佚，而是其书虽存而在学者称引时已经无师说。“起家”，在东汉也有特定含义，这里是指孔安国创立了古文《尚书》家法（见丁进《“起家”词义考辨》，《辞书研究》2007 年第 3 期）。

倾向认为杜子春有著作，不过他的著作不应当称为《周官注》，因“注”这种形式到东汉末年才流行。我们倾向于杜子春撰写了《周官解诂》之类的专著。他的著作不见于《汉书·艺文志》，那是因为班固的《汉书·艺文志》以刘歆的《七略》为基础。刘歆编辑《七略》时，杜子春尚未创立自己的学术，杜子春的著作撰写于东汉初年，《汉志》不著录理所当然。至于《隋书·经籍志》不著录，那是由于郑玄《周礼注》流行以后，郑众以下的《周礼》学著作被覆盖，杜子春的著作也不例外。不过在没有坚实的证据之前，我们可以肯定杜子春是创立了自己《周礼》学说的学者，郑玄注所引一百八十七条“杜子春云”，不是一般经师传声筒式的介绍，不是师徒相传的普通知识，而是杜子春独创的《周礼》学学术体系中的成果。这些成果无论是口传还是书于简帛，都不影响杜子春《周礼》研究的地位。

我们认为杜子春创立了《周礼》学学术体系，理由有三。第一，杜子春对当时多种《周官》文本做过校勘，并且有校勘成果。如果他仅仅口传刘歆的师说，也就没有必要做校勘工作。刘向和刘歆曾经校勘过《周官》，杜子春依据刘向父子的校勘成果也就够了。第二，杜子春对自己的学说做过详细的论证，这些论证过程保留在郑玄《周礼注》中的，是典型的书面学术研究成果形式，而非口头形式。第三，杜子春多处引用了“或曰”，保留了他自己以外的学者对具体问题的看法，说明他不是传授普通学问的经师，而是关注其他学者、及时吸收他人研究成果的经师，并对其他学者的成果有所取舍。以下我们分别举例说明。

第一，杜子春有自己独立的校勘学成果。

《考工记·舆人》条文中，故书有“饰车欲移”，杜子春以为“移”当为“侈”。因移动不是饰车工作的关键，作“欲移”不词，“移”与“侈”形近而误，杜子春这条校勘说显然是合理的，采用的是“理校法”。①

《考工记·凫氏》条文中，故书有“为遂六分其厚，以其一为之深而围之”，杜子春以为“围”当为“圜”。二字形体接近，抄手误抄。显然，

① 贾公彦：《周礼注疏》，《十三经注疏》，第857页。

杜子春说更加合理。[1]

《考工记·匠人》“为沟洫”条，故书有“大没其版谓之无任”。“大没其版”费解，杜子春从字形学角度考虑，以为“没”为“汲”的误写，而郑玄进一步申说这个观点，以为“汲”可以解释为“引”，指筑版变形。[2] 可见郑玄接受了杜子春的校勘成果。

《占梦》职文说：“乃舍萌于四方，以赠恶梦。”郑玄注引杜子春说：

> 杜子春读“萌”为“明”。或云：“其字当为‘明’。‘明’谓欧疫也，谓岁竟逐疫，置四方。书亦或为‘明’。”[3]

杜子春所用底本应当是经过刘歆校勘的秘府本《周官》。“书亦或为‘明’”，说明杜子春还广收众本，这种对版本的深入研究是学术研究的必要环节。如果杜子春只是一般性传授学问，他使用刘歆校勘的本子就可以了，没有必要再校勘。

第二，杜子春对自己的学说做过详细的论证。

杜子春对自己的观点有一定的论证，反映出他思考深入，有精细独到之处。例如《春官·钟师》职文说：“凡乐事，以钟鼓奏《九夏》：《王夏》《肆夏》《昭夏》《纳夏》《章夏》《齐夏》《族夏》《祴夏》《骜夏》。”郑玄注引杜子春说：

> “内”当为“纳”。“祴”读为“陔鼓”之陔。王出入奏《王夏》，尸出入奏《肆夏》，牲出入奏《昭夏》，四方宾来奏《纳夏》，臣有功奏《章夏》，夫人祭奏《齐夏》，族人侍奏《族夏》，客醉而出奏《陔夏》，公出入奏《骜夏》。《肆夏》，诗也。《春秋传》曰：“穆叔如晋，晋侯享之，金奏《肆夏》三，不拜；工歌《文王》之三，又不拜；歌《鹿鸣》之三，三拜。曰：‘三夏，天子所以享元侯也，使臣不敢与闻。’”《肆夏》与《文王》、《鹿鸣》俱称三，谓其

① 贾公彦：《周礼注疏》，《十三经注疏》，第916页。
② 贾公彦：《周礼注疏》，《十三经注疏》，第933页。
③ 贾公彦：《周礼注疏》，《十三经注疏》，第808页。

三章也。以此知《肆夏》，诗也。《国语》曰："金奏《肆夏》《繁遏》《渠》，天子所以享元侯。"《肆夏》《繁遏》《渠》，所谓"三夏"矣。吕叔玉云："《肆夏》《繁遏》《渠》，皆《周颂》也。《肆夏》，《时迈》也；《繁遏》，《执傹》也；《渠》，《思文》。肆，遂也。夏，大也。言遂于大位，谓王位也，故《时迈》曰：'肆于时夏，允王保之。'繁，多也。遏，止也。言福禄止于周之多也，故《执傹》曰：'降福穰穰，降福简简，福禄来反。'渠，大也。言以后稷配天，王道之大也。故《思文》曰：'思文后稷，克配彼天。'故《国语》谓之曰：'皆昭令德以合好也。'"①

郑玄所引"杜子春云"这一段，对于《九夏》的论证十分繁复，除了介绍《九夏》的使用场合，还引用了《左传》《国语》中的材料，推论《肆夏》是诗歌。这与刘歆利用经传阐释《左传》的思路是一致的。还引史书所不载的吕叔玉说，以指实《肆夏》为《周颂》中对应的篇目。可见他的研究不仅有独到之处，还及时吸纳同时代人的学术成果。从本例来看，其论证繁复，非口语材料，恰似书面语。根据这一条我们判断杜子春极有可能留下了学术专著。

杜子春还引用同时代经师的"或曰"作为参考，再次说明他学术研究视野广阔。例如《菙氏》职文说："掌共燋契以待卜事。"郑玄注引杜子春说："燋读为细目燋之燋。或曰如薪樵之樵，谓所爇灼龟之木也，故谓之樵。契谓契龟之凿也。《诗》云：'爰始爰谋，爰契我龟。'"②

由此可见，杜子春的《周礼》研究成果具有独创性，学术视野广阔，具有相当的研究深度。马融《周官传序》对杜子春的介绍未能突出杜子春的学术地位。

第三，杜子春建立了一套《周礼》研究范式。

杜子春在《周礼》学史上第一次建立了一套《周礼》研究范式，③

① 贾公彦：《周礼注疏》，《十三经注疏》，第 800 页。

② 贾公彦：《周礼注疏》，《十三经注疏》，第 805 页。

③ 按：《汉书·艺文志》记载的《周官传》四篇应当是最早的《周礼》学研究著作，由于该著作没有流传下来，我们无从知晓它的具体内容。

这些范式为后世《周礼》学研究所继承。杜子春奠定了《周礼》传注学研究的基础。他所建立的范式以校勘为基础，通过正字、正读、训诂和名物制度的解说以通读《周礼》，这就是“小学”功夫。实际上两千多年《周礼》学史很大程度上说就是读懂《周礼》的历史。此后郑司农、贾逵和马融在杜子春开垦的田地上精耕细作，在具体问题上多有创获。郑玄以自己渊博的学识为工具，对前人的成果做了全面梳理，从校勘、训诂、名物制度、经义和知识谱系角度对《周礼》做了综合性研究，将杜子春开创的研究范式发挥到极致，取得巨大成功。此后关于《周礼》的文献学、训诂学、名物制度学研究所剩余的空间已经不多，大部分学者只能在郑玄注的基础上补缺补漏，《周礼》学知识性研究进入“捡漏”时代。

杜子春的《周礼》学研究成果多不传，除了郑玄《周礼注》中引用的一百八十七条观点外，我们难以发现杜子春《周礼》学说的其他内容。通过辑佚这些观点，我们虽然不能恢复杜子春《周礼》学的全貌，但也可以从中大致寻找出杜子春《周礼》学的特色，并归纳出他的主要成就。

二 杜子春的《周礼》校勘学

杜子春作为东汉《周礼》学第一个重要传播者，在《周礼》经文的校勘、训诂和经义阐释方面取得了令人瞩目的成就，以至于学术通人郑众、贾逵等前往求学。文本研究是学术研究的基础，杜子春发现了《周礼》经文的一些错误，并进行了有效的正误。郑玄《周礼注》所引杜子春说中，这方面的内容最为丰富。《天官·掌舍》职文有“掌王之会同之舍，设梐枑再重”，郑玄注说：

> 故书“枑”为“柜”。郑司农云：“梐，榱梐也。柜，受居溜水涑櫜者也。”杜子春读为“梐枑”，梐枑谓行马。玄谓行马再重者，以周卫有外内列。①

① 贾公彦：《周礼注疏》，《十三经注疏》，第676页。

杜子春易“柜”为“枑”，两字形近而误。郑司农不易字，以“柜”为蓄水器皿。因掌舍一官与用水关系不大，而枑为“行马”，即今天的警戒保卫工作用品，台湾地区称此类警用装置为“拒马”。枑为行马与掌舍职能相合，故郑玄从杜子春“梐枑”说。

《天官·醢人》职文说：“醢人掌四豆之实。朝事之豆，其实韭菹、醓醢，昌本、麋臡，菁菹、鹿臡，茆菹、麇臡。”郑玄注说：

> 醓，肉汁也。昌本，昌蒲根，切之四寸为菹。三臡亦醢也。作醢及臡者，必先膊干其肉，乃后莝之，杂以粱曲及盐，渍以美酒，涂置瓶中，百日则成矣。郑司农云：“麋臡，麋骭髓醢。或曰麋臡，酱也。有骨为臡，无骨为醢。菁菹，韭菹。”郑大夫读茆为茅，茅菹，茅初生。或曰茆，水草。杜子春读茆为卯。玄谓菁，蔓菁也。茆，凫葵也。凡菹醢皆以气味相成，其状未闻。①

此条杜子春以为“茆菹”之“茆”应作“卯”。卯字，《说文》以为“卯，冒也。二月万物冒地而出，象开门之形”。“开门之形”不一定准确。甲骨文、金文卯字字形均象豆苗发芽形。后来卯字字义发生了转移和分化，表杀、榫头、第四地支名等义，不得不另造一个区别字“茆”字来承担本源字应当承担的表示豆苗之义。所谓“茆菹”当为以豆苗嫩芽为原料制作的酱汁。杜子春以为“卯”为本源字，“茆”为后起的区别字，这个说法符合古汉语发展规律。

以上略举二例，可见杜子春文字校勘的大致情况。杜子春是如何进行校勘的？我们归纳出其五种方法：根据常识纠正形近而误的字；根据文意纠正明显用错的字；利用多本参照校勘；存别本；校勘兼训诂。以下我们分别予以介绍。

（一）根据常识和文意纠正误字

古籍中许多抄写错误往往因两字字形接近而成误，《周礼》也不例外。《周礼》的“故书”在传抄过程中往往出现人为的错误。杜子春有时

---

① 贾公彦：《周礼注疏》，《十三经注疏》，第674页。

根据常识判断形近而误字，或者根据文意纠正明显用错的字。根据一般的社会生活知识和常识判断经文文字正误是杜子春最常用的校勘方法。

《地官·牧人》职文，故书说：“凡外祭，毝事用龙可也。”其中“毝事”不见典籍，“龙”是神物，不受人控制，不可能随便“用”，显然故书有误。杜子春根据自己的学识判断字形有误。他以为“毝当为毁，龙当为尨。”毝与毁、龙与尨形近而误。①

《天官·司会》职文，故书说：“以参巨考日成。”杜子春读“参巨”为“参互”。由于“巨”与“互”形体接近，而“参巨”不词，因而杜子春判断“参巨”当为“参互”之误。②

《天官·九嫔》职文，故书说：“凡祭祀，赞王齍。”杜子春读“王齍”为“玉齍”。“王”和“玉”在笔画上只是有无一点的区别，而经传不见有双音节词“王齍”，故杜子春判断“王齍”当为“玉齍”之误。③

《天官·缝人》职文，故书说：“丧缝棺饰马。”杜子春以为“马（馬）”当为“焉”。由于丧礼无“饰马”一事，“马”与“焉”字形近似而误。④

《秋官·翦氏》职文，故书说：“掌除橐物，以攻禜攻之。”“橐”非生物，不存在想办法驱逐的情况，“橐”字当与蠹虫之“蠹”形近而误，杜子春以为“橐当为蠹”。⑤

以上五例的校勘类似于后世校勘学上的“理校”，通过常识就可以发现错误。但对有些抄写错误的校勘，常识所提供的依据有限，只有在充分研究《周礼》经文内容的基础上才能发现问题。这种情况下杜子春往往根据上下文的语境判断文字是否有误。这就是根据上下文意判断经文文字正误，杜子春在这个方面多有收获。

《司裘》职文故书作“诸侯则共熊侯、虎侯”，杜子春以为“虎”当为“豹”。诸侯不当用虎侯，同书《司裘》职文说“王大射则共虎侯、熊

---

① 贾公彦：《周礼注疏》，《十三经注疏》，第 723 页。
② 贾公彦：《周礼注疏》，《十三经注疏》，第 679 页。
③ 贾公彦：《周礼注疏》，《十三经注疏》，第 687 页。
④ 贾公彦：《周礼注疏》，《十三经注疏》，第 692 页。
⑤ 贾公彦：《周礼注疏》，《十三经注疏》，第 889 页。

侯、豹侯”。可见只有天子用虎侯，《司裘》文中“虎侯”不当。

《内宰》职文说：“以妇职之法教九御，使各有属以作二事。”故书“二事”为“三事”。杜子春以为“三”当为“二”，“二事谓丝、枲之事”。根据《天官》“大宰九职”之七“嫔妇化治丝、枲”，可见妇职就是丝、枲两件事。显然经文“三”当为“二”，字误增一横笔。

《小宰》职文，故书有“小事者，令百官府共其财用”。杜子春以为“小事”当为“七事”，并且提出版本学佐证：“书亦为七事。”《小宰》故书职文此段是这样的：“以法掌祭祀、朝觐、会同、宾客之戒具，军旅、田役、丧荒亦如之。小事者，令百官府共其财用，治其施舍，听其治讼。”可见“小事者”是指上句祭祀、朝觐、会同、宾客以及军旅、田役、丧荒，正好七件事情，显然“七事”正确而“小事”错误。

以上我们略举三例，实际上这类校勘还有不少。

《天官·庖人》故书有“共丧纪之庶羞，宾客之禽兽”。杜子春说“禽兽”当为“禽献”。

《天官·夏采》故书有“以乘车建䋛，复于四郊”，杜子春说“䋛”当为“绥”。

《地官·小司徒》故书有“乃分地邦而辨其守”，杜子春说“邦”当为“域”。

《地官·族师》故书有“春秋祭步亦如之”，杜子春说“步”当为“酺”。

《地官·载师》有“以宅田、士田、贾田任近蒿之地”，杜子春说“蒿”读为“郊”。

《地官·泉府》故书有“货之瘅于民用者”，杜子春以为“瘅”当为“滞”。

《春官·大祝》故书“六祈”一曰类，二曰灶。杜子春读“灶”为造次之“造”。

《春官·小祝》故书有“大丧赞摄”，杜子春以为“摄”当为“渳”，渳谓浴尸。

《春官·籥章》故书有“国祭蚕则歈《豳颂》”，杜子春以为“蚕”当为“蜡”。

《考工记·舆人》故书有“以其隧之半为之榷崇”，杜子春以为“榷”当为“较”。

《考工记·弓人》故书有“凡樴之类不能方”，杜子春说“樴”当读为“昵”。

《考工记·弓人》故书有“利射侯其弋”，杜子春说“其”当为“与”。

《夏官·训方氏》故书有“诵四方之傅道”，杜子春以为“傅”当作“传”。

《考工记·序》故书或本有“刮摩之工，玉、榔、舟、矢、磬”，杜子春认为“雕或为舟者，非也”。

《夏官·司爟》故书作“司燋”，杜子春以为“燋当为爟，书亦或为爟。爟为私火”。①

以上十五例，杜子春都是根据上下文语境来判断或为讹误或为假借，而且大多判断正确，其成果多为郑玄所接受。

（二）利用多本参照校勘讹、脱、衍、倒字

杜子春的《周礼》校勘往往参考他所能看到的别本，取得了令人瞩目的成果。郑玄《周礼注》中“杜子春云”多处有“某字书亦或为某”，与上面“存别本”不同，他采用的正是这个“或为某”之某，这是他利用别本的标志性提示语。

《春官·大祝》说：“作六辞以通上下亲疏远近，一曰祠，二曰命，三曰诰，四曰会，五曰祷，六曰诔。”其中“三曰诰”，杜子春说：“诰当为告。书亦或为告。”杜子春利用所见或本做了校勘。② 这样的处理显然是正确的，因诰体文非祝祷体文，前者用于行政，后者用于宗教性的“事鬼神”活动。

《春官·小祝》说：“有寇戎之事则保郊祀于社。”郑玄注说：“故书祀或作禩，郑司农云：‘谓保守郊祭诸祀及社，无令寇侵犯之。’杜子春读禩为祀，书亦或为祀。”由此可见，杜子春使用的底本本字为禩，他读祀，是从故书别本。③ 实际上禩、祀一字，禩为古文，祀为今文。因西汉

① 贾公彦：《周礼注疏》，《十三经注疏》，第843页。

② 贾公彦：《周礼注疏》，《十三经注疏》，第809页。

③ 贾公彦：《周礼注疏》，《十三经注疏》，第812页。

今文无祼字，杜子春以为“故书”用错了字，并从具体语境中判断该字表达的字义应当为祀字的名词之义。

《春官·司巫》说：“祭祀则共匰主，及道布，及蒩馆。”郑玄注引“杜子春云”：“蒩读为鉏。匰，器名。主，谓木主也。道布，新布三尺也。鉏，藉也。馆，神所馆止也。书或为蒩馆，或为蒩饱。或曰：布者，以为席也。租饱，茅裹肉也。”① 杜子春当时所见版本大致上分为两类：一类版本作“蒩馆”，为杜子春、郑玄以及今本所从；另一类作“租饱”，杜子春、郑玄不从。但在当时，有经师从“租饱”，以为租饱即“茅裹肉也”。幸赖杜子春说，我们知道了东汉初年的别本和经师别说。此经师别说或即西汉《周礼》学师说。

《春官·大史》说：“戒及宿之日，与群执事读礼书而协事。”郑玄注说：“协，合也，合谓习录所当共之事也。故书协作叶，杜子春云：‘叶，协也，书亦或为协，或为汁。’”② 经文“协事”，杜子春底本原来作“叶事”，他以为该字当作“协”。他所见该字，在当时有三个版本，一个作“叶”，一个作“协”，还有一个作“汁”。通过校勘，他选择了“协”字。“叶”“协”为通假字关系，杜子春判断出本字为“协”字，这个成果为今本所用。

《春官·小史》说：“掌邦国之志，奠系世，辨昭穆，若有事，则诏王之忌讳。”其中“奠系世”，郑玄说：“故书奠为帝，杜子春云：‘帝当为奠，奠读为定。书帝亦或为奠。’”③ 杜子春所用底本“奠系世”作“帝系世”。杜子春收集到的别本作“奠系世”，杜子春从别本，作“奠系世”。郑玄本、今本采用了杜子春的校勘成果。

这样的例子还有不少：

《服不氏》有“射则赞张侯，以旌居乏而待获”，杜子春说：“待当为持，书亦或为持。”④

《职方氏》“东南曰扬州”一节有“其利金锡竹箭”。故书“箭”为

① 贾公彦：《周礼注疏》，《十三经注疏》，第 816 页。

② 贾公彦：《周礼注疏》，《十三经注疏》，第 817 页。

③ 贾公彦：《周礼注疏》，《十三经注疏》，第 818 页。

④ 贾公彦：《周礼注疏》，《十三经注疏》，第 846 页。

“晋”。杜子春说：“晋当为箭，书亦或为箭。”①

《训方氏》有“诵四方之传道”，故书传为傅，杜子春说：“傅当作传，书亦或为传。”

《考工记》“凫氏为钟”一节有“两栾谓之铣”，故书栾作乐，杜子春说：“当为栾，书亦或为栾。铣，钟口两角。”②

从以上所举可以看出，杜子春的《周礼》文献校勘工作细致，学术判断水平很高。如果没有长期的潜心研究，难以取得如此“入木三分”的辨析成果。

（三）保存有价值的或本

杜子春时代，《周官》有多种传本。杜子春在校勘时有自己的判断，但有时候别本具体的差别字不一定没有道理，杜子春自己虽然不从，但也不能说别本有错。遇到这样的情况，杜子春在解释《周官》时，常存别本差异，供读者参考。这种做法，不但显示了谨慎的科学态度，还为后人深入研究《周官》留下了宝贵的汉学资料。

《甸祝》职文说：“掌四时之田表貉之祝号。”郑玄注说：

> 杜子春读“貉”为“百尔所思”之“百”，书亦或为祃。貉，兵灾也。甸以讲武治兵，故有兵祭。《诗》曰：“是类是祃。”《尔雅》曰：“是类是祃，师祭也。”玄谓田者，习兵之礼，故亦祃祭，祷气埶之十百而多获。③

杜子春字从“貉”，读为“百”，不从或本作“祃”，但存其说。从“貉，兵灾也”到“《尔雅》曰：‘是类是祃，师祭也。’”是杜子春对于“书亦或为祃”的解释。郑玄接着杜子春说加以引申，但“祷气埶之十百而多获”实际上是对杜子春读为“百”的解释。由于杜子春的存或本，我们知道别本有作“祃”的。由于田猎是军事行动，或许作“祃”才是正确的。

杜子春存别本而不从的还有以下三例：

---

① 贾公彦：《周礼注疏》，《十三经注疏》，第862页。

② 贾公彦：《周礼注疏》，《十三经注疏》，第916页。

③ 贾公彦：《周礼注疏》，《十三经注疏》，第815页。

《小宰》有“六廉”，六曰“廉辨”，杜子春指出“廉辨”或为“廉端”。

《掌舍》有“为坛壝宫棘门”，杜子春云：“棘门或为材门。”

《巾车》有“木路前樊鹄缨建大麾以田，以封蕃国”，杜子春说“鹄”或为“结”。

杜子春存别本，虽然不从，却保存了汉代其他版本的一些信息，这对于我们今天解读典籍，特别是校勘出土文献依然有参考价值。

（四）校勘兼有训诂

有时候杜子春的校勘与训诂是紧密联系的，校勘之后紧接着就是训诂。我们将这个现象放在杜子春的校勘学成就一节做介绍。

《地官·胥》有“袭其不正者”，郑玄注说：“故书袭为习。杜子春云：‘当为袭，谓掩捕其不正者。’”① 杜子春先确定“习”为“袭”之误，在确定字当为“袭”之后，根据上下文语境，判断袭字含义是“掩捕其不正者”。

《地官·草人》有“凡粪种，骍刚用牛”，郑玄注说：“故书骍为挈……杜子春挈读为骍，谓地色赤而土刚强也。”② 杜子春先判断“挈”因与“骍”声近而误，根据上下文语境此字当与土质有关，因而易字，读“挈”为“骍”，并做出“地色赤而土刚强”的训诂。

《大宗伯》职文有“以吉礼事邦国之鬼神示”，郑玄注说：“故书吉或为告，杜子春云：‘书为告礼者，非是，当为吉礼。书亦多为吉礼，吉礼之别十有二。’”③ 杜子春根据《大宗伯》职文判断，此处不当有“告礼”存在，应当与十二吉礼有关，而“告”与“吉”字形很相似，为浅人所误抄，因而判断“告礼”即“吉礼”。这样，“吉”字就好训诂了。

《春官·肆师》职文有“凡师甸用牲于社宗则为位”，故书“位”为“莅”，杜子春说：“莅当为位，书亦或为位，宗谓宗庙。”④ “莅”为动词，“位”为名词，此处按照上下文语境应当为名词，而且下经还说“凡四

① 贾公彦：《周礼注疏》，《十三经注疏》，第738页。

② 贾公彦：《周礼注疏》，《十三经注疏》，第746页。

③ 贾公彦：《周礼注疏》，《十三经注疏》，第757页。

④ 贾公彦：《周礼注疏》，《十三经注疏》，第757页。

时之大甸猎，祭表貉，则为位”，而“位”与“莅”同声，字形也相似，故杜子春判断“莅”为“位”之误。

类似的情况还有不少。

《春官·鬯人》有“禜门用瓢齎”，郑玄注说：“故书瓢作剽……杜子春读齎为粢，瓢谓瓠蠡也，粢，盛也。”①

《春官·典瑞》有“珍圭以征守”，杜子春说：“珍当为镇，书亦或为镇，以征守者，以征召守国诸侯，若今时征郡守以竹使符也。镇者，国之镇，诸侯亦一国之镇，故以镇圭征之也。凶荒则民有远志，不安其土，故以镇圭镇安之。”②

《春官·瞽蒙》说：“讽诵诗，世奠系，鼓琴瑟。”故书奠或为帝，杜子春说：“帝读为定，其字为奠，书亦或为奠。世奠系，谓帝系，诸侯卿大夫世本之属是也。小史主次序先王之世，昭穆之系，述其德行，瞽蒙主诵诗，并诵世系以戒劝人君也。故《国语》曰：‘教之《世》，而为之昭明德而废幽昏焉，以怵惧其动。’”③

以上训诂均建立在校勘成果的基础上，杜子春的训诂因此也就有了比较可靠的文献学依据。

三 杜子春的《周礼》训诂学

杜子春的《周礼》研究，除了对《周礼》文献做校勘外，还对《周官》经文文字做了训诂性质的解说。大致上包括文字训诂、名物制度解说、正句读和经义阐释。本节重点分析杜子春的训诂方法。

杜子春的训诂，主要是对《周官》一书中的通假现象予以揭示，对《周官》“古今”差异比较大的动词、形容词、名词等做词义诠释，即用“今语”解释“古语”。这里的“训诂”主要指杜子春对《周官》中难懂的动词、形容词和少量名词的解释。我们发现杜子春采用了揭示本字与借字、以通俗字解释生僻字、以双音节词解释单音节词、以反说释词、以对比释词、以方言释词和变换视角释词等多种训诂方法。

---

① 贾公彦：《周礼注疏》，《十三经注疏》，第771页。

② 贾公彦：《周礼注疏》，《十三经注疏》，第777页。

③ 贾公彦：《周礼注疏》，《十三经注疏》，第797页。

西汉经学解经模式比较典型的有传、章句、记等形式。章句之学没有流传下来，不过我们通过东汉赵岐的《孟子章句》、王逸的《楚辞章句》可以略略窥见其崖涘。至于“传”，有一部《韩诗外传》流传下来，此外还有一部辑佚出来的《尚书大传》，一部残缺的《京氏易传》，保存最完整的就是《毛诗故训传》了。对于杜子春的《周官》学著作我们还不能肯定其书名。从郑玄所引材料看，他的著作中，训诂非常简洁。我们根据郑玄所引，大致上可以总结出杜子春的训诂学模式。

杜子春标准的一条训诂包括三项内容：辨字形，正读音，释字义。

《考工记·鲍人》说：“察其线，欲其藏也。”郑玄注说：“故书线或作综，杜子春云：‘综当为糸旁泉，读为絤，谓缝革之缕。’”① 这是杜子春一条完整的训诂，三句话构成三项，包括辨字形、正读音、释字义三个方面：“综当为糸旁泉”，辨字形；“读为絤”，正读音；“谓缝革之缕”，释字义。

《夏官·大驭》说：“大驭掌驭玉路以祀。及犯軷，王自左驭，驭下祝，登，受辔，犯軷，遂驱之。”郑玄注说：“故书軷作罚，杜子春云：‘罚当为軷。軷读为别异之别，谓祖道、轹軷、磔犬也。’”② 这也是杜子春三项俱全的标准训诂模式。“罚当为軷”，辨别字形；“軷读为别异之别”，正读音；“谓祖道、轹軷、磔犬也”，是释义。

以上两例隐含着古汉语学中的文字、音韵、训诂学三个分支的雏形。不过杜子春在字形辨析上用力不多，倒是在辨别假借、文字音读和字义诠释方面下了大功夫，因而这方面的成果也最多。我们在本节分析杜子春如何辨别通假字、如何注音和如何释义，从而在训诂上奠定《周礼》研究的范式。

（一）辨通假

《周官》一书在汉代已经属于非常难懂的古籍。除了上一节分析的抄写错误之外，通假现象也很普遍；加上一部分词语与汉代书面语有相当大的差异，造成词语的“古今”隔阂。杜子春训诂的一项重要内容就是对

① 贾公彦：《周礼注疏》，《十三经注疏》，第 917 页。

② 贾公彦：《周礼注疏》，《十三经注疏》，第 857 页。

《周官》一书中的通假现象予以揭示，对《周官》“古今”差异比较大的动词、形容词、名词等做词义诠释，即用“今语”解释“古语”。从马王堆帛书《周易》、郭店楚简《缁衣》等出土文献看，使用通假字是先秦著作的一个普遍现象，在汉武帝时期被发现的《周官》也是如此。杜子春整理和解说《周官》也面临通假字问题，揭示通假字的本字与借字是杜子春训诂的手段之一。

《地官·掌节》职文有“泽国用龙节，皆金也，以英荡辅之”，郑玄注引杜子春说：“荡当为帑，谓以函器盛此节。”① 帑，《说文·巾部》说：“金币所藏也。”即藏金币的容器，也就是杜子春所说的函器。根据孙诒让说，“帑”又读汤荡反，帑与荡二字音近，可以通假。

杜子春没有直接说出某字通假某字，没有归纳通假字的使用规则，但是他在训诂中使用了提示语“读为”“当为”“当作”。根据清儒段玉裁的研究，这些“汉读”有一定的规律：“‘读为’‘读曰’者，易其字。”又说：“‘当为’者，定为字之误、声之误而改其字也，为救正之词。形近而讹谓之字之误；声近而讹谓之声之误。字误、声误而正之，皆谓之‘当为’。凡言‘读为’者不以为误；凡言‘当为’者直斥其误。”② 可见这些提示语是有规律可循的。不过与段玉裁说有所不同，我们以为杜子春揭示两字的“当为”关系不一定都是正误关系，其中最多的是通假关系。以下我们将杜子春的“当为”“当作”“读为”的“汉读”属于辨通假字的成果列于下。

提示“当为”的通假字最多：

《内饔》有“狸豕盲视而交睫”，杜子春说：“盲视当为望视。”

《小祝》有“及葬，设道齎之奠”，杜子春以为“齎”当为“粢”。

《大司徒》故书有“五比为闾，使之相受”，杜子春以为“授”当为“受”。

《大司徒》有“正日景以求地中”。故书“求”为“救”，杜子春以为“救”当为“求”。

---

① 贾公彦：《周礼注疏》，《十三经注疏》，第739页。

② 段玉裁：《周礼汉读考》，《续修四库全书》第80册，上海古籍出版社，2002年版，第261页。

《载师》故书有“唯其漆林之征二十而五”，杜子春以为“漆林”当为“桼林”。

《玉人》或本有“璋邸射，素功以祀山川，以致稍气”，杜子春以为“气”当为“饩”。

《玉人》故书有“边璋七寸……黄金约”，杜子春说：“约当为勺，谓酒尊中勺也。”

《肆师》故书有“以岁时序其祭祀，及其几珥”，杜子春读“几”当为“祈”。

《遗人》故书说：“以恤民之摧厄。”杜子春说：“摧厄当为艱厄。”

《司市》有“门市之群吏平肆展成，奠贾”，杜子春云“奠”当为“定”。

《司市》故书有“其祔于刑者归于士”，杜子春以为“祔”当为“附”。

《委人》故书有“以甸聚待奇旅”，杜子春以为“奇”当为“羇”。

《掌葛》故书有“以权度授之”，杜子春说“授”当为“受”。

《司尊彝》故书有“其朝饯用两献尊”，杜子春说“饯”当为“践”。

《大司乐》故书有“藩之以八音”，杜子春说“藩”当为“播”。

《车仆》故书有“掌苹车之萃”，杜子春以为“苹车当为軿车，其字当为萃。”

《巾车》故书或本有“大祭祀鸣軨以应鸡人”，杜子春说“軨”当为“铃”。

《廋人》有“掌十有二闲之政教，以阜马佚特”，杜子春说“佚”当为“逸”。

《职方氏》“东南曰扬州”一节故书有“其利金锡竹晋”，杜子春说“晋”当为“箭”。

《秋官》有条狼氏，杜子春以为“条”当为涤器之“涤”。

《梓人》故书有“厝其匪色必似不鸣矣”，杜子春说“厝”当为“措”。

《车人》故书或本有“其抟三寸厚三之一”，杜子春说“抟”当为“博”。

提示“当作”的通假字有一条：

《輈人》故书有“及其登阤不偪”，杜子春说“偪”当作“伏”。这是音近通假。

提示“读为”的通假字也为数不少：

《小宰》“八成”有“傅别”，故书作“傅辨”，杜子春读为“傅别”。

《醢人》有“茆菹、麋臡”，杜子春读“茆”为“卯”。

《小祝》故书或本有“有寇戎之事则保郊禖于社”，杜子春读“禖”为“祀”。

《大司徒》有“以土会之法辨五地之物生”，杜子春读“生”为“性”。

《大司徒》故书或本有“五曰以义辨等则民不越”，杜子春读“义”为“仪”。

《遂人》有“以兴锄利氓”，杜子春读“锄”为“助”，谓起民人，令相佐助。

《龟人》说：“东龟曰果属。”杜子春读“果”为“蠃”。

《小司寇》有“以八辟丽邦法，附刑罚”，杜子春读“丽”为“罗”。

《壶涿氏》故书有“掌除水虫以泡土之鼓”，杜子春读“泡”为“炮”。

以上三十余例还不是杜子春辨别通假字的全部，这些通假字大多为音近通假，杜子春对于本字一一予以揭示。这个工作在今天看来可以视为广义的“古籍整理”，不过不能仅仅视为文字校勘，整理中应当包含了训诂。① 我们认为杜子春训诂字义的“读为”是用汉代流行的读音标注《周礼》经文文字，被标注的经文文字一般为本源字，用来标注的字一般是区别字。杜子春实际上以为经文文字不必改，“读为”只是提示其读音而已。它们之间的关系一般可以视为广义的假借和被假借关系；从训诂角度看，类似于后人总结的“因声求义”。杜子春使用最多的提示语“当为”明显提示两字之间的假借关系。杜子春实际上认为凡“当为”之字，

① 按：校勘是针对传抄的失误进行纠正，尽可能恢复原本的面貌。通假字极有可能是原作者使用的，在相同的文化圈内，人们不用解释就能读懂。到了汉代，通假已经成为古籍阅读的障碍，杜子春解释通假字的借字和本字本身就带有阐释的意味。在这个意义上，我们可以将杜子春这一类研究成果视为训诂。

经文该字应改动。至于“当作”，即“当为”的另一种说法而已。①

（二）释字义

杜子春《周礼》训诂的第二项内容是诠释字义，字义诠释方法包括以通俗字解释生僻字、以双音节词解释单音节词、用对比释词、变换视角释词和用方言释词等。

1. *以通俗同义词释生僻词*

这里的“训诂”主要指杜子春对《周官》中难懂的动词、形容词和少量名词所做的解释。《周官》有相当一部分词语到了汉代已经成为冷僻词，甚至已经被放弃不用了。杜子春对这一类字往往寻找比较通俗的字来训诂。

《天官·醢人》职文“馈食之豆”有“豚拍”，杜子春以为“拍”为“膊”，并对“膊”再次进行训诂：“谓胁也。”这样“豚拍”词义就明白了。

《夏官》故书“司爟”一职，杜子春认为：“爟当为爟，书亦或为爟。爟为私火。”“爟”已经很生僻了，杜子春释为“爟”，“爟”字也不常用，于是用“私火”做进一步解释。

《春官·甸祝》有“禂牲、禂马皆掌其祝号”。其中的“禂”是冷僻字。杜子春说：“禂，祷也。为马祷无疾，为田祷多获禽牲。”用通俗的同义词“祷”训诂“禂”。

《春官·神仕》说：“以禬国之凶荒、民之札丧。”“禬”字已经很生僻，杜子春解释说：“禬，除也。”以常用字“除”释冷僻字“禬”。

2. *以双音节词解释单音节词*

语言发展的一般规律是由简到繁，一些单音字在汉代已经被双音节词

① 按：今人虞万里和杨天宇分别对段玉裁《周礼汉读考》提出不同看法，见杨天宇《郑玄三礼注研究》，社会科学文献出版社，2008 年版，第 682 页；虞万里《三礼汉读、异文及其古音系统》，《语言研究》1997 年第 2 期。虞万里、杨天宇说正确。然段玉裁说也不应被全盘否定，汉代经师并未如今天学术界自觉地追求学术术语的严密性。不过杜子春等早期经师的提示语也体现了一定的趋势，段玉裁说总结了这个趋势。所说“经注之误”中的一部分可能就是经师原文，我们如果理解成段玉裁依据自己的发现揭示了注文“应当”如此，并提出两汉经师“汉读”规则，也就没有必要责怪段玉裁“大胆改注文”，或视注文为“妄人”所改为学术失范了。又按：近年，虞万里对于“汉读”问题又有新思考，见氏著《两汉经师传授文本寻踪——由郑玄〈周礼注〉引起的思考》，《文史》2018 年第 4 期。

所替代，原字不流行了。杜子春常以带有这个字的本源字或古字构成的双音节词来训释这个字的字义。

《大司寇》故书有“凡邦之大事使其属避”。其中的“避”字，杜子春说：“避当为辟，谓辟除奸人。”这个解释的关键不在于以“辟”换“避”，实际上“避”“辟”只是古今字的差别，本句最难懂的是“避”的字义，如果读成“躲避”之“避”，文意差别就太大了。杜子春用了一个双音节词“辟除”，即王朝举办大事之前，大司寇指示下属在一定范围内进行一次“清场”活动，防止奸邪之人破坏大事。作这样一个“汉读”，全句意思就明白了。

《地官·里宰》有“以岁时合耦于锄”。杜子春说：“锄读为助，谓相佐助也。”以双音节词“佐助”释“锄”，该字的互相帮助之义就一目了然了。若以“锄”为锄头之字，则句子“合耦于锄”难以理解。

《天官·职币》故书说：“皆辨其物而奠其禄。”杜子春说：“禄当为录，定其录籍。”以双音节词“录籍”释“录”。职币一职并不承担为官府职员确定俸禄的职责，显然用“禄”字有误。“禄”与“录”虽然存在同声通假的可能，但两字字义差别很大，不如直接以“录籍”释“禄”更能让读者一目了然。

《春官·大胥》有“比乐官”。杜子春说：“次比乐官也。”以“次比”释“比”，将“比”字字义限定在人员活动的次序范围内。《周礼》中多次出现“比”字，大多为考核官员、普查居民人口和财产之义。

以上“辟”之于“辟除”、“助”之于“佐助”、“录”之于“录籍”、“比”之于“次比”，均以本字或本字的本源字、古字为中心，组成一个东汉人习见的包含本字的双音节词，以便时人理解经义。

3. 以对比释词

有些器物本身与他物具有对比性质，一个一个地解释反而不如对举解释效果好。例如《典庸器》说：“及祭祀，帅其属而设笋虡。”其中“笋虡”是礼乐文明时代悬挂编钟的器物，但是要讲清楚也不容易。杜子春解释说：“笋读为博选之选，横者为笋，从者为鐻。”杜子春第一步说的“笋读为博选之选”依然不好理解，而经过“横者为笋，从者为鐻”这么一对比，编钟架子横的部分叫“笋”，纵的部分叫“鐻”，即“虡”，这就好懂了。

4. 换视角释词

某些字由于当时没有与之对应的词，杜子春对这个字所承载的意义从性质、处所、特征、行为等方面加以介绍和描述。

从方位、处所角度解释词语的，如《圉师》有“射则充椹质”职文，杜子春解释其中的“椹质”说：“椹质，所射者习射处。”这是从处所角度解释“椹质”一词。

从性质角度解释词语的，如《占梦》有“二曰噩梦”职文，对于其中的“噩梦”，杜子春说：“当为惊愕之愕，谓惊愕而梦。”

从行为角度训诂词义的，如《男巫》说：“冬堂赠无方无算。”其中“堂赠”一词不好理解。杜子春解释说：“赠当为赠，堂赠谓逐疫也。”其中“逐疫”指的是“堂赠”所代表的行为。

5. 以方言释词

古今语言文字差异很大，有些字词已经不用了，但这些字词所承担的功能在方言中有相应的词，这些方言词正好可以用来诠释《周礼》词语。

《小宗伯》有“卜葬兆，甫竁，亦如之”，根据郑玄注，杜子春读“竁”为“毳”，并解释说：“皆谓葬穿圹也。今南阳名穿地为竁，声如腐脆之脆。”杜子春采用当时南阳地区的方言释“竁”字字义，时人就容易明白这条经文之义了。

《圉师》说：“夏庌马，冬献马，射则充椹质。”杜子春说：“椹为齐人言铁椹之椹。”这是采用当时齐人方言解释“椹”字字义。

由于杜子春的著作原本没有流传下来，我们只能根据郑玄的引用做如上归纳，因此难以保证以上就是杜子春训诂模式的全部。不过，此后《周礼》的训诂方法，基本上在此范围之内。杜子春的首创之功不可磨灭。

（三）通音读

《周礼》用字与西汉用字有一定的差异，造成《周礼》晦涩难懂。这些难解字有些属于异体字，有些属于被废弃字，有些属于生僻字，有的字形相同但读音有别，甚至字义也发生了“转移”。这些差别让两汉学者研读《周礼》感到困惑。杜子春在正音读方面下了不少功夫，这就是马融

《周官传》所称的杜子春“能通其读”。

由于杜子春所处时代反切注音法还没有发明，杜子春在如何标注读音上做了有意义的探讨，从而形成我国最早的读音标注方法。这个方法总体上看属于“直音法”，不过在具体操作上可以分为本字组词注音法、他字注音法和同声旁字注音法三种。我们这里所称“他字注音法”是指用另外一个字来标注本字的读音，这是标准的直音法。而“同声旁字注音法”是用与本字同一声旁的另外一个字来标注本字的读音。至于“本字组词注音法”是指将本字组成一个读者比较熟悉的双音节词以区别读音。为了区分多音字在本处的读音，他采用“本字组词注音法”，对所要强调的字音进行突出。其次针对假借字，对本字读音进行标注，并且对本字作注释，形成“本字音读+直释”的组合。

1. 本字组词注音法

采用本字组词注音法正音读主要针对多音字。

《地官·稻人》说：“以沟荡水，以遂均水。”根据郑玄注，杜子春读“荡”为“和荡”，谓以沟行水也。①“荡”是多音字，分别有名词、形容词和动词三种读音。杜子春在这里通过将单音节字组成双音节词“和荡”以标注这个字的动词读音。

《磬师》说：“掌教击磬、击编钟。”杜子春读“编”为“编书”之“编”。因编字有名词性和动词性两种读音，这里提示“编”字的动词读音。②

《磬师》还有“教缦乐、燕乐之钟磬”。杜子春读“缦”为“怠慢”之“慢”。杜子春特别提示“缦乐”之“缦”为形容词，而非表示杂声之和乐的“缦乐”之“缦”。

《大卜》说：“掌三《梦》之法，一曰《致梦》，二曰《觭梦》，三曰《咸陟》。”杜子春读“觭”为“奇伟”之“奇”，并说“其字直当为奇”。③

《大祝》说：“辨九祭……五曰振祭。”杜子春解释其中的振祭：“振祭，振读为慎，礼家读振为振旅之振。”其中“振旅之振”是将“振”放

---

① 贾公彦：《周礼注疏》，《十三经注疏》，第746页。
② 贾公彦：《周礼注疏》，《十三经注疏》，第800页。
③ 贾公彦：《周礼注疏》，《十三经注疏》，第803页。

在“振旅”双音节词中凸显其读音。①

类似的例子还有很多，以下再列三例。

《男巫》说：“春招弭以除疾病。”杜子春读“弭”如“弥兵”之“弥”。

《巾车》说：“藻车，藻蔽，鹿浅䄙，革饰。”故书“藻”作轈，杜子春读轈为“华藻”之“藻”，直谓华藻也。

《考工记·序》故书有“或通四方之珍异以齐之”。杜子春以为“齐当为资，读如‘冬资絺’之‘资’”。

2. 同声旁字注音法

有些字，经文用的是假借字。杜子春除了另标出读音外，还直接指出该读音所对应字的含义，形成“同声部字注音+直释字”的阐释模式。

《典同》有“微声韽”。杜子春“韽”读为“暗不明”之“暗”。其中“韽”“暗”两字声旁均为“音”，杜子春以“暗”标注“韽”字读音。

《大祝》有“九拜”，其四曰振动，其七曰奇拜。杜子春读“动”字为“哀恸”之“恸”。②“动”“恸”二字繁体均以“重”为声旁，杜子春以“恸”标注“动”字读音。

《菙氏》说：“掌共焌契以待卜事。”杜子春标注“焌”字读音说：“或曰如薪樵之樵，谓所爇灼龟之木也，故谓之樵。”以同声旁的“樵”字标注“焌”字读音。

《司巫》说：“祭祀则共匰主，及道布，及蒩馆。”杜子春以为“蒩”读为“鉏”，以同声旁的“鉏”字标注“蒩”字读音。

3. 他字注音法

有时候杜子春也挑选另外一个比较流行的字标注《周礼》经文文字的读音。这是早期技术含量不高的直音法。

《考工记·鲍人》有“察其线，欲其藏也”。故书“线”或作“综”，杜子春说：“综当为糸旁泉，读为緆，谓缝革之缕。”用“緆”直接标注“综”的读音。③

---

① 贾公彦：《周礼注疏》，《十三经注疏》，第810页。

② 贾公彦：《周礼注疏》，《十三经注疏》，第810页。

③ 按：以“緆”标注“综”字，不仅是读音问题，杜子春实际上也认为“综”字也当写为“緆”字。这是校勘学问题，校勘而不改字，显示了比较科学的校勘观念。

《考工记·序》有“燕之角，荆之干，妢胡之笴，吴粤之金锡，此材之美者也”。故书“笴”为“笱”，杜子春说：“妢读为焚咸丘之焚，书或为邠。妢胡，地名也。笱当为笴，笴读为槀，谓箭槀。”杜子春读“妢”为“焚”，读“笴”为“槀”，都是用另外一个字标注本字的读音。

《巾车》有“王之丧车五乘，木车蒲蔽，犬幎，尾櫜，疏饰小服，皆疏”。故书“疏”为“揟”，杜子春读“揟”为“沙”，即以“沙”字为“揟”字注音。

（四）说名物制度

杜子春《周官》研究除了校勘和训诂外，对经义也做了探索，包括对经文中名物制度的解释，对于句读的提示和句子意思的揭示等。我们未将杜子春对于名物制度的解释放在释字义中，主要出于对词性的考虑。名物制度属于知识体系的阐释，而动词、形容词和少量名词的阐释属于普通语言学的词汇阐释，二者是有区别的。不过实际上这种区分也是相对的。

1. 名物解说

《周官》一书涉及大量的名物，对于这些名物，西汉人已经很生疏了。杜子春对其中相当一部分做了解说。杜子春主要采取描述名物形状、说明名物用途、说明名物来源、指明名物归属、通俗词释生僻词等方式对名物进行阐释。

描述名物形状。《籥章》有“掌土鼓豳籥”，杜子春对“土鼓”做了形状上的描述：“土鼓以瓦为匡，以革为两面，可击也。”

说明名物用途。《封人》有“凡祭祀饰其牛牲，设其楅衡”。杜子春说：“楅衡所以持牛，令不得抵触人。”

说明名物来源。《菙氏》说：“凡卜，以明火爇燋，遂龡其焌，契以授卜师，遂役之。”杜子春解释说：“明火，以阳燧取火于日，焌读为英俊之俊，书亦或为俊。”

指明名物归属。《大卜》说：“掌三兆之法，一曰《玉兆》，二曰《瓦兆》，三曰《原兆》。”杜子春解释说：“《玉兆》，帝颛顼之兆；《瓦兆》，帝尧之兆；《原兆》，有周之兆。”《大卜》又说：“掌三易之法，一曰《连山》，二曰《归藏》，三曰《周易》。”杜子春解释说：“《连山》，宓戏；《归藏》，黄帝。”

通俗词释生僻词。《庖人》说："凡用禽献，春行羔豚，膳膏香；夏行腒鱐，膳膏臊；秋行犊麛，膳膏腥；冬行鲜羽，膳膏膻。"杜子春对其中的名物做了解释："膏臊，犬膏；膏腥，豕膏也；鲜，鱼也；羽，雁也；膏膻，羊脂也。"

2. 制度解说

杜子春解说《周礼》中的制度往往采用行为过程描述法、对比解说法、引用文献法三种阐释方法。

行为过程描述法。行为过程描述法是指名物制度难以用下定义法进行界定，不得不采用制度实行过程和行为描述来阐释该制度。

《占人》说："凡卜簭，既事，则系币以比其命，岁终，则计其占之中否。"杜子春解释说："系币者，以帛书其占，系之于龟也。""系币"是司巫职官一项官常性质的工作，难以"一言以蔽之"，不得不采用过程描述法。

《司巫》说："国有大灾，则帅巫而造巫恒。"对于其中的"造巫恒"，杜子春解释说："司巫帅巫官之属会聚常处以待命也。""会聚常处以待命"即"造巫恒"的行为描述。

《男巫》说："掌望祀、望衍授号，旁招以茅。"杜子春解释说："望衍，谓衍祭也；授号，以所祭之名号授之；旁招以茅，招四方之所望祭者。"对于"望衍""授号""旁招以茅"做了行为描述。

《蝈氏》说："以其烟被之则凡水虫无声"。杜子春解释说："假令风从东方来，则于水东面为烟，令烟西行，被之水上。"这是通过行为描述达到阐释制度的目的。

《朝士》说："若邦凶荒札丧寇戎之故，则令邦国都家县鄙宪刑窆。"杜子春解释"宪刑窆"说："宪谓幡书以明之。"

《㮚氏》故书或本说："权之然后水之。"杜子春解释"水之"说："金器有孔者，水入孔中则当重也。"

《辀人》有"终日驰骋，左不楗"，杜子春说："楗读为蹇，左面不便，马苦蹇。辀调善，则马不蹇也。"

对比解说法。有些名物制度与人们比较熟悉的名物制度相近，杜子春将两种名物和制度进行对比，在对比中体现两者的差异和相同点，以达到阐释的目的。

《酒正》说："凡祭祀，以法共五齐三酒，以实八尊。大祭三贰，中祭再贰，小祭壹贰，皆有酌数。唯齐酒不贰。"这是礼制规定，为什么"齐酒不贰"？杜子春说："齐酒不贰，谓五齐以祭，不益也。其三酒，人所饮者，益也。《弟子职》曰：'周旋而贰，唯嗛之视。'"在五齐、三酒中，三酒供人饮用，因此要不停地添加；五齐供神，只是摆在那里做样子，神是不会真的饮用的，因此就不需要添加。"贰"当为添加酒的专用词，在汉代相当于"益"字，即酒被饮用了，再往容器中添加酒。杜子春通过益与不益的对比，清楚地阐释了经义。

引用文献阐释制度。当年刘歆研究《左传》，通过利用五经"相发明"获得了成功。杜子春也利用这一研究方法对《周礼》进行研究。

《春官·籥章》说："国祭蜡则龡《豳颂》，击土鼓以息老物。"郑玄注引杜子春说：

> 故书蜡为蚕，杜子春云："蚕当为蜡。《郊特牲》曰：'天子大蜡八，伊耆氏始为蜡。岁十二月而合聚万物而索飨之也。蜡之祭也，主先啬而祭司啬也。黄衣黄冠而祭，息田夫也。既蜡而收，民息已。'"①

杜子春为了证明"蚕"当为"蜡"，引用了《礼记·郊特牲》一文，两文事类近似，可以借助《郊特牲》校勘《籥章》传写错误。

《镈师》说："凡军之夜三鼜皆鼓之，守鼜亦如之。"杜子春解释说："一夜三击，备守鼜也。《春秋传》所谓宾将趋者，音声相似。"

《小祝》说："设熬置铭。"杜子春解释说："熬谓重也。《檀弓》曰：'铭，明旌也。以死者为不可别，故以其旗识之。爱之，斯录之矣。敬之，斯尽其道焉尔。'重，主道也。殷主缀重焉，周主彻重焉，奠以素器，以主人有哀素之心也。"

《甸祝》说："师甸，致禽于虞中，乃属禽。及郊馌兽，舍奠于祖祢，

① 贾公彦：《周礼注疏》，《十三经注疏》，第802页。

乃敛禽，裯牲、裯马，皆掌其祝号。”杜子春说：“裯，祷也，为马祷无疾，为田祷多获禽牲。《诗》云‘既伯既祷’，《尔雅》曰‘既伯既祷，马祭也’。”

《鳖人》说：“祭祀共䗪蠃蚳以授醢人。”杜子春说：“䗪，蜯也；蚳，蛾子。《国语》曰：‘虫舍蚳蝝。’”

（五）标识句读

《周礼》一书多有古奥难懂之处，一般人难以处理。这些难处往往造成句读的困难。杜子春解《周礼》，对句读颇为重视，取得了一定的成果。

《凌人》故书有“掌冰政岁十有二月令斩冰”。这段话可以读为“掌冰政，岁十有二月，令斩冰”。郑玄《凌人》注介绍了杜子春的读法：“掌冰为‘主冰也’，‘政’当为‘正’，正谓夏正。”可见杜子春这一条解说主要是明确句读。根据杜子春的意见，《凌人》职文此句当读为“掌冰，正岁十有二月，令斩冰。”①

《族师》说：“族师各掌其族之戒令政事。月吉，则属民而读邦法，书其孝弟睦姻有学者。”杜子春说：“当为‘正月吉’。书亦或为‘戒令政事，月吉则属民而读邦法’。”根据郑玄注，郑玄本同于杜子春所说的或本，杜子春从故书无“事”字的版本，并且进行了正读，将经文读为“族师各掌其族之戒令，政月吉，则属民而读邦法”。②

《闾胥》有“掌其比觵挞罚之事”。郑玄注说：“故书或言‘觵挞之罚事’，杜子春云：“当言‘觵挞罚之事。’”可见杜子春不从故书或本，郑玄《周礼注》接受了杜子春的意见。③

《内宗》说：“掌宗庙之祭祀，荐加豆笾。”郑玄注说：“故书为‘笾豆’……杜子春云：‘当为豆笾。’”杜子春纠正了次序的颠倒。④

《考工记·轮人》说：“程长倍之，四尺者二，十分寸之一谓之枚。”郑玄注说：“枚，一分，故书‘十’与上‘二’合为‘二十’字。杜子春云当为‘四尺者二十分寸之一’。”可见杜子春从故书句读。⑤

---

① 贾公彦：《周礼注疏》，《十三经注疏》，第 671 页。
② 贾公彦：《周礼注疏》，《十三经注疏》，第 718 页。
③ 贾公彦：《周礼注疏》，《十三经注疏》，第 719 页。
④ 贾公彦：《周礼注疏》，《十三经注疏》，第 784 页。
⑤ 贾公彦：《周礼注疏》，《十三经注疏》，第 909 页。

四 杜子春《周礼》学的不足

《周礼》学史上，前人非常看重河间献王的发现之功，刘歆的推崇之功，郑玄的注解之功，而对杜子春的《周礼》学研究贡献评价不高。我们通过以上分析可以确定，就目前所能见到的材料看，杜子春是《周礼》学研究第一位真正的专家，他除了传授《周礼》学外，还奠定了汉代以来《周礼》学研究的基本范式，该范式除了在两宋时期遭遇义理学的竞争外，一直到晚清，都是《周礼》学研究的主流。当然，杜子春的《周礼》学研究也存在许多不足，我们在本节就其不足以及对《周礼》学史的影响做简要分析。

杜子春的《周礼》学研究筚路蓝缕，奠定了《周礼》学基础。不过由于这门学问处于草创阶段，有些错误在所难免。杜子春研究的主要不足包括正字错误、解说错误，有时候还以不误为误，以下略举数端。

（一）正字有误

《天官·酒正》说："辨五齐之名，一曰泛齐，二曰醴齐，三曰盎齐，四曰缇齐，五曰沈齐。"杜子春读"齐"皆为"粢"。① 五齐指五种清浊不等的酒，而"粢"是食物，相差甚远，此读有误。

《地官·乡师》说："大祭祀，羞牛牲，共茅蒩。"杜子春说："蒩当为菹，以茅为菹，若葵菹也。"杜子春以茅蒩为茅菹，是食品。不过典籍中未见茅草可以做成酱的，因此郑玄不从，从郑兴以蒩为祭肉草垫子之说。②

《地官·师氏》说："凡国之贵游子弟学焉。"郑玄注说："贵游子弟，王公之子弟。游，无官司者。杜子春云：'游当为犹，言虽贵犹学。'"③ 杜子春采用音训法说"游"，"犹"与"游"相差太远。郑玄说以"游"为无职务者，更好，不需要改字即能解通经文，杜子春说即使不完全错，也比较迂曲。

《地官·师氏》说："凡祭祀、宾客、会同、丧纪、军旅，王举则

① 贾公彦：《周礼注疏》，《十三经注疏》，第 668 页。
② 贾公彦：《周礼注疏》，《十三经注疏》，第 713 页。
③ 贾公彦：《周礼注疏》，《十三经注疏》，第 731 页。

从。”故书“举”为“与（舆）”，杜子春说：“当为与，谓王与会同丧纪之事。”① 杜子春校勘了几种版本，从字形角度考察，认为“举”是“与”的形近而讹。但是这个判断有问题，郑玄不从，以为不必改字，“举”的确有行动含义，王“举”，即王有所行动，今天仍有“举办”之词。若释为“参与”之“与”，则王的作用不突出。

（二）解说有误

杜子春说经有误的也不在少数。

《夏官·射人》有“王射，则令去侯，立于后，以矢行告。卒，令取矢”。关于这一节经文的理解，郑玄注说：

> 郑司农云：“射人主令人去侯所而立于后也。以矢行告，射人主以矢行高下左右告于王也。《大射礼》曰：‘大射，正立于公后，以矢行告于公，下曰留，上曰扬，左右曰方。’”杜子春说：“以矢行告，告白射事于王，王则执矢也。”杜子春说不与礼经合，疑非是也。“卒，令取矢”，谓射卒，射人令当取矢者使取矢也。②

经文“以矢行告”，是报告箭矢飞行的轨迹，射高了叫“扬”，射低了叫“留”，射偏了叫“方”。杜子春将“卒，令取矢”说成“告白射事于王，王则执矢”，将具体地报告射击靶子的情况说成泛泛地报告一般情况，这个说法与《仪礼》所记有违，因此郑玄不从，以为与礼经不合。

《春官·小祝》有“设熬置铭”，郑玄注引杜子春说：

> 熬谓重也。《檀弓》曰：“铭，明旌也。以死者为不可别，故以其旗识之。爱之，斯录之矣。敬之，斯尽其道焉尔。”重，主道也。殷主缀重焉，周主彻重焉，奠以素器，以主人有哀素之心也。③

---

① 贾公彦：《周礼注疏》，《十三经注疏》，第731页。
② 贾公彦：《周礼注疏》，《十三经注疏》，第845页。
③ 贾公彦：《周礼注疏》，《十三经注疏》，第812页。

杜子春将“熬”字理解为《礼记·檀弓》中设重置铭的“重”。“重”是丧礼中代表死者亡灵的木头，与“熬”无论在字形还是读音上都没有什么相似之处。如果要释“熬”为“重”，只能认为该文抄写有误。郑玄不从，以为熬就是《士丧礼》中的“熬”。熬是炒米，为防止白蚁侵入棺材而设置的引诱白蚁的食品。郑玄的解释不破字，更合理。可见在这一条上，杜子春对于《仪礼》的理解不如郑玄通脱。

（三）以不误为误

有时候杜子春对经文的解读有误判，经本不误，误判经文有误。

《春官·司常》说：“皆画其象焉。官府各象其事，州里各象其名，家各象其号。”郑玄注说：“杜子春云：‘画（畫）当为书（書）。’玄谓画，画云气也，异于在国军事之饰。”杜子春以为“画”为“书”之误，形近而误。[①] 此说郑玄不从。司常所谓“画其象”，就是在各自的旗帜上画上徽识，经文“画”本不误。

此类情况还有不少。

《小宰》说“掌建邦之宫刑，以治王宫之政令，凡宫之纠禁”。杜子春以为经文三“宫”字当皆为“官”。[②] 根据《周礼·冢宰》经文，大宰掌建邦之官刑，而小宰所掌之宫刑即王宫之刑，则非大宰官刑。三个“宫”字本不误。

《春官·丧祝》说：“丧祝掌大丧劝防之事。”杜子春说“防当为彼”，郑玄不从，认为不必改“防”为“彼”。“防”为灵柩两旁防止倾覆的带子，由两旁护柩者控制，字本不误。[③]

《考工记·辀人》说：“凡揉辀，欲其孙而无弧深。”郑玄注说：“杜子春云：‘弧读为净而不污之污。’”杜子春破“弧”为“污”。郑玄不同意：“弧，木弓也。凡弓，引之中参，中参，深之极也，揉辀之倨句如二可也，如三，则深伤其力。”[④] 郑玄说更符合文义。

《夏官·服不氏》说：“射则赞张侯，以旌居乏而待获。”杜子春说：

① 贾公彦：《周礼注疏》，《十三经注疏》，第826页。
② 贾公彦：《周礼注疏》，《十三经注疏》，第653页。
③ 贾公彦：《周礼注疏》，《十三经注疏》，第814页。
④ 贾公彦：《周礼注疏》，《十三经注疏》，第913页。

“待当为持，书亦或为持。乏读为匮乏之乏，持获者所蔽。”杜子春改“待”为“持”，以二字形体相近。但这个解释是错误的，郑玄不从：“待获，待射者中，举旌以获。”以为“待”字本不误。贾公彦疏说：

后郑云“待获，待射者中，举旌以获”者，以获则《大射礼》“唱获者居乏中，中则举旌以宫，下旌以商”者是也，故不从子春“待”为“持”也。①

同一句经文，杜子春有时候正字正确，但解说有误。例如《周官》有“廛人”职官，故书“廛”作“坛”，杜子春读“坛”为“廛”，这是正确的。解说廛为“市中空地”，这是不正确的。郑玄以为：“廛，民居区域之称。”即居民宅地为廛。《周礼·遂人》说：“夫一廛，田百亩。”《周礼·载师》说：“廛里任国中之地。”《廛人》职文有“廛布”，廛布是货贿停储邸舍之税，可见廛不得为市中空地。

杜子春的《周礼》学研究有不足，但这是草创时期的不足。后来郑司农、郑玄多有改正，这是后出转精，符合学术研究进步的一般规律。我们不能因此而过分贬低杜子春《周礼》学研究筚路蓝缕的贡献。即如郑玄不赞成的部分，有些仍然有商榷的余地，不能作为定论而否定杜子春说。

如《夏官·形方氏》说：“掌制邦国之地域而正其封疆，无有华离之地。”杜子春以为“离”当为“杂”，引别本说：“书亦或为杂。”杜子春以为两字形近而误，并且找到校勘学证据，即别本作“杂”。郑玄说：“华读为㕹哨之㕹，正之使不㕹邪离绝。”贾公彦疏予以解说：

王者地有㕹邪离绝，递相侵入，不正，故今正之。㕹者，两头宽，中狭。邪者，谓一头宽，一头狭。云㕹哨之㕹者，《投壶礼》主人云“枉矢哨壶”，哨是不正之义，故读从之。②

---

① 贾公彦：《周礼注疏》，《十三经注疏》，第846页。
② 贾公彦：《周礼注疏》，《十三经注疏》，第864页。

贾公彦所说疆土两头宽、中间狭与一头宽、一头狭，是封疆常有的现象，并不一定要纠正。杜子春说有文献学依据，“华杂”极有可能是联绵词。“华杂”即“错杂”，疆土错杂，容易引起纠纷，因此形方氏应尽量避免，说也可通。

此外，杜子春释经偶有前后不照应的地方。《春官·视瞭》有“鼜恺献亦如之”。郑玄注说：“杜子春鼜读为忧戚之戚，谓戒守鼓也。击鼓声疾数，故曰戚。”①《掌固》说：“夜三鼜以号戒。”也出现了“鼜”字。郑玄注说：“杜子春云：‘读鼜为造次之造，谓击鼓行夜戒守也。《春秋传》所谓宾将趣者与？趣与造音相近，故曰终夕与燎。’”② 同样是“鼜”字，一处释为忧戚之“戚”，一处释为造次之“造”，让人无所适从。

然而杜子春说经前后不一的情况毕竟只有寥寥几处，并不能因此抵消他对《周礼》学研究做出的重要贡献。杜子春对《周礼》学研究有重大影响，主要表现在学术的承上启下、开创《周礼》传注学传统、奠定《周礼》知识研究的基本方法三个方面。

杜子春继承了刘歆《周礼》学，我们今天还可以从杜子春的研究成果中看到西汉《周礼》学的影子。从传承上看，杜子春是西汉《周礼》学的功臣。

杜子春发扬光大了西汉《周礼》学，并开创了东汉以来《周礼》学的传统。

杜子春是《周礼》学史上第一个留下学说的学者，除了在《周礼》学传承上占据承上启下的地位外，他是第一个真正开启《周礼》传注学研究范式的人，他将研究旨趣放在正字形、辨读音、断句读、训诂文字、阐释名物制度和解说经义六个方面。这个做法影响了两千年以来的《周礼》学研究。有别于西汉今文经学家致力于经学元典的义理阐发，杜子春的《周礼》学研究确实具有古文经学的学派性质。此后郑司农、贾逵虽在具体的文字训诂和名物制度的阐释上取得了新的进展，但没有超越杜

① 贾公彦：《周礼注疏》，《十三经注疏》，第 797 页。
② 贾公彦：《周礼注疏》，《十三经注疏》，第 843 页。

子春所奠定的研究范式。从这一点上说，杜子春是《周礼》传注学的奠基者。

杜子春的《周礼》学研究对于汉代经学贡献巨大。杜子春的《周礼》学研究具有十分明显的时代特征，那就是以校勘学、文字音韵学为基本手段，辅之以经典的引证，最大可能地接近元典原貌和元典的原意，不涉空言，不设虚言，不做形而上的阐发。他开创了引用经典文献阐释《周礼》的方法。此后，引经据典一直是《周礼》学研究的主流方法。特别是到了清代，学者研究《周礼》引用他书的范围遍及经、史、子、集四部，带来《周礼》学研究的大繁荣。

第三节 郑司农的《周礼》学

杜子春之后的《周礼》学经历了一个发展期。他的学生中最有名的学者是贾逵和郑众。后来马融也为一代大师，马融的《周礼》学研究成果为弟子郑玄所继承。在此前后尚有一批《周礼》学名家，东汉早期有卫宏、郑兴，后期还有张恭祖。这些学者的成果除了郑兴父子因郑玄注引用的部分流传下来外，都没有保存下来。① 尽管如此，他们的研究同样产生了影响，最终成为东汉《周礼》学发展的阶梯，为东汉末年郑玄的集大成奠定了扎实的基础。本节以郑司农的《周礼》学研究成果为中心，分析杜子春之后《周礼》学的发展状况。

一 郑司农的《周礼》校勘和训诂

郑众（？—83），字仲师，东汉经学家郑兴之子，曾官至大司农，故郑玄称其为“郑司农”。根据贾公彦《序周礼废兴》一文所引郑玄《周礼注序》，郑司农作有《周官解诂》一书。这部专著在郑玄时代就已经不行于世了。当时流行的是贾逵和马融的《周官解诂》。之后郑玄完成了《周礼注》，该书迅速流传，导致贾、马之书也不再流行，郑司农的《解诂》

① 按：马融的研究成果或许被郑玄所继承。由于师弟相传，郑玄未点明“马融云”也未可知。

就更不用说了。不过郑玄作《周礼注》大量引用了郑司农的观点，我们可以从郑玄所引“郑司农云”中窥见郑司农《周礼》学研究的主要成就。贾逵、马融的研究成果反而无迹可寻。

郑玄《周礼注》引“郑司农云”合计七百三十三处。这七百三十三处解诂包括对《周礼》文本的校勘二十三条，对词汇的训诂一百九十三条，对名物的解释一百九十条，对制度的阐释七十七条，对经义的解说二百五十条。我们根据这七百三十三处研究成果判定：郑司农在杜子春之后全面完成了用东汉通行语对《周礼》知识性难题的诠释工作。杜子春奠定了东汉《周礼》传注学的基础，郑司农将《周礼》传注学这一门学问推向成熟。我们从文字校勘、训诂、名物制度解说、经义阐释、对杜子春《周礼》学的继承与发展以及对郑玄《周礼》学的影响六个方面审视郑司农在《周礼》学史上的地位。

（一）郑司农《周礼》校勘成果

在郑玄《周礼注》所引郑司农《周官解诂》七百三十三条中，属于校勘学的成果只有二十三条，占全部成果的百分之三。这是因为《周礼》经过杜子春的校勘，留给后人发挥的余地已经不多。郑司农这二十三条校勘学成果大致上可以分为纠正误字和错字、存或本、从或本、否定或本四种情况。

1. 纠正错字、误字

《周官》故书有时候用错了字，郑司农在校勘中一一予以纠正。

《考工记》故书有“凫氏为钟，薄厚之所震动，清浊之所由出，移弇之所由兴”。“移弇”不词。郑司农说：“移当为侈。”郑司农判断“移”当为“侈”之误，侈、弇字义相反，犹如广狭、上下、疏密，“侈弇”指钟口开口幅度过大或过小。此说比较符合制钟原理。①

《考工记·序》故书说：“凡攻木之工十。”但下文说：“攻木之工轮、舆、弓、庐、匠、车、梓。”只有七种，正文也是七种，可见数字有误。郑司农指出：“十当为七。”古文“十”与“七”形近而导致抄手误写。②

---

① 贾公彦：《周礼注疏》，《十三经注疏》，第916页。
② 贾公彦：《周礼注疏》，《十三经注疏》，第906页。

《考工记·序》故书说："烁金以为刃，凝土以为器，作车以行陆，作周以行水，此皆圣人之所作也。"其中"作周以行水"难以理解。郑司农说："周当为舟。""周"与"舟"古文形近，西汉抄手不辨而致误。①

《秋官》故书有"司垣氏"，职掌火禁管理，与城墙无关。郑司农说："垣当为烜。""垣"与"烜"形近致误。②

《夏官·圉师》经文故书说："夏讶马，冬献马。""讶马"一词费解，郑司农说："讶当为庌。"郑玄注说："庌，庑也，庑所以庇马凉也。"可见当为"庌马"，"讶"与"庌"形近致误。③

《地官·师氏》经文故书或本说："使其属帅四夷之肆。"如果读"肆"为本字，则"四夷之肆"费解，肆为市场，物品交易场所，师氏不可能"帅"之。郑司农以为"肆读为隶"。《周礼》经文有四夷职。从语法角度看，谓语动词"帅"带宾语"夷"更合理。可见郑司农认为"肆"右边字符"聿"与"隶"形体相近致误。④

2. 合理处置或本

第一，存或本。《周礼》故书有多种版本，同一处字在故书不同版本中也有不同，其中有些字不易判断是否用错。郑司农在校勘《周礼》经文时发现或本的这些异文似乎也有道理。针对这种情况，郑司农往往提示"某，书或作某"。这就是存或本。

《考工记》有"韗人为皋陶"。郑司农说："韗，书或为鞠。"作"鞠人"也不一定错。郑玄分析说："鞠者，以皋陶名官也。则陶字从革。"⑤

《考工记》"轮人为轮"说："萬之以视其匡也。"故书"萬"作"禹"，郑司农说："读为萬，书或作矩。"郑司农虽然认为"禹"应当读为"萬"，但上句"规之以视其圜也"似与"矩之以视其匡也"可以形成对应，因此故书或本或许有道理，故存或本。⑥

《乐师》经文说："燕射，帅射夫以弓矢舞。"郑玄说："故书燕为舞，

① 贾公彦：《周礼注疏》，《十三经注疏》，第906页。
② 贾公彦：《周礼注疏》，《十三经注疏》，第885页。
③ 贾公彦：《周礼注疏》，《十三经注疏》，第861页。
④ 贾公彦：《周礼注疏》，《十三经注疏》，第731页。
⑤ 贾公彦：《周礼注疏》，《十三经注疏》，第918页。
⑥ 贾公彦：《周礼注疏》，《十三经注疏》，第909页。

帅为率，射夫为射矢。郑司农云：‘舞当为燕，率当为帅，射矢，书亦或为射夫。’”① 郑司农否定故书以燕为舞、以率为帅，却对或本以“射矢”为“射夫”未置是非。今本即依据郑司农提供的或本改定“射矢”为“射夫”，可见或本的价值。

《职方氏》经文说：“正西曰雍州，其山镇曰岳山，其泽薮曰弦蒲。”郑司农说：“弦或为汧，蒲或为浦。”② 主流版本中的地名“弦蒲”未见于古今文献，而“汧浦”与各地现有地名的命名方式很接近，虽然传世文献也没有记载地名“汧浦”所在何处，但仍不可否认其存在的可能性，郑司农因而保留了或本的异文。

《职方氏》经文还说：“正东曰青州，其山镇曰沂山，其泽薮曰望诸，其川淮、泗，其浸沂、沭。”郑司农说：“淮或为睢，沭或为洙。”③ 睢、洙均为实际水名，睢水与泗水、沂水与洙水均在古淮河流域，因而或本异文也不一定错，郑司农两存之的处理方式既谨慎又合理。

《舞师》经文说：“教皇舞帅而舞旱暵之事。”郑司农说：“皇舞，蒙羽舞。书或为翌，或为义。”由于郑司农提供的或本，我们得以了解“皇”字又一或体字为“翌”，这为古汉字保留了宝贵资料。④

第二，从故书或本。《周礼》故书或本非常有价值，“今本”虽然是校勘本，但有些地方反而不如故书准确，故郑司农采用故书或本，这就是从故书或本。

《考工记·弓人》说：“材美，工巧，为之时，谓之参均。角不胜干，干不胜筋，谓之参均。量其力有三均。均者三谓之九和。”郑玄注说：“故书胜或作称。”郑司农说：“当言‘称谓之不参均’。”郑司农从故书或本，“称”有“相应”之义，在此也通。⑤

《小史》经文说：“大祭祀读礼法，史以书叙昭穆之俎簋。”郑玄注说：“故书簋或为几。”郑司农说：“几读为轨，书亦或为簋，古文也。”

① 贾公彦：《周礼注疏》，《十三经注疏》，第 794 页。
② 贾公彦：《周礼注疏》，《十三经注疏》，第 862 页。
③ 贾公彦：《周礼注疏》，《十三经注疏》，第 862 页。
④ 贾公彦：《周礼注疏》，《十三经注疏》，第 721 页。
⑤ 贾公彦：《周礼注疏》，《十三经注疏》，第 936 页。

郑司农当时所见版本至少有两种，一种作“几”，比较流行；一种作“篚”，不太流行。从郑司农说“几读为轨”看，他是从或本“篚”的。①

第三，否定故书或本。有时候按照常识就可以发现或本是错误的，郑司农还特别予以更正，这就是否定故书或本。

《考工记·弓人》说：“挢干欲孰于火而无赢，挢角欲孰于火而无燀。”故书“燀”或作“朕”。郑司农说：“字从燀。”因“朕”字作第一人称代词，而“无朕”即“无我”。《考工记》非哲学著作，不讨论有和无的哲学命题。郑司农直接对此异文做了否定。

《考工记·弓人》说：“夫目也者必强，强者在内而摩其筋。夫筋之所由幨，恒由此作。”故书“筋”或作“蓟”。郑司农说：“当为筋。”“蓟”为形声字，《说文·艸部》：“蓟，芺也。从艸，魝声。”为草本植物，而弓人制作弓弦，用草的可能性不大，用动物的筋角倒是有可能，因而郑司农否定了“蓟”字。

《男巫》经文说：“王吊则与祝前。”故书“前”为“先”，郑司农说：“为先，非是也。”郑司农从“前”不从“先”，因《周礼·春官·丧祝》经文说：“王吊，则与巫前。”所说之巫即男巫，因有内证，郑司农不从故书。

《考工记·轮人》说：“进而视之，欲其微至也。无所取之，取诸圜也。”故书“圜”或作“员”，郑司农说：“当为圜。”孙诒让以为“圜”是正字，“员”是借字，故从“圜”。

故书及其或本十分珍贵。郑司农以上三种处理方法无论正确与否，都为后世保存了这些故书或本的面貌，为后人探索《周礼》版本的真相提供了宝贵的线索。

（二）郑司农《周礼》训诂成果

相对于校勘学，郑司农的训诂学成果更为丰富。我们将郑司农的训诂学成果分为辨析故书借字、训释词语、阐释名物和解说制度四类。辨析故书借字即揭示通假字中本字与借字的关系。严格意义上说，郑司农的名物阐释和部分制度解说都属于训诂，这些训诂在一定意义上都属于经义阐释。

① 贾公彦：《周礼注疏》，《十三经注疏》，第818页。

它们之间的区别在于词语训释是对普通词语做解释，名物阐释和制度解说是对专有词汇的训释。名物与制度的区分也是相对的。名物主要指器物、仪式、仪注；制度侧重于事务方面的规定性。我们将一部分制度解说视为训诂，是因为这一部分的制度本身是以词语形式出现的，而对于以短语及短语以上的形式存在的制度解说，属于经义阐释，我们放在下一节研究。

1. 辨析故书借字

先秦文献爱用通假字，有些用法连两汉学人都比较生疏。郑司农对《周礼》的校勘，有一部分就是辨析故书的借字。

《司书》经文故书说："以叙其财，授其币，使入于职币。"对于其中"授其币"的"授"，郑司农说："授当为受，谓受财币之簿书也。"显然，"授"借为"受"，"受"是本字，"授"是借字。

《缝人》经文故书说："衣接櫝。"郑司农说："櫝读为柳。"可见"櫝"是借字，"柳"是本字。"櫝"的声符从"卯"从"贝"，所从"卯"字与"柳"字声符通，属于同音假借。

《春官·乐师》经文故书说："凡军大献，教恺歌，遂昌之。"郑司农说："乐师主倡也，昌当为倡，书亦或为倡。""昌"是借字，"倡"是本字。

《赤犮氏》经文故书说："掌除墙屋，以晨炭攻之。"其中"晨炭"一词令人费解。郑司农说："晨当为蜃，书亦或为蜃。"郑司农以故书或本判定"晨"为借字，"蜃"为本字。

《乐师》经文说："诏来瞽，皋舞。""皋舞"费解。郑司农解诂："瞽当为鼓，皋当为告，呼击鼓者，又告当舞者，持鼓与舞俱来也。""瞽"与"鼓"、"皋"与"告"是音近假借关系，经郑司农这样一揭示，经义豁然明朗。

2. 训释词语

词语训释是对普通词语做通俗性解释，以便读者领会经义。郑司农采用音训法、直训法、对举法、性状描述法、区别古今字法、限定法和古今比况法，对《周礼》中比较难懂的一百九十多个词语做了阐释。郑司农的这些阐释对于许慎以下的文字训诂学家都有影响，从这个意义上看，郑司农是中华汉字解释学的先驱之一。

音训法。郑司农通过比较读音达到阐释词义的目的，我们称之为音训法。

《大宰》“九式”有“匪颁之式”。郑司农解诂：“匪，分也。颁，读为班布之班，谓班赐也。”在这一例子中，“颁，读为班布之班”既是读音提示，也是词义训释，通过读音辨析达到训诂目的。

《乡师》经文说：“以岁时巡国及野而赒万民之囏厄，以王命施惠。”郑司农解诂：“赒读为周急之周。”根据贾公彦疏，对于《论语》中“周急不继富”这句话，当时的东汉人比较熟悉。① 在这一句中，“周”就是救济的意思，郑司农既提示了读音也解释了词义。

《遂人》经文有“及窆，陈役”。郑司农说：“窆谓下棺时遂人主陈役也，《礼记》谓之封，《春秋》谓之堋，皆葬下棺也，声相似。”郑司农通过与《礼记》所谓“封”、《左传》所谓“堋”读音相似的比较，说明这三个字字义都是葬棺。

《小宗伯》经文说：“掌建国之神位，右社稷，左宗庙。”故书“位”作“立”。郑司农说：“立读为位，古者立、位同字。古文《春秋经》‘公即位’为‘公即立’。”古代“立”和“位”是一个字，即后起字“位”还没有出现，其意义功能还由“立”承担，郑司农通过揭示其读音，对“立”字此处字义做了阐释。

以上四例都是通过对文字读音的分析达到训诂的效果，类似于训诂学中的“因声求义”，我们因此称其为音训法。

直训法。直训法就是对字义直接做出判断。郑司农直训法采用三种判断句式，分别是“某甲，某乙也”；“某甲，谓某乙”；“某甲，某乙”。

在“某甲，某乙也”判断句式中，甲与乙是同义词关系。它们在逻辑上等同，主要是俗与雅、古语与今语、方言与雅言的区别。

《小宰》经文说：“掌邦之六典、八法、八则之贰。”郑司农解诂：“贰，副也。”贰、副为同义词。

《宰夫》经文说：“叙群吏之治以待宾客之令，诸臣之复。”郑司农解诂：“复，请也。”请、复为同义词。

---

① 贾公彦：《周礼注疏》，《十三经注疏》，第714页。

《膳夫》经文说："羞用百二十品。"郑司农解诂："羞，进也。"

在"某甲，谓某乙"判断句式中，某乙的外延往往小于或等于某甲。

《宫正》经文说："国有故则令宿，其比亦如之。"郑司农说："故，谓祸灾。"

《宫正》经文说："会其什伍而教之道艺。"郑司农说："艺，谓礼、乐、射、御、书、数。"

《内饔》经文说："凡掌共羞、脩、刑、膴、胖、骨、鱐，以待共膳。"郑司农说："刑膴，谓夹脊肉。或曰膺肉也。骨鱐，谓骨有肉者。"

在"某甲，某乙"中，某甲与某乙是总括与分述的关系。

《庖人》经文说："掌共六畜六兽六禽，辨其名物。"郑司农解诂："六兽：麋、鹿、熊、麇、野豕、兔。六禽：雁、鹑、鷃、雉、鸠、鸽。"

《膳夫》经文说："凡王之馈，食用六谷，膳用六牲，饮用六清。"郑司农解诂："六谷：稌、黍、稷、粱、麦、苽。苽，雕胡也。六清：水、浆、醴、醇、醫、酏。"

对举法。有些字义单独解释很费笔墨，如果将其与意义相近或相反的字放在一起解释，反而简洁明了，这就是郑司农采用的对举释词法。

《宫伯》经文说："授八次、八舍之职事。"其中次、舍是近义词。郑司农解诂："庶子卫王宫，在内为次，在外为舍。"

《庖人》经文说："凡其死生鲜薨之物。"其中死生、鲜薨是反义词，郑司农解诂："鲜谓生肉，薨谓干肉。"

性状描述法。有些字不好直接予以界定，郑司农通过描述这些字所表达对象的时间、状态、气味、音响、颜色、行为等，让读者明白字义。

《宰夫》经文说："凡朝觐会同宾客，以牢礼之法掌其牢礼，委积膳献饮食宾赐之飧牵，与其陈数。"郑司农解诂："飧，夕食也。"这是从时间和行为方面做了描述。

《膳夫》经文说："邦有大故则不举。"郑司农解诂："大故，刑杀也。"这是从行为方面进行描述。

《春官·序官·大师》有瞽蒙一职，郑司农解诂："无目眹谓之瞽，有目眹而无见谓之蒙，有目无眸子谓之瞍。"这段阐释主要采用状态描述法，兼有对举法。

《内饔》经文有“牛夜鸣则庮”和“马黑脊而般臂，蝼”。郑司农解诂：“庮，朽木臭也。蝼，蝼蛄臭也。”这是通过气味描述阐释字义。

《大司徒》经文有“祀五帝、奉牛牲、羞其肆”。郑司农解诂：“羞，进也。肆，陈骨体也。”这是通过行为描述阐释字义。

区别古今字法。古代汉字随时代而变，原来的字到了新时代被新造的字所取代，从而形成两字字义相同而字形不同的古今字。郑司农通过揭示两字的古今字关系对《周礼》经文做解释。

《弁师》经文说：“诸侯之缫斿九就，瑉玉三采，其余如王之事，缫斿皆就。”郑司农说：“缫，当为藻。缫，古字也；藻，今字也，同物同音。”古字、今字对举训诂，郑司农只使用过一次，不过在具体的训诂中，他多次对古今字进行区别，只是没有直接点明它们为古今字关系。

古今字的概念在《周礼》学研究中由郑司农首先提出，此后成为训诂学史上一个重要概念，为文字学和训诂学发展做出了贡献。

限定法。有些字连性状也不容易描述，郑司农有时候设定条件和范围，采用排除法或限定法加以阐释。

《膳夫》经文说：“凡王之稍事，设荐脯醢。”其中“稍事”费解，郑司农解诂：“稍事，谓非日中大举时而间食，谓之稍事。”这是排除法。

《亨人》经文说：“祭祀，共大羹，铏羹。宾客亦如之。”其中大羹、铏羹不好理解，郑司农解诂：“大羹，不致五味也。铏羹，加盐菜矣。”可见五味是条件，五味不具是大羹，只有咸味是铏羹。

《鳖人》经文有“掌取互物”。郑司农解诂：“互物，谓有甲満胡龟鳖之属。”这是条件限定法。

《鳖人》经文还有“凡狸物”。郑司农解诂：“狸物，龟鳖之属，自狸藏伏于泥中者。”这是范围限定。

古今比况法。有些词语至汉代已经不适用，但其所描述的相似的事情还在发生，郑司农利用当时比较接近的事情做比况说明，以便读者理解。

《职币》经文说：“皆辨其物而奠其录，以书楬之。”郑司农解诂：“楬之，若今时为书以著其币。”

《充人》经文有“展牲则告牷”，对于“展”字，郑司农解诂：“展，具也。具牲，若今时选牲也。”

3. 阐释名物

郑司农《周官解诂》流传下来的名物解释有一百九十条，接近全部成果的三分之一，数量远远超过了杜子春。郑司农将很多精力投入到名物解诂上，体现了东汉《周礼》学发展的需要。经过杜子春的努力，文本通读遗留的问题已经不多了。但要深入了解《周礼》，必须对名物制度有准确的理解。郑司农这一百九十条名物解诂，大致上采用了直释法、用途说明法、对举法、以今况古法。

直释法。郑司农有时候用直释法，即用通行词训释《周礼》中的古语、专门语和雅语。

《醢人》经文有"脾析、蠯醢"。"脾析""蠯"比较难懂，郑司农解诂："脾析，牛百叶也。蠯，蛤也。"利用大众流行语"牛百叶""蛤"来解释同义词雅语"脾析"和"蠯"。

《掌次》经文有"凡祭祀，张其旅幕，张尸次。"其中"尸次"不好懂，郑司农解诂："尸次，祭祀之尸所居更衣帐。"用通俗语"更衣帐"诠释雅语"次"。

《大宰》经文说："乃县治象之法于象魏。"郑司农解诂："象魏，阙也。"以流行词语"阙"诠释专门词语"象魏"。

《大宰》经文说："大丧赞赠玉、含玉。"郑司农解诂："含玉，璧、琮。""璧""琮"是流行词语，"含玉"是专门词语。

《玉府》经文说："掌王之燕衣服衽席床笫，凡亵器。"郑司农解诂："亵器，清器，虎子之属。""亵器"是雅词，郑司农先用同样属于雅词的"清器"做了诠释，觉得还不清楚，举一"虎子"这个人们熟悉的器物来具体说明"清器"这一类器物。

用途说明法。有时候《周礼》中的名物难以描述其形状，郑司农就采用名物用途说明法予以解释。

《幕人》经文说："掌帷幕幄帟、绶之事。"郑司农解诂："绶，组绶，所以系帷也。""所以系帷"正是绶的用途。

《掌次》经文有"王大旅上帝则张毡案，设皇邸"。郑司农解诂："皇，羽覆上。"皇邸是什么名物？不好理解。郑司农直接指出用羽毛覆盖其上为皇，皇的作用即羽毛盖物。

《玉府》经文说："王斋则共食玉。"王斋与食玉有什么关系？郑司农解诂："王斋当食玉屑。"指出食玉供王斋戒时食用。

《宫正》经文说："夕击柝而比之。"其中"柝"字郑司农解诂："柝，戒守者所击也。"点明名物的使用者及其使用目的，其字义自然明了。

对举法。有些名物与其他名物具有可比性，单个提出来不好解释，将其与之有联系的其他名物一并阐释反而效果更好。这就是郑司农采用的对举法。

《内宰》经文说："上春，诏王后帅六宫之人而生穜稑之种，而献之于王。"穜、稑两个词在汉代已经不流行了，郑司农解诂："先种后孰谓之穜；后种先孰谓之稑。"从成熟先后角度进行对举解释，让读者对两种谷物的性质一目了然。

以今况古法。与前面所说有些词一样，有些名物名称在汉代已经不用了，不过有相似的事物可以做比较，郑司农拿来解说《周礼》名物。然而古今毕竟有别，这只是一种比况，这就是郑司农的以古况今法。

"大宰八法"有"官属"。对于官属，郑司农解诂："官属，谓六官，其属各六十。若今博士、大史、大宰、大祝、大乐属大常也。"这是拿汉代官职比况《周礼》职官。

"大宰九职"有"闲民"，郑司农解诂："闲民，谓无事业者转移为人执事，若今佣赁也。"此以汉代的佣赁比况《周礼》中的无职事的闲民。

4. 解说制度

《周礼》一书包罗万象，但不离"六典"，即天官的治典、地官的教典、春官的礼典、夏官的政典、秋官的刑典、冬官的事典。"六典"本身即制度，这些制度到汉代已经非常难懂，需要进一步解释才能为一般人所理解。郑司农留下七十多条关于《周官》礼制、田制、赋制方面的解说，这些解说是郑司农最重要的贡献之一。

郑司农关于制度的解说有自己的特点。第一，有些解说落实到数量层面。第二，他通过《周官》职官设置的"官联"和行文的"互文性"，将相关职官制度知识串联起来，即采用内证法。第三，通过其他典籍来阐释相关制度，即采用外证法。第四，以今况古。从制度解说这个角度可以看出郑司农对杜子春《周礼》学的发展做出了重要贡献。

揭示制度中的数量构成。《周礼》一书十分简洁，行文爱用数字表达。郑司农对制度中属于知识性的内容十分关注，尽可能做到在数量层面进行解说，为后人保存了十分珍贵的资料。

《地官·保氏》“教之六艺”，“六艺”中有五射、五驭、六书、九数、六仪。郑司农解诂：

> 五射：白矢、参连、剡注、襄尺、井仪也。五驭：鸣和鸾、逐水曲、过君表、舞交衢、逐禽左。六书：象形、会意、转注、处事、假借、谐声也。九数：方田、粟米、差分、少广、商功、均输、方程、赢不足、旁要。今有重差、夕桀、句股也。祭祀之容，穆穆皇皇。宾客之容，严恪矜庄。朝廷之容，济济跄跄。丧纪之容，涕涕翔翔。军旅之容，阚阚仰仰。①

引文中郑司农分别指出五射、五驭、六书、九数、六仪的具体构成，为后世保存了难得一见的珍贵资料，为中华文化史研究做出了贡献。后来郑玄对五射、五驭、六书、九数不置一词，只对“六仪”之说进行了修正，足以证明郑司农解释的独到性。

“大宰九职”是《周礼》学史上著名的命题，包含了一个关于农业社会完整的劳动力与产业的知识系统：三农之于九谷，园圃之于草木，虞衡之于山泽之材，薮牧之于鸟兽，百工之于八材，商贾之于货贿，妇嫔之于丝枲，臣妾之于疏材，闲民之于转移执事。其中三农、九谷、八材更落实到数量层面。郑司农是经学史上第一个对“大宰九职”知识性内容进行解说的经学家：“三农：平地、山、泽也。九谷：黍、稷、秫、稻、麻、大小豆、大小麦。八材：珠曰切、象曰瑳、玉曰琢、石曰磨、木曰刻、金曰镂、革曰剥、羽曰析。闲民，谓无事业者，转移为人执事，若今佣赁也。”② 郑司农阐释了三个方面的问题，对三农、九谷、八材做了数量解

① 贾公彦：《周礼注疏》，《十三经注疏》，第731页。
② 贾公彦：《周礼注疏》，《十三经注疏》，第647页。

说，开启了“大宰九职”问题的讨论。此后历代学者对此问题都有讨论乃至激烈的争论，清代皖派经学家程瑶田撰有《九谷考》，获得乾嘉学人的赞誉。但该文依然没有终结关于“九谷”的讨论。在现代，学者利用农业考古成果对“九谷”问题再做讨论，“九谷”解说的科学性增强了，但依然没有终结这个问题。

《大司徒》经文有“三易之地”的说法。这是关于田制的知识性问题。什么是三易之地？郑司农解释说：“不易之地，岁种之，地美，故家百亩。一易之地，休一岁乃复种，地薄，故家二百亩。再易之地，休二岁乃复种，故家三百亩。”① 这是汉学关于“三易之地”的标准解释，郑玄以下无异词。

《司服》经文有锡、缌、疑“三衰”：“王为三公六卿锡衰，为诸侯缌衰，为大夫士疑衰。其首服皆弁绖。”这是天子为臣丧所服丧服。“三衰”制度到底如何？郑司农做了仔细的考证：“锡，麻之滑易者，十五升去其半，有事其布，无事其缕。缌亦十五升去其半，有事其缕，无事其布。疑衰十四升。”郑司农给出“三衰”编织规格分别为二分之十五升、二分之十五升、十四升，这是区分“三衰”的关键所在。②

利用官联、互文性解说相关制度。《周礼》一书所设职官具有“官联”特征，行文也有互文性，郑司农利用这两条线索解说相关职官制度。

《大司徒》经文说：“以六乐防万民之情而教之和。”这“六乐”是什么？春官大司乐是乐教的重要承担者，与大司徒有官联。郑司农通过这一“内证”予以解释：“六乐，谓《云门》《咸池》《大招》《大夏》《大濩》《大武》。”郑玄注接受这一说法，他在《地官·保氏》“六乐”注中也采用了郑司农说。

《大司徒》有十二职事：“颁职事十有二于邦国、都鄙，使以登万民。一曰稼穑，二曰树艺，三曰作材，四曰阜蕃，五曰饬材，六曰通财，七曰化材，八曰敛材，九曰生材，十曰学艺，十有一曰世事，十有二曰服事。”这十二职事与《大宰》“以九职任万民”有什么关系呢？郑司农解

① 贾公彦：《周礼注疏》，《十三经注疏》，第 705 页。
② 贾公彦：《周礼注疏》，《十三经注疏》，第 783 页。

说道：

稼穑，谓“三农生九谷”也。树艺，谓“园圃毓草木”。作材，谓“虞衡作山泽之材”。阜蕃，谓“薮牧养蕃鸟兽”。饬材，谓“百工饬化八材”。通财，谓“商贾阜通货贿”。化材，谓“嫔妇化治丝枲”。敛材，谓“臣妾聚敛疏材”。生材，谓“闲民无常职，转移执事”。学艺，谓学道艺。世事，谓“以世事教能，则民不失职”。服事，谓“为公家服事者”。①

郑司农利用《周礼》本书的内证对十二职事全部做了精彩的阐释。前九职事与大宰九职一一对应，余三职通过类推，基本接近《周礼》经文本义。郑玄作经注，只能对其中“生材”做了纠正，其余十一职事不能置言。

引用其他经典解说制度。《周礼》毕竟是礼乐文明的产物，与《诗经》《仪礼》《尚书》《礼记》具有相同的文化背景，利用这些经典解读《周官》，从杜子春就已经开始了。郑司农采用的力度更大。

《大司徒》经文有十二荒政，也是《周礼》学史上著名的命题：“以荒政十有二聚万民。一曰散利，二曰薄征，三曰缓刑，四曰弛力，五曰舍禁，六曰去几，七曰眚礼，八曰杀哀，九曰蕃乐，十曰多昏，十有一曰索鬼神，十有二曰除盗贼。”郑司农解释说：

散利，贷种食也。薄征，轻租税也。弛力，息繇役也。去几，关市不几也。眚礼，掌客职所谓“凶荒杀礼”者也。多昏，不备礼而娶昏者多也。索鬼神，求废祀而修之。《云汉》之诗所谓“靡神不举，靡爱斯牲”者也。除盗贼，急其刑以除之。饥馑则盗贼多，不可不除也。②

① 贾公彦：《周礼注疏》，《十三经注疏》，第 707 页。
② 贾公彦：《周礼注疏》，《十三经注疏》，第 706 页。

郑司农对其中八政做了探索，其中第十一“索鬼神”引用《诗经·云汉》作为佐证。郑玄对郑司农以上“八政”解说无异议。

《春官·肆师》经文记居丧授杖：“禁外内命男女之衰不中法者，且授之杖。”授杖之法的具体情况如何？郑司农考辨说：

> 三日授子杖，五日授大夫杖，七日授士杖，此旧说也。《丧大记》曰：“君之丧三日，子、夫人杖。五日既殡，授大夫世妇杖。”无七日授士杖文。①

郑司农先引用礼家旧说，再引用《礼记·丧大记》，证明其中三日授子与夫人杖、五日授大夫杖可靠。而七日授士杖，经典无明文，当为西汉礼经学者的推测。

《大司乐》经文说：“凡有道者有德者使教焉，死则以为乐祖，祭于瞽宗。”瞽宗是什么地方？郑司农说：

> 瞽，乐人，乐人所共宗也。或曰“祭于瞽宗”，祭于庙中。《明堂位》曰：“瞽宗，殷学也。泮宫，周学也。”以此观之，祭于学宫中。②

郑司农利用《礼记·明堂位》考证出瞽宗即学宫，即教学地点，从而得出结论“祭于瞽宗”即“祭于学宫中”。这种考证虽然没有后世朴学那样旁征博引，却是考据学的源头之一，古文经学的特征十分明显。

《大司乐》经文有“九歌”，这“九歌”的内容是什么？郑司农说：“九德之歌，《春秋传》所谓水、火、金、木、土、谷谓之六府，正德、利用、厚生谓之三事。六府、三事谓之九功，九功之德皆可歌也，谓之九歌也。”③ 郑司农利用《左传》文公七年扈之盟，晋郤缺劝说赵宣子所引《夏书》以及郤缺的解释来阐释这个问题。郑司农继承了杜子春的学术传

---

① 贾公彦：《周礼注疏》，《十三经注疏》，第 769 页。
② 贾公彦：《周礼注疏》，《十三经注疏》，第 787 页。
③ 贾公彦：《周礼注疏》，《十三经注疏》，第 790 页。

统，出入先秦典籍，形成《周礼》学研究风气。此风到郑玄时更盛，再到清代孙诒让已经无以复加。这种学术风尚，在相当大的程度上保证了《周礼》研究的可靠性。

以今况古解说制度。《周礼》中有些制度在汉代还留有一些痕迹，郑司农利用相似性做比况性解说。

《宰夫》经文说："书其能者与其良者而以告于上。"郑司农解诂："若今时举孝廉贤良方正茂才异等。"

《宫正》经文说："几其出入，均其稍食。"郑司农解诂："几其出入，若今时宫中有罪，禁止不能出，亦不得入。及无引籍，不得入宫司马殿门也。"

《宫正》经文有"凡邦之事跸，宫中庙中则执烛"。郑司农说："国有事，王当出，则宫正主禁绝行者，若今时卫士填街跸也。宫中庙中则执烛，宫正主为王于宫中庙中执烛。"

二 郑司农的《周礼》经义解说

保留在郑玄《周礼注》中的郑司农经义解说多达二百五十条，超过郑司农《解诂》成果的三分之一，这个比例远高于杜子春的相关研究成果的比例，由此可见郑司农学术旨趣所在，以及《周礼》学研究重点的转移。这种转移，呈现的正是《周礼》学的发展趋势。

（一）郑司农的经义解说成果

郑司农处在《周礼》学发展的初期。此前，杜子春的主要精力放在文献校勘和文字训诂方面，对经义问题大多无暇顾及。郑司农对这个方面给予了充分关注，取得了一系列成果。由于他的成果比较丰富，这里仅从他开启经学史命题角度略举十例以说明。

1. 开启了大司乐"三鼓"问题的命题

《大司乐》经文有雷鼓、灵鼓、路鼓"三鼓"。郑司农解释说："雷鼓雷鼗，皆谓六面有革可击者也；云和，地名也；灵鼓灵鼗，四面；路鼓路鼗，两面。"郑司农的解释引起后世许多争论，直到清儒才基本解决了这个问题。

2. 开启了乐师“六舞”问题的命题

《春官·乐师》经文有“凡舞，有帗舞，有羽舞，有皇舞，有旄舞，有干舞，有人舞”，记载了中国上古时代关于舞的文化知识，这些舞的具体情况如何？这是经学史上著名的命题。郑司农解释说：

> 帗舞者全羽。羽舞者析羽。皇舞者，以羽冒覆头上，衣饰翡翠之羽。旄舞者，牦牛之尾。干舞者兵舞。人舞者手舞。社稷以帗，宗庙以羽，四方以皇，辟雍以旄，兵事以干，星辰以人舞。①

自郑司农提出这个命题，郑玄以下经学家多有辩说，纠正、补充，形成单个命题的学术演进史，郑司农的解说则为这个学术史的开端。

3. 开启了小胥“乐悬”问题的命题

《春官·小胥》经文说：“正乐县之位，王宫县，诸侯轩县，卿大夫判县，士特县，辨其声。”这四县乐器具体如何摆设？郑司农说：

> 宫县四面县，轩县去其一面，判县又去其一面，特县又去其一面，四面象宫室四面，有墙，故谓之宫县。轩县三面，其形曲，故《春秋传》曰：“请曲县繁缨以朝，诸侯礼也。”故曰“惟器与名不可以假人”。②

自郑司农提出“四县”问题后，郑玄予以补充，历代学者多有考证。到了20世纪，随着考古材料的增多，关于乐悬制度的讨论又进入新的阶段。

4. 开启了大师“六诗”问题的命题

《春官·大师》经文说：“教六诗，曰风，曰赋，曰比，曰兴，曰雅，曰颂。”郑司农说：

---

① 贾公彦：《周礼注疏》，《十三经注疏》，第793页。

② 贾公彦：《周礼注疏》，《十三经注疏》，第795页。

古而自有风雅颂之名，故延陵季子观乐于鲁时，孔子尚幼，未定《诗》《书》，而因为之歌《邶》《鄘》《卫》，曰：“是其《卫风》乎?”又为之歌《小雅》《大雅》，又为之歌《颂》。《论语》曰：“吾自卫反鲁，然后乐正，《雅》《颂》各得其所。”时礼乐自诸侯出，颇有谬乱不正，孔子正之。曰比，曰兴。比者，比方于物也；兴者，托事于物。①

“六诗”是中国文化史上著名的命题，郑司农解释了“六诗”中的比和兴。这两个解释是“六诗”研究史上的典范，后世文论家、《诗经》学者多有参考。郑司农虽为经学家，却从文章学角度阐释比、兴。《毛诗大序》也提出与之相同的“六义”说，此为经学《诗经》的“六义”说。然而自郑司农从文章学角度阐释比、兴后，关于风、赋、比、兴、雅、颂“六诗”的研究基本上脱离了《周礼·春官·大师》的基调，经刘勰《文心雕龙·比兴篇》的发挥，到朱熹《诗经集传》，完成了“三体三用说”。关于风、赋、比、兴、雅、颂的“三体三用说”，既不是《周礼·大师》以关于风、赋、比、兴、雅、颂为六种诗体的发展，也不是《毛诗大序》以关于风、赋、比、兴、雅、颂为“六义”的理论完善，而是一种新的文学《诗经》学理论。关于“六诗”的讨论到今天仍然没有停息，郑司农有开创之功。

5. 开启了大卜“龟之八命”问题的命题

《春官·大卜》经文说：“以邦事作龟之八命，一曰征，二曰象，三曰与，四曰谋，五曰果，六曰至，七曰雨，八曰瘳。”这就是著名的“龟之八命”由来。郑司农解释说：

征谓征伐人也。象谓灾变云物，如众赤鸟之属有所象似。《易》曰“天垂象，见吉凶”，《春秋传》曰“天事恒象”，皆是也。与，谓予人物也。谋，谓谋议也。果，谓事成与不也。至，谓至不也。

① 贾公彦：《周礼注疏》，《十三经注疏》，第796页。

雨，谓雨不也。瘳，谓疾瘳不也。①

由于郑司农的时代距离《周官》产生的时代已经很远，他只能就大的方向性问题做笼统的说明。至于“大卜八命”的命辞具体如何，却是难以一一考证。20 世纪初，甲骨文材料大量出土，为解决这个问题提供了契机。

6. 开启了“视祲十辉之法”问题的命题

《春官·视祲》经文说：“掌十辉之法，以观妖祥，辨吉凶。一曰祲，二曰象，三曰鑴，四曰监，五曰暗，六曰瞢，七曰弥，八曰叙，九曰隮，十曰想。”这就是《周礼》学史上著名的命题之一“十辉之法”。郑司农解释说：

> 祲，阴阳气相侵也。象者，如赤鸟也。鑴，谓日旁气四面反乡如辉状也。监，云气临日也。暗，日月（食）也。瞢，日月瞢瞢无光也。弥者，白虹弥天也。叙者，云有次序也，如山在日上也。隮者，升气也。想者，辉光也。②

“十辉之法”是古人观察日月气象经验知识的总结，内容十分古老。自郑司农之后，历代学者对此多有解说。然而先秦视辉之法已经失传，重新发现谈何容易！

7. 开启了大祝“六祝”问题的命题

《春官·大祝》经文说：“掌六祝之辞，以事鬼神示，祈福祥，求永贞。一曰顺祝，二曰年祝，三曰吉祝，四曰化祝，五曰瑞祝，六曰筴祝。”郑司农说：

> 顺祝，顺丰年也。年祝，求永贞也。吉祝，祈福祥也。化祝，弭灾兵也。瑞祝，逆时雨宁风旱也。筴祝，远罪疾。③

---

① 贾公彦：《周礼注疏》，《十三经注疏》，第 803 页。

② 贾公彦：《周礼注疏》，《十三经注疏》，第 808 页。

③ 贾公彦：《周礼注疏》，《十三经注疏》，第 808 页。

“六祝”是远古巫术的遗存。到20世纪，随着文化人类学在中国的风靡，大祝“六祝”再次受到关注。加上殷墟甲骨文研究成果的不断涌现，为研究《周礼》“六祝”提供了新鲜的材料，“六祝”研究的突破有了可能。

8. 开启了大祝“六祈”问题的命题

《大祝》职文还说：“掌六祈以同鬼神示，一曰类，二曰造，三曰禬，四曰禜，五曰攻，六曰说。”郑司农解释说：

类、造、禬、禜、攻、说皆祭名也。类，祭于上帝。《诗》曰：“是类是祃。”《尔雅》曰：“是类是祃，师祭也。”又曰：“乃立冢土，戎丑攸行。”《尔雅》曰：“起大事，动大众，必先有事乎社而后出，谓之宜。故曰‘大师宜于社，造于祖，设军社，类上帝’。”《司马法》曰：“将用师，乃告于皇天上帝、日月、星辰，以祷于后土、四海神祇、山川冢社，乃造于先王，然后冢宰征师于诸侯曰：某国为不道，征之，以某年某月某日，师至某国。”禜，日月星辰山川之祭也。《春秋传》曰：“日月星辰之神，则雪霜风雨之不时，于是乎禜之。山川之神，则水旱疠疫之灾，于是乎禜之。”①

“六祈”是祭祀之名还是祭法之名？其具体内容如何？自郑司农开启大祝“六祈”研究后，郑玄予以补充，历代学者多有新说，但这些问题至今也没有完全得到解决。

9. 开启了大祝“六辞”问题的命题

《大祝》经文说：“作六辞以通上下亲疏远近。一曰祠，二曰命，三曰诰，四曰会，五曰祷，六曰诔。”郑司农解释说：

祠当为辞，谓辞令也。命，《论语》所谓“为命，裨谌草创之”。诰，谓《康诰》《盘庚之诰》之属也。盘庚将迁于殷，诰其世臣卿大夫，道其先祖之善功，故曰“以通上下亲疏远近”。会，谓王官之

① 贾公彦：《周礼注疏》，《十三经注疏》，第808—809页。

伯，命事于会，胥命于蒲，主为其命也。祷，谓祷于天地社稷宗庙，主为其辞也。《春秋传》曰："铁之战，卫大子祷曰：'曾孙蒯聩，敢昭告皇祖文王、烈祖康叔、文祖襄公：郑胜乱从，晋午在难，不能治乱，使鞅讨之。蒯聩不敢自佚，备持矛焉。敢告无绝筋，无破骨，无面夷，无作三祖羞。大命不敢请，佩玉不敢爱。'"若此之属。诔，谓积累生时德行以锡之命，主为其辞也。《春秋传》曰："孔子卒，哀公诔之曰：'闵天不淑，不慭遗一老，俾屏余一人以在位，嬛嬛予在疚，呜呼哀哉，尼父！无自律。'"此皆有文雅辞令难为者也。故大祝官主作六辞。①

大祝"六辞"自郑司农首先做出解说后，郑玄加以补充与修正，历代学者不乏新说。又大祝"六辞"关系到文学文体学和宗教学，20世纪以来，学者多有关注，形成横跨古今的单个命题学术史。

10. 开启了大祝"九祭"问题的命题

《大祝》经文说："辨九祭，一曰命祭，二曰衍祭，三曰炮祭，四曰周祭，五曰振祭，六曰擩祭，七曰绝祭，八曰缭祭，九曰共祭。"以上九祭，是《周礼》学基本问题之一，也是礼经学主要问题之一。郑司农是目前有文献记载以来最早阐释"大祝九祭"的学人：

衍祭，羡之道中，如今祭殇，无所主命。周祭，四面为坐也。炮祭，燔柴也。《尔雅》曰："祭天曰燔柴。"擩祭，以肝肺菹擩盐醢中以祭也。缭祭，以手从肺本，循之至于末，乃绝以祭也。绝祭，不循其本，直绝肺以祭也。重肺贱肝，故初祭绝肺以祭，谓之绝祭；至祭之末，礼杀之后，但擩肝盐中，振之，拟之，若祭状，弗祭，谓之振祭。《特牲馈食礼》曰："取菹擩于醢，祭于豆间。"《乡射礼》曰："取肺，坐，绝祭。"《乡饮酒礼》曰："右取肺，却左手执本，坐，弗缭，右绝末以祭。"《少牢》曰："取肝擩于盐，振祭。"②

① 贾公彦：《周礼注疏》，《十三经注疏》，第809页。
② 贾公彦：《周礼注疏》，《十三经注疏》，第810页。

郑司农开启的《周礼》学命题远远不止以上十条。《周礼》学之所以被称为绝学，主要是因为《周礼》所反映的名物制度已经久远，相关词语对西汉以下的人来说相当生僻，加上《周礼》表达追求效率，造成经义晦涩难懂，给学术研究带来困难。郑司农在经义阐释方面做了大量工作，功不可没。

（二）郑司农的解经方法

作为经学大师，解经方法的创新也是重要的研究成果。从郑玄所引七百余条“郑司农云”看，郑司农解经主要采用了以本经释经义法、以他经释本经法、综合阐释法、工作原理描述法、飞白补足法、原因探究法等。

1. 以本经释经义法

《周礼》包含一个内部逻辑十分严密的职官体系，全部职官之间有多重联系。揭示这些相关性可以为《周礼》经义研究提供坚实的证据。这个方法就是考据学上的内证法。我们在这里称为以本经释经义法。

《小宰》经文说：“以官府之六联合邦治，一曰祭祀之联事。”郑司农解说道：

> 大祭祀，大宰赞玉币；司徒奉牛牲；宗伯视涤濯，莅玉鬯，省牲镬，奉玉齍；司马羞鱼牲，奉马牲；司寇奉明水火。大丧，大宰赞赠玉、含玉，司徒帅六乡之众庶属其六绋，宗伯为上相，司马平士大夫，司寇前王，此所谓官联。①

以上所引，郑司农分别采自天官大宰、地官大司徒、春官宗伯、夏官大司马、秋官大司寇职文。这是将与大祭祀、大丧有关的各职官职事串联起来，以具体事例解说什么是大宰“八法”中的“官联”及其在小宰“六联”中的体现。

《周礼》多条职文提到的“六牲”。《膳夫》经文有“凡王之馈，食用六谷，膳用六牲”，《牧人》经文也有“牧人掌牧六牲而阜蕃其物，以

① 贾公彦：《周礼注疏》，《十三经注疏》，第653页。

共祭祀之牲牷”,《小宗伯》经文也说“毛六牲,辨其名物而颁之于五官,使共奉之”。那么这些“六牲”是哪些?郑司农辨别说:“司徒主牛,宗伯主鸡,司马主马及羊,司寇主犬,司空主豕。”郑司农是如何得出此结论的?贾公彦指出:

> 先郑云“司徒奉牛”已下,皆案职知之。若大司徒有牛人,即云“奉牛牲”。宗伯职有鸡人,即云“供鸡牲”。司马职有羊人、校人掌马,即云“共羊牲”“奉马牲”。司寇职有犬人,即云“奉犬牲”。是以先郑依而用焉。唯司空职亡,先郑知主豕者,《五行传》“听之不聪,则有豕祸”,是豕属北方,司空冬官,故奉豕牲也。①

可见郑司农解说的依据是从五官职文中提炼出来的。与职文“毛六牲,辨其名物而颁之于五官,使共奉之”一一对应。《周礼》经文为了追求表达的效率,有互文,有照应。《小宗伯》此处职文如果按照繁写法全部写出来,当为“毛牛牲,辨其名物而颁之于司徒,使共奉之。毛鸡牲,辨其名物而颁之于宗伯,使共奉之……”那样,表达清晰,但文字效率不高。《周礼》追求行文高效率,却增加了阅读难度。郑司农以本经释本经经义就是利用了《周礼》行文的互文法。这个方法成为后世《周礼》研究的基本方法之一。

2. 以他经释本经法

《周礼》是西周礼乐文明的产物,在知识体系上与先秦典籍多有相通之处。为了将《周礼》经义说清楚,郑司农往往利用其他典籍资料来解说《周礼》。这个方法在考据学上属于外证法。

《春官·典路》经文说:“掌王及后之五路,辨其名物与其用说……大丧、大宾客亦如之。”在大丧礼和大宾客礼典中,典路是否掌握五路?如何安排五路?郑司农以《尚书·顾命》证明《典路》职文:

> 成王崩。康王既陈先王宝器。又曰“大路在宾阶面,赘路在阼

---

① 贾公彦:《周礼注疏》,《十三经注疏》,第766页。

阶面，先路在左塾之前，次路在右塾之前”。汉朝《上计律》，陈属车于庭。故曰：“大丧、大宾客亦如之。”①

《夏官·序官》说：“凡制军，万有二千五百人为军。王六军，大国三军，次国二军，小国一军。”这种军制是否实有其事？郑司农说：

王六军，大国三军，次国二军，小国一军。故《春秋传》有大国、次国、小国。又曰：“成国不过半天子之军。周为六军，诸侯之大者三军可也。”《诗·大雅·常武》曰：“赫赫明明，王命卿士，南仲大祖，大师皇父，整我六师，以修我戎。既儆既戒，惠此南国。”《大雅·文王》曰：“周王于迈，六师及之。”此周为六军之见于经也。《春秋传》曰：“王使虢公命曲沃伯以一军，为晋侯。”此小国一军之见于《传》也。②

郑司农引《春秋左传》以及《诗经·大雅》中的《常武》《文王》等予以证明，证实周天子确实有六军，③ 这开辟了群经证《周礼》的研究路径。

《春官·小祝》职文有“设熬置铭”，这是一个丧礼仪注问题，郑司农说：

铭，书死者名于旌，今谓之柩。《士丧礼》曰：“为铭，各以其物。亡则以缁，长半幅；赪末，长终幅，广三寸。书名于末，曰‘某氏某之柩’。竹杠长三尺，置于西阶上。”重木置于中庭，参分庭一，在南。粥、余饭盛以二鬲，县于重。幂用苇席，取铭置于重。④

---

① 贾公彦：《周礼注疏》，《十三经注疏》，第825页。

② 贾公彦：《周礼注疏》，《十三经注疏》，第830页。

③ 按：郑司农所举《诗经》中周王有“六师”，非“六军”。然而《左传》爱用“军”泛指军队，例如中军、左军、右军；西周金文中“成周八师”“西六师”“殷八师”之“师”也泛指军队，因而师、军均可泛指军队，不一定确指军事单位。

④ 贾公彦：《周礼注疏》，《十三经注疏》，第812页。

此注引用《仪礼·士丧礼》相关文字解说丧礼中设铭制度。《士丧礼》关于丧礼设铭的仪注记载颇为详细，以之证《小祝》“设熬置铭”，颇为恰当。

3. 综合阐释法

郑司农说名物制度更多是同一问题既采用本经证明法，也采用他经证明法。我们暂且称之为综合阐释法。

《小宰》经文有“八成”：“以官府之八成经邦治：一曰听政役以比居，二曰听师田以简稽，三曰听闾里以版图，四曰听称责以傅别，五曰听禄位以礼命，六曰听取予以书契，七曰听卖买以质剂，八曰听出入以要会。”这“八成”的主要内容是什么？郑司农解释说：

> 政谓军政也；役谓发兵起徒役也。比居谓伍籍也。比地为伍，因内政，寄军令，以伍籍发军起役者，平而无遗脱也。简稽士卒、兵器、薄书。简犹阅也，稽犹计也、合也。合计其士之卒伍，阅其兵器，为之要薄也。故《遂人》职曰：“稽其人民，简其兵器。”《国语》曰：“黄池之会，吴陈其兵，皆官师拥铎拱稽。”版，户籍；图，地图也。听人讼地者，以版图决之。《司书》职曰：“邦中之版，土地之图。”称责，谓贷子。傅别，谓券书也。听讼责者，以券书决之。傅，傅著约束于文书；别，别为两，两家各得一也。礼命谓九赐也。书契，符书也。质剂谓市中平贾，今时“月平”是也。要会谓计最之薄书。月计曰要，岁计曰会。故《宰夫》职曰：岁终则令群吏正岁会，月终则令正月要。①

本段采用了词语训释法、内证法、外证法、古今比况法。“简犹阅也，稽犹计也、合也”，这是词语训释法；“《遂人》职曰”“《司书》职曰”，这是内证法；“《国语》曰”，这是外证法；“质剂谓市中平贾，今时‘月平’是也”，这是古今比况法。

4. 工作原理描述法

有些职官职文不好理解，与其泛泛解释，不如描述工作原理。例如

① 贾公彦：《周礼注疏》，《十三经注疏》，第654页。

《夏官·挈壶氏》职文说："掌挈壶以令军井，挈辔以令舍，挈畚以令粮。""三挈"如何可以令军井、令舍、令粮？郑司农解释说：

> 挈壶以令军井，谓为军穿井，井成挈壶县其上，令军中士众皆望见，知此下有井。壶所以盛饮，故以壶表井。挈辔以令舍，亦县辔于所当舍止之处，使军望见，知当舍止于此。辔所以驾舍，故以辔表舍。挈畚以令粮，亦县畚于所当禀假之处，令军望见，知当禀假于此下也。畚所以盛粮之器，故以畚表禀。军中人多，车骑杂会讙嚣，号令不能相闻，故各以其物为表，省烦趋疾，于事便也。①

郑司农比较详细地叙述了挈壶之所以能够挈壶以令军井、挈辔以令舍、挈畚以令粮的工作原理，这是《挈壶氏》职文最经典的阐释，郑玄以下无异议。

5. 飞白补足法

《周官》行文为追求效率，往往在职文介绍中不一一指明，读者可以根据互文性和关联性自己补足其省文，因而在职文叙述中留下了"飞白"。郑司农利用这一原理补足飞白，从而阐释经文。这就是飞白补足法。

《宫正》经文说："为之版以待。"经文未说明待什么，郑司农补足说："待，待比也。"比即考校人数、器物、业绩，犹如今日的行政考核。补一"比"字，所待有了落实。

《酒正》经文故书说："凡王之燕饮酒共其计，正奉之。"其中"正奉之"容易造成歧义，实际上"正"之前省略了"酒正"之"酒"。郑司农补足说："正奉之，酒正奉之也。"补一"酒"字，经义立即明朗。

6. 原因探究法

《周礼》经文非常简洁，大多数职官规定没有说明理由，因而后人阅读《周礼》多有困难。郑司农在阐释《周礼》名物制度时往往探究其原因，这就是原因探究法。

---

① 贾公彦：《周礼注疏》，《十三经注疏》，第 844 页。

例如《天官·酒正》经文说："唯齐酒不贰，皆有器量。"为什么唯齐酒不贰？郑司农说："齐酒不贰，为尊者质，不敢副益也。"① 原来齐酒不是给人饮用的，而是给神灵饮用的，神灵不会真的饮用，也就没有必要为之添加酒了，所谓"贰"，郑司农以"副益"释之，即备份，以防止不够用。

（三）解经术语辨析

杜子春解经使用了一些提示语，例如"读为""当为""谓之"。这些提示语为郑司农所继承。此外，郑司农还使用了新的提示语。这些解经提示语汇集到郑玄那里，已经具有解经术语意义，为清代学者解说经义所注意。

1. 某曰某

这个提示语的使用有两种情况。一种表示判断，用在名物训诂，具有典型的术语意义。例如《天官·司裘》经文说："王大射则共虎侯、熊侯、豹侯，设其鹄。"郑司农解诂："方十尺曰侯，四尺曰鹄，二尺曰正，四寸曰质。"② 这是汉代训诂的典型样式，"曰"是解释性判断。另一种属于列举，还不具有术语意义。例如《天官·阍人》职文说："掌守王宫之中门之禁。"郑司农说："王有五门，外曰皋门，二曰雉门，三曰库门，四曰应门，五曰路门。路门一曰毕门。"③ "曰"相当于今天的口语"是""称为""叫作"。

2. 以……曰

这个句式往往连接引出证明材料，具有提示语意义。

《春官·大祝》经文说："大师宜于社，造于祖，设军社，类上帝。国将有事于四望及军归献于社，则前祝。"郑司农说："设军社，以《春秋传》曰所谓'君以师行，祓社，衅鼓，祝奉以从'者也。则前祝，大祝自前祝也。"④ 这是引出论证证据。

《春官·诅祝》经文说："作盟诅之载辞，以叙国之信用，以质邦国

---

① 贾公彦：《周礼注疏》，《十三经注疏》，第 669 页。

② 贾公彦：《周礼注疏》，《十三经注疏》，第 683 页。

③ 贾公彦：《周礼注疏》，《十三经注疏》，第 686 页。

④ 贾公彦：《周礼注疏》，《十三经注疏》，第 811 页。

之剂信。”郑司农说：“载辞，以《春秋传》曰：‘使祝为载书。’”① 这也是用该句式引出论证的证据。

三 郑司农对杜子春《周礼》学的继承和发展

杜子春是东汉《周礼》学的奠基者，郑司农是杜子春的学生，也是从杜子春通向郑玄的桥梁。在《周礼》知识体系的破解方面，郑司农取得了突出的成果，他大幅提高了《周礼》的名物训诂水平，更关注《周礼》经义的阐释，经义研究水平超过了此前的学者。以下我们从郑司农与杜子春研究重点的差别以及郑司农对杜子春研究成果的处理两个方面进行比较分析。同时，简要论述郑司农对郑玄的影响。

（一）郑司农研究重点的转向

我们根据郑玄注所引“杜子春曰”“郑司农云”，将此师生二人的遗说列表，按照校勘、训诂、名物制度解说、经义阐释四个类别进行了分类对比（见表 2-1）。

表 2-1 杜子春、郑众成果类别

	校勘	训诂	名物制度解说	经义阐释	合计
杜子春	57(30.5%)	108(58%)	14(7.5%)	8(4%)	187
郑司农	23(3%)	193(26%)	267(36%)	250(34%)	733

杜子春全部的 187 例成果中，训诂 108 例，占比约 58%，远远高于其他几项；校勘 57 例，占比约 30.5%；名物制度解说 14 例，占比约 7.5%；经义阐释 8 例，占比约 4%。由此可见杜子春的主要贡献在于词语训释，其次是文献校勘，再次是名物制度阐释。

郑司农的研究成果中，排第一位的是名物制度解释，占 36%，其次是经义阐释，占 34%。可见郑司农很在意的经义阐释，仅仅比名物制度解说少 2 个百分点。杜子春成果最多的是文字训诂，到郑司农这里落到第三位，只有 26%。相反，杜子春的训诂成果比例最高，达 58%；校勘学

① 贾公彦：《周礼注疏》，《十三经注疏》，第 816 页。

成果也占30.5%。由此可见，郑司农的《周礼》学研究重点已经从训诂学和校勘学转变为名物制度解说与经义阐释。名物制度解说与经义阐释由杜子春开创，却由郑司农发扬光大。此后，经义阐释成为《周礼》学研究的重点。

（二）郑司农对杜子春研究成果的处理

对于杜子春的研究成果，郑司农采取四种态度。一是接受，但在解诂中不再提及，杜子春一百八十七处成果，郑司农不置一词的地方，我们认为都属于这一类，因此我们无例子可举。二是接受并进一步阐释和补充，我们借用贾公彦分析郑玄与郑司农关系的说法，称之为“增成其说”。三是纠正杜子春说，直接给出新的解释。四是在杜子春已有发现处“捡漏”，提出新的问题。

1. 增成杜子春说

郑司农增成杜子春说有两种情况。第一种，杜子春做了解释，不过尚有一些细节没有提及，郑司农加以补充。

《夏官·射人》职文说：“王射，则令去侯，立于后，以矢行告。卒，令取矢。”杜子春解释“以矢行告”为“告白射事于王”。这个解释比较笼统，射事不止一端，具体告王什么内容？郑司农说：“以矢行告，射人主以矢行高下左右告于王也。《大射礼》曰：‘大射，正立于公后，以矢行告于公，下曰留，上曰扬，左右曰方。’”① 郑司农紧扣经文“矢行”，射人向王报告矢飞行的状态，即矢射高了，还是低了，是偏左还是偏右，或者不高不低，不偏不倚。所引《仪礼·大射礼》文扬、留、方左、方右更是专业术语。这是对杜子春解释的细化、具体化，是补充，更是增成。

《春官·内史》职文说：“王制禄则赞为之，以方出之。”杜子春解说：“方，直谓今时牍也。”抓住一个“方”字，以今况古释为“牍”，解释简明扼要。郑司农解诂：“以方出之，以方版书而出之。上农夫食九人，其次食八人，其次食七人，其次食六人。下农夫食五人。庶人在官者，其禄以是为差。诸侯之下士视上农夫，禄足以代其耕也。中士倍下

---

① 贾公彦：《周礼注疏》，《十三经注疏》，第845页。

士，上士倍中士，下大夫倍上士，卿四大夫禄，君十卿禄。”① 郑司农更指出方版上应该书写的具体内容，要言不厌烦琐。

《天官·典妇功》职文说：“掌妇式之法，以授嫔妇及内人女功之事齎。”故书“齎”为“资”，杜子春读“齎”为“资”，至于“事资”是什么，未做进一步的解释，读者仍然茫然。郑司农说：“事资谓女功丝、枲之事。”② 将“事资”落实到具体的物质层面，让读者一目了然。

第二种，杜子春解释了问题的一个方面，郑司农对另一个方面再予以点明。

《天官·酒正》职文说：“凡祭祀，以法共五齐三酒，以实八尊。大祭三贰，中祭再贰，小祭壹贰，皆有酌数。唯齐酒不贰，皆有器量。”杜子春说：“齐酒不贰，谓五齐以祭，不益也。其三酒，人所饮者，益也。《弟子职》曰：‘周旋而贰，唯嗛之视。’”杜子春解释了三酒为什么要添加，没有解释五齐为什么不添加，读者可以根据杜子春说的线索自己推导。郑司农解诂：“三贰，三益副之也。大祭天地，中祭宗庙，小祭五祀。齐酒不贰，为尊者质，不敢副益也。”③ 至此，两个方面的问题都获得完整的解说。

2. 修正杜子春说

杜子春说也存在错误，郑司农并不为尊者讳，显示了不同于今文学博士严守家法的治学路数。

《春官·司尊彝》职文说：“凡六彝、六尊之酌，郁齐献酌，醴齐缩酌，盎齐涚酌，凡酒修酌。”故书“缩”为“数”，“齐”为“齍”。杜子春说：“数当为缩，齐读皆为粢。”郑司农解诂：“献读为仪，仪酌，有威仪多也。涚酌者，捝饰勺而酌也。修酌者，以水洗勺而酌也。齍读皆为齐和之齐。”④ 郑司农不赞同杜子春的“齐读皆为粢”，直接予以否定，并给出不同于老师的解释。

《大司徒》职文说：“以土会之法辨五地之物生。”杜子春读“生”

① 贾公彦：《周礼注疏》，《十三经注疏》，第820页。
② 贾公彦：《周礼注疏》，《十三经注疏》，第690页。
③ 贾公彦：《周礼注疏》，《十三经注疏》，第669页。
④ 贾公彦：《周礼注疏》，《十三经注疏》，第774页。

为“性”，破字解说。郑司农不赞成，他纠正说：“植物根生之属。”① 不破字解说，在文献学上，这样的处理更为合理。

有时候杜子春并没有说错，但郑司农提出不同的看法，而两说都能成立。

《天官·掌舍》职文说：“掌舍掌王之会同之舍，设梐枑再重。”故书“枑”为“柜”。杜子春读为梐枑，梐枑，谓行马。但郑司农不赞成，他说：“梐，榱梐也。柜，受居溜水涑橐者也。”② 此说并非一无是处：在居住地常设一聚水池，是一种常见习俗。

《地官·里宰》职文说：“以岁时合耦于锄，以治稼穑，趋其耕耨，行其秩叙，以待有司之政令而征敛其财赋。”杜子春说：“锄读为助，谓相佐助也。”郑司农不同意，解诂说：“锄读为藉。”③ 传说西周有井田，称籍，通借，借助民力耕种。而《周礼》确实出现了“九夫为井”之语。我们因此不能完全排除《周礼》有井田法的可能。

《天官·凌人》职文说：“掌冰，正岁十有二月，令斩冰，三其凌。”故书“正”为“政”。杜子春读掌冰为主冰也，“政”当为“正”，“正”谓夏正。郑司农不同意杜子春说，他说：“掌冰政，主藏冰之政也。”二人在句读上有分歧，杜子春在“掌冰”处断句，郑司农在“掌冰正”处断句，④ 以“正”为“政”的通假字。《周礼》中职官职文常有“掌某政”，如《舍人》“掌平宫中之政”，《医师》“掌医之政令”，《酒正》“掌酒之政令”，《内宰》“以治王内之政令”，《党正》“各掌其党之政令”，《族师》“各掌其族之戒令政事”，《牛人》“以待国之政令”，《土均》“掌平土地之政”，《羽人》“掌以时征羽翮之政”，《地官·迹人》“掌邦田之地政”，《地官·胥》职文有“各掌其所治之政”，等等。

3. 推陈出新

由于问题意识不同，郑司农可以在杜子春着力研究的地方发现新问题，从而青出于蓝而胜于蓝，推动了《周礼》学的进步。

---

① 贾公彦：《周礼注疏》，《十三经注疏》，第 702 页。
② 贾公彦：《周礼注疏》，《十三经注疏》，第 676 页。
③ 贾公彦：《周礼注疏》，《十三经注疏》，第 743 页。
④ 贾公彦：《周礼注疏》，《十三经注疏》，第 671 页。

《考工记·玉人》说："璋邸射，素功以祀山川，以致稍饩。"郑玄注说：

> 邸射，剡而出也。致稍饩，造宾客纳禀食也。郑司农云："素功，无瑑饰也。"饩或作气，杜子春云："当为饩。"①

杜子春关注假借字的本字与借字，因而选择通假字进行注解；郑司农关注名物制度，因而选择"素功"进行注解。

《考工记·玉人》经文说："大璋、中璋九寸，边璋七寸，射四寸，厚寸，黄金勺，青金外，朱中，鼻寸，衡四寸，有缫，天子以巡守，宗祝以前马。"根据郑玄注，"勺"故书或作"约"。杜子春说："当为勺，谓酒尊中勺也。"郑司农说："鼻，谓勺龙头鼻也。衡，谓勺柄龙头也。"②杜子春对故书做了校勘，以为故书或本"约"当为"勺"，并对"勺"做了简单解释。在杜子春看来，鼻与衡不成问题，但郑司农对鼻与衡进行了解释，以为这两个器物也容易引起误解。

《考工记》"㡛氏湅丝一节"有"湅帛以栏为灰，渥淳其帛，实诸泽器，淫之以蜃"。杜子春说："淫当为涅，书亦或为湛。"杜子春的注意力在文字校勘上。恰恰就在这里，郑司农发现了问题。他说："泽器，谓滑泽之器，蜃谓灰也。"③他发现两个名物词"泽器"和"蜃"都需要解释。

《夏官·廋人》职文说："掌十有二闲之政教，以阜马佚特，教駣攻驹，及祭马祖，祭闲之先牧，及执驹、散马耳、圉马。"杜子春觉得"以阜马佚特"有必要解释："佚当为逸。"这还是个文字训诂问题。在同一处，郑司农发现有駣、驹、散等需要解释："马三岁曰駣，二岁曰驹，散读为中散大夫之散，谓聒马耳毋令善惊也。"④如此训诂，駣、驹、散三名物词的经文不再难懂。

---

① 贾公彦：《周礼注疏》，《十三经注疏》，第923页。
② 贾公彦：《周礼注疏》，《十三经注疏》，第923页。
③ 贾公彦：《周礼注疏》，《十三经注疏》，第919页。
④ 贾公彦：《周礼注疏》，《十三经注疏》，第861页。

（三）郑司农对郑玄的影响

郑玄注《周礼》，引用前人的成果有三家，分别是杜子春、郑兴和郑众。尤其以引用郑众为多，共达七百三十多处，是引用杜子春、郑兴总和的三倍。马融是郑玄的老师，郑玄竟然一条未提及，对另一位大师贾逵的成果也没有提及，可见郑玄对郑司农“情有独钟”。郑司农为郑玄的同宗，郑玄如此重视郑司农却不是因为这一点，而是在于他们学术旨趣接近，学术路数相同，学术精神一致。郑司农特别关注《周礼》的名物制度以及经义阐释，治学方法也是以训诂为根底，出入群经，旁征博引。郑司农不迷信老师，也不迷信自己的父亲，有新见解，宁可放弃父师之说。以上三条是《周礼》学的一个传统，直到清儒孙诒让仍然如此。在某种程度上，郑玄与郑司农的差别在于郑玄的知识面更加广博，郑玄对群经诸子学的浸淫更深，因此郑玄注《周礼》腾挪空间更广阔，解释更严密，解说更系统。这里我们不做展开，仅从学术成果角度略做分析。

《春官·巾车》职文说：“王之五路，一曰玉路，钖、樊、缨，十有再就。”“五路”这个经学问题由郑司农开辟，其中钖、樊、缨、就都是名物词，郑司农解诂：“缨谓当胸。《士丧礼》下篇曰：‘马缨三就。’礼家说曰：‘缨，当胸，以削革为之。三就，三重三匝也。’”郑司农关注缨和就，郑玄接过这个话题说：

> 钖，马面当卢，刻金为之，所谓镂钖也。樊读如鞶带之鞶，谓今马大带也。……玄谓缨，今马鞅。王路之樊及缨，皆以五采罽饰之十二就。就，成也。①

郑玄将郑司农未解释的钖、樊予以阐释，对郑司农已经解释的缨和就在郑司农的基础上又做了更通俗的阐释。“当胸”即“马鞅”，只不过“当胸”雅而“马鞅”俗。两郑学问演进痕迹历历在目。

《巾车》职文还说：“服车五乘，孤乘夏篆，卿乘夏缦，大夫乘墨车，士乘栈车，庶人乘役车。”文中有夏篆、夏缦、墨车、栈车、役车。其中

---

① 贾公彦：《周礼注疏》，《十三经注疏》，第822页。

“夏篆”，故书作“夏缘”。郑司农发起话题说：“夏，赤也。缘，绿色。或曰：夏篆，篆读为圭瑑之瑑。夏篆，毂有约也。”郑司农根据故书对“夏缘”做了解诂，同时提出或说。郑玄《注》接着郑司农的话题说：

> 夏篆，五采画毂约也。夏缦亦五采画，无瑑尔。墨车不画也。栈车不革鞔而漆之。役车方箱，可载任器以共役。①

郑玄“夏缘”从郑司农或说，同时对剩下的四车做了诠释。学术的继承和发展也一目了然。当然，郑玄的解经技术更加纯熟，解释更加通脱。而这些都是建立在前人奠定的基础之上，属于“后出转精”。如果说先、后郑之间在学术水平上有什么差距的话，其主要在于两人的学识差距：郑玄涉猎更广，研究更深，知识面更博；郑玄的知识结构和学术旨趣让他能够轻松地出入百科，又左右逢源。但不可否认，郑司农精研《周礼》，为郑玄攀上第一座高峰担当了“人梯”。

① 贾公彦：《周礼注疏》，《十三经注疏》，第825页。

第三章

《周礼》传注学的高峰

从西汉河间献王君臣整理和研究《周官》到东晋干宝撰《周礼注》，《周礼》传注学发展线索历历可见：河间君臣的研究成果标志着《周礼》学研究的萌芽；刘向、刘歆父子相关的文献学研究成果标志着《周礼》学研究的开端；杜子春的研究奠定了《周礼》学的基础，标志着《周礼》学进入规范化时期；郑司农的研究标志着《周礼》学基本成熟。汉末郑玄在此基础上发扬光大，是《周礼》研究的集大成者，标志着《周礼》学的第一座高峰横空出世。此后三国时期王朗的《周官传》、其子王肃的《周官礼注》对郑玄《周礼注》虽多有驳斥，但从经学史角度看，仍然没有脱离《周礼》传注学传统，属于对郑玄《周礼》学的“另类致敬”而已。东晋干宝《周礼注》乃是《周礼》义疏学时代对传注学的回响。本章讨论郑玄的《周礼注》。

第一节　郑玄的生平与学术传承

唐人孔颖达在《礼记·月令疏》中说“礼是郑学”；① 又在《礼记·杂记疏》中说“礼是郑学”。② 凡是各家学说不一致处，孔氏大多从郑玄说。孔颖达所说之“礼”除了郑玄的《礼记注》外，自然也包括《仪礼注》和《周礼注》。可见在唐人眼中，“三礼”学均以郑玄说为旨归。郑玄开启了一个属于自己的经学时代。

---

① 孔颖达：《礼记正义》，《十三经注疏》，第 1352 页。

② 孔颖达：《礼记正义》，《十三经注疏》，第 1550 页。

一 郑玄的人生追求

据《后汉书》郑玄本传，东汉顺帝永建二年（127）七月五日，郑玄出生在北海国高密县（今山东省高密市）一个算不上富裕的农民家庭。郑玄幼年聪慧，喜爱读书，他尤其喜爱天文历法、术数和方技之学。十一二岁的时候就显示了与其他学童不一样的人生追求。一次随母亲回家，正月里与同龄少年相会，别的少年一个个衣着光鲜，言谈闲闲。郑玄在其中显得格格不入，看起来似乎人品和才能不如这些人。郑玄的母亲私下里责怪郑玄没有好好表现。郑玄却回答说："此非我志，不在所愿。"① 郑玄青少年时代做过乡啬夫、乡佐之类的低级官吏，但本性不乐意做官。不久，他到京城洛阳太学求学，先从第五元先钻研《京氏易》《公羊春秋》《三统历》《九章算术》，再从张恭祖学习《周官》《礼记》《左氏春秋》《韩诗》《古文尚书》。学成之后，投在关西大学问家马融门下，苦读三年，最终获得马融赏识。郑玄游学十多年后返回故里，已经年过四十，从青年变成中年人。除了学问大进，生活条件没有改善。由于家贫，郑玄不得不客居东莱，一边务农一边教授学问，学徒多达数百人。此后党禁大起，郑玄受到牵连，被禁锢在家十四年。其间郑玄闭门不出，潜心著述。党禁解除后，郑玄声名远扬。六十岁那年，大将军何进强行征召，郑玄不着朝服，以民服见后，一夜逃归。此后又有袁隗上表，推荐郑玄为侍中。郑玄以父丧为由，不成行。郑玄的学术和道德得到当世人的普遍赞誉，北海国相孔融要求高密县将郑玄所居之乡改名"郑公乡"。郑玄居家教授，学徒多达数千人。

后来董卓焚毁东都洛阳，迁都长安，公卿推举郑玄担任赵相，《后汉书·郑玄传》说由于"道断不至"，即郑玄没有成行。黄巾军起，郑玄到徐州避难，徐州牧陶谦以师友相待。汉献帝建安元年（196），郑玄回高密，路途遭遇黄巾军，黄巾军遇见郑玄都下拜，互相约定不骚扰郑玄居住的县境。袁绍占据冀州，强行征召郑玄，推举郑玄为"茂才"，担任左中

① 范晔：《后汉书》，第1207页。按：见章怀太子注《后汉书·张曹郑列传》所引《郑玄别传》。

郎将，郑玄也没有接受。献帝朝廷又以公车征郑玄为大司农，拨付安车一乘，规定进出各地长吏都要送迎。郑玄以病为由，自请回家休养。汉献帝建安五年，袁绍与曹操两军对阵官渡，袁绍命令袁谭派人逼迫郑玄随军，郑玄带病启程，半途病重，同年六月去世，享年七十四岁。

郑玄育有独子郑益恩，孔融举荐为孝廉。后孔融为黄巾军所围，郑益恩赴难此役。郑益恩有一遗腹子郑小同，传郑玄经学，任三国曹魏侍中官，封关内侯，拜为“五更”，后为司马昭所杀。

郑玄以追求学问为终生目标，无意于仕途。在《诫子益恩书》中，郑玄回顾了自己曾经的官场经历：“遇阉尹擅埶，坐党禁锢，十有四年，而蒙赦令，举贤良方正有道，辟大将军三司府。公车再召。”在文中，郑玄将自己与同期受举荐的其他名流做了比较：“比牒并名，早为宰相。惟彼数公，懿德大雅，克堪王臣，故宜式序。吾自忖度，无任于此，但念述先圣之元意，思整百家之不齐，亦庶几以竭吾才。”①

“思整百家之不齐”是郑玄一生的追求。这个思想渊源可以追溯到庄子。《庄子·天下》篇说：“百家往而不反，必不合矣！后世之学者，不幸不见天地之纯、古人之大体，道术将为天下裂。”庄子以悲观的态度看待诸子百家的发展；郑玄试图以一己之力弥合五经各家学说的差异。前人多肯定郑玄不与宦官外戚同流合污，但郑玄的《诫子益恩书》明白表示对于仕途是“吾自忖度，无任于此”，而对于学术是“庶几以竭吾才”。可见郑玄的追求不在仕途，而在学问。范晔《后汉书·郑玄传》还记载了一段故事。袁绍帐下人才济济，他们对郑玄的学识无不叹服，其中就有《风俗通义》的作者应劭。应劭带着自夸的口气推荐自己，自称“前任泰山太守应中远”，想拜郑玄为师。郑玄讽刺说，孔门以四科考核弟子，颜回等人从来不以官阶自称。可见在郑玄心目中，道德学问远在官位之上。

二 郑玄的学术成就

郑玄一生致力于学术研究，取得了极高的学术成就。郑玄的学术成果大致上可以分为四类。第一类是注解经书、纬书之作，包括《周易注》

① 范晔：《后汉书》，第1209页。

《尚书注》《尚书大传注》《毛诗笺》《周礼注》《礼经注》《礼记注》《论语注》《孝经注》《中侯注》《乾象历注》。第二类是经学专题论文，包括《天文七政论》《鲁礼禘祫义》《六艺论》《毛诗谱》《三礼目录》等。第三类为辩论性著作，有《驳许慎五经异义》《答临孝存周礼难》《发公羊墨守》《针左氏膏肓》《起穀梁废疾》。学术界都说郑玄“遍注群经”。实际上郑玄并没有为《春秋》三传作注。《世说新语·文学》记载了一段逸事：

> 郑玄欲注《春秋传》，尚未成时，行，与服子慎遇宿客舍。先未相识，服在外车上与人说已注《传》意，玄听之良久，多与己同。玄就车与语曰：“吾久欲注，尚未了。听君向言，多与吾同。今当尽以所注与君。”①

或许服虔所作确实有过人之处，让郑玄放弃了继续作注的意图。《世说新语》还记载了服虔注《春秋传》的另一则故事：

> 服虔既善《春秋》，将为注，欲参考同异，闻崔烈集门生讲《传》，遂匿姓名，为烈门人赁作食，每当至讲时辄窃听户壁间，既知不能逾己，稍共诸生叙其短长。烈闻，不测何人，然素闻虔名，意疑之。明蚤往，及未寤，便呼“子慎！子慎！”虔不觉，惊应，遂相与友善。②

根据余嘉锡考证，崔烈家传《春秋》，经学水平自然不低；郑玄为经学大师，情愿出让部分《春秋》学成果给服虔共享，可见服虔所作《春秋传注》的确不凡，加上吸收了同时代人郑玄的最新成果，更加了不得。郑玄虽然不注《春秋》三传，不过有《起穀梁废疾》《发公羊墨守》《针左氏膏肓》三部专论，或许可视为另一种类型的《春秋》

① 余嘉锡：《世说新语笺疏》，中华书局，1983年版，第192页。

② 余嘉锡：《世说新语笺疏》，第194页。

三传之“注”。称郑玄“遍注群经”虽不完全准确，但说郑玄学通群经，是完全可以的。范晔在《郑玄传论》中说：“郑玄括囊大典，网罗众家，删裁繁诬，刊改漏失，自是学者略知所归。”① 这个评价还是恰当的。

郑玄的研究成果完整地传至今日的有《毛诗笺》《周礼注》《仪礼注》《小戴礼记注》四种，其余大多亡佚了。

三　《周礼注》的继承发展性

郑玄《周礼注》成就之高，与他站在前人肩膀上密不可分。贾公彦《序周礼废兴》引郑玄《周礼注序》说：

> 故郑玄序云：“世祖以来，通人达士大中大夫郑少赣名兴及子大司农仲师名众、故议郎卫次仲、侍中贾君景伯、南郡太守马季长，皆作《周礼解诂》。”又云：“玄窃观二三君子之文章，顾省竹帛之浮辞，其所变易，灼然如晦之见明；其所弥缝，奄然如合符复析，斯可谓雅达广揽者也。然犹有参错。同事相违则就其原文字之声类，考训诂，捃秘逸。谓二郑者，同宗之大儒，明理于典籍，粗识皇祖大经《周官》之义，存古字，发疑正读，亦信多善。徒寡且约，用不显传于世。今赞而辨之，庶成此家世所训也。”②

引文中，郑玄特别推崇郑兴父子、卫宏、贾逵和马融，尤其对郑兴父子赞誉有加。“今赞而辨之，庶成此家世所训也”显示，他的《周礼注》似乎专门为推广二郑的研究成果而作。郑玄此序十分强调自己《周礼注》的继承性。

（一）对郑司农研究成果的继承与发展

郑玄按照成果出现的先后次序进行引用，严格遵守学术规范。例如“大宰之职，掌建邦之六典”，郑玄注说：

---

① 范晔：《后汉书》，第 1213 页。

② 贾公彦：《周礼注疏》，《十三经注疏》，第 636 页。

郑司农云："治典，冢宰之职，故立其官曰'使帅其属而掌邦治，以佐王均邦国'。教典，司徒之职，故立其官曰'使帅其属而掌邦教，以佐王安扰邦国'。礼典，宗伯之职，故立其官曰'使帅其属而掌邦礼，以佐王和邦国'。政典，司马之职，故立其官曰'使帅其属而掌邦政，以佐王平邦国'。刑典，司寇之职，故立其官曰'使帅其属而掌邦禁，以佐王刑邦国'。此三时皆有官，唯冬无官，又无司空，以三隅反之，则事典，司空之职也"。①

这一节是解释"大宰六典"的。"大宰六典"一节在文字上没有阅读困难，杜子春并没有留意，这给郑司农留下余地。郑司农最先对"六典"大体内容分别做了解释。此处郑玄并没有进一步发挥，由于自己没有新见解，郑玄就直接采用郑司农说，这是尊重学术研究的首创者。

《周礼》经文经郑司农等人的辛勤耕耘，经义解说和文字训诂方面已经不存在大片的"空地"。郑玄在杜子春、郑司农等人基础上主要做补漏、补充证据和纠正工作。

《大宰》说："以八职治官府。"郑司农对于其中的官属、官职、官成、官联、官法、官常都引用《周礼·小宰》职文进行了很好的阐释，偏偏在官刑、官计两职中脱离内证，想当然地以为"官刑谓司刑所掌墨辜、劓辜、宫辜、刖辜、杀辜也。官计谓三年则大计群吏之治而诛赏之"。郑玄对郑司农其余六职的解释不置一词，只对官刑、官计两职的解释予以纠正："官刑，《司寇》之职五刑，其四曰官刑，上能纠职。官计谓《小宰》之六计，所以断群吏之治。"郑玄发现"官刑"只是《司刑》五刑之一，而不是五刑全部，他利用《司寇》职文解决了这个问题。这属于纠正前人旧说。而官计，《小宰》职文有"六计"，郑司农弃而不用，"便宜"了郑玄。

郑玄对于郑司农的成果有赞成、不赞成、修正、补充、纠正、增成六种处理方式。

第一种方式是将郑司农说放在自己注解前面或后面，这是赞成郑司农

① 贾公彦：《周礼注疏》，《十三经注疏》，第645页。

说。《天官·掌次》经文说："凡祭祀，张其旅幕，张尸次。"郑玄注说：

> 旅，众也。公卿以下即位所祭祀之门外以待事，为之张大幕，尸则有幄。郑司农云："尸次，祭祀之尸所居更衣帐。"①

郑玄对"旅"做了训诂，对"旅幕"做了解释。对于"尸次"则直接采用郑司农解释，这是赞成郑司农说。

第二种方式是将郑司农说放在自己注解的中间，以"玄谓"提示语提出自己的不同看法。这是不赞成郑司农说。《天官·内宰》说："佐后而受献功者，比其小大，与其粗良，而赏罚之。"郑玄注说：

> 献功者，九御之属。郑司农云："烝而献功。"玄谓《典妇功》曰："及秋献功"。②

郑司农提出献功时间是"烝而献功"，烝在冬季，无根据。郑玄根据《周礼·典妇功》职文纠正了郑司农说，以为秋季献功。

第三种方式是将郑司农说放在前面，自己修正郑司农说的内容放在后面，直接用"玄谓"提示。郑玄这样处理是因为郑司农说有合理之处，或解释不够充分。《天官·玉府》说："大丧，共含玉、复衣裳、角枕、角柶。"郑玄注说：

> 郑司农云："复，招魂也。衣裳，生时服。招魂复魄于太庙至四郊。"……玄谓复于四郊以绥。③

郑司农说基本正确，招魂的确从太庙到四郊，但复于四郊不是以死者衣服，而是乘车建绥。这是修正郑司农说。贾公彦疏就指出："案《夏采》云：'以冕服复于太庙，以乘车建绥复于四郊。'故郑云'复于四郊

---

① 贾公彦：《周礼注疏》，《十三经注疏》，第677页。
② 贾公彦：《周礼注疏》，《十三经注疏》，第685页。
③ 贾公彦：《周礼注疏》，《十三经注疏》，第678页。

以绥’，言此者破先郑于四郊亦以衣服。”①

第四种方式是将郑司农说放在自己注解后面，以备一说。《大宰》经文有“乃施则于都鄙而建其长，立其两”。郑玄注说：

两谓两卿，不言三卿者，不足于诸侯。郑司农云：“两谓两丞。”②

《周礼》无官名称某丞，郑司农以秦汉官制解《周礼》显然不妥。存郑司农说，或为此解可备一说。

第五种方式是因郑司农说有误，直接予以纠正。《天官·宫人》说：“为其井匽，除其不蠲，去其恶臭。”郑玄注说：

井，漏井，所以受水潦。蠲犹洁也。《诗》云：“吉蠲为饎。”郑司农云：“匽，路厕也。”玄谓匽猪，谓溜下之池，受畜水而流之者。③

《地官·山虞》有“仲冬斩阳木，仲夏斩阴木”。郑玄注说：

郑司农云：“阳木，春夏生者。阴木，秋冬生者，若松柏之属。”玄谓阳木，生山南者；阴木，生山北者。冬斩阳，夏斩阴，坚濡调。④

本处，郑玄陈述郑司农说而直接否定其说，并提出自己的新说。

第六种是增成郑司农说。郑司农说正确，但言犹未尽，郑玄加以补充。《掌次》经文说：“王大旅上帝，则张毡案，设皇邸。”郑玄注说：

① 贾公彦：《周礼注疏》，《十三经注疏》，第 678 页。
② 贾公彦：《周礼注疏》，《十三经注疏》，第 649 页。
③ 贾公彦：《周礼注疏》，《十三经注疏》，第 676 页。
④ 贾公彦：《周礼注疏》，《十三经注疏》，第 747 页。

> 郑司农云："皇，羽覆上。邸，后版也。"玄谓后版，屏风与？染羽象凤皇羽色以为之。

对此，贾公彦疏说："玄谓'后版，屏风与'者，此增成司农义。言后版者，谓为大方版于坐后，画为斧文。"①

（二）对杜子春研究成果的处理方式

杜子春是郑司农的老师，郑兴是郑司农的父亲，二人都有《周礼》学研究成果。但郑司农所作《周官解诂》并不完全接受杜子春、郑兴的意见，而是往往提出与杜子春、郑兴不一样的见解。对于这种情况，郑玄按照择善而从的原则处理这些成果。大体上可以分为四种情况。

第一种情况，并列诸说，而以杜子春说为长。《掌舍》经文说："掌王之会同之舍，设梐枑再重。"郑玄注说：

> 故书"枑"为"柜"。郑司农云："梐，榱梐也。柜，受居溜水涑橐者也。"杜子春读为"梐枑"，梐枑谓行马。玄谓行马再重者，以周卫有外内列。②

此处郑玄从杜子春说，并对杜子春说加以补充。

第二种情况，有时候对于前人说法难以判断正误，就一并录入，备二说，不作判断。《掌舍》经文说："为坛壝宫棘门。"郑玄注说：

> 谓王行止宿平地，筑坛，又委壝土起堳埒以为宫。郑司农云："棘门，以戟为门。"杜子春云："棘门或为材门。"③

第三种情况，有时候杜子春说明显错误，郑玄录入其说并纠正其误。《小宰》经文说："小宰之职，掌建邦之宫刑，以治王宫之政令，凡宫之纠禁。"郑玄注说：

---

① 贾公彦：《周礼注疏》，《十三经注疏》，第676页。
② 贾公彦：《周礼注疏》，《十三经注疏》，第676页。
③ 贾公彦：《周礼注疏》，《十三经注疏》，第676页。

杜子春云："宫当皆为官。"玄谓宫刑，在王宫中者之刑。建，明布告之。纠，犹割也，察也，若今御史中丞。①

杜子春以"宫刑"为"官刑"，郑玄不从，不破"宫"字，而解释为王宫之中的刑法。

第四种情况，有时候杜子春校勘正确而说义有误，则采纳其校勘成果并纠正说义。《大司徒》经文有"五比为闾，使之相受"，郑玄注说：

故书"受"为"授"，杜子春云当为"受"，谓民移徙所到则受之，所去则出之。……玄谓"受"者，宅舍有故，相受寄托也。②

杜子春以"授"为"受"这是正确的，郑玄接受这个意见。但杜子春以为"受"指接受迁徙来的人民，郑玄不赞成，并做了新的解释。

由于郑玄严格按照学术规范展示《周礼》研究的学术成果，因此从杜子春到郑玄的学术发展脉络历历在目，孰是孰非，后人一目了然，谁首创谁继承，脉络清晰可辨，显示了很高的学术规范性。

四　郑玄《周礼》学的创新性

郑玄《周礼注》的"集大成"性质不仅表现在继承了前辈学者的成果上，更表现在《周礼》注的重大创新上。如果仅仅将杜子春、郑兴、郑司农三家说汇集起来，《周礼注》只能算作《周礼集注》。在添加了"玄谓"等郑玄自己的意见之后，《周礼注》的集大成性就体现出来了。《周礼注》的创新性表现在四个方面：第一是填空白，第二是纠误说，第三是补缺漏，第四是揭新义。以下我们分别予以简要分析。

填空白。"填空白"中的"空白"，在很大程度上属于杜子春、郑司农没有攻克的学术难关，而不是去开垦"处女地"，难度之大可想而知。

《天官·膳夫》职文有"王燕食则奉膳赞祭"。什么是燕食？所奉之

---

① 贾公彦：《周礼注疏》，《十三经注疏》，第653页。

② 贾公彦：《周礼注疏》，《十三经注疏》，第707页。

膳是什么？所祭材料是什么？经文没有说明，杜子春、郑司农也没有出注。郑玄给出了答案："燕食谓日中与夕食。奉膳，奉朝之余膳，所祭者牢肉。"①

《大祝》有"来瞽，令皋舞"。"皋舞"之"皋"字令人费解，杜子春、郑司农无说。郑玄注说："皋读为卒嗥呼之嗥。来、嗥者，皆谓呼之入。"郑玄训"皋"为"嗥"，说之以"呼之入"。两千年来郑玄此说未受到挑战，可谓定论。

纠误说。"纠误说"即纠正杜子春、郑兴、郑司农的错误。《大祝》有"大丧……言甸人读祷"，郑司农解释"言甸人读祷"说："甸人主设复梯，大祝主言问其具梯物。"郑司农将"言"解释为"言问"，类似于今天"过问某事"。郑司农解释"言"有误，误说缘于对"甸人读祷"的误解。贾公彦以为这一句经文承接"赞敛"，说的应当是殓事；而设复梯要在既殡之后，不当在此时。郑玄注说：

> 言犹语也。祷，六辞之属祷也。甸人丧事代王受眚灾，大祝为祷辞语之，使以祷于藉田之神也。②

郑玄释"言"为"语"，即告诉。郑玄将"读祷"与《甸师》职文"丧事，代王受眚灾"联系起来，破郑司农"具梯物说"。郑玄所说正确。甸师如何"代王受眚灾"？《尚书·金縢》就记载了周公代周武王"受眚灾"之事，周公所用形式就是祈求先公、先王让自己代替周武王受眚，可以作为郑玄的证据。郑玄这一纠误显示了深厚的礼学功底，其说确不可移。

《司几筵》有"祀先王昨席亦如之"。关于"昨席"，郑司农说："昨席，于主阶设席，王所坐也。"郑司农显然理解为"祚阶之席"，以"昨"通"祚"。郑玄不赞成此说：

---

① 贾公彦：《周礼注疏》，《十三经注疏》，第 660 页。

② 贾公彦：《周礼注疏》，《十三经注疏》，第 811 页。

> 玄谓昨读曰酢，谓祭祀及王受酢之席，尸卒食，王酳之，卒爵，祝受之，又酌授尸，尸酢王于是席。王于户内，后、诸臣致爵乃设席。①

郑司农以“昨”通“祚阶”之“祚”，是将此处仪注视为平常饮酒礼的仪注。但是经文明确指出这是“祀先王”之礼，非一般的饮酒礼。郑玄另寻思路，从《特牲馈食礼》和《少牢馈食礼》中找到线索，以“昨”通“酢”，“昨席”即祭祀礼中尸酢王之席。显然郑玄的解说比郑司农更有依据。

补缺漏。前有所解说，但这些解说不充分、不完整、不明确，郑玄往往“接着说”，予以补充。在这个意义上贾公彦称之为“增成其说”。

《酒正》经文说：“凡有秩酒者，以书契授之。”关于秩酒，郑司农说：“有秩酒者，给事中予之酒。秩，常也，常受酒者。《国语》曰：‘至于今秩之。’”郑司农释“秩”为“常”，试图从训诂角度解决问题。但“有秩酒者”到底是什么人，郑司农还是没有说明白。郑玄注说：“所秩者，谓老臣。《王制》曰：‘七十不俟朝，八十月告存，九十日有秩。’”郑玄用的是考证法，从《王制》中找到证据，证明“有秩酒者”就是九十岁的老臣。这样，儒者津津乐道的养老礼中的“秩酒”问题得到落实。

《地官·司市》经文有“凡市伪饰之禁，在民者十有二，在商者十有二，在贾者十有二，在工者十有二”。郑玄注说：

> 郑司农云：“所以俱十有二者，工不得作，贾不得粥，商不得资，民不得畜。”玄谓《王制》曰：“用器不中度，不粥于市；兵车不中度，不粥于市；布帛精粗不中数、幅广狭不中量，不粥于市；奸色乱正色，不粥于市；五谷不时、果实未熟，不粥于市；木不中伐，不粥于市；禽兽鱼鳖不中杀，不粥于市。”亦其类也。②

---

① 贾公彦：《周礼注疏》，《十三经注疏》，第775页。

② 贾公彦：《周礼注疏》，《十三经注疏》，第735页。

郑司农的“所以俱十有二者，工不得作，贾不得粥，商不得资，民不得畜”实际上没有为读者提供更多的信息，也没有解决为什么民、商、贾、工的禁令都是十二条问题，所说基本上是无效信息。郑玄从《礼记·王制》中发现了线索。《王制》说：

> 凡执禁以齐众，不赦过。有圭璧金璋不粥于市；命服命车不粥于市；宗庙之器不粥于市；牺牲不粥于市；戎器不粥于市；用器不中度不粥于市；兵车不中度不粥于市；布帛精粗不中数、幅广狭不中量不粥于市；奸色乱正色不粥于市；锦文珠玉成器不粥于市；衣服饮食不粥于市；五谷不时、果实未孰不粥于市；木不中伐不粥于市；禽兽鱼鳖不中杀不粥于市。①

《王制》这段共有十四条禁止情况，而《司市》经文列出四十八条禁止例。郑玄发现《王制》所列“用器不中度不粥于市”以下数条是一大功劳。《王制》中的十四条是否被包含在《司市》四十八条之列，已经不能得到证实。郑玄也只是做了有益的推测，因而说“亦其类也”，不敢说就是其中一部分。不过郑玄超越郑司农的地方正在于此，他打开了寻找“司市四十八禁”的思路。

揭新义。杜子春的《周礼》研究以校勘、训诂和名物制度解说为主，对于经义解说不多。郑司农开始关注经义解说。到了郑玄，除了在校勘、训诂和名物制度解说方面付出辛勤劳动外，对于经义解说多有创见，这是郑玄对《周礼》学的创新之一。

郑玄对经文文义做大胆推测和演绎。《内宰》职文说：“上春，诏王后帅六宫之人而生穜稑之种，而献之于王。”郑玄注说：

> 六宫之人，夫人以下分居后之六宫者。古者使后宫藏种，以其有传类蕃孳之祥。必生而献之，示能育之，使不伤败，且以佐王耕事，共禘郊也。郑司农云：“先种后孰谓之穜，后种先孰谓之稑。王当以

① 贾公彦：《周礼注疏》，《十三经注疏》，第1344页。

耕种于藉田。”玄谓《诗》云“黍稷”，穜稑是也。夫人以下分居后之六宫者，每宫九嫔一人，世妇三人，女御九人；其余九嫔三人，世妇九人，女御二十七人从后，唯其所燕息焉。从后者五日而沐浴，其次又上十五日而遍。①

“郑司农云”之前，是对古老藉田礼的“献种子”做了推衍，其说与今天文化人类学研究成果契合。“夫人以下分居后之六宫者”以下是对六宫之人如何御于王的推衍。至于“御”的更详细情况，郑玄在《九嫔》注中有新的推衍：

自九嫔以下，九九而御于王所。九嫔者，既习于四事，又备于从人之道，是以教女御也。教各帅其属者，使亦九九相与从于王所息之燕寝。御犹进也，劝也，进劝王息，亦相次叙。凡群妃御见之法，月与后妃，其象也，卑者宜先，尊者宜后。女御八十一人当九夕，世妇二十七人当三夕，九嫔九人当一夕，三夫人当一夕，后当一夕，亦十五日而遍。②

郑玄注善于解说礼典。《地官·舂人》职文说：“凡飨食共其食米。”郑玄注说：“飨有食米，则飨礼兼燕与食。”郑玄根据此条经文进行了逻辑推理，以为大飨之礼兼有燕礼和食礼。这是礼经学的重要命题，郑玄依据《舂人》职文，对已经遗失的《大飨礼》礼典做了富有启发性的探索。

郑玄《周礼注》超越杜子春、郑司农的地方典型地表现在礼学方面。《司尊彝》有“三齐一酒四酌”：“凡六彝、六尊之酌，郁齐献酌，醴齐缩酌，盎齐涚酌，凡酒修酌。”什么是郁齐、醴齐、盎齐、凡酒？什么是献酌、缩酌、涚酌、修酌？郑司农解释说：“献读为仪，仪酌，有威仪多也。涚酌者，捝饰勺而酌也。修酌者，以水洗勺而酌也。”然而熟悉《仪

① 贾公彦：《周礼注疏》，《十三经注疏》，第686页。
② 贾公彦：《周礼注疏》，《十三经注疏》，第687页。

礼》的都知道，所有仪节都是威仪，所谓“礼经三百，威仪三千”说的就是这个。为什么献酌独称威仪？至于以涚酌为“捝饰勺而酌”、以修酌为“以水洗勺而酌”则令人生疑，何酌不用勺？何酌不用水洗？显然郑司农不得正解。郑玄注解说：

《礼运》曰：“玄酒在室，醴盏在户，粢醍在堂，澄酒在下。”以五齐次之，则盏酒，盎齐也。《郊特牲》曰：“缩酌用茅。明酌也，盏酒涚于清汁，献涚于盏酒，犹明清与盏酒于旧泽之酒也。”此言转相泲成也。献读为摩莎之莎，齐语声之误也。煮郁和相鬯，以盏酒摩莎泲之，出其香汁也。醴齐尤浊，和以明酌，泲之以茅，缩去滓也。盎齐差清，和以清酒，泲之而已。其余三齐，泛从醴，缇、沈从盎。凡酒，谓三酒也。修读如涤濯之涤，涤酌以水和而泲之，今齐人命浩酒曰涤。明酌，酌取事酒之上也。泽读曰醳，明酌清酒盏酒，泲之皆以旧醳之酒。凡此四者，裸用郁齐，朝用醴齐，馈用盎齐，诸臣自酢用凡酒。唯大事于大庙备五齐三酒。①

郑玄引《礼运》解决了什么是盎齐问题；引《郊特牲》解决了什么是缩酌问题，然后以此推衍醴齐、盎齐的情况。再通过声训法，提出修酌就是涤酌，涤酌是“以水和而泲之”。这个推衍比郑司农“洗涤说”更合理。最后总结三齐和凡酒的使用场合。郑玄此段注解犹如庖丁解牛，酣畅淋漓，由此可见郑玄的礼学水平超越郑司农的地方。

从总体上看，郑玄《周礼注》完成了对郑司农的超越。郑玄超越的资本在于他渊博的学识、非凡的智慧、敏锐的学术眼光和持之以恒的专注精神。

第二节 郑玄注《周礼》的方法

郑玄《周礼注》通过校勘文本、训诂文字、解释名物制度、推衍经

① 贾公彦：《周礼注疏》，《十三经注疏》，第774页。

义和揭示文法，为读者阅读《周礼》扫除了大部分障碍。因而郑玄《周礼注》一出，《周礼》不再难读。同时郑玄在文字训诂、名物解说、经义阐释、校勘和文法研究等多个方面都取得了杰出成就，这些成就与他的研究方法密不可分。

一 文本校勘与文法揭示法

《周礼》文本经过杜子春、郑司农的校勘，留下的校勘空间已经不大。即使这样，郑玄依然发现了《周礼》中一批文献学方面的错误。对于这些发现，郑玄直接论断某字当为某、某字声之误：

> 书（書），当为画（畫）。（《夏官·大司马》注）
> 祝，当为注，读如注病之注，声之误也。（《天官·疡医》注）
> 而，读为若，声之误也。（《地官·旅师》注）
> 授，当为受，声之误也。（《天官·典妇功》注）

然而郑玄校勘最精彩的地方是以渊博的礼学知识推导出经文文字之误。

《春官·郁人》经文说："大祭祀，与量人受举斝之卒爵而饮之。"郑玄注说："斝，受福之嘏，声之误也。王酳尸，尸嘏王，此其卒爵也。《少牢馈食礼》：'主人受嘏，诗怀之，卒爵，执爵以兴，出。宰夫以笾受啬黍，主人尝之，乃还献祝。'此郁人受王之卒爵，亦王出房时也。必与量人者，郁人赞祼尸，量人制从献之脯燔，事相成。"① 郑玄提出"斝"乃"嘏"之误，并通过对《少牢馈食礼》的仪注分析，证明自己的发现。

《春官·鬯人》说："庙用修，凡山川四方用蜃，凡祼事用概，凡䟽事用散。"对于其中的"祼事用概"，郑玄注说："祼当为埋字之误也。"郑玄以"祼"为"埋"，是重要发现，不然此节不能解释。祼是礼典中常用的仪注，均以彝尊盛郁鬯，以圭瓒酌郁鬯，不见用"概"的记载。《大宗伯》职文说："以血祭祭社稷、五祀、五岳；以貍沈祭山林、川泽；以

① 贾公彦：《周礼注疏》，《十三经注疏》，第770页。

䣝辜祭四方百物。”“貍沈”与“䣝辜”对举，“祼”作“貍”更有道理。此处显示出郑玄校勘独断功力之深。

在文法研究方面，郑玄也颇有创获，多处揭示经文“互文”“变言”“省文”之秘。

《天官·大府》经文说：“掌九贡、九赋、九功之贰，以受其货贿之入，颁其货于受藏之府，颁其贿于受用之府。”郑玄注评说道：“或言受藏，或言受用，又杂言货贿，皆互文。”这是揭示“互文法”。

《天官·司书》经文说：“掌邦之六典、八法、八则、九职、九正、九事、邦中之版、土地之图，以周知入出百物，以叙其财，受其币，使入于职币。”郑玄注说：“九正谓九赋、九贡，正，税也。九事谓九式。变言之者，重其职，明本而掌之，非徒相副贰也。”这是揭示“变言法”。

《天官·内宰》职文说：“以阴礼教九嫔。”郑玄注说：“教以妇人之礼，不言教夫人、世妇者，举中省文。”这是揭示“省文法”。

版本校勘经过杜子春、郑司农的努力，到郑玄时代，留给郑玄发挥的余地已经不大。在郑玄五大贡献中，校勘学相对不如训诂、名物制度解说和经义推衍。文法研究也不是郑玄的研究重点，仅仅顺手而为之，其成就也不如训诂等三项。本节侧重于对郑玄训诂、名物制度解说和经学推衍方法的研究。

对于郑玄《周礼注》的训诂方法，古今学者研究成果并不丰富，而且基本上跳不出清人段玉裁《周礼汉读考》的框架。直到杨天宇《三礼注研究》一书的出版，这种状况才有所改观。我们根据《周礼注》的实际情况，对《周礼注》的训诂方法做简要总结。

二 训诂法

郑玄继承了杜子春的训诂方法并有所发展。我们发现郑玄训诂法主要包括词义比况法、历时比较法、界定法、声训法等八种。

《大司徒》说：“以天下土地之图周知九州之地域广轮之数，辨其山林川泽丘陵坟衍原隰之名物。”郑玄注说：

周犹遍也。九州，扬、荆、豫、青、兖、雍、幽、冀、并也。

轮，从也。积石曰山，竹木曰林，注渎曰川，水钟曰泽，土高曰丘，大阜曰陵，水崖曰坟，下平曰衍，高平曰原，下湿曰隰。名物者，十等之名与所生之物。①

这一段注文是郑玄训诂风格的代表，准确、简洁而明了。“周，犹遍也。”采用了近义词训释法。“轮，从也。”从，今写作“纵”，广轮即纵横，这也是采用同义词训释法。“九州，扬、荆、豫、青、兖、雍、幽、冀、并也。”是以种释属。“积石曰山，竹木曰林，注渎曰川，水钟曰泽，土高曰丘，大阜曰陵，水崖曰坟，下平曰衍，高平曰原，下湿曰隰。”采用了性状描述法。同时，这也是对文法。郑玄注《周礼》所使用的方法往往浑然一体。为方便归纳，我们不得不做割裂分析。

（一）词义比况法

本无此义，然联系上下文可以判断为某义，这种情况下郑玄一般用比况训诂法。例如《天官·序官》“体国经野”，郑玄注：“体，犹分也。”“体”本无分义，经文“体”字此处有“区分”之义，属于该词的临时义。此法的主要标志是使用插入提示语“甲字犹乙字”，例如：

展，犹录也。（《天官·内宰》注）
械，犹兵也。（《天官·司书》注）
成，犹毕也。（《天官·司书》注）
帅，犹道也。（《天官·九嫔》注）
振，犹拼也，检也。（《天官·职币》注）
为，犹差择。（《天官·世妇》注）
从，犹随也。（《地官·邻长》注）

以上释词和被释词词义之间并没有形成固定的对等关系，只是在《周礼》文本具体环境中具有这种关系，因此郑玄以“犹”提示。

（二）历时比较法

郑玄使用古今比况法，以他同时代人比较熟悉的事物比况《周礼》

① 贾公彦：《周礼注疏》，《十三经注疏》，第702页。

中的名物。因西周之于西汉，时代久远，文籍散佚，但某些东西尚有可比性：

大府，为王治藏之长，若今司农矣。(《天官·序官》注)

会，大计也，司会主天下之大计，计官之长，若今尚书。(《天官·序官》注)

职内，主入也，若今之泉所入谓之少内。(《天官·序官》注)

符节者，如今宫中诸官诏符也。玺节者，今之印章也。(《地官·掌节》注)

瑞节，信也，典瑞若今符玺郎。(《春官·典瑞》注)

鞮屦，四夷舞者所屝也。今时倡蹋鼓沓行者自有屝。(《春官·鞮鞻氏》注)

以上六职官名称到东汉时已经不存在了，但相关职能为东汉有关职官所承担，不过已经很难说它们之间都是百分之百的对等关系，有些只存在部分对等关系，郑玄采用了“若”“如”等提示语；其中一部分几乎对等，郑玄只用“今”字提示，如“玺节者，今之印章也”。

(三) 界定法

界定法是描述名物词外延的边界。郑玄使用的界定训诂法还可以分为范围界定法、用途界定法等。

范围界定法指有些名物难以直接界定，郑玄采用范围限定法。主要标志是“某谓某”或“某谓之某人、事、物”：

辨其财用之物而执其总。注：总，谓簿书之种，别与大凡。(《天官·职内》)

掌式法以敛官府都鄙与凡用邦财者之币。注：币，谓给公用之余。(《天官·职币》)

掌平宫中之政。注：政，谓用谷之政也。(《地官·舍人》)

典命。注：命，谓王迁秩群臣之书。(《春官·典命》)

内宗，凡内女之有爵者。注：内女，王同姓之女谓之内宗。

（《春官·内宗》）

外宗。凡外女之有爵者。注：外女，王诸姑姊妹之女谓之外宗。（《春官·外宗》）

以上略举六例。其中用“谓”提示的，是将被释词的范围缩小到特定领域；用“谓之”提示的，是对被释词范围做具体化的解释。

用途界定是指有些名物不能描绘其形状，不能界定其范围，郑玄从用途角度予以界定：

旄，旄牛尾，舞者所持以指麾。（《春官·旄人》注）

籥，舞者所吹。（《春官·籥人》注）

以上两例郑注虽然不能说清楚这些名物的具体形状，但读者通过郑玄从用途角度所作提示，也能对该名物有一个大致的了解。

（四）声训法

汉字虽为表意文字，但汉字读音与汉字字义有密切关联。郑玄善于揭示这种字音与字义之间的关系。《春官·序官·墓大夫》之“墓”，郑玄注说：“墓，冢茔之地，孝子所思慕之处。”就是用“思慕”之“慕”释“墓”，汉字存在音同义近情况，声训是训诂学行之有效的手段。在具体操作上，郑玄用得最多的是“拟音破读法”和“音义提示法”，它们都属于“因声求义”，因此我们将其统称为声训法。

1. 拟音破读法

郑玄《周礼注》在训诂中大量使用某字读如某、某字读为某、某字读曰某，提示该字如何读音，在给出应当的读音时，该字的含义也就自然明了了。由于这种训诂是通过对该字的正音完成的，我们将该方法称为拟音破读法：

鞻，读如屦也。（《春官·鞮鞻氏》注）

修，读如涤濯之涤。（《春官·司尊彝》注）

匪，读为分，分颁，谓委人之职诸委积也。（《地官·廪人》注）

> 接，读为一扱再祭之扱。(《地官·廪人》注)
> 珥，读曰衈，谓杀鸡取血衅其户。(《秋官·司约》注)
> 撰，读曰算，算车徒，谓数择之也。(《夏官·大司马》注)

从以上六例可见，郑玄对于被训字不读本字音，读成另外一个字的字音。被训字与训字往往涉及假借关系、正体字与异体字关系、区别字与本源字关系、通俗字与冷僻字关系等。郑玄通过将《周礼》中东汉人不多见的字读成习见字，字义就好理解了。

2. 音义提示法

除了拟音破读法，郑玄还使用“某之言某”的提示语进行训诂：

> 膳之言善也，今时美物曰珍膳。(《天官·序官·膳夫》注)
> 庖之言苞也，裹肉曰苞苴。(《天官·序官·庖人》注)
> 腊之言夕也。(《天官·序官·腊人》注)
> 寺之言侍也。(《天官·序官·寺人》注)
> 祼之言灌也。(《大宰》职文注)
> 复之言报也，反也。(《宰夫》职文注)
> 藉之言借也。(《甸师》职文注)
> 胖之言片也，析肉意也。(《腊人》职文注)
> 铭之言名也。(《司勋》职文注)
> 禋之言烟。(《大宗伯》职文注)

以上例子中，甲之言乙，并不是说甲读为乙。但是我们不难发现，甲与乙之间存在读音关联关系。“膳”之于“善”，后者为本源字，前者为后起字。“善”原来也承载珍膳之义，后造一“膳”字，专门承载珍膳之义，然而“善食”之“善”转变为“膳”的发展痕迹还是历历可寻。相同情况的还有“寺”与“侍”、“名”与“铭”、“藉”与“借”、“庖”与“苞”。大体上属于本源字与后起字、区别字的关系。至于“腊”与“夕”、“祼”与“灌”、“复”与“报”、“胖”与“片”、“禋”与“烟”，不仅存在读音相同关系，更存在意义的关联。被释字在东汉不是惯用字，释字往往是东汉的惯用字。这是通过揭示二者读音上的联系达到训诂词义的目的。因此我们称之为“音义提示法”。

（五）直释法

有些词东汉人虽然不用了，但这些词所指的事物东汉人依然熟悉，郑玄便采用东汉人所熟悉的事物词训释《周礼》词语：

燎，地烛也。（《天官·阍人》注）

跸，止行者。（《天官·阍人》注）

祠，报福。（《天官·女祝》注）

同，阴律也。（《春官·序官·典同》注）

第一、第三和第四例都以东汉“今语”释古语，第二例以动作描述释词。直释法成立的基础是古今词语存在对应关系。

（六）近义词比较法

有些词虽然不好界定其含义，不过有近义词可以做比较。我们将郑玄注中采用的这种训诂方法称为近义词比较法：

大曰邦，小曰国，邦之所居亦曰国。（《天官·序官》注）

除灾害曰禬，禬犹刮去也。却变异曰禳，禳，攘也。（《天官·女祝》注）

积石曰山，竹木曰林，注渎曰川，水钟曰泽，土高曰丘，大阜曰陵，水崖曰坟，下平曰衍，高平曰原，下湿曰隰。（《地官·大司徒》注）

壤亦土也，变言耳。以万物自生焉则言土，土犹吐也。以人所耕而树蓺焉则言壤，壤，和缓之貌。（《地官·大司徒》职文注）

方曰簠，圆曰簋。盛黍稷稻粱器。（《地官·舍人》职文注）

通过近义词比较，相关词语训诂相得益彰，事半功倍。而注文也简洁流畅，便于理解和记忆，因而郑玄《周礼注》出，诸家之注逐渐被淘汰，郑玄训诂与有力焉。

（七）性状描述法

有些名物难以直接界定，也不好予以比况，郑玄就采用性状描述法予以阐释。主要标志是“某谓某”和“某谓之某人、事物”：

祼，谓赞王酌郁鬯以献尸谓之祼。（《天官·大宰》注）

祷，疾病求瘳也。（《天官·女祝》注）

冢，封土为丘垄，象冢而为之。（《春官·冢人》注）

蜃车，柩路也。柩路载柳，四轮迫地而行，有似于蜃，因取名焉。（《地官·遂师》注）

在最后一例中，“蜃车，柩路也”已经做到了以今语释古语。如果没有后面的内容，我们今天对蜃车的印象也仅仅停留于此；“柩路载柳，四轮迫地而行，有似于蜃，因取名焉”的解说，却让今天复制蜃车有了依据。看来郑玄采用性状描述法并不是因为训诂无计可施，而是向读者提供更多的信息。

（八）字形分析法

郑玄训诂中有时采用解字法，对文字做字形分析。此法虽然不常用，但在《周礼》学史上有重要价值。从目前的传世文献看，郑玄是采用字形分析法训诂《周礼》的第一人。

《天官·外府》说：“凡祭祀宾客丧纪会同军旅，共其财用之币赍，赐予之财用。”郑司农说：“赍或为资，今礼家定赍作资。”郑玄说：“赍、资同耳，其字以齐、次为声，从贝变易，古字亦多或。”郑玄分析的是形声字，他认为赍、资二字声旁分别为齐、次，形旁均从贝，这两个字在上古读音相同，当为或体字，赍就是资；并且，指出古字普遍有或体字。当然，郑玄做字形分析不如许慎《说文解字》完整：

纼字当以豸为声。（《地官·封人》职文注）

古缁以才为声。（《地官·媒氏》职文注）

由于《周礼注》是经学著作，郑玄为追求简洁，以上所举两例只做了声旁分析，就已经达到了“因声求义”的训诂效果，不必再展开义旁分析，形成枝蔓。

以上我们分析了郑玄《周礼注》八种主要训诂方法，其中声训法、历时比较法、字形分析法是郑玄的首创，成果十分突出，对杜子春、郑司农的训诂方法有继承，更有创新。郑玄《周礼注》成为《周礼》学研究第一座高峰，训诂功不可没。

三 名物制度解说法

除了训诂外，郑玄对《周礼》的名物制度解说同样取得杰出成就。我们以《内司服》为例，分析郑玄名物制度解说的具体情况。

《内司服》说：“掌王后之六服，袆衣、揄狄、阙狄、鞠衣、展衣、缘衣、素沙。”郑玄注首先引用“郑司农云”：

> 袆衣，画衣也。《祭统》曰：“君卷冕立于阼，夫人副袆立于东房。”揄狄、阙狄，画羽饰。展衣，白衣也。《丧大记》曰：“复者朝服，君以卷，夫人以屈狄，世妇以襢衣。”屈者，音声与阙相似，襢与展相似，皆妇人之服。鞠衣，黄衣也。素沙，赤衣也。①

郑司农对王后六服制度做了五点解说。第一点是提出袆衣是画衣，并举《礼记·祭统》证明有袆衣之说，但没有说明是怎样的画衣。第二点是提出揄狄、阙狄都是画羽饰之衣，不过没有指出揄狄、阙狄的区别。第三点是提出展衣是白衣，并举《丧大记》进行考证，证明《丧大记》中的“屈狄”就是《内司服》的阙狄，襢衣就是《内司服》的展衣。第四，提出鞠衣就是黄衣。第五，提出“素沙”就是赤衣。然而郑司农的这五条成果缺点也是明显的，对于缘衣也没有给予解释。因此郑玄没有完全接受，他在郑司农说的基础上加以补充、纠正，并提出新说：

① 贾公彦：《周礼注疏》，《十三经注疏》，第691页。

狄当为翟。翟，雉名，伊雒而南，素质，五色皆备成章曰翚；江淮而南，青质，五色皆备成章曰摇。王后之服，刻缯为之形而采画之，缀于衣以为文章。袆衣，画翚者。揄翟，画摇者。阙翟，刻而不画。此三者皆祭服。从王祭先王则服袆衣；祭先公则服揄翟；祭群小祀则服阙翟。今世有圭衣者，盖三翟之遗俗。鞠衣，黄桑服也，色如鞠尘，象桑叶始生。《月令》："三月荐鞠衣于上帝，告桑事。"展衣，以礼见王及宾客之服，字当为襢，襢之言亶，亶，诚也。《诗·国风》曰："玼兮玼兮，其之翟也。"下云"胡然而天也，胡然而帝也"。言其德当神明。又曰："瑳兮瑳兮，其之展也。"下云"展如之人兮，邦之媛也"。言其行配君子。二者之义与礼合矣。《杂记》曰："夫人服税衣、揄狄。"又《丧大记》曰："士妻以禒衣。"言禒者甚众，字或作税。此缘衣者，实作禒衣也。禒衣，御于王之服，亦以燕居。男子之禒衣黑，则是亦黑也。六服备于此矣。袆、揄、狄、展声相近，缘，字之误也。以下推次其色，则阙狄赤，揄狄青，袆衣玄。妇人尚专一，德无所兼，连衣裳不异其色。素沙者，今之白缚也。六服皆袍制，以白缚为里，使之张显，今世有沙縠者，名出于此。①

这是对王后六服制度的考证。郑玄对郑司农的成果，吸收了两项，并加以补充。第一，认可展衣即襢衣，并引用《诗经·鄘风》予以补充证明。第二，认可了鞠衣就是黄衣，并加以阐发，还引用《夏小正》予以补充证明。

郑玄否定了郑司农释"王后六服"中的四项。第一，否定郑司农"素沙"乃赤衣说，并提出新说，以为"素沙"乃白缚，用作六服的里子，"素沙"不在六服之内。第二、第三、第四，分别否定了郑司农对袆衣、揄狄、阙狄的解释。郑司农以为袆衣是画衣，揄狄、阙狄都是画羽饰。但郑玄提出："王后之服，刻缯为之形而采画之，缀于衣以为文章。袆衣，画翚者。揄翟，画摇者。阙翟，刻而不画。"郑玄的意思是袆衣绣有白底子的五色雉鸟；揄翟绣有青底子的五色雉鸟；阙狄则是素绣雉鸟。

① 贾公彦：《周礼注疏》，《十三经注疏》，第691页。

显然，郑玄之说长于郑司农。

如果仅仅如此，郑玄的成就也只是稍微超越郑司农，还谈不上站在前人肩膀上。郑玄此段最重要的贡献是探索出《周礼》王后六服制度的使用规则。六服中，袆衣用于随从王祭祀先王之礼；揄狄用于祭祀先公之礼；阙狄用于祭祀群小祀之礼；鞠衣用于桑蚕荐上帝之礼；襢衣用于见王和宾客之礼；褖衣用于御于王和燕居。这样，王后六服制度被郑玄完整地勾勒出来。王后六服的考证显示出郑玄的礼学水平要高出郑司农一个档次。

郑玄关于王后六服的解说之所以能够超越郑司农，一个关键因素是郑玄发现“狄”是“翟”的通假字，这个发现为王后前三服是绣有雉鸟之服提供了坚实的基础。实际上郑司农也十分重视通假字，在王后六服的解说中，他发现了“展”与“襢”、“屈”与“阙”的通假，从而在典籍中找到展衣、阙狄的身影。而郑玄还关注方言差异，正是通过对方言的比较，他发现了“狄”与“翟”的通假关系。

此段考证先后引用《诗经》《月令》《礼记·杂记》《礼记·丧大记》，并且还暗引《尔雅》。郑玄旁征博引，论证有力，提高了成果的可信度。

由此例可见郑玄解说名物制度的主要方法是适当吸收前人成果并补充证据；纠正前人错误并提出新说；独立提出新说并加以充分论证；重视文字训诂、方言比较，为解说提供语言文字方面的证据。

四　经义推衍法

作为经学家的郑玄，不仅撰写经学专论，如《答临孝存周礼难》《驳许慎五经异义》《鲁礼禘祫义》《六艺论》，他还在《周礼注》中推衍经义，取得了非常了不起的成就。我们以井田沟洫法为例，分析郑玄经义推衍的主要方法。

（一）对制度的推衍

井田沟洫法是《周礼》学研究的重要命题之一。郑玄以为西周在都鄙施行井田法，在乡遂公邑施行沟洫法。其成果一见于《小司徒》注，再见于《匠师》注，三见于《遂人》注。《小司徒》职文说：“乃经土地而井牧其田野，九夫为井，四井为邑，四邑为丘，四丘为甸，四甸为县，四县为都，以任地事而令贡赋，凡税敛之事。”经文只有四十七字，却让无数学者为之苦思冥想，至今仍争论不息。郑玄注说：

此谓造都鄙也。采地制井田，异于乡遂，重立国。小司徒为经之，立其五沟、五涂之界，其制似“井”之字，因取名焉。《孟子》曰：“夫仁政必自经界始。经界不正，井田不均，贡禄不平，是故暴君奸吏必慢其经界。经界既正，分田制禄可坐而定也。”郑司农云：“井牧者，《春秋传》所谓‘井衍沃、牧隰皋’者也。”玄谓隰皋之地，九夫为牧，二牧而当一井。今造都鄙、授民田，有不易，有一易，有再易，通率二而当一，是之谓“井牧”。昔夏少康在虞，思有田一成，有众一旅。一旅之众而田一成，则井牧之法先古然矣。

九夫为井者，方一里，九夫所治之田也。此制，小司徒经之，匠人为之，沟洫相包乃成耳。邑、丘之属相连比，以出田税。沟洫为除水害。四井为邑，方二里。四邑为丘，方四里。四丘为甸，甸之言乘也，读如衷甸之甸。甸方八里，旁加一里，则方十里，为一成。积百井，九百夫，其中六十四井，五百七十六夫，出田税；三十六井，三百二十四夫，治洫。四甸为县，方二十里。四县为都，方四十里。四都方八十里，旁加十里，乃得方百里，为一同也。积万井，九万夫，其四千九十六井，三万六千八百六十四夫，出田税；二千三百四井，二万七百三十六夫，治洫；三千六百井，三万二千四百夫，治浍。井田之法，备于一同。今止于都者，采地食者皆四之一。其制三等：百里之国凡四都，一都之田税入于王；五十里之国凡四县，一县之田税入于王；二十五里之国凡四甸，一甸之田税入于王。

地事谓农牧衡虞也。贡谓九谷山泽之材也。赋谓出车徒、给繇役也。《司马法》曰：“六尺为步，步百为亩，亩百为夫，夫三为屋，屋三为井，井十为通。通为匹马，三十家，士一人，徒二人。通十为成，成百井，三百家，革车一乘，士十人，徒二十人。十成为终，终千井，三千家，革车十乘，士百人，徒二百人。十终为同，同方百里，万井，三万家，革车百乘，士千人，徒二千人。”①

由经文“乃经土地而井牧其田野”一句，郑玄推衍出第一段文字。第一段文字包括井田的适用范围、得名原因、关键因素、牧田与井田的关系和井牧制度的起源。郑玄判断“井牧其田野”中的“田野”指的是采邑的田野。按照《周礼》一书的设想，王国首都周围由近到远分别分布着六乡、六遂。六遂之外作为公卿大夫的采邑和王子弟的封地。这些采邑和封地统称都鄙。在这些采邑和封地之间，属于王朝所有的土地称“公邑”。按照郑玄的推论，井田法用于这些采邑和封地。

由经文“九夫为井，四井为邑，四邑为丘，四丘为甸，四甸为县，四县为都”推衍出第二段。经文原本只是陈述由井到都的六级耕田的规模。郑玄抓住面积、劳动力、田税、沟洫四个要素进行推衍，对井田制的甸、县、都的面积，劳动力多少，水利占地面积和用劳动力数量，出田税多寡做了较为精确的估算。其为读者提供的信息远远超过了经文，让我们对井田制的情况有了比较清晰的印象。

第三段是对经文“以任地事而令贡赋，凡税敛之事”的推衍。经文只点到贡赋税敛。郑玄本段重在“赋”上做推衍，引用《司马法》，将井田一同之内所出马、士、徒、车的具体数量全部列出。

井田沟洫法是《周礼》一书关于土地制度的基本构想，并没有勾画出细节。要对这两种土地管理方法做推演，非大学问则无处下手。郑玄利用自己的学识为学术界提供了自己的方案，满足了读者学习、理解《周礼》的需求，这些正是孔颖达称“礼是郑学”的原因所在。

当然，郑玄以井田法用于都鄙说不一定完全正确。笔者就认为井田沟洫法是一件事情的两个方面：“井田”称耕地面积和外形；“沟洫”称耕地水利和交通。井田沟洫法应当统一在一起，既是农田整治法，也是水利法和道路交通法，是“三位一体”的事情。郑玄此说后来遭到部分宋儒的批评，那是后话，就井田沟洫研究来说，郑玄有开拓之功是不可否认的。

① 贾公彦：《周礼注疏》，《十三经注疏》，第711—712页。

（二）对礼典、礼仪、仪注和礼器的推衍

郑玄《周礼注》关注礼典仪注且多有发现和揭示。《膳夫》说：“凡王祭祀、宾客食，则彻王之胙俎。”郑玄注说：“膳夫亲彻胙俎，胙俎最尊也，其余则其属彻之。宾客食而王有胙俎，王与宾客礼食，主人饮食之俎皆为胙俎，见于此矣。”郑玄为什么提示“主人饮食之俎皆为胙俎，见于此矣”？贾公彦分析说：

> 云“宾客食而王有胙俎，王与宾客礼食”者，以其宾客与祭祀同科，故知是礼食，非是凡平燕食。案《公食大夫》，主君与聘大夫礼食，宾前有食，君前无食，退俟于厢。今此天子与诸侯礼食，王前有食俎者，天子于诸侯，其礼异于诸侯与聘大夫，故王前有俎。
>
> 云“主人饮食之俎皆为胙俎，见于此矣”者，案《特牲》《少牢》，主人之俎虽为胙俎，直是祭祀，不兼宾客。此则祭祀、宾客俱有，故云“主人饮食之俎皆为胙俎，见于此”。①

正如贾公彦所说，在《仪礼·公食大夫礼》中，只在宾客席前摆食物，公席前没有食物。这是诸侯一级的礼典。至于天子级别的礼典，王和宾客都有胙俎。这个天子级别的食礼礼典已经失传，故郑玄在此特别提醒这一仪注仅见于《周礼·膳夫》职文。郑玄贯通“三礼”的学术专长在此发挥了优势。

《鬯人》有“凡王吊临，共介鬯”。其中临、介、鬯都是需要注解的知识点。郑玄注说：

> 以尊适卑曰临。《春秋传》曰：“照临弊邑。”郑司农云：“鬯，香草。王行吊丧被之，故曰介。”玄谓《曲礼》曰：“挚，天子鬯。”王至尊，介为执致之，以礼于鬼神与？《檀弓》曰：“临诸侯，畛于鬼神，曰有天王某父。”此王适四方，舍诸侯祖庙，祝告其神之辞，

① 贾公彦：《周礼注疏》，《十三经注疏》，第660页。

介于是进鬯。①

郑司农释“介”为动词“披戴”，“介鬯”即披戴香草。郑玄纠正了郑司农的误说，以为“介鬯”为天子名义上的所摯礼物，因由宾介替天子代持着，故称“介鬯”，此“介”非动词披戴义之介，而是专有名词“宾介”之介。从礼学角度看，郑玄的解说显然更符合礼意。天子吊丧披戴香草，文献没有记载，于情理也不伦不类。相比之下，郑玄说更加通脱。

郑玄提出天子摯鬯，这是礼学史上的一条重要发现。《仪礼》等文献记载有工商之人、士、大夫、诸侯所摯的摯礼，缺乏天子之摯。而《周礼·大宗伯》六摯，也无天子所摯的记载。《鬯人》提供了这方面的信息，但郑司农理解错了，以“介鬯”之“介”为披戴之介，仅仅做了训诂学处理，没有意识到这是一个礼学仪注问题。郑玄破郑司农以“介”为动词说，而以礼典中“宾介”之介说之，并引用《曲礼》天子摯鬯作为旁证，推衍出天子之摯的真相。原来天子虽然有摯，但不亲自执持，而是让介执持着，因而称为“介鬯”，名义上是天子之摯，实为介之摯。那么，《大宗伯》有六摯而无天子摯的问题也就迎刃而解了。

《周礼》涉及大量的天子礼典，但《周礼》是一部官制之书，不是专门的礼典之书，因此《周礼》对相关礼典的说明非常简略。令人十分遗憾的是，先秦礼典之书到西汉仅仅传下来十七篇《士礼》，就是今天的《仪礼》；天子级别的礼典全部散佚，两汉读者在阅读《周礼》相关部分时往往不知所云。郑玄注特别注重对这些仪注的推衍。《春官·司尊彝》说：

春祠、夏禴，祼用鸡彝、鸟彝，皆有舟。其朝践用两献尊，其再献用两象尊，皆有罍，诸臣之所昨也。秋尝冬烝，祼用斝彝、黄彝，皆有舟。其朝献用两著尊，其馈献用两壶尊，皆有罍，诸臣之所昨也。凡四时之间祀追享、朝享，祼用虎彝、蜼彝，皆有舟。其朝践用

① 贾公彦：《周礼注疏》，《十三经注疏》，第771页。

两大尊，其再献用两山尊，皆有罍，诸臣之所昨也。①

《司尊彝》职文非常难懂。涉及礼典的有春祠、夏禴、秋尝、冬烝、追享、朝享；涉及仪节、仪注的有祼、朝践、朝献、再献、馈献；涉及礼器的有鸡彝、鸟彝、斝彝、黄彝、虎彝、蜼彝、著尊、大尊、山尊、壶尊、献尊、象尊、舟、罍等。这些礼器、仪节和仪注属于天子级别，相关文化传承到两汉已经断裂，郑玄对这些礼器、仪节、仪注同样做了精彩推衍。由于春祠、夏禴、秋尝、冬烝这四大礼典已经在《大宗伯》章予以注解，郑玄在这里对天子馈食礼中的祼、朝践、朝献、再献、馈献五项仪节进行了推衍：

祼谓以圭瓒酌郁鬯，始献尸也。后于是以璋瓒酌亚祼。《郊特牲》曰："周人尚臭，灌用鬯臭，郁合鬯臭，阴达于渊泉，灌以圭璋，用玉气也。既灌，然后迎牲，致阴气也。"

朝践谓荐血腥酌醴始行祭事，后于是荐朝事之豆笾，既又酌、献。

其变朝践为朝献者，尊相因也。朝献谓尸卒食，王酳之。

再献者，王酳尸之后，后酌，亚献，诸臣为宾，又次后酌盎齐，备，卒食三献也。于后亚献，内宗荐加豆笾。

其变再献为馈献者，亦尊相因。馈献谓荐孰时，后于是荐馈食之豆笾。

此凡九酌。王及后各四，诸臣一，祭之正也。以今祭礼《特牲》《少牢》言之，二祼为奠，而尸饮七矣，王可以献诸臣。《祭统》曰："尸饮五，君洗玉爵献卿。"是其差也。②

这一小节释文依据《礼记·郊特牲》《仪礼·少牢馈食礼》推衍天子的"太牢馈食礼"。对其中的初祼、亚祼、朝践、朝献、再献、馈献仪节

① 贾公彦：《周礼注疏》，《十三经注疏》，第773页。
② 贾公彦：《周礼注疏》，《十三经注疏》，第773页。

做了分析。郑玄此举类似于西汉礼经学大师后仓作《曲台记》“推士礼以至于天子”的做法，显示出郑玄雄厚的礼学功底。

至于《司尊彝》所述礼器形状以及相关礼仪用器，郑玄也进行了猜测性分析：

> 《明堂位》曰：“灌用玉瓒、大圭，爵用玉盏，加用璧角、璧散。”又《郁人》职曰：“受举斝之卒爵而饮之。”则王酳尸以玉爵也。王酳尸用玉爵，而再献者用璧角、璧散可知也。鸡彝、鸟彝谓刻而画之为鸡、凤皇之形。皆有舟，皆有罍，言春、夏、秋、冬及追享、朝享有之，同。昨读为酢，字之误也。诸臣献者，酌罍以自酢，不敢与王之神灵共尊。①

郑玄参考《礼记·明堂位》和《周礼·郁人》，做出王酳尸以玉爵，再献者用璧角、璧散的推测，并对鸡彝、鸟彝形状做了推测性描述：“鸡彝、鸟彝谓刻而画之为鸡、凤皇之形。”《周礼》非西周制度实录，而是一种思想性质的成果，其所设想的礼器不一定都有事实依据。其中鸟彝有出土青铜器可证明，例如著名的鸮尊；但类似于鸡形状的“鸡彝”或者有类似纹路的青铜器从未出土过，说明《周礼·司尊彝》所说非两周实录，但郑玄的推测依据的是礼学原理，在学理上却是说得通的。

第三节　郑玄《周礼》研究的缺憾

郑玄《周礼》研究在取得极高的成就的同时也留下一些遗憾：有时候推衍过度，有时候判断有误，有时候论断过勇，有时候也存在遗漏。历代学者在吸收郑玄研究成果的同时，也发现郑玄注中存在的一些失误。

一　推衍过度

在经义推衍上，有时候存在强作解释的现象。例如《地官·序官》

① 贾公彦：《周礼注疏》，《十三经注疏》，第773页。

说："乡老，二乡则公一人；乡大夫，每乡卿一人。"这是《周礼》一书常受诟病的几个问题之一。在《周礼》三百六十余官中，此类三公、六卿是否身处其中？乡官六卿与天地四时六官中的六卿是什么关系？郑玄对三公做了推测："王置六乡，则公有三人也。三公者，内与王论道，中参六官之事，外与六乡之教，其要为民，是以属之乡焉。"① 显然郑玄也将三公视为乡官。此说虽与《地官·序官》一致，但在具体的工作流程推衍中，郑玄的推衍存在问题。贾公彦疏说：

> 案《书传》云："天子三公，一曰司徒公，二曰司马公，三曰司空公。"彼注云："《周礼》天子六卿，与大宰、司徒同职者则谓之司徒公；与宗伯、司马同职者则谓之司马公；与司寇、司空同职者则谓之司空公。"一公兼二卿，举下以为称，是其中参六官之事。云"外与六乡之教"，即此经是也。②

郑玄在《尚书大传注》中对于《周礼》三公又有另外的说法：将《周礼》六官两两合并，大宰与司徒均称"司徒公"；宗伯与司马均称"司马公"；司寇和司空均称"司空公"。既然称"公"，那么将三公放在地官序列，怎么又与其余五官相涉，分别称为司徒公、司马公、司空公？并且传世文献与出土文献未见此类称呼。而六卿都为乡大夫，公与大夫之称交叉混淆在一起，显然不合适。《地官·序官》明确列出乡官六卿为"乡大夫"，显然，六乡大夫不能称公，公别有其人，不在六卿之列。

二　判断有误

郑玄有时候也犯常识性错误。《地官·草人》职文说："凡粪种，骍刚用牛，赤缇用羊，坟壤用麋，渴泽用鹿，咸潟用貆，勃壤用狐，埴垆用豕，强檃用蕡，轻爂用犬。"郑玄注说：

---

① 贾公彦：《周礼注疏》，《十三经注疏》，第 697 页。
② 贾公彦：《周礼注疏》，《十三经注疏》，第 697 页。

凡所以粪种者，皆谓煮取汁也。赤缇，縓色也。渴泽，故水处也。潟卤也，貆貒也。勃壤，粉解者。埴垆，黏疏者。强㯺，强坚者。轻㶁，轻脆者。故书骍为挈，坟作盆，杜子春挈读为骍，谓地色赤而土刚强也。郑司农云："用牛，以牛骨汁渍其种也，谓之粪种。坟壤多盆鼠也，壤白色。蕡，麻也。"玄谓坟壤润解。①

先、后郑说都有问题。郑司农以为用动物骨头汤浸泡种子，这是奇谈。骨头汤对种子的发芽不但没有正面价值，如果超过一定浓度，反而影响种子萌发。如果仅仅是浸染一下，肥效微乎其微。郑玄说"凡所以粪种者，皆谓煮取汁也"也是没有根据的，清儒江永对此做了批评，以为用兽骨灰改良土壤。② 此为一说。但一般的焚烧，其温度显然不足以化兽骨成灰，当用炉子，这样又太费事。我们认为，今天所见土壤改造，用粪肥为主，间用草木灰、复合肥。如果用动物骨头汤汁浸泡种子，则种子会失去发芽的活性。"骍刚用牛，赤缇用羊，坟壤用麋，渴泽用鹿"，即骍刚之地添加牛粪作种子的基肥，赤缇之地添加羊粪作基肥，坟壤用麋粪作基肥，渴泽之地用鹿粪作基肥。

三　论断过勇

郑玄学通天人，断识卓越，但也存在论断过勇问题。例如《地官·掌蜃》说"共白盛之蜃"，郑玄注说："盛犹成也，谓饰墙使白之蜃也。今东莱用蛤谓之义灰云。"③ 郑注有失严谨。"共白盛之蜃"当读为"共白、盛之蜃"，即既供应白蜃也供应用作盛物品器皿的盛蜃。白蜃是用于刷墙使之白的蜃，郑玄注所说就是这一部分的蜃壳。"盛"，郑玄说"犹成也"也是正确的，今天该字依然有"成"音，但盛之蜃为器皿之蜃，用来盛物品，而郑玄不认可蜃壳这一盛物功能，在注解中直接予以忽视。

《掌蜃》经文还说："祭祀共蜃器之蜃。"郑玄注同样有误：

---

① 贾公彦：《周礼注疏》，《十三经注疏》，第 746 页。
② 江永：《周礼疑义举要》，《清经解》第 2 册，第 222 页。
③ 贾公彦：《周礼注疏》，《十三经注疏》，第 748 页。

饰祭器之属也。《鬯人》职曰："凡四方山川用蜃器。"《春秋》定十四年秋，"天王使石尚来归蜃"。蜃之器以蜃饰，因名焉。郑司农云："蜃可以白器，令色白。"①

郑司农、郑玄依然坚持蜃为用蜃灰漆器皿。同条材料杜预注《左传》说："脤，祭社之肉，盛以脤器，以赐同姓诸侯、亲兄弟之国，与之共福。"② 杜预以为蜃为盛祭祀福胙肉的器皿，非装饰物，杜预说为长。

《秋官·闽隶》说："掌役畜养鸟而阜蕃教扰之，掌子则取隶焉。"郑玄注引杜子春说："子当为祀。"而郑玄自认为"谓掌子者，王立世子，置臣，使掌其家事而以闽隶役之"。③ 杜子春以"子"为"祀"，是有根据的。西周金文表示地支的"子"与"巳"常不分，故"子"是可以通假"祀"的。郑玄不破字，以"掌子"为掌世子之臣。但《周礼》没有设立这一职官，杜子春说不可轻易否定。

有时候郑玄论断并不严密。《膳夫》职文说："王日一举，鼎十有二，物皆有俎。"郑玄注说："杀牲盛馔曰举，王日一举以朝食也，后与王同庖。"④ 但《膳夫》职文还说："掌后及世子之膳羞。"可见后与世子不与王同膳食。《膳夫》职文又说："岁终则会，唯王及后、世子之膳不会。"后、世子单列出来。有此两例，足以佐证王与后不同庖。

郑玄注可商榷的地方仍然不在少数。《典丝》职文说："及献功则受良功而藏之。辨其物而书其数，以待有司之政令、上之赐予。"郑玄注说：

良当为苦，字之误。受其粗盬之功，以给有司之公用。其良功者，典妇功受之，以共王及后之用。郑司农云："良功，丝功，缣帛。"⑤

① 贾公彦：《周礼注疏》，《十三经注疏》，第 748 页。
② 杜预：《春秋左传注》，《十三经注疏》，第 2151 页。
③ 贾公彦：《周礼注疏》，《十三经注疏》，第 883 页。
④ 贾公彦：《周礼注疏》，《十三经注疏》，第 660 页。
⑤ 贾公彦：《周礼注疏》，《十三经注疏》，第 690 页。

《典枲》经文却说："及献功，受苦功，以其贾楬而藏之，以待时颁。"可见典丝所献功，也当有苦、良之分。良功待王赏赐；苦功待时颁。郑玄注不当破"良"为"苦"。

再如冬官司空名称问题，郑玄《三礼目录》的解释也不免想当然：

> 象冬所立官也，是官名"司空"者，冬闭藏万物，天子立司空，使掌邦事，亦所以富立家，使民无空者也。《司空》之篇亡，汉兴，购求千金不得。此前世识其事者记录以备大数。古《周礼》六篇毕矣。①

按照郑玄说法，《考工记》乃"前世识其事者记录以备大数"，即在《冬官》亡后，有人刻意录其事以补缺。《冬官》亡，非西汉人所为。西汉人也曾搜寻过，没有成功，此说颇有价值。但郑玄以司空之"空"为无财富之义，则是错得太明显。金文"司空"习见，写作"司工"。工，工程也，劳工也，当即"功"字的本字。出力为功，建造房子为"空"。"空"后来为空洞之空所借用，而本义晦暗。司空，即金文中的"司工"，此工即工人、工匠，从事制造业者均可称工。当时只有手工业，而《周礼》以农立国，以工富国。郑玄没有发掘出《周礼》设立冬官的思想和用心，颇为可惜。中国古代普遍存在重视农业而轻视工商业的社会认知。如果郑玄对司空之"空"有正确的认识，以郑玄《周礼注》的影响，或许会对轻视工商的偏见有所纠正。

四　时有遗漏

郑玄注《周礼》，并没有解决全部的知识性问题。尚有不少问题，或许受问题意识所限，郑玄没有予以研究。《地官·山虞》说："山虞掌山林之政令，物为之厉而为之守禁。"郑玄注说：

> 物为之厉，每物有蕃界也。为之守禁，为守者设禁令也。守者谓

---

① 贾公彦：《周礼注疏》，《十三经注疏》，第905页。

其地之民，占伐林木者也。郑司农云：“厉，遮列守之。”①

“每物有蕃界”令人费解。假如真是这样，那么老虎的蕃界是什么？兔子的蕃界是什么？麋鹿的蕃界又是什么？山虞想为这些动物设立蕃界，在现实中是不可能做到的。只有特殊林业产品，例如极其珍贵的成片林木，可以在出入口设禁；一些珍贵的矿产资源，可以画出警戒线。至于动物，活动范围大，为之设藩界不现实。实际上关于此经文，先、后郑注都没有讲清楚。

郑玄《周礼》研究的缺陷大都是由学术发展过程中历史条件的局限造成的，与他取得的成就相比，这些缺陷只能是白玉微瑕而已。此后历代学者以发现一条郑玄之误而沾沾自喜，然而仍然不能撼动郑玄的地位。

第四节 郑玄《周礼注》的影响

郑玄是《周礼》学史上影响最为深远的学者，无论是注疏派、义理派还是考据派，对郑玄所取得的成果大多非常推崇。阅读《周礼》而不阅读郑玄的《周礼注》是不可想象的事情。郑玄《周礼注》出现后，郑兴、卫宏、杜子春、郑众、贾逵、马融的《周礼》传注类著作逐渐淡出人们的阅读视野。此后学者大多在郑玄注后面补缺、补漏，许多学者以能够发现一两则郑注之误而终生为荣。

一 《周礼注》美誉绵长

在《周礼》学史上也出现过两次极端排斥郑玄注的现象。一次是三国时期魏国的王肃“不喜郑注”，自撰新注与之对抗；还有一次是北宋义理学兴起，许多学者以批评郑注为时髦。然而王肃之注被历史所淘汰；北宋“不喜郑注”者大多在《周礼》学术研究上无所作为，少数批郑而有成就者则大多暗用郑玄说。

历代给予郑玄注高度评价的不乏其人。范晔在《后汉书·郑玄传》

① 贾公彦：《周礼注疏》，《十三经注疏》，第747页。

中说：

自秦焚六经，圣文埃灭。汉兴，诸儒颇修艺文；及东京，学者亦各名家。而守文之徒，滞固所禀，异端纷纭，互相诡激，遂令经有数家，家有数说，章句多者或乃百余万言，学徒劳而少功，后生疑而莫正。郑玄括囊大典，网罗众家，删裁繁诬，刊改漏失，自是学者略知所归。王父豫章君每考先儒经训，而长于玄，常以为仲尼之门不能过也。及传授生徒，并专以郑氏家法云。①

“自是学者略知所归”是对一个学者所能取得成就的最高评价，隐含了一统经学的意味；所举范氏家族对郑玄注的偏好也是史家少有的赞誉笔法。

清人皮锡瑞《经学通论》立有“论郑注三《礼》有功于圣经甚大，注极简妙，并不失之于繁”条。皮锡瑞又在《经学历史》中说：“今、古文之学若无郑注，学者欲治汉学，更无从措手矣！”②

二 学术精神泽润古今

学者对郑玄的学术评价如此之高，与郑玄谦虚的学术态度和科学的研究精神密切相关。郑玄《周礼注》中常见“未闻”的提示语。凡是自己没有弄明白的名物制度，并不强作解释，坦率地承认“未闻”。承认自己的见识不足，遵循学术道德，这是需要勇气的。例如《大祝》经文说：“掌六祈以同鬼神示，一曰类，二曰造，三曰禬，四曰禜，五曰攻，六曰说。”郑玄注说：

类、造，加诚肃，求如志。禬、禜，告之以时有灾变也。攻、说则以辞责之。禜如日食以朱丝萦社。攻如其鸣鼓然。董仲舒《救日食》：“祝曰‘照照大明，瀸灭无光，奈何以阴侵阳，以卑侵尊？’”

① 范晔：《后汉书》，第1212—1213页。

② 皮锡瑞：《经学历史》，周予同注释，中华书局，2008年版，第141页。

是之谓说也。禬，未闻焉。造、类、禬、禜皆有牲。攻、说用币而已。①

郑玄对禜、攻、说的大致情况有所掌握，对于禬则不知其如何操作，于是直接承认自己“未闻”。相似的情况在《周礼注》中有三四十处，这里仅举数例：

尊中者数量之多少未闻。（《天官·酒正》注）

凡菹醢皆以气味相成，其状未闻。（《天官·醢人》注）

此盖夏时采地之数，周未闻矣。（《地官·大司徒》注）

角用犀角，其制未闻。（《地官·掌节》注）

应，鞞也。应与朄及朔皆小鼓也，其所用别未闻。（《春官·小师》注）

郑玄继承了河间学派实事求是的学术研究精神，对于前人的研究成果，不掠美，不隐误，将自己的见解与前人的见解并列，以“玄谓”加以区别，供读者自己判断，并不指责其误或以自己的发现沾沾自喜，显示了高尚的学术道德和深厚的学术涵养。

三 《周礼注》高山仰止

从杜子春开始，汉代《周礼》学一步步向高峰攀登，到东汉末年郑玄，终于登上了巅峰。此时，虽然东汉已经风雨飘摇，但郑玄所达到的学术高度令人敬仰。两汉学者特别是东汉学者不仅创立了《周礼》知识学研究的基本范式，还创造了一系列训诂方法，为古汉语词汇学研究提供了丰富的析词经验。至今，杜、贾、马、郑的《周礼》训诂学仍然是古汉语训诂学的典范。加上《周礼》的发现者河间献王提出的“实事求是”学风，以《周礼》研究为代表的古文经学为中华学术和思想贡献了宝贵的精神财富，两汉《周礼》学在中华经学文明中居功至伟。

① 贾公彦：《周礼注疏》，《十三经注疏》，第 808—809 页。

第四章

《周礼》义疏学的孤峰

西汉今文经学兴起，学者研究成果称为传、章句、注、记、说等，以区别于经学元典，从而形成以各种经—传—章句或解诂、说义、传记等组成的经学“师法”与“家法”系统。以《尚书》学为例，有今文《尚书》经二十九篇、《尚书大传》四十一篇、《尚书欧阳章句》三十一篇、《尚书大小夏侯章句》各二十九篇、《尚书大小夏侯解诂》各二十九篇、《尚书欧阳说义》二篇、《尚书刘向五行传记》十一篇、《尚书许商五行传记》一篇，大致上包含了西汉中期以前《尚书》学研究成果的基本情况。到东汉，一种称为“注”的解经著作形式流行，例如郑玄遍注群经；继郑玄之后，王肃也遍注群经。魏晋以后，一种既解经又解传和注的著作形式兴起。见于史志的如西晋时期的《尚书义疏》、刘宋时期雷肃之的《礼记义疏》、南齐沈驎士的《丧服经传义疏》、皇侃的《论语义疏》等。由此，经学研究进入“义疏学”时代。这一时期《周礼》学义疏类著作涌现，有梁朝沈重的《周官礼义疏》四十卷，北周熊安生的《周礼义疏》二十卷，还有三位无名氏分别撰有《周礼义疏》十九卷本、十卷本和九卷本，等等。自唐贾公彦《周礼注疏》推出之后，以上《周礼》义疏类著作逐渐湮没，以致今天我们只能从史志类著作和他人著作少量引文中探知这些著作的点滴信息。贾公彦的《周礼注疏》成了《周礼》义疏学的一座孤峰。

贾公彦《周礼注疏》能够淘汰前人众多的义疏类著作，与这部著作的集大成性质密不可分。贾公彦《周礼注疏》的成就包括对经文的解说和对注文的解说两个方面。其经文解说的成就表现在贾公彦对职官名称的解说、对职官排列次序的分析、对经文段落的分析、对经文语义的解释、对经文互文的揭示和对经文类例的归纳等。对注文解说的成就主要表现在对杜子春、郑兴、郑司农、郑玄注的进一步分析和论证。尤其是对郑玄注的论证与分析更加详细，对于郑玄采用、纠正、补充前人之说的原因也竭尽所能地做了分析。

第一节　贾公彦对经文的诠释

贾公彦（生卒年不详），唐洺州永年（今河北省邯郸市永年区）人，唐高宗永徽元年（650）官至太学博士。贾公彦是唐代最优秀的经学家之一，长于“三礼”之学，我国古代最著名的经学注疏体著作丛书《十三经注疏》就收录了他撰写的《周礼注疏》《仪礼注疏》两部，一人独占两经之疏，由此可见贾公彦在经学史上的地位之高。本节分析贾公彦对《周礼》经文研究的贡献。

一　职官名称和排列次序分析

《周礼》一书的主体由两部分组成：一是六官各系统职官的构成；二是三百六十余职官的职责规定。学界一般称前者为“序官”、后者为正文。其实序官部分也是正文，是经文不可分割的部分，其重要程度甚至超过了一篇篇的职文。我们在本小节选择贾公彦对《周礼》职官名称、排序、经文段落和语义分析、经文义理分析、经文特点分析等考察点，研究贾公彦的新发现。

（一）职官名称分析

《周礼》有三百六十余职官，职官名称大多与秦汉职官相去甚远。杜子春以下学者对《周礼》职官名称均有解释，贾公彦在此基础上“接着说”，他的贡献主要有两类，一是对职官专名的解释有新义，二是对职官类名的解释有发明。贾公彦对职官类名的解释主要体现在《天官·序官》之疏：

> 宗伯之类诸言“伯”者，伯，长也，以尊长为名。县师之类言“师”者，皆取可师法也。诸称“人”者，若轮人、车人、腊人、鳖

人之类，即《冬官》郑云“其曰某人者，以其事名官”。言“氏”者有二种，谓若桃氏为剑、筑氏为削之类，郑注《冬官》“族有世业，以氏名官”；若冯相氏、保章氏、师氏、保氏之类，郑注引《春秋》“官有世功，则有官族”是也。诸称“司”，若司裘、司市之类言“司”者，皆是专任其事，事由于已，故以“司”言之也。诸典妇功、典丝、典枲之类言“典”者，出入由已，课彼作人，故谓之为“典”也。诸称“职”者，谓若职币、职内、职岁，财不久停，职之而已。凡云“掌”者有三义：一者，他官供物，己则暂掌之而已，若幕人供帷幕幄帟，掌次张之也；二则掌征敛之官，若掌皮、掌染草之类是也；三者掌非已所为，则掌节、掌固、掌疆，本非已造，废坏修之而已也。自外不称典、司、职、掌者，皆是逐事立名，以义铨之可晓也。①

这段引文对伯、师、人、氏、司、典、职、掌等类名集中做了分类阐释。对于“逐事立名”的职官专名，贾公彦一般随文阐释。贾公彦此说后来虽遭到清儒孙诒让的批评，但并非一无是处。例如，地官多“师”，因地官在六官系统中属于“教官”，教官以师为教；春官多“氏”，因春官为礼官，礼官多世职；冬官为事官，《考工记》多职业工匠，而工匠多称“人”，故事官以“人”称工事管理者。贾公彦所说只不过是以上现象呈现的“大概率”而已。② 此段引文集中体现了贾公彦在这方面的研究成果。至于贾公彦对《周礼》职官专名的分析主要见于贾公彦对天、地、春、夏、秋五官序文所列本系统各官府职官构成的疏释，我们不再集中举例。

（二）职官排列次序分析

贾公彦之疏对《周礼》现存五官系统各官排列次序的分析比较透彻，

① 贾公彦：《周礼注疏》，《十三经注疏》，第640页。

② 按：晚清孙诒让在《周礼正义》中对贾公彦此说予以否定。我们不赞成孙诒让说，贾公彦所归纳的几条规则，大体上不错。由于万事都有例外，用枚举法举出反证并不难，正如今人杨天宇、虞万里先生质疑段玉裁“读若”“读为”说，是有一定道理的，不过还不足以否定段玉裁的发现。汉儒解经并没有明确的术语使用规则，但大体上呈现一种趋势，揭示这种趋势就是一种发现。

这些分析是他的《周礼》学重要发现之一。贾公彦的主要贡献包括对《周礼》职官排列次序规则的归纳，对职官分属六官系统的原因分析，对职官主从关系的辨析，对相近职官职能的辨析，等等。贾公彦总结出《周礼》职官排列次序的两条原则：

凡六官序官之法，其义有二。一则以义类相从，谓若宫正、宫伯，同主宫中事；膳夫、庖人、外内饔，同主造食。如此之类，皆是类聚群分，故连类序之。二则凡次序六十官，不以官之尊卑为先后，皆以缓急为次弟，故此宫正之等士官为前，内宰等大夫官为后也。①

贾公彦发现“随事缓急”原则是六官属官排列次序的基本原则，急者在前，缓者在后。例如对于夏官体系职官排列次序，贾公彦在《夏官·序官·司勋》中说：“此已下六十官，以大司马主军法，所有军事及武勇官爵赏齎整齐之等皆属焉。序官前后亦不据尊卑，直取事急者居前，事缓者居后。是以司勋及马质已下皆士官而居前，射人、诸子、司士之等大夫官而居后也。但司马主征伐，军无赏，士不往，凡军以赏为先。”②这是对第二条原则最好的阐释。我们再以《天官·序官》的贾疏为例：

上大宰至旅下士总驭群职，故为上首。自此宫正已下至夏采六十官，随事缓急为先后，故自宫正至宫伯二官，主宫室之事。安身先须宫室，故为先也。自膳夫至腊人，皆供王膳羞饮食馔具之事。人之处世在安与饱，故食次宫室也。自医师已下至兽医，主疗疾之事。有生则有疾，故医次食馔也。自酒正至宫人，陈酒饮肴羞之事。医治既毕，须酒食养身，故次酒肴也。自掌舍至掌次，安不忘危，出行之事。故又次之。自大府至掌皮，并是府藏计会之事。既有其余，理须贮积，或出或内，宜计会之，故相次也。自内宰至屦人，陈后、夫人已下，内教妇功、妇人衣服之事。君子明以访政，夜以安息，故言妇

① 贾公彦：《周礼注疏》，《十三经注疏》，第640页。
② 贾公彦：《周礼注疏》，《十三经注疏》，第830页。

人于后也。夏采一职记招魂，以其死事，故于末言之也。[①]

贾公彦依据自己提出的《周礼》列官次序的原则“随事缓急为先后”，对天官六十官做了分类，并分别说明按照宫室、饮食、医疗、酒食、出行、计会、妇人、死事八类职官次序排列的原因。此段开《周礼》义理学“官次”之义研究先河，宋元以下治《周礼》者无不“接着说”，对贾公彦说进行修正补充。

在“大宰八柄”疏中，贾公彦还揭示了八柄条文次序安排的深意：“此经八事自‘五曰’已上皆是善事，则大善者在前，小善者在后。自‘六曰’已下皆是恶事，则大恶者在前，小恶者在后。”[②]

贾公彦对各职官归属相应职官系统的原因也做了分析。主要的分析方法有三。一是简单点明原因。《大司徒·序官》有鼓人。贾公彦疏说：“鼓人在此者，以其主教六鼓、四金，以是教官，故在此也。”[③] 二是做比较分析。《大司徒·序官》有舞师，贾公彦说：“舞师在此者，以其主教野人之舞，亦是教官之类故也。若然，乐师亦教舞，不在此者，彼教国子学乐，必须合于礼，故入春官也。”[④] 三是指出连类关系。地官系统中，充人被安排在牧人之后，贾公彦说：“祭祀之牲本以诸牲堪入祭祀者送付牧人，至祭前三月选入充人刍之，使之肥充，故其职云：‘祀五帝则系于牢，刍之三月。’故与牧人连类在此也。”[⑤]

贾公彦还对相近职官职能进行辨析。例如天官系统内有宫正、宫伯两职官，其职能和管辖范围非常接近，贾公彦分析说：

此宫正并下宫伯虽俱训为长，其义则异。若宫正则主任三宫卿大夫士之身，故为宫中官之长，故其职云“以时比宫中之官府”，故宫伯所长者亦掌之，故言“正，长也”。宫伯云“长”者，直主宫中卿

① 贾公彦：《周礼注疏》，《十三经注疏》，第 639 页。
② 贾公彦：《周礼注疏》，《十三经注疏》，第 646 页。
③ 贾公彦：《周礼注疏》，《十三经注疏》，第 697 页。
④ 贾公彦：《周礼注疏》，《十三经注疏》，第 697 页。
⑤ 贾公彦：《周礼注疏》，《十三经注疏》，第 697 页。

大夫士之适子、庶子，行其秩叙，授其舍次之事，亦得为长，故云“伯，长也”。①

由此，贾公彦得出结论：宫正、宫伯同为长，宫伯仅仅在一个方面为长；宫正则为所有宫中职官的官长，地位显然高于宫伯，宫伯也在宫正职掌管辖之内。

贾公彦开创的这些话题大致上可以归入《周礼》义理学。后代学者对《周礼》现存五官系统各职官的排列次序之义研究更加深入，并且对贾公彦多有批评，但贾公彦作为这条研究之路开创者的地位不可动摇。

二 经文段落和语义分析

为便于读者阅读，贾公彦在疏中给经文划分段落，这是段落分析法，乃文章分析法的一种。这种做法在《周礼》学史上还是首次。例如对整篇《大宰》职文，贾公彦做段落分析说：

自此以下至职末分为二段。从此职首至“以富得民”一段十条，明经国之大纲、治政之条目。自“正月之吉”以下至职末，明颁宣前法，依事而施。②

这是典型的借用文章学技术采用段落分析法研究经学。他将《大宰》篇分为两段，分别给出起讫点，并归纳各段大意。这样的做法正是唐朝以科举为目标的教学在经学中的反映，即使在今天我们依然能在我国的中小学语文教学中看到段落分析的身影。

贾公彦花费大量笔墨用于经文的语义分析。例如《天官·庖人》职文说：“凡用禽献，春行羔豚，膳膏香；夏行腒鱐，膳膏臊；秋行犊麛，膳膏腥；冬行鲜羽，膳膏膻。”贾公彦疏说：“言‘凡用禽献’者，四者不同，故言‘凡’也。煎和谓之用，故言‘凡用禽献’也。云‘春行羔

① 贾公彦：《周礼注疏》，《十三经注疏》，第640页。
② 贾公彦：《周礼注疏》，《十三经注疏》，第645页。

豚，膳膏香’者，言‘行’者，义与‘用’同。”① 贾公彦重点辨析了凡、用、行三个词的词义在行文中的含义，如此细致入微地解说《周礼》，两汉传注之学还没有这样做过。

贾公彦对《大宰》经文的语义分析最能体现《周礼注疏》的语义分析特点。《大宰》职文说：“大宰之职，掌建邦之六典，以佐王治邦国。一曰治典，以经邦国，以治官府，以纪万民。二曰教典，以安邦国，以教官府，以扰万民。三曰礼典，以和邦国，以统百官，以谐万民。四曰政典，以平邦国，以正百官，以均万民。五曰刑典，以诘邦国，以刑百官，以纠万民。六曰事典，以富邦国，以任百官，以生万民。”贾公彦疏说：

> 治典云“经”者，所以经纪为名，故云“经”。教典云“安”者，地道主安，故云“安”。礼典云“和”者，礼之用，和为贵，故云“和”。政典云“平”者，司马主六军以平定天下，故云“平”。刑典云“诘”者，以其刑者有所诘禁天下，故云“诘”。事典云“富”者，作事所以富国家，故云“富”也。又治典、教典云“官府”，礼典已下四典皆云“百官”者，尊天地二官，不局其数，故不云“百官”而云“官府”也。若然，六官其属各六十，得称百官者，举全数，故云“百官”也。且天官言“治官府”，地官云“教官府”，夏官云“以正百官”，秋官云“刑百官”，皆依本职而言之。至于春官主礼，不可云“礼百官”。礼，所以统叙万事，故云“统百官”也。冬官不可云“事百官”，故变“事”云“任”。任谓任使，任使即事也。又天官主治，治所以纪纲天下。故云“纪万民”也。地道主民，故云“扰万民”，扰则驯顺之义也。春官主礼，礼所以谐和，故云“谐万民”。夏官主政，九畿职方制其贡，有贡赋之事，故云“均万民”。秋官主刑，刑者所以纠正天下，故云“纠万民”也。冬官主事，作事者所以生养万民，故云“生万民”也。然天子曰“兆民”，诸侯曰“万民”，此天子之礼，不言“兆民”而言“万民”

① 贾公彦：《周礼注疏》，《十三经注疏》，第661页。

者，但兆民据天子而言之，今言万民，以畿外封诸侯，惟有畿内不封，故以畿内据近而言。①

《大宰》经文用词非常讲究，相关动词、名词挑选非常严格。贾公彦对“六典”用词的细微差别进行了深入分析，揭示经文挑选出这些词的依据——词与相关“六典”的关系。贾公彦这段阐释类似于揭示微言大义，已经超越训诂而进入语义分析层面，标志着唐人对《周礼》经文的把握已经达到新高度。字、词、句、段的意义分析丰富了经学解释手段，是对两汉经学章句学的发展，是义疏常用手段，也是义疏学对经文诠释学的一项贡献。此后宋人王安石和清人方苞、孙诒让无不潜心于“六典”字义的异同分析。

三 归纳与弥合经文

《周礼》经文用词非常简略，职官次序安排大有深意，职官条文罗列深思熟虑。对于经文安排用心的揭示成为贾公彦疏关注的重要方面。又由于《周礼》一书不是以王朝日常政治生活为叙述中心展开，而是以三百六十多职官职责的“汇编”形式呈现，一事数官共举，或一官为主、他官协助，相关职文必须串联起来阅读，才能了解王朝政治生活的实际情况。贾公彦对这些“官联”多有揭示。

《地官·党正》经文说：“及四时之孟月吉日，则属民而读邦法，以纠戒之。”经文中“读法”还多次出现在各级官吏职文中，贾公彦对“读法”问题进行了总结：

上文州长唯有建子、建寅及春秋祭社四度读法。此党正四孟及下文春秋祭禜并正岁一年七②度读法者，以其乡大夫管五州，去民远，不读法；州长管五党，去民渐亲，故四读法；党正去民弥亲，故七读法。郑云“弥亲民”者，则非直徒解党正而已。案：下族师十四度

---

① 贾公彦：《周礼注疏》，《十三经注疏》，第 645 页。

② 按：原本作“一年十度”，“十”当为“七”之误，见阮元《校勘记》，《十三经注疏》，第 722 页。

读法，弥多于此，故郑总释云“弥亲民”者，于教亦弥数也。[1]

这是《周礼》学史上精彩的发现，精妙程度不亚于发现凡例。贾公彦在郑玄新发现的基础上总结出一条原则：与普通民众越近则带领民众读法的次数越多。最多的是族师，一年十四次读法；其次是党正，七次；再次是州长，四次。而乡大夫以上由于不直接统领普通民众，故无读法职责。这一发现，为清代方苞提出“乡大夫六卿兼任说”提供了佐证。

《地官·州长》经文说：“岁终则会其州之政令。正岁则读教法如初。”贾公彦疏说：“《周礼》之内直言岁终者，皆是周之岁终也。”[2] 这是对《周礼》“岁终”一词的归纳，显示出贾公彦对《周礼》经文研读的细致，此说对区分《周礼》经文“岁终”与“正岁”有启发。虽然此说被王引之否定，然问题意识还是值得肯定的。[3]

《周礼》经文各职之间有时候存在前后不一致的地方。一般来说，《周礼》是精心结撰之作，不可能存在自相矛盾的地方。所谓的“自相矛盾”往往是读者误读。贾公彦在弥合经文之间类似的“不合”方面下了很大功夫。

《天官·醢人》经文说：“宾客之礼，共醢五十瓮。”《天官·醯人》经文也说“宾客之礼，共醯五十瓮”。但贾疏引《秋官·掌客》经文说“上公之礼，醯醢百有二十瓮，侯伯百瓮，子男八十瓮”。显然，在待客之礼上，醯人、醢人、掌客三职文在供应宾客醯醢问题上似有不合。贾公彦疏《醢人》说：

此共醢五十瓮，并醯人所共醯五十瓮，共为百瓮，此据侯、伯饔饩之礼。举中言之，明兼有上公与子、男。若然，上公百二十瓮，与王数同者，据二王之后，王所尊敬者而言。其同姓诸侯唯鲁得与二王后同，其余同姓虽车服如上公，从侯、伯百瓮而已。又案：《掌客》

---

① 贾公彦：《周礼注疏》，《十三经注疏》，第718页。

② 贾公彦：《周礼注疏》，《十三经注疏》，第718页。

③ 按：王引之认为“岁终”为夏正季冬之月，“正岁”为夏正孟春之月，见本书第九章第三节。

上公已下并是诸侯自相待法，天子待诸侯亦与之同。又案：《聘礼》待聘臣亦云“醯醢百瓮”，得与诸侯同者，彼别为臣礼，礼有损之而益，故子、男之卿百瓮，其数多于君。①

针对《掌客》经文与《醢人》《醢人》经文的“不合”，贾公彦提出“举中言之”礼学原则，不失为一种有可取之处的阐释策略，即招待宾客的醯、醢数量分为三等：上公一等，侯伯一等，子男一等。以侯伯醯、醢一百瓮为基准，上不过一百二十，下不过八十。此说弥合了《醯人》《醢人》《掌客》的不一致处，不一定正确，却可备一说。至于《仪礼·聘礼》中诸侯之臣的招待也是百瓮，贾公彦用礼用中的“损之而益”原则进行解说，也弥合了经典之间的差异。②

四　发明类例与分析特例

贾公彦在《周礼》职官的设置、职能、归属等多方面都有自己的发现。他善于将自己的发现归纳为类例，并对特例展开分析。我们这里仅以人员配置为例，对贾公彦的发现做简要介绍。又由于《周礼》三百六十余官人员配置十分讲究，贾公彦对此多有揭示。我们仅就贾公彦对府、史、胥、徒四类附属人员配置的分析做简单考察。

关于府、史配置问题，贾公彦予以总结：

《周礼》之内，府、史大例皆府少而史多，而府又在史上。唯有御史百有二十人，特多而在府上。郑云：“以其掌赞书数多也。”又有府兼有史，以其当职事繁故也。或空有史而无府者，以其当职事少，得史即足故也。至于角人、羽人等直有府无史，以其当职文书少而有税物须藏之，故直有府也。腊人、食医之等府史俱无者，以其专

① 贾公彦：《周礼注疏》，《十三经注疏》，第675页。

② 按：贾公彦弥合之说，清儒孙诒让未接受，以为醯醢百二十瓮者，醯六十瓮、醢六十瓮，各六列，分别设于碑之西东。我们以为孙诒让说更接近经文原意。以五十为基准，上益不过六十，下损不过四十，其损益才有意义。见孙诒让《周礼正义》，王文锦、陈玉霞点校，第3080页。然而此说亦受贾公彦启发，贾的首创之功不可抹杀。

官行事，更无所须故也。《周礼》之内唯有天府一官，府特多于史，以其所藏物重故也。①

贾公彦首先总结了府史配置规则为“府、史大例皆府少而史多，而府又在史上”，然后对御史、角人、羽人、腊人、食医五官府、史配置的“反常”情况做了特例分析。贾公彦发现一般情况下府、史配置是府少而史多，府的地位高于史。只有特例才会出现有府无史、有史无府以及府、史俱无三种情况。

贾公彦还发现《周礼》胥、徒配置中，一般配置比是1∶10，胥高于徒。例如《地官·序官·司谏》说：“中士二人，史二人，徒二十人。”贾公彦疏说：“此官徒二十人，无胥者，以得徒则了，不假长帅，故无胥也。上下文有徒无胥者，皆此类。”②

贾公彦对《周礼》经文叙事和郑玄注文行文多有分析，总结出一系列方法和凡例。《春官·小宗伯》职文有“凡大礼佐大宗伯”，贾公彦疏说：“云‘凡大礼佐大宗伯’者，大宗伯所云者，小宗伯佐之也。此经所云既未至职末辄言此者，此以下皆小宗伯专行事，不佐大宗伯，故此申言之以结上也。”③ 在这个例子中，贾公彦发现《周礼》经文行文存在一种现象，就是在职官职文未结束前出现“凡……佐”句式的，都标志职官佐助职能到此结束，职官主任职能从此开始。这是将现象归纳成规则，贾公彦的这个发现对理解《周礼》经文很有帮助。

第二节　贾公彦对郑玄注文的解说

贾公彦疏将更多的篇幅用于对郑玄注文的解说，他的《周礼注疏》对郑玄注解说的贡献远远大于对经文解说的贡献。就这一点而论，贾公彦属于传承型学者而非开创型学者，因而在这个意义上，经学史家多称他为《周礼》郑玄学的“功臣”。

① 贾公彦：《周礼注疏》，《十三经注疏》，第640页。
② 贾公彦：《周礼注疏》，《十三经注疏》，第698页。
③ 贾公彦：《周礼注疏》，《十三经注疏》，第768页。

贾公彦疏对郑玄注的贡献主要包括揭示郑玄注的通则，揭示郑玄论点、论据的来源，对郑玄的观点进行论证，对郑玄的证据进行补充，对经学史上郑学的公案进行总结，辨析郑注相关职官之间的差异，对郑注所涉及的知识性问题做进一步解释，阐释后郑不从先郑说的理由，点明郑注对于先郑、杜子春说的破说、增成关系等，涉及面广，内容丰富。

一 揭示郑玄注的一般通则

由于郑玄注简略且爱引用郑司农、杜子春说，如何区分郑玄注文对于初学者还是一个难题。同时，郑玄在什么情况下使用“玄谓”？贾公彦在《天官·序官》疏中对辨别郑玄注文提出两条通则，并对郑玄给出个人见解的情况做出归纳：

> “玄谓”者，大略一部之内，郑玄若在司农诸家上注者，是玄注可知，悉不言“玄谓”；在诸家下注者，即称“玄谓”，以别诸家。又在诸家前注者，是诸家不释者也。又在诸家下注者，或增成诸家义，则此司农云“别四方”，于文不足，引《考工记》以证之是也。或有破诸家者，则此司农“正位谓正君臣面位”，引《召诰》“为宫室朝廷之位”破之是也。①

贾公彦指出郑玄提出个人见解有两种情况：第一种情况是将自己的见解放在最前面直接说出来，不用“玄谓”提示语；第二种情况是在引用前人意见之后再提出自己的意见，一般使用提示语“玄谓”。

贾公彦还总结出郑玄给出个人见解与前人诸说的关系。第一种关系是前人无说，郑玄直接说出。这种意见一般放在诸家解说的前面。第二种关系是增成前人旧说，即对前人旧说进行补充论证。第三种关系是纠正前人旧说。这是因为郑玄不认可前人旧说，用新说破前人旧说。后两种关系一般用“玄谓”提示，并放在诸说后面。前一种关系不用提示语，一般放在诸说前面。贾公彦总结的郑玄给出自己见解的这些通则便于初学者区分

---

① 贾公彦：《周礼注疏》，《十三经注疏》，第639页。

郑玄说、郑司农说和杜子春说，以及区分郑玄说的继承、发展与独创关系，对于理解郑玄注有莫大的便利。贾公彦疏至今仍然是阅读《周礼》郑玄注的主要参考文献，其便利性不言而喻。

二　论证郑玄观点

郑玄在《周礼注》中一般对自己的观点只进行简单的论证，甚至不予以论证。贾公彦疏则尽其所能对郑玄的观点进行补充论证，以便读者充分理解郑玄观点的来源、含义和根据。

《大宰》经文有“以九职任万民”，九职之一是“三农生九谷”。郑司农认为“九谷”是黍、稷、秫、稻、麻、大小豆、大小麦。郑玄不赞成郑司农“三农九谷”说，提出“九谷无秫、大麦而有粱、苽”，但没有论证。贾公彦予以证明说：

> 云“九谷无秫、大麦而有粱、苽”者，以秫为赤粟，与稷黏疏为异，故去之。大麦所用处少，故亦去之。必知有粱、苽者，下《食医》云“凡膳食之宜”，有“犬宜粱、鱼宜苽”，故知有粱、苽也。且前七谷之中，依《月令》，麦属东方，黍属南方，麻属西方，豆属北方，稷属中央，故知有黍、稷、麻、豆、麦。稻与小豆所用处多，故知有稻、有小豆也。必知有大豆者，《生民》诗云：“艺之戎菽。”戎菽，大豆，后稷之所殖。故知有大豆也。①

对于郑玄“九谷”包括黍、稷、稻、麻、大豆、小豆、小麦、粱、苽九种，贾公彦通过推理与考证进行论证；从《月令》中找到黍、稷、麻、豆、麦这五谷；从《周礼·食医》中找到粱、苽两谷；从《诗经·生民》中找到大豆；通过推理将稻纳入九谷。这样，郑玄“新九谷说”得到充分论证。②

① 贾公彦：《周礼注疏》，《十三经注疏》，第647页。

② 按：“九谷”说一直是难点，从郑玄直至今天，都有不同说法，贾公彦所论证的“九谷”说不一定正确。现代学者通过农业考古，对“九谷”说又有新说，见张亮《程瑶田为什么说稷是高粱——读〈九谷考〉笔记》，《农业考古》1993年第3期；齐思和《毛诗谷名考》，《农业考古》2001年第1期。

贾公彦对郑学公案的论证往往精彩。《天官·玉府》职文说:“凡王之献金玉、兵器、文织、良货贿之物,受而藏之。”郑玄注说:“谓百工为王所作,可以献遗诸侯。古者致物于人,尊之则曰献,通行曰馈。《春秋》曰‘齐侯来献戎捷’,尊鲁也。”以为“献”不是诸侯献天子,而是天子献诸侯。郑玄此说遭到王肃的指责。贾公彦疏说:

云“古者致物于人,尊之则曰献”者,名正法,上于下曰馈;下于上曰献。若尊敬前人,虽上于下亦曰献。是以天子于诸侯云献。案《月令》后妃献茧。郑注谓献于后妃,知此王之献金玉,非是献金玉于王者,案:下《内府》职“凡四方之币献之金玉”。彼是诸侯献王,入内府藏之,不得在此,故知金玉是献遗诸侯者也。况诸侯中兼有二王之后,二王之后王所尊敬,自然称献也。若王肃之义,取《家语》曰:“吾闻之,君取于臣曰取,与于臣曰赐;臣取于君曰取,与于君谓之献。”以此难郑君。郑君弟子马昭之等难王肃:《礼记》曰“尸饮五,君洗玉爵献卿”,况诸侯之中有二王之后,何得不云献也?

云“通行曰馈”者,言通行者,上于下、下于上及平敌相于皆可云馈。康子馈药,阳货馈孔子豚,皆是上于下曰馈。《膳夫》职云“王馈用六谷”,及《少牢》《特牲》称馈食之礼,并是于尊者曰馈。朋友之馈虽车马不拜,是平敌相馈。故郑云“通行曰馈”。“《春秋》曰‘齐侯来献戎捷’,尊鲁也”者,案庄公三十一年《公羊》云:“齐侯来献戎捷,齐,大国也,曷为亲来献戎捷?威我也。”《左传》云:“非礼也。凡诸侯有四夷之功则献于王。中国则否。”《穀梁》云:“齐侯来献捷者,内齐侯也。”注云:“泰曰齐桓内救中国,外攘夷狄,亲倚之情,不以齐为异国,故不称使,若同二国也。”然三传皆不解献义。今郑引者,以齐大国,专言来献,明尊之则曰献,未必要卑者于尊乃得言献。①

① 贾公彦:《周礼注疏》,《十三经注疏》,第678页。

贾公彦疏对郑玄之说，不仅自己予以论证，还引用了王肃的反对意见以及维护郑玄的马昭的反驳意见。郑、贾之说虽不一定正确，但贾公彦论证有理有据，可备一说。另外，由于王肃、马昭的相关文献已经失传，所引材料非常宝贵。

类似的情况还有《媒氏》“男三十而娶”与“女二十而嫁”的公案、《大宗伯》“天号”的公案、《守祧》关于庙祧的公案等，贾公彦维护郑玄说的论证同样精彩纷呈。

贾公彦还采用比较论证法证明郑玄的观点。《大司徒》职文有本俗六，其三为“联兄弟”。郑玄注说：“兄弟，昏姻嫁娶也。”即说此处经文的“兄弟”是姻亲，属于异姓兄弟，不是同祖、父之人。贾公彦解释说：

“兄弟，昏姻嫁娶也”者，案《尔雅·释亲》云：“父之党为宗族，母与妻党为兄弟。”则兄弟之名施于外亲为正。又案：《丧服记》“兄弟有外邦”及“与兄弟居”。彼皆据同宗小功已下，知此兄弟是昏姻，非是同宗者，见上云“族坟墓”，是同宗。明此兄弟施于外姓昏姻，故《尔雅》又云“妇之党为昏兄弟”。夫妇相名亦为兄弟，故《曾子问》曰“不得嗣为兄弟”，是以知兄弟是婚姻也。①

贾公彦疏引用了《尔雅》《丧服记》《曾子问》等材料并加以分析，论证了“兄弟”的正解为外亲，从而得出“兄弟”分内外，即婚姻兄弟、同宗兄弟两种，其说确不可易。

贾公彦辨析郑玄注相关职官之间的差异也很精彩。贾公彦对郑玄注研究既能细致入微，又能通盘考虑，在不起眼处往往有出人意料的发现。《大司徒》职文说：“大司徒之职，掌建邦之土地之图与其人民之数，以佐王安扰邦国。”郑玄注说：“土地之图，若今司空郡国舆地图。”贾公彦疏说：

案《职方》亦云“掌天下之图”，注直云“如今司空舆地图”。

① 贾公彦：《周礼注疏》，《十三经注疏》，第706页。

不云"郡国"者，彼以司马主九畿，并夷狄而言，故不得云"郡国"。此经云"主人民之数"，则唯据九州之中，郡国在九州之内，故此注云"郡国"也。①

郑玄注《职方》与本处注《大司徒》微有差异，贾公彦此处则发其微，提出大司徒以治理九州之民为主，故可以用"郡国"；大司马属官职方氏掌天下地图，故不能仅用"郡国"。此疏可谓于细微处见功夫。

三 解说郑玄注

贾公彦《周礼注疏》的主要内容一是对《周礼》经文经义进行发掘，二是对郑玄《周礼注》进行疏证。由于杜子春以下学者的努力，在训诂学上留给贾公彦发挥的余地并不大，但就在这不大的空间内，贾公彦也取得了一定的成就。他的训诂方法以继承为主，也偶有创新。其训诂方法主要有以下四种。

（一）状态描述

即对说释对象做性状描述。《天官·司书》郑玄注说："山林川泽童枯则不税。"到隋唐时代，读者已经难以理解郑玄所说的"山林童枯"之"童枯"。贾公彦疏说："山林不茂为童，川泽无水为枯。"② 山林不茂、川泽无水都是一种描述性训诂。

（二）以名物解说名物

贾公彦疏用很大篇幅对郑玄注所涉及的知识性问题做进一步解释，以便读者领会郑玄注的具体内容。《大司徒》经文说："掌建邦之土地之图。"郑玄注说："土地之图，若今司空郡国舆地图。"贾公彦疏说："舆者，车舆，其前牙曲，地形不可正方，故云舆地图。"③ 此处即用车舆对郑玄"舆地图"之"舆"做了训诂。

（三）用通行语解释郑玄注

杜子春、郑司农、郑玄注语，在东汉学者看来，大多简明易懂。可是

---

① 贾公彦：《周礼注疏》，《十三经注疏》，第 702 页。

② 贾公彦：《周礼注疏》，《十三经注疏》，第 682 页。

③ 贾公彦：《周礼注疏》，《十三经注疏》，第 702 页。

到了唐代，汉语发展又有变化，东汉经师的阐释语也成为需要解释的研究对象，贾公彦在这方面的研究颇有贡献。《天官·膳夫》有“卒食，以乐彻于造”之文，其“造”字，东汉人也不易明白。郑玄注说：“造，作也。”引郑司农云：“造谓食之故所居处也。已食，彻置故处。”然而二郑所说依然令人难以理解。贾公彦疏说：“后郑云‘造，作也’，先郑云‘彻置故处’，二郑义同，皆谓造食之处，即厨是也。”① 贾公彦一语点破，以为造即今天的厨房。

（四）揭示郑玄训诂方法

贾公彦研究郑玄的经文训诂多有发现，揭示了郑玄多种训诂方法，如以字解义法、两从法、义得两通法等。

以字解义法是指郑玄通过字形分析法说经。《大司徒》职文“乡之三物”之一的“六德”中有“忠”德，郑玄注说：“忠，言以中心。”贾公彦说：“云‘忠，言以中心’者，此以字解之，如心曰恕，如下从心；中心曰忠，中下从心，谓言出于心，皆有忠实也。”② 这是解释郑玄用会意法析字形。郑玄用字形分析法解经并不多见，其未能使用同时代学者许慎《说文解字》的成果来解经，不能不说是一个遗憾。但郑玄这些为数不多的尝试却开启了后世以字形辨析说经之路。其负面影响见于王安石的《周官新义》。

两从法是指有些字词训诂和名物制度正解并非唯一，郑玄列出两解，两解中，或郑玄自己说占一解，或两解均为他人之说，郑玄均列出来供读者选择。《地官·师氏》职文说：“掌国中、失之事以教国子弟。”郑玄注说：

> 中，中礼者也。失，失礼者也。故书“中”为“得”，杜子春云：“当为得，记君得失，若《春秋》是也。”③

郑玄首先列出自己的见解，以为“中失”为中礼、失礼。但故书非

① 贾公彦：《周礼注疏》，《十三经注疏》，第660页。

② 贾公彦：《周礼注疏》，《十三经注疏》，第707页。

③ 贾公彦：《周礼注疏》，《十三经注疏》，第731页。

“中失”，而为“得失”，杜子春从故书“得失”，得失则非中礼与否，而是如《春秋》所记的处事当否。一属于礼学，一属于史学，两说都有道理。对于郑玄这条注，贾公彦疏说：“云‘中，中礼也’。又引子春之义，从古书，中为得，谓得礼者。中与得俱合于义，故两从之。”这就揭示了郑玄说经的两从法。

与两从法类似，贾公彦还发现郑玄所引前人说有时候还有义得两通法。

《地官·师氏》职文说：“凡国之贵游子弟学焉。”郑玄注说：“贵游子弟，王公之子弟。游，无官司者。杜子春云：‘游当为犹，言虽贵犹学。’”郑玄从本字“游”，杜子春以为通“犹”。贾公彦疏分析说：“云‘游，无官司者’，官司则事繁不得为游，故郑以无官司解之。郑既以游为无官司，又引子春‘游当为犹，言虽贵犹学’者，亦义得两通，故引之在下也。”①

《地官·师氏》职文还有“举则从”。“举”字，根据郑玄注，故书作“与”，杜子春从“与”，郑玄注说：“举犹行也。”可见郑玄从“举”。对于郑玄这种做法，贾公彦分析说：“既训举为行，又引子春从故书为与者，亦义得两通，故亦引之在下也。”②

四 分析郑玄对旧说的处理

郑玄注引用杜子春、郑大夫和郑司农说，对于这些前辈学者的观点，郑玄或完全采用，或部分采用，或予以纠正，或予以增成。由于郑玄注十分简略，初学者往往不易把握。贾公彦对此用力颇多。

（一）破贾、马说分析

《天官·序官》“惟王建国”之“建国”，根据贾公彦疏，贾逵、马融都以为所建之国是天子为诸侯建立诸侯国。郑玄不同意，以为所说为周公建洛邑，并引用《尚书·洛诰》进行论证。对于郑玄注，贾公彦疏说：

> “乃建王国”者，于百物盛安之处乃立王国。王国则洛邑王城是

---

① 贾公彦：《周礼注疏》，《十三经注疏》，第731页。

② 贾公彦：《周礼注疏》，《十三经注疏》，第731页。

也。郑引此者，破贾、马之徒建国为诸侯国。此六官同序，皆云“建国”，岂王国未立，先建诸侯国乎？明不可也。①

郑玄不同意贾逵、马融以“惟王建国”是天子为诸侯建国的观点，但没有明说，贾公彦在此点破，并予以简要论证。《周礼》“惟王建国”是《周礼》学史上著名的命题，贾公彦的贡献在于提出一个反问式证据：“岂王国未立，先建诸侯国乎”，这是按照常理推测。经文在“惟王建国”之后有“乃立天官冢宰”，而诸侯职官不得称“天官”。贾公彦如果加上这一条，所证会更加坚实。

（二）不从先郑说分析

郑玄对郑司农说引用尤多，但不从郑司农说的也不在少数。贾公彦疏往往予以说明。《天官·宰夫》职文有“叙群吏之治以待宾客之令、诸臣之复、万民之逆”，我们将郑玄注、贾公彦疏分列如下：

> 郑司农云：“复，请也。逆，迎受王命者。宰夫主诸臣万民之复逆，故诗人重之曰‘家伯维宰’。”玄谓复之言报也，反也。反报于王，谓于朝廷奏事。自下而上曰逆，逆谓上书。
>
> ［疏］郑司农云：“复，请也；逆，迎受王命者。”复是报白之义，不得为请，故后郑不从。又王命既出，在下受而行之，不得云逆。逆者，向上之言，不为向下之义，故后郑亦不从。②

郑玄注与郑司农说的不同点在于两位大师对“复”“逆”两个字的理解不一样。郑司农释“复”为请事之“请”，释“逆”为迎受王命。郑玄不赞同郑司农释“复”为“请”、释“逆”为受王命之说，自己提出“复”为反报于王、“逆”为向朝廷上书的见解。贾公彦疏利用字义分析

① 贾公彦：《周礼注疏》，《十三经注疏》，第639页。

② 贾公彦：《周礼注疏》，《十三经注疏》，第655页。按：贾公彦此处对于后郑不从先郑说的分析有可商之处。清儒孙诒让以为“复”“请”“白”“逆”都有奏事的意思，那么郑玄此处就不是不从先郑了，而是用更通俗的语言增成先郑之说。见孙诒让《周礼正义》，王文锦、陈玉霞点校，第191页。

法分析“复”与“逆”两个字的本义后指出，“复”无“请”之义，“逆”无接受之义，证明先郑释经有误后郑说合理。

《天官·膳夫》职文有“凡王之稍事，设荐脯醢”，郑玄注说：“郑司农云：‘稍事，谓非日中大举时而间食，谓之稍事，膳夫主设荐脯醢。’玄谓：稍事，有小事而饮酒。”贾公彦疏说：

> 先郑云“稍事，谓非日中大举时而间食，谓之稍事，膳夫主设荐脯醢”者，先郑意，旦起，日中食牲牢，日中后空食脯醢。后郑不从者，《玉藻》诸侯犹云“夕深衣祭牢肉”，则天子夕食牢肉可知。又脯醢者，是饮酒肴羞，非是食馔，若大夫已下燕食有脯无会，设脯无嫌。若王之日食不得空荐脯醢，故以为小事饮酒。①

贾公彦有时候对郑玄不从郑司农说的分析也极富特色，他尽可能找到两者之间的交集。例如《膳夫》职文说：“大丧则不举，大荒则不举，大札则不举，天地有灾则不举，邦有大故则不举。”郑玄注“大故”说：“大故，寇戎之事。”郑司农却说：“大故，刑杀也。《春秋传》曰：‘司寇行戮，君为之不举。’”两者所说显然不同，孰是孰非？贾公彦疏首先肯定郑玄说的正确性：“据此经，唯言大丧、大荒、大札、天地有灾，故知大故是寇戎。”只有国家发生外敌入侵才配得上与大丧、大札、大荒、天地有灾相提并论。这是不错的。之后，贾公彦对郑玄引用郑司农说做了分析：

> 先郑云“大故，刑杀”，引之在下者，欲见大故中含有刑杀之事。《春秋传》曰：“司寇，行刑者。”案：庄公二十年王子颓享五大夫，乐及遍舞。又云：“王子颓歌舞不倦，是乐祸也。夫司寇行戮，君为之不举。”不举者，谓不举乐，此经数事不举，司农意亦谓不举乐，故引以为证。但此《膳夫》云“不举”在食科之中，不举即是不杀牲。引司农义在下者，不举之中含有不举乐。②

---

① 贾公彦：《周礼注疏》，《十三经注疏》，第 660 页。

② 贾公彦：《周礼注疏》，《十三经注疏》，第 660 页。

我们认为《膳夫》职文所说“大故”，不应当包含刑杀。国家刑罚杀人当为常事，国君不举乐是一种伦理态度，非正常制度。郑司农显然没有说到关键处，虽有《春秋传》做证，但不足以在这个层面上替代寇戎之事。贾公彦疏指出膳夫一职为饮食官，非乐官，《左传》所说是不举乐，与饮食不举毕竟有别，郑玄以“大故”指寇戎之事，比先郑以“大故”为刑杀更准确，贾疏分析抓住了关键点。但贾疏不废先郑，以为郑司农以本经“不举”也包括了不举乐，此职文有“以乐侑食”，既然王举食有乐侑食，因而郑司农说“不举”为不举乐也不算错，但“不举”首先是不杀牲，连带出不举乐。

（三）不从杜子春说分析

郑玄注《周礼》引用了一百八十七条“杜子春云”。对于杜子春的意见，郑玄有采用的，也有不采用的。贾公彦疏对郑玄为什么不采用做了分析。

《地官·廛人》有緫布。杜子春云：“緫当为儳，谓无肆立持者之税也。”郑玄不从：“緫读如租穟之穟，穟布谓守斗斛铨衡者之税也。”但为什么这样，郑玄没有予以解释。贾公彦疏说：

> 杜子春云“緫当为儳，谓无肆立持者之税也”者，后郑不从，为“守斗斛铨衡者之税也”者，此经廛人掌依行肆者，故不得为无肆立持，故破从租穟之穟。穟布是守斗斛铨衡之税，下《肆长》云：“敛其緫布。”是无肆立持，故注从子春“緫当为儳”也。①

贾公彦揭示，在《周礼》中緫布另外由肆长敛之，此廛人不得又敛，而无肆立持者非市场交易，无纳税之说，故郑玄不从杜子春说。

《天官·酒正》职文说：“辨五齐之名，一曰泛齐，二曰醴齐，三曰盎齐，四曰缇齐，五曰沈齐。”郑玄注说：“杜子春读齐皆为粢。又《礼器》曰‘缇酒之用，玄酒之尚’。玄谓齐者，每有祭祀，以度量节作之。”杜子春以齐为粢的假借字，郑玄不破读，依然读本字。郑玄为什么不同意

① 贾公彦：《周礼注疏》，《十三经注疏》，第737页。

杜子春说，贾公彦解释说：

杜子春读齐皆为粢，云《礼器》曰“缇酒之用，玄酒之尚”者，子春意见，《礼运》云“粢醍在堂”，又见《礼器》云“醴酒之用”，又“粢谷为醍酒”，则其余四齐皆以粢谷为之，故读齐皆为粢。“玄谓齐者，每有祭祀，以度量节作之。”谓祭有大小，齐有多少，谓若祫祭备五齐，禘祭备四齐，时祭备二齐，是以度量节作之。不从子春为粢者，《礼运》唯有醍齐称粢，于此五者皆称齐。子春破五齐从一粢，于义不可，故郑于《礼运》注粢当为齐，破一粢从五齐，于义可也。①

贾公彦分析颇为精到。杜子春读“齐”为“粢”虽有根据，但说服力不强。因《礼记·礼运》篇以齐作粢仅一见。用一见之证据破《周礼·酒正》五“齐”字，大不如郑玄《礼运》注读“粢”为“齐”合理。

（四）增成先郑说分析

《周礼注疏》分析郑玄“增成”前人说的有六十多处。对于郑玄增成前人《周礼》说的分析是贾公彦对郑学的重要贡献。

《考工记》“磬氏为磬”一节说：“已上则摩其旁。”郑玄注说：“郑司农云：‘磬声大上则摩鑢其旁。’玄谓大上，声清也。薄而广则浊。”贾公彦疏说：“先郑直云摩鑢其旁，不言处所，故后郑增成之。”② 此处的增成，是对郑司农“磬声大上”的“大上”做进一步解说——“大上”就是磬声清。

《天官·宫正》职文有“几其出入，均其稍食”。郑玄注说：“郑司农云：‘几其出入，若今时宫中有罪，禁止不能出，亦不得入。及无引籍，不得入宫司马殿门也。’玄谓几荷其衣服、持操及疏数者。”贾公彦疏说：

“玄谓几荷其衣服、持操及疏数”者，案《阍人》云：“丧服凶

① 贾公彦：《周礼注疏》，《十三经注疏》，第669页。

② 贾公彦：《周礼注疏》，《十三经注疏》，第923页。

器不入宫，潜服贼器不入宫，奇服怪民不入宫。”《殿门》云：“几出入不物者。”谓衣服视古不与众同，及所操物不如品式者，职虽不同，皆是守禁，此经直云“几其出入”，明知汉有此荷其衣服、持操及疏数，此增成司农义也。①

郑司农实际上指出了禁止“有罪”者、“无引籍”者出入的两种情况。郑玄在郑司农几荷“有罪”“无引籍”两类之外，加上奇装异服的“衣服”、携带非常之物的“持操”、出入频率反常的“出入疏数”三项。这样，宫正所“几”项目由两种变为五种，郑玄的“增成”多于郑司农的原说，贾公彦举出两个证据，证明郑玄说不误。

《宫正》还说：“为之版以待。”郑玄注说：“郑司农云：‘为官府次舍之版图也。待，待比也。’玄谓版，其人之名籍。待，待戒令及比。”贾公彦疏说：

先郑以版为“官府次舍之版图”者，先郑于“八成”注云：“版，名籍；图，地图。”此注连言图，其版即名籍，与后郑义同。后郑以为人名籍者，增成先郑义也。②

在这个例子中，郑司农释“版”还自己加上一个“图”。贾公彦考察了郑司农注《大宰》“八成”，认为郑司农这里所说的“官府次舍之版图”之“版”依然是“名籍”之义。郑玄并没有反对郑司农说，只是认为郑司农所说“官府次舍之版”还没有解释到位，于是做了“版，其人之名籍”的进一步阐释。实际上在本例中，贾公彦没有点明郑玄这一条注还有另外一个增成郑司农说的地方，那就是郑玄所说的“待，待戒令及比”。郑司农注“待”只说“待，待比也”，没有提出还有待戒令一项，而郑玄补充了“待戒令”。此处增成，包含进一步解说和补充遗漏两个方面。

---

① 贾公彦：《周礼注疏》，《十三经注疏》，第657页。
② 贾公彦：《周礼注疏》，《十三经注疏》，第657页。

五 补救与纠正郑玄注

郑玄注也存在少量前后不一致的地方，甚至存在明显的错误。贾公彦面临这个难题一般采用两种办法：如果前后矛盾能够调和补救，则尽量调和补救；如果不能调和、不能补救，则放弃维护郑注，予以纠正。

（一）对郑玄注前后不一处进行弥合

郑玄注也有少量前后不一致的地方。《地官·旅师》经文说："旅师掌聚野之锄粟、屋粟、间粟。"郑玄注说："锄粟，民相助作，一井之中所出九夫之税粟也。"但是依据郑玄的一贯主张，井田之法用于采地都鄙，乡遂用沟洫法。此为六遂之旅师，与郑玄相关注解自相矛盾。贾公彦解释说：

> 郑云"一井之中出九夫之税粟"，以为井田，与例违者。但乡遂之中虽为沟洫法，及其出税，亦为井田税之。是以《小司徒》职云："考夫屋。"注云："夫三为屋，屋三为井，出地贡者三三相任。"是出地税，亦取井有九夫、三三相保而税之。故以井言之。①

对此，清儒江永指出，一井之中出九夫之税粟由载师敛之，非此旅师官负责；锄粟也非一井之中出九夫之税粟。旅师非征赋官，仅敛此三粟，取之于民，用之于民。原来郑玄注本身就错了，贾公彦此处所做即补救工作，试图将郑玄注支撑起来。

（二）疏也"破注"

贾公彦维护郑玄说不涉及学派、政治和感情问题，这种学术研究做法传承了郑玄之风。在确实发现郑玄说不合理的情况下，贾公彦疏也"破注"。例如《大宰》职文说："祀五帝，则掌百官之誓戒，与其具修。"郑玄注说："祀五帝，谓四郊及明堂。誓戒，要之以刑，重失礼也。"贾公彦不同意郑玄注中"及明堂"：

---

① 贾公彦：《周礼注疏》，《十三经注疏》，第745页。

郑云"及明堂"者，总飨五帝于明堂。依《月令》，秦用季秋，郑云"未知周以何月"。案：《下曲礼》云"大飨不问卜"。郑云："祭五帝于明堂，莫适卜也。"彼明堂不卜，此下经云"帅执事而卜日"，则此祀五帝不合有明堂。郑云"及明堂"者，广解祀五帝之处，其实此处无明堂。①

引文抓住郑玄注《曲礼下》"祭五帝于明堂，莫适卜也"破《大宰》注"祀五帝，谓四郊及明堂"。贾公彦此处"以郑攻郑"，直接否定了郑玄祀五帝于明堂说。

此外，贾公彦也不同意引文中郑玄注《曲礼下》"大飨不问卜"所说"祭五帝于明堂，莫适卜也"。为了说明有卜日，在《大宰》后文"前期十日，帅执事而卜日，遂戒"疏中，贾公彦说：

但四时仰气，冬至、夏至郊天等，虽有常时、常日，犹须审慎，仍卜日，故《表记》云："不犯日月，不违卜筮。"注："日月谓冬夏至、正月及四时也。所不违者日与牲尸也。"假令不吉，改卜后日，故《箴膏肓》云："天子郊以夏正上旬之日，鲁之卜三正下旬之日。"是虽有常时常日，犹卜日也。②

贾公彦利用郑玄自己的《礼记·表记》注、《箴膏肓》的观点来证明祭祀于明堂也有占卜时日仪式，所谓"以子之矛攻子之盾"，显示了其实事求是的精神。

六　疏证杜、郑之说

郑玄在《周礼注》中引用了郑司农、杜子春、郑大夫的观点，这些观点郑玄大多没有进行来源方面的说明，贾公彦在《周礼注疏》中一一予以考证，揭示相关材料的来源，辨析相关论点根据，分析相关论说的优劣。

① 贾公彦：《周礼注疏》，《十三经注疏》，第649页。
② 贾公彦：《周礼注疏》，《十三经注疏》，第650页。

（一）疏证郑司农说

郑玄注引用郑司农说最多，因此贾公彦疏对郑司农说的疏证也最为用力。有时候，贾公彦疏证郑司农说简洁明了。例如《天官·序官》有“辨方正位”，郑司农说：“正君臣之位，君南面、臣北面之属。”贾公彦疏说：“《易纬·乾凿度》云：‘不易者，天在上，地在下，君南面，臣北面，父坐，子伏。’司农据而言焉。”① 直接指出郑司农说来源于《易纬·乾凿度》。

有时候贾公彦对郑司农说的疏证要言不烦。《天官·序官》经文有“体国经野”，郑玄注说：“体，犹分也。经，谓为之里数。郑司农云：‘营国方九里，国中九经九纬，左祖右社，面朝后市。野则九夫为井、四井为邑之属是也。’”针对郑司农说，贾公彦疏说：

> 司农云：“营国方九里”已下，并《冬官·考工记·匠人》文。彼云：“营国方九里，旁三门。”旁谓四方，方三门则王城十二门，门有三道，三三而九，则九道。南北之道谓之经；东西之道谓之纬。经纬之道皆九轨。又云“左祖右社”者，此据中门外之左右。宗庙是阳，故在左；社稷是阴，故在右。“面朝后市”者，三朝皆是君臣治政之处，阳，故在前；三市皆是贪利行刑之处，阴，故在后也。又言“野则九夫为井”，此是《地官·小司徒》职文。彼云：“乃井牧其田野。九夫为井，四井为邑，四邑为丘，四丘为甸，四甸为县，四县为都也。”井方一里，邑方二里，丘方四里，甸方八里，县方十六里，都方三十二里。引彼文略，故云“之属”，兼之也。案《载师》职云：“家邑任稍地，小都任县地，大都任畺地。”是畿内乡遂及四等公邑皆为沟洫法，无此方里为井之事，家邑、小都、大都三等采地乃有方里为井之属，但郊外曰野，大总言耳。散文国外则曰野，故《乡大夫》职云：“国中七尺，野自六尺。”是城外则经中野对国言之，谓国外则曰野，郑但据《小司徒》成文而言。②

① 贾公彦：《周礼注疏》，《十三经注疏》，第 639 页。

② 贾公彦：《周礼注疏》，《十三经注疏》，第 639 页。

郑玄所引郑司农说也只有三十三字，贾公彦对这三十三字的疏就有三百四十三字，比郑司农注的十倍还多。本段疏指出郑司农说的两处来源，并对两处原文做了直接引用，随后对郑司农所使用的“野”字概念做了详细的辨析。贾公彦对郑司农说的疏证可谓面面俱到。

（二）并疏杜子春及先、后郑说

由于郑玄尊重杜子春、郑司农的研究成果，他注《周礼》同一节文字，往往将郑司农说和杜子春说并引。贾公彦疏便将杜子春说和郑司农说一并疏证。《天官·内饔》说：“辨腥臊膻香之不可食者。牛夜鸣则庮；羊泠毛而毳，膻；犬赤股而躁，臊；鸟皫色而沙鸣，狸；豕盲视而交睫，腥；马黑脊而般臂，蝼。”郑玄注说：“郑司农云：‘庮，朽木臭也。蝼，蝼蛄臭也。’杜子春云：‘盲视当为望视。’”贾公彦疏说：

> 郑司农云“庮，朽木臭也”者，验今朽木，其气实臭，故云“朽木臭也”。案《内则》注引《左氏春秋》“一薰一莸”。此司农以其朽木臭即与一薰一莸同，故郑不引之。云“蝼，蝼蛄臭也”者，以《内则》蝼为漏脱字，于义无所取，故转为蝼蛄字。蝼蛄则有臭。杜子春“盲视当为望视”者，以其盲则无所睹见，不得视，《内则》为遥望之字，故子春从《内则》为正也。①

此段揭示了郑司农、杜子春说的来源，并对杜子春、郑司农的字义取舍进行了细致分析和合理的推理。

贾公彦将先、后郑与杜子春说并疏更为多见。《天官·酒正》职文说：“凡祭祀，以法共五齐三酒，以实八尊。大祭三贰，中祭再贰，小祭壹贰，皆有酌数。唯齐酒不贰，皆有器量。”对于此中“三贰”，郑玄说：

> 郑司农云：“三贰，三益副之也。大祭天地，中祭宗庙，小祭五祀。齐酒不贰，为尊者质，不敢副益也。”杜子春云：“齐酒不贰，谓五齐以祭，不益也。其三酒，人所饮者，益也。《弟子职》曰：

① 贾公彦：《周礼注疏》，《十三经注疏》，第662页。

'周旋而贰，唯嗛之视。'" 玄谓大祭者，王服大裘衮冕所祭也。中祭者，王服鷩冕毳冕所祭也。小祭者，王服希冕玄冕所祭也。三贰、再贰、一贰者，谓就三酒之尊而益之也。《礼运》曰："玄酒在室，醴盏在户，粢醍在堂，澄酒在下。"澄酒是三酒也。益之者，以饮诸臣，若今常满尊也。祭祀必用五齐者，至敬不尚味而贵多品。①

这一段郑玄先引郑司农说，再引杜子春说，然后提出自己的看法。郑司农注比较简单，解释了经文中"三贰"以及大、中、小三祭四个知识点，并指出只有大、中、小三祭有贰，"齐酒不贰"。大、中、小三祭，郑司农说得很明白；"三贰，三益副之也"今天看来仍然不易理解。最后一项解说"齐酒不贰，为尊者质"也不好懂。齐酒是什么？齐酒用于祭祀什么？什么是"为尊者质"？这些都是问题。但《酒正》前面经文已经说过"辨五齐之名，一曰泛齐，二曰醴齐，三曰盎齐，四曰缇齐，五曰沈齐。辨三酒之物，一曰事酒，二曰昔酒，三曰清酒"，这"五齐三酒"郑司农在此不再解说。

杜子春注解决了为什么"三酒"有贰问题。"齐酒不贰，谓五齐以祭，不益也。其三酒，人所饮者，益也"似乎比郑司农说更好懂：五齐供神，因而不需要随时添加；三酒为人所饮用，因而需要随时添加。

郑玄注首先引用郑司农、杜子春说，未加辩驳，可见他认可两人的解说。同时，他对郑司农说进行了增成，补充了大、中、小三祭王之冕服，对郑司农"三贰"为"三益副之"的解说做了更加通俗的补充："就三酒之尊而益之"，即给"三酒"之樽添加酒，并引《礼记·礼运》加以佐证。

经过杜子春、郑司农和郑玄的解说，这一段经文应当基本上被解释清楚了。但贾公彦对三家解说做了近千字的疏证：

郑司农云"三贰，三益副之也"，皆先郑之意，注酒于尊中为副。子春、后郑亦与之同。

① 贾公彦：《周礼注疏》，《十三经注疏》，第669—670页。

云“大祭天地”等者，先郑意天地为大祭，宗庙为中祭，五祀为小祭。其实天地自有大祭、小祭；宗庙亦有次小。

云“齐酒不贰，为尊者质，不敢副益也”者，以其主献尸，所用少，故不副益。

杜子春引《弟子职》者，是《管子》书《弟子职》篇，谓弟子□□□饮酒之时，弟子用注，周旋而贰者，欲副益酒尊之时，嗛谓不满，唯酒尊不满者视之更益。

“玄谓大祭者，王服大裘衮冕所祭”已下至“玄冕所祭”，并据《司服》六冕差之。冕服有六，天地、宗庙各有三等，故以六冕配之。按：《司服》，王祀昊天上帝则服大裘而冕，祀五帝亦如之。祀先王则衮冕，祭地亦用大裘，是天地、宗庙皆有大祭，一也。

云“中祭者，王服鷩冕毳冕所祭也”，是按《司服》先公则鷩冕，四望、山川则毳冕，是地与宗庙次祭，二也。但天之次祀不见衣服者，日月是天之次祀，以其大报天，主日，配以月，服大裘。故春分朝日，秋分夕月，兼服玄冕，故天之次祀中不见衣服。

云“小祭者，王服希冕玄冕所祭也”者，按：《司服》，社稷五祀则希冕，群小祀则玄冕。郑彼注山林川泽之属，郑虽不言风师、雨师等之属，中兼之也。惟见天地小祭，不见宗庙小祭。马融以为宗庙小祭谓祭殇是也。祭殇之时或可亦用玄冕。若然则《礼器》云“一献质”，谓祭群小祀当玄冕。“三献文”，谓祭社稷五祀当希冕。“五献察”，谓祭四望山川当毳冕。“七献神”，谓祭先公当鷩冕。虽不言九献，下云“大飨其王事与?”大飨谓祫祭先王，为九献，当衮冕。《礼器》下文云：“大飨不足以大旅。”大旅当大裘。据此，一献至九献以此献数约之，故六服差为三。按：《司服》，山川服毳冕，五献；社稷服希冕，三献。社稷在山川下。按：《大宗伯》以血祭祭社稷、五祀、五岳，而社稷在五岳上者，五岳与土地异形，若畿外诸侯服，献则尊于王朝之臣。社稷号曰上神，似若王朝之臣服，献则卑于五岳。而在五岳上者，似若王人虽微，犹叙诸侯之上。按：《王制》：“宗庙之牛角握。”《国语》：“山川之牛角尺。”社稷尊于五岳者，彼自从国中之神莫贵于社，故与宗庙同用握。引《礼运》曰“玄酒在室”者，谓郁鬯在室中。而玄酒即明水也，配郁鬯，故在室。“醴盏在户”者，醴谓醴齐，盏谓盎齐，并在户也。“粢醍在堂”者，粢当为齐，齐醍在堂也。“澄酒在下”者，澄谓沈齐，酒谓三酒，二者并在堂下也。

云“澄酒是三酒也”者，案《郑志》赵商问：“《礼运》注澄是沈齐，今此注澄酒是三酒，何?”郑答：“今解可去澄字。”若然，郑本于此注时直云酒是三酒，无澄字。有澄字者，误，当云“酒是三酒”。

云“益之者，以饮诸臣”者，言益之，解经中贰。案《司尊彝》云：“皆有罍，诸臣之所酢。”是饮诸臣也。

云“若今常满尊也”者，言益之，故常满，故以汉法况之。

云“祭祀必用五齐者，至敬不尚味而贵多品”者，郑意五齐味薄于三酒而数多，但鬼神享德不享味，故须至极敬而已。是云引《郊特牲》云“至敬不尚味而贵多品”也。①

对于郑司农的三句注解语，贾公彦做了一项补充、一项增成。郑司农解释大祭为祭祀天地，中祭为祭祀宗庙，小祭为祭祀五祀。贾公彦补充其义，以为天地之祭有大也有小，宗庙之祭也有次小。这是贾公彦的一项新发现。此处没有展开论证，这是要在下面对郑玄注的疏通中进行论证。至于郑司农以为齐酒不贰，是因尊者质，不敢副益。这句话仍然不好理解，贾公彦对郑司农说做了进一步解释，以为事情发生在主人献尸环节，尊者即尸。主人献尸用齐酒少，因而无须添加。其未对郑司农第一句注解语发表意见，是因为杜子春和郑玄的注解已经说得很明白了。

对于杜子春注解语，由于杜子春说言简意赅，未给贾公彦留下新的解说空间，贾公彦因而只对杜子春引《弟子职》“周旋而贰，唯嗛之视”做了解说。

贾公彦疏解主要注意力在于郑玄注。他对郑玄七句注语一一做了疏通。对郑玄七句的疏通是贾公彦此疏最精彩的地方，利用对郑玄注的疏解，依据《周礼·司服》证明天地和宗庙之祀都有大祀、中祀和小祀。

① 贾公彦：《周礼注疏》，《十三经注疏》，第669—670页。

宗庙之大祀即祭祀先王；天地之中祀即祭祀日月；天地小祀即祭祀风师、雨师；宗庙小祀即马融所说的祭殇——祭祀未成年而死的人鬼。由此，贾公彦依据《司服》六冕，三三而差，推测出从一献到九献的冕服情况，显示出深厚的礼学功底。

第三节 贾公彦《周礼注疏》的方法

贾公彦《周礼注疏》继承了杜子春以来的《周礼》学传统，在考证经义以及疏证杜子春、郑司农和郑玄说时大多采用了内证法、外证法、内外证结合法，有时还适当使用逻辑推理法。

一 经说考证三法

贾公彦疏使用最多的是内证法，包括利用《周礼》本经证明《周礼》相关职官经义及各家解说、利用各家自己的说法证明相关观点。例如《大司徒》职文“十二荒政”之六曰“去几”。郑司农以为去几就是“关市不几也”，郑玄不从，以为是“去其税耳”。贾公彦疏以为：“‘去几，关市不几’者，此后郑不从，以其虽凶年，犹几呵，但去税而已。”并进一步解释说：

> 玄谓“去几，去其税耳”者，破先郑之义全不几。后郑必直去其税，犹几之者，案《司关》云：“国凶札，则无门关之征，犹几。”明知司农之义非。①

这是利用《周礼·司关》职文证明郑司农说有误而郑玄说正确。贾公彦还用郑玄的有关阐释证明郑玄注的可靠。《地官·质人》职文说：“壹其淳制，巡而考之。”郑玄注说：“杜子春云：‘淳’当为‘纯’，纯谓幅广；制谓匹长也。皆当中度量。玄谓‘淳’读如‘淳尸盥’之‘淳’。”郑玄所说“淳尸盥”之“淳”到底是什么意思？读者还是难以

---

① 贾公彦：《周礼注疏》，《十三经注疏》，第706页。

明白。贾公彦疏说：

> 杜子春云"'淳'当为'纯'，纯谓幅广；制谓匹长也"者，即丈八尺，后郑从之。后郑不从杜子春"纯"者，纯止可为丝为缁，不得为幅广狭，故读从《士虞礼》"淳尸盥"之淳。故《内宰》注依《巡守礼》"淳四咫"。《郑答志》："咫，八寸。四当为三。三咫，谓二尺四寸也。"①

贾公彦引用《郑志》和郑玄的《内宰》注，说明淳为八寸宽，从而证明郑玄不从杜子春以纯为幅广是正确的。

贾公彦还从其他著作中寻找证据，这是外证法。例如郑玄《小宰》"以官府之六联合邦治"一节，郑玄注说："奉牲者，其司空奉豕与？"由于《冬官·司空》亡，郑玄对司空祭祀所奉牲做了推测。贾公彦疏说：

> 云"奉牲者，其司空奉豕与"者，《司空》虽亡，案《五行传》云："听之不聪时则有豕祸。"豕属北方。又《说卦》云："坎为豕。"是豕属水，故知司空奉豕无正文，故云"与"以疑之也。②

贾公彦引用了《汉书·五行传》和《周易·说卦》证明郑玄的推测是有道理的。

有时候虽然没有证据，不过通过逻辑推理可以证明是否符合道理。贾公彦善于采用这种推理法进行论证。《地官·司市》职文说："凡万民之期于市者，辟布者，量度者，刑戮者，各于其地之叙。"郑玄注说："故书'辟'为'辞'，郑司农云：'辞布，辞讼泉物者也。'玄谓辟布，市之群吏考实诸泉入及有遗忘。"郑玄不从郑司农说有没有道理？贾公彦疏说：

---

① 贾公彦：《周礼注疏》，《十三经注疏》，第737页。

② 贾公彦：《周礼注疏》，《十三经注疏》，第654页。

先郑从故书辟布为辞讼之布，后郑不从，而为“群吏考实诸泉入”者。若辞讼之布，当归其本主，何得各有地之叙乎？明不得为辞讼之布也。①

贾公彦“若辞讼之布，当归其本主，何得各有地之叙乎”就是一种逻辑推理，说明“辟布”作“辞讼之布”不合情理。《地官·泉府》职文说：“泉府掌以市之征布，敛市之不售、货之滞于民用者，以其贾买之，物楬而书之，以待不时而买者。买者各从其抵：都鄙从其主；国人、郊人从其有司，然后予之。”郑玄注引郑司农说：“抵，故贾也。”郑玄不赞成：“‘抵’实‘柢’字。柢，本也，本谓所属吏主有司是也。”贾公彦疏分析说：“先郑云：‘抵，故贾也。’后郑不从者，假令官前买时贵，后或贱，今依故贾与之，即损民，故不得依故贾以解抵也。”②

郑玄不从郑司农以“抵”为抵故价说，贾公彦进行了反推，如果是抵故价，那么假如滞货后来的市场价发生了变化，无论是高是低，不是民众吃亏就是官府吃亏，必然行不通。

二　文法分析三法

贾公彦《周礼注疏》对经文阐释采用了文法分析法。具体包括语序分析、行文分析和结构分析。关于《周礼》的文法分析在贾公彦之前还没有大量出现。由于贾公彦身处科举大繁荣时代，孔颖达等所撰《五经正义》也存在科举教育的背景，加上《周礼》经文安排经过深思熟虑，虽非文学作品，却也有行文之美，因此文法分析迎合了时代需要。

（一）语序分析法

贾公彦疏的语序分析法主要突出经文句子前后安排的深意。例如对于《天官》序文，贾公彦分析经文语序前后逻辑说：

王者临统无边，故首称“惟王”，明事皆统之于王。王既位矣，

① 贾公彦：《周礼注疏》，《十三经注疏》，第734—735页。
② 贾公彦：《周礼注疏》，《十三经注疏》，第738页。

当择吉土以建国为先，故次言建国于中，辨四方，正宫庙之位，复体国经野，自近及远也。于是设官分职，助理天工，众人取中以为治体，列文先后次第应然。①

对于六官序官前半部分都相同，只在“乃立”之后才分别列出六官的具体特点，贾公彦分析说：

六官皆云“乃立”者，以作序之由，本序设官之意，故先云“以为民极”，次云新设之官，故皆云“乃立”，腾上起下之辞也。②

这段同样是语序分析。“先云”“次云”“腾上起下之辞”都是对语序的提示。尤其是“腾上起下”，即“承上启下”，是中国古代文章学常用的批评用语。

（二）行文分析法

贾公彦分析《周礼》经文和郑玄注的行文方法，总结出互见为义法、举外见内法、望文为义法、文有详略法等。

1. 互见为义法

“互见为义”即郑玄在注解《周礼》中，为节省笔墨，同一个事情的两个方面分别见于两个职官，郑玄不再于两个职官职文注解中全部讲出来，而是各举一个方面，读者综合两个职官的注文就能得出完整的经义。《小司徒》经文“五人为伍”一节，郑玄注说：“乡之田制与遂同。”在《地官·遂夫》经文中，郑玄注说：“遂之军法如六乡。”《小司徒》职文不言田制；《遂夫》经文不言军制。贾公彦解释说：“郑注‘遂之军法如六乡’者，以其遂内不见出军之法，唯有田制而已，故知遂之军法如六乡。若然，彼此各举一边，互见为义。”③ 这是贾公彦总结郑玄注行文特点后得出来的结论。

互文是古籍常用的行文手段，郑玄注《周礼》，多次对经文的互文处

① 贾公彦：《周礼注疏》，《十三经注疏》，第 639 页。
② 贾公彦：《周礼注疏》，《十三经注疏》，第 640 页。
③ 贾公彦：《周礼注疏》，《十三经注疏》，第 711 页。

予以揭示。贾公彦也继承这一做法，对经文和郑玄注文的互文性有所揭示。对这种互文性，他或称为“互文以见义”，或称为“互见为义”。

《春官·大司乐》经文有条文“凡日月食、四镇五岳崩、大傀异灾、诸侯薨，令去乐”。又有条文“大札、大凶、大灾、大臣死，凡国之大忧，令弛县”。贾公彦疏后者说：

> 且上文云“去乐”，据庙中其县之乐，去其藏之而不作。此文据路寝常县之乐，弛其县，互文以见义也。去者藏之，亦先弛其县；弛县亦去而藏之。但路寝常县，故以县言之也。①

前一条文说“去乐”，后一条文说“弛县”，贾公彦分析去乐也弛县，弛县也去乐，这就是互文以见义。两条文各举一端，合起来看就完整了，日月食、四镇五岳崩、大傀异灾、诸侯薨以及大札、大凶、大灾、大臣死这八种情况都要弛县去乐。

《夏官·罗氏》经文说“中春罗春鸟，献鸠以养国老，行羽物”，郑玄注说：“春鸟蛰而始出者，若今南郡黄雀之属，是时鹰化为鸠，鸠与春鸟变旧为新，宜以养老，助生气行谓赋赐。”贾公彦疏说：

> 此文仲春行羽物。按《司裘》职云：“仲秋献良裘，王乃行羽物。”彼注云：“仲秋鸠化为鹰，仲春鹰化为鸠，顺其始杀与其将止而大班羽物。”若然，则一年二时行羽物。但彼注云：“此羽物，小鸟鹑雀之属，鹰所击者。”此注云：“春鸟若今南郡黄雀之属。”不同者，各举一边，互见其义。②

贾公彦揭示《罗氏》《司裘》两职文关于“行羽物”之说，一为春季，一为秋季。但实际上不能仅仅按照经文字面去看，应当理解为两职官春、秋两季均行羽物。郑玄注也当如是看待。

---

① 贾公彦：《周礼注疏》，《十三经注疏》，第791页。

② 贾公彦：《周礼注疏》，《十三经注疏》，第846页。

2. 举外见内法

《周礼》职官体系庞大，从不同角度看，这些职官及其管辖范围有内外之分，包括畿内与畿外、王国与邦国、内朝与外朝、宫内与宫外等。有些职官之间虽有内外之分，而职能相近。因此举外官职能则可推见内官职能；举内官职能有时候可推见外官职能。这就是举外见内法。

《秋官·大司寇》说："职掌建邦之三典，以佐王刑邦国，诘四方。"贾公彦疏说：

> 《大司寇》云"佐王刑邦国，诘四方"，不言"刑王国，诘畿内"者，王官不嫌不刑诘在内，故举外以见内也。①

此以王朝、畿内为内，以邦国、四方为外。意思是说举"刑邦国"，则"刑畿内"可知；举"诘四方"，则"诘畿内"可知。这就叫"举外以见内"。

《地官·封人》经文说："封人掌设王之社壝，为畿封而树之。"贾公彦疏说：

> 云"掌设王之社壝"者，谓王之三社三稷之坛，及坛外四边之壝，皆设置之。直言壝，不云坛，举外以见内，内有坛可知也。②

此以壝为外、坛为内。举外见内法是促进行文简洁明了的写作手法之一，能够提高表达效率，但同时也带来阅读困难。贾公彦对举外见内法的提示有助于读者准确把握《周礼》一书的经义。

3. 望文为义法

贾公彦总结出郑玄注存在一种"望文为义"现象。这个"望文为义"就是根据《周礼》全经和该词所处上下文具体的语境判断这个词的含义，与贬义词"望文生义"截然不同。

---

① 贾公彦：《周礼注疏》，《十三经注疏》，第 870 页。

② 贾公彦：《周礼注疏》，《十三经注疏》，第 720 页。

《地官·司市》经文说："以次叙分地而经市。"对于经文中的"次叙"，郑玄注说："次，吏所治舍，思次、介次也，若今市亭然。叙，肆行列也。"贾公彦发现，《周礼》中《司市》和《内宰》两职文都有"次叙"，但郑玄对两处"次叙"的注解有所不同。为此，贾公彦分析说：

> 案《内宰》职云："设其次，置其叙，正其肆。"注云："次，思次；叙，介次。"不为行列，与此注违者，彼云次与叙，下更云"正其肆"，则肆为行列，故分次为思次，以叙为介次也。此文不具，直有次叙，无言"正其肆"，故并思、介同名为次叙，为行列。此郑望文为义，故注不同。①

郑玄注《内宰》，以次为思次，以叙为介次。但注《司市》以次为思次、介次；以叙为肆行列。同一部书的注解，不容前后矛盾。贾公彦对《内宰》和《司市》中次、叙两词上下文的具体语境做了分析，发现郑玄两处所注虽然不同，但都是正确的。这是因为次、叙两词在《内宰》和《司市》中所承担的言语意义的确有区别，因此贾公彦指出，郑玄这是"望文为义"，即根据上下文确定词的含义。

4. 文有详略法

即贾公彦疏所说"文有详略"。详略法是指在叙述职事相近的职官的职责时此详则彼略，此略则彼详。详略包括范围大小、职责具体与抽象等情况。

《地官·族师》经文说："月吉，则属民而读邦法，书其孝弟睦姻有学者。"《地官·党正》经文则说："正岁属民读法，而书其德行道艺。"两职文都有所书，一书"德行道艺"，另一书"孝弟睦姻"。就范围看，"德行道艺"比"孝弟睦姻"更广，难道两职官所书不一样？贾公彦疏说：

> 此族师亦聚众庶而读法，因书其孝弟睦姻有学者。党正直书，德行道艺具言；此云"孝弟睦姻"，惟据六行之四事，有学即六艺也。

① 贾公彦：《周礼注疏》，《十三经注疏》，第734页。

计族师所书亦应不异党正。但文有详略，故所言有异，但族师亲民，故析别而言耳。①

贾公彦在本条疏文中推测，党正与族师所书不当有差异，只是出于行文之美的需要，"文有详略"而已。

（三）结构分析法

贾公彦擅长对经文结构做分析，这是《周礼》学史上的首创。主要包括分段落和别纲目两种。其中"分段落"就是根据经文内容将经文划分成两个及两个以上的组成部分；"别纲目"就是区分出经文中哪些属于纲领性叙述，哪些属于细目性质的叙述。

关于"分段落"，我们以《天官·大宰》为例。《大宰》职文有"正月之吉……"一段，贾公彦疏说："自此已下皆谓施前事条。"② 这是将《大宰》职文分为前后两部分。以"正月始吉"为界，前此为制定治国制度；此以下为施行治国制度。

关于"别纲目"，《地官·遗人》经文说："掌邦之委积，以待施惠。"贾公彦说："此与下为总目。"③ 即"掌邦之委积，以待施惠"是《遗人》职文的总纲，以下一大段职文是条目。

第四节 贾公彦《周礼注疏》的评价

自贾公彦《周礼注疏》出，《周礼》读物的标准配置就是郑玄注和贾公彦疏，这个标准配置是初学者阅读《周礼》的首选，也是到目前为止《周礼》研究者绕不开的一座山峰。从此，郑玄注的统治地位得到进一步巩固，郑玄注因贾公彦疏而更加流行，郑玄注和贾公彦疏的标配也逐渐固定，成为一体。《周礼注疏》虽不是开拓性著作，但创获很多，因而受到此后历代学者的重视。毫无疑问，贾公彦是《周礼》学史上最重要的学者之一。

---

① 贾公彦：《周礼注疏》，《十三经注疏》，第 718 页。
② 贾公彦：《周礼注疏》，《十三经注疏》，第 649 页。
③ 贾公彦：《周礼注疏》，《十三经注疏》，第 728 页。

一 《周礼》经文研究的创获

贾公彦《周礼》经文研究取得了丰富的成果。对《周礼》“故书”问题，郑玄只在注文中提出“故书”作某。至于“故书”到底是怎样的东西，郑玄没有说，而贾公彦在疏中提出自己的见解。他疏“大宰九贡”说：

> 言“故书”者，郑注《周礼》时有数本，刘向未校之前，或在山岩石室，有古文，考校后为今文，古今不同，郑据今文注，故云“故书作宾”。①

按照贾公彦的说法，刘向校书的定本是“今文”，则刘向是今文的关键人物。不过贾公彦所说的今古文不是经学史上的今古文学派，而是版本意义上的今古文。他的所说还没有解释《周礼》“故书”的本质。这是《周礼》学史上第一次对《周礼》“故书”问题提出观点，这个观点虽然不算正确，却开启了《周礼》今书、故书研究的先河。

贾公彦《周礼》研究成果大致可以分为职官研究的创获、制度研究的创获、礼仪研究的创获等。

（一）职官研究的创获

贾公彦对于《周礼》职官职能的研究十分深入。他在比较杜子春、郑司农和郑玄相关成果后有了一系列新的发现。这里仅举三例。

1. 发现甸师职官新职责

《天官》有甸师，贾公彦对于甸师的研究有两条新发现。第一，发现低爵位职官可以为高爵位职官之长。第二，甸师只负责对王族罪犯执行死刑，并不参与罪行审判。

先看第一条发现。甸师职责主要是供应“野物”，而《周礼》中供应“野物”的职官还有掌葛、掌炭、掌蜃、委人等，故在贾公彦之前就有“或云”提出此甸师是地官掌葛以下“供野物”职官之长。贾公彦疏否定

---

① 贾公彦：《周礼注疏》，《十三经注疏》，第648页。

了此说，他提出三条理由。第一条理由：掌葛以下职官都是地官属官，而此甸师是天官属官，甸师不能“越分相领”。第二条理由：郑玄注指出甸师是“共野物之长”，指的是甸师以下兽人、渔人、鳖人、腊人四连类职官之长，而非地官掌葛以下职官之长，因此对于兽人以下职官郑玄注不言谁是“长”，说明兽人之前的甸师为此一批连类职官之长。第三条理由：甸师虽为下士，但《周礼》中不乏低一级职官为高一级职官之长的例子，如大史为下大夫，而内史为中大夫，但史官还是以大史为长。这第三条理由却是一个新发现，即《周礼》职官之长存在特例，那就是低爵位职官有时候可以为高爵位职官之长。

贾公彦第二个新发现是关于甸师职责。《甸师》职文说：“王之同姓有罪则死刑焉。”郑司农提出：“王同姓有罪当刑者，断其狱于甸师之官也。”郑司农提出甸师有断狱职责，郑玄没有辩驳。贾公彦疏比较了《礼记·文王世子》《周礼·掌囚》等材料，提出郑司农所说甸师断狱是错误的，甸师只负责执行死刑和肉刑。

2. 发现司空之“考”

《大宰》职文有“乃施法于官府而建其正，立其贰，设其考”，郑玄注“考”说：“考，成也，佐成事者，谓宰夫、乡师、肆师、军司马、士师也。《司空》亡，未闻其考。”可见在《周礼》官府系统中，六官都有正、贰、考。由于《周礼》六官现存五官，《冬官》篇亡，郑玄不能指实冬官之考为何种职官，故说“未闻”。贾公彦在《周礼》中发现了相关线索。

> 云“《司空》亡，未闻其考”者，案《乡师》云：“及葬。执纛以与匠师御。”旧注云：“匠师，事官之属，其于司空若乡师之于司徒。”若然，乡师是司徒之考，则匠师亦司空之考，而此云“未闻”者，彼文以义约之，司空考，匠师也，无正文，故此云“未闻”也。①

从引文可见，冬官之考郑玄已经有所感悟。郑玄在《乡师》注中就

① 贾公彦：《周礼注疏》，《十三经注疏》，第649页。

隐约提出："匠师，事官之属，其于司空若乡师之于司徒。"乡师是大司徒之考，匠师的地位相当于乡师之于大司徒，那么通过类推可知，匠师就是大司空之考。但由于没有直接的证据，郑玄没有说破，贾公彦直接说破。因此这个发现的归属权应当由郑玄和贾公彦共同拥有。

3. 发现"大宰九职"与"大司徒十二职事"有对应关系

《周礼·大宰》有"以九职任万民"。具体的九职是："一曰三农，生九谷。二曰园圃，毓草木。三曰虞衡，作山泽之材。四曰薮牧，养蕃鸟兽。五曰百工，饬化八材。六曰商贾，阜通货贿。七曰嫔妇，化治丝枲。八曰臣妾，聚敛疏材。九曰闲民，无常职，转移执事。"而《地官·大司徒》职文有"颁职事十有二于邦国、都鄙"，"一曰稼穑，二曰树艺，三曰作材，四曰阜蕃，五曰饬材，六曰通财，七曰化材，八曰敛材，九曰生材，十曰学艺，十有一曰世事，十有二曰服事"。从"大宰九职"到"大司徒十二职事"，它们之间的关系如何？郑司农、郑玄并没有予以揭示。贾公彦疏说：

> 案：《大宰》有九职，此"八曰敛材"已上与《大宰》同。《大宰》有九，此唯八者，《大宰》言"任万民"，随意所云，故有九。九曰"闲民，无常职，转移执事"。此《司徒》云"颁职事"，不可颁之使民转移执事，故阙之，唯有八也。"九曰生材"已下，加此四事者，以其司徒主民，此四事者，是民之事业及学问，故别增之也。①

"大宰九职"与"大司徒十二职事"是《周礼》学重要命题，贾公彦分析"大宰九职"在"大司徒十二职事"中只有八职对应，对于第九职"闲民，无常职，转移执事"缺失的原因，以及多出四职的原因，贾公彦做了开拓性的探索。尤其是将"生材"以下四职称为"民之事业"，在今天职业的公务、事业、企业三分中还能看到它的影子。

（二）制度研究的创获

贾公彦在疏解《周礼》有关制度经文和注文中提出了许多个人见解。

① 贾公彦：《周礼注疏》，《十三经注疏》，第707页。

这些见解大多言之有据，有的成为不刊之论，有的为后人解决相关问题提供了思路。

《天官·序官·寺人》说："寺人，王之正内五人。""正内"是什么意思？郑玄注说："正内，路寝。"郑玄注也令人费解。因"路寝"也有王之路寝与王后之路寝之分。贾公彦疏说："又云'正内，路寝'者，寺人既不得在王之路寝，而云'正内五人'者，谓在后之路寝耳。若王之路寝不得称内，以后宫，故以内言之。故先郑下注后六宫，前一后五。前一则路寝。"① 贾公彦此疏获得孙诒让的赞赏，并在《周礼正义》中做了进一步推衍。

（三）礼仪研究的创获

《周礼》虽非礼典专著，列官职文却涉及许多王朝礼典，而王朝礼典到西汉已经失传，西汉礼学大师后仓还尝试"推士礼至于天子"。郑玄贯通三礼，贾公彦疏也注重对"天子礼"的发掘，取得了一大批研究成果，这里仅举三例。

1. 探索馈食之笾数

《天官·笾人》经文说："馈食之笾，其实枣、栗、桃、干藤、榛实。"经文所举馈食之笾内含只有五样。根据《周礼》及其他文献，笾实之数均为双数，此为五种，当文有脱落。职文前有"朝事之笾"，笾数有八。此馈食之笾数，贾公彦认为也应当有八种：

> 此谓朝践荐腥后，堂上更体。其犬、豕、牛、羊亨孰之时，后荐②，谓之"馈食之笾"也。其八笾者，其实枣，一也；栗，二也；桃，三也；干藤，谓干梅，四也；榛实，五也。其于八笾仍少三。案：干藤既为干梅，经中桃是湿桃。既有湿桃、干梅，明别有干桃。则注引《内则》桃诸，郑云"是其干者"。既有湿桃，明有湿梅可知。以干桃③、湿梅二者添五者为七笾。案：桃、梅既并有干、湿，则枣中亦宜有干、湿，复取一添前，为八也。必知此五者之中有八

① 贾公彦：《周礼注疏》，《十三经注疏》，第642页。

② 按：原文"后先"不词，当为"后荐"，王后荐笾。

③ 按：原文"干梅"，当为"干桃"之误，因干梅即干藤，已见经文。

> 者，案《仪礼·特牲》《少牢》士二笾二豆，大夫四笾四豆，诸侯宜六，天子宜八。《醢人》馈食之豆有八，此馈食之笾言六，不类。又上文朝事之笾言八，下加笾亦八。岂此馈食在其中六乎？数事不可，故以义参之为八，若不如此，任贤者裁之也。①

贾公彦设想大胆，结论谨慎。他提出的“馈食之笾数为八说”被孙诒让认同，认为“殆不可易”。“馈食之笾数”问题后世学者多有探索，提出不少见解，但一直没有定论，以至于孙诒让也无可奈何。贾公彦首创之功不可没。

2. 探索王后拜吊丧礼仪

《春官·世妇》职文有“凡王后有拜事于妇人，则诏相”。郑玄注说：“郑司农云：‘谓爵妇人。’玄谓拜，拜谢之也。《丧大记》曰：‘夫人亦拜寄公夫人于堂上。’”贾公彦疏说：

> 先郑云“谓爵妇人”者，此经自以为一义，不达上大丧之事。言“爵妇人”者，天子命其臣，后亦命其妇，是爵命妇人也。言“王后有拜事于妇人”，谓受爵命之时有拜谢王后也。后郑不从者，上言大丧，下言后之拜事，则所拜者为大丧而拜，故引《丧大记》为证。但《丧大记》所云者是诸侯之丧，主人拜寄公于门西，夫人亦拜寄公夫人于堂上，其寄公与主人体敌故也。明知天子之丧，世子亦拜二王后于堂下，后亦拜二王后、夫人于堂上可知。是以僖公二十四年《左氏传》云：“宋公过郑，郑伯问礼于皇武子，武子对曰：‘宋于周为客，天子有事膰焉，有丧拜焉。’”谓王丧，二王后来奔，嗣主拜之，明二王后、夫人来吊，后有拜法。若然，二王后、夫人得有赴王丧者，或夫人家在畿内来归宁，值王丧则吊赴也。②

关于王后之拜，郑司农以为王后以爵爵贵族妇女。郑玄不赞成，以为

---

① 贾公彦：《周礼注疏》，《十三经注疏》，第 671—672 页。

② 贾公彦：《周礼注疏》，《十三经注疏》，第 784 页。

此拜丧之拜。郑玄只引《丧大记》，没有展开充分论证。贾公彦引《左传》，明确所拜为夏、商遗族，所谓“二王之后”。王丧，二王之后来吊唁，拜之。

3. 大丧抱磿礼仪探索

《地官·遂师》说：“大丧使帅其属，以幄帟先道野役。及窆，抱磿，共丘笼及蜃车之役。”郑司农说：“抱磿，磿，下车也。”郑玄说：“谓磿者，适历执綍者名也，遂人主陈之，而遂师以名行校之。”两郑所说各不相同。贾公彦疏说：

> 后郑云“适历执綍者名也”者，谓天子千人，分布于六綍之上，谓之适历者，分布稀疏，得所名为适历也。云“遂人主陈之”者，案上《遂人》云“及窆，陈役”是也。云“而遂师以名行校之”者，但执綍之人背碑负引而退行，遂师抱持版之名字，巡行而校录之，以知在否，故云“抱磿”也。①

贾公彦在郑玄新发现的基础上，对大丧礼典中的抱磿礼的仪注进行了探索，“执綍之人背碑负引而退行，遂师抱持版之名字，巡行而校录之，以知在否”，已经触及这个礼典的细节。

二 《周礼注疏》的不足

贾公彦《周礼注疏》也留下一些遗憾。其中最大的遗憾是引用前人旧说不标注来源。其余如释经重复郑玄注、部分释注缺乏新意、误以郑玄不见《古文尚书》、部分郑注未予以论证、遗留许多难题没有解决、释经注偶有明显错误等，现予以简要评述。

1. 引用旧说不标注来源

贾公彦《周礼注疏》最大的遗憾是没有将南北朝以来学者的成果明确写进《周礼注疏》中。这也是清人阮元诟病贾疏的要害处。今人杨学

---

① 贾公彦：《周礼注疏》，《十三经注疏》，第 742 页。

东的研究坐实了贾公彦对熊安生、皇侃研究成果的沿袭。[①] 贾公彦不似郑玄、孔颖达等每引前人之说必标注出自何人，这严重影响了我们今天对于贾公彦《周礼注疏》原创性的判断。我们也不能借助《周礼注疏》引用前人旧说来研究南北朝学者的《周礼》学成果。以上两条遗憾虽不能弥补，却难以否定贾公彦疏的学术价值。贾疏取代南北朝旧疏，仅依据“投机取巧”而不为同时代学者所揭露，创造一个人蒙骗一个时代的奇迹，其事难以想象。至于乔秀岩氏称贾疏“出其自说者盖寡”,[②] 亦仅为一家之说，尚待提供充足的证据。

2. 释经重复郑玄注

贾公彦疏可分为两项内容，对于经文的解说他自称为“疏释曰”，对于郑玄注的解说他自称为“注释曰”。“注释曰”是对郑玄注的进一步证明和发挥，受内容的限制，不能要求有多高的原创性。但“疏释曰”是对经文的独立解说，应当要求原创性。不过贾公彦“疏释曰”有时候重复郑玄注的观点。例如“体国经野”，郑玄注说：“体，犹分也，经谓为之里数。”贾公彦疏经文依然说：“体犹分也，国谓城中也。分国城之中，为九经九纬，左祖右社之属。经谓为之里数。此野谓二百里以外三等采地之中，有井田之法，九夫为井，井方一里之等是也。”[③] 将疏与注比较，疏没有提供任何实质性的新思想、新知识，是对郑玄注的重复。

3. 部分释注缺乏新意

《膳夫》职文说：“王燕食则奉膳，赞祭。”郑玄注说：“燕食谓日中与夕食。奉膳，奉朝之余膳，所祭者牢肉。”贾公彦疏如下：

> 疏释曰：案上“王日一举”，郑云“谓朝食”，则此云“燕食”者，谓日中与夕相接为三时。云“奉膳”者，奉朝之余膳。云“赞祭”者，助王祭牢肉。
>
> 注释曰：案《玉藻》，天子与诸侯相互为三时食，故燕食以为日中

---

① 杨学东：《〈周礼疏〉袭用旧说考论》，《内蒙古大学学报》（哲学社会科学版）2015 年第 1 期，第 39—42 页。

② 乔秀岩：《义疏学衰亡史论》，台北：万卷楼图书股份有限公司，2013 年版，第 169 页。

③ 贾公彦：《周礼注疏》，《十三经注疏》，第 639 页。

> 与夕。云“奉膳，奉朝之余膳”者，则一牢分为三时，故奉朝之余馂也。云“所祭者牢肉”者，案《玉藻》，诸侯云“夕深衣祭牢肉”。郑注云：“天子言日中，诸侯言夕，天子言馂，诸侯言祭牢肉。”互相挟，则天子诸侯朝皆祭肺，日中与夕皆祭牢肉，故言所祭者牢肉也。①

比较贾公彦的“疏释曰”与“注释曰”，不难发现“注释曰”比“疏释曰”解说更细一些，所举证据更多一些而已。可见此处的“疏释曰”原创性不足。

4. 误以郑玄不见《古文尚书》

唐人崇信伪《古文尚书》而忽略了真《古文尚书》，主流观点以为郑玄没有见到真正的《古文尚书》，贾公彦也未能免俗。《天官·医师》职文说：“医师掌医之政令，聚毒药以共医事。”郑玄注说：“毒药，药之辛苦者，药之物恒多毒。《孟子》曰：‘若药不瞑眩，厥疾不瘳’。”贾公彦疏说：

> 又引《孟子》者，案《孟子》滕文公为世子，将之楚，过宋，见孟子而谓之云：“今滕国绝长补短，将五十里，可以为善国乎?”《书》曰：“药不瞑眩，厥疾不瘳。”注云：“逸《书》也。药使人瞑眩闷乱，乃得瘳愈，犹人敦德惠乃治也。”引之者，证药中有毒之意。此是《古文尚书·说命》之篇、高宗语傅说之言也。不引《说命》而引《孟子》者，郑不见《古文尚书》故也。②

真《古文尚书》中没有《说命》篇，郑玄不得不转引《孟子》。贾公彦以伪《古文尚书》为标尺来衡量郑玄引文，得出错误观点。其时，真《古文尚书》尚存，贾公彦等一批学者反以为非，不能不说非常遗憾。

5. 部分郑注未予以论证

《小司徒》有“夫家九比之数”。郑司农以为“九比”即“九夫为井”。郑玄以为“九比者，冢宰职出九赋者之人数也”。贾公彦解释说：

① 贾公彦：《周礼注疏》，《十三经注疏》，第660页。

② 贾公彦：《周礼注疏》，《十三经注疏》，第666页。

后郑不从者，以经掌国中及四郊，即是六乡之内。但乡与公邑并为沟洫，无井田之法。故后郑不从。“玄谓九比者，冢宰职出九赋者之人数也”者，案：《大宰》云“九赋敛财贿，一曰邦中之赋，二曰四郊之赋，三曰邦甸之赋，四曰家稍之赋，五曰邦县之赋，六曰邦都之赋”，与此文国中、四郊、都鄙其事相当，故知此九比出九赋者之人数。①

贾公彦指出乡和公邑实行沟洫法，无井田法。但为什么九比就是“比”九赋之人，贾公彦并没有加以论证，并且“九比”之中，比人数只是其中一个方面，还有比财产、比田莱、比年龄、比健康状况等。

6. 遗留许多难题没有解决

《地官·山虞》职文说：“掌山林之政令，物为之厉而为之守禁。”其中“物为之厉而为之守禁”，郑玄注说：“物为之厉，每物有蕃界也。为之守禁，为守者设禁令也。守者谓其地之民，占伐林木者也。”贾公彦疏说：“但山内林木、金玉、锡石、禽兽所有不同，每物各有藩界，设禁亦不同。”② “物为之厉”郑注没有讲清楚，每物藩界有那么重要？而且为林木、金玉、锡石、禽兽设藩界根本就没有可操作性。疏文对于问题的解决没有提供任何有价值的信息。

7. 释经注偶有明显错误

《春官·序官》有“世妇”一职：“世妇，每宫卿二人，下大夫四人，中士八人，女府二人，女史二人，奚十有六人。”郑玄注说：“世妇，后宫官也。王后六宫，汉始大长秋、詹事、中少府、大仆亦用士人。”郑玄虽然没有明确指出“世妇”为男人，但以汉况古，则以世妇官为男人也。郑玄说错误，贾公彦疏却申明其说：

此主妇人，则卿大夫士并奄人为之。若然，《天官》云：“内小臣，奄上士四人。”郑云：“奄称士，异其贤。”似卿大夫不用奄人

① 贾公彦：《周礼注疏》，《十三经注疏》，第710页。
② 贾公彦：《周礼注疏》，《十三经注疏》，第747页。

者。案：彼天官之内职内有妇人者，皆用奄人。独此宫卿大夫士与下女府、女史、奚同居，不用奄，非其宜。但此经不言奄，故郑亦不言奄，其实是奄可知。是以贾、马皆云“奄，卿也”。然郑云“汉始大长秋”，亦见周时用奄之义也。但天官惟有小臣，是上士用奄人。郑即云“奄称士，异其贤也”。若然，小臣上士言奄，此不言奄者，但上天官共妇人同职，皆已言奄，于此略而不言耳。①

“世妇”之称则明为妇人，以女人为卿也。正如内宗，经文就说：“内宗，凡内女之有爵者。”后来宋儒王与之等予以驳斥，以天官之世妇为内命妇，此世妇为外命妇。其说显然优于郑注；晚清孙诒让更以为两处“世妇”实为一职两责，一官两署，其说更优。

贾公彦疏的失误主要有两种情况。第一种情况是郑玄注本身有缺陷。当然郑玄注《周礼》水平很高，也免不了有错。贾公彦疏虽然偶尔“破注”，但在绝大多数情况下维护郑玄说。这样，郑玄说有误，贾公彦解说也跟着有误。第二种情况是郑玄没有错误，但贾公彦的解说错了。这是由于贾公彦理解有偏差。宋元以来，历代都有学者纠正贾公彦说，到清人孙诒让作《周礼正义》一书，篇中引贾公彦说而非之者不在少数。

尽管《周礼注疏》存在许多不足，但这些不足是相比较于后世研究者的成果而言的，贾公彦的不足是与“后出转精”的成果相比存在这样那样的偏差。这些遗憾还不足以否定贾公彦《周礼注疏》的价值。相反，贾公彦的工作为后世学者开创了一条大道，后世学者虽然能够做到“后出转精”，但无不享受着这条道路带来的好处。

三 《周礼注疏》的影响

不可否认，宋元以来历代学者研究《周礼》，存在一种错误倾向——都以批评贾疏、否定贾疏为“时髦”。这些批评中确实不乏真知灼见，但更多的批评难免轻率。如何看待贾疏虽有可讨论的余地，但这是一座高山，不会因为有人发现其一木、一石、一鸟、一泉的缺陷而影响了这座高

① 贾公彦：《周礼注疏》，《十三经注疏》，第753页。

峰的伟大。

朱熹对贾公彦《周礼注疏》予以最高评价，认为《周礼注疏》是唐人义疏中最优秀的一种。《朱子语类》卷八十六收录了这一评价："五经中《周礼疏》最好，《诗》与《礼记》次之，《书》《易》疏乱道。《易疏》只是将王辅嗣注来虚说一片。"

《周礼注疏》问世后，世人或有不满，但完全否定该书的几乎没有。即以清人阮元论，他批评《周礼注疏》"于诸子百家之单词精义，以及文字之假借、音读之异同、汉制之存亡、汉注之奥义皆未能疏证发明之"，① 只是发泄一种不满情绪而已，阮元是以乾嘉学术水平来要求贾公彦，非至论。我们在上文中所举例证足以证明贾公彦在名物制度上的新发现不在少数。

贾公彦《周礼注疏》做到了学术性与普及性的统一，因此从唐以来，无论是初学者还是研究者，研读《周礼》都会从《周礼注疏》入手。对于初学者，《周礼》经文十分难懂，不借助于郑玄注难以理解经文。郑玄《周礼注》比较简洁，许多问题没有展开，所引杜子春、郑司农说本身也比较难理解。贾公彦逐条逐句都有阐释，对于初学者理解《周礼》经文非常有帮助。贾公彦《周礼注疏》对于《周礼》本经郑玄注的传播功不可没。

贾公彦《周礼注疏》包含丰富的研究成果。此后历代学者想在《周礼》研究中有所作为，不可能不去关注贾公彦的研究成果，在鉴别、吸收、消化过程中吸取其学术营养。宋代学者王与之作《周礼订义》，称引贾公彦《周礼注疏》一千三百多条。② 我们自己统计，宋末陈友仁等编《周礼集说》，引用贾公彦疏近四百条；明代王志长作《周礼注疏删翼》，采用贾公彦疏一千五百余条。清人孙诒让作《周礼正义》，对贾公彦《周礼注疏》十分重视，分析精到，对贾公彦说从者十有六七。孙诒让本人也被学者誉为贾公彦之后《周礼》学第一人。可见贾公彦《周礼注疏》已经成为典范。至于段玉裁、王引之等考据学，大多以郑玄《周礼注》、贾公彦《周礼注疏》为基石，攀上那个时代学术的高峰。可以说贾公彦

① 阮元：《揅经室集》，邓经元点校，中华书局，1993年版，第217页。

② 夏微：《周礼订义研究》，博士学位论文，四川大学，2008年，第86页。

的《周礼注疏》哺育了自唐以来所有的《周礼》学研究者。在《周礼》学史上，他是郑玄之后、孙诒让之前的第一人。就其影响力来说，孙诒让《周礼正义》虽在学术的精准性上超越了《周礼注疏》，却依然赶不上其对一般读者的影响。读者学习《周礼》，可以不读《周礼正义》，却不能不读《周礼注疏》。三部《周礼》学著作，郑玄《周礼注》简略而精当，贾公彦《周礼注疏》通俗而广博，孙诒让《周礼正义》繁富而精准。

历代学者对于《周礼注疏》多以使用为主，而做深入研究的比较少。古代学者多以片言只语谈其感受，大多“未得其肯綮”。近代学者多于著作中旁涉贾公彦之疏，如经学史、思想史、学术史著作，大多仅仅简述而已。至于当代学者中，在本书初稿完成之际仅见杨学东一篇博士学位论文。该论文的成绩十分可喜：归纳了贾疏训诂六法，讨论了贾疏与熊安生、皇侃《周礼》研究的关系，然于贾疏未及全面梳理。[①] 纵观古今，还是孙诒让《周礼正义》对贾疏所作研究最为全面，也最为用力。然该书非为贾公彦专门而作，对贾疏的价值、特点、贡献未予以点明。作为一部有一千余年传播史的著作，《周礼注疏》的研究尚有很大空间。

晋唐《周礼》义疏学发展到贾公彦《周礼注疏》，确实已经攀上巅峰。我们以唐代为《周礼》义疏学的终结期，但以“义疏体”承载《周礼》研究成果不但没有结束，宋元以下还在发扬光大，王昭禹、王与之等人的著作就解经也解注来看依然属于广义的“义疏体”。古典时期集大成之作孙诒让的《周礼正义》从体例上看，也属于广义的“义疏体”。只不过宋代出现理学化的《周礼》学，清代出现了朴学化的《周礼》学，学术精神发生了重要转变。“义疏学”已经不能概括这些时代《周礼》学的本质特征。在这种意义上，我们称贾公彦的《周礼注疏》为《周礼》义疏学的孤峰。

---

① 杨学东：《贾公彦〈周礼疏〉研究》，博士学位论文，西北大学，2015年。

第五章

《周礼》义理学的形成

在《周礼》学史上，两宋、元、明六百年间属于《周礼》义理学占据主流地位的时代。这段时期，《周礼》义理学从解经形式看又分化出“附经解说”和“离经立说”两个流派。“附经解说派”在形式上与汉唐注疏体类似，对《周礼》经文逐句逐段解说，只不过解说的重点在于发掘经文的思想内容。“离经立说派”不对《周礼》经文进行逐句逐段解说，主要做法是从《周礼》中提取出一个个问题，并对这些问题分标题进行专题解说。因此这一派又可以称为“专题论派”。李觏《周礼致太平论》一书的流行标志着《周礼》学史上影响深远的研究类型——《周礼》义理学中“离经立说派”的诞生；王安石《周官新义》的刊刻则标志着《周礼》义理学的正式确立以及“附经解说派”的产生。此后《周礼》义理学这两个流派各自发展。王昭禹的《周礼详解》、朱申的《周礼句解》、易祓的《周官总义》都是“附经解说派”中的佼佼者；郑伯谦的《太平经国之书》、俞庭椿的《周礼复古编》、夏休的《周礼井田谱》、叶时的《礼经会元》则为“离经立说派”的代表作。至于王与之的《周礼订义》、陈友仁等编撰的《周礼集说》则是两部宋代《周礼》学的集大成之作。

《周礼》的义理研究在郑玄注中就已经存在；在贾公彦疏中，义理学阐释屡见不鲜，但都不是二人《周礼》研究的重点。到了北宋时期，由于《周礼》知识性研究余地不够广阔，《周礼》研究的主流已经不是对该书进行文献校勘、文字训诂和名物制度解说，而是发掘这部书的思想价值，为国家治理提供理论依据。《周礼》义理学第一部专著是王安石的

《周官新义》，此后李觏的《周礼致太平论》、叶时的《礼经会元》、郑伯谦的《太平经国之书》等将《周礼》义理学研究推向高潮，因而《周礼》义理学崛起于北宋。同时，随着王安石变法的推行，《周礼》致用学再次获得发展。因此在宋代，《周礼》学发生了研究范式的转型，那就是《周礼》义理学的崛起和《周礼》致用学的发展。

宋人关于《周礼》真伪问题的研究，首推欧阳修。欧阳修在这个问题上有三条观点颇具影响力。第一是从《周礼》文本中推导出《周礼》制度的“不合理性”。他根据《周礼》经文计算出《周礼》所设官僚多达十万余人。西周时期，在全国人口不过数百万的情况下，王朝政府有如此庞大的官僚队伍，显然设计不合理。第二是根据《周礼》经文指出《周礼》官民政事太繁。欧阳修以上两条都是为朝廷策试进士所拟的题目，不是以论文或专著形式提出。但该命题本身包含对《周礼》的否定态度是可以肯定的。第三是欧阳修从历代治国实践中得出《周礼》不可施行的结论。欧阳修没有《周礼》学研究专著，他的贡献只是提出怀疑论的思路，没有深入《周礼》一书庞大体系的内部进行论证，他的研究并不深入，因而成就也很有限，不能代表宋代《周礼》义理学的主流。因此我们在本章中对怀疑论派不做详细评介。

第一节 义理学专题论派的奠基

李觏（1009—1059），建昌军南城（今江西省抚州市资溪县）人，出身书香门第，但其出生时家境已经贫寒。李觏早年即有政治抱负，但科举屡试不第，仕途不顺。李觏博览群书，勤奋著述，多次上书论国是，深受学者推崇。李觏深通经学，有经学著作《礼论》七篇、《易论》十三篇，以及《删定易图序论》《周礼致太平论》等。其中《周礼致太平论》是李觏经学研究的代表作，也是两宋《周礼》义理学中专题论派的开山之作。据《直讲李先生年谱》，该书作于李觏三十五岁之年，此年为庆历三年。李觏应举不第后，遂杜绝科举之路，教授生徒，潜心著述，时人称“盱江先生”。李觏四十三岁时，经范仲淹等当朝大臣屡次举荐，才“旨授”将仕郎、太学助教，获得“一命之士”的资格，吃上“皇粮”。七年后，在五十岁时，才“除通州海门主簿、太学说书”，成为太学的主讲学者。五十一岁，获得重用。时任“管勾太学”的胡瑗以病告假，李觏“权同管勾太学”。可惜“寻以祖母未祔先茔，请假归迁。旨给假一月，先生遂归”。当年八月即卒于家，享年仅五十一岁。临终前，以所作《三礼论》未成为恨。① 其著作被编为《盱江集》。

一 《周礼致太平论》对内治义理的发掘

《周礼致太平论》有五十一篇，《序》之外分《内治》《国用》《军卫》《刑禁》《官人》《教道》六个专题。对于这六个专题设置的用心，李觏在《序》中做了解释：

> 天下之理，由家道正。女色阶祸，莫斯之甚。述《内治》七篇。利用、厚生，为政之本，节以制度，乃无伤害。述《国用》十六篇。备预不虞，兵不可阙，先王之制，则得其宜。述《军卫》四篇。刑以防奸，古今通义，唯其用之，有所不至。述《刑禁》六篇。纲纪既立，持之在人，天工其代，非贤罔乂。述《官人》八篇。何以得贤，教学为先，经世轨俗，能事以毕。述《教道》九篇。②

由此可见，李觏自己认可的主题，《内治》诸篇齐家，《国用》诸篇利用、厚生，《军卫》诸篇备战，《刑禁》诸篇防奸，《官人》诸篇任贤，《教道》诸篇育贤。我们依据这六个专题分别分析李觏从《周礼》中发掘出的思想。

所谓“内治”，即夫妇之道。对于王朝，即后宫问题；对于士大夫，即家庭问题；对于庶民，即娶妻生子问题。一部《周礼》，关于“内治”有深思熟虑的制度设计，李觏则是《周礼》“内治”研究的第一人。他的《内治》七篇代表了两宋《周礼》义理学在这个问题上的最高成就。

《内治》第一篇对应的是《周礼·天官·内宰》篇。李觏研究的前提

① 魏峙：《直讲李先生年谱》，《李觏集》，王国轩校点，中华书局，1981 年版，第 507 页。

② 李觏：《周礼致太平论》，《盱江集》卷五，《景印文渊阁四库全书》第 1095 册，第 1—2 页。

建立在女子“本性不正”的性别歧视女性观基础上，这在今天看来无疑是错误的。不过李觏通过从普通家庭到帝王之家的考察，发现一系列悲惨教训也是事实。因此李觏主张重视《内宰》六宫阴礼之教，化天下从闺门始，从而收获《关雎》之不淫，《葛覃》之躬俭，《樛木》之无嫉妒，《螽斯》之多子孙，《卷耳》之辅佐求贤，《兔罝》之莫不好德，以成王道。

《内治》第二篇发掘的是《周礼》天官冢宰管理内宫的制度设计思想。天官冢宰之属有九嫔、世妇、女御、女祝、女史。李觏以为周公这样安排嫔妃用意深刻：“使之分职于内而附属于外，有职则当奉其法；有属则必考其功。奉法则不敢不谨；考功则不敢不慎。举宫中之人而知所劝勉者，官有其长之效也。而况内宰亦用大夫、士，春官世妇，每宫卿二人，盖皆分命贤臣以参检内事，与夫婢妾贱人自相使令而无畏忌者不同年而语矣。”① 李觏还利用西汉吕太后残害戚夫人以及袁盎引却慎夫人坐这一正一反两件历史实例，说明冢宰管理后宫制度设计的价值。

《内治》第三篇就《天官·序官》“世妇”以下不言人数，“谓君子不苟于色，有妇德者充之，无则阙”进行义理发掘，以为贤德女子非常难以培养，因此后宫应当宁缺毋滥，绝对不能无德而以色亲。李觏将《周礼》后宫人数与汉武帝后宫人数做了对比：“先王之制百二十人犹以无人而阙之，至难至慎若此！武帝平吴之后，掖庭殆将万人，复何义也?”李觏总结出历史教训：“人多则御幸不可遍，怨恨由是兴。费广则财物不足支，民氓所以困。国家之败何莫由斯者邪?”②

《内治》第四篇从《天官·女御》发掘女御“九九而御”之制在后宫管理中的重要价值。女御“九九而御”之制，即女御安排后妃御幸，十五日而遍，周而复始。《周礼》这个制度不仅防止后妃专宠，还有保障王朝后嗣兴旺之意。虽为阴事，却关系王朝根本。李觏以历史上的经验教训论证《周礼》女御“九九而御”之制的意义。霍光欲上官皇后擅宠，

① 李觏：《周礼致太平论》，《盱江集》卷五，《景印文渊阁四库全书》第1095册，第4页。

② 李觏：《周礼致太平论》，《盱江集》卷五，《景印文渊阁四库全书》第1095册，第6页。

而昭帝无嗣；成帝约不负赵飞燕，国统三绝；而薄姬输织室而生孝文帝；晋简文幸李后于织坊，乃生孝武帝。悲喜只在破专宠。

《内治》第五篇就《内宰》“中春，诏后帅外内命妇始蚕于北郊，以为祭服”和“上春，诏王后帅六宫之人而生穜稑之种，献之于王”展开论述，发掘这两条经文“成妇道”的义理价值：第一是祭祀之重，第二是农桑之艰。以王后之尊，尚且亲蚕桑以助祭，亲制种以佐耕，以示先祖社稷之重，以示稼穑之艰难。“不知耕之劳则以为田自生谷；不知蚕之苦则以为桑自生丝。自古愚妇人粪土货财，焦烂府库，农夫病，工女死，而求之不已者，不知民事之难也。”① 至于西晋贵族妇女不知女工丝枲之业、中馈酒食之事，礼法大坏，难怪其迅速崩溃。

《内治》第六篇发掘《春官》之内宗、外宗两职的义理。内宗是王嫁给士大夫的姐妹、堂姐妹；外宗是王嫁给士大夫的姑姐妹。这是特殊的群体，由于生于帝王之家，乃“天之骄子”。然而历史上由这些人造成的悲剧不在少数。关于这些人的教育和任用，《周礼》中内、外宗二职职文有很好的设计，那就是协助王后“掌宗庙之祭祀，荐加豆笾。及以乐彻，则佐传豆笾，宾客之飨食亦如之，王后有事则从”。李觏认为这样的设计在于以礼为坊，通过礼仪熏陶，使视、听、言、貌、思无不在礼，以成妇之道。

《内治》第七篇由《媒氏》一职而发。李觏认为婚姻之礼要在及时：“有夫有妇然后为家，上得以养父母，下得以育子孙，生民之本于是乎在。”因此先王制婚姻之礼，男子三十、女子二十已过婚姻之期，不得不采用非常手段会合之，奔者不禁。至于典妇功掌妇式之法，鄭长稽女功，则人民有家有业，富庶可期。越王勾践活用《周礼》，以女子十七不嫁、丈夫二十不娶则父母有罪，因以报吴；晋泰始中，博选良家充后宫，先下书禁天下嫁娶，违背《周礼》，为天下笑。②

二 《周礼致太平论》对财政义理的发掘

利用、厚生，《洪范》九畴之二畴，其精神实质就是生财养民。《周

① 李觏：《周礼致太平论》，《盱江集》卷五，《景印文渊阁四库全书》第1095册，第8页。

② 李觏：《周礼致太平论》，《盱江集》卷五，《景印文渊阁四库全书》第1095册，第11—12页。

礼》一书的制度设置无不最终落实到用民、驭民、保民、养民上。王建六官，以为民极；大宰治典，以纪万民；司徒教典，以扰万民；宗伯礼典，以谐万民；司马政典，以均万民；司寇刑典，以纠万民；司空事典，以生万民。此为“顶层设计”。“大宰八统”驭万民、“大宰九职”任万民、“大宰九两”系邦国之民等已经落实到“中观”层面。至于井田、沟洫法，则人民无处不在，已经在微观层次落实人民休养生息问题。安邦、养民是《周礼》的两大主题，《周礼致太平论》第二论《国用》，发掘的就是《周礼》生养人民的思想。

《国用》共十六篇。第一篇从大宰“九赋”、“九贡”与“九式”的对应中发掘出《周礼》“量入以为出，节用而爱人”的财政思想。

《国用》第二篇从对《周礼》治藏之官内府、玉府职能和所属关系的分析中发现，这两府治藏带有帝王私人性质，却受大府的行政领导，则同样日有成、月有要、岁有会，职内之入、职岁之出、司书之要贰，要接受司会之典的钩考，并据以废置、诛赏。如此则能节用聚财。李觏从这样的制度设计中发掘出“天子无私财”和“王者无外，以天下为家”的新见解。①

《国用》第三篇从大宰“九职”与闾师“九事”“九贡”中发掘出“天之生民未有无能者也，能其事而后可以食。无事而食，是众之殃、政之害也”的财富分配思想。② 这两句话与“各尽所能，按劳分配，不劳动者不得食”非常接近。

《国用》第四篇综合分析了大司徒授上中下三等地之法、遂人颁田莱之法、载师以七田任近远郊之法，从而得出《周礼》设计者“人无不耕”“地无不稼”的劳动力资源与土地资源关系思想，批判后世土地兼并对社会的破坏。这个思想与“耕者有其田”非常接近。

《国用》第五篇从《周礼》遂人治乡遂、匠人治都鄙中发现，遂人的遂、沟、洫、浍、川，匠人的耜、耦、甽、遂、井、沟、成、洫、同、浍都与水利有关；而稻人之职以潴蓄水，以防止水，以沟荡水，以遂均水，

① 李觏：《周礼致太平论》，《盱江集》卷六，《景印文渊阁四库全书》第1095册，第3页。

② 李觏：《周礼致太平论》，《盱江集》卷六，《景印文渊阁四库全书》第1095册，第4页。

以列舍水，以浍泄水，更是水利措施。《周礼》设此三官，以排水防洪涝灾害，以蓄水防旱灾。这三项措施已经达到改造性利用自然的水平。李觏的发现不仅属于义理揭示，也属于知识性发现。

《国用》第六篇也是关于农业问题。《周礼》有遂大夫，正岁简稼器，修稼政。又有里宰，以岁时合耦于锄，以治稼穑，趍其耕耨，行其秩叙。还有遂师，巡其稼穑而移用其民，以救其时事。以上三官涉及农业科学、农业生产工具管理、农业劳动力配置等问题。李觏认为遂大夫简器以防贫人或不能备物，致使生产不能正常开展；修稼政乃辨别各种土地所宜种植的五谷。里宰合耦于锄，即帮助协调劳动力，互相帮助，完成耕种。遂师移用其民，是由于五谷熟时有风雨之急，"收获如寇盗之至者也，然一夫又不足为，故遂师巡其稼穑而移用其民，以救其时事"。① 他赞叹周公之治农业至纤至悉，并以汉代赵过为例，说明政府在提高农业劳动生产率方面大有可为。

《国用》第七篇讨论重农抑商问题，得出的是重本抑末的结论。《周礼》载师之职规定："凡宅不毛者，有里布；凡田不耕者，出屋粟；凡民无职事者，出夫家之征。"闾师之职也规定："凡庶民，不畜者祭无牲，不耕者祭无盛，不树者无椁，不蚕者不帛，不绩者不衰。"由此可见《周礼》的设计者对不从事农业或者懈怠农事者不仅征收惩罚性赋税，还进行精神层面的惩罚。李觏认为这是"圣人驱民以反本之术也"。②

《国用》第八篇讨论财富收入与赋敛、礼俗关系问题。《周礼》有土均之官，掌邦国都鄙之政令刑禁与其施舍，礼俗、丧纪、祭祀皆以地美恶为轻重之法而行之。而司书之职，三岁则大计群吏之治，以知民之财、器械之数，以知田野夫家、六畜之数，以知山林川泽之数，以逆群吏之政令。李觏从土均之职得出"君子行礼不求变俗，随其土地厚薄为之制丰省之节"的结论。他从司会之职中发现："逆，谓钩考也。恐其群吏滥税

① 李觏：《周礼致太平论》，《盱江集》卷七，《景印文渊阁四库全书》第 1095 册，第 2 页。

② 按：李觏这里对《周礼》"重本抑末"的认识是有偏颇的。《周礼》"大宰九职"有商贾阜通财贿，有百工饬化八材，有闲民转移执事；"大司徒十二职"还加上"学艺"等。可见《周礼》重视"第一产业"，也不轻视其他产业。

敛万民，故知此本数，乃钩考其政令也。夫奢则以为荣，俭则以为辱，不顾家之有亡，汲汲以从俗为事者，民之常情也，是故为之禁令。地媺收多则用之丰；地恶收少则用之省。如此，民皆知惜费矣。亏下以益上，贪功以求赏，不恤人之困乏，皇皇以言利为先者，吏之常态也。是故为之钩考，虽器械、六畜、山林、川泽必知其数。如此，吏不敢厚敛矣。”① 李觏由此发掘出《周礼》礼俗与税敛思想，即根据收入等实际情况制定礼俗轻重、税敛额度，防止礼重伤民、敛重害民。

《国用》第九篇讨论圣人念民勤、恤财匮问题。《周礼》设职方氏管理诸侯贡物，以地所产规定贡物。又设土训一职“掌道地图以诏地事，道地慝以辨地物，而原其生，以诏地求”。李觏对土训职文做了新的解释：“辨地物者，别其所有所无；原其生，生有时也。以此二者，告王虽是当州所有而生有时；地所无及物未生则不求也。”② 李觏得出圣人念民勤、恤财匮的两条原则：地所无不求；物未生不求。如果违反这两条原则，那么商贾会贱买贵卖，谋求暴利，坏民家，败民产。李觏赞扬西汉的平准制度，认为国家应当采取相应制度，防止商人操纵物价而损害民众。

《国用》第十篇讨论如何制定国家开支额度问题。《周礼》设有司稼、廪人二官。司稼“巡野观稼，以年之上下出敛法”。廪人“掌九谷之数，以岁之上下数邦用，以知足否，以诏谷用，以治年之凶丰”。前者在庄稼收获之前，根据实际情况制定当年赋敛的额度，防止过度税敛伤害农家。后者在赋敛完成之后，根据王朝实际入仓五谷数量制定当年粮食消费方案，防止粮食消费超出王朝承受能力。由此可见，《周礼》坚持“量入为出”的财政思想，李觏由此发掘出《周礼》“制国用，量入以为出，由此道也”的义理。

《国用》第十一篇讨论平抑物价问题。《周礼》有泉府：“掌以市之征布，敛市之不售、货之滞于民用者，以其贾买之，物楬而书之，以待不时

① 李觏：《周礼致太平论》，《盱江集》卷七，《景印文渊阁四库全书》第 1095 册，第 4 页。

② 李觏：《周礼致太平论》，《盱江集》卷七，《景印文渊阁四库全书》第 1095 册，第 5 页。

而买者。买者各从其抵：都鄙从其主；国人、郊人从其有司，然后予之。凡赊者，祭祀无过旬日，丧纪无过三月。凡民之贷者，与其有司辨而授之，以国服为之息。”这个职官身兼多项职能。第一项是收购市场销售不畅的货物。第二项是交易这些货物。民众有需要，可以平价购买。第三项是借出这类货物。民众由于祭祀、丧纪需要，可以从泉府处借出，以原价按时抵账。第四项是发放贷款和出借实物。李觏总结说：“赊物以备礼，贷本以治生，皆所以纾贫窭而钳并兼，养民之政不亦善乎！”① 李觏从泉府之官设置中发掘出《周礼》平抑物价以养民、发放贷款和出借实物以救民的财政思想。

《国用》第十二篇讨论市场调控问题。《周礼·地官》有司市一官，其职掌繁富，其中一项职责是“凡治市之货贿、六畜、珍异，亡者使有，利者使阜，害者使亡，靡者使微”。这是通过物价调节，丰富紧缺货物供应，促进有利于民众的货物入市，迫使有害货物退出市场，限制奢靡类货物入市。还有一项职能是“凡市伪饰之禁，在民者十有二，在商者十有二，在贾者十有二，在工者十有二”。即禁止四十八类质量不合格的货物入市。李觏从《王制》中考证出“用器不中度不粥于市；兵车不中度不粥于市；布帛精粗不中数、幅广狭不中量不粥于市；奸色乱正色不粥于市；五谷不时、果实未熟不粥于市；木不中伐不粥于市；禽兽鱼鳖不中杀不粥于市”七项伪饰之禁。李觏从司市一职中发掘出“理财之道，去伪为先”的思想。他认为：“奸伪恶物而可杂乱，欺人以取利，则人竞趋之矣！岂唯愚民见欺邪？使人妨日废业以作无用之物，人废业则本不厚矣；物无用则国不实矣。下去本而上失实，祸自此始也。”② 将理财之道上升到治国之道。

《国用》第十三篇讨论赈济备荒问题。《周礼》有遗人一官，该官掌控国家丰年聚集起来的一部分五谷。这些粮食分别藏于乡里、门关、郊区、野鄙和县都，根据此官职文，这些粮食分别施惠于恤人之艰厄、养老

① 李觏：《周礼致太平论》，《盱江集》卷八，《景印文渊阁四库全书》第 1095 册，第 2 页。

② 李觏：《周礼致太平论》，《盱江集》卷八，《景印文渊阁四库全书》第 1095 册，第 3 页。

孤、待宾客、待羁旅、待凶荒。此外，仓人“有余则藏之，以待凶而颁之”，职内“叙其财以待邦之移用”，乡师“以岁时巡国及野而赒万民之艰厄”。李觏将《周礼》以上四官赈济备荒职责综合起来考察，不得不赞叹先王“虑之深、礼之至也”。

《国用》第十四篇讨论《周礼》因灾害减免赋税徭役问题，属于救灾减灾思想。李觏研究了《周礼》司救、贾师、司关、掌客、膳夫五官职文。司救之职文有“凡岁时有天患民病，则以节巡国中及郊野，而以王命施惠”。贾师之职文有“凡天患，禁贵儥者，使有常价”。司关之职文有“国凶札，则无关、门之征，犹几”。掌客之职文有“凡礼宾客，国新杀礼，凶荒杀礼，札丧杀礼，祸灾杀礼，在野、在外杀礼”。膳夫之职文有“大荒则不举，大札则不举，天地有灾则不举，邦有大故则不举”。李觏发现，《周礼》规定凶年、疾疫之年不仅减田租，还发放救济，停止货贿之征，招待宾客也要降低等级，就连天子膳食也要贬减数量，降低档次。

《国用》第十五篇讨论平均劳役问题。重点在免劳役、均劳役问题。李觏总结出《周礼》劳役制度运行情况，首先由乡师“以国比之法，以时稽其夫家众寡，辨其老幼贵贱废疾”，即进行劳动力普查，然后乡大夫“以岁时登其夫家之众寡，辨其可任者。国中自七尺以及六十，野自六尺以及六十有五，皆征之。其舍者，国中贵者、贤者、能者、服公事者、老者、疾者皆舍”。这是统计可以任劳役的人数，并且将地区差别和可免役之人考虑在内。最后由均人制定每年劳役量：“凡均力政，以岁上下。丰年则公旬用三日焉，中年则公旬用二日焉，无年则公旬用一日焉，凶札则无力政、无财赋也。”① 这是一套充分考虑了地区差别、年龄差别、人才差别、职业差别和年成差别的劳役制度，体现了慎用民力思想。

《国用》第十六篇讨论富民问题。李觏以《大司徒》“以保息六养万民”之六曰“安富”为出发点，发掘出《周礼》教民以富民为前提条件的思想。总结汉武帝“告缗钱”的历史教训：“商贾中家以上大抵破，民偷甘食好衣，不事畜藏之业。当是之时，天下何如其不亡者，幸也。”②

① 李觏：《周礼致太平论》，《盱江集》卷八，《景印文渊阁四库全书》第1095册，第7页。
② 李觏：《周礼致太平论》，《盱江集》卷八，《景印文渊阁四库全书》第1095册，第8页。

三 《周礼致太平论》对军事刑禁义理的发掘

《军卫》第一篇讨论足兵问题。李觏提出“先王足兵而未尝有兵；后世有兵而未尝足兵”的命题，然后分析《周礼》一书中军事组织与六乡组织的关系。据《大司徒》职文，五家为比，五比为闾，四闾为卒，五卒为党，五党为州，五州为乡。这是六级居民组织。而《小司徒》职文说：“会万民之卒伍而用之。五人为伍，五伍为两，四两为卒，五卒为旅，五旅为师，五师为军，以起军旅，以作田役，以比追胥，以令贡赋。”显然，这是由伍、两、卒、旅、师、军六级构成的军事组织，这个军事组织的构成是“万民”。可见以上两种组织实际上还是一种组织，在平时从事农业，则为居民组织；到战时，每家抽一人，则构成军事组织，六级军官即居民六级组织的官长。李觏总结这套制度的优点说：“士不特选，皆吾民也；将不改置，皆吾吏也。有事则驱之于行阵；事已则归之于田里。无招收之烦，而数不阙；无禀给之费，而食自饱。”因而管仲用之，即成霸业。①

《军卫》第二篇讨论战备训练问题。《周礼》中军事训练由大司马负责。而大司马的训练一年有四次。仲春教振旅，以蒐田为演习，检验训练效果，以所获禽兽祭社。仲夏教茇舍，以苗田为演习，检验训练效果，以所获禽兽礿祭。仲秋教治兵，以狝田为演习，检验训练效果，以所获禽兽祀祊。仲冬教大阅，以狩田为演习，检验训练效果，以所获禽兽享烝。如此战备训练，既没有宣扬好战精神，也不耽搁农业生产，不破坏生态平衡，同时为四时祭祀提供祭品，一举多得。这样的军事思想在世界文明中独一无二。李觏在考察了大司马军事训练情况后感慨道：“非好兵也，为田猎也。非好田猎也，为祭祀也。其名甚美，其实甚利。外以彰事神之礼，非美乎？内以作不虞之备，非利乎？”②

《军卫》第三篇讨论《周礼》中另一类兵源。李觏发现除了闾里之民外，《周礼》中还有宫伯、宫正、诸子所掌之人也是军事力量。《宫伯》

---

① 李觏：《周礼致太平论》，《盱江集》卷九，《景印文渊阁四库全书》第1095册，第1—2页。

② 李觏：《周礼致太平论》，《盱江集》卷九，《景印文渊阁四库全书》第1095册，第3页。

职文说："掌王宫之士庶子凡在版者。掌其政令，行其秩叙，作其徒役之事，授八次、八舍之职事。若邦有大事，作宫众则令之。"李觏解释说："王宫之士谓王宫中诸吏之适子也。庶子，其支庶也。"《宫正》职文说："掌王宫之戒令、纠禁……去其淫怠与其奇邪之民，会其什伍而教之道艺。"李觏认为："宫正掌宫中卿大夫士，亦兼掌子弟。"《诸子》职文说："掌国子之倅，掌其戒令与其教治，辨其等，正其位。国有大事则帅国子而致于太子，唯所用之。若有兵甲之事，则授之车甲，合其卒伍，置其有司，以军法治之。"由此可见，宫伯所掌宫中士大夫嫡子、庶子，宫正所掌宫中卿大夫士及其子弟，诸子所掌国子都承担军事任务，因此这些人既是安全保卫人员也是战斗人员。这些人类似于西方的禁卫军。李觏赞叹道："大哉！王者之师其备矣乎！非直兴于闾里，抑又取诸世族。彼以父祖贵富，宜有报上之心，而况学习德行道艺，孰不知忠孝之美！"①

《军卫》第四篇讨论军事装备问题。《周礼》对于兵器制作要求很高。《槁人》说："掌受财于职金，以齎其工。弓六物，为三等。弩四物，亦如之。矢八物，皆三等。箙亦如之。春献素，秋献成，书其等以飨工，乘其事，试其弓弩，以下上其食而诛赏。"李觏再结合《考工记》弓人为弓，庐人为戈柲、为车戟、为酋予、为夷矛，函人为甲等内容，发出"以此战，何不胜！以此攻，何不取！以此守，何不固"的感叹。②

《刑禁》第一篇就《大司寇》三刑典而发。《大司寇》说："刑新邦用轻典，刑平国用中典，刑乱国用重典。"李觏分析了《周礼》为什么针对新国、平国、乱国施行不同的刑典，发掘出《周礼》刑法随世事而变的刑禁思想。

《刑禁》第二篇讨论《周礼》刑法问题。《小司寇》有"三刺"法："以三刺断庶民狱讼之中，一曰讯群臣，二曰讯群吏，三曰讯万民。听民之所刺宥，以施上服下服之刑。"李觏通过对《周礼》刑法的分析，发掘出《周礼》的慎刑思想。

---

① 李觏：《周礼致太平论》，《盱江集》卷九，《景印文渊阁四库全书》第 1095 册，第 5 页。

② 李觏：《周礼致太平论》，《盱江集》卷九，《景印文渊阁四库全书》第 1095 册，第 7 页。

《刑禁》第三篇讨论《周礼》赦免刑罚问题。“乡士掌国中……旬而职听于朝……若欲免之，则王会其期”，“遂士掌四郊……二旬而职听于朝……若欲免之，则王令三公会其期”，“县士掌野……三旬而职听于朝……若欲免之，则王命六卿会其期”。可见一宗免罪案，需要国王三次召集听证会。李觏发现《周礼》如此规定赦免法案，有自己的思想背景，即“刑者，非王之意，天之意也；非天之意，天下之人之意也”。“赦者非王赦之，情可赦也。否者非王不赦，情不可赦也”。这套赦免制度是为了防止出现真正的罪犯侥幸逃脱惩罚而受害者无以申冤：“杀人者死，而民犹有相杀；伤人者刑，而民犹有相伤。苟有以不忍而赦之，则杀人者不死，伤人者不刑，杀伤之者无以惩其恶，被杀伤者无以伸其冤。此不近于帅贼而攻人者乎？是故先王虽有不忍之心而不敢辄赦，必于外朝与掌事者议其可否焉。”①

《刑禁》第四篇讨论贵族犯法问题。李觏发现《周礼·掌仇》中，虽同族有爵，其犯法当刑，与庶民无以异，只是在处决方式上有所差别，有爵之人和王族处决于甸师氏而已。

《刑禁》第五篇讨论《周礼》预防犯罪思想，挽救和处罚不及五刑的邪恶之人。李觏发现《司救》《大司徒》《司圜》三职文有挽救邪恶之人的一套制度。《周礼》称为邪恶之人、害人之人是指那些虽有过失，还未触犯五刑之人。《司救》职文说：“掌万民之邪恶过失而诛让之，以礼防禁而救之。凡民之有邪恶者，三让而罚，三罚而士加明刑，耻诸嘉石，役诸司空，其有过失者三让而罚，三罚而归于圜土。”对于“邪恶”者，首先是口头批评挽救；三次不改，则挞伐之；三次不改则用“明刑”书其罪于身体，坐嘉石以耻辱之，并使其参加劳役。再继续犯错，口头批评三次并予以鞭挞；三次鞭挞仍不改悔，就关进圜土。在五刑处罚之前有一个缓冲过程以挽救邪恶之人：批评教育—嘉石明刑—圜土。嘉石如何挽救邪恶之人？《大司寇》有记载：“以嘉石平罢民。凡万民之有罪过而未丽于法而害于州里者，桎梏而坐诸嘉石，役诸司空。重罪旬有三日坐，期役。其次九日坐，九月

① 李觏：《周礼致太平论》，《盱江集》卷十，《景印文渊阁四库全书》第1095册，第4—5页。

役。其次七日坐，七月役。其次五日坐，五月役。其下罪三日坐，三月役。使州里任之，则宥而舍之。”在圜土中如何挽救邪恶之人?《大司寇》说：“以圜土聚教罢民，凡害人者，置之圜土而施职事焉，以明刑耻之。其能改者，反于中国，不齿三年。其不能改而出圜土者，杀。”圜土教育由司圜管理：“司圜掌收教罢民。凡害人者不使冠饰而加明刑焉，任之以事而收教之。能改者，上罪三年而舍；中罪二年而舍；下罪一年而舍。其不能改而出圜土者，杀。虽出，三年不齿。”由此可见，《周礼》预防犯罪措施严密，李觏视为先王驭民之道，使民迁善远罪之术。

《刑禁》第六篇是从先王禁酒看刑禁问题。《周礼》有萍氏和司虣两官，负责处罚过度饮酒行为。萍氏的职掌有“几酒”“谨酒”，郑玄注分别以为“苛察沽买过多及非时者”“使民节用酒”；《司虣》说：“禁以属游饮食于市者，若不可禁则搏而戮之。”李觏联系到《尚书·酒诰》等文献，以为西周在祭祀和养老两种情况下才饮酒，其余情况下饮酒将被禁止。由此想到刑禁的仁与义问题：大司徒十二荒政的缓刑即仁，除盗贼即义。①

四 《周礼致太平论》对任贤义理的发掘

《周礼致太平论》有《官人》八篇、《教道》九篇，分别发掘《周礼》任贤、育贤思想。

《官人》第一篇讨论《周礼》对后备官吏的推举问题。李觏对推举流程进行了梳理，发现《周礼》挑选人才非常细致，非常慎重。后备官员的选拔从基层的闾胥开始，经族师、党正、州长、乡大夫层层挑选。李觏总结说：“闾胥，二十五家之吏，凡因会聚则书其人材。族师每月朔书，春秋祭酺又书。党正夏正之月书。州长正月之朔考，春秋社又考。是一岁之中凡几书、凡几考。至于三岁乡大夫乃考而兴之，献其书于王。退而又询众庶宁复有贤能者乎?其详如此，其慎如此。”②

---

① 李觏：《周礼致太平论》，《盱江集》卷十，《景印文渊阁四库全书》第1095册，第10页。

② 李觏：《周礼致太平论》，《盱江集》卷十一，《景印文渊阁四库全书》第1095册，第2页。

《官人》第二篇讨论官吏试用问题。李觏从《周礼·司士》中发掘出官吏试用思想。《司士》职文说:“掌群臣之版,以德诏爵,以功诏禄,以能诏事,以久奠食。”李觏解释说:“德谓贤者。凡贤者、能者皆先试以事,久而有功,然后授之以爵,得禄食也。”为什么一定要先试以事?李觏的讨论由此展开。因爵禄代表富贵,而富贵非其人则陷人于不义,众心不服。况且贤能人士各有所能,各有所不能,“苟非试其事、考其功,而遽与之爵禄,则旷天官,败公事”,① 后果严重。这就是李觏发掘出来的任官必试的吏治思想。

《官人》第三篇讨论官吏考核问题。《周礼》百官都遵循考核制度。每日有成,每月有要,每岁有会,所谓旬考日成、月考月要、岁考岁会。对百官的考核由宰夫主办,司会协助,冢宰总其事。这套考核体系督促官吏无一日能懈怠,无一月不勤勉,无一岁不谨慎。李觏总结说:“凡百官府旬终月终皆考其治状,若治不以时举者,宰夫以告冢宰而责之。至于岁终又考,非直责之而已,其有功无功,司会以诏冢宰,冢宰以诏王而废置之。置者进其爵;废者退其爵也。及三岁则冢宰大计其治。大无功不徒废,必罪之;大有功不徒置,必赏之也。”②

《官人》第四篇讨论官吏任期问题。李觏从《考工记》注中发现有些技术型官吏,官有世功、世业,则以官为氏、以业为氏。在官员实际治理中还存在官民之间的互相了解问题,这也是需要时间的。因此李觏得出任官须长期的观点。李觏说:

> 吏之于民,必相知心然后治也。吏知民心则明,明则政平矣。民知吏心则信,信则令行矣。欲相知心,岂一朝一夕而可哉!上下未相知,或知之未久,遽委而去之,后来者亦如此,则是吏未尝知民心,民未尝知吏心。吏以所治为传舍,事或不举,则曰“以待后人”。民视所属如过客,理或不胜,亦曰“以待后人”。官何以修?众何以

① 李觏:《周礼致太平论》,《盱江集》卷十一,《景印文渊阁四库全书》第1095册,第3页。

② 李觏:《周礼致太平论》,《盱江集》卷十一,《景印文渊阁四库全书》第1095册,第4页。

服？谓其有功邪进其爵可也，重其赏可也，如其职事，则久之为贵。①

《官人》第五篇讨论官吏任地问题。《周礼》“大宰八统”驭万民，有兴贤使能之责，即从当地推荐贤人，由王朝任命为官，管理该地事务，也即由本地之人管本地之事。李觏对此大加赞赏说：“先王以民惟邦本，造次颠沛无或忘之。既使大臣为乡老，又取其乡之人为吏，所谓使民兴贤，出使长之；使民兴能，入使治之者也。盖使民自举能者，因入之而使之治民之贡税、田役于内，谓为比长以上之官也。夫能尽知人之情伪与其土所有，其俗所宜，莫若其乡之人也。因以为吏，孰不治乎？”②

《官人》第六篇讨论封建诸侯问题，似乎与官人无关。或许大司徒建邦国，也可以将其认作封建同姓职官吧。李觏非常赞赏段灼上表于晋武帝之言：“善哉！灼之知言也。汉虽有七国之变，而梁孝以睢阳城守。晋虽有八王之乱，而元帝以琅邪中兴。魏氏王公有名无实，禁防壅隔，同于囹圄。曹爽一死，而司马家取之如运诸掌上。灼之言不亦善乎！”③

《官人》第七篇讨论外任大臣应定期叩见国君问题。《大行人》有大宾之礼、大客之仪。包括诸侯一岁四朝觐的春朝、夏宗、秋觐、冬遇之礼，规定侯、甸、男、采、卫、要这六服诸侯觐见天子的间隔期。以上是为诸侯朝觐而设。李觏从中推导出地方官员与天子也存在这样的问题：“夫君臣之礼不可以不接，不接则上恩不下流，下情不上通，嫌疑易以生，毁誉易以入。”④ 并以西汉京房乘传奏事的教训为例，说明君臣之间及时交流的重要性。

《官人》第八篇讨论宦官问题。《周礼》用阉人六十余人，只有四人

---

① 李觏：《周礼致太平论》，《盱江集》卷十一，《景印文渊阁四库全书》第1095册，第6页。

② 李觏：《周礼致太平论》，《盱江集》卷十二，《景印文渊阁四库全书》第1095册，第1—2页。

③ 李觏：《周礼致太平论》，《盱江集》卷十二，《景印文渊阁四库全书》第1095册，第3页。

④ 李觏：《周礼致太平论》，《盱江集》卷十二，《景印文渊阁四库全书》第1095册，第4页。

为士。李觏发现："先王不以恩夺义，不以私废公。虽其亵臣，无得过宠。奄称士者止于四人，况可为卿大夫乎哉？"《周礼》一书中，阉人为官只有内小臣上士四人，说明《周礼》严格控制阉官人数及其职官等级，防止阉官干政。显然《周礼》抑制阉官。李觏总结历史教训说：

> 自郑众谋诛窦宪，为大长秋封侯，其后孙程定立顺之功，曹腾参建桓之策，续以五侯合谋，梁冀受钺，高冠长剑，纡朱怀金者布满宫闱；苴茅分土，南面臣人者盖以十数。故曰：三世以嬖色取祸，嬴氏以奢虐致灾，西京自外戚失祚，东都缘阉尹倾国。岂不哀哉！①

中国历史上，从秦朝开始，历代都有宦官干政的教训。在李觏之后，还出现了明朝宦官魏忠贤"阉党"问题。明朝三百年基业，虽不能说就是毁于阉党之手，然阉党把持朝政加速了明朝的灭亡，是不争的事实。

五　《周礼致太平论》对育贤义理的发掘

"教道"是《周礼致太平论》第六大主题，讨论的是教育问题，重在如何培养贤能人才。

《教道》第一篇讨论育贤的方式。李觏发现《周礼》育贤的方法是教以开其前，刑以策其后，宾兴以劝之。教开其前即《大司徒》文中"以乡三物教万民"，包括"一曰六德：知、仁、圣、义、忠、和；二曰六行：孝、友、睦、姻、任、恤；三曰六艺：礼、乐、射、御、书、数"。刑以策其后，即《大司徒》文"以乡八刑纠万民。一曰不孝之刑，二曰不睦之刑，三曰不姻之刑，四曰不弟之刑，五曰不任之刑，六曰不恤之刑，七曰造言之刑，八曰乱民之刑"。中以乡饮酒之礼宾兴之，即三事教成，乡大夫举其贤者能者以饮酒之礼宾客之，既则献其书于王，由王任命其职事。李觏总结道："养天性，灭人欲，家可使得孝子，国可使得忠臣矣！"②

---

① 李觏：《周礼致太平论》，《盱江集》卷十二，《景印文渊阁四库全书》第1095册，第5—6页。

② 李觏：《周礼致太平论》，《盱江集》卷十三，《景印文渊阁四库全书》第1095册，第2页。

《教道》第二篇讨论通过养老礼培育孝悌之风问题。李觏从《周礼》中找出养老礼。《天官·外饔》说："邦飨耆老孤子则掌其割亨之事。"《天官·酒正》说："凡有秩酒者以书契授之。"又从《礼记·王制》中找出关于养老礼更详细的记载。然后分析养老礼的礼义："天子之尊且事他人为父兄，天下之民敢遗其亲父亲兄乎？是一举而孝弟之风洋洋乎九州之外矣！"①

《教道》第三篇讨论培育尊长孝悌问题。李觏从《大司徒》之乡饮酒礼、《地官·党正》国索鬼神而祭祀之饮酒礼"正齿位"中发现《周礼》培育尊长孝悌之风的用心。

《教道》第四篇讨论大宰"以九两系邦国之民"中"五曰宗以族得民"问题。宗即宗族，是放大了的家庭，是中国古代"宗法制度"的基层载体。在这一篇中，李觏发掘了《周礼》以宗族实施教化功能的思想。

《教道》第五篇讨论祭祀对于培养和加强普通民众孝的作用。李觏考察了地官大司徒和鄙长职文中关于祭祀的条文，结合《礼记·曾子》等有关文献，认为倡导普通民众参与祭祀活动也是一种教之道，能够培养群居精神。

《教道》第六篇讨论如何帮助庶人行礼问题。李觏认为"礼不下庶人"，是由于庶人没有经济实力置办礼器。《地官·乡师》说："正岁，稽其乡器，比共吉凶二服，闾共祭器，族共丧器，党共射器，州共宾器，乡共吉凶礼乐之器。"可见《周礼》规定乡有集体财产"乡器"。李觏认为："人无礼不立，何斯民之不得用哉！先王患之，乃使比长、闾胥、族师集罚物以为服器，民有用者则共之。若有故而不共，则乡大夫以公物补焉。民无伤财而可得服器，则夫能言者肯不行礼哉？"②

《教道》第七篇讨论如何节制服饰、器具、车马等，防止礼仪僭越而耗费财富问题。李觏通过《典命》经文的相关规定发掘出《周礼》的等级节制思想。

---

① 李觏：《周礼致太平论》，《盱江集》卷十三，《景印文渊阁四库全书》第1095册，第3—4页。

② 李觏：《周礼致太平论》，《盱江集》卷十四，《景印文渊阁四库全书》第1095册，第2页。

《教道》第八篇讨论贵族乐教问题。《春官·大司乐》说："凡建国，禁其淫声、过声、凶声、慢声。"音乐教官大胥之职文也有："掌学士之版，以待致诸子。"李觏发现《周礼》乐教声正则人正：

深矣乎！声之感人也，如水之激，如草之偃，自生民以来莫之能免也。《乐记》曰："志微、噍杀之音作而民思忧。啴谐、慢易、繁文、简节之音作而民康乐。粗厉、猛起、奋末、广贲之音作而民刚毅廉直。劲正、庄诚之音作而民肃敬。宽裕、肉好、顺成、和动之音作而民慈爱。流辟、邪散、狄成、涤滥之音作而民淫乱。"先王慎所以感之者，故禁其淫过、凶慢之声，而舞人又取卿大夫子有中和、祇庸、孝友之德者，是声与人无不正也。声与人无不正则闻之且见之者焉，得不正乎?①

《教道》第九篇讨论对国王的劝导和对世子、国子教育的重要性，核心乃是对世子的教育和培养。《周礼》师氏以媺诏王，以三德、三行教国子。保氏掌谏王恶而养国子以道，教六艺、六仪。师、保对王诏美劝恶则王无过；教养国子、世子则为国培育本基。再结合《礼记》中的《王制》篇"乐正崇四术"，《文王世子》中的世子齿于学，李觏发掘出《周礼》君臣之忠、父子之孝、长幼之敬这样一套关于社稷宗庙的人伦关系义理。

六 《周礼致太平论》的创新

《周礼致太平论》标志着《周礼》义理学专题论派的开端。

李觏《周礼致太平论》收在《盱江集》中，可见编者并不以《周礼致太平论》为经学著作。不过从经学史角度看，这部经学著作在《周礼》研究中具有里程碑意义，开创了《周礼》义理宋学派中的"专题论派"。该派主要表现有三：第一，放弃了汉唐《周礼》学以校勘、字词训诂、

① 李觏：《周礼致太平论》，《盱江集》卷十四，《景印文渊阁四库全书》第1095册，第4—5页。

名物制度解说为主要内容的研究范式，创立了围绕一个问题展开研究的专题论文研究模式；第二，放弃了汉唐以来《周礼》学依经释义，解说逐条依附于经的释经模式，开创了综合全经相关内容，归纳《周礼》相关思想的释经模式；第三，从汉唐以来解经以正确理解经义为主要目的转变为以揭示《周礼》治国精神、评判衡量历代政治得失为主要目的。以上三点，足以说明李觏是《周礼》学史上开一代风气的人物。

《周礼致太平论》在知识性研究上也有一定的收获。例如他从《王制》中找到《司市》四十八禁中的七禁，这是带有考据性的发现，为孙诒让所采纳。但《周礼致太平论》最重要的价值不在知识方面，而在义理方面。他从为国家治理建言献策角度研究《周礼》，分别从王朝后宫治理、国家财政收支、国防战备、刑罚、吏治和官民教育等角度发掘《周礼》的思想价值，发掘出《周礼》诸多治国治民思想，标志着《周礼》义理学中专题论派的正式诞生。这是《周礼致太平论》在义理学方面的最大贡献。

《周礼致太平论》在研究方法上形成了自己的特色。除了如上所述一系列重要的思想成果外，这部著作在研究方法上还有三点贡献。那就是广泛采用官联分析法、推理论证法和历史经验教训论证法。

采用官联分析法。李觏擅长对多官同职做综合研究。《周礼》对三百六十余官叙述次序的安排，大部分都以类从，也有一些同职或职近的职官是跨类别的。汉魏传注学、晋唐义疏学为了贴近经文文本，很少做大跨度综合研究。李觏从专论论题视角将具有相同或相近职能的职官职文综合在一起研究，从而把握《周礼》国家专项治理的全貌。

《国用》第十四篇讨论《周礼》的救灾减灾问题。李觏将分布在地官中的司救、贾师、司关，分布在秋官中的掌客和分布在天官中的膳夫五官放在一起研究，《周礼》关于救灾减灾的操作程序也就明晰起来。

《刑禁》第五篇，李觏综合考察了大司徒、司救、司圜三职官的有关职文，散见于各处的一套挽救邪恶之人的制度基本上被发掘出来。李觏的这种研究方法属于对“大宰八法”之中“官联”法的合理利用，利用官联线索，将相关事务串联起来是符合《周礼》文本实际的研究方法，保证了李觏义理学研究不至于天马行空，无落实处。

采用推理论证法。 李觏在专论中大量采用推理论证法，以证明从《周礼》发掘出来的思想具有确实的现实意义。《刑禁》第四篇说：

> 法者，天子所与天下共也。如使同族犯之而不刑杀，是为君者私其亲也。有爵者犯之而不刑杀，是为臣者私其身也。君私其亲，臣私其身，君臣皆自私，则五刑之属三千止谓民也。赏庆则贵者先得，刑罚则贱者独当。①

这段话采用反推法，以论证“刑不上大夫”的荒谬，虽没有明说“士大夫”与皇亲国戚，其所指非常明确，读者不难看出。

采用历史经验教训论证法。 本方法即采用历史记载的真实人物和事件论证《周礼》义理。《周礼致太平论》几乎每一篇都采用历史事实，陈述历史经验教训。这是用历史事实证明《周礼》相关思想的现实价值。例如《国用》第十六篇发掘的是《周礼》富民思想。一味地搜刮民财以充国库，也许动机是好的，但实际结果是祸国殃民。李觏以西汉武帝的“告缗钱”为例，说明中产以上之家破产虽然富了国家，带来的惨痛教训却是深刻的。其中之一是百姓不再热衷于治产业，出现了“今朝有酒今朝醉”的颓废民风，整个社会失去了朝气，动摇了王朝根基。再如《教道》第六篇，李觏以任延为九真太守为例，说明移风易俗事在人为。

> 任延为九真太守，骆越之民无嫁娶礼法，各因淫好，无适对匹，不识父子之性、夫妇之道。延乃移书属县，各使男年二十至五十、女年十五至四十，皆以年齿相配。其贫无礼聘，令长吏以下各省俸禄以赈助之，同时相娶者二千余人，其产子始知种姓。彼一郡守犹能教人以礼，而助之以财，况四海之富乎哉！②

---

① 李觏：《周礼致太平论》，《盱江集》卷十，《景印文渊阁四库全书》第1095册，第5—6页。

② 李觏：《周礼致太平论》，《盱江集》卷十四，《景印文渊阁四库全书》第1095册，第2页。

李觏采用历史经验教训论证《周礼》的思想价值这一做法为叶时、郑伯谦所继承，在他们的著作中，引用历史案例屡见不鲜，其源头当在《周礼致太平论》。

《周礼致太平论》也存在一些遗憾。最明显的遗憾是大部分专题研究浅尝辄止，没有仔细辨别同中之异、异中之同，让人感到敏锐有余而深博不足，因而降低了学术性。

此外尚有几个重要专题没有触及。例如土地问题，对于《周礼》的授田制度所蕴含的“耕者有其田”思想，李觏在本书中未做发掘。中国封建社会大多数改朝换代都与土地兼并有关。土地集中到少数大地主、大土豪手中，造成大部分底层人民生存条件难以获得保障的时候，正是社会矛盾集中爆发之时，北宋社会也不例外。李觏在本书中没有关注到这个问题，不能不说是个遗憾。不过李觏另有《平土书》一卷二十章，亦以《周礼》土地制度为基本资料，与本书类似，或可弥补本书的遗憾。

作为经学家的李觏属于《周礼》义理派，其著作在当时受到范仲淹、王安石等人的赏识。其高足曾巩在变法上与王安石有过思想交流；另一弟子邓润甫更是直接参与了王安石变法，是王氏变法的得力助手。① 到南宋时期，李觏由于主张义利并重、王霸强国，遭到朱熹的批评，却也获得陈亮、叶适等“事功派”的回护。此后李觏的影响逐渐沉寂。20世纪前期，胡适推举李觏，称他为“两宋哲学的一个开山大师”。② 从此，学术界基本上接受了胡适的观点，李觏成为近现代学者的研究对象。然而学者关注的大多是作为思想家的李觏，对于经学家的李觏，研究还不深入。特别是对于《周礼致太平论》，除了几篇学术论文外，从经学史角度进行专门研究的著作尚未出现。③

---

① 姜国柱：《李觏评传》，南京大学出版社，1996年版，第276—277页。

② 胡适：《记李觏的学说》，《胡适文存》（贰），华文出版社，2013年版，第23页。

③ 按：到本节撰写之时，从经学史角度研究《周礼致太平论》的学术论文，属于概述性质的有夏微的《李觏〈周礼〉学述论》，《史学月刊》2008年第5期；潘斌的《论李觏的〈周礼〉诠释》，《宋代文化研究》第22辑，四川大学出版社，2016年。专题研究的有王启发两篇，分别为《从宫廷后妃伦理到民间家庭伦理及昏礼的意义——李觏〈周礼致太平论·内治〉析论》，《湖南大学学报》（社会科学版）2014年第2期；《李觏〈周礼致太平论·国用篇〉考察——从国家的财用积累到赋税征收与国计民生》，《国学学刊》2015年第1期。

第二节 王安石《周官新义》的训诂特点

王安石，北宋真宗天禧五年（1021）出生于临川（今江西抚州市）一个官宦之家，卒于北宋哲宗元祐元年（1086），是北宋著名的政治家、文学家和经学家。作为经学家的王安石，主要贡献是主持编纂了“三经新义”。根据后人考证，其中《周官新义》由王安石亲自撰写。

《周官新义》撰写完成后，王安石即以官方名义颁布天下学宫。由于事涉科举，天下学人闻风而动，这部著作迅速替代集汉唐传注和义疏学大成的《周礼注疏》，成为官方指定读本和民间主流读本。后熙宁变法失败，王安石此书受到压制排挤，但由于此书曾获得“钦定教科书”地位，深刻影响了天下举子和塾师，其影响一时难以排除。南宋、元、明时代凡注《周礼》，必引用该书。一直到晚明、清初，该书才逐渐淡出学者视野。到清人编《四库全书》时，该书已无传本，四库馆不得不从《永乐大典》中辑佚出部分内容。

依据今天所能见到的辑佚本面貌，《周官新义》表面上与汉唐注疏之学没有区别，仍然是先按照章节分列《周礼》经文，在经文之下列出王安石自己的观点，形式上还是经注体。不过仔细辨析王安石的注文，我们不难看出，相对于汉唐注疏，该书发生了重要变化。第一是将汉唐寻求具体语境中词义的训诂学转变为阐发思想意义的训诂学；第二是改汉唐寻求经文本义的经义学为思想发掘的经义学，这是《周礼》学史上的一次重要变革。同是训诂学和经义学，王安石这两方面的研究改变了从传注学到义疏学训诂解经的重点，其创新正在于斯；其虚妄也在于斯。

一 《周官新义》概述

《周礼》学发展到王安石的《周官新义》，在内容上发生了什么变化呢？我们以《天官》“大宰九贡”一条为例做具体分析。《大宰》经文说：“以九贡致邦国之用：一曰祀贡，二曰嫔贡，三曰器贡，四曰币贡，五曰材贡，六曰货贡，七曰服贡，八曰斿贡，九曰物贡。”王安石说：

祀贡，凡可以共祭祀之物；嫔贡，凡可以共嫔妇之物；器贡，凡可以为器之物；币贡，凡可以为币之物；材贡，凡可以为材之物；货贡，凡可以为货之物；服贡，凡可以为服之物；斿贡，凡可以共燕游之物；物贡，则凡祀、嫔、器、币、材、货、服、斿之物皆是也。

《大行人》侯服贡祀物，甸服贡嫔物，男服贡器物，采服贡服物，卫服贡材物，要服贡货物。而“九贡”一曰祀贡，二曰嫔贡，三曰器贡，四曰币贡，五曰材贡，六曰货贡，七曰服贡，八曰斿贡，九曰物贡者，施政之序，上先而下后，内先而外后，以详责近，以略责远。上以供祭祀之物，使侯服贡之，则上先下后之意；内以贡嫔妇之物，使甸服贡之，则内先外后之意；器服作治之功多，使男服、采服贡之，则以详责近之意；材货作治之功少，使卫服、要服贡之，则以略责远之意；先器后服，先材后货，则亦以远近为差。九贡退服在材、货之后者，材、货，邦用所通服，则王身所独，大宰以道佐王者也。于此又明王者养天下以道，其用材宜后其身之意。币、斿、物贡则六服所通，以币继嫔器之后，以斿物继货物之后，则亦各得其所也。

九赋言敛、九贡言致者，邦国之财不可敛而取也，致之使其自至而已。九赋言财贿、九贡言用者，财贿以敛言也，敛止于王畿，则所敛狭矣；用以散言也，散及于邦国，则所散广矣。大宰事王以道，敛欲狭，散欲广，王之道也。至于司会以九赋之法令田野之财用，以九贡之法致邦国之财用，赋、贡兼以敛，散言则司会事王以法，主会其入出而已，取欲狭，施欲广，非其任矣。①

我们将引文分为三段，相应地每段为一项“新义”。第一段“新义”属于对九贡的名物训诂。第二段“新义”属于文法分析，但实质上经文注解已经转变成从经文中归纳施政方略。第三段“新义”属于对九贡经文隐含治国思想的发掘。从形式上看，王安石这节“新义”对于汉唐

① 王安石：《周官新义》，程元敏：《三经新义辑考汇评》（三）《周礼上》，台北：“国立”编译馆，1986 年版，第 36 页。

《周礼》学有继承，那就是名物训诂；有发展，那就是对经文次序逻辑分析得出“施政之序，上先而下后，内先而外后，以详责近，以略责远”的施政策略；更有超越，那就是从经文中看出了“敛欲狭，散欲广”的“王道”。其中第二项内容已经让《周官新义》与汉唐《周礼》学渐行渐远；第三项内容则彻底脱离了汉唐《周礼》学。

汉唐《周礼》训诂主要挑选时人生疏的字词或词义发生转变的字词，用时人熟悉的词做替换性解释或通俗易懂的描述，目的是让人读懂《周礼》经文。从这个特点看，汉唐《周礼》训诂类似于今天的词汇学。到王安石的《周官新义》，《周礼》训诂发生了两点变化：一是训诂方式的变化，二是训诂目的的变化。

二 训诂方式的转变

从训诂方式看，王安石《周官新义》首次大规模以字形分析作为训诂手段。《周礼》训诂学范式由杜子春创建，到郑玄已经臻于完善。两汉《周礼》传注学中的训诂，基本上采用因声求义和因文求义两大类训诂方法，因形求义法运用极少。这是一个奇怪的现象。在东汉，因形求义方法已经非常成熟。许慎的《说文解字》是典型的因形求义，他在《说文解字》中采用六书分析法解字，明引《周礼》七十多处，如鼓、夂、㾮、而、弓、几、堋、垗、𡿨等字。但《周礼》学大师对文字学家的成果似乎并不认可。郑玄撰写《驳许慎五经异义》，对于许慎经学研究成果十分关注，却对许慎的文字学研究未见臧否。在《周礼注》中，郑玄采用字形分析法训诂的情况并不常见。《大司徒》职文“乡之三物”六德之一的“忠”，郑玄注说：“忠，言以中心。”这是郑玄《周礼注》中难得一见的字形分析。贾公彦说：“云‘忠，言以中心’者，此以字解之，如心曰恕，如下从心；中心曰忠，中下从心，谓言出于心，皆有忠实也。”① 从贾公彦的解说看，郑玄认为“忠”字是会意字。然而“忠”字在《说文》中属于形声字。《说文·心部》有“忠”字：“忠，敬也。从心，中声。”可见郑玄作会意字解反而是有问题的，此字的郑注贾疏似乎为王安

① 贾公彦：《周礼注疏》，《十三经注疏》，第707页。

石滥用会意解《周礼》文字开了“恶例”。

王安石的“字形分析”主要采用随意性强的会意法，这种字形分析法往往违背了汉字构造本原法。王安石试图通过字形分析做文字训诂，这种做法虽然不是《周礼》学史上的首创，却是第一次大规模运用。在这个意义上，其做法的确算得上是《周礼》学史上的一次“创新”。但问题是这样的创新性尝试不但无助于《周礼》学的发展，反而败坏了《周礼》训诂学。此书被诟病最多的是随意用会意解字，错误百出：

> 夫之字与天皆从一从大。夫者，妻之天故也。天大而无上，故一在大上。夫虽一而大，然不如天之无上，故一不得在大上。夫以智帅人者也，大夫以智帅人之大者也。
>
> 士之字与工与才皆从二从丨，才无所不达，故达其上下。工，具人器而已，故上下皆弗达。士非成才则宜亦皆弗达，然志于道者，故达其上也。士，事人者也，故士又训事，事人则未能以智帅人，非人之所事也，故未娶谓之士，下士谓之旅，则众故也。①

此段王安石对“夫”“士”字做了字形分析，作为比较，还连带出“天”“工”“才”三字。首先看“天”“夫”两字。王安石以为“夫”字与“天”字一样，从一从大。“天”字所从一在字顶上，这是因为没有比天更大的了。“夫”字所从一，比不上“天”之大，因而虽然在上而不封顶。金文、甲骨文中的“天”，上一横象人头，因而《说文》说“天，颠也”是正确的。可见王安石释“天”字是想当然。至于“夫”字，王安石在与“妻”的比较中提出“夫为妻之天”说，更是迂腐之极。《说文解字》以为“夫”字“从大，一以象簪也”，以“一”为簪的象形，符合古代男子二十成人而冠的文化习俗。王安石不从《说文解字》，以夫为妻之天而不能坚守，又以“夫以智帅人者也，大夫以智帅人之大者也”释“夫”和“大夫”，致使字形分析失去意义，对理解《周礼》也毫无帮助。至于“士”与“工”字，由于许慎没有见过甲骨文，《说文》解

① 王安石：《周官新义》，程元敏：《三经新义辑考汇评》（三）《周礼上》，第7页。

“士”字为从一从十的会意字，已经不是此字的本义。解“工”字为“象人有规矩”也不是“工”字的本义。“士”字实象雄性生殖器官，“工”字实象古人筑墙用的石杵。① 我们不能苛求许慎能对这两字做出正确判断，同样不能苛求王安石做出正确判断。然而王安石舍弃《说文》而不用，以缺乏字形学历史渊源的联想“会意”汉字，进行学术研究，显然是不可取的。

三 训诂目的的转变

《周官新义》以字形分析训诂《周礼》的目标指向不是《周礼》文本，而是社会治理的制度与思想。我们不妨再看上段引文对“士”“才”“工”三字的分析。王安石认为“士”“才”“工”三字字形都从二从丨。显然，王安石见过《说文》所收一竖贯穿两横的“才”字。他通过观察这一竖相对于横的位置，发现“士”字一竖贯穿上一横而止于下一横；“才”字贯穿上下两横；“工”字两横都不贯穿。于是提出奇特见解，“才”无所不达，因而上下通达；“工”只是器具，因而上下都不达；“士”有志于道，因而上达。王安石此说当受《说文·王部》所引“董仲舒曰”和“孔子曰”的启发：“董仲舒曰：‘古之造文者，三画而连其中谓之王。三者，天、地、人也，而参通之者王也。’孔子曰：‘一贯三为王。’”我们今天已经知道，金文中的“王”字象斧头形状，是象形字而非会意字。金文和甲骨文“才”字作草初生形，非一竖贯穿两横，王安石字形分析的依据也就不存在了。可见《周官新义》的字形分析训诂并不是追求“实际如此”，而是追求“应该如此”，脱离了《周礼》学自河间献王开创的实事求是的学术传统。

对于《周礼》中的“胥”“卿”二字，王安石训诂说：

> 胥之字从疋从肉，疋则以其为物下体；肉则以其亦能养人。其养人也，相之而已。故胥又训相也。卿从皀，胥从肉，皆以养人为义，

① 谷衍奎编《汉字源流字典》，语文出版社，2008年版，第23页。

则王所建置，凡以养人而已。①

“胥”从肉、“卿”从皀的字形分析都不错，错在他从字形构造中推衍出二字都有“养人”之义，从而得出《周礼》设立胥、卿“王所建置，凡以养人而已”的结论。“胥”字《说文》以为“蟹醢也”。显然本义与胥徒之“胥”无关，胥徒之“胥”并不是从蟹醢之“胥”引申而来。《周礼》“胥”字当因“相”字与“胥”字音近，借“胥”为“相”。

类似的例子不胜枚举。例如说“财”字：“才之以为利谓之财。”说“贿”字：“有之以为利谓之贿。”说“货”字：“货言化之以为利。”释“神”“示”二字说：“神之字从示从申，则以有所示，无所屈故也。示之字从二从小，则以有所示故也。”如此解释，就是天马行空，无所傍依。

王安石的《周礼》训诂学对文字的字形分析基本放弃了相对成熟的许慎《说文解字》所创立的文字字形学解释规范，将自己并不科学的《字说》说字法带入《周礼》训诂中，使《周官新义》的学术价值大打折扣。王安石在《周礼》训诂学上的失误可以视为《周礼》义理学探索中的偏差，而偏差必须得到纠正。以王安石之才，潜心于《说文》之学也不至于出现谬解汉字之误。相较于在学术上留下不朽之作，王安石更在意于实现他的政治抱负。王安石在《周礼》义理学研究方面已经取得重要收获，他当然也想在《周礼》文字训诂上有所作为。然而以许慎《说文解字》为代表的字形分析和以杜子春、郑玄为代表的词义诠释学已经达到相当高的规范性和科学性，试图推翻这两个传统而在《周礼》训诂上有所作为，只会让《周礼》训诂学倒退，对《周礼》本身也是一种伤害。王安石借助行政手段强行推广《周官新义》，这部著作在训诂学上的负面影响被无限放大，影响了宋、元、明三代学子，这是《周礼》学史上又一次惨痛的教训。

但王安石《周礼》训诂也不是一无是处，偶尔也有闪光的地方。例如《天官·酒人》有“奄十人，女酒三十人，奚三百人”一段经文，王安石“新解”说：

① 王安石：《周官新义》，程元敏：《三经新义辑考汇评》（三）《周礼上》，第7页。

郑氏以奄为精气闭藏者，盖民之有是疾，先王因择而用焉，与籧篨蒙镠、戚施直鎛、聋聩司火、瞽蒙修声同。若以是为刑人，则国君不近刑人，而况于王乎！若以为刑无罪之人而任之，则宜先王之所不忍也。①

这是发挥郑玄的见解，对郑玄说进行了合理的推衍。然而这已经不属于训诂学，而是经义解说了，并且从文本之义说到了治国之义，突破了汉唐《周礼》学的藩篱。

第三节 《周官新义》经义解说的特点

从《周礼》义疏之学到《周礼》义理之学到底发生了什么？无论是汉魏传注之学还是南北朝隋唐义疏之学都有经义解说，而到王安石《周官新义》，一种新的经学解说——《周礼》义理学的经义解说如何？我们通过分析《周官新义》的经义解说特点来解答这个问题。

一 《周官新义》经义解说的主要内容

我们以《天官·大宰》“以九两系邦国之民。一曰牧，以地得民；二曰长，以贵得民；三曰师，以贤得民；四曰儒，以道得民；五曰宗，以族得民；六曰主，以利得民；七曰吏，以治得民；八曰友，以任得民；九曰薮，以富得民”为例，比较《周官新义》发生的转变。郑玄注说：

两，犹耦也，所以协耦万民。系，联缀也。牧，州长也，九州各有封域以居民也。长，诸侯也，一邦之贵，民所仰也。师，诸侯师氏，有德行以教民者。儒，诸侯保氏，有六艺以教民者。宗，继别为大宗，收族者。郑司农云：“主谓公卿大夫，世世食采不绝，民税薄利之。”玄谓利读如“上思利民”之利，谓以政教利之。吏，小吏在乡邑者。友，谓同井相合耦锄作者。《孟子》曰：“乡田同井，出入相友，守望相助，疾病相扶持，则百姓亲睦。”薮亦有虞，掌其政

① 王安石：《周官新义》，程元敏：《三经新义辑考汇评》（三）《周礼上》，第13页。

令，为之厉禁，使其地之民守其材物，以时入于玉府，颁其余于万民。富谓薮中材物。①

从训诂角度看，郑玄选择两、系、牧、长、师、儒、宗、主、利、吏、友、富共十二个字进行训诂。属于动词的有系、利，其余十个都是名词，其中两、友两词的意义在两汉已经发生转移，另外八词属于经文重点。

从经义解说角度看，郑玄以“九州各有封域以居民也”阐释经文“牧，以地得民”；以“一邦之贵，民所仰也”阐释经文“长，以贵得民”；引用“郑司农曰”以下阐释经文“主，以利得民”；以“《孟子》曰”以下阐释经文“友，以任得民”；以“薮亦有虞，掌其政令”以下阐释经文“薮，以富得民”。由此可见，郑玄的经义解说类似于今天对文言文的“白话翻译”，是对经文做通俗化、具体化的解释，不对经文做脱离文本的发挥。

王安石《周官新义》说：

牧，九州之牧也。连率、卒正、属长、国君皆以地得民，而独言牧者，举尊以见卑也。于上举尊以见卑，则与《舜典》举上帝以见日月星辰同意。薮，泽虞之薮也，山泽之虞、川林之衡皆以富得民，而独言薮，则举小以见大也。于下举小以见大，则与《舜典》言山川以见大示同意。

长，都鄙之长，禄而不世，不得有其地，故曰“以贵得民”而已。师，有德行以教人者也；儒，以道艺教人者也；宗，继祖者，其族民之所宗；主，有家者，其臣隶之所主，主不得专地，臣隶有治焉，则吏听之，其贵又不足道也，则其得民以利而已；吏，则凡治民者皆是也；友，则学校乡田相与为友者也。牧、长皆君也；师、儒皆师也；自非君师则内莫尊于宗，外莫贵于主；吏则治之而已，友则任之而已，薮则民利其财而已。

自牧至薮，皆有所两，则民有所系属而不散，故多寡、死生、出入、往来皆可知也。夫然后可得而治矣！乃后世九两废，人得自恣，

① 贾公彦：《周礼注疏》，《十三经注疏》，第648页。

莫相统壹，而不知所以系之，故宣王料民于大原，而仲山甫非之也。当是时，上徒欲知民数而不得尚，安能得其情而制之乎？民既散矣，则放辟邪侈无不为也，故曾子谓阳肤曰：“上失其道，民散久矣，如得其情，则哀矜而勿喜。”①

本节“新义”中第一段是经文文法分析，同时兼有义理分析。“举尊以见卑”“举小以见大”的文法兼义理揭示也比较精彩。第二段是对经文“九两”的名物解说，其中不乏“微言大义”的分析，语言通脱流畅。第三段侧重说义理，揭示经文的治国意义，并以史为鉴，分析违背“九两”的历史教训，与李觏《周礼致太平论》很接近。这第三段对南宋叶时撰作《礼经会元》产生了影响。

我们比较郑玄注和王安石“新义”不难看出，郑玄注追求的是对经文原义最大程度上的接近，而王安石则是对经文精蕴的阐发和治国理政意义的揭示，一向内，一向外。这就是《周礼》义理学与汉唐传注、义疏学的区别。

二 《周官新义》的经文文法分析

《周官新义》对经文的文法分析包括用词差别分析、叙述次序分析两大内容。但与汉唐传注、义疏学的文法分析不同，《周官新义》文法分析的目的不在文法本身，而在于通过文法分析揭示经文的思想意蕴，这是王安石《周礼》义理学研究的方法之一。

《周官新义》善于通过用词差别辨析发掘政治思想意蕴。王安石在《闾胥》职文后评论说：

经于《乡大夫》曰“政教禁令”，《州长》曰“教治政令”，《党正》曰“政令教治”，《族师》曰“戒令政事”，《闾胥》曰“闾之征令”，《比长》曰“比之治”。命官之意，其轻重皆在一字间也。政令为重，禁令次之，戒令又次之，征令为下。乡大夫、州长详于教而兼

① 王安石：《周官新义》，程元敏：《三经新义辑考汇评》（三）《周礼上》，第37—38页。

政；党正、族师详于政而兼教；闾胥则承上之政教而掌其政令耳；比长则并无所为令矣。①

这是通过相近职能用词差别的辨析，突出“命官之意”，“政令为重，禁令次之，戒令又次之，征令为下”以下则是王安石的政教思想的发挥。这在汉唐《周礼》学中是不多见的。

《周官新义》善于在经文叙述次序的分析中发掘政治思想意蕴。王安石《周官新义》发扬了贾公彦揭示经文次序排列逻辑意义的传统而光大之。这一类分析类似于后世“语序分析法”，接受对象是《周礼》的初学者，尤其是致力于科举的学子。王安石注重这项工作与他计划用“三经新义”作为科举考试官定读本有关。

言治都鄙、官府则先官府后都鄙者，以大宰所治内外之序为先后也。言施典、则、法及以待邦国、都鄙、官府之治，则先邦国，次都鄙，后官府，以大宰所施所待尊卑之序为先后也。所治以内外之序为先后，而先言治邦国，则六典以佐王治，非与八法、八则序先后而言故也。②

这是通过发掘职文叙述次序的用心来探求《周礼》的天下治理思想，比唐人贾公彦又有深入。在《大宗伯》职文“大宗伯之职，掌建邦之天神、人鬼、地示之礼，以佐王建保邦国”之后，王安石分析说：

大宗伯之礼或以神、鬼、示为序，或以鬼、神、示为序，或以神、示、鬼为序。以神、鬼、示为序，定上下也；以鬼、神、示为序，辨内外也；以神、示、鬼为序，明尊卑也。定上下然后辨内外，辨内外然后明尊卑，礼之序也。③

---

① 王安石：《周官新义》，程元敏：《三经新义辑考汇评》（三）《周礼上》，第195页。
② 王安石：《周官新义》，程元敏：《三经新义辑考汇评》（三）《周礼上》，第17页。
③ 王安石：《周官新义》，程元敏：《三经新义辑考汇评》（三）《周礼上》，第277页。

王安石从《大宗伯》职文叙述中“神、鬼、示”三词次序的变化发掘“礼之序”的义理，揭示分上下、辨内外、别尊卑的礼学意蕴，其眼光之明锐可见一斑。

王安石分析《大宗伯》五礼次序说：

礼之道，施报而已。以吉礼事邦国之鬼神示，则施报之大者。以凶礼哀邦国之忧，则施报之急者。能务施报以主天下之平，则能宾诸侯、一天下。有不帅也，军礼于是乎用矣。无敢不帅，然后人得各保其常居，而嘉礼行焉。此五礼之序也。①

王安石的“新义”新在通过对五礼次序的内在逻辑分析，居然发掘出《周礼》的治国思想：施行吉礼之大、之急，则“能务施报以主天下之平”，以此为起点，引出宾礼、军礼、嘉礼之行。不管这个前提的逻辑起点是否正确，《周官新义》治国平天下的指向却是明确的。

《周官新义》甚至在揭示“互文”法中也能发掘政治思想意蕴。王安石改郑玄、贾公彦所称“互文”为“相备”。他在揭示这种“相备法”中往往发掘其政治思想意蕴。

《大宰》职文说：“正月之吉，始和布治于邦国都鄙，乃县治象之法于象魏，使万民观治象，挟日而敛之。”王安石分析说：

正月之吉，言县于象魏，而不言徇于木铎；正岁，言徇于木铎，而不言县于象魏，相备也。盖观象法皆县于象魏，而徇以木铎。或言“徇以木铎”，或言“令以木铎”，亦相备也。盖皆行徇而言令之也。或言“象之法”，或言“法之象”者，观则以象为主，用则以法为主。以法为主则曰法象，以象为主则曰象法。或言法象，或言象法，则亦相备而已。相备而于大宰言“万民”，则法以及万民为大事故也。②

① 王安石：《周官新义》，程元敏：《三经新义辑考汇评》（三）《周礼上》，第290页。

② 王安石：《周官新义》，程元敏：《三经新义辑考汇评》（三）《周礼上》，第40页。按：“相备而于大宰言万民则法以及万民为大事故也”断句不从程元敏。

此处王安石发现四种“相备”情况：“县于象魏”与“徇于木铎”相备；“徇以木铎”与“令以木铎”相备；“象之法”与“法之象”相备；“法象”与“象法”相备。但是王安石文法研究的目的并不在于对经文之美的文学因素予以发掘，他最终落实到政教问题：“法以及万民为大事故也。”意思是大宰一职，执行悬挂法象、徇以木铎的相关事宜最为完备，然而其中最大的事情是将法推及万民。显然这是一个政治性结论。

三 《周官新义》的经义阐发

《周官新义》在对经文的阐释中注重发掘经文中蕴含的治国思想。《春官·大宗伯》职文说：“以军礼同邦国。大师之礼用众也；大均之礼恤众也；大田之礼简众也；大役之礼任众也；大封之礼合众也。”王安石分析说：

> 用众，用其命；恤众，恤其事；简众，简其能；任众，任其力；合众，合其志。地有定域，民有常主，则所以合其志也。用其命而不知恤其事，恤其事而不知简其能，简其能而不知任其力，任其力而不知合其志，非所以为军礼。军礼以用其命为主，以合其志为终始。①

这段“新义”是对经文原文意义的阐发。王安石的关注点不在字词的解说，而在于用众、恤众、简众、任众、合众之间关系的分析，最后得出“军礼以用其命为主，以合其志为终始”的结论。显然这里的“新义”新在对军礼礼义关键问题的揭示上。

王安石注解《周礼》，善于阐发《周礼》赋税、徭役和征利问题。《廛人》职文说：“凡屠者，敛其皮角筋骨，入于玉府。”王安石分析说：“皮角筋骨，屠者之余财也，廛人敛而入于玉府，明所取者非民之正利。”② 并不关注什么是皮角筋骨，关注的是取利问题，突出不与民争利的周礼精神，尤其是体现不征人民正利的思想。不过这种思想倾向虽然值

① 王安石：《周官新义》，程元敏：《三经新义辑考汇评》（三）《周礼上》，第 283—284 页。

② 王安石：《周官新义》，程元敏：《三经新义辑考汇评》（三）《周礼上》，第 209 页。

得赞扬，但在具体细节上，显示了王安石对于民生的了解还是有所欠缺的。一头牲畜的皮角筋骨对于官府来说，几乎微不足道；然而对于一个养殖户来说，皮角筋骨也是一笔不可轻易忽视的财产。

王安石重视对《周礼》人口登记思想的阐发。《小司徒》职文说："乃颁比法于六乡之大夫，使各登其乡之众寡、六畜、车辇，辨其物，以岁时入其数，以施政教，行征令。"王安石分析说：

> 凡民数有数之者，闾胥"以时数其众寡"是也；有稽之者，乡师"以时稽其夫家众寡"是也。数之则以所属之人寡；稽之则以其所属之人众。有校而登之者，族师"以时属民，而校登其夫家众寡"是也；有登而不校者，乡大夫"以岁时登其夫家众寡"是也。登之而不校，则其登之也，因族师之所校而已。①

王安石发现人口登记涉及四种职官，闾胥数之，乡师稽之，族师校而登之，乡大夫登之。为什么会有数之、有稽之、有校而登之、有登而不校？这是因为所属寡则数之，所属众则稽之，乡大夫登而不校是因为族师已经校过。可见王安石对于经文有关人口登记的条文研究细致入微，因而新义迭出。

王安石在释义上努力体现自己的治国思想，这种思想属于他个人的发挥。例如《天官·大宰》"九职任万民"，其中最后一职是"闲民，无常职，转移执事"，王安石说：

> 闲民则八职所待以成事者也，故九曰"闲民，无常职，转移执事"。夫八职之民，其事有时而用众，则转移执事曷可少哉！盖有，常以为利；无，常以为用者，天之道也。②

闲民在《周礼》设计者眼中未必有如此重要的地位，王安石却将其

① 王安石：《周官新义》，程元敏：《三经新义辑考汇评》（三）《周礼上》，第184页。
② 王安石：《周官新义》，程元敏：《三经新义辑考汇评》（三）《周礼上》，第31页。

提高到与“八职为利”相为用的哲学关系高度。此说类似于市场经济时代必须保持一定数量的“待业者”一样，这是宋代商品经济发达所产生的人力需求在学术研究领域的折射。

王安石的解经颇多真知灼见。例如《周礼》一书除了三百六十余职官外，还有府、史、胥、徒、贾等非职官人员，前代学者也多有解说，而王安石的解说别有见地：

> 有藏则置府，有书则置史，有征令之事则置徒，有徒则置胥，有市贾之事则置贾。府、史、贾、胥、徒皆赋禄焉，使足以代其耕，故市不役贾，野不役农，而公私各得其所。①

这一段简洁明了地阐释了设置府、史、徒、胥、贾的具体条件以及役使准则，水平已经达到了发明凡例的高度。

王安石解经，大多不失为一家之说。例如《地官・司市》对于国君、夫人、世子、命夫、命妇“过市”有对罪犯减刑的规定。其中夫人、世子、命夫、命妇过市以捐出实物幕、帟、盖、帷替代刑罚。对此，郑玄注分析说：“必罚幕、帟、盖、帷，市者众也，此四物者在众之用也。”可见郑玄认为这四种物品用处多、需求大，罚缴这四种物品是为了向市场提供更多的供给。郑玄在解说此条时未提出确切证据，也是推测之词。贾公彦对郑玄此说疏证说：“使出帷幕难备之物者，出物虽重而无耻；宪徇虽轻而有愧，故以出物为轻也。”② 贾公彦从处罚轻重角度考虑，未得郑玄之旨。王安石解释说：

> 过市非所以明远利也，市人犯刑以利而已。国君近市则市人何诛焉？故国君过市则刑人赦，所谓刑人亦宪、徇、扑三者而已。幕也，帟也，盖也，皆庇下之物，为上近利则无以庇下矣。③

---

① 王安石：《周官新义》，程元敏：《三经新义辑考汇评》（三）《周礼上》，第 10 页。

② 贾公彦：《周礼注疏》，《十三经注疏》，第 735 页。

③ 王安石：《周官新义》，程元敏：《三经新义辑考汇评》（三）《周礼上》，第 207 页。

郑玄着眼于实用，王安石着眼于惩罚的象征意义，很难说王安石的意见不如郑玄。

王安石解经长于义理，但在名物制度方面也有一些新发现。他在《县正》职文注解中说："遂官各降乡一等，其官亦各降焉。故州谓之长，县与党同谓之正，鄙与族同谓之师。"即六遂之官比六乡之官低一个级别，此说发前人所未发。王安石虽然没有提供有力证据，却也不失为一家之言。

王安石亲历王朝宰辅之位，又有志于王朝政治改革，并为此做过许多功课，较之一般经师空谈王朝治理，他的实践经验要丰富得多，见解也要深刻得多。因此，其书说《周礼》制度往往新见迭出，且多有深意，让人目不暇接。

四 《周官新义》具有行文之美

王安石是散文大家，对于古文的把握能力极强。这种能力不仅造就了他古代散文中的"唐宋八大家"之一的地位，还让他在解经说经中轻车熟驾，一扫郑玄的晦涩、贾公彦的拖沓，行文流畅，逻辑严密，环环相扣，音节和美。例如解释"惟王建国，辨方正位，体国经野，设官分职，以为民极"一段说：

> 昼参诸日景，夜考诸极星，以正朝夕，于是求地中焉，以建王国，此之谓"辨方"。既辨方矣，立宗庙于左，立社稷于右，立朝于前，立市于后，此之谓"正位"。宫门城阙堂室之类，高下广狭之制，凡在国者莫不有体，此之谓"体国"。井牧沟洫田莱之类，远近多寡之数，凡在野者莫不有经，此之谓"经野"。"设官"则官府之六属是也。"分职"则官府之六职是也。设官分职，内以治国，外以治野，建置在上，如屋之极，使民于是取中而芘焉，故曰"以为民极"。极之字从木从亟，木之亟者屋极是也。①

① 王安石：《周官新义》，程元敏：《三经新义辑考汇评》（三）《周礼上》，第3—4页。

这段文字联训成文，骈散交互，将学术语言通过修辞手段加以润饰，兼有文章之美。《周官新义》被北宋学子所接受，除了有官颁指定读物的原因外，行文优美也是一个不可忽视的因素。

《周礼》在天地四时六官现存五官首长职文的最后，都有一段以“正月之吉”引领的“官常”。王安石在天官冢宰“正月之吉”一段职文后说：

> 三代各有正月，而周以建子之月为正，夏以建寅之月为正。夏正据人所见，故谓之“人正”。授民事则宜据人所见，故周亦兼用夏时，而以夏之正月为“正岁”。始和布治以周之正月，而正岁又观象法，则以兼用夏时故也。兼用夏时而以正月之吉使万民观治象，则正岁，先王之正也；正月之吉，时王之正也。万民取正于时王而已。若夫百官，则又当取正于先王也。①

这段解说涉及古历法问题，内容复杂难懂。传世文献都说夏、商、周三代所用历法不同，形成所谓天、地、人“三正”。《周礼》书中常见“正月之吉”“岁终”“正岁”三个时间名词。对于三者的关系，王安石做了简要解说：夏的正月在《周礼》中称“正岁”；《周礼》中的“正月之吉”的正月，是“时王”的正月，即周王的“建子”之月。《周礼》为什么周正、夏正兼用？万民取正于时王，百官取正于先王。这又是揭示《周礼》的义理。王安石用相对平易的语言将这个古老的学术问题做了解说，行文舒展自如，没有一般学术著作的语言涩滞。

第四节 《周官新义》的缺憾和影响

从以上分析可见，《周官新义》无论是名物训诂、文法分析还是经义解说，已经明显不同于汉唐《周礼》学。汉唐《周礼》研究关注如何读懂《周礼》，追求最大限度地接近《周礼》文本的原义，研究指向是《周

① 王安石：《周官新义》，程元敏：《三经新义辑考汇评》（三）《周礼上》，第 40 页。

礼》文本本身。而《周官新义》则是尽可能发掘出《周礼》经文的思想意蕴，从而为治国治民服务，追求的是学以致用，研究指向是社会治理。在这种意义上，我们提出王安石的《周官新义》发展了《周礼》学，是《周礼》义理学的创始作之一。

然而正是由于处于《周礼》义理学的开创期，《周官新义》不可避免地存在许多不足，包括学术的规范性不够，有时候对义理阐释流于空洞，文字训诂错误过多等。

一　存在学术规范性问题

《周官新义》对经文的解说并不全是王安石个人的“新义”，有相当一部分属于前人成果，特别是名物制度解说更是如此。《大宗伯》职文说：“以禽作六挚，以等诸臣。孤执皮帛，卿执羔，大夫执雁，士执雉，庶人执鹜，工商执鸡。”对于这六挚，郑玄注说：

> 羔，小羊，取其群而不失其类；雁，取其候时而行；雉，取其守介而死不失其节；鹜，取其不飞迁；鸡，取其守时而动。①

王安石《周官新义》说：

> 其道足以衣被人而饰之以炳蔚之文章者，孤之事也，故孤执皮帛；群而不党，致恭而有礼者，卿之事也，故卿执羔；进不失其时，行不失其序者，大夫之事也，故大夫执雁；交有时，别有伦，守死而不犯，分而被文以相质者，士之事也，故士执雉；可畜而不散迁者，庶人之事也，故庶人执鹜；可畜而不违时者，工商之事也，故工商执鸡。饰羔雁者以缋，则卿大夫宜亦能衣被人而有文章故也。②

比较两段引文不难看出，《周官新义》暗用了郑玄注关于羔、雁、

① 贾公彦：《周礼注疏》，《十三经注疏》，第762页。
② 王安石：《周官新义》，程元敏：《三经新义辑考汇评》（三）《周礼上》，第287页。

雉、鹜、鸡的注解，但没有给出出处。或许王安石撰写《周官新义》是为了给天下学子编一部通俗读物，加上王安石追求行文流畅，如果给出这些见解的来源，则行文之美将不复存在。此说不无道理，但该书的学术价值因此受到损害也是不言而喻的。

二 存在空谈义理现象

在大多数情况下，《周官新义》的义理阐释给人耳目一新的感觉。不过部分义理阐释思想见解过于平凡。例如《大宗伯》“以宾礼亲邦国”一节，王安石分析说：

> 以岁譬日，则春朝时也，故春见曰朝；夏则万物相见于是时也，有为之宗也者，故夏见曰宗；秋非万物相见之时，于是见焉，可谓勤矣，故秋见曰觐；冬则物辨矣，莫为之宗，亦莫之宗，其见也若邂逅然，故冬见曰遇；时见曰会者，将命以事召而会之，有时而然，故曰时会；殷见曰同者，王不巡狩，会而见之，殷国所同，故曰殷同；时聘以恩问之而已，故时聘曰问；殷眺以事有所察治，故殷眺曰视。凡此诸礼或大或小，或如常礼，惟其时物，故或言大或言小，或不言大小。①

这一段文字没有提供多少有价值的知识，也没有多少敏锐的思想，所释朝、宗、觐、遇、会、同、问、视八礼，既没有仪注上的补充，也没有礼义上的发现，附会之语有似于猜谜，几乎流于空谈。

三 字形分析错误多

王安石的《周礼》义理学在文字、音韵、训诂上贡献不多，特别是他的训诂学，虽采用了字形分析法，但建立在他自己的《字说》基础上，其中训诂上的错误在所难免。

王安石分析“佐”“佑”二字说：“以左助之为佐，以右助之为佑。

① 王安石：《周官新义》，程元敏：《三经新义辑考汇评》（三）《周礼上》，第282页。

地道尊右，而左手足不如右强，则佐之为助，不如右之力也。”① 我们知道“佐”“佑”都是后起字，甲骨文、金文均作“左”“右”，象形字。后来“左”“右”专门承担表达左边、右边之义，作为辅助意义的“左”“右”分别加上单人旁成为“佐”“佑”，则为形声字。虽然“左手足不如右强，则佐之为助，不如右之力”并不错，但王安石的字形分析仅仅建立在个人感悟基础上，无字形学学理可循，因而经不起检验。

又如“神”“示”“天”三字的字形，王安石分析说：

> 凡在天者皆神也，故昊天为大神；凡在地者皆示也，故大地为大示。神之字从示从申，则以有所示、无所屈故也。示之字从二从小，则以有所示故也。效法之谓坤，言有所示也，有所示则二而小矣，故天从一从大，示从二从小。从二从小为示，而从一从大不为神者，神无体也，则不可以言大，神无数也，则不可言一。有所示则二而小，而神亦从示者，神妙万物而为言，固为其能大能小，不能有所示，非所以为神，惟其无所屈，是以异于是也。②

王安石不按照许慎《说文解字》来分析字形，自己另提出个人见解，但个人见解的根据建立在字形错误分析基础上，因而越说越远，流于无根游谈。

王安石的《周官新义》在《周礼》学史上是一部奇特的著作。在《周礼》知识学上，《周官新义》进展不大，但在《周礼》认识学上却是一次创新，标志着宋代“依经说义派”《周礼》义理学的开端。《周礼》学至王安石又一大变，从义疏之学转变为义理之学。虽在研究形式上王安石与两汉传注学十分相似，也是依据《周礼》经文，以节为单位进行训诂和经义解说，但在内容上发生了根本性的变化。这个变化就是将两汉传注的知识之学变革为思想之学。汉唐《周礼》知识之学追求本来是什么；两宋《周礼》思想之学追求理应是什么。于是汉唐《周礼》学从传世文

---

① 王安石：《周官新义》，程元敏：《三经新义辑考汇评》（三）《周礼上》，第5页。

② 王安石：《周官新义》，程元敏：《三经新义辑考汇评》（三）《周礼上》，第44—45页。

献中找证据的训诂学到王安石这里变成以文字字形解析为主的训诂学。汉唐《周礼》学从《周礼》本身找内证的经义学到王安石这里变成证明圣人之道的经义学。虽然在王安石这里也是训诂，也是经义解说，但《周礼》学的内容变了，一种新的《周礼》学形态诞生了，那就是《周礼》义理学。由于王安石是首创期的代表者，《周礼》义理学在王安石这里还很不成熟。

总之，王安石《周官新义》的经学史价值大于这部著作的学术价值。这部著作开创了《周礼》学“依经说义”的义理学一派，对《周礼》经文思想意蕴的发掘新见迭出，是《周礼》义理学的奠基之作。由于王安石有意为有志于举业者而作，此书的影响颇为深远。就《周礼》一书的传播来说，王安石是继贾公彦之后《周礼》学的又一功臣。然而该书在训诂和名物制度研究方面存在严重的失误，损害了这部著作的学术价值。

第六章

《周礼》义理学的发展

李觏《周礼致太平论》之后，《周礼》义理学分为二途：一个是沿着李觏之路继续前行，离经说义，另立专论，如叶时的《礼经会元》、郑伯谦的《太平经国之书》；一个依然是依经释义，但不以训诂和名物解说为目标，而以发掘《周礼》义理为目的，如王安石的《周官新义》、王昭禹的《周礼详解》、王与之的《周礼订义》、魏了翁的《周礼折衷》、易祓的《周官总义》等。王安石的《周官新义》已经在上一章论述，本章考察这两大发展方向所取得的主要成果。

第一节　王昭禹的《周礼详解》

《周礼详解》的作者王昭禹，南宋陈振孙作《直斋书录解题》时已不知其为何人："《周礼详解》，王昭禹撰，未详何人，近世为举子业者多用之。"可见到南宋时期，王昭禹生前身后之事都无从考证。依据陈振孙说，他的《周礼详解》以王安石新说为宗。① 那么其书价值如何？清人《四库全书总目提要》指出《周礼详解》一书有三个特点：第一，主要思想与王安石《周官新义》思想接近；第二，偶尔有破王安石说；第三，有些说法可以订正注、疏错误。② 由于《四库全书总目提要》只是提要性质的著作，《周礼详解》在多大程度上沿袭了王安石说，破王

① 陈振孙：《直斋书录解题》，上海古籍出版社，1987 年版，第 45 页。

② 纪昀等：《四库全书总目提要》，第 505 页。

安石说有多少，订正注、疏误说有多少、正确与否等都没有一一说明。

一 《周礼详解》的内容

《周礼详解》形式上与王安石《周官新义》一致，每节“详解”大致上按照解词、释句和说义展开，而解词、释句为说义打基础，因此“详解”重在揭示《周礼》经文的经义。

《大宰》有“六曰事典，以富邦国，以任百官，以生万民”。王昭禹说：

> 财物充积谓之富，性命不夭谓之生，因其力之所胜谓之任。
>
> 百工兴事造业则财物充足于此矣，故事典曰“以富邦国”。万民有事则足以养性命而无夭其所生，故曰“以生万民”。百官则因其力之所胜而任以事，故曰“以任百官”。治典、教典曰“官府”，礼、政、刑、事曰“百官”，盖官府言一官之属，百官言六官之属。
>
> 天地之官，父母之道也，嫌于不分，故言一官之属以别之。四时之官，兄弟之道也，嫌于不通，故言六官之属以包之。若夫六官之序，虽以天地四时为先后，然其所主亦不能无意。盖天下不可以无治，无治则乱矣，故一曰治典。治所不能治然后教，故二曰教典。教所不能化然后礼，故三曰礼典。礼所不能服然后政，故四曰政典。政所不能正然后刑，故五曰刑典。刑之不能胜则有事焉，终则有始，故六曰事典。①

这节引文前三句是解词；从“百工兴事”到“百官言六官之属”是释句；“天地之官，父母之道也”到节末，都是说经义，揭示“六典”的逻辑关系，属于义理阐发。说义理比重超过全节的三分之一。

“大宰六典”中有刑典：“五曰刑典，以诘邦国，以刑百官，以纠万民。”我们引用王昭禹《周礼详解》对“大宰六典”之刑典的解词和说义

① 王昭禹：《周礼详解》，《景印文渊阁四库全书》第91册，第205页。

两项如下：

> 责之使屈谓之诘，约其缓散谓之纠，刑则致其诛戮。诘者刑之意，纠者刑之事。诘于刑为略，纠于刑为详。大司寇掌建邦之三典，以佐王诘四方，则诘者加以威让文诰而已，则诘为略矣。八法言官刑以纠邦治，司徒以乡八刑纠万民，则纠为详矣。于邦国言诘，于百官言刑，万民言纠，详略之序。①

引文前三句是解字，分别解释“诘”“纠”“刑”。接下来二句以刑为中心，分别揭示诘、纠与刑的关系。随后全部是说经义。不过说经义也比较巧妙，还是通过诘、刑、纠三者的详略关系分析“五曰刑典”一节经文的含义。这段引文大体上能够体现《周礼详说》的风格。

二 《周礼详解》以王安石说为基础

王昭禹《周礼详解》不是开创型著作，其书以继承王安石《周礼》说为主，对经文文字的训诂、对经文名物制度的解说和对经文义理的阐释都采纳王安石《字说》和《周官新义》。

首先看《周礼详解》的训诂。

《大宰》说：“以九赋敛财贿。”王安石《周官新义》此段分析说：

> 下以职共谓之贡，上以政取谓之赋。以九赋敛财贿者，才之以为利谓之财，有之以为利谓之贿，谓之财贿，则与言货贿异矣。货言化之以为利，则商贾之事也。②

王安石此段以训诂为主，“下以职共谓之贡”“上以政取谓之赋”“才之以为利谓之财”“有之以为利谓之贿”“货言化之以为利”分别对贡、赋、财、贿、货五个字做了训诂。

---

① 王昭禹：《周礼详解》，《景印文渊阁四库全书》第 91 册，第 204—205 页。

② 王安石：《周官新义》，程元敏：《三经新义辑考汇评》（三）《周礼上》，第 32 页。

王昭禹《周礼详解》解说“以九赋敛财贿”说：

> 敛财以给军谓之赋，则赋者，敛财贿之名。先王取民有制，有所谓赋贡征税者，各因事以明其义。故上以政取则曰赋，下以职供则曰贡。以正行之则曰征，以悦取之则曰税。其名虽异，其实则在于敛财贿也。若贝之材谓之财，有之以为利谓之贿，谓之财贿与货贿异矣，货言化之以为利，商贾之事也，盖先王之所敛，不特有之而已。大宰所以均节有九式焉，大府所以颁则有式法焉，而其所待各有所宜，凡此所利皆若贝之材矣，故曰财贿。①

经文实际上只有“赋敛财贿”四字需要训诂。但在这段解说中，“敛财以给军谓之赋”“上以政取则曰赋”“下以职供则曰贡”“以正行之则曰征”“以悦取之则曰税”“贝之材谓之财”“有之以为利谓之贿”“货言化之以为利”分别对赋、贡、征、税、财、贿、货七个字进行了训诂。两相比较，王昭禹全盘接受了王安石对此句经文的训诂，贡、赋、财、贿、货五字训诂全同于王安石，多出的“敛财以给军谓之赋”“以悦取之则曰税”当也取自《字说》。王昭禹此句经文解说不仅仅采纳王安石的训诂意见，更重要的是他全盘接受了王安石经文训诂的方法、原则，然而这种文字训诂错误百出。我们不妨以《说文》做比较：

> 赋，敛也，从贝，武声。(《说文》卷八)
> 征，召也，从微省。(《说文》卷八)
> 税，租也，从禾，兑声。(《说文》卷七)
> 财，人所宝也，从贝，才声。(《说文》卷六)
> 贿，财也，从贝，有声。(《说文》卷六)
> 货，财也，从贝，化声。(《说文》卷六)

王昭禹将以上六字全部视为会意字，而许慎认为大多是形声字。难道

① 王昭禹：《周礼详解》，《景印文渊阁四库全书》第91册，第212页。

王昭禹没有读过《说文解字》？我们认为不是这样。王昭禹这样做除了受王安石影响外，他阐释《大宰》“以九赋敛财贿”的语境并不在文字学中。他既然说“敛财以给军谓之赋”，又说“故上以政取则曰赋，下以职供则曰贡”，可见他的目的并不在于将赋、财、贿三字的字义说清楚，而是在于说明《大宰》“以九赋敛财贿”即大宰敛利。显然这不是在文字学层面讨论问题，也不是做学术讨论，他引经据典是在写策论，这是典型的王安石式的“望文生义”。

这种字形的随意分析，有时候反而有碍于义理的发挥。这一点在对大宰“九式”之“式”的解释中更加鲜明：

> 式之字从弋从工。工者所以具人器也；弋者所以取小物也。工为取之，小则用式。式非大者之事而大者用之，以为百官之所承此，以为天下之所准也。《书》曰“百官承式”，《老子》曰“知其白，守其黑，为天下式”，是矣。若夫大者之事则从宜制节，式非所用矣。然则先王之为九式，凡委大宰均节财用而已，非大者之事也。《诗》曰：“仪式刑文王之典。”则式之所载为有书矣。《老子》曰：“圣人抱一为天下式。”则式之所丽为有数矣。①

这是从错误的解字法中得出错误的结论，以致认为“式”乃小者之事，并且对“工”带有蔑视之意。“式”，《说文》以为“从工，弋声”，非王昭禹所谓“小物”。依据王昭禹解字，既然“式”是“弋者所以取小物也。工为取之，小则用式”，那么“大宰九式”的地位何在？此说对接下来关于“大宰九式”价值的分析则是一种损伤。

王昭禹训诂不依据文字学的一套规范，而是根据自己对经文的理解做随意的发挥。这样的解经虽有特色，但忽视了学术规范，对于《周礼详解》的学术价值有相当大的损害。

再看《周礼详解》的经说。

王昭禹对经文句子的解说也是以疏通文意为主，便于读者理解经文。

---

① 王昭禹：《周礼详解》，《景印文渊阁四库全书》第91册，第214页。

但这方面的工作也是以采纳王安石《周礼》说为主。《大宰》说："作大事则戒于百官，赞王命，王视治朝则赞听治，视四方之听朝亦如之。"王安石《周官新义》说：

所作谓之事，所遭谓之故。故，有所因而使然者也。视治朝言王，而作大事不言王，则作大事者大宰故也。盖命者君所出，而事之者臣所作，故曰"坐而论道谓之三公，作而行之谓之士大夫"。余官言大事未有言"作"者，则大事独大宰作之而已。所谓治朝者，听治之朝也。巡狩四方，则无治朝，故曰听朝而已。①

王安石通过辨析事、作、治朝、听朝之间的差别，揭示"视治朝"与"作大事"之间的关系，发掘出君出命、臣作事的经义。王昭禹《周礼详解》则说：

《传》曰："国之大事在祀与戎。"则大事者，若戎、祀之类是也。所作谓之事，所遭谓之故。故者，有所因而使然者也。事者，有所使而因然者也。则故遭于天而事作于人。作大事则人作之也。坐而论道谓之王公，作而行之谓之士大夫，则命者君，所出而事者臣所作也，故作大事不言王，而但曰"赞王命"，则王命之而大宰作之也。余官言大事未有言"作"者，则大事独大宰作之也。②

我们比较两者不难看出，王昭禹这一段解说几乎是对上举王安石《周官新义》的改写。

"大宰九职"之"九曰闲民，无常职，转移执事"，王安石《周官新义》说：

闲民则八职所待以成事者也，故九曰"闲民，无常职，转移执

① 王安石：《周官新义》，程元敏：《三经新义辑考汇评》（三）《周礼上》，第 47 页。
② 王昭禹：《周礼详解》，《景印文渊阁四库全书》第 91 册，第 222 页。

事”。夫八职之民，其事有时而用众，则转移执事曷可少哉！盖有，常以为利；无，常以为用者，天之道也。①

“闲民则八职所待以成事者”是王安石提出的观点；“夫八职之民，其事有时而用众，则转移执事”是用事实论证；“有，常以为利；无，常以为用者，天之道”用的是理论论证。王昭禹《周礼详解》说：

自三农至臣妾，八者皆有常职，闲民则转移执事而已。转移执事非无职，特无常职而已。盖闲民，八职所待以成事也。夫八者之职，其事有时而用众，则转移执事以佐其力之不给，固不可阙也。此司徒所以谓之生材以八职之材，待闲民而后生故也。《老子》曰：“有之以为利，无之以为用。”则有常职以为利，无常职以为用者，实天理之自然也，闲民又安可废哉！②

王昭禹完全采用王安石以上三条意见，包括援引《老子》解说“闲民无常职”，可见王昭禹的经说也是以王安石《周礼》说为基础，甚至直接转录。

三 《周礼详解》对《周官新义》的细化

《周礼详解》以王安石《周官新义》为基础对王安石说进行细化。在大多数情况下，王安石《周官新义》按节注解《周礼》。而王昭禹《周礼详解》在绝大多数情况下以经文句子为单位进行解说。解说中不但采纳王安石的意见，还拓展了解说的范围，增加了解说的内容。

《大宰》说：“以八法治官府。一曰官属，以举邦治；二曰官职，以辨邦治；三曰官联，以会官治；四曰官常，以听官治；五曰官成，以经邦治；六曰官法，以正邦治；七曰官刑，以纠邦治；八曰官计，以弊邦治。”王安石《周官新义》解释说：

① 王安石：《周官新义》，程元敏：《三经新义辑考汇评》（三）《周礼上》，第31页。

② 王昭禹：《周礼详解》，《景印文渊阁四库全书》第91册，第212页。

建官矣，则设属以佐之，故一曰官属，以举邦治。设属矣，则分职以治之，故二曰官职，以辨邦治。分职矣，事非一职所能独治，则联事以供之，故三曰官联，以会官治。六官联事，则有故常，违而辩焉，则以故常听之而已，故四曰官常，以听官治，官常以听百官府之治而已。若夫听万民之治则有八成焉，故五曰官成，以经邦治。以官常、官成听之矣，然后以法正之，故六曰官法，以正邦治。犯法矣，然后以刑纠之，故七曰官刑，以纠邦治。自官属至于官刑皆法而已。徒法不能以自行，必得人焉为上行法，然后治成；听官府之六计，则所以进群吏，使各致其行能为上行法也。故八曰官计，以弊邦治。官计者，官府之治所成终始也。

八法或言邦治，或言官治者，官联、官常，六官之通治，虽六官之通治，而各致其一官之治，故言官治；与天地二官嫌于不分，故称官府，同意。余则各一官之治，虽各一官之治，而六官相待而成治，是乃所以为邦治也。故言邦治，与四时之官嫌于不通，故称百官，同意。

官联以会官治，而小宰则以官府之六联合邦治者，《大司徒》之职曰“天地之所合也，风雨之所会也”，盖两谓之合，众谓之会。以官府之六联会官治，则所会者众矣；以官府之六联合邦治，则所合者官联与邦治两而已。①

王安石的解说可分为三段：第一段对“大宰八法”之间的内在逻辑联系分别做了简要分析；第二段辨析邦治和官治之间的联系和区别；第三段辨析“会官治”和“合邦治”。在《周礼》知识学方面，王安石此节对著名的“大宰八法”无所贡献；就义理发掘来看，新意也不明显，非《周官新义》中的佼佼者。

王昭禹《周礼详解》对这一节是分句阐释的：

“一曰官属，以举邦治”。夫一人之能不足以兼天下之事，故设

① 王安石：《周官新义》，程元敏：《三经新义辑考汇评》（三）《周礼上》，第20—21页。

属以佐之。属则以小而傅大，以卑而隶尊，大事则必从其长，小事则得以专达。故邦之治可举。举者，有所执而兴起之谓也。《小宰》所谓“以官府之六属举邦治”者是矣。

“二曰官职，以辨邦治”。六官所治之事谓之职，若治职则主于平邦国，均万民；教职则主于安邦国，宁万民；至于礼、政、刑、事皆各有职也。六官有职则其事各有司存，故曰辨。辨者，因其列敌制而分之也。

“三曰官联，以会官治”。合其事以共治之之谓联，盖事非一职所能独治，则联事以供之，若祭祀、宾客、丧荒、军旅、田役、敛弛与凡小事皆有联，所谓官联也。有官联然后官治可合聚之，故曰“以会官治”。

“四曰官常，以听官治”。常谓故常也。夫法出于道，制而用之则为法，常出于事，循而行之则为常。盖六官之联事有非法之所能该者，于是乘时立事，兴机制宜，以昔之所常行者，于今列之以为常。若祭祀、宾客、丧荒、军旅、田役、敛弛之联事，则皆有故常也。百官有违而背焉，则以此故常听之，故曰“以听官治”。《书》曰：“其尔典常作之师。”典则所守之法，常则所循之常，与此官常同也。

“五曰官成，以经邦治”。始终无亏之谓成，言成则事之始终皆一定而不可亏矣。盖比居、简稽、版图、傅别之类，其事皆有一定之成体，听万民之治则以此经之而已。故曰“以经邦治”。谓之经，则以非致曲尽变之意。

“六曰官法，以正邦治”。既曰“以八法治官府”，又曰“官法以正邦治”者，以八法者治官府之大法；官法者，百官各有奉行之法也。若大宰垂治象之法，司徒垂教象之法，六官之属所承以治事者无非法也，以其施之于官，故曰官法。百官各循法以治事，则无侵官之冒，无离局之奸，治由此而各止于一矣，故曰“以正邦治”。

“七曰官刑，以纠邦治”。所以治天下者谓之邦刑，所以治官府者谓之官刑。《书》曰：“制官刑，儆于有位。”又曰：“鞭作官刑。”是以古之在官者必有鞭刑以儆之，有刑以儆之则可以约其缓散，故曰“纠邦治”。然古者刑不上大夫，则官刑之所施者自士而下故也。

“八曰官计，以弊邦治”。总其善否多寡之数谓之计，先王用六计以听百官之行能，故谓之官计。有官计然后可以审断群吏之治，故曰以弊邦治。治乱谓之乱，治扰谓之扰，则治弊谓之弊矣，则弊有审断之意。《司寇》曰：“卿大夫之狱讼以邦法断之；万民之狱讼以邦法弊之。”则弊详于断矣。然或言邦治，或言官治者，盖官联、官常，六官之通治，虽六官之通治，而各致其一官之治，故言官治以别之，与天地之官嫌于不分，称官府，同意。余则各致其一官之治，虽各致其一官之治，而六官相待而成治，故言邦治以包之，与四时之官嫌于不通，故称百官，同意。①

以上八段，除了未将王安石的“会官治”和“合邦治”的内容纳入外，王安石的其余观点全部包括在内并加以发挥和论证。从这种意义上说，《周礼详解》是《周官新义》的细化。比较两者我们不难发现，王昭禹《周礼详解》以经文“八法”每一法为一个单元，以王安石的相关解说为骨架进行了细枝末节的填充，从而使王安石的说义向“四周”扩散，将该句经文的上下前后关联语义串联起来，构成一个“解说丛”。就这一点看，王昭禹的《周礼详解》就是对王安石《周官新义》的“细说”，在细化中为王安石说补充了“血肉”，让其说丰满起来。

四 《周礼详解》对《周官新义》的深化

《周礼详解》不仅以《周官新义》为基础加以细化，而且在多方面更有深化，从而为自己在《周礼》义理学史上博得一席之地。以下我们举三例加以说明。

第一例，对王安石“设官为民”思想的深化。

《周礼》六官所能见到的五官序官“二十字总纲”最后都落实到“以为民极”这四个字。郑玄说：“极，中也，令天下之人各得其中，不失其所。”郑玄并没有说清楚天下人所得之“中”到底是个什么东西。王安石说：“设官分职，内以治国，外以治野，建置在上，如屋之极，使民如是

① 王昭禹：《周礼详解》，《景印文渊阁四库全书》第91册，第205—206页。

取中而芘焉，故曰以为民极。”这是《周礼》学史上首次揭示“民极”的庇护意义。不过王安石的解释没有完全放弃这个抽象的“中”。王昭禹在完全采用王安石说之后总结说：“先王建国非他，上以奉天时，下以分地利，中以治人事，凡以为民而已。此所以终之以为民极也。”① 初步显示了设官为民思想，在王安石基础上又做了新提炼，所得义理又有进步。“极”，历代训为“中”都过于空泛。西周《班簋铭》（《集成》4341）说：“王命毛伯更虢城公服，甹王位，作四方极。”② 这个“极”显然不是“中”，而是管理四方的主官，相当于核心、栋梁，也即冢宰、首辅。经文“以为民极”紧跟在“设官分职”后，显然也是这个意思，即作为人民的栋梁。只不过是个比喻手法，“作为人民的栋梁”即作为王朝管理人民的主要官员。毛公的“四方极”也是比喻修辞法。这里，王昭禹发掘出了《周礼》设官思想的精髓。

第二例，对王安石节财均用思想的深化。

《大宰》有“以九式均节财用”，王安石分析说：

> 大宰以九式均节财用，而小宰执九贡九赋九式之贰以均财节邦用。司会以九式之法均节邦之财用者，邦国万民有余则多取而备礼焉，不足则少取而杀礼焉。其用财也，令邦国万民以是为差，此所谓均财节用。小宰则以贰大宰，制财之多少与礼之备杀为职，令邦国万民以是为差则弗豫焉。此所谓均财节邦用。司会则凡在邦国万民者皆弗豫也，以法均节邦之财用而已。③

王安石对于大宰“九式”义理的发掘算不上深刻，将“均节财用”的精髓归结为“邦国万民有余则多取而备礼焉，不足则少取而杀礼焉”。即归结为备礼和杀礼的文化学问题，显然忽视了“九式”的经济学和政

① 王昭禹：《周礼详解》，《景印文渊阁四库全书》第91册，第202页。

② 按：在著名的《毛公鼎铭》（《集成》2841）中也有“命汝亟一方”，此“极”字为动词，与《班簋铭》的“极”字一为动词，一为名词，名动相因，“极一方”相当于主政一方。两铭可以互相印证。

③ 王安石：《周官新义》，程元敏：《三经新义辑考汇评》（三）《周礼上》，第34页。

治学意义。王昭禹则说：

《诗》曰："仪式刑文王之典。"则式之所载为有书矣；《老子》曰："圣人抱一为天下式。"则式之所丽为有数矣。书之所载则为一定之常目；数之所丽则有不易之经制。以之均财则为有道；以之节用则为有礼。均财有道则远近适于匀而无有余不足之患；节用有礼则多寡适于当而无过不及之弊。盖财不患寡而患乎不均，用不患乏而患乎无节。大宰于有余则多取而备礼，不足则少取而杀礼。其用财也，令邦国万民以是为差，此所以无有余之浩、不足之暴，无丰年之奢、凶年之俭。苟非均财有道，节用有礼，畴克臻此？故曰："以九式均节财用。"至于小宰则以贰大宰制财之多少与礼之备杀为职，令邦国万民以是为差，则弗豫焉。故曰"执九贡、九赋、九式之贰以均财节邦用"；司会则凡在邦国万民者皆弗豫也，以法式均节邦之财用而已，故曰"以九式之法均节邦之财用"。①

王昭禹认为"财不患寡而患乎不均，用不患乏而患乎无节"，均节财用的精髓就是赋税均衡，支出有节制。"大宰九式"的目的是均节财用，以九式均节财用则有道有礼，有道则无贫富两极分化；有礼则可避免奢靡与拮据。王昭禹揭示均节财用不仅是赋税问题，还是关系到社会公平的政治问题，显然要比王安石说深刻不少。

第三例，提出"民富而后财贿可得而敛"的敛财思想。

大宰"以九赋敛财贿"，王安石《周官新义》并没有跳出经文发挥义理。王昭禹《周礼详解》说：

九职所以任万民而使之各贡其所有，《闾师》所谓"任农以耕事，贡九谷。任圃以树事，贡草木"之类是也。九赋所以敛财贿而使之，各任其所能，《载师》所谓"以小都之田任县地，以大都之田任畺地"之类是也。大宰之职先言九职而后言九赋，九职则不言贡，

① 王昭禹：《周礼详解》，《景印文渊阁四库全书》第91册，第214页。

九贡则不言任者，盖任民各以其职而后民富，民富而后财贿可得而敛，此则大宰以道揆之意也。①

这是明确提出赋敛以富民为基础的赋敛观，具有进步意义。在此后《大宰》职文“岁终，则令百官府各正其治”一节的注解中，他重申“任民各以其职而后民富，民富而后财贿可得而敛”，可见王昭禹对这个提法十分重视。王安石此处注解并没有提出类似说法，因王安石变法的核心是富国强兵，其弊端是与民争利。王昭禹或许已经感到赋敛过度的危害，因而在此处提出“民富而后财贿可得而敛”思想，这已经超出王安石《周礼》义理学范围。可惜类似的成果为数不多，没有真正形成对王安石说的全面突破。

五　《周礼详解》的成就与不足

《周礼详解》是王安石《周官新义》经说的细化和深化。从传播学角度看，王昭禹将王安石以节为单位解说经文改为主要以句子为单元解说经文，更加方便学子学习《周礼》一书。按句解说，解词释句说义更加详细，受到学子们的普遍欢迎。这是由于二者宗旨不同。王安石追求“新义”，属于开创型著作；王昭禹追求“详解”，重在面面俱到，讲究解经的完整性。经文条文注解本身就构成一篇篇短论，因而更受学子的喜爱。在一定程度上，王昭禹《周礼详解》是王安石《周官新义》的扩增版，承担着传播《周礼》的历史使命，并且形成持续的影响。南宋以来历代《周礼》学著作对该书多有引用，尤其以元、明两代《周礼》学著作引用最多。

正因如此，《周礼详解》也留下不少遗憾。主要有学术的规范性不够，不遵守文字学基本规则，名物制度的知识性发掘不够深等。

《周礼详解》大量采用王安石《周官新义》和《字说》中的文字字形分析法，虽然在义理发掘上有作用，但违背了汉字规律，对汉字文化本身是一种伤害，前文已经分析，这里就不再展开。

① 王昭禹：《周礼详解》，《景印文渊阁四库全书》第91册。第212页。

在名物制度解说上，也存在规范性不足的问题。地官有载师一职，王昭禹分析载师职名说：

> 舟车之载物必量其所容之多寡而为之制，载师任土亦必度土之所虚而为之法，无异于舟车之载物矣，故名曰载师。①

王昭禹采用联想法对载师的职能做比喻性阐发，虽然通俗易懂，但违背了常识。载师之所以被称为载师，并不取义于船能载物。与土地有关的职官很多，为什么独有载师取“舟车之载物”之义？此说虽好却无根据。郑玄注说：“载之言事也，事民而税之。”并引《尚书·禹贡》“冀州既载”证明之。孙诒让也引《小尔雅·广诂》“载，事也”补充证明郑玄说。可见王昭禹说载师之义没有文字学和文献学依据，属于主观想象，此为学术大忌。

《周礼详解》在学术规范性上也有缺陷。第一，很少引用前人旧说。第二，引用郑玄、贾公彦、王安石说却不予以标明。特别是第二种情况，对前人成果暗用，却避而不谈原创者。例如《大宰》职文有“一曰三农生九谷”，王昭禹说：“农有山、泽、平地之三等，故曰三农。谷有黍、稷、稻、粱、秫、苽、麻、麦之别，故曰九谷。”这是用了郑玄注的成果却不说明。

对于王安石说，王昭禹暗用太多，也不予以注明。《地官·司市》说：“国君过市则刑人赦，夫人过市罚一幕，世子过市罚一帟，命夫过市罚一盖，命妇过市罚一帷。”王安石说：

> 过市非所以明远利也，市人犯刑以利而已。国君近市，则市人何诛焉？故国君过市则刑人赦，所谓刑人亦宪、徇、扑三者而已。幕也、帟也、盖也，皆庇下之物，为上近利则无以庇下矣。②

王昭禹《周礼详解》说：

---

① 王昭禹：《周礼详解》，《景印文渊阁四库全书》第91册，第336页。

② 王安石：《周官新义》，程元敏：《三经新义辑考汇评》（三）《周礼上》，第207页。

君子喻于义也，喻于义所以治人。小人喻于利也，喻于利所以治于人。况国君、夫人以至于命夫妇乎？古之建国者以朝为义所在，故面朝，所以使知所向而近义也。以市为利所在，故后市，所以使其知所背而远利也。过市，非所以远利也。市人犯刑以利而已，国君近利则市人何诛焉？故国君过市则刑人赦。所谓刑人以宪、徇、扑三者而已。夫人过市罚一幕，世子过市罚一帟，命夫过市罚一盖者，幕也、帟也、盖也，皆庇下之物，为上近利则无以庇下矣。幕大于帟，帟大于盖，所任异故，所罚不同。命妇过市罚一帷者，帷所以自蔽饰，庇下非命妇之任，其近利也，为不自蔽饰而已。惟国君无罚，则可愧厉者为不可罚也。唐贞观中禁五品以上过市，其亦得《周官》之遗意与？①

此处王昭禹暗用王安石说而不明说，我们虽然不能说王昭禹主观上有盗用他人成果嫌疑，或许王昭禹撰写《周礼详解》而不注明引用信息，是为了保持行文的流畅，但从郑玄开始所建立的《周礼》学术规范传统遭到遗弃，毋庸讳言，这是一次倒退。清人从《永乐大典》中辑佚《周官新义》，其中《地官》《夏官》部分已经缺载。但残缺部分保留在《周礼详解》的《地官》《夏官》中，由于王昭禹未能一一注明，我们已经不能从中分离出哪些是王安石说，这不能不说是巨大的遗憾。

王昭禹《周礼详解》作为通俗读物，在南宋、元、明三代流传很广，学术创新不多，却影响很大，在客观上已经起到了推广王安石《周官新义》成果的作用，因而也是《周官新义》的功臣。

第二节 郑伯谦的《太平经国之书》

《太平经国之书》作者郑伯谦，生卒年不详。南宋永嘉（今浙江温州）人，主要活动于南宋宁宗、理宗朝，做过新喻（今江西新余）县丞、修职郎、衢州府学教授等职，《宋史》无传。据秦蕙田《五礼通考》，郑

① 王昭禹：《周礼详解》，《景印文渊阁四库全书》第91册，第352页。

伯谦有《周礼类例义断》二卷，又有《太平经国书统集》七十卷。今传明代高叔嗣刻本仅有《太平经国之书》十一卷，恐非完本。《太平经国之书》上承李觏的《周礼致太平论》，下启叶时的《礼经会元》，在《周礼》知识学和《周礼》义理学上都有新发现，是宋代《周礼》义理学专题论派的代表作之一。

一 《太平经国之书》的体例和内容

《太平经国之书》是一部问答体专著。这部书直接继承了北宋李觏《周礼致太平论》的传统，又上承《郑志》经问的做法，每篇以一个问题起头，采用问答式，或一问一答，构成一篇；或数问数答，构成一篇。其篇幅有长有短，视问题而定。表面上看，该书类似于后世专题论文集，但与今天一般的专题论文集最大的不同在于这部书全部三十二篇专论都以《周礼》为研究对象，针对《周礼》的思想内容展开，可视为《周礼》学术专著的雏形，三十二篇即三十二章。

《太平经国之书》的标题具有特色。这部著作每篇篇名之下以小字提示该篇内容，似可视为副标题。标题、副标题、实际内容之间有时候完全一致，有时候三者皆不一致，还有时候实际内容与标题一致而与副标题不一致，或实际内容与标题不一致而与副标题一致。三项一致或基本一致的如《奉天》篇副标题为“论天官冢宰加官”，实际内容是论证天官为“虚名实职”，标题、副标题、实际内容一致。《省官》篇副标题为“论天官冢宰兼官”，实际内容是考证《周礼》有兼官，历史上存在兼官，与副标题基本一致。《官吏》篇副标题为“论六官府史胥徒”，实际为论府史胥徒的来源，与标题、副标题一致。《官民》篇副标题为“论二典官府万民”，实际论治典、教典的“治官府”“教官府”问题，强调治官府、教化人民为治国头等要务，三者基本一致。《揽权》篇副标题为“论八柄八统诏王”，实际上论证大宰不可染指天子核心权力，与标题、副标题一致。

实际内容与标题一致而与副标题不一致的如《教化》篇副标题为“论六典以为民极”，实际内容是将六官职能最终归结为教化，与标题一致，与副标题有一定的差距。《内治》篇副标题为“论天官冢宰属官”，实际内容是论证管理内宫、后宫事务使用士大夫的重要性，与标题一致，与副标题不一致。

实际内容与标题不一致而与副标题一致的如《官刑》篇副标题为“论官府都鄙法则”，实际上论《周礼》同样重视都鄙之治，与标题不一致，与副标题一致。

实际内容、标题、副标题三项不一致的如《宰相》篇副标题为“论太宰建邦六典”，实际讨论大宰为什么统摄六官，与标题、副标题不一致。

从以上分析看，《太平经国之书》在体例上虽有创新，但内容尚未臻于完善，有开拓之功而缺精细打磨，有可能流传下来的这一部分是未定稿。

《太平经国之书》的研究内容以《周礼》天官为主。全书三十二篇，讨论的基本上不出天官范围，对于其余五官涉及甚少。该书主要从《周礼》大宰之权、内外一体、官员考课、王朝保卫、均节财用等方面发掘《周礼》的相关思想，总结历史经验教训。至于礼制、兵制、刑制、考工基本上不涉及或涉及很少。

二 《太平经国之书》名物制度研究的贡献

《太平经国之书》是一部《周礼》义理类研究著作，但在《周礼》知识探索方面也有一定的贡献。其中关于《周礼》名物制度的探索取得了相当突出的成果，我们这里举四条例子以说明该著作知识探索的主要特色。

（一）府、史、胥、徒来源的探索

在《官吏》篇中，郑伯谦试图解决《周礼》府、史、胥、徒的来源问题。这是《周礼》学史上的著名命题。郑伯谦设问说：“或问府、史、胥、徒，庶人之在官者也。先王之时无旷土，无游民，彼在官者以何人为之？禄足以代其耕也，以何禄赋之？以一岁而更邪？或终身而充邪？抑免其家之徭役与否邪？”郑伯谦回答说：

> 盖自六乡而至六遂，自六遂而达三等采邑，凡受私田而为民者，

其有德行道艺则大司徒三年大比而升之，升于司徒则不征于乡；其止于有才有力者，则大司马立法而征之，更调迭发，以给公家之徭役焉。其上者为府为史，其次为胥，又其次则为徒。上以充宿卫，下以给官府。其在官则禄于四郊，其任事则止于一年，其受代而去则复业于百亩。一人去之，一人居之。今之为吏者乃昔日之为民者也；今之为民者又后日之为吏者也。闾阎之利病，田里之藉厄，夫家之众寡，马牛六畜之登耗，政事法令之可否，上下相谙，彼此相恤，更处而迭为之吏，无所病于民，而民无所苦于吏。①

郑伯谦将府、史、胥、徒的来源定在六乡、六遂、三等采邑之民。选拔方法是大司徒三年一大比，其中有德行道艺的为司徒所录用；仅仅有才有力的为司马所录用，按上、中、下三等，分别为府、史、胥、徒。此说发展了郑玄“庶人之在官者”之说，提出了一个完整的解决方案。其中“为大司马征召说”恐怕有误。按照《周礼·大司马》职文，大司马征召分四季训练征召和作战征召两类，此两类与大司徒三年大比无关。其中一年一更换说也与三年一大比说不符。不过大司徒选拔乡遂、都鄙有德行道艺才能者为府、史、胥、徒之说还是有一定说服力的，这是一个创见，郑伯谦此说后为孙诒让在相关章节所暗用。②

（二）赋税制度的探索

在《税赋》篇中，郑伯谦对《周礼》赋税制度进行了考证，发现《周礼》之赋有三种两大类。第一种，“凡起徒役毋过家一人”，此为兵赋，征用人力。第二种，“甸出长毂一乘”，此为车赋，征用军事装备。第三，“大宰九赋”的邦中、四郊、邦甸、家稍、邦县、邦都、关市、山泽、币余之赋，此为税赋，征用财物。其中兵赋、车赋为一类，属于军用之赋，并不常征，有事则征，事后各归其家、其甸，带有军事自卫性质。第二类才是王国常用之赋，常征，是赋税的主体，所征用于祭祀、宾客、丧荒、羞服等。对于常征国用之赋的收取，郑伯谦也有比较细致的考证：

① 郑伯谦：《太平经国之书》，《景印文渊阁四库全书》第 92 册，第 197—198 页。

② 孙诒让：《周礼正义》，王文锦、陈玉霞点校，第 21 页。

国中、四郊之赋，闾师征之；野之贡赋，县师征之。委人征薪刍、木材；兽人、麇人收皮毛筋角；角人敛齿角羽翮；丱人收金玉锡石；泽虞取国泽财物；掌葛掌染草则征絺绤染草以当邦赋；掌炭、掌荼则征灰炭茅莠以当邦赋。其始也，以九谷为主；而其终则皆以九职之物充赋。其始也，以五等定轻重；而其终则皆以年之上下出敛法。熟读一书，其所以孜孜于田赋之说者，盖以其未始立法也。若公田十一之税，《周礼》曷尝一言之？岂惟公田，太宰九等之赋不言军旅，亦以一兵一车之出自有定制耳。此自黄帝为井牧以来未之有改。彼则自周公之身而经始之，色目常虑其巧立，轻重常恐其过差，有无常患其相违，受用常忧其相乱。是以太宰正其名，载师酌其数，闾师、县师随其物，太府谨其待用。盖其终始本末无毫发不经思虑者达之。①

引文将赋贡联事串联起来，大体上描述出赋贡征集流程。这种做法是之前的学者不曾做过的。郑伯谦还对儒者津津乐道的“公田十一之税说”提出批评，认为《周礼》中税率每年都要根据实际收成情况确定，此说颇有新意。

在《税赋》篇中，郑伯谦还发现诸侯九贡虽有侯、甸、要等之别，但实际上有异名而无异法，并与畿内诸侯之赋贡一致：诸侯食其税于国，则税之名变而为禄；诸侯纳其赋，则赋之名变而为贡。《职方氏》自扬之金锡、荆之丹银以至并之布帛，即取物以充赋；《大行人》自侯服之祀物、甸服之嫔物以至要服之货物，即变赋以为贡。

郑伯谦还分析了朝觐、会同、军旅、田役的式法问题。《周礼》“大宰九式”没有朝觐、会同、军旅、田役之式，这是为什么？郑伯谦认为，朝觐、会同之用，属于宾客之式；军旅、田役之用，可以分别归入币帛、刍秣、匪颁、工事之式中；军旅、田役的糇粮，来自乡遂的士兵人人自备。其中来自官府中的军士，有廪人治师役之粮食，仓人供道路之谷食，遗人掌道路之委积。此说也是一种创见，将“大宰九式”研究推进了一大步，也可自备一说。

① 郑伯谦：《太平经国之书》，《景印文渊阁四库全书》第92册，第207页。

（三）考课制度的探索

郑伯谦对《周礼》考课之法有四项发现。第一项是发现《周礼》在考课流程中最强调治法的宣传和警戒。郑伯谦梳理了大宰、小宰、宰夫三职布治、观治象、考日成、考月要、考岁会的不同职责，发现《周礼》考课法包括申明、警戒、实施、考课等过程，尤其以申明、警戒最为仔细。

第二项是发现《周礼》所有考课职官可分为“逆其治者”和“待其治者”两类。“执吾之法而逆，儆戒之于其先也，小宰、司会、司书、女史、职岁、职内、乡师、太宰、内史是也。”这些职官属于“逆其治者”。什么是“待其治者”？郑伯谦解释说：“既儆戒之，则待其成而考验于其后也。”这一类职官最多，郑伯谦又做了更细的分类，分出总其事、考其事、考其财三小类。大宰以典待邦国之治，以则待都鄙之治，以法待官府之治，以官成待万民之治，以礼待宾客之治，这是总其事；宫正、医师、司会、大司徒、小司徒、乡大夫、遂大夫、族师、党正、鄙师、内史、司寇、士师等职官则是考其事；宫正、膳夫、酒正、大府、职内、司会、司书、内宰、典枲、泉府、缮人、槁人等职官，则是考其财。

第三是总结了考课的原则：“有官则必有事，有事则必有考。”至于具体的赏罚条件则为“人与官不相违，功与法不相悖，则置之赏之；其官则然，其人则不然，其法则然，其功则不然，则废之诛之”。赏罚由大宰根据考课结果给出建议，司士负责确定具体官员的进退。

第四项是发现考课的操作程序：

> 故日之有成，日考之也，宰夫受之。月之有要，月考之也，宰夫令之，而小宰受之。岁之有会，岁考之也，小宰赞之，而太宰受之。三岁之有计，三岁考之也，冢宰赞之，而王亲受之。曰计，曰会，曰要，曰成，散见于三百六十官之中，自宰夫而下，酒正则日入其成，月入其要，司会以参互考日成，又以月要考月成，又以岁会考岁成，而司书则入要，二司徒则正要会，乡师则受役要，与夫司马、士师亦皆受而正之。①

① 郑伯谦：《太平经国之书》，《景印文渊阁四库全书》第92册，第214—215页。

郑伯谦是《周礼》学史上系统总结《周礼》考课制度的第一人，将《周礼》考课制度研究提升到一个新高度，为历代官员从事行政绩效考核提供了思想资源和可参考的操作流程。

（四）财政支出问题探索

《周礼》的财政支出，一般学者都根据“大宰九式”得出有九项开支的见解，至于这九项开支更具体的情况，大多数学者未予深究。郑伯谦是《周礼》学史上深究“大宰九式”的第一人。他在《理财》篇说：“兵既以私田而不饷，士大夫既以公田而不廪，而岁时经费独祭祀、宾客、田役、丧荒、饮膳、衣服，与夫稍秩、匪颁、赐予、玩好数者之用而已。”① 郑伯谦发现王朝军事活动中士兵的粮饷自备，因而不需要王朝支出；公卿大夫因有采邑封地，也不需要王朝财政支出。这样，《周礼》所设计的王朝财政支出项目远远低于后世。这是郑伯谦在名物制度上的又一个新发现，也是发前人所未发。这些新发现，提高了《周礼》义理派的学术研究质量，为《周礼》义理学派赢得了声誉。

郑伯谦以上四条贡献具有大局观，具有整体意识，同时还具有治国理政的致用意识，既是思想发掘，也是制度考证，在整体上将宋代《周礼》学提升了一个档次。

三 《太平经国之书》义理学的贡献

《太平经国之书》是在李觏《周礼致太平论》之后宋代《周礼》义理学专题论派的一座高峰。这部著作在《周礼》义理学上有一系列新发掘，拓展了人们对《周礼》一书思想价值的认识，所取得的成就傲视两宋。

（一）精准概括《周礼》制度的内容

郑伯谦对周公作《周礼》的思路进行了描述：“其兵农以井田，其取民以什一，其教民以乡遂，其养士以学校，其建官以三百六十，其治天下以封建，其威民以肉刑。大本既立，然后其品节条目日夜讲求而增益之。其上则六典、八法、八则、九柄、九贡、九赋、九式之序；其次则祭祀、

---

① 郑伯谦：《太平经国之书》，《景印文渊阁四库全书》第 92 册，第 249 页。

朝觐、冠昏、丧纪、师田、行役之详；下至于车妆圭璧之器、梓匠轮舆之度、与夫画缋刮摩埴之法；又其细者则及于登鱼、取鼋、擉鳖之微。”这是对《周礼》一书的基本内容的精准概括。

郑伯谦对《周礼》制度“负面清单”有精彩的总结。在《教化》篇中，郑伯谦说：“朝不混市，野不逾国，人不侵官，后不敢以奸王之权，诸侯不敢以僭天子之制，公卿大夫不牟商贾之利。”① 这是在研究《周礼》制度体系后得出的王朝主要禁止项，属于王朝政治的“负面清单”，对于历代统治者的制度设计具有参考意义。

（二）提炼《周礼》官制精髓

从《周礼》一书中提炼出“宫、府一体说”。此说源自诸葛亮《出师表》的“宫中府中俱为一体”。郑伯谦在《内治》篇就赞扬唯有诸葛亮深得周公之意。在《成周官制图》及其解说中，郑伯谦揭示《周礼》所设计的王宫、后宫与王朝政府是一个统一的整体，由大宰负治理总责。在《周礼》中，大宰属官的小宰掌宫刑，同样为大宰属官的宰夫掌朝法，可见宫与朝都在大宰的管理之下。以王的活动为中心，《周礼》设计了燕朝、中朝、外朝。其中燕朝为天子生活和社交活动区，由内小臣负责日常治理，而内小臣受内宰节制，内宰受大宰节制。中朝是王朝处理日常政治事务的场所，由隶属于夏官大司马的司士负责日常管理，而大司马统于大宰。外朝由秋官大司寇属官朝士负责日常管理，而大司寇统于大宰。②

在《内治》篇提炼出“官贱职要说”。郑伯谦还详细论证了为什么天官大宰属官中有许多宋代士大夫不屑为务的生活服务和安全保卫类职官，宋代士大夫的这种认识显然是错误的。郑伯谦认为这些事务“固所以论道经邦也”，如果这些职官不用士大夫担任，教训则是惨痛的：“人徒见夫内外庭宿卫之士，士之贱者也；烹庖、饔膳之事，事之辱者也；鱼腊、酒浆、醯醢之物，物之微者也；次舍、幄帟、裘服为末，用而宦寺、嫔御、洒埽、使令为冗役也，而不知夫三代以还所以蛊坏人主之心术而侵夺

① 郑伯谦：《太平经国之书》，《景印文渊阁四库全书》第92册，第193页。

② 按：《周礼》设计夏官司士管理中朝日常事务、秋官朝士管理外朝日常事务必有深意，郑伯谦说仅为一家之言。而且大司马、大司寇是否为大宰所节制，仍然有可以讨论的余地。

大臣之权柄者，往往皆是人为之。”① 以上两条，往往被忽视，却是《周礼》设官精髓所在，历史上违背此两条的教训不可谓不深刻。

（三）发掘《周礼》职官设置思想

在《爱物》篇，郑伯谦发掘出《周礼》设官“兴利除害”思想。在《周礼》中，有一些职官负责管理鸟兽虫鱼等至小至微之物，如天官有兽人掌罟田兽，冬夏献狼麋，春秋献兽物。有渔人、鳖人掌以时渔为梁，春献王鲔鳖蜃，秋献龟鱼。此外，夏官有服不氏之教养猛兽，射鸟氏之驱射乌鸢，罗氏掌畜之网罗驯扰；秋官有冥氏设弧张为阱擭以攻猛兽，庶氏除毒虫，穴氏攻蛰兽，翨氏攻猛鸟，硩蔟氏以方书去夭鸟，翦氏以禜莽草除蠹物，赤发氏以炭灰除狸虫，蝈氏以牡蘜去蛙黾，壶涿氏以牡橭象齿杀渊神，庭氏以救日月之弓矢射夭鸟。为什么要设置如此多的职官？郑伯谦认为《周礼》因官以存名，其名不可废，其官则未必皆有，“事至则临事而兼之，三百六十官其临事而兼者殆相半也”。② 更重要的是《周礼》为什么保存了这些职官，根本原因则是“兴利除害”。显然，郑伯谦的这些认识与清初万斯大等“《周礼》质疑派”相比，要高出一大截。

（四）《周礼》致用学的总结

郑伯谦该书之《序》，大部分篇幅是对《周礼》应用于历代王朝的述评，相当于简短的《周礼》应用史。郑伯谦的序言首先揣摩当年周公制作《周礼》的情形；接着分析周公之后到唐代中国历代政治制度与《周礼》精神的离合：

> 秦人变古不道，不足深恨。汉氏去三代甚近，而去周为尤近，不能因其自私之心而讲求周公致太平之迹，惴惴然徒惟得失之重而操心之危，苦智虑而尽防范，大抵不过为握持天下之术耳，苟简目前，非能深长之思、经久之虑也。封君，古也，止于行推恩之令；井田，古也，止于议名田之法；刑法，止于定棰令；军旅，止于京师之南北军；郡国之都尉、建官则仿秦旧制；礼则杂秦仪；学校则隶太常；而

① 郑伯谦：《太平经国之书》，《景印文渊阁四库全书》第 92 册，第 196 页。
② 郑伯谦：《太平经国之书》，《景印文渊阁四库全书》第 92 册，第 241 页。

选举则数路；乡里则烟火万里。其浅近功利，已略足以随世而及民矣。然乍安而忽危，几亡而仅存，终不足以垂裕而传后。其当世敏秀奇杰之士，深见远识而有志于先王之治者，则或请定经制，或欲退而更化，或愿建万世之长策。每观王符论汉家失业之民，岁至三十万，则田赋、乡里、刑法等制益知其苟然而已。仲长统欲定吏禄，重三公之权，改税法，更官制，沛然思惟善道而有易乱为治之意，论甚美矣。至于请废封建、复井田肉刑，亦复讲之未精也。

唐承八代之衰，太宗之所以造唐者，亦慨然欲庶几先王之治，而补汉氏之缺，收召豪杰，相与修废起坠，于贞观一、二十年间税为租庸调，田为口，分世业，兵为府，选士为明经、进士，官为七百三十员，天下为袭封刺史。然亦驳杂而不纯粹，疏略而无统纪。未几，兼并不禁，课役不均，更租调为两税，变府兵而为彍骑，停世袭而为州县，不爱名器而为墨敕斜封。唐之子孙固非善守法者，而立法之初亦不得不分任其咎。当其弊端未见，天下因其自私而亦得以获苟安之利。一旦利尽害形，罅隙呈露，则遂以大坏，而不得支持矣……

唐自元魏北齐以来，受民以田，分民以乡，先王之制十已用其一二。继以苏绰之在周，约六典以定官制，而府兵之法亦微有端绪，先王之制十已用其五六。又继以隋文帝之富盛，苏威、高景之损益，而先王之制十已用其七八。太宗蹑其后而行之，使其深观详酌，纤悉委曲有以补前世之未备，则以唐之治为周之治，日月可冀也，而仅以若此，此岂无所自哉！①

郑伯谦认为两汉对《周礼》的吸收浅尝辄止，北朝魏、齐到隋，周公之制已经被采纳十之七八，而唐太宗未能抓住机会形成足以与西周媲美的唐之治，很是可惜。郑伯谦指出历代统治者仅以《周礼》为掌握天下的权术，未能把握周公致天下太平的精神实质，这些批评很有价值。不过郑伯谦过分看重分封、井田等《周礼》具体的制度，而不深究设计这些制度背后的用心，自己也落入以皮毛为血肉的肤浅《周礼》学窠臼中。

① 郑伯谦：《太平经国之书》，《景印文渊阁四库全书》第92册，第187—189页。

（五）历代违背《周礼》教训的归纳

郑伯谦善于从历史经验中总结《周礼》致用的经验教训。他总结了《周礼》未能获得很好应用的三种情况：

> 世变不古，功利之蟠结于人心，而此书之宏博浩瀚，读之难晓，而说之易惑也。彼其煨烬于秦火，贬驳于汉儒，好古如武帝，反谓之“末世渎乱不验之书”，伏藏泯没于山岩屋壁之间。汉之末年，虽入秘府，竟未尝一出而试之于治。其后刘歆取以辅王莽，五均、六干、列肆、里区皆有征，天下骚然受其弊。其余杜氏不过能通其句读，马、郑诸儒亦止于作为训诂而已。隋唐之间，文中子讲道河汾，颇深识其本末，以为经制大备，后世有所持循。然徒载之空言，不及见之行事也。唐太宗尝与群臣语及《周礼》，而房、杜、魏徵虽出王氏之门，然本无素业，留宿中书，聚议数日，竟不能定。问及礼乐，复不能对。大本既失，他何望焉！宋朝王氏以儒学起，相熙、丰，又尝一用《周礼》，而计利太卑，求民太甚，其祸甚于刘歆。伊洛老师、横渠张夫子固习周公者矣，而又不及究其志。盖自有《周礼》以来，若孔子、文中子及伊洛、横渠诸子，则恨不及用。房玄龄、杜如晦、魏徵则愧不能用。汉之刘氏、宋朝之王氏则又悔不善用。自汉唐以至今日，天下之治所以驳杂而难考，弊坏而不可收者，大抵出于是三者之间也。是以时君世主厌薄儒生，姗笑王制，悉意于浅功近利，就其自私之心，而姑为是目前苟简之谋，傥可以维持一世，足矣，不暇及此宏阔之谈也。嗟乎！千载之下，有能起周公之治者，学者所不能而见也；有能讲明周公之制者，学者所不能而辞也。①

郑伯谦归纳出《周礼》应用的三种情况分别为不及用、不能用、不善用。从郑伯谦的分析看，“不及用”者，由于政治身份和地位不高，虽然才学、能力已经达到正确使用《周礼》的水平，但苦于没有机会，因而“恨不及用”，这些人中的代表是孔子、文中子及伊洛、横渠诸子。而

---

① 郑伯谦：《太平经国之书》，《景印文渊阁四库全书》第92册，第189页。

房玄龄、杜如晦、魏徵等人，虽有地位、有身份、有权力，但才能不及，因而“愧不能用”。至于王莽、刘歆、王安石，历史已经给予他们机会，但他们用砸了《周礼》，因而“悔不善用”。郑伯谦的分析可谓入木三分。不过郑伯谦并没有发掘王莽、刘歆、王安石不善用《周礼》的深层原因，不得不说是一个遗憾。

（六）发掘《周礼》爱民、保民思想

郑伯谦从《周礼》中发掘出爱民思想，这些成果主要体现在《养民》《保治》《官民》《宾祭》等篇中。不仅如此，郑伯谦还对《周礼》爱民思想做了深层次辨析，发掘出《周礼》爱民思想的四大内涵：爱民在生民、爱民在保民、爱民在养民、爱民在敬民。

在《养民》篇“论太宰九职任民”一节，针对“太宰之九职，三农九谷之外又有园圃、虞衡、薮牧、工商、嫔妇之民，未免有农末之分”的疑问，郑伯谦做了准确的回答：三农之外的八职都是农人，或有余力，或为余夫，或为转移执事之农民。本篇的重要意义不在于这个解释，因这个解释明显有重农抑商思想，没有给工商独立的职业地位；本篇的积极意义在于郑伯谦对所谓“今世”的批判：

> 先王与民为生，后世则民自为生。至于今世，民无以为生矣。夫与民为生，吾不敢以望后世矣。而听民之自为生，独不可乎？不听其自为生而至于无以为生，民病则极矣！而暴君污吏又从而朘削之，征科色目百出而未已，日夜疾视其民而敛之若雠，不至于贫蹙溃散则不止，则夫无以为生之民于是有轻用其生者矣。①

“与民为生”为《周礼》爱民的基本内涵。作为低级官僚的郑伯谦对于南宋后期吏治腐败、人民的生命都已经难以保障、社会矛盾一触即发的现实焦虑万分，自己却无可奈何，那种痛苦无助的心理溢于言表。对于现实中“民无以为生”的批判不可谓不深刻，对于《周礼》思想的“与民为生”的判断不可谓不准确，对于后世“民自为生”状况的描述不可谓

① 郑伯谦：《太平经国之书》，《景印文渊阁四库全书》第92册，第205页。

不精彩，对于“无以为生”之民可能出现“轻用其生者”的警告不可谓不警醒。此“四生”的概括，显示出《周礼》义理学之魅力所在。

在《保治》篇中，郑伯谦发掘了《周礼》爱民思想的又一项内涵：爱民必保民，爱民必安民。《周礼》大宰有“以九两系万民”。此“九两”可以分为两种情况。第一种是官，分别是牧、长、主、吏，即《大宰》职文“牧，以地得民”之牧，“长，以贵得民”之长，“主，以利得民”之主，“吏，以治得民”之吏。第二种是师、儒、宗、友、薮，虽无权势，然而有道艺和贤能相训、相保、相及、相共、相利、相安。保民必先得民，得民而安之，方可保民。

在《宾祭》篇中，郑伯谦发现，凡《周礼》职官一旦讲到祭祀，后一句必定讲到宾客。《周礼》为什么要将祭祀之礼与宾客之礼并在一起强调？郑伯谦提出：“先王固将以其祭祀、宾客之心而为出门使民之心也。”这就是郑伯谦独自发掘出来的“使民如敬宾”思想：

> 先王之所以奉若天道，建邦设都，立后、王、君、公，承以大夫、师长者，非以为己，凡所以为民也。曰：“先王为民之意则重矣，彼宾客何为邪？”曰：“先王出门如见大宾，使民如承大祭，待天下之民常若待宾客之重，使天下之民常若临祭祀之严，故《周礼》一书有一言以及于祭祀，必有一言以及于宾客者，先王固将以其祭祀、宾客之心而为出门使民之心也，此心无异敬，此敬无异用，举是三者而皆以一敬心行于其间，自常情处之，待宾客之心必重于待民之心，待鬼神之心又必重于待宾客之心。夫是以临祭祀则犹能庄敬以自强，而待宾客则此敬已少衰，而待其民则益衰矣。敬心日益衰，则欺心日益甚，盖至于此则临祭祀、享鬼神其终亦不诚而已。世固未有一心而二用者，是以先王待民之心即其处祭祀宾客之心，而太宰而下所以勤勤于祭祀宾客而纤悉委曲不敢不尽其诚者，固将以广其敬，推其心而达之于天下也。”①

① 郑伯谦：《太平经国之书》，《景印文渊阁四库全书》第92册，第217—218页。

这一段发掘的“先王爱民之心”不一定真实存在于《周礼》之中，但本段提出《周礼》“使民必敬”的文献学依据的确具有不可置疑的价值。此处还发掘出《周礼》爱民思想的另一项内涵：待民以敬。将待民提高到如敬祭祀、如敬宾客的高度，此说前所未有，同时也惊世骇俗。

在卷七《官民》篇中，郑伯谦发掘出《周礼》的爱民思想：爱民必养民，养民则以财。“言官则必及于民，言民则必及于财。甚矣！先王之爱民也，国不可以无民，民不能以无事，于是有征敛徭役之事，军旅田猎之事，里闾之利病，市井之纤悉，称贷取予之区区皆有法以持其事，有书以载其法。”① 本篇中，郑伯谦还阐发了《周礼》“理财安民”思想：“至于区区之失物、失用、失财与夫足用长财复见于太宰之末者，非取民之财也，正惧其病民之财也。有如百官府之治于内，群都之治于外，县鄙之治于下，其事众矣，而以理财为先务者，天下之事非财则不立，天下之人非财则不聚，财用足然后百志成，食货通然后民安居。”② 这是将先王爱民、敬民之心安放到实处——物质基础上，其进步意义不言而喻。

（七）发掘《周礼》王、后、世子开支控制思想

《周礼》中，关于王、后、世子的开支有“五不会”说：膳夫不会王及后、世子之膳；庖人不会王及后之膳禽；酒人不会王及后之饮酒；内府不会王、后之服；司裘不会王之裘服。即王、王后、世子的服饰、饮食相关职官不需要审计。《周礼》一书，所有职官都有岁会职责，难道王、王后、世子的物质生活可以任意消费？郑伯谦在《节财》篇对此做了否定。他认为膳夫、庖人、酒人等职官，地位不足以直接约束君主生活开支。但大宰以九式节财用，在源头上限制了君主奢靡的可能。在此篇，郑伯谦提出“君心之非莫大乎侈”的观点。他分析了汉武帝穷奢极侈的种种做法及其历史教训，发掘出“大宰九式”的制度约束之义：

> 夫惟财共于有司，而式法持于太宰，是以人主不敢违式法而过

① 郑伯谦：《太平经国之书》，《景印文渊阁四库全书》第92册，第230页。
② 郑伯谦：《太平经国之书》，《景印文渊阁四库全书》第92册，第231页。

取；百官有司于此亦不敢至于违式法而过共。宰夫以式法掌祭祀；酒人以式法授酒材；掌皮以式法颁皮革；委人以式法具薪蒸木材；职币以式法敛币余；职岁以式法赞逆会；太府以式法颁货贿。人主之私心以式法而碍，则侈心以式法而销。①

郑伯谦推翻了前人关于王、后、世子的日常开支不需要审计的“五不会”说，提出了对君王生活奢靡的约束可以通过制度执行加以保障的观点，这是一个重要贡献。郑伯谦这项发现，为叶时所重视，叶时在《礼经会元》中又有所发挥。

（八）发掘《周礼》财政思想

《周礼》一书财政思想的核心是养民，养民在节财，在散利；而节财在于监督。在《会计》上篇，郑伯谦指出，《周礼》司会勾考大府等官，其爵位为中大夫，地位在大府等官之上。郑伯谦认为，爵位不高则不能起到监督的作用。在《盐酒》篇，郑伯谦揭示《周礼》中食盐由盐人专管，主要是防止人们舍本逐末，并不是为了垄断盐业利润，与民争利。郑伯谦说：“先王固与民共之，但收贩鬻者之赋，而非复自贪其利，遏其源而不以一孔遗民也。”他在《节财》篇中指出，大宰理财的要点是“理其出”：“盖财多则下之用者易失之渗漏，上之取者每患于过差。九式之法不过以撙节，人主亦以堤防百官有司之失物辟名也。式法不行而后上下始交征利矣，锱铢而取，泥沙而用，竭九州之财不足以赡一人之欲，而公私始俱受其病矣。呜呼！是其所以为秦汉矣。”② 在《理财》篇，郑伯谦竭力否定前人《周礼》为“理财之书说”，认为“周之理财，理其出而已矣，非理其入也；理国之财而已矣，非理天下之财也”。至于理财之出的原因，郑伯谦以为：一是为了防止人主形成奢靡之心；二是为了防止财官滥用或遗漏财物，造成财物贫乏而加重人民负担。郑伯谦发现《周礼》中天子无私财，但在《奉养》和《内帑》篇中强调君主个人饮食、玩好的欲望应当满足。这一点受到《四库全书总目提要》作者的批评。

---

① 郑伯谦：《太平经国之书》，《景印文渊阁四库全书》第 92 册，第 209 页

② 郑伯谦：《太平经国之书》，《景印文渊阁四库全书》第 92 册，第 210 页

（九）发掘《周礼》相权思想

郑伯谦“崇相权”的思想表现在“通内外而合事权”“宫中府中俱为一体”的认识上，包括六卿受大宰节制、治国从治理内宫始等。这种思想主要体现在《相体》、《内外》上下篇、《臣职》等篇中。在《相体》篇中，他考察了历代相权的演变后认为，从西汉到唐宋，“周家太宰之制至是而三变矣。盖其始也，大臣自弃其权而不为；其中也，则贪其权而不择其所当为；其卒也，则上之人又夺其权而不使之有为”。[①]他认为《周礼》“太宰之立法而小宰、宰夫之奉法”才是相权的标准模式。在《内外》上篇中，郑伯谦分析了小宰、宰夫在宫中治理所承担的佐助大宰性质；宫伯、宫正负责管理宫中徒役之事、子弟宿卫之职与诸官府之在内者；内宰负责教王后、夫人与夫九嫔、世妇凡女宠近习之在左右者的礼仪。这些职官均对大宰负责。郑伯谦特别强调小宰、宰夫在内外治理中的地位。《内外》上篇全面归纳了小宰、宰夫在内治中的职责，得出结论说：“论太宰之兼统内外，当自小宰、宰夫之齐家治国；又自文王之家法始。”在《臣职》篇，郑伯谦梳理了大宰一人之下、万人之上的权力行使流程：第一步是发布治典；第二步是做大事则戒于百官、赞王命；第三步是岁终对百官进行考核；第四步是依据小宰六属，对各级官吏进行监督考核，考核从基层逐级上移，直到六官之六卿，最后汇集到大宰。

四 《太平经国之书》的地位和影响

《太平经国之书》在宋代即产生了重要影响。在宋末两大《周礼》宋学集成之书中，王与之《周礼订义》引述该书二十余次。郑伯谦所开创的议题在叶时《礼经会元》中得到充分论证；所发掘的《周礼》爱民思想、均节财用思想都具有重要的思想价值。郑伯谦对历代官制沿革的比较分析颇具功力，拓展了《周礼》学研究的空间；对于历代违背《周礼》经验教训的总结具有参考价值。郑伯谦所论王国财政问题、后宫治理问题、官僚体系设计思想成为此后历代学者《周礼》义

① 郑伯谦：《太平经国之书》，《景印文渊阁四库全书》第92册，第222页。

理研究的热点论题，在《周礼》义理学领域开创了多个命题，产生了深远的影响。

然而《太平经国之书》也存在一些不足。《四库全书总目提要》对该书的批评有两条。一是以南宋史弥远为例证明过分强调宰相权重不一定利于国家治理；二是《奉养》一篇深斥汉文帝之节俭为非，所论显然不足为训。这个评价是公允的。

此外，《太平经国之书》尚有一个遗憾，就是未能将《周礼》民本思想发掘到底，虽然与前人相比，郑伯谦对《周礼》爱民思想的发掘深度已是空前的。《周礼》六官总纲都落实在“以为民极”上。对于“民极”之“极”，自郑玄以来，历代学者除了王安石外，大多训为“中”，将“极”抽象化。这个“极”显然不是“中”，而是管理四方的官，即“主政”，也即冢宰、首辅。经文“以为民极”紧跟在“设官分职”后，也是这个意思，即作为人民的栋梁。只不过是个比喻手法，“作为人民的栋梁”即作为管理人民的官员。在郑伯谦之前，王安石、王昭禹对“以为民极”的解释都比汉儒有进步，而郑伯谦对“民极”思想做了全方位发掘，深度无疑超过了前人。当然我们不能苛求郑伯谦能够独排众议，获取“极”的正解。但《周礼》中多处经文无不指向这个意义。如“大宰六典”中，治典纪万民，教典扰万民，礼典谐万民，政典均万民，刑典纠万民，事典生万民，“六典”最后落实在“生万民”上。《周礼》“以为民极”的思想就是“设官为民”，如此简单的一句话，两千多年以来的《周礼》学者就是讲不出口，根本原因在于他们自认为士大夫高于万民。因而在《太平经国之书》的第一篇《教化》中，郑伯谦将六官“以为民极”归结为《周礼》职官所有建制都是教化人民的错误结论，并且形成僵化的《周礼》学发展观和退化的历史观，以为井田制、宰相负责制、军农一体制等凡属《周礼》所设都是好的，却不知道制度本身为末，而制度设计之意才是根本。如有其他制度能够更好地实现当初《周礼》制度设计的本意，为什么不能采用呢？全书以《教化》为首篇以开宗明义，至于纪万民、扰（为安之义）万民、谐万民、均万民、生万民则付之阙如，割裂了《周礼》设官之意。

尽管有以上三条遗憾，但仍遮掩不住《太平经国之书》的思想之光。

郑伯谦《太平经国之书》的保民、爱民、养民、生民、敬民思想仍然具有超越时代的价值，该书的不足瑕不掩瑜，不足以损害《太平经国之书》为两宋《周礼》义理学几座高峰之一的地位。

第三节 叶时的《礼经会元》

《礼经会元》的作者叶时，字秀发，南宋后期著名的政治家和经学家。叶时于南宋孝宗淳熙十一年（1184）中进士第甲科，历任龙泉知县、监察御史、右谏议大夫、礼部尚书、吏部尚书、工部尚书、泉州知府、福建安抚使等职，最后以官至龙图阁学士、光禄大夫致仕，卒谥“文康公”，有著作《礼经会元》和《竹野集》，其中《礼经会元》流传至今。

一 《礼经会元》的体例和内容

《礼经会元》与李觏的《周礼致太平论》、郑伯谦的《太平经国之书》一样，都属于“离经设论体”。《礼经会元》在体式上没有走汉唐传注体或义疏体之路。该书继承北宋李觏《周礼致太平论》的做法，不点明六官，暗依《周礼》天、地、四时六官先后次序提炼出一百个专题进行论述，形成专题论文汇编，类似于今天的个人《周礼》学专题论文集。叶时认为《考工记》非《周礼》的《冬官》，舍弃《考工记》而不论。

《礼经会元》全书明刻本共分四卷，每卷二十五篇，共一百篇，即一百个专题。① 就论题看，此书完全可以称为“《周礼》百论”。百篇专论除了《礼经》《注疏》和第一百篇《补亡》属于通论外，其余论题分别取自《周礼》天、地、春、夏、秋五官，属于专论性质。从全书第三篇《民极》开始，包括《民极》《官名》《兼官》《相权》《邦典》《官法》《都则》《驭臣》《驭民》《任民》《赋敛》《式法》《侯贡》《系民》《正朔》《象法》《考课》《宫刑》《官叙》《官属》《官联》《官成》《朝仪》《宫卫》《膳羞》《燕礼》《飨食》《耕藉》《同姓》《医官》《酒政》《藏

① 按：明刻本、四库荟要本均四卷，一百个论题。至四库全书本则四卷分上、下，实为八卷，一百个论题。至光绪丁亥文选楼本则将第一篇《礼经》、第二篇《注疏》刻作序文，则为九十八篇。今从明刻本之旧。

冰》《盐政》《财计》《内帑》《钱币》《内政》《门制》，到第四十一篇《奄官》共三十九个专题，论题大体上出自《天官》六十职文中。从《地官》引出的论题，从第四十二篇《教化》开始，包括《教化》《王畿》《封建》《井田》《荒政》《乡遂》《军赋》《役法》《选举》《齿德》《迁邑》《社稷》《教胄》《谏官》《和难》《昏礼》《市治》《水利》《重农》《山泽》《囿游》，到第六十三篇《制禄》共二十二个专题，论题大体上与《周礼·地官》所述内容一致。从第六十四篇《祭祀》开始，包括《祭祀》《郊庙》《宾礼》《礼命》《瑞节》《礼乐》《天府》《冕服》《学校》《祭乐》《乐舞》《诗乐》《卜筮》《史官》《明堂》《系世》，到第八十篇《名讳》，共十七个专题，论题大体上出自《周礼·春官》，所论以礼学问题为主。从第八十一篇《天文》开始，包括《天文》《分星》《车旗》《兵政》《将权》《师田》《赏功》《马政》《火禁》《险固》《射仪》《久任》《图籍》，到第九十四篇《地理》共十四篇，论题大体上出自《周礼·夏官》，所论大多为军事问题。从第九十五篇《刑罚》开始，包括《刑罚》《诅盟》《鸟兽》《遣使》，到九十九篇《夷狄》共五篇，论题大体上出自《周礼·秋官》，所论为刑法问题。最后一篇《补亡》因《冬官》亡失而发。从本书内容构成看，叶时最为关注的是治官，其次是教官，再次是礼官，最后是刑官。

这百篇专论在篇幅上大多相当于中型论文，比李觏《周礼致太平论》大部分篇幅要长。我们选取《宾礼》篇为例，对《礼经会元》的体例做简要分析。

《宾礼》全篇一千五百余字，可分为七个段落。第一段通过异官同职的系联法将《周礼》有礼宾职事的大宰、宗伯、行人、小行人、司仪、行夫、掌客、环人、掌讶、掌交等职官联系到一起，得出《周礼》三百六十职官大半与宾礼有关的结论。最后归纳宾礼之意："亲诸侯"。按照官联研究某一事项的完成过程和程序，发掘制度设计意蕴，汉唐传注义疏学涉足不多；而这种研究方法是宋代义理学典型的研究方法。以下我们对《宾礼》篇做简要分析。

太宰以礼待宾客之治，而朝、觐、宗、遇、会、同之名则详于

《宗伯》；宗伯既以宾礼亲邦国，而朝、觐、宗、遇、会、同之制则详于《行人》。其礼籍则掌于小行人，其摈相则掌于司仪，其传达则掌于行夫，其牢礼则掌于掌客，其守卫则有环人，其送迎则有掌讶，其结好则有掌交。至于六官三百六十属，太半皆预宾客、朝觐、会同之事。先王之于宾礼，岂徒为是纤悉委曲繁文而已哉！《大宗伯》曰："以宾客亲邦国。"《大行人》亦曰："掌宾客礼以亲诸侯。"盖礼之以宾，则灿然有文以相接；待之以亲，则欢然有恩以相爱。《易》之《比》曰："先王以建万国，亲诸侯。"盖谓是也。①

这第一段集中分析"宾礼六典"如何体现在《周礼》各职中，并点明设宾礼的目的在于"亲诸侯"。这种思想是中华文明的典型特征之一，在《尚书》曰"协和万邦"，在《周礼》曰"亲诸侯"，曰"柔远能迩"。这是利用"大宰八法"研究《周礼》的一个成功案例。

然考之《宗伯》，春曰朝，夏曰宗，秋曰觐，冬曰遇。郑康成谓六服之内，四方以时分来，名殊礼异。曰"名殊"则是，曰"礼异"则非。宗固曰尊，而朝、觐之礼独非尊王乎？觐固曰勤，而宗、遇之礼独不勤王乎？又案：《大行人》曰"春朝而图天下之事，秋觐以比邦国之功，夏宗以陈天下之谟，冬遇以协诸侯之虑"。春为图事，则觐于秋者无事可图乎？夏为陈谟，则遇于冬者无谟可陈乎？不知周人胡为如是分别也。至于时见曰会，则诸侯以有事而会，非常朝也，《行人》曰"时会以发四方之禁"是也；殷见曰同，则诸侯以王不巡守之岁而尽来朝，亦非常朝也，《行人》曰"殷同以施天下之政"是也。会同之义固无可疑，朝、宗、觐、遇之名若是分则何邪？②

第二段从宾礼名称讨论开始，赞同郑玄"名殊礼异"中的"名殊"，

① 叶时：《礼经会元》，《景印文渊阁四库全书》第92册，第118—119页。
② 叶时：《礼经会元》，《景印文渊阁四库全书》第92册，第119页。

不同意其“礼异”。于是提出下一步要研究的问题，即为什么宾礼有不同的名称。义理学派问题意识与传注学派的差异正在于此。我们不能不说叶时的五问，每一问都有道理。可见叶时所疑的郑玄“名殊礼异”的确有问题。问题出在哪里？叶时在第三段给出问题答案，指出宾礼之所以有朝、宗、觐、遇、会、同的名殊，是因为周公制礼考虑到诸侯国远近因素来安排宾礼的疏与数：

案《行人》曰：“侯服岁一见，甸服二岁一见，男服三岁，采服四岁，卫服五岁，要服六岁，蕃国世一见。”先王以是为疏数之节者，以其地之远近也。因地以辨服，因服以制朝。近者不疏，远者不数。不疏则不至于怠；不数则不至于疲。然则春夏秋冬之制，随其地之远近，因其朝之疏数，分其时之先后，故殊其名而别之尔。①

朝、觐、宗、遇、会、同六宾礼的具体内容，即使在今日仍然争论不休。叶时的答案是“近者不疏，远者不数。不疏则不至于怠；不数则不至于疲”。叶时的解释可以视为一种相对合理的解答。那么他的解说依据是什么？叶时在第四段进一步论证第三段给出的答案：

春者物之始，天下政事从此始矣。朝有始初之义，故于朝而图事。夏者物之亨，天下谋谟从此通矣。宗有嘉会之义，故于宗而陈谟。秋者物之遂，邦国功勋至此成矣。觐有服勤之义，故于觐而比功。冬者物之藏，诸侯思惠至是定矣。遇有聚会之义，故于遇而协虑。曰天下、国家、诸侯者，互文也，是通天下邦国、诸侯皆然也。《宗伯》亦总言其大纲，《行人》亦姑举其大概尔。春朝者，非专春朝；秋觐者，非专秋觐；图事者，非专图事；比功者，非专比功，通四时皆然。不然则《书》言“巢伯来朝”，是南方来朝也，岂必东方春朝而言图事乎？《诗》称“韩侯入觐”，是北方入觐也，岂必西方

① 叶时：《礼经会元》，《景印文渊阁四库全书》第92册，第119页。

秋觐而言比功乎?①

叶时认为春朝而图天下之事，秋觐以比邦国之功，夏宗以陈天下之谟，冬遇以协诸侯之虑，每个季节与所对应之事是有一定联系的，实际上每个季节的宾礼都包含其余三个季节的内容，都有图天下之事、比邦国之功、陈天下之谟、协诸侯之虑，东西南北诸侯都有此行。此为行文法中的“互文”，不可人为割裂其义。

以上分析诸侯朝见天子的六种宾礼，指出“通四时皆然”，相较于王安石及之前学者将四季朝、觐、宗、遇、会、同割裂，强做推测性解说，叶时此说更加通脱，其解说的深度即使与汉魏经学大师相比也毫不逊色。当然，这一论述显然受郑伯谦《太平经国之书》相关论题的启发。

天子派使臣巡视诸侯之礼如何？天子亲自巡视诸侯之礼如何？第五段与以上讨论的诸侯觐见天子礼不同，讨论的是天子派使节探望诸侯之礼，以及天子的巡狩礼，再次揭示宾礼“亲诸侯”的礼意：

虽然，诸侯见王固有六礼，而天子所以待诸侯者果何礼哉？宾礼虽止于时聘曰问，殷俯曰视而已，而以飨燕之礼亲四方之宾客、以脤膰之礼亲兄弟之国、以贺庆之礼亲异姓之国又见于嘉礼之中；以荒政哀凶礼、以吊礼哀祸灾、以禬礼哀围败、以恤礼哀寇乱又见于凶礼之中。《行人》亦曰：“时聘以结诸侯之好，殷俯以除诸侯之慝。”又曰：“间问以谕志，归脤以交福，贺庆以赞喜，致禬以补灾。”掌于宗伯者既如彼其详，掌于行人者复如此之厚其恩，意岂不至哉！不特此尔，一岁遍存；三岁遍俯；五岁遍省；七岁谕言语，协辞命；九岁谕书名，听声音；十有一岁达瑞节，同度量，修法则；十有二岁王巡守殷国。观此，则王之所以抚诸侯尤详于诸侯之所以朝王也。是故周人巡守之礼必待十有二年，似不若虞朝五载之数；而其所以与诸侯相亲者，无一岁而不相问。《周官》曰：“六年五服一朝。又六年王乃时巡。”此亦言其大概尔。六年之间，诸侯之朝王者多矣，岂特如卫

① 叶时：《礼经会元》，《景印文渊阁四库全书》第92册，第119—120页。

服五岁一见哉！十有二年之内，王之亲诸侯者详矣，岂特十二年而方一巡守殷国哉！①

这一段从天子对待诸侯角度分析出问、视、飧燕、脤膰、贺庆、荒礼、吊礼、禬礼、恤礼九礼。之前的学者多关注诸侯朝见天子之礼，对于天子“亲诸侯”之礼鲜有新发明。叶时跳出就宾礼谈宾礼的俗儒之见，将涉及诸侯的宾礼、嘉礼、凶礼综合起来看天子“抚诸侯”之厚意。叶时此种带有归纳性质的研究成果，就其质量来看显然不输于晋唐义疏学。

第六段又讨论宾礼的第三个方面——诸侯之间的宾礼问题，并揭示先王为诸侯制定宾礼的礼意在于尊天子：

然不特王抚诸侯之礼如是，至于侯邦之相交也，先王亦为制其礼。《大行人》曰：“凡诸侯之邦交，岁相问也。”是每岁而使人以意相问；“殷相聘也”，是中年而使人以礼相聘；“世相朝也”，是即位而诸侯自以礼相朝。《司仪》曰“诸公、诸侯、伯、子、男之相为宾则有礼”，谓相朝也；“诸公、诸侯、伯、子、男之臣相为国客则有礼”，谓相聘也。盖先王建国必使小大相维，使小国事大国，大国比小国，于是乎有相聘、相问、相朝之礼。虽曰讲信修睦，亲仁善邻，而实考礼、正刑、一德以尊于天子也。②

在这一段中，叶时找出了《周礼》中诸侯之间相聘、相朝之礼，并揭示了诸侯相聘问之礼的主题在于“讲信修睦，亲仁善邻”，而终极目的则为“以尊于天子”。综合以上三段不难看出，叶时在诸侯朝天子、天子问视诸侯、诸侯之间相聘问三个方面的研究已经很深入了。相比于汉魏学者，叶时的礼学研究既深且博，理论性更强。

第七段对礼崩乐坏之后违背宾礼的历史教训进行了总结：

---

① 叶时：《礼经会元》，《景印文渊阁四库全书》第 92 册，第 120 页。
② 叶时：《礼经会元》，《景印文渊阁四库全书》第 92 册，第 120 页。

自亲邦国之礼废，而尊王之意不存；自恤邦国之礼废，而亲诸侯之意浸失；自侯邦相交之礼废，而与国之意又睽。是故下堂而失礼者有之，召会而无信者有之，来朝而不礼者有之。甚至以世子而下会诸侯，以侯国而迭为盟主，以天王而使来锡命，以伯主而召狩，朝王宾礼已扫地矣。春秋二百四十二年书诸侯之朝于鲁者三十有四，而鲁之朝王所者仅两书而已。书天子来聘于鲁者八，赐鲁者三，归脤者一，而鲁之聘问归脤者曾不一见也。鲁秉周礼且如此，他可知也。吁！朝聘之礼既失，则强凌弱、众暴寡亦何足怪哉！后世不知咎此，而徒谓封建之不可行，殆非知本之论。①

《宾礼》篇是《礼经会元》的标准样式。从学术角度看，叶时对宾礼的研究既有类别分析又有礼意归纳，视野开阔，思考深入，颇有知识价值和认识价值。从文章角度看，材料丰富，论据坚实，话题尽处起风雷，气象峥嵘，为试科举者所喜爱。然而与之前的《周礼》传注学、义疏学以及后来考据学关注宾礼仪注研究不同，叶时本论题关注的是宾礼的礼意研究，侧重点各不相同。《礼经会元》是《周礼》义理学的代表。

二 《礼经会元》的知识性新发现

《礼经会元》是一部义理学著作，但在知识性研究方面也取得了可观的成果。他的知识性研究成果主要体现在名物制度的解读上，尤其是纠正郑玄之“短”，有时候相当精彩。这里略举数例。

（一）对郑玄名物制度解说的纠偏

1. 纠正郑玄“官府”释义

在《官法》篇，叶时说：“何谓官府？郑氏曰‘百官所居之府’，是不然。官者，合卿、大夫、士而言也。府者，总府、史、胥、徒而言。”《周礼》一书，“府”有二义：一是府、史之府；二是官署，如“玉府”“大府”。大宰“以八法治官府”，即治理官僚体系，类似于今天的各级政府。郑玄的“百官所居”侧重于物质实体。叶时所说侧重于人员结构，

① 叶时：《礼经会元》，《景印文渊阁四库全书》第92册，第120—121页。

外延扩大到府、史之府，这些人是所谓“庶人之在官者”，当然是官府组成部分。叶时从人员构成视角解释“官府”，与《周礼》本义无冲突，不仅可备一说，甚至比郑玄说更准确。从现存五官的序官看，凡是有府、史、胥、徒其中之一人员编制的职官，都是具有独立官署的官府，即该职官有自己“办公”的官署。

2. 批评郑玄以小宰比况汉御史中丞

《周礼·天官》有小宰，郑玄以为如汉代的御史中丞。《官属》篇说：“汉之丞相犹太宰也，郑康成尝以小宰譬御史中丞，不知中丞乃御史大夫之属官，御史大夫乃丞相之副，大夫犹小宰也，中丞犹宰夫也，宰夫则赞小宰，小宰则赞太宰。今以中丞譬小宰，御史大夫当为何官乎?”显然，郑玄以小宰比况汉代的御史中丞，的确存在不严谨之处。叶时采用的也是比较分析法，但更细致，比况也更加准确。

3. 纠正郑玄以《周礼》门大夫比况汉城门校尉

《周礼》有司门之官，官员构成是下大夫二人，每门下士二人。郑玄以为“若今城门校尉，主王城十二门”。叶时在《宫卫》篇中予以纠正说：“不思成周司门之官，合胥、徒只七十八人，每门亦九人而已，其秩则尊，而其职则寡，果如汉城门兵之制邪?”汉代城门校尉是军官，所率士卒众多。《周礼》门大夫是治安官，人数少，二者不能同日而语。叶时说显然优于郑玄说。

4. 纠正郑玄以大府、职内、司会比况汉司农、少府、尚书说

《周礼》有大府，有职内，有司会。郑玄以为大府如汉司农，职内如汉少府，司会如汉尚书。叶时在《财计》篇说：

> 愚谓司农犹内府，少府犹玉府。盖司农给公家之公用，始名内史，后改为司农，犹内府之遗也。少府为天子之私藏，本名少府，后为少内，犹玉府之遗也。①

郑玄的比况虽然有利于读者理解《周礼》，但毕竟两者区别大，因而

① 叶时：《礼经会元》，《景印文渊阁四库全书》第92册，第61—62页。

严密性不够。叶时考察了汉代司农、少府两官的演变史，所说更加准确。

5. 纠正郑玄以职内为受用之府说

《周礼》有大府一职。其职文说："颁其货于受藏之府，颁其贿于受用之府。"郑玄以为受藏若内府，受用若职内，此说为宋代多数学者所接受。叶时在《财计》篇说：

> 职内乃司会之属，非受用之府矣。王氏《详解》以职内为受藏，以职岁为受用。此二职者掌出入之数尔，而谓之"府"，亦非也。刘氏《中义》以内府掌良货贿，知其为受藏；外府掌共百物，知其为受用。然《内府》曰"以待邦之大用"，谓之"受藏"，亦不通。①

叶时发现《周礼》职内一职属于司会一类统计货物出纳消耗之数的职官，并非收纳财物之官。叶时的分析是正确的。其实任何收藏财物的仓储不仅有收藏职能，也有派发财物的职能，因此《大府》所说"受藏之府""受用之府"实为修辞性表述，互文见义。全句应当表述为"颁其货贿于受藏、受用之府"。

叶时以上发现大多属于名物制度问题，并且在郑玄基础上将问题加以推进，显示出"后出转精"的学术发展迹象，说明叶时在名物制度方面也下过功夫，因而能吸收前人成果，并且能发现前人的不足，真正"站在前人的肩膀上"。

（二）对《周礼》名物制度的新发现

叶时在《周礼》名物制度方面的研究有一系列新发现，我们选择其中十项进行简要分析。

1. 提出"兼官"说

《兼官》篇是关于《周礼》职官之数的专题论文。《周礼》职官体系十分庞大，历来受到质疑。然而其绝大多数职官条文非深思熟虑不能列出。《周礼》设官之数虽然不无依据，然职官之数不符合实际也是无疑的。有学者提出"兼官"论，叶时也主张以兼官说之："盖周人因事以置

① 叶时：《礼经会元》，《景印文渊阁四库全书》第92册，第59—60页。

官，《周礼》因官以存名。居官而不兼其职，则官冗；兼官而不存其名，则官废。知《周礼》兼官之职，又知《周礼》存官之名，则可与言官制矣。”① 在兼官之外，他还提出“存官之名”说，这也属于对《周礼》学的一项重要贡献。

2. 发现闲民赋税问题

对闲民的赋贡问题，叶时有新发现。在《任民》篇中，叶时说：

> 闲民无职者有二，一在《载师》，出任民之赋；一在《闾师》，出任民之贡。盖闲民虽无常职，而有生财之道，亦不减于一夫之所获。故载师使之出夫家之征，用其力也；闾师使之出夫布，敛其财也，非是一人而出二物也。不如是则民将舍农而务末，否则官无所取，又将转而为游手怠惰者之归，是岂重农务本之意哉!②

叶时的发现，深化了对《周礼》九职之“闲民”的认识，比前人所论又有进步；不过为强调重农抑商、重本抑末而发掘的“义理”不一定接近《周礼》设计者的原意。闲民的转移执事，既可以去生九谷，也可以去协助百工饬化八材，也可以去协助商贾阜通货贿。因而《周礼》中允许闲民的存在，并让闲民服役、贡赋，不是为抑制商业和手工业，所谓“强本抑末”，而是需要一批劳动力自由流动，以满足社会分工的需要。

3. 发现“九职之贡”与“九赋之敛”是两码事

《周礼》赋贡制度历来众说纷纭。郑玄以赋为口率出泉，即人头税。而叶时在《赋敛》篇提出新说。叶时发现《周礼》有“九职之贡”，有“九赋之敛”，二者不相同，所出贡赋之人也不相同。“九职之贡”属于“业贡”，由农、圃、工、商、虞衡、薮牧、嫔妇、臣妾、转移执事之民所出；“九赋之敛”属于“地税”，出于国、郊、甸、稍、县、疆、关市、山泽之地。出“九职之贡”是一拨人；出“九赋之敛”是另外一拨人。其中九赋量大，九贡量小，九赋才是主要赋税来源。业税、地税二分，是

① 叶时：《礼经会元》，《景印文渊阁四库全书》第92册，第10页。
② 叶时：《礼经会元》，《景印文渊阁四库全书》第92册，第19页。

《周礼》赋贡研究的重大新发现。至此，《周礼》贡赋法获得清晰的解说。两宋《周礼》义理派热衷于《周礼》财政税收制度研究，推动了《周礼》学的发展。

4. 发现大行人与职方氏之贡不同

《侯贡》篇体现了叶时研究《周礼》的深厚功力。诸侯的邦国九贡即祀贡牲茅，嫔贡丝枲，器贡器械，币贡皮帛，材贡木材，货贡金宝，服贡玄纁，斿贡羽毛，物贡土地所有之物。所贡分别纳入大府和玉府。叶时还发现《大行人》职文所说似乎并不按照土地所宜来确定该地的贡品："而《大行人》则曰侯服贡祀物，甸服贡嫔物，男贡器物，采贡服物，卫贡财物，要贡货物。六服分贡六色而已，是岂任其所有邪?"《大行人》所说与《职方氏》不一致：

> 案《职方氏》曰："凡邦国制其职各以其所能，制其贡各以其所有。"山师、川师以山林川泽之物颁于邦国则曰"致其珍异之物"；怀方氏来远方四夷之民则曰"致方贡""致远物"，无非听其自至也。①

《大行人》经文对于诸侯所贡有明确的分类规定，而《职方氏》所说诸侯之贡因国而异，两职文所说似乎有冲突。叶时解释这种矛盾说："如《大行人》一官则是因其间岁一见之时而贡其物，非每岁之常贡也。"以《职方氏》为每年常贡，而《大行人》为间岁所贡。《周礼》中职方氏、大行人两职分别有致贡职责。按照《周礼》"亲诸侯"精神，两职不可能重复征收诸侯之贡，各有侧重，不会加重诸侯经济负担。因而叶时此论也可备一说。

5. 计算读法的次数，发现读法的目的

叶时的《象法》篇因五官皆读法而作。叶时采用贯通法，通过对分散于各官的职文梳理，归纳出几个问题。一是为什么布象读法，二是读法次数，三是读法的方法，四是礼官为什么不读法。他的答案是：布象读

① 叶时：《礼经会元》，《景印文渊阁四库全书》第92册，第24页。

法，爱民也；正月读法，布新也。礼官不布象读法，六官皆礼也。至于读法次数，叶时计算说：

> 州长乃以正月及正岁与夫春秋祭社之时属民读法，则是二千五百家之民每岁四番读法矣。党正又以四孟及正岁与夫春秋祭禜之时属民读法，则是五百家之民每岁七番读法矣。族师又以每月吉日及春秋祭酺之时读法，则是百家之民每岁十四番读法矣。闾师又以岁时及春秋聚众庶之时读法，则是二十五家之民每岁又不知几番读法矣。①

叶时得出的数据与贾公彦计算读法所得相似。叶时此处也采用数据分析法辨析各级官吏一岁之中读法的频次，发现越靠近基层，一年之中读法的次数越多。叶时的分析比贾公彦更加细致。

6. 发现“小宰六叙”的具体操作流程及其意义

《小宰》职文说：“以官府之六叙正群吏：一曰以叙正其位，二曰以叙进其治，三曰以叙作其事，四曰以叙制其食，五曰以叙受其会，六曰以叙听其情。”叶时通过官职、官联对官叙具体情况进行了探讨，发现了官叙法的具体执行情况：

> 郑氏曰：“叙，秩次也，谓先尊而后卑也。”周人以之正群吏，其将以正等级乎？且以《周礼》考之，小宰月终则以官府之叙受群吏之要，是“以叙受其会”也。宰夫掌治朝之法，则叙群吏之治，是“以叙进其治”也。宫伯掌王宫之卫，则行其秩叙；乡师则令其秩叙；里宰则行其秩叙以待政令，是“以叙制其食”也。遂师则比叙其事而赏罚；内史则掌叙事之法，是“以叙作其事”也。小史则以书叙昭穆之俎簋；巾车则辨其物而等叙之；小司寇则掌外朝之政，以叙进而问焉，是“以叙正其位”也。②

① 叶时：《礼经会元》，《景印文渊阁四库全书》第92册，第28页。
② 叶时：《礼经会元》，《景印文渊阁四库全书》第92册，第33页。

叶时对官叙的作用、类别进行了深入研究，官叙不仅仅在于尊卑先后，更在于官府治理的事务、秩序和方法。其发现是对郑玄说的深化。

叶时对“小宰六叙”意义的揭示也很精彩，显示了义理学研究的长处。叶时说：

先王设官分职，事事皆有其叙，岂特群臣迁转之地邪？故以叙正其位，则尊卑不得以相逾；以叙进其治，则功过不得以相混；以叙作其事，则小专而大从可也；以叙制其食，则贵丰而贱杀可也；以叙受其会，则日、旬、月、岁之要有考也；以叙听其情，则亲故贤能之辟可议也。①

这段引文对“小宰六叙”六项功能做了精彩的总结，正位以显尊卑，进治以别功过，作事以分专、从，制禄以辨丰杀，受会以考会要，听情以议亲贤，确实抓住了“小宰六叙”的要义。

7. 发现了《周礼》官联的多层次、多类别性

在《官联》篇中，叶时对《周礼》各职官之间的协同职能进行了综合，归纳出《周礼》官联的多个类别、多级层次，将官联研究推进了一步：

太宰以官联会官治，举其要也。小宰以六联合邦治，分其详也。夫所谓联者，太宰、小宰、宰夫之职，正贰之联也。宫正、宫伯，宫卫之联。膳夫、庖人，膳羞之联。医师至兽医，医官之联。酒正至盐人，饮食之联。太府而下，财官之联。内宰而下，宫正之联。此治官之联也。教官有教之联，礼官有礼之联，政官有政之联，刑官有刑之联，人皆知其分职率属之为官联也。

至于联事合治，有非其官之属，而实相联者焉。且以祭祀言之，宗伯而下，郁鬯尊彝典祀等职皆联事也。而太宰祭祀则赞玉币，司徒奉牛牲，司马奉马牲，司寇奉犬牲，此非他官之合联乎？又以宾客言

① 叶时：《礼经会元》，《景印文渊阁四库全书》第92册，第33—34页。

之，行人而下，司仪、行人、环人、掌客等职皆联事也，而太宰朝会则赞玉币，宰夫掌牢礼，司徒修委积，封人饰牛牲，此非他官之合联乎？太宰赞含，乡师治役，司徒荒政，遗人委积，此丧荒之联事也。司马治军，司徒致民，小宰掌具，县师受法，此军旅之联事也。司马教陈，乡师帅民，司徒举旗，虞人莱野，此田役之联事也。闾师征赋，太府受财，司徒施征，司马制赋，此敛施之联事也。

六官联事，不一而足，以至小事莫不有联。典祀，春官，而得以征役于秋官之司隶。鼓人，地官，而得以诏鼓于夏官之太仆。秋官掌戮，而得预天官甸师之杀。秋官蛮隶，而得执夏官校人之役。乡师，地官，而考辟于司空。稍人，地官，而听政于司马。有同寅协恭而无畔官离次，有联事合治而无分朋植党。成周之官所以内外相统，小大相维，而无旷官者，六联为有助焉，是故分其职而率其属，则事权若分而不相混；合其联而会其治，则事权若合而不相离。此官治之所以会，而邦治之所以合也。

虽然，周人联事之意不特见于官然也，其在乡也，则比、闾、族、党、州、县之有联。其在遂也，则邻、里、酂、鄙、县、都之有联。司徒之安民则曰联兄弟、联师儒、联朋友。族师之登民则十人为联，十家为联，八周为联。至于司关之官，亦掌国货之节，以联门市，是无往而不为联也。官治其有不会乎，邦治其有不合乎？然太宰言官治，小宰言邦治者，盖太宰总官联之要，官联举而官治会，小宰治官联之详，官治会而邦治合，纲举而目张，领挈而裘整，此太宰所以言官治与小宰所以言邦治与？①

叶时总结出的《周礼》官联，从类别上分大致有四类：第一类，六官本系统内之官联；第二类，六官本系统内子系统的官联；第三类，六官本系统与外系统的官联；第四类，乡遂之联，即除六官之官府联事外，还有六乡、六遂之联事。从层次上看，第一级为六官六卿之间的官联；第二级为六官正、贰之间的官联；第三级为六官之内各职官之间的联事，以及六

① 叶时：《礼经会元》，《景印文渊阁四库全书》第92册，第36—37页。

官二级职官与他官二级职官之间的平行联事。叶时对《周礼》官联的归纳，代表了《周礼》学史上的最高水平，即使晚清孙诒让作《周礼正义》，对于官联的发挥也不多。叶时的官联研究，推动了“大宰八法”研究向更深处发展。此后的“大宰八法”的官联研究基本上没有突破叶时的深度。

8. 总结《周礼》宫卫的类别

在《宫卫》篇中，叶时对《周礼》宫廷保卫问题做了分类研究，他发现《周礼》宫卫有两种，一是郎卫，二是兵卫。再细分则有四类：居守环列之卫、仆从侍御之卫、奔趋先后之卫、周防键闭之卫。可谓深得《周礼》安保制度精髓。叶时研究《周礼》安全保卫制度如此深入，即使面对汉魏传注学也不遑多让。

9. 提出国野乡遂新说

叶时对于汉唐学者关于国中、近郊、远郊的划分持否定意见：“王畿千里，有中国、郊野之别。注家分近郊、远郊，百里之地为乡遂，皆未足据。”叶时举出证据说：“案：乡士掌国中，各掌其乡之民数，则国中为乡矣。遂士掌四郊，各掌其遂之民数，则四郊为遂矣。大率在中国者合七万五千家，则为六乡；在四郊者合七万五千家，则为六遂。《小司徒》所谓稽国中、四郊，《闾师》所谓掌国中、四郊者，此地也。其余则为载师所任廛田及七等之田。”① 叶时言之有据，即使在学术昌明的今天，叶时之论仍然不失为一家之说。

10. 发现闲民的价值

《任民》篇叶时论述闲民的价值说：“盖民生天地间，皆为天地间用。八职各任其事而力有不给，必得闲民以佐之。故大司徒颁十二职，九曰生财，以八者之财待闲民而生也。无闲民以转移执事，则民之用力劳而生财之道穷矣。尝观遂师巡其稼穑而移用其民，以救时事，稼穑必移用其民以相救助，则知八职不可无闲民以转移执事也。”② 这是继王安石以哲学“有、无”关系之辩说闲民的价值后，再次充分肯定了闲民在王朝经济生活中的重要地位。由此看来，《周礼》设置“闲民”一职，犹如资本主义

① 叶时：《礼经会元》，《景印文渊阁四库全书》第 92 册，第 84 页。
② 叶时：《礼经会元》，《景印文渊阁四库全书》第 92 册，第 18—19 页。

社会必须有自由劳动力一样，体现了战国中晚期手工业、商业和农业对自由劳动力的需求。

叶时在名物制度方面的新发现、新见解远不止以上所述。与汉唐传注学和《周礼》义疏学不同，叶时的知识性发现并不采用训诂形式，大多数在专题论述中进行表述，有时候一个专题中包含数项新发现。这些新发现中的任何一个都弥足珍贵。

三 《礼经会元》的义理学新发现

《礼经会元》最突出的收获是发掘《周礼》义理。叶时对《周礼》思想的发掘成果丰富，包括后宫治理、大宰权力均衡、军事备战、救灾备荒、财政收支、经济核算、行政考核、民众教化、土地资源、人力资源、司法刑罚等方方面面都有突破，书中一百个专题，几乎每篇都有独到的新见解。我们摘取约束人主思想、君臣相互制约思想、“民极”思想、财政思想四例，展示叶时《周礼》义理研究的收获。

（一）发掘约束人主思想

叶时从《周礼》中发掘出一个惊世骇俗的思想——天子也需要制度约束。他从多个方面、多个层次发现了《周礼》中的这种约束机制。

1. “大宰九式”是约束天子最后的屏障

《周礼》一书中，设置膳夫、庖人、酒正、司裘等职官以保障王及王后、世子餐饮、服饰、起居等日常生活需要。然而怠政往往从奢靡之风开始，历史上无数人主的悲剧都说明了这一点。可是限制人主走向奢靡，相关职官难以承担责任。因而《周礼》一书中，除了负责王、王后及世子生活的职官没有岁会外，其余职官都必须在年终岁会。正如叶时在《式法》篇中分析的那样：“膳夫不敢会王、后、世子之膳，庖人不敢会王、后之膳禽，酒正不敢会王、后之饮酒，外府不敢会王之服，司裘不敢会王之裘。盖彼一司也，而欲与王、后、世子计周度之当否，则其势不得行也。是以祭祀宾客之所需，至于匪颁好用之所待，百官有司皆共之，某事宜置不宜置，某物宜用不宜用，皆不敢预议乎其间。”① 难道人主的日常

① 叶时：《礼经会元》，《景印文渊阁四库全书》第92册，第22页。

消费真的就没有人能节制吗？叶时发现，《周礼》实际上已经设置了节制人，那就是大宰："夫百官有司平时既惟其命之是供，岁终又拘于势而不会王、后、世子，若可以自便而自取矣。今以太宰执九式之法临乎其上，一毫一缕，动皆九式之是听，其取不至妄取，听其供未尝妄供。虽曰不会，而实无待于会也。"① 即大宰按照"九式之法"制定了支出预案，相关职官在预案规定的额度内支取相关费用，利用制度建设，在源头上已经阻断了人主奢靡之风的形成。

2. 饮食之官抑制人主嗜欲

《周礼》将饮食、服饰、住处之官全部纳入天官体系，由大宰掌管。用今天的话来说，就是大宰负责管理王、王后、王子的衣食住行。其中膳食五官，以膳夫为首，庖人选食材，内饔掌烹饪，亨人掌汤食等，似与"君子远庖厨"违背。如此琐碎事务，为什么需要大宰总监管？在《膳羞》篇，叶时分析说："古人拳拳于膳夫者，盖以膳夫得人则可以导人君奉养之节而窒人君嗜欲之原，左右前后之人必不至以一饮一食而忘君之疾也，或者徒知以一人而治四海，以四海而奉一人。"② 叶时以膳夫为例，指出膳夫为王官，其责任不仅在于供王膳食，更在于节人君嗜欲，防亲近小人迎合人君欲望。此为"以饮食约束人君"。

3. 审计之官节制人主纵欲

《周礼》中以司会为长官的审计官爵位高于以大府为代表的藏用之官。在《财计》篇中，叶时发掘出如此设置的用意："以会计之官钩考掌财用财之吏，苟其权不足以相制，而为太府者反得以势临之，则将听命之不暇，又安敢校其是非？不惟无以遏人主之纵欲，而且不足以防有司之奸欺也。"③ 此为"以审计约束人君"。

4. 天子好赐的制度约束

《周礼》中天子有好赐。所谓"好赐"，指天子个人玩好与私恩赏赐两项开支。叶时发现《周礼》实际上对天子好赐设计了约束制度。在《内帑》篇，叶时说：

---

① 叶时：《礼经会元》，《景印文渊阁四库全书》第 92 册，第 22 页。
② 叶时：《礼经会元》，《景印文渊阁四库全书》第 92 册，第 47 页。
③ 叶时：《礼经会元》，《景印文渊阁四库全书》第 92 册，第 61 页。

愚故以玉府为天子之内帑，而内府不预焉。盖先王先民而后己，必不以贡赋之公而给玩好之私，必不以货贿之本而共赐予之末也。且以《周礼》考之。《太府》则曰："币余之赋以待赐予，式贡余财以共玩好。"《职币》则曰："敛凡用财者之币，振掌事者之余财，以诏上小用赐予。"《职岁》则曰："凡上之赐予以叙与职币受之。"《巾车》："会车出入，岁终则入赍于职币。"《泉府》："岁终则会其出入而纳其余。"是皆以余财而共用也。内府、外府固亦供好赐予之财用，安知不以大用、小用之余财而共之欤？今观玉府所掌，王佩服之玉则共之，诸侯相会之玉则共之，王之燕衣亵器则掌之，金玉、兵器、文织、良货贿之物则藏之。至于王有好赐则共其货贿，玉府所掌则如是，所供者如是，此其为天子之私藏乎？兽人之皮毛、筋骨则入于玉府，渔人之渔征则入于玉府，麇人之皮角、筋骨则入于玉府，泽人之国泽财物则入于玉府。有如《遂师》言"入野职、野赋于玉府"，是以九职、九赋之物，然只是野之所入，则他处九功、九赋不入玉府可知矣。玉府之所入者，如此，则以之而供玩好赐予之用，何伤乎？又况太府总乎其前，司会计乎其后，上焉又有太宰以临之，则财虽私而实公，帑虽内而犹外也。然玉府掌金玉，固也。兵器、货贿之良，内府既受之，玉府亦藏之。兵器、金玉之献，内府既入之，玉府亦藏之，何也？盖内府以给公用，玉府以为私藏。有内府公用之常，而又有玉府私藏之积，无事之时，一岁所入足支一岁之用。一旦事起于非常，变生于不测，将何以佐用度之不足者哉！此玉府之藏，又将为内府之副，非特为玩好赐予用也。且以《职内》观之，"及会则逆职岁，与官府财用之出而叙其财，以待邦之移用"。以职内且叙官府之余财以待余用，则知玉府之藏亦可得而移用矣。①

从此一大段分析可知：第一，天子用于好赐的财物，必须是"余财"，即官府使用后结余之财，即财政结余；第二，一旦邦国有需要，这些余财也应被"移用"，即王之好赐要给邦国之用让路。可见王之好赐的

① 叶时：《礼经会元》，《景印文渊阁四库全书》第92册，第62—63页。

储备和支出受到大府、职内等职官的监督。此为“以好赐约束人君”。

这里仅仅列举的是叶时发现的财物方面的约束机制。叶时所发现的天子约束机制远不止这些。

（二）发掘君臣相互制约思想

《驭臣》篇从“大宰八柄”发掘出《周礼》“驭臣”思想。叶时特别强调驭臣之术操纵于人君之手以维护君权的意义。“大宰八柄”是驭臣之术，但驭臣之术非神秘主义，而是让人有规矩可依，赏罚分明，扬善惩恶，奖勤罚懒。“夫所谓驭者，岂必阳开阴阖而使人不得以窥其术邪？岂必变轻易重而使人不得以用其情邪？”叶时着眼于《周礼》之用，体现了“依法治国”的精神。叶时赞扬《周礼》八柄设计之妙说：

> 今诏之以太宰，又诏之以内史，则其权之所分得无制于臣下之手乎？案内史之职，中大夫一人，下大夫一人，中士、下士凡二十四人。其秩甚尊，其职甚详，然后可以守法于内而王不得以轻用其权也。既有道揆大臣诏之于外，又有法守近臣诏之于内；外有以诏其驭，内有以诏其治；外则临之以相，内则律之以史，则君上岂得以揽权自用而肆其意乎？臣下岂得以窃权自专而行其私乎？①

“大宰八柄”为爵、禄、予、置、生、夺、废、诛，无一不为君王所掌握；但叶时读出了“既有道揆大臣诏之于外，又有法守近臣诏之于内；外有以诏其驭，内有以诏其治；外则临之以相，内则律之以史，则君上岂得以揽权自用而肆其意乎”的“义理”，即君王虽有以上“八柄”，其实施依然有大宰、内史等大臣“诏之”。此说虽然强词夺理，但单就其思想意义来看，叶时发掘出来的君臣相互制约的思想还是有一定价值的。

（三）发掘“民极”思想

《民极》篇论五官序官都有“以为民极”问题。此前，王安石、郑伯谦等已经突破汉唐经学家的藩篱，对这个论题做了很好的研究。叶时该篇在义理学上提出“经礼三百，一言以蔽之，曰：为民极”，对《周礼》的

---

① 叶时：《礼经会元》，《景印文渊阁四库全书》第 92 册，第 16 页。

核心精神做了如此归纳，这是他的贡献。按照叶时的理解，《周礼》“以为民极”体现在驭民、任民、役民、系民、聚民、化民等多个方面，每一个方面都有比较深刻的内涵，现试做简要分析。

1. 驭民在宽

在《驭民》篇，叶时说：“然观古人之所谓驭者，曰御众以宽而已。宽非所以为驭，而圣人先焉。盖与民相从事于拘挛褊迫之中，不若相周旋于含弘宽大之域。使民相顾盼于拘防绳束之内，不若相优游于慈祥恺悌之天。君当以舜之所以御民者御民，此太宰所以有八统之诏也。”叶时还发现，大宰“八统驭万民”的“八统”是“宽民”精神的总纲，其目在小司寇“八辟之议”中。小司寇亲、故、贤、能之议，即此“八统”中的亲亲、敬故、进贤、使能；小司寇功、贵、勤、宾之议，即“八统”中的保庸、尊贵、达吏、礼宾。叶时总结说：“《小司寇》之丽邦法、附刑罚必以是八物而议其辟者，盖周人所恃以维乎下者，即此八物也。周民所安以属乎上者，亦此八物也。一旦有丽于法而于八者之中犹有一目之可议，则罪犹可以原也。向之驭民也，以此所以导其从善之路。”①

2. 任民在爱

在《任民》篇中，叶时指出大宰以九职任万民，任其所能：“九职谓之任者，因其地而授之，随其力而使之，不废其所能，不强其所不能。闾师亦曰任民，使各以其物为贡，亦此意也。”这种任民之意，叶时以为就是爱民。叶时十分赞赏《周礼》宽民、厚民、爱民思想，批评后世损民、害民做法：

后世受田无法，农民已无可耕之地。山泽一孔之利亦皆括归公上而无遗，斯民无以为生，不得已去而为工技，为商旅。又不得已困而为臣妾，为庸夫。生财之道已殚矣，养生之计已屈矣。上之人略不加恤，方且苛征而重役之。是徒知有闾师任民之贡，而不知太宰任民之职也。不思太宰惟曰“以九职任万民”，而不言九功之贡，则先王爱

① 叶时：《礼经会元》，《景印文渊阁四库全书》第92册，第17—18页。

民之意何如哉!①

叶时认识到了现实和历史上剥夺劳动者生产资料的危害，试图通过揭示《周礼》“先王爱民”义理来呼吁当权者重视对农民土地权的维护，其进步意义不容置疑。

3. 役民在均

《役法》篇中，叶时将《周礼》役法分为乡役、官役、兵役、田役四类：“成周役民之法，其要有四。比、闾、族、党，是乡之役在民。府、史、胥、徒，是官之役在民。伍、两、卒、旅，是兵之役在民。蒐、苗、狝、狩，是田之役在民。”乡之役、官之役、兵之役、田之役四分法，确实剖析出《周礼》役法的精髓。

叶时还发现《周礼》役法思想的实质在于均：

> 然周人所以制役之法，则可以谓纤悉委曲者焉。小司徒之均土地，上地家三人，中地二家五人，下地家二人，是均之以土地之美恶也。乡大夫之登其夫家，国中自七尺以及六十，野自六尺以及六十有五，是征之以国野之远近也。均人之均力，致丰年则旬用三日，中年二日，无年一日，是又均之以年岁之上下也。②

叶时总结出均土地美恶、均国野远近、均年岁上下的《周礼》“役法三均”思想，推进了《周礼》役法的研究。

4. 系民在淑心

《大宰》职文有“九两系万民”，其“九两”分别是牧以地得民，长以贵得民，师以贤得民，儒以道得民，宗以族得民，主以利得民，吏以治得民，友以任得民，薮以富得民。以上“九两”，孰重孰轻？叶时给出的答案是师和儒较为重要。在《系民》篇中，叶时指出大宰“九两”与大司徒“六俗”相辅相成，认为师、儒是得民的关键：“抑尝以太宰系民之

---

① 叶时：《礼经会元》，《景印文渊阁四库全书》第92册，第19—20页。

② 叶时：《礼经会元》，《景印文渊阁四库全书》第92册，第89页。

九两，参之以司徒安万民之六俗，而皆以师儒行乎其中。诚以九两无师儒之系，则无以淑人心。”① 所谓淑心，即得民心，即民心所向。此为中华文明又一重要特点，那就是以民心向背判断为政善恶。

5. 聚民在散利

《大司徒》有“为之荒政以聚万民”。叶时在《荒政》篇指出，《周礼》荒政十二，以散利最为根本，人民最得实惠。叶时认为礼义生于富足，盗贼起于贫穷，欲除盗贼自散利始：“凶年，盗贼盖亦饥寒所迫耳，何后世不求所以救凶荒之政，而徒求其所以胜盗贼之术欤？然则欲除盗贼者当如何？曰：自散利始。”② 从叶时的表述中不难看出，叶时从《周礼》中发掘出了民本思想。此为中华文明又一重要命题。

6. 化民在恒产

地官司徒在《周礼》体系中属于教官，所掌之典为教典，所居之职为教职，所用之法为教法。在《教化》篇中，叶时发现在司徒官属和官职中，纯粹属于教育的官僚只有师氏、保氏、司谏、司教六七人而已；教育内容也只有“十有二教”的三物之教、五礼六乐之教。绝大多数官僚与教育无关。这是为什么？叶时认为：“盖有恒产者有恒心，无恒产者无恒心。先王不先制民之产以淑民之心，而欲以言语文字诵说传授者为教，徒善，岂足以为政哉！”③ 叶时这样解释可谓精到。经过叶时的点拨，那么地官系统庞大的官僚队伍中从事物质生产管理的职官数超过70%，而从事教育管理的职官数不到10%也就好理解了。叶时所揭示的《周礼》教官义理已经逼近教典设计的初衷。

以上揭示出《周礼》驭民在宽、任民在爱、役民在均、系民在淑心、聚民在散利、化民在恒产六条“民极”思想，条条精准，发人深省。

（四）发掘财政思想

叶时从《周礼》中发掘出的经济思想主要集中在《财计》篇、《钱币》篇和《内帑》篇。我们择其要者做简要分析。

---

① 叶时：《礼经会元》，《景印文渊阁四库全书》第92册，第26页。
② 叶时：《礼经会元》，《景印文渊阁四库全书》第92册，第84页。
③ 叶时：《礼经会元》，《景印文渊阁四库全书》第92册，第72页。

1. 天子无私财

在《内帑》篇，叶时不赞同先儒旧说："先儒以职内比汉少府，而谓职内之财为天子之内帑。吁！岂有待邦之移用者而可以为私藏乎？后人以玉府、内府俱比汉少府，而谓二府之财皆为天子之内帑。吁！岂有待邦之大用者而亦可以为私费乎？夫天子以天下为一家，财本不可有公私之异，帑本不可有内外之分。"① "天子以天下为一家，财本不可有公私之异"，叶时显然反对天子有私财。他发现天子个人恩宠之财也有一定制度。余财不仅供给天子玩好赏赐之用，国家财政紧张时，还应当将供给天子的余财拿来弥补公用的不足；内府所藏为公用，而玉府非天子私有，乃收藏公用财富之辅助机构。在《钱币》篇中，叶时指出内府、外府都是供应国家财用的机构，内府供大用，外府供小用，并不是内府供天子私用外府才供邦国之用。这是继李觏《周礼致太平论》、郑伯谦《太平经国之书》之后，又一次论述这个问题，并从相关职官职能上加以论证，推进了本问题的研究。

2. 财政保民

《财计》篇批评了王安石的"《周礼》一书，理财居其半"说。叶时反驳说："民职所贡有常额，地职所敛有常制，侯贡所致有常法，尚何待于理乎？"他认为周人理财之道"非见于理财之日而见于出纳之际；非见于颁财之顷而见于会计之时"。这些见解非常简明扼要，却抓住了要害。叶时对《周礼》治财思想归结说："周理财之法不在取财而在出财，不在颁财而在会计。"叶时发现，《周礼》一书涉及敛财的职官众多，但关键职官乃是大府：

> 《周官》掌财固非一职，而敛散出入之权，太府实主之。故入而受之，太府也；分而颁之，太府也；凡执事者受财用，受于太府也；凡邦之赋用取具焉，取于太府也。以太府为府官之长，而司货贿出入之权，则利、权不分，敛、散得宜，而出入得以通知之矣。②

① 叶时：《礼经会元》，《景印文渊阁四库全书》第92册，第62页。

② 叶时：《礼经会元》，《景印文渊阁四库全书》第92册，第59页。

大府总理收入和支出大权，可以避免收支两方各自为政："向使分掌于诸府，而不专总于一司，则出财者惟以给办为能，用财者惟以济事为功，而后之不继不恤也。财如何而不亏哉?"叶时注重合理利用和管理财税而不赞成王安石"理财"说，在于他看到熙宁变法的确出现了王朝政府理财与民争利的现象。官民争利，民自然处于劣势，其结果不外乎富国贫民，最终贫国贫民。叶时对王安石"《周礼》一书，理财居其半"的非议抓住了王安石说在深层次上的缺陷。实际上《周礼》的理财重点不在聚集财富，而在如何正确使用财富，正确使用财富的目的在于生民。王安石不一定没有看到这一点，但其说的流行，极有可能导致本末倒置，官府与民争利，致使王朝最终积弱难返。

3. 均节财用

在《财计》篇中叶时还指出《周礼》的收入和支出是对应的，具有定制性质。这一点可以从《大府》职文中总结出来。叶时指出：九赋以待膳服，九事九贡以待吊用，五事九职之贡以充府库，式贡之余以供玩好。收入一方为九赋、九事九贡、五事九职之贡、式贡之余，支出的对应方分别是膳服、吊用、府库、玩好。叶时的结论建立在细致分析《周礼》财务制度的官属、官职、官常、官联关系基础上：

> 三府各所掌而统之以太府，则三府不得以行其私。太府虽总其财而制之以太宰，则太府亦不得以行其私，是则成周掌财之官然也。
>
> 若夫财之出入必有会计，则有司会而下五官以主之。司会为计官之长，掌邦之六典、八法、八则之贰，以逆邦国都鄙官府之治，则分治不至于旷官；掌百物财用在书契、版图者之贰，以逆群吏之治而听会计，则用财不至于逾法；以参互考日成，则日考之也。以月要考月成，则月考之也。以岁会考岁成，则岁考之也。既逆其治而听其会，又考其会而知其法，考之名亦详乎！案宰夫之职，有"能足用、长财、善物者"，与"凡失财用、物辟名者"，宰夫得以乘其出入，诏冢宰而诛赏之。今司会则以诏王及冢宰而废置之，宰夫既有以诏其诛赏之小者，司会又有以诏其废置之大者，则其致谨于财可知也。
>
> 司书为司会之贰，掌其版图而周知百物之出入，财币之余则使入

于职币，财用之用则必考于司会，三岁则大计吏治，而民财器械之数，田野六畜夫家之数，山林薮泽之数，无不知焉，以逆诏命，以受税法，以入要贰，以考邦治，无不掌焉。司书、会计之书又可谓详密矣。

职内则掌赋入之数以逆赋用，及会则以逆职岁之出，职岁则掌岁出之数以待会计。及会，则以赞司会之逆。一出一入，不总之以一职，而以二官职之，是以出入相考也。

职币一官，乃掌币余之赋者也，岁终则会其出，凡邦之会事以式法赞之，是虽式贡余财，既会之而有余，复会之而不妄费也。

不特此尔，司裘何与于会计，而岁终且会其裘事。掌皮何与于财用，而岁终亦会其财齎。以二官而继于计官之列，则其细事皆会可知矣。此则成周会财之官然也。①

叶时总结出以大府为首的“府官”集群（包括大府、玉府、内府、外府四官）为财贿藏用之官，受冢宰节制。以司会为首的五官（司会、司书、职内、职币、职岁）属于财贿审计官，监督大府藏用之官。这种综合性研究，不仅发现了《周礼》财官设置之意，还发现了《周礼》财政职官运行机制，不仅在《周礼》义理学上有贡献，在《周礼》知识学上也有贡献。

叶时发现了《周礼》监督审计之官官爵高于藏用之官的原因。叶时分析说：

然合掌财之官与会财之官考之，太府为财官长，仅有下大夫二人。司会为会官长，乃有中大夫二人、下大夫四人，掌财何其卑且寡，会财何其尊且多也！盖分职以受货贿之出入者，其事易；持法以校出入之虚实者，其事难。以会计之官钩考掌财、用财之吏，苟其权不足以相制，而为太府者反得以势临之，则将听命之不暇，又安敢校其是非？不惟无以遏人主之纵欲，而且不足以防有司之奸欺也。今也

① 叶时：《礼经会元》，《景印文渊阁四库全书》第92册，第60—61页。

以尊而临卑，以多而制寡，则纠察钩考之势得以行于诸府之中，又况司会等职皆职之于天官，而冢宰以九式节财，以岁终制用，司会又不得以欺之也。掌之以下大夫之太府，计之以中大夫之司会，又临之以上卿之冢宰。如此，则财安得而不均，用安得而不节，国计安得而不裕哉！故曰成周理财之法不在取财而在出财，不在颁财而在会计。①

叶时总结出《周礼》理财思想：理财并不是努力增加财政收入，而是加强支出管理，严格执行审计制度。即《周礼》财官的职能在于财政管理，重点在于节约开支，严防不合理支出。由此可见，王安石的"《周礼》一书，理财居其半"的看法显然是片面的。而建立在片面性认识基础上的改革显然带有"先天不足"，其结果可想而知。叶时反对王安石关于《周礼》府官、会计官的"理财"说，具有进步意义。《周礼》的"理财"，核心在于现有财富如何使用、为谁使用、如何发挥最大的效率，而不是利用现有财富，以财生财，用国家手段与民争利。《周礼》生财与理财确实二分。理财官府不管理生财，生财管理官府不管理理财。《周礼》生财思想虽见于"大宰九职""大宰九赋"，但更详细的方案当在《冬官》中，百工生财富国是《周礼》"生财"的基本设计。可惜《冬官》佚失，具体的《生财》方案不得而见。

四　《礼经会元》的贡献和影响

叶时《礼经会元》是两宋《周礼》义理学专题论派的收官之作，代表了宋代《周礼》义理学专题论派的最高成就。既体现了对传统《周礼》学和宋代专题论派《周礼》学的继承性，也体现了专题论派的总结性，为《周礼》学的发展做出了突出贡献。

（一）《礼经会元》推进了《周礼》专题研究

《礼经会元》并不都是以论说为主，其中一些篇目的考据性质与汉唐经学家一脉相承，颇能体现考索之功。这里以《马政》篇为例。《周礼》一书中，六军有多少马匹？这是前人没有解决的问题。《马政》篇说：

① 叶时：《礼经会元》，《景印文渊阁四库全书》第92册，第61页。

成周六军之赋不知用若干马。考之《稍人》“掌令丘乘之政，若有会同、师田、行役之事，则以县师之法作其同徒輂辇，帅而至，治其政令，以听于司马”。案《县师》“若有军旅、会同、田役则受法于司马，作其众庶及马牛车辇，会其居人之卒伍”。此司马颁法于县师，而稍人则以县师之法帅而听于司马也。县师掌邦国、都鄙、郊里地域，稍人乃掌甸稍之人，受司马之法，令丘乘之政，则是法通行乎王畿侯国矣。然则丘乘之政，车马之赋也，郑氏读乘为甸，非也。彼徒见《司马法》曰“甸出长毂一乘，马四匹”，以为车乘非丘所供也，不知《司马法》言甸出一乘，调兵之数也。《周礼》言丘供一乘，畜兵之数也。畜之多，所以存武备；调之寡，所以优民力。况《司马法》未必周制也，何必于丘乘而疑之乎？丘十六井，一井八家，共百二十八家，共出车一乘，马四匹。成周军赋不可得见，独《稍人》丘乘一法可得而推之。丘出一乘，则甸当四乘，县十六乘，都六十四乘，共二百五十六匹马矣。以六乡计之，万二千五百家约出四百匹马，六乡约得二千四百匹马矣。

或者则曰：“鲁作丘甲，圣人讥之，以其赋役之重也。今令丘出车一乘，马四匹，得无甚于丘甲乎?”盖成公作丘甲者，令一丘之家皆为甲士，尽数调兵也。丘乘之法，畜之而非尽调也。郑氏亦曰：“凡用役者不必一时皆遍，以人数调之，使劳逸递焉。”然则丘乘必有递征之法也，况军政以马为重。今六乡所出仅二千四百匹尔，亦岂为多马乎?

先王寓兵于农，故亦藏马于民，特设马质一官，继于司马之后，使之为民平马价之高下，而使民自畜焉。一以为戎马，军旅用之；一以为田马，田役用之；一以为驽马，给役用之。田、戎分为二物，则其递征可知矣。校人谓“驽马三良马之数”，则此驽马当亦如之。郑氏以此三马为给官府之役，则非也。曰“受马于有司”者，谓有司买其马以授民也。马死则甸内必买马以代之，恐其久而缺备也。甸外则入马耳，于有司恐其久而无信也，更以其物欲其如本色也。“其外则否”，谓马之难同，则不必如本色也。“恶马则纲之”，所以调马性。“马行则齐之”，所以宽马力。有以马争讼者，则马质听之。禁原蚕者，欲其马息之蕃也。案郑氏曰：“天文辰为马，蚕为龙精。是马与蚕同气，物莫能两大，禁原蚕者，为伤马欤?”凡此皆所以教民畜马之政也。

至如校人所掌之六厩，所辨之六种，所养之十二闲，则王马之政也。校人所谓“凡军事，物马而颁之”，谓颁之官府卿大夫共军事者耳，其于民马无预。如曰“以共六军”，则天子之马一厩二百一十匹，既欲以给郡吏，又何以供六军乎？且以周之马数合乡遂，不满五千匹，与王马共得八千匹尔。诗人歌宣王则曰“其车三千”，三千则当万二千匹，不知宣王安得有此马也。盖诗人歌咏言大概尔，未必果有三千车也。卫人歌文公而曰“騋牝三千”。騋牝果有三千乎？鲁人歌僖公而曰“公车千乘”。公车果有千乘乎？或曰：“天子万乘，当马四万匹。诸侯千乘，当马四千匹。卿大夫百乘，当马四百匹。”今言若是，然则彼皆非欤？盖天子六军，指六卿也。万乘则合王畿千里言之。大国三军，指三卿也。千乘则合封疆五百里而言之。大夫采地视子男，卿采地视伯，则百乘宜未为过也。考之校人，天子十二闲，分为左右，三千四百五十六匹。邦国半天子之闲马，四种则三，良马居二厩，六百四十八匹。驽马三之一种，亦六百四十八匹，并千二百九十六匹尔。卿大夫二闲，良马一百一十六匹，驽马三之，为六百四十八匹，并为八百六十四匹。故家以实数言，不啻百乘，而侯国千乘。天子万乘，是合言之。凡此皆言马乘之数尔。

然尝疑之，成周设官、民马之政，特设马质一职。王马之政乃有校人、仆夫、趣马、巫马、牧师、庾人、圉师、圉人，何其略于民牧而详于王牧也？盖民马民自备而自畜之，其畜也，则有司授之；其用也，则有司帅之。王马则自为牧厩，不有数官分任其责，则孰为之畜牧乎？是故校人总马政，趣马正良马，巫马养疾马，牧师、庾人则掌牧闲，圉师、圉人则掌刍养，然后校人春祭马祖，夏祭先牧，秋祭马社，冬祭马步，岂特为王马祭而不及民马乎？巫马与医合为一官，虽特为王马，设亦岂听民马之自为丰耗而不设巫医乎？马质之禁原蚕，庾人之祭马祖，亦互言之，未必重此而遗彼也。

抑尝因是而观周人牧马之职，牧人以中大夫二人为之，趣马而下

> 皆上士、中士、下士。先王以士大夫而任牧厩之寄，不几于太亵乎？吁！不如是不足以见马政之重也。天下事须还士大夫为之，趣马得人，周政以立；蹶惟趣马，诗人刺之。一趣马之职而必为吉士之是用，岂若后世一付之舆隶皂牧之手乎？大抵马政非得人则畜牧不蕃，士大夫之心术不良则畜牧不蕃。成周之士大夫皆德行道艺之选，以德行道艺之人而隶师趣驭仆之职，吾知其蓄牧之必善矣。不然，卫人美文公騋牝之富，何以曰"秉心塞渊"？鲁人颂僖公驷牧之盛，何以归之曰"思无邪"？信矣！马政之蕃，不可无士大夫心术之良也。①

这是到两宋为止最为全面地梳理《周礼》"马政"思想的学术论文。叶时发现《周礼》马政有农用畜马之政，有王用畜马之政。两种马政有区别，也有联系，都设有职官管理。叶时还整理出以上两种马政畜、管、用体系。至于王国、乡遂、诸侯理论上有多少马匹，叶时也一一计算出来。这种专题研究虽然从前也有过，例如郑玄的《鲁礼禘祫义》以及西汉以来关于丧服礼的专项研究，但这些主题研究大多为礼仪问题。至于《周礼》的分专题研究，除了李觏、郑伯谦外还没有出现过。义理研究与"实务"研究并举，叶时无疑拓宽了《周礼》的研究领域。

（二）为国家治理发掘出一大批思想资源

《礼经会元》虽为《周礼》研究著作，但叶时研究《周礼》的最终目的不在于学术，而在于为国家治理提供思想依据。因此他在《礼经会元》中花费大量篇幅总结遵循《周礼》之义与否的经验教训，批评历代违背《周礼》精神的做法。这些思想成果无疑也属于《礼经会元》义理之学。我们选取三例做简要分析。

1. 发掘《周礼》设冢宰之意

《周礼》六官中，天官冢宰的设置大有深意。就与天子的关系看，大宰直接向天子负责，协助天子处理重大事件，因而权力重要，但也不至于太重。就与其余五官的关系看，冢宰统领六官，权力不至于太轻。这种设置，叶时在《官属》篇中进行了赞扬，对于汉代官制得失进行了比较分析：

---

① 叶时：《礼经会元》，《景印文渊阁四库全书》第92册，第163—165页。

汉初官制犹近古。高祖之制，御史大夫下相国，相国下诸侯王，御史是丞相之副，事下御史，御史白之丞相，丞相得以可否之。于是下诸侯王，御史中执法下郡守。中执法，中丞也。中丞是御史大夫之属，事下中丞，中丞白之于大夫，大夫亦得以可否之，于是下之郡守。自内达外，尊者得行其尊，卑者得行其卑，则自外而达内，小事大事从可知也。后以御史大夫与丞相等，谓之两府，郡国事不上丞相而上御史，御史得自以其意平章之，此意失矣。武帝急于功利，又多率意施行，不经丞相。故张汤为御史大夫，数行丞相事，造白金、皮币而李蔡、庄青翟不与议。自是而后，内廷之事丞相不得知而归之中丞；外廷之事丞相不关决而归之九卿。郡国上计调吏之事，丞相又不与闻，而自达于天子，调于尚书。大事不从其长，而皆得以专达焉，则汉之大臣无权而小臣横矣。相权既轻，无所干预国事，而乃以簿书期会之琐屑者，以其身而亲之。是又不知大体，而徒以小事自浼矣。则是大臣以多事自弊，而小臣安得不以虚文为忧乎？然则欲尊相体而重相权，欲肃官联而举官治要，不可不明《周官》小宰之六属。①

对于汉初丞相、御史、御史中执法的治事流程，叶时持基本肯定态度，以为与《周礼》之义接近。后来御史地位上升到与丞相平等，乃至汉武帝专用御史大夫而丞相形同虚设，造成大臣无权而小臣横行局面，有悖于《周礼》“六属”精神。造白金、皮币等重大决策而丞相不与闻，致使中产及以上破产，最终动摇了国家根基。

2. 发掘《周礼》阉人使用之意

《周礼》对阉人的使用非常少，阉人的权力非常轻。叶时与李觏一样，对《周礼》预防阉人的制度设计非常赞赏，对历史上用阉人造成的许多悲剧十分痛心。叶时在《奄官》篇总结春秋以降用阉人的历史教训说：

周衰，入于春秋，勃貂立公子无亏，则奄人预废立矣。缪贤荐舍

① 叶时：《礼经会元》，《景印文渊阁四库全书》第92册，第36页。

人蔺相如，则奄人预荐举矣。恃势怙宠，窃权弄柄，至汉唐为甚。弘恭、石显久典枢机，而张堪、萧望之不得用。曹节、王甫摇弄国柄，而陈蕃、窦武不得行，则政柄归奄人矣。鱼朝恩管神策兵，吐突承璀为招讨使，韩全义讨淮西，贾良国监其军；高崇文讨蜀，刘正亮监其军，则兵权归奄人矣。古人以舆台待奄人，则刑人之用为无伤。后世以枢筦付奄人，则刑人之用为有害。士大夫弥缝主阙，沮抑奸谋，必曰天子不近刑人，如曰奄人非刑人，则天子得以亲信之矣。汉人所谓手挟王爵、口含天宪，唐人所谓西头势重南衙、枢机权重宰相，尚何足怪也哉！①

这是关于自春秋至唐的阉人干政小史。后世阉人为祸，成为中国历史上独特的政治现象，一直伴随到封建社会的终结。在叶时看来，阉人之所以能够干政，在于王朝最高统治者遗忘了《周礼》限制阉人制度的设置之意。

3. 发掘《周礼》系民之意

《周礼》大宰有“九两以系万民”。叶时在《系民》篇对于后世政治家遗忘了《周礼》系民之意多有批判：

然则系之者非固羁縻之而使勿绝也。一则曰得民，二则曰得民，必有以得民之心也。苟非真得乎民之心，民其有不解乎？自王政不行，封建改而郡县，侯伯易而守令星罗棋布，类自经营，号番君者常寡，而自蛙尊者实繁也；称召父者几何？而号屠伯者相望也。为主而监临自盗者有之，为吏而舞文弄法者有之。②

《周礼》系民重点不在“系”而在“得”。大宰“九两”，每一“两”均归结在“得民”。可是后世统治者多有忘却《周礼》得民在养民、爱民之旨者，乃至屠宰百姓，几与屠夫等，《周礼》系民之义泯灭而屠夫宰杀

① 叶时：《礼经会元》，《景印文渊阁四库全书》第92册，第71页。
② 叶时：《礼经会元》，《景印文渊阁四库全书》第92册，第25页。

之祸屡现，岂不哀哉！

4. 发掘司徒教民之意

《周礼》中，司徒为教官，对民众的教化多层次、全方位，体现了爱民、护民思想。叶时在《教化》篇中批评后世忘却司徒化民之意说：

> 后世王制不明，民极不立，听其自生自养而无以保其安土之仁，听其相刃相靡而无以导其爱物之善，人欲横流而天理晦蚀矣。君臣之间方以化民成俗为学校之事，而付之有司，谓是足以塞吾教职之责，虽可以善人之形而不可以善人之心。上为文具，下为观美，相与为欺而已。及陷乎罪，从而刑之，以为是弗率教者，是罔民也。惜乎无以司徒教民之意告之者。①

《礼经会元》依据《周礼》之义总结出来的历史经验教训是多方面的，这里仅举以上数例。叶时的见解大部分都具有参考价值，对于历代王朝的国家治理都具有借鉴意义。

（三）《礼经会元》的影响

《礼经会元》在叶时生前未有刻本，《周礼订义》和《周礼集说》两部著作未见称引。入元以后该书才得以刊行，在明清两代受到学者重视。明人柯尚迁《周礼全经释原》、胡我琨《钱通》、章潢《图书编》、丘濬《大学衍义补》均有称引，而以丘濬《大学衍义补》称引最多。入清以后，徐乾学《读礼通考》、万斯同《儒林宗派》、秦蕙田《五礼通考》、朱彝尊《经义考》以及钦定《续文献通考》等多有称引。尤其是徐乾学、纳兰性德将此书收入《通志堂经解》，推动了此书在学界的传播，扩大了该书的影响。虽然元、明、清三代沿着叶时的路子走下去的杰出学者不多，突出的著作少有，不过用《周礼》批评时弊的风气已经形成，这个影响可以从元明以来历代政治家的奏章文集中看出来。

受叶时影响最大的不是古代《周礼》学研究，而是当代《周礼》学研究。当代关于《周礼》学的会计思想研究、法律思想研究、官制思想

---

① 叶时：《礼经会元》，《景印文渊阁四库全书》第 92 册，第 73 页。

研究、赋税思想研究、农业管理研究、水利管理研究等，在学理上大多可以视为李觏、郑伯谦、叶时《周礼》义理学的继承和发展，尽管当代学者大多不一定参考了以上三人的著作，但所走的学术路数比较接近。

（四）《礼经会元》的不足

《礼经会元》也存在明显的缺陷，主要有：对《周礼》学史上一些重要学者评价不公；重农思想过度，过分指责货物贸易赢利；有些见解过于迂腐；大部分篇章论战性强而理论性和系统性不足。

叶时对刘德、刘歆、郑玄等为《周礼》学做过重要贡献的学者评价有失公允。没有河间献王刘德就没有《周礼》；没有刘歆就没有《周礼》学；郑玄是两汉《周礼》学的集大成者。这些人在叶时眼中，却是《周礼》的“罪人”：

> 《周礼》之出，自刘德始；累《周礼》者亦自刘德始。《周礼》之立，自刘歆始，诬《周礼》者亦自刘歆始。《周礼》之传自郑康成始，坏《周礼》者亦自郑康成始。①

《礼经会元》一书好宏论，立论大胆，别出心裁，而论证不追求严密稳当。如此评价刘德等人，以偏概全，有失公允。

叶时未能摆脱“崇本抑末”的重农思想局限，对于商业、市场、手工业价值认识不足。例如盐铁问题，叶时在《盐政》一篇总结《周礼》盐政思想，认为《周礼》盐人所设，以盐为用，不以盐为利，盐不作为国家财政收入，这是不错的；他反对官府或民间以盐为利，也有散利于民的进步思想。而且食盐问题一直困扰中国社会数千年，一直到20世纪末才真正获得解决。但叶时说“故尝谓坏天下之风俗者管仲也；启公上榷禁者，猗顿也；蠹人主之心术者，郑当时也”，全面否定了商品交易对于货殖和民生的意义，见解不但不深刻，反而流于偏执，影响了著作的学术价值。

叶时的有些见解十分迂腐。部分属于对《周礼》之义把握不准，例

① 叶时：《礼经会元》，《景印文渊阁四库全书》第92册，第4页。

如《周礼》的井田之意、封建之意、肉刑之意。叶时虽然没有直接呼吁恢复井田制、封建制和肉刑，但在相关论述中对以上三种制度充满赞美。这里仅以《封建》篇为例。

在《周礼》的时代，中央王国直接管理的行政区域越大，管理成本越高。封建诸侯，以委托形式任命诸侯代为管理千里之外的区域，就是《周礼》的"封建之意"。叶时没有用历史的观点看待这个问题，在《封建》篇说：

> 成周封国之意可得闻欤？案《王制》曰："五国以为属，属有长。十国以为连，连有帅。三十国以为卒，卒有正。二百一十国以为州，州有伯。"此与《尚书》"州十有二师，外薄四海，咸建五长"之意同。考之《周礼·司职》曰："建牧立长，以维邦国。比小事大，以和邦国。"《职方氏》曰："凡邦国小大相维，王设其牧。"《形方氏》曰："使小国事大国，大国比小国。"先王建国必为是相维相比之制。盖有以维之，则小大相统，可以潜消其奸宄之谋。有以比之，则小大相承，可以阴弭其凭陵之患。惜乎！先王建国之意至春秋扫地矣，而强陵弱、众暴寡，比比有焉。后世不考其制，不原其意，而徒曰"封建，私也；郡县，公也"，岂不缪哉！①

西周封建诸侯，在王室强大之际尚可维系天下大致的太平。一旦王室忙于内部事务，无暇顾及邦国，则邦国之间"强陵弱、众暴寡"应运而生，没有什么道德力量能够维系诸侯国之间的平衡。同样，《周礼》封建诸侯"建牧立长，以维邦国。比小事大，以和邦国"的前提也是王朝具有掌控能力。至于后世中央政府直接管理王朝大部分疆土，实际效果明显优于封建诸侯，学者应当依据历史事实判断两种制度的优劣，不然就是"食古不化"了。

有些迂腐的见解源自他落后的士大夫地位优越感。例如在最后一篇《补亡》篇中，叶时提出没有必要以《考工记》补《冬官》：

---

① 叶时：《礼经会元》，《景印文渊阁四库全书》第92册，第78页。

> 《冬官》之书虽亡，《冬官》之意实未尝亡也。太宰事典以富邦国、以任百官、以生万民，小宰事职以富邦国、以养万民、以生百物，则事官之意在《周礼》可考也。《书》之《周官》亦曰“司空掌邦土，居四民，时地利”，则《司空》之意在《周官》可覆也。观此，则《司空》职虽亡而未尝亡，《考工记》不必补也。愚既以《考工记》为不必补，则区区百工之事亦不必论也。①

此说提出注重《周礼》之义无疑是正确的。《周礼》富邦国、任百官、生万民思想是其精髓。随着时代的变更，《周礼》所设计的制度很多已经不适应时代发展要求，富邦国、任百官、生万民的《周礼》之义仍然没有过时。但本篇轻视《考工记》，未免目光短浅。《考工记》是记载百工之事的文献，是先秦时期手工业制造工艺的宝库，是人类宝贵的文化遗产，体现了真正的“工匠精神”。《考工记》与《冬官》是两类文献，不能替代《冬官》，不过在《冬官》完全佚失的情况下，以《考工记》作为参考文献未尝不可。而且多亏有刘德将《考工记》附录于后，郑玄又为之作解，这部人类文明史上的瑰宝才得以传承下来。而叶时显然以士大夫自居，瞧不起百工之人，这种观点有悖于《冬官》富国富民精神，远离了他一再强调的“事官之意”。

叶时的某些议论有时候流于政论文，降低了学术价值。叶时的大部分篇章先从《周礼》有关职文中发掘论题，然后引用其他经传加以引申，再列举历史经验教训进行论证，最后对包括王安石在内的历代错误做法进行批评，这样的写法与一般性政论文区别不大，缺乏理论深度，因而影响了这部论著的学术价值。

第四节 俞庭椿、夏休的《周礼》专题研究

与《周礼致太平论》《太平经国之书》《礼经会元》相似，俞庭椿的《周礼复古编》、夏休的《周礼井田谱》也是专题论著作。其中《周礼复

① 叶时：《礼经会元》，《景印文渊阁四库全书》第 92 册，第 184 页。

古编》专门探索三百六十余官官属问题，是专论中的专论。夏休的《周礼井田谱》名为井田，所研究不止于井田，而是以井田为中心，涉及《周礼》学多个方面。就其专题论这个方面看，二者属于专题论派无疑；就其问题的性质看，有别于纯粹的专题论派以发掘治国平天下的要旨为目的，它们属于名物制度研究，知识性更强一些，而思想性有所弱化，似有向学术化回归的迹象。因此我们认为这两部著作是专题论派的衍化，在一定程度上可以视为专题论派发展的新趋势。

一 俞庭椿《周礼复古编》的内容

《周礼复古编》的作者俞庭椿，《宋史》无传，生卒年不详。结合传世文献及当代学者考证，俞庭椿为南宋临川（今抚州市）人，字寿翁，孝宗乾道八年（1172）进士，任泉州南安县主簿、福州古田县令、江西安抚使司干等职，曾出使金国。思想学术属于陆九渊派。著作有《北辕录》和《周礼复古编》。前者已亡，后者赖《周礼集说》附录此书，幸而流传至今。

《周礼复古编》今传本是一部近一万一千字的微型学术专著。全书原分三卷，收入《四库全书》则不分卷。目前所见体式除了《序言》外有十八个专题，大致上可分为三类。第一类包括《六官》《冢宰》《司徒》《宗伯》《司马》《司寇》《司空》《五官之属不宜有羡》《司空役民》《九职》十篇，属于理论分析，确立从五官中分离出冬官属官的理论依据。第二类包括《世妇》《环人》《天官之属》《地官之属》《春官之属》《夏官之属》《秋官之属》七篇，提出和论证六官属官分合方案。其中《世妇》《环人》两篇论证同名同职而分属不同系统的四个职官合并问题；《天官之属》以下五篇提出和论证从天、地、春、夏、秋五官中分离合并属官以及剥离分属冬官的方案。《大司空、小司空杂出于别官》是第三类，尝试从五官职文中分离出属于大司空的职文。以下对俞庭椿《周礼》“复古”的主要成果做分类介绍。

（一）六官属官标准和数量规定

《周礼复古编》第一到第七篇讨论六官属官归属标准；第八篇讨论六官属官数量规定。

第一篇《六官》，是全书的总纲。该篇从《左传》、伪《古文尚书·舜典》、伪《古文尚书·周官》中寻找六官材料。尤其从《左传》“少皞氏以鸟纪官”中推导出司徒以教民、司马主法制、司空主平水土、司寇主治盗贼的结论。其中“司空主平水土”成为俞庭椿分离冬官属官的主要依据。

第二篇《冢宰》，从《礼记·王制》中得出“《王制》言冢宰之职不过曰制国用”的结论，并依据《王制》剥夺了大司徒治财赋、任土地的职能。

第三篇《司徒》，依据伪《古文尚书·舜典》以及《孟子》、《王制》和收入伪《古文尚书》的“成王之《周官》”，得出司徒官职能就是负责教化的结论，将司徒管理土地职能剥离出来，归之于冬官大司空。

第四篇《宗伯》，依据伪《古文尚书·舜典》、成王之《周官》中的秩宗典礼乐，将鼓人、舞师从大司徒属官中分离出来，合并于宗伯属官；将司仪、大行人、小行人、行夫、掌客、掌讶、掌交诸职从秋官系统中剥离出来，归属春官系统。

第五篇《司马》，从伪《古文尚书·舜典》中找出司空平水土之说，于是确定司空之职在于平水土，又将平水土解释为管理土地事务。将职方氏、土方氏、怀方氏、形方氏、川师、邍师之属管理水土之官从夏官系统中剥离出来，归属冬官。

第六篇《司寇》，以刑狱职能为中心，认为脱离这个职能的就是杂乱，应当剔除出该系统。这样，司仪、行人等职被剥离出来。

第七篇《司空》，依据伪《古文尚书·舜典》、成王之《周官》以及《礼记·王制》等文献，分别提炼出司空的职能：平水土，掌邦土，居四民，时地利，量地以制邑，度地以居民。为后面分离合并五官属官奠定了理论基础。

第八篇《五官之属不宜有羡》，为后面实施合并方案预设另外一个大前提，这个前提就是《周礼》六官应当各有六十，不能有多余。

第九篇《司空役民》，从《礼记·王制》中归纳出司空“力役、地征、任民”三大职能；用《周礼·地官·乡师》职文“大役则帅民徒而至治其政令，既役则受州里之役要，以考司空之辟，以逆其役事”论证司空力役职能；用《大司寇》职文“凡万民之有罪过而未丽于法而害于州里者，桎梏而坐诸嘉石，役诸司空”论证司空役民职能，得出“然则凡力役、地征一皆归之于司空，然后可以复经之旧”的结论。

第十篇《九职》，依据《礼记·王制》，认为大宰“九职任万民”中的九职之民与“司空三职”有关的应全部划归司空属下。

（二）重新分合六官属官方案

《周礼》天官系统有世妇一职，春官系统也设有世妇一职。同样的情况还有环人一职。俞庭椿《周礼复古编》中的《世妇》与《环人》两篇论证《周礼》职文中的两篇《世妇》和两篇《环人》应当合并。俞庭椿分析了天官世妇和春官世妇的职文，《天官·世妇》职文说“帅女宫而濯溉为齍盛。及祭之日莅陈女宫之具”，《春官·世妇》职文说“掌女宫之宿戒及祭祀，比其具”，发现两者职掌相同、职名相同，得出两篇“重复之为讹”的结论。他还发现天官系统中的《世妇》职文简略，无宾礼职事；春官系统中的《世妇》职文详细，有宾礼职事。因而认定是传者误分为两篇。在《环人》篇，俞庭椿首先分析夏官环人之环与秋官环人之环的训诂，旧注一释为“抵却”之“却”，一释为“围困”之“围”。俞庭椿不认同，他从《春官·簭人》九簭中“九曰巫环”以及《孟子》“夫环而攻之，必有得天时者矣”中推导出“环”有预测吉凶之义，因而将环人之职能说成预测吉凶。在这种意义上，他认为两《环人》实为同职而误分为二，应当合并。

在《天官之属》篇，俞庭椿计《周礼》天官系统共有六十三职官，依据《月令》，将兽人、渔人、鳖人、兽医、司裘、染人、追师、屦人、掌皮、典丝、典枲十一个职官从天官划出，归之冬官系统。天官原职官六十三，现在变成五十二官。

《地官之属》篇，俞庭椿计《周礼》地官系统有七十八职官，俞庭椿依据以上自立的标准，从地官中划出鼓人、舞师二职官到春官系统。划出封人、载师、闾师、县师、均人、遂人、遂师、遂大夫、土均、草人、稻人、土训、山虞、林衡、川衡、泽虞、丱人、角人、羽人、掌葛、掌染草、囿人、场人等二十三职官到冬官系统。地官原有七十八官，现在还有五十三官。

《春官之属》篇，俞庭椿计《周礼》春官系统共有七十职官，划出天府、世妇、内宗、外宗、大史、小史、内史、外史、御史九职官到天官系统，则天官系统有六十一职官。又从春官系统中划出典瑞、典同、巾车、司常、冢人、墓大夫六职官，归之冬官系统。春官原有七十职官，至此剩下五十五官。算上从地官划出来的鼓人、舞师，为五十七职官。

《夏官之属》篇，俞庭椿计《周礼》夏官系统共有六十九职官，划出弁师、司弓矢、槁人、职方氏、土方氏、形方氏、山师、川师、邍师九职官给冬官系统，夏官剩下六十职官。

《秋官之属》篇，俞庭椿计《周礼》秋官系统共有六十六职官，划出大行人、小行人、司仪、行夫、掌客、掌讶、掌交、环人八职官给春官系统，则秋官系统存五十八职官；而春官则增加为六十五职官。

我们根据俞庭椿的方案，将他对《周礼》的“复古”成果列表如下：

表 6-1 俞庭椿《周礼》六官“复古”职官数

六官系统	原数	划出	划入	复古数
天官	63	11 入冬官	春官 9	61
地官	78	2 入春官;23 入冬官	0	53
春官	70	9 入天官;6 入冬官	地官 2;秋官 8	65
夏官	69	9 入冬官	0	60
秋官	66	8 入春官	0	58
冬官	0	0	天官 11;地官 23;春官 6;夏官 9	49

从表 6-1 中不难看出，俞庭椿的“复古”方案实际上是不成功的。除了夏官正好六十职官，符合他自己设定的前提外，其余五官职官数都不符合六十职官之数。可见俞庭椿未能自圆其说。

（三）冬官职文钩沉

在《大司空、小司空杂出于别官》篇中，俞庭椿试图找到散落在《周礼》五官职文中的大司空、小司空职文。俞庭椿根据从伪《古文尚书·舜典》、成王之《周官》以及《礼记·王制》《左传》等文献发掘出来的司空之官职能，将疑似条文一一分别出来。从《大司徒》职文中划出“掌建邦之土地之图，与其人民之数”一条，“以天下土地之图周知九州之地域广轮之数”以下一条，“以土会之法辨五地之物生”以下一条，“以土宜之法辨十有二土之名物”一条，“以土均之法辨五物九等”以下一条，“以土圭之法测土深、正日景，以求地中”以下一条，“乃分地职、奠地守、制地贡而颁职事焉，以为地法而待政令”一条，“以九畿之籍，施邦国之政职。方千里曰国畿”以下一条，“凡令赋，以地与民制之。上地食者参之一”以下一条，共计九条，作为《大司空》职文。从《小司徒》职文中划出“乃会万民之卒伍而用之，五人为伍”以下一条，“乃均土地以稽其人民而周知其数”以下一条，“乃经土地而井牧其田野”以下一条，以及“乃分地域而辨其守，施其职而平其政”“凡建邦国立其社稷正其畿疆之封”两条，共计五条，作为《小司空》职文。

二 俞庭椿《周礼复古编》评议

俞庭椿根据传世文献和《周礼》经文从旁证和内证两个方面论证今本《周礼》职官体系存在错乱，并根据这些线索力图恢复《周礼》职官体系旧貌，这种“以经证经”论证《周礼》六官属官的设置的研究方法和思路与汉学考据派基本一致，这种探索的确是学术研究的一条路数。他对自己主要的工作充满自信：

> 右司空官属得于天官者十有一；得于地官者二十有三；得于春官者六；得于夏官者九，凡四十有九焉。《大司空》杂出于地官者，其凡可举矣。五官之属又自有重复错乱者略可概见也。虽然，书亡既久，传信已深，此议创起，亦可骇且怪矣。①

但是从表6-1中可见，俞庭椿的《周礼》职官体系“复古”并不完满，其职官只有夏官达到了他先前设定的标准“不得有羡”的六十官，其余五官或多或少，可见俞庭椿未能自圆其说，最终将一项文献学研究变成一种猜想，乃至在恢复大、小司空职文的尝试中主观武断，采摘依据非常薄弱，降低了该书的学术价值。

---

① 俞庭椿：《周礼复古编》，《景印文渊阁四库全书》第91册，第623页。

俞庭椿的研究存在三类明显的缺陷。首先是内证、外证材料的选择上，成王之《周官》并非真正的《古文尚书》；《礼记·王制》和《礼记·月令》为战国时期文献，只能作为佐证，不能作为主要证据。建立在这些材料基础上的六官职能标准，其可信度要打不少折扣。其次，逻辑起点也不可靠。俞庭椿提出六官属官之属不得有羡，此说虽然有《小宰》职文为证，但实际操作根本不可能整齐划一，前人注疏以为三百、六十都是取其整数，反而有合理性。最后，在训诂和考证上不够细致，留下不少漏洞。

例如两《环人》篇合并，俞庭椿提出的训诂学证据不够充分。或许《春官·簭人》九簭中"九曰巫环"之"环"有占卜吉凶之义可备一说，而说《孟子》"夫环而攻之，必有得天时者矣"之"环"也有占卜吉凶之义，此说在没有更多例证的情况下恐怕难以成立。而且《四库全书总目提要》也指出两官所属中、下士及史、胥、徒各不相同，"误分为二"之说不能解释这种现象。

俞庭椿的一些猜想在今天看来距真相更远了。例如金文"司徒"作"司土"，是管理土地的职官无疑。而俞庭椿将司徒生财职能、管理土地职能剥离出来，与西周金文所记不符。司徒以地养民，无土地则无人民，今本与金文暗合，绝不是偶然。"司空"在西周金文中写作"司工"，管理手工业制造与重要工程的意味更加明显。

尽管存在明显的不足，《周礼复古编》在《周礼》学史上却产生了重要影响。《四库全书总目提要》说："然复古之说始于庭椿，厥后邱葵、吴澄皆袭其谬，说《周礼》者遂有《冬官》不亡之一派。分门别户，辗转蔓延，其弊至明末而未已。"① 俞庭椿开创了《周礼》学史上著名的"《冬官》不亡"派，这是一个事实，虽然此前有胡宏、程大昌倡导"《冬官》不亡说"，但首先予以专题论证的确实是俞庭椿。俞庭椿书成，同时代学者叶时、王与之均采用其说。胡一桂《古周礼补正》、邱葵《周礼补亡》等提出更多从《周礼》本身发掘出遗失的《冬官》方案，在俞庭椿开创的这条路上越走越远。

---

① 纪昀等：《四库全书总目提要》，第 506—507 页。

为了采摘《冬官》经文，俞庭椿对《周礼》五官各职官职文有深入的思考，因而对《周礼》全书比较熟悉，有时候，其论说在不涉及职官归属方面，也有一些可观之处。例如两《世妇》合并，《四库全书总目提要》批评俞庭椿将为男性的春官世妇与为女性的天官世妇混为一谈。然而，将春官中的“世妇”视为男性并不准确，这是郑玄的观点。《四库全书总目提要》的撰写者站在郑玄的立场看待俞庭椿此说。其实郑玄以此世妇相当于汉代大长秋，历代都有学者批评。既然称“妇”，当然是妇人。清代惠士奇就指出天官世妇与春官世妇为一类人，只不过因礼事“兼属”春官。孙诒让则提出春官世妇为“外命妇”的猜想。可见俞庭椿此说仍然有一定的价值。

三　夏休《周礼井田谱》评议

《周礼井田谱》的作者夏休，根据清人朱彝尊《经义考》所录楼钥序等材料，为南宋初年会稽（今浙江绍兴）人，高宗绍兴年间中进士，仅为一任官。《周礼井田谱》南宋有楼钥刻本，清初该书不传。清人编《四库全书》，从《永乐大典》中辑出，但未录入“正目”，仅置“存目”。如今就连该辑本也失踪了。好在今人谢继帅发现北京大学图书馆藏有钞本《周礼井田谱》一函四册，以为即清人从《永乐大典》辑出的南宋夏休的《周礼井田谱》初钞本。[①] 此前，今人颜庆余作《〈周礼井田谱〉及〈问答〉辑考》，[②] 从《永乐大典》中辑出“因农为军”一条，与北大钞本第九节《因农为军》内容完全相同。根据谢继帅的初步研究，现存钞本有二十三节。我们按照宋代《周礼》学“专题论派”的一贯做法，认为谢继帅所称之“节”即《周礼井田谱》书中的分篇。北大馆藏钞本保存了《周礼井田谱》的主体，十分宝贵。

《周礼井田谱》现存二十个专题，每个专题由题名、设问、解答和论证四个部分组成。其中第九篇还附有长达三十余页的《大司马军阵图》。现存二十个专题标题分别为《百亩不易》《田莱差数》《三夫三妇分联》

---

① 谢继帅：《北京大学图书馆藏钞本〈周礼井田谱〉小考》，《中国典籍与文化》2019 年第 3 期。

② 颜庆余：《〈周礼井田谱〉及〈问答〉辑考》，《中国典籍与文化》2014 年第 3 期。

《九一而彻》《亩步充一人》《釜甑爨》《余夫二十五亩》《九服九州》《因农为军》《军将皆命卿》《君十卿禄》《一乡总食六千人》《鳏寡孤独无告》《门子游倅之法》《当门联比有余夫》《兆域昭穆》《郊庙兆守之所在》《都城过百雉》《八次八舍》《朝位》。① 显然，《周礼井田谱》不是仅仅就《周礼》井田问题的专论，所讨论的问题广泛涉及《周礼》全书，但以《地官》篇最多，《夏官》《秋官》《春官》《天官》依次递减，不过大部分内容都与土地制度有直接或间接关系。

《周礼井田谱》是一部具有特色的《周礼》“专题论派”论著，问题分析透彻、深入、细致，是继《周礼致太平论》《太平经国之书》《礼经会元》之后，又一部颇有学术价值的论著。该书的主要贡献不在义理学而在制度学方面。正如以上标题所示，《周礼井田谱》的研究内容集中在土地制度、宫室兆域制度等方面。与土地制度直接有关的包括田制、税制、户籍制、兵制、禄制、畿服制等。在所有的研究中，夏休最大的贡献是该书第九篇《因农为军》中提出的“因农为军说”。“因农为军说”就是寓兵于农说、兵农合一说。类似的观点并非夏休首创，但夏休是将此说研究得最细致、最深入的一个。

《因农为军》采用数字测算法测算出“因农为军”的士兵和军官数量：

> 比长、公司马皆下士，一军则公司马二千人。五比为闾，闾二十五家，毋过家一人。故二十五人为两，因闾胥为两司马。闾胥、两司马皆中士，一军则两司马三百七十五人。四闾为族，族百家，毋过家一人。故百人为卒，因族师为卒长。族师、卒长皆上士，一军则卒长百人。五族为党，党五百家，毋过家一人，故五百人为旅，因党正为旅帅。党正、旅帅皆下大夫，一军则旅帅二十人。五党为州，州二千

① 按：谢继帅提出北大钞本有二十三节，其中第十七、十八、二十三篇无节题。第二十二节以后无问答形式，暂且归为第二十三节。然而宋人楼钥刊《周礼井田谱》二十卷，北大钞本有二十个篇题，三个没有篇题。我们据此推测《周礼井田谱》二十卷即依据北大钞本二十个篇题分卷。根据内容，无篇题的三节中，第十七节当并入第二十节中；第十八节当并入第十九节中。

五百家，毋过家一人。故二千五百人为师，因州长为师帅。州长、师帅皆中大夫，一军则师帅四人。五州为乡，乡一万二千五百家，毋过家一人。故一万二千五百人为军，因乡大夫为军将。乡大夫、军将皆命卿，一军则军将一人。①

以上是一乡组成的一军中各级军队单位士兵与军官数，同时还反映了军官官职与爵位的对应关系以及这些士兵与地方各级组织中居民户数的对应关系。按照上面的测算，就能推导出天子六军所对应的六乡户数、各级军队军官数、士兵数。这些问题前人虽然都有探索，但一次性放在一个专题中讨论的，夏休是第一人。

《周礼》军事组织起于“五人为伍”。在今天，五人只能组成一个战斗小组。《周礼》为什么这样规定？夏休说：

必以五人为伍，则左右前后足以相救，手足耳目足以相及，形容相别、音声相审故也。非若百人为卒，衣微识焉，然后可以识别。非若五卒为旅，建旌旗焉，然后可以指挥。多乎五人，则行列为有余；少乎五人，则执械为不足。非若师之用众，足以图敌，非若军之用车，足以包戎。故伍法自有军以来，未或能改也。②

“多乎五人，则行列为有余；少乎五人，则执械为不足”的解答在《周礼》学史上还是第一次。在此基础上，夏休总结出《周礼》练兵之法为“叁两什伍”之法。

《周礼》授田法中有“授莱法”，《地官·遂人》说：

辨其野之土，上地、中地、下地，以颁田里。上地，夫一廛，田百亩，莱五十亩，余夫亦如之。中地，夫一廛，田百亩，莱百亩，余

---

① 夏休：《周礼井田谱》第九节《因农为军》篇，北京大学图书馆藏钞本，编号 NC/0530/735。

② 夏休：《周礼井田谱》第九节《因农为军》篇。

夫亦如之。下地，夫一廛，田百亩，莱二百亩，余夫亦如之。①

三等授田法中，除了授予上、中、下地外，还授予莱。这个“莱”是什么？郑玄注说：“莱，谓休不耕者。”郑玄此注古今无异词。然而郑玄说颇有可疑之处。休耕之地为什么称“莱”？夏休说：

> 野之莱田，以时治之而已，不必尽耕作也。以其菰蒲之利，柴蒿之属，刈之复生，采之复出也。不然，既不谓之易，则一家之力岂能岁耕田百亩、莱二百亩？盖莱者刈获之名，“虞人莱所田之野”是也。②

夏休注意到《周礼》地官虞人有“若大田猎，则莱山田之野”之职，泽虞有“若大田猎，则莱泽野”之职，夏官牧师有“凡田事，赞焚莱”之职，夏官大司马职文也有“虞人莱所田之野”，由此受到启发，以为“莱”即“刈获之名”。古汉语“名动相因”，“莱”字作名词为田野所生植物，作为动词是收割焚烧田野植物。“莱”类似于后世的荒田、芜田，种植粮食则为田。夏休“野之莱田，以时治之而已，不必尽耕作也。以其菰蒲之利，柴蒿之属，刈之复生，采之复出也”反而说到关键处。即莱田不尽为耕田，可以作为蔬菜田，也可以作为燃料田。按季节种植蔬菜则有“菰蒲之利”，在种植蔬菜季节之外，莱田可自然生长柴草，这就是“柴蒿之属”，采之可以当樵薪。后世农人有谷地，有蔬菜地，有柴地或柴山供采樵之用。以此三者的良性循环形成自给自足的“小农经济”。夏休“莱田说”虽不精纯，却拓展了《周礼》“田莱”研究的深度。

《周礼井田谱》也存在一些不足。有些说法不符合实际。在《因农为军》篇中，他说：“故六卿以一万二千五百家为乡，阙一家则不足以成丘邑、闾族之缵助。六军以一万二千五百人为军，阙一人则不足以成叁两、什伍之行列。”此说过头了。即使在正常情况下，军队存在满员、超员、

① 贾公彦：《周礼注疏》，《十三经注疏》，第740页。

② 夏休：《周礼井田谱》第九节《因农为军》篇。

缺员也屡见不鲜；在非常态下，缺员不足为奇。

《周礼井田谱》在当时就产生过重要影响。著名学者陈傅良为之作序，赞扬有加；批评者也不在少数，因而南宋人黄毅撰写《问答》一卷，回击责难者。到明代，学者唐枢撰《周礼因论》一卷，批评《周礼井田谱》的“谬说”。清乾隆皇帝有题诗《题夏休周礼井田谱》，并自注批评夏休此说“泥古而不通于今，徒为纸上空谈”。① 此批语给该书定了基调，决定了《周礼井田谱》在清代的命运。四库馆臣即使有人认可此书，也不得不割爱，将此书置于“存目”中。《四库全书总目提要》评价说：“盖无用之书，传之者少也。”该书“高开低走”，却没有被清人淘汰，终于在今天重见天日。《周礼井田谱》不失为宋代《周礼》义理学专题论派的代表作之一。

① 爱新觉罗·弘历：《御制诗集·题夏休周礼井田谱》，《景印文渊阁四库全书》第1307册，第492页。

第七章

《周礼》义理学的集成和余波

两宋《周礼》学是《周礼》学史上的又一座高峰，在汉魏传注学和晋唐义疏学之后开创了《周礼》义理学研究新时代，研究著作达120余种，数量远远超过了汉唐注疏学。这些研究成果需要整理，集成性著作应运而生。南宋中后期出现了王与之《周礼订义》这部以两宋《周礼》学研究成果为主的集成性著作。到南宋末年，又有无名氏学者作《周礼集说》。宋亡后，遗民陈友仁对该书做了最后的整理，使其成为两宋《周礼》义理学又一部集成之作。这两部书汇集了两宋学者研究《周礼》的主要成果，所征引之书今天大多亡佚了，其主要观点赖此两部书幸而得以保存，这两部著作是后世学者研究两宋《周礼》学的重要参考资料。入元之后，毛应龙的《周官集传》可以视为南宋“集成”之学的余波。明人王应电的《周礼传》与《周礼图》显示了比较明显的考据学特征，标志着一种新的《周礼》学研究形式正在酝酿。入清之后，万斯大、毛奇龄、李光坡等人的著作是《周礼》义理学在清代的余波。此后，《周礼》学进入朴学时代。

第一节　王与之的《周礼订义》

《周礼订义》的作者王与之，字次点，南宋乐清（今浙江温州乐清）人，生卒年不详。根据南宋理宗淳祐二年（1242）温州知军赵汝腾奏请补王与之一官的奏折，王与之是南宋后期一名布衣学者，经赵汝腾推荐，任宾州文学，其仕途终于泗州通判。王与之经学最大的成就是撰写了

《周礼订义》八十卷。《周礼订义》是一部精心结撰的学术著作，虽有学派立场，然而议论平和，收录选择公正，有儒者忠厚之风。

一 《周礼订义》的体例

《周礼订义》不是“成一家之言”的经注体，不是依经注敷衍成文的注疏体，也不是汇集众说的集解体，而是经注与集解的混合体。即大体上是对《周礼》经文的注解，而注解内容挑选王与之自己认为最准确的历代学者之说，并加上个人的见解。全书以《周礼》经文解说为主体，在经文解说之前有简要的凡例、前言性质的论述和参考文献来源简介。主体部分共八十卷，分别对《周礼》的《天官》至《秋官》以及《考工记》进行了解说。

在《周礼》经文解说之前，《周礼订义》收入一篇《编集条例》，介绍其书编撰的条例。随后设立八个小专题。其一是《序周礼兴废》，相当于《周礼》学在先秦两汉的兴衰史略。其二是《论周礼纲目》，然并非讨论《周礼》大纲与科目问题，而是论《周礼》不可徒行、《周礼》与《仪礼》《礼记》不同之处，说的都是宏观问题。其三是《论五官目录》，只引陈傅良说如何读《周礼》五官目录，提示本书为什么将百官序官部分转移到各官职文之前。其四的《论天地四时官名》、其五的《论公孤不列于六职》、其六的《论官职多寡》、其七的《论六官次叙先后》、其八的《论六官所属交互》各论一个专题，题目即专题。这八个小专题讨论的大多属于“宏观问题”，与今天学术专著的绪论类似。由于其中一部分不便于安排在经文正文之后讨论，便集中放在前面，以便读者在进入正文阅读之前有个大致的了解。专题论文之后是一篇《编类姓氏世次》，类似于今天的“参考文献”，介绍书中所引用著作作者的简略情况。以上内容是该书重要的组成部分，不但反映了南宋出版物的成熟程度，还标志着学术专著此时已经达到相当成熟的水平。这些安排提高了该书的学术价值。

《周礼订义》的主体部分依据《周礼》经文先后次序，由众多的“解说聚集”构成。“解说聚集”有时候以经文句子为基本单位，少数情况下以经文句群或短语为单位，但基本上以经文单句为主。每一个“解说聚集”大体上按照相应经文包含问题的先后次序展开解说。解说内容包括文字训诂、名物制度解说、经文义理发掘三项主要内容。同一个问题一般只选一家之说；若有别家之说与之难分高下，则置于其后，以圈号隔开。若有他家之说可以补充此说，则以双行小号字紧附于后，也以圈号隔开。有些义理发掘衍生出更多的话题，王与之就分别采用“总论”形式进行讨论。全书正文共有六十八个“总论”，讨论了六十八个综合性的问题。至于王与之个人的见解，则以“愚案”或“愚按”的形式标注出来，为了表示谦虚，独立见解性质的“愚案”开头都低一行。

关于《周礼订义》的体例，学术史上大多认为这是一部汇编类著作，保存了大量的两宋失传旧说。例如《四库全书总目提要》评价说：“惟是四十五家之书，今佚其十之八九，仅赖是编以传。虽贵近贱远，不及李鼎祚《周易集解》能存古义，而搜罗宏富，固亦房审权《周易义海》之亚矣。”① 这种注重文献价值的评价掩盖了本书的学术价值，容易造成此书为文献汇编的错误印象。该书除了文献价值外，在对《周礼》义理的发掘、对汉唐以来学者《周礼》学研究成果的整理上均取得了相当高的成就，是两宋《周礼》学的集大成之作。

《周礼订义》与《周官新义》《周礼详解》是不同性质的著作。《周官新义》属于独立阐释个人见解的著作；《周礼详解》虽沿用了许多王安石的成果，但所暗用的仅此一家，其余多为王昭禹的个人见解。《周礼订义》选择王与之认为最接近经文原意的前人、同时代学者以及他自己的研究成果，逐节、逐句对经文经义进行阐释。《订义》重在《周礼》经文真实含义的揭示，故全书以引用前人旧说为主，王与之个人见解为辅；而《新义》《详解》以作者个人见解为主。《周礼订义》没有走王昭禹将前人观点熔铸于个人意见之中的路子，王与之将前人《周礼》说解分条列举，但不是简单地汇集，而是择善而从，因而既有搜索之功，又有独断之力。我们以《大宰》“以八则治都鄙”章为例，对《周礼订义》的面貌略做揭示：

郑康成曰：“则亦法也。”〇陈君举曰：“典、法、则皆是一事，恐文籍多，难辨，异其名耳。欲辨其为邦国、都鄙、官府文字。”〇郑锷曰：“都鄙地不出王畿之外，非如邦国诸侯得以自治其国，故王朝立为设

① 纪昀等：《四库全书总目提要》，第511页。

施之则，使之事事取则于此焉。则，如《书》所谓‘有典有则’之则。法，如今之律令；则，如今之格式。”

郑锷曰：“以其有先君之庙，故曰都。”〇郑康成曰：“都之所居曰鄙。”〇王氏曰：“《书》曰‘建邦设都’，《春秋》曰‘齐人伐我西鄙’。都、鄙者，以其有邑都焉则谓之都，以其在王国之鄙则谓之鄙。”

郑康成曰：“都鄙，公卿大夫之采邑，王子弟所食邑，周、召、毛、聃、毕、原之属，在畿内者。”〇贾氏曰：“谓三等采地。《载师》家邑任稍地，则大夫之采也；小都任县地，则六卿之采也；大都任畺地，则三公之采也。王子弟所食邑者，亲王子弟与公同处而百里；次疏者与卿同处而五十里；次疏者与大夫同处而二十五里。”

陈氏曰：“先王建都鄙，以为公卿大夫及王子弟之采地而居畿内焉。其外有封疆沟木之固；其内有城郭市朝社稷宗庙之别。使之朝夕莅事王朝，而退食于家，其家不出王城。而都鄙乃在三百里之外，此犹民之廛里在国，而受田在乡也。”

易氏曰：“秋官设都则之职，专掌此八则之法。然谓之‘都则’而不言‘家则’，何也？考《大宗伯》九仪之命，惟五命以上然后赐则，王之大夫四命，虽驭之以八则，而未与赐则之数，故采邑谓之家，而不谓之都。若卿以六命为小都，公以八命为大都，此所以置都则焉。由是观之，八则通用于三等采邑，而以都为主，故总而言之曰‘治都鄙’。”①

此解说分五段，每段引用一家之说，从而构成一个“解说聚集”。关于“则”，首选郑玄说，以为“则也是法”。而陈傅良连典、法、则一同辨析，内容超出了郑玄，不得不与郑玄并列，用大字号。郑锷也辨析法、则，故用小字双行附于陈傅良说之后。第二段郑锷注“都”字，故另起一行；而郑玄在“都”“鄙”的比较中注解“鄙”字，与“都”有关联，故并列郑锷说而不另起一行，以圈号隔开。王安石引用典籍比较“都”“鄙”之意义，又在郑玄之后，故用小字附于郑玄后。第三段郑玄注“都

① 王与之：《周礼订义》，《景印文渊阁四库全书》第93册，第30—31页。

鄙”，故另起一行。第四段陈氏注解卿大夫王子弟的政治生活、日常生活与受封之地别为三处，故另起一行。第五段易祓辨析都鄙中有大夫之家，而秋官设都则之职不设家则之职的原因，又为另外一事情，故再另起一行。由此可见，王与之《周礼订义》所引前人解说成果遵循两个原则：第一个原则是首创性原则，即该问题无论是谁第一个提出则置于前面，其他人的成果只能作为补充性材料置于此说之后，以双行小字以区别；第二个原则是先后原则，即相同的补充性成果，按照时代先后排列。当然，《周礼订义》还是以罗列前人《周礼》研究成果为主，不过不是简单罗列，而是取舍得当。

二 《周礼订义》的义理学成就

《周礼订义》重在对《周礼》之义的发掘，也不舍弃文字训诂和对名物制度的考释，因而在《周礼》知识学和《周礼》义理学两大方面都取得了重要成果，尤其以后者最为突出。王与之的《周礼》学研究成果包含他对前人成果的选择，也包括自己以按语形式表达出来的认识成果。按语性成果是王与之《周礼》学成果的代表样式。由于前者数量大，我们以《周礼订义》按语性成果为主，探索王与之的《周礼》学研究成就。全书中，王与之以“愚案”或“愚按”形式标注出来的个人见解共计三百一十八条，其中以独立见解形式标注的“愚案”共计一百九十五条，“愚按”也有十三条；以补充性见解形式标注的“愚案”有九十二条，“愚按”十八条。以下我们就其代表性收获做简要评析。

（一）发掘治民思想

在训导人民方面，王与之提出“因其生而驯扰之”的安民思想。为什么要“因其生而驯扰之”？《大司徒》职文有“以佐王安扰邦国”，王与之说：

愚案：安、扰不得作两件说。扰，驯也，因其生而驯扰之，使不失其所性之天，斯所谓安扰也。且天下之民耕食凿饮，沾体涂足，虽有恭敬之端而不知讲；父子竭作，长幼杂处，虽有孝悌之性而不知申。于是强之以诗、书、礼、乐，正之以德、行、道、艺，而人心从之也难，故辨五地之物生，则民以安土重迁，而后因五物以施十二教，则民以不失其宜，而后授之以井地，则有常产者有常心；联之以比、闾、族、党，则出入相友，守望相助，慈幼养老；大化也，而托以保息之法，则民始以孝悌为本。然师、儒、朋友，大训也，而托以本俗之名，则民始以德行为固有，凡此皆安而扰之也。①

经文的落脚点是“安扰邦国”，王与之将安扰邦国问题视为安扰万民问题，因国以民为本，这种离经辨志的发挥也是有价值的。王与之“因其生而驯扰之”的治民思想包括先安土重迁而后施教；先有常产、常心然后师、儒以本俗之名大训之。由此可见，王与之认为治民从安生开始，安生即保障人民的生活资料。这种见解直到今天仍然具有思想价值。

如何“因其生而驯扰之”？王与之在《大司徒》“因此五物者民之常，而施十有二教焉”的解说中说：

愚案：风土所生，山川所孕，刚柔轻重缓急随地之宜。习俗不能不异，情性不能不偏。既曰“因其常”，则不易其俗可也。又曰“施十有二教”，何哉？自昔圣人以吾之教乘民之俗，以吾之理济俗之偏。顺其所安而为之节文焉，因其所性而为之导达焉。若陈楚之信巫重祀，因而教之以祀礼，则俗无淫祀矣；秦之专尚勇力，因而教以阳礼，则俗不斗很矣；卫之俗溺于淫，因以阴礼教亲，则民自不怨；魏之俗简于恩，因以乐教和，则民自不乖侈。诈者导之以辨等之仪，轻薄者示之以教安之道，椎剽者裁之以由中，弃背者誓之以相恤。由其有奢褊之风，则以度而教之节顺。其有稼穑之风，则以世事而教能。《王制》所谓“一道德以同风”者，推其本实在乎此。②

“以吾之教乘民之俗，以吾之理济俗之偏。顺其所安而为之节文焉，

① 王与之：《周礼订义》，《景印文渊阁四库全书》第93册，第233—234页。
② 王与之：《周礼订义》，《景印文渊阁四库全书》第93册，第239页。

因其所性而为之导达焉”，是王与之从《周礼》中发掘出来的“因其生而驯扰”人民的方法。

（二）发掘系民思想

王与之编撰《周礼订义》，也特别关注《周礼》系民思想。在大宰“以九两系万民”一节，王与之说：

> 愚案：民心无常，难合易睽，非平时眷恋不忍去，必非一人名位可得而留。惟夫牧以地、长以贵、主以利、吏以治、薮以富足以系民之身；师以贤、儒以道足以系民之心；宗以族，使知天属之亲不可离；友以任，使知人道之交不可间，然后相安、相养、相亲、相逊。虽有变故，之死靡他。后世“九两”既废，人心亦离，匹夫匹妇不获所求，而乐国、乐郊之思发于中而形于言者，上之人果何道而联属其心耶？曾子所谓“上失其道，民散久矣”者，此之谓也。①

大宰“九两”为维系人民而设计。其制度设计建立在分封和采邑制的基础之上。后世分封制度已经终结，宗法制度也有所松动，《周礼》“九两”维系人民的方法失去基础，但维系人民的精神尚在，历代统治者如果吃透了《周礼》维系人民的精神，实际上还是大有可为的。王与之有感而发，虽然提不出具体的建议，但发出呼吁也是《周礼》义理学的一种功能。

（三）发掘经济思想

《周礼》一书以“生万民”问题为核心，所设计的制度无不以此为落脚点。例如大宰“以九赋敛财贿”包含深邃的生民思想。郑玄为方便读者理解，以汉朝“口率出泉”比况九赋。然而这个比况很不恰当，也很容易起到误导作用。西周商品经济不发达，货币使用范围不广，如果将出劳役、兵役规定为以货币支付方式实现，对于普通劳动者将是巨大的灾难。宋人经历过王安石变法，而变法造成的经济危害宋人深有体会。王与之说：

---

① 王与之：《周礼订义》，《景印文渊阁四库全书》第93册，第51页。

愚案：先儒以周之九赋谓口率出泉。夫汉有口赋，有筭赋，皆仍秦弊，令民出泉。不知周之泉布所以制百物之低昂，上而供邦用，则有外府；下而通民用，则有泉府；出入则有法，敛散则有权。至于制赋之法不过因地之所有而令之，如邦中之赋即《载师》“园廛二十而一”，是贡其廛里及场圃之所出。四郊之赋即《载师》“近郊十一，远郊二十而三”，是贡其宅田、士田、贾田及官田、牛田、赏田、牧田之所出。邦甸、家稍、县、都之赋即《载师》“甸、稍、县、都皆无过十二”，是卿大夫采地田税之所出。关市之赋即司门、司市之所入；山泽之赋即山虞、泽虞之所入；币余之赋乃官府都鄙与凡执事者给公用而有余币、余财之所入。然则九赋之敛财贿，除关市之外皆非泉布之入，而关市之赋亦非口率出泉。以赋为口率出泉，则是有赋而又有税也。《孟子》曰：“有粟米之征，有布缕之征，有力役之征。”所谓粟米之征，即成周之田赋也；布缕之征，即成周山泽之农所贡絺葛服贡之材而成于嫔妇之化治者也；山泽所贡，以之当邦赋则无田租矣；至于力役之征，成周只以六尺、七尺之上下而为力役之多寡，非如汉之有更钱，隋唐之有庸钱也。《孟子》所谓力役之征，意当时起役之外又有所取矣。成周之法征以粟米者，则无布缕之征，征以布缕者，则无粟米之征。至于力役之征，只用其力，不取其财。如凶札之年则又无力征矣。宜乎！《孟子》谓用其二而民有殍，用其三而父子离也！①

此说批评了郑玄以九赋为“口率出泉”说，重申大宰九赋“至于力役之征，只用其力”原则。虽然这在思想上没有实质性的贡献，但他所提供的论证还是有益于《周礼》考据学，是宋人对于《周礼》知识学的又一条贡献。

王与之在《周礼》经济思想上的贡献在于他总结出“三不取”说。《大司徒》职文说：“以土均之法辨五物九等，制天下之地征，以作民职，以令地贡，以敛财赋，以均齐天下之政。”王与之阐释说：

① 王与之：《周礼订义》，《景印文渊阁四库全书》第93册，第42页。

愚案：民职即大宰之九职。以土均作之，则因其职以献功，非所能者不取也。地贡即大宰之九贡，以土均令之，则因其地以致贡，非所有者不取也。财赋即大宰之九赋，以土均敛之，则随其财以充赋，非所宜者不取也。若民不昏作劳，越其罔有黍稷，故出于民职者必以作之而后成，有地则有贡，有财则有赋。且令之以使致，敛之以使聚，然其法立于大宰，司徒虑其不平也，以土均而均齐之。①

此处王与之发掘出“三不取”思想，即“非所能者不取”“非所有者不取”“非所宜者不取”，分别对应九职、九贡、九赋。任职以取赋贡是王朝经济生活常道，王与之提出“三不取”说具有实际意义。历代收取赋税在具体实施过程中的确存在非所能而任之职、非所有而取之贡、非所宜而取之赋的情况，这些情况明显造成社会不公，一旦泛滥，将造成王朝经济生活基础崩溃，因此需要大司徒予以平齐之。

三 《周礼订义》的地位

《周礼》学在两宋以义理学为主流，到王与之《周礼订义》定稿，距离南宋王朝的终结也只剩下四十年左右的时间。《周礼订义》汇集了两宋王朝近三百年历史中《周礼》义理学研究的主要成果，在这个意义上说，《周礼订义》是两宋《周礼》学研究的集大成型著作。

《周礼订义》对前人成果的取舍具有“宋学”倾向。《周礼订义》一书的学术旨趣与王安石以来宋学《周礼》学发掘《周礼》义理一致，学术重点不在文字训诂和名物制度解说，而在于对“圣人微旨”即《周礼》治理天下思想的发掘。

例如《天官・宰夫》“辨八职”之一是“正，掌官法以治要”。郑玄《周礼注》此句只有“正，辟于治官，则冢宰也”。郑玄此注属于对名物制度的解说，但比较晦涩。孙诒让疏认为：“郑意此正为各官之长，与大宰建其正略同。但百官府各自有当职之长，通谓之正，不可遍举，故唯举

① 王与之：《周礼订义》，《景印文渊阁四库全书》第93册，第244页。

大宰以相况。以其长属自相帅领，不必与爵秩尊卑之次相当，故为譬况之词矣。”[1] 王与之《订义》如下：

王氏曰：“以其属之所取正，故谓之正。”○王昭禹曰：“正则六官之长，所谓建其正也。”○王昭禹曰：“法，八法，以其用之以治官府，故谓之官法。”○郑康成曰：“治要，若岁计也。”○王氏曰：“积凡以为要。要则月计，要则师之所掌而正治之。若夫会，则正之所掌而王治之矣。”[2]

首先引用王安石《周官新义》对“正”的解说，而不引用郑玄的解说。郑玄的解说是名物解说，属于知识性阐释；王安石的解说是义理的发掘，属于政治思想的提炼。由此可见王与之取舍倾向于义理学。由于王安石只揭示了“正”之所以称为“正”的政治因素，对“正”在本处的具体意义没有说明，王与之引用王昭禹说予以补充，以小字列于王安石说之后。其次，采纳了王昭禹对于“法”的阐释。最后，采纳了郑玄关于“治要”的解释，并引王安石说予以补充。王安石说“治要”在内容上没有创新，但对于理解郑玄说有帮助，因而引之。可见王与之在取舍上也遵循了学术规范。

《周礼订义》是两宋《周礼》学的集大成之作。该书的集大成性质主要表现在两个方面：一是引用两宋研究成果十分宏富；二是两宋研究成果取舍精当。

该书引用了汉唐至南宋《周礼》学六十余家学者的研究成果，特别是五十余家两宋学者的成果。这些成果的原著大多没有流传下来，幸赖此书得以保存其精华，弥足珍贵，让后人得以窥见两宋《周礼》学研究的繁荣。后人研究两宋《周礼》学，可以通过一一采集，将两宋失传的诸家研究成果辑佚出来，从而大体上勾勒出两宋《周礼》学的面貌，舍弃此书将无路可走。朱彝尊《经义考》、孙诒让《周礼正义》从中获益尤多。

《周礼订义》不是两宋《周礼》学成果的简单汇编。这是精心结撰的

① 孙诒让：《周礼正义》，王文锦、陈玉霞点校，第193页。
② 王与之：《周礼订义》，《景印文渊阁四库全书》第93册，第82页。

学术著作，对所引各家之说进行了细致的比较分析。《四库全书总目提要》感慨该书比不上李鼎祚的《周易集解》保留前人旧说丰富，今人也多有视《周礼订义》为集解类著作者。王与之为此书取名“订义”有两层意思，一是“断定其义”，二是“纠正其义”，因而与罗列旧说不同，其断定、纠正之功均落实于对诸家旧说的选择和自己的“愚案”上，甚至连被纠正的旧说也不出现在著作中。对于旧说的选择，只在诸家中选择最接近原文文义的一家之说，余说可补充此一家之说者，也仅采一家作为附录依附于后；只有在诸家之说难分高下的情况下才并列引用。可见此书对《周礼》学研究成果进行了十分细致的比较研究。

《周礼订义》上承郑玄《周礼注》，下启孙诒让《周礼正义》，在《周礼》学史上具有承上启下的地位。

《周礼订义》选择综合众说来解说《周礼》，众说不足，则以个人见解予以论断，就这一点看，其继承了郑玄《周礼注》的传统。《周礼订义》与郑玄《周礼注》非常相似，都是大量引用前人研究成果，并有所补充、纠正。然而区别也相当大。第一，郑玄的引用范围仅郑兴父子、杜子春三家，而贾逵、马融、卢植诸家之说不见引用；王与之所引多达六十余家，可见劳动量之巨。第二，郑玄《周礼注》的主要关注点在于名物制度阐释和词语训诂，王与之《周礼订义》的主要关注点在于《周礼》义理的发掘。第三，郑玄《周礼注》中，郑玄个人的成果占据突出的分量，《周礼订义》中王与之独立发掘的《周礼》义理没有占据主导地位。不同处显示了《周礼订义》的宋学特色，也体现了《周礼订义》与郑玄《周礼注》的差距。

王与之精心比较众说，择善而从，对孙诒让《周礼正义》有明显的影响。孙诒让《周礼正义》引用前人旧说更加宏富，对前人成果的比较研究更加精深，对前人成果是非的论断更加准确。作为《周礼》学“文化基因”之一，从孙诒让《周礼正义》中我们不难看出《周礼订义》的影子。

第二节 陈友仁等的《周礼集说》

《周礼集说》主要部分的作者姓名无从考证。根据宋末元初学者陈友仁《周礼集说序》，该书的手稿由陈友仁于南宋亡国后第四年——癸未之年从友人沈则正处获得，陈友仁“是岁留于山前表伯之西椾，就而笔之。训诂未详者则益以贾氏、王氏之疏说；辨析未明者则附以前辈诸老之议论”。[①] 可见该书最后由陈友仁修改整理，陈友仁为该书的编者之一。

一　《周礼集说》的体例

《周礼集说》体例与《周礼订义》类似而又有差别。全书分“卷首”和正文，正文十卷，“卷首”分上、下篇。

“卷首”上篇为《纲领》，又分“周礼废兴传授”“历代官制”“周礼总论”三个专题。“周礼废兴传授”总结了从周公制礼作乐到贾公彦作《周礼注疏》的《周礼》学发展史。“历代官制”从典籍中钩沉自太皞伏羲氏到西周官制记载。三个专题中最有价值的当数“周礼总论”。首先引用孔子、孟子、文中子和唐太宗对《周礼》的崇高评价，然后就“论《周礼》是周公遗典”“周官不可不讲”“《周礼》是宰相之事”“《周礼》多说事之纲目”“论行周官法度”“成周之事，其凡见于他书，其目见于《周礼》”“成周之治纲领在于六官”“六卿分职每终之以为民极”“辨《周礼》疑”等九个论题引用唐宋学者精彩观点，从宏观上揭示了《周礼》的“可信、可靠、可行”。

“卷首”下篇为《凡例》，设有“三公三孤”“公卿大夫士”“府史胥徒”“官名”“官序”“官属”“官长”“官联”“兼官”“世臣”“封建”等十一个小专题。可见此“凡例”非后世对自己著作体例的介绍，而是有关《周礼》十一个宏观问题的见解汇编。

卷一是六官总论，今存天官、春官、夏官、秋官四篇总论。

《天官总论》部分先设“论看《天官》须是胸怀洪大”“《天官》之职非大其心者不能为”“《天官》一篇人主正心诚意之学”等十四个小专题，汇集学者相关论述，再从“周官沿革”角度又分“冢宰一官后世分而为六”“秦分冢宰之职欲夺其权，西汉丞相不统九卿，东汉九卿遂居辅相”“天官六十属序官之意”“天官之属皆微官，以天官得以临制，而无

① 陈友仁等：《周礼集说》，《景印文渊阁四库全书》第95册，第252—253页。

逼上之患”“大宰制国用，后世离为数司，纷不可考”“司徒敛财惟货币毕入于冢宰之府”“冢宰掌府库、司徒掌仓廪”等七个小专题，汇集学者相关观点。

《春官总论》包括“仪与礼不同”“礼文制度以昭君德”“古者礼有等差，莫敢逾僭；后世礼制不修，遂无定分”“礼者在于爱敬”“乐音可以见民之情性”“身心皆正而后可以作乐”“乐者人情所不免先王以雅颂之声道之不至于乱”“乐者，古以平心，今以助欲；古以宣化，今以长怨”“乐者宣畅民之和心”等九个小专题，分别采摘自春秋战国子产至两宋学者对于礼、乐的观点，属于对《春官》义理学的发掘。

《夏官》和《秋官》变“总论”为“纲领”，而《夏官纲领》只有“兵不可去”“司马虽掌兵，军旅大事五官皆与”两条，可见两宋学者对《周礼》军事思想发掘不深，同时也反映两宋学者军事斗争思想的贫乏。《秋官纲领》包括“礼乐刑政所以同民心出治道”“用刑当尽心不可轻易”“刑法不可轻制”“有德礼则政刑在其中”“古人化民以德而不忍用刑；后世则专用刑而不以德”“先王用刑之意本欲生民”“典狱之官系民生死，须是无一毫私意”“狱者，天下之命所以收人心召和气”“刑施于德教之所不及”等九个小专题。

《周礼集说》编者之所以设置“卷首”和“六官总论”两项，我们认为这是为了汇集两宋研究成果的需要。一部分研究成果不便于随文给出，于是集中给出，从而形成一个个专题研究成果总汇，在一定程度上可以视为《周礼》专题性成果汇编。在这一点上，《周礼集说》与《周礼订义》一样，也是《周礼》“专题论派”的集大成之作。

从卷二开始，为“六官集说”。卷二和卷三为《天官》集说。卷二起于《天官冢宰》，讫于《腊人》；卷三起于《医师》，讫于《夏采》。卷四和卷五是《春官》集说。卷四起于《大宗伯》，讫于《职丧》；卷五起于《大司乐》，讫于《神仕》。卷六和卷七是《夏官》集说。卷六起于《大司马》，讫于《掌畜》；卷七起于《司士》，讫于《家司马》。卷八到卷九是《秋官》集说。卷八起于《大司寇》，讫于《貉隶》。卷九分上下卷，上卷从《布宪》起，讫于《大行人》；下卷起于《小行人》，讫于《家士》。卷十为《考工记》集说，卷末收录一篇《论〈冬官〉》，但只有林之奇一家说，内容是批评河间献王以《考工记》充《冬官》。

与《周礼订义》有“愚案”不同，《周礼集说》编者的思想主要体现在他们对于各家《周礼》学的选择、对全书体例的安排和对于全书结构、内容的经营上，编者以“在场”的姿态出现，但说话非常少。下面这一条直接反映编者对《周礼》职官思想发掘的引文是其唯一一次正面发表意见：

凡看《周礼》须先理会太宰，理会太宰须先理会目录。按：天官总六十二官，除阍寺、内竖非命官及妇官三官无定员外，其合计者总数于后：

……

右上项官职以类分，禄以长授，故官司无侵扰之事，而食禄者可以守廉耻之节，逐项皆统于冢宰，其以道事王者如此。①

由此可见，《周礼集说》是一部《周礼》说文献汇编性质的著作，但不同于《周易集解》之类纯粹以汇集旧说为主的著作。《周礼集说》对经文每一个知识点和每一个问题往往只选一家之说，不存异说，也不累积相同之说。由于《周礼集说》定稿晚于王与之《周礼订义》，该书所收录研究成果有不少为王与之所未见。将这两部著作结合起来看，两宋《周礼》研究成果可以概观，这两部著作保存了两宋众多学者失传的《周礼》学研究成果。

二 《周礼集说》的贡献

《周礼集说》采用依经出注的方式解说《周礼》，但与大部分著作不同，本书不是依句出注，而是依节出注。即将比较长的职官职文分为几小节，集中解说。对于比较短的职官职文，就用一节集中解说。由于解说分名物训诂与义理发掘两部分，同一学者的意见会分几处出现在这一节“解说集聚”中，《周礼集说》的编者不厌其烦地提示“郑氏曰”“王氏

① 陈友仁等：《周礼集说》，《景印文渊阁四库全书》第95册，第308页。

曰”。这样，在同一个“解说集聚”中会出现多个“王氏曰”“杂说曰”。这样做的好处是便于汇集宏观性的义理解说。

《周礼集说》引用材料非常广泛，从先秦文献到两宋学者文集和专著都在搜罗之列，引用的先秦著作有《左传》《孟子》《尔雅》《曾子》《管子》《论语》《王制》《杂记》等，引用汉唐学者观点则有刘歆、杜子春、郑司农、郑玄、杜预、孔颖达、贾公彦。尤其以六十多位两宋学者旧说最为宝贵。引用直接称名号的有晦庵（朱熹）、陈同父、郑渔仲、王介甫（王安石）、潘自牧、胡康侯、李方子、李太伯、陈君举（陈傅良）、程明道、周濂溪、袁弘、龟山杨氏、郑景望、张南轩、伊川、横渠、林三山、陈彦群、杨鼎卿、胡仁仲、胡文定、郭兼山、东莱、永叔（欧阳修）、谯郡张氏、芸台吕氏、蓝田吕氏、林少颖、徐干、林之奇；称引姓氏或地名加书名的有陈祥道《礼书》、徂徕《原乱》、陈氏《博议》、季氏《图》、赵氏《春秋》；还有只称书名的有《周礼菁华》《杂说》《官制》《中义》《太平经国之书》；更多的只称姓氏，如王氏、王先生、程氏、杨氏、范氏、蔡氏、黄氏、刘氏、李氏、唐氏、林氏、谢氏、薛氏、吕氏、窦氏、胡氏、何氏、俞氏、万氏等。

只称书名的著作，《太平经国之书》为郑伯谦所作，流传至今；《中义》的作者当为王与之《周礼订义》所说“刘氏彝，字执中，有《全解》，号曰‘中义’，今作刘执中”的刘彝。至于《杂说》《官制》《周礼菁华》三书，尤其是《杂说》《官制》两书，《周礼集说》引用颇多，但其作者已经无从考证，其著作失传，仅赖《周礼集说》保存了一部分内容。

只有姓氏无作者名号和书名这一类，我们非常难以判别为何人何书。我们根据王与之《周礼订义》和其他材料，做了简要分析后发现，引用最多的“王氏”为《周礼详解》的作者王昭禹。被引用八十多处的“王先生曰”的“王先生”，即《周礼订义》中《王氏详说》的作者。王与之《编类姓氏世次》说：“王氏，未详谁氏，建阳作《王状元详说》刊行，今作《王氏详说》。”根据《钦定周礼义疏·凡例》，《温州府志》说乐清王十朋著《周礼详说》，则王氏为温州名人王十朋。此说或有参考价值。

被引用二十八条的“李氏”，即作有《周礼致太平论》五十一篇的北宋政治家李觏，该书是宋代《周礼》义理学专题论派的开山之作，我们前面有专节讨论。

至于杨氏、范氏、蔡氏、刘氏、唐氏、林氏、窦氏、胡氏、何氏、俞氏、万氏、谢氏等这些学者的信息和著作情况，则无从考证。可见，《周礼集说》所称引的专著除了王昭禹的《周礼详解》、王与之的《周礼订义》、郑伯谦的《太平经国之书》、李觏的《周公致太平论》、王安石的《周官新义》、陈祥道的《礼书》等极少数完整或部分流传下来外，其余已经湮灭于历史长河中了。

尽管有如此巨大的遗憾，但由于《周礼集说》所引两宋学者《周礼》说家数超过了王与之《周礼订义》所引，两书互相补充，我们可以大体上了解两宋《周礼》学的全貌。

全书虽经陈友仁整理，但仍然存在一些问题。一是称引诸家著作未如《周礼订义》一样列有目录，文中多称姓氏而不称名字，而所引书多佚失，至今难以知晓所说为何人。二是称呼有时候不统一，如有称“陈祥道《礼书》曰”的，也有称“《礼书》曰”的，偶有称“陈祥道曰”的；有称“程氏”的，有称“伊川”的，有称“程明道”的；有称“薛氏图曰”的，有称“薛图曰”的。三是全书体例不一致。天官、春官有人员统计和分类，夏官、秋官则无。称贾公彦疏经为“疏曰”，疏注为“注疏曰”；而称郑玄注为“郑氏曰”，不称“注曰”。四是偶有失误。例如《春官·大胥》“掌学士之版”，《集说》卷五有“郑氏农曰：‘学士，卿大夫诸子在学者。版，籍也，大胥主此籍，以待当召聚学舞者。’”① 根据内容可以判断“郑氏农”当为“郑司农”之误。同样的错误还出现在卷四的《墓大夫》职文集说中。由此可见，陈友仁利用一年时间整理出来的手稿仍然没有做到尽善尽美。

《周礼集说》体现了编者高超的裁剪之功。书中称引的大量论著原书已经亡佚了，但两宋《周礼》义理学的精华因此书而得以保存。此书编者功不可没。此书才是真正意义上的《周礼》学成果的汇编，也是真正意义上的两宋《周礼》学成果的集成，实现了编者“集说”的目标。

① 陈友仁等：《周礼集说》，《景印文渊阁四库全书》第95册，第487页。

第三节 毛应龙的《周官集传》

由宋入元以后，《周礼》学还是沿着两宋既有的学术轨道发展。元代《周礼》学专家不多，有名的著作不过吴澄的《周官叙录》、毛应龙的《周官集传》、臧梦解的《周官考》、邱癸的《周礼全书》和《周礼订本》、汤弥昌的《周礼解义》五家六种而已。至于明代，研究者之众、著作数量之多恐怕不逊于两宋，不过学术创新的爆发期已经过去，《周礼》义理学进入余波期。从总体上看，这一时期的学者在两个方面做出了努力。一方面是沿着俞庭椿之路，继续做着从《周礼》五官中分离《冬官》职文的工作；或继续对《周礼》进行非难。另一个方面，学者的《周礼》学研究基本上都在吸收两宋及宋以前学者的成果以融会贯通，对前人的学说进行修补提纯，成果表述更加精准，学术成果更加精致，然而学术创新意识已经淡化，知识新发现和思想新认识逐渐消歇，这种局面一直持续到明代末年。在近四百年的学术史上，元明两代学者没有创立新的学术范式，因而我们将元明两代视为《周礼》义理学的余波期。

一 《周官集传》的体例

《周官集传》的作者毛应龙，字介石，豫章人，元大德年间做过澧州教授，有著作《周官集传》《周官或问》两部。① 两部著作原本失传。《周官集传》，清人编撰《四库全书》时从《永乐大典》中辑佚出天官、春官、秋官、冬官的相关内容，而地官和夏官部分全部亡佚。《周官集传》原二十四卷，清人从《永乐大典》中辑佚出十六卷。全书虽非完帙，但大体上可以推测出其体例和内容。

从体例和内容上看，该书已经呈现向汉魏传注体回归的趋势。全书依据经文逐段逐节解说，解说内容以词语解释、名物制度解说为主，义理的

① 按：毛应龙《元史》无传，其他史志材料未见其人事迹。清人朱彝尊《经义考》卷一二五说："毛氏应龙《周礼集传》二十四卷，存。《周礼或问》五卷，未见。张萱曰：'元大德间澧州教授豫章毛应龙介石撰。'"朱彝尊当据张萱《内阁书目》，而误以《周官集传》为《周礼集传》。

发挥已经不多。对于词语、名物制度和经文义理，前人已经有解说的，毛应龙以为正确的就直接采用前人旧说，采用旧说以两宋学者为多；毛应龙以为不正确的，在段首直接表述观点，不标注解说人；段中、段尾则以“应龙曰”标识以区别，这一点与郑玄《周礼注》颇相似。称引前人旧说或全称，或仅称姓氏，或称号，或以籍贯区别之，如“欧阳谦之曰”“刘氏曰”“东莱吕氏曰”“三山刘氏曰”等。至于李觏、郑伯谦、叶时、俞庭椿这些专题论派的观点则很少引用。对于王安石、王昭禹、王与之发挥经义之说也称引不多。其书之所以称为“集传”，当与采纳众多学者意见有关。然而此书并非简单地汇集前人旧说，毛应龙个人见解所占全书份额颇重，因而可以视为王与之《周礼订义》的余波。

《周官集传》最大的贡献在于保存了前人《周礼》说资料。该书引用郑锷说多达四百九十余条，虽不如王与之《周礼订义》引用之多，但对于郑锷《周礼解义》的辑佚有一定的价值，可以补《周礼订义》的缺漏。

全书引用前人旧说数量仅次于郑锷的为欧阳谦之。欧阳谦之，字希逊，庐陵人，《晦庵集》中有两篇《答欧阳希逊》文；清人厉鹗《宋诗纪事》卷五十八收录欧阳谦之诗《题睢阳五老图》一首。欧阳谦之其他作品则仅见于毛应龙《周官集传》，且引用近一百条，此外尚有“欧阳地山曰”四处、“欧阳氏曰”八十处，疑未能定。① 欧阳谦之《周礼》学研究成果幸赖毛应龙而有所保存和流传。

二 《周官集传》的贡献

毛应龙个人的《周礼》研究成果也有一定的特色。例如对于《天官·序官》前二十字的分析：“辨方正位，法天道也；体国经野，顺地道也；设官分职，以为民极，立人道也。”② 义理概括简明扼要，相比宋儒的义理学，毛应龙发掘义理的技巧更加熟练。再如对《周礼》职官体系、数量的分析：“六卿分任天地四时之官，十二小卿应十有二月，三百六十

① 按：欧阳谦之字希逊，名、字相应。然《易》谦卦卦象正为上地下山，所谓“地山谦”，因疑欧阳谦之别有一名字为“地山”。“欧阳地山曰”也有可能即欧阳谦之的经说。是以我们推测欧阳地山极有可能就是欧阳谦之。

② 毛应龙：《周官集传》，《景印文渊阁四库全书》第 95 册，第 764 页。

官之属，上当三百六十五度周天之数，下应三百六旬有六日成岁之功。"①义理发掘颇有新意。

毛应龙对名物制度的研究也有一些比较独到的心得。

"大宰六典"，其三为礼典，其五为刑典。至于礼典和刑典到底如何，历来注家未有统一的意见。毛应龙说："礼典恐即是《仪礼》。今《仪礼》相传为周公作。韩子曰：'《仪礼》行之于今者盖寡，然文王、周公之法制粗在于是。'刑典，如《吕刑》中所言，是其概也。"② 毛应龙未全面论证。以《仪礼》为礼典、以《吕刑》所说内容为刑典虽不尽合理，但仍可备为一说。

"大宰六典"每一典都有"万民"，如治典纪万民，教典扰万民，礼典谐万民，政典均万民，刑典纠万民，事典生万民。毛应龙认为："万民，侯国之万民。"并论证说："官府者，王国之官府，治之所从起也。先言邦国，次言官府，明诸侯国亦各有官也。天子曰兆民，诸侯曰万民，举外以包内也。"③ 毛应龙说虽偏执一面，却也有提醒之功。《周礼》屡屡称"万民"，万民者，天下之民，包括王畿之民、诸侯之民在内。

"大宰九职"之九为"闲民"，毛应龙读"闲民"为"闲隙之民"："闲民，闲隙之民，任己职之外，有余闲可以执他人之事，所谓通功易事，以羡补不足者。"④ 这个看法颇为新颖，也似有可能。所说或为闲民中的一种，即后世打短工者，与打长工者有别，属于季节性闲民。虽说以闲民为闲隙之民有可能缩小了"大宰九职"之闲民的范围，但闲隙之民无疑是存在的，前代学者多有忽视。毛应龙此说乃"发前人所未发"。

毛应龙还善于为比较长的职官职文分节。对于大宰之职文，毛应龙说："考大宰职首至以'富得民'又当分两节看。六典、八法、八则、八柄、八统是掌邦治之事，为一节；九职、九赋、九式、九贡、九两是制国用之事，为一节。上一节六典为要，其紧处在八统；下一节九式为要，其

---

① 毛应龙：《周官集传》，《景印文渊阁四库全书》第 95 册，第 765 页。
② 毛应龙：《周官集传》，《景印文渊阁四库全书》第 95 册，第 770 页。
③ 毛应龙：《周官集传》，《景印文渊阁四库全书》第 95 册，第 770 页。
④ 毛应龙：《周官集传》，《景印文渊阁四库全书》第 95 册，第 777 页。

紧处在九两。八统、九两皆归宿于民，民者邦本。”① 如此评点，简明扼要，颇有“点睛”之妙。

毛应龙在训诂和名物制度解说上也有一些创新。

《大宰》职文有“正月之吉，始和布治于邦国都鄙”一句，他认为：“始、和读连，下句正月者，以是月为十二月之长。和，如四方民大和会、百工播民和，《周书》常用此和字。”② 关于“和”字的训诂以及“和布”连读，启发了清代考据家王引之《经义述闻》对此句的解读。

《小宰》职文“以听官府之六计，弊群吏之治。一曰廉善，二曰廉能，三曰廉敬，四曰廉正，五曰廉法，六曰廉辨”中，“廉”字六连用，组成六个双音节词。毛应龙训“廉”字说：“廉，察也。”又说：“旧谓六事以廉洁为本，非也，岂有敬正而贪、能守法而不洁己者？弊群吏之治而云‘廉’，犹上文经邦治而云‘听’也。”③ 此解在郑玄说之外，另辟蹊径。此解可备一说。

然而毛应龙的训诂和名物制度解说的创新亮点虽然不少，却没有形成整体突破，也未能别开生面。其训诂未能完全摆脱王安石以随意联想会意解字的习气。例如《大司寇》职文有“以两造禁民讼”，毛应龙说：“讼者，言于公也。”④ 将形声字说成会意字。类似的情况也不在少数。

第四节 《周礼》义理学的余波

清代《周礼》学在知识学和致用学研究领域特色鲜明，硕果累累。《周礼》知识学表现为考据学的发达，《周礼》文献学研究、训诂学研究、名物制度研究名家辈出。但在义理学研究方面，清代《周礼》依然取得了一定的成就。万斯大的《周官辨非》、李光地的《周官笔记》开其端，李光坡的《周礼述注》、李钟伦的《周礼纂训》承其绪，同时将李光地之说发扬光大，并且增加了考据分量，是为“安溪三李”，俨然以《周礼》

① 毛应龙：《周官集传》，《景印文渊阁四库全书》第 95 册，第 776 页。
② 毛应龙：《周官集传》，《景印文渊阁四库全书》第 95 册，第 782 页。
③ 毛应龙：《周官集传》，《景印文渊阁四库全书》第 95 册，第 796 页。
④ 毛应龙：《周官集传》，《景印文渊阁四库全书》第 95 册，第 906 页。

为“家学”。此后，方苞尤得李光坡《周礼》学精髓，为清代《周礼》义理学一大家。清代义理学从宋代以史证经、以经说史转变为回归《周礼》“以为民极”总纲，学者关注的核心问题从富国强兵转变为轻赋敛、轻徭役、减轻底层人民的负担。《周礼》致用学曾用于《大清通礼》《皇朝礼器图式》的编撰，鸦片战争后，改革礼制成为《周礼》致用学的核心问题，代表作为孙诒让的《周礼政要》。这三个方面就成就而论，考据学无疑是最高的，我们将在后面两章予以分析。本章我们分析清初《周礼》义理学。不过，这已经不是清代《周礼》学的主流，而是宋明《周礼》义理学的余波。

一　万斯大的《周礼》质疑

清初《周礼》学在质疑和答疑中展开。对于《周礼》的质疑始于西汉武帝，到东汉，何休借汉武帝以《周礼》为“末世渎乱不验之书”，指斥《周礼》为“六国阴谋之书”，将《周礼》视为战国非儒家类著作。另外一位学者林孝存（即《郑志》中的临硕）著有《周礼难》，引来郑玄的反驳，以《答临孝存周礼难》予以回击。何休、林孝存以《周礼》为战国书，颇有见地。然而自郑玄以下，历代《周礼》学大师大多以《周礼》为周公所作。到宋代，疑者之疑集中于两点，即或疑《周礼》为周公所作，或辨《周礼》非儒家著作，乃至于有人提出刘歆伪造《周礼》说。信者信之，疑者疑之，清初《周礼》学就在质疑与反质疑中展开，代表作有万斯大的《周官辨非》、毛奇龄的《周礼问》。

（一）万斯大《周官》“四十七非”简述

万斯大《周官辨非》只有一卷，规模却相当于一部学术专著，类似于宋学中的“专题论派”。全书依据《周礼》原文的次序，提出“四十七非”。这“四十七非”可以归纳为两大主题：一是《周礼》非周公所作，二是《周礼》非儒家著作。重点在后者。万斯大此书以五经、《论语》、《孟子》为标准，“检测”《周礼》思想是否符合周礼，认为《周礼》非周礼，从而否定《周礼》的儒家性质。这种“辨伪”主要在思想史领域展开，重复宋人的观点，我们将这部书的性质判定为《周礼》义理学类著作。

万斯大在《序言》部分就从两个方面否定《周礼》。一是《左传》

史克称引先君周公制《周礼》曰“则以观德，德以处事，事以度功，功以食民”，今《周礼》不见此言。这是否定《周礼》为周公所作。二是《周礼》记载典章法则与五经、《论语》、《孟子》不同，因而是五经而非《周礼》。这是否定《周礼》为儒家著作。万斯大最后得出结论：“吾就其本文详析，多自相谬戾，弊害丛生，不可一日行于天下。”①

《周官辨非》正文部分有四十七条目，都是辨析《周礼》非“周礼”。我们将这“四十七非”集中编号列表如下：

表 7-1 “四十七非”分类

编号	所非内容	职官	类型
1	关市之赋	大宰	赋制
2	渔人有征	渔人	赋制
3	玩好	大府、玉府	赋制
4	阉人为上士	内小臣	官制
5	土圭法	大司徒	疆畿
6	公封疆五百里	大司徒	疆畿
7	乡官	大司徒	官制
8	徭役征用六十五岁民	乡大夫	赋制
9	祭祀红牛、黑牛混用	牧人	礼制
10	税率	载师	赋制
11	力征	均人	赋制
12	和难	调人	法制
13	奔者不禁	媒氏	礼制
14	男女无夫家者而会之	媒氏	礼制
15	男女之阴讼听之于胜国之社	媒氏	法制
16	征税	司市	赋制
17	掌成市之兵器	质人	官制
18	敛市布	廛人	赋制
19	屠者敛其丕角筋骨入玉府	廛人	赋制
20	敛总布	肆长	赋制
21	民之贷者以国服为之息	泉府	赋制
22	几出入不物者，正其货贿	司门	赋制
23	设司关一职	司关	官制

① 万斯大：《周官辨非》，《续修四库全书》第 78 册，第 403 页。

续表

编号	所非内容	职官	类型
24	授田制度	遂人	田制
25	沟洫法	遂人	田制
26	设山虞以下十三官	山虞等	官制
27	四时享先王说	大宗伯	礼制
28	“朝宗觐遇”四宾礼	大宗伯	礼制
29	子男挚璧	大宗伯	礼制
30	王之吉礼五冕	司服	礼制
31	世妇每宫卿二人	世妇	官制
32	内、外女有爵者任内、外宗	内宗、外宗	官制
33	外宗赞宗伯	外宗	礼制
34	死于兵者不入兆域	冢人	礼制
35	祭祀用玉路	巾车	礼制
36	王建太常以祀	巾车	礼制
37	九畿	大司马	疆畿
38	设大罗氏、射鸟氏、服不氏	大罗氏等	官制
39	马政	校人	官制
40	九服	职方氏	疆畿
41	两造法	大司寇	法制
42	遗失物充公	朝士	法制
43	五刑各五百	司刑	法制
44	设闽隶、夷隶、貉隶三官	闽隶等	官制
45	车裂刑	条狼氏	法制
46	设冥氏、庶氏、穴氏、翨氏、柞氏、薙氏、硩蔟氏、翦氏、赤犮氏、蝈氏、壶涿氏、庭氏官	冥氏等	官制
47	九服	大行人	疆畿

表7-1中的“赋制”是包括徭役在内的赋税制度；“官制”指《周礼》设官制度；“法制”即法律制度；“疆畿”是关于畿内畿外、邦国天下构成的观念。“赋制之非”即否定《周礼》中的经济制度，有十二条；“官制之非”有十一条，“礼制之非”有十一条，“疆畿之非”有五条，“法制之非”有六条，“田制之非”有两条。以下我们逐条予以简略辨析。

1. 赋制之非

以《春官》“大宰九赋”中的“关市之赋”为非。万斯大指出：周公、文、武无关市之赋，证据是《尚书·无逸》“以万民惟正之共”。引《孟子》“关讥而不征”“市廛而不征”“古之为关也，将以御暴；今之为关也，将以为暴”。万斯大出发点是好的，为底层人民说话。然而西周金文中多有征收关税的证据。如《兮甲盘铭》说：“南淮夷旧我帛亩人，毋敢不出其帛其积，其进人其贮，毋敢不即次、即市。”

以《渔人》有征、所征入于玉府为非。万斯大引《孟子》批评齐君唯利是图，赞扬文王川泽仁政，指出川泽有征起于战国，非周公所设。

以《大府》《玉府》两职有“玩好之用”为非。《尚书》就记载有西人献旅獒，越裳贡白雉，周公却而不受，以为玩物丧志。显然，“玩好”非周公所乐。《周礼》如果为周公所作，周公就不会制定这些“玩好”制度。

以《乡大夫》凡国野六十、六十五皆征为非。《乡大夫》说：“国中自七尺以及六十，野自六尺以及六十有五，皆征之。”与《孟子》《王制》等“五十养老”不合，为战国人所见之事，非宗周、成周旧法。

以《载师》税率为非。《载师》说：“凡任地，国宅无征，园廛二十而一，近郊十一，远郊二十而三，甸、稍、县、都皆无过十二。”万斯大综合了《孟子》等材料，指出西周征地税基本上不超过十分之一；而《载师》地税过重，除了近郊外，远郊以下都超过了十分之一。

以《均人》力征为非。《均人》说力征，根据年岁收成不同，分别旬用三日、二日、一日，与《王制》“不过三日”不合。①

以《司市》征税为非。《司市》说“国凶荒札丧则市无征”。可见正常年份有市征，与《孟子》所说相悖。《孟子》说：“市廛而不征。”

以《廛人》敛市布为非；以《肆长》敛其总布为非；以《廛人》“凡屠者敛其皮、角、筋、骨入于玉府”为非。万斯大以为这样做，是不

① 按《均人》力征三日、二日、一日。诸家理解各有不同。郑玄以旬为均。公均三日，公家平均三日。江永读本字，以“公均”为一词，孙诒让以“公均”为役要的一种称呼，是专有名词。江永以为力役以旬为计。三日之外，他役代之。而孙诒让以为三日之内役者自备口粮。三日之外，不来供役者出食支付继续服役者包括前三天在内的粮食作为报酬。具体方法有“均平之法”。见《周礼正义》，汪少华点校，第1198页。万斯大有可能以“公旬用三日”为用民十三日。笔者以为“旬用三日”当为计划一旬，实际上用民三天，以备突发事变。

留一毛于民，民何以乐生！征税太多，民无所措足。

以《司门》“几出入不物者，正其货贿”为非。万斯大以为，一个商人，市征之，关征之，门征之，入门征之，出门征之，所征太多，难以为商。

以《泉府》“凡民之贷者以国服为之息”为非，万斯大以为这些都是商贾中的贱人所为，王莽、王安石之祸来源于此说。

2. 疆畿之非

以《地官·大司徒》建国用“土圭之法”为非。万斯大以为周公没有使用此法。如果真以此法测量出“地中”，在“地中”建国，那么周公应当在阳城而非洛伊建设东都。

以《地官·大司徒》封疆规模为非。《大司徒》封疆公五百里，其余侯、伯、子、男分别封四百里、三百里、二百里、一百里，与《孟子》《王制》上限百里、下限五十里不合。

以《夏官·大司马》“九畿”、《秋官·大行人》的“九服”、《夏官·职方氏》的“九服”为非。万斯大指出传世文献只有五服，没有九服。《国语》祭公说“五服”与《禹贡》“五服”大同小异，并与《尚书·周官》“六年，五服一朝”合。在万斯大看来，《周礼》九畿、九服思想靠不住。万斯大以为周代无九畿，无九服，只有五服。

3. 官制之非

以《内小臣》用上士阉人为非。万斯大指出“惟名与器，不可以假人”。如果阉人为上士，那么真正的士、君子会羞与阉人为伍。

以《地官》乡官官僚队伍庞大为非。《周礼·地官》中，管理乡遂的官员队伍过于庞大。乡官中，以乡老为首，其构成，《地官·序官》说：

> 乡老，二乡则公一人。乡大夫，每乡卿一人。州长，每州中大夫一人。党正，每党下大夫一人。族师，每族上士一人。闾胥，每闾中士一人。比长，五家下士一人。①

---

① 贾公彦：《周礼注疏》，《十三经注疏》，第697页。

根据《大司徒》五家为比，五比为闾，四闾为族，五族为党，五党为州，五州为乡的构成，六乡有州长三十人，党正一百五十人，族师七百五十人，闾胥三千人，比长一万五千人。乡官下士合计一万八千余人。如果再加上与六乡一样多的六遂官员，乡遂系统官员就多达三四万人。

以设置司关一职为非。万斯大对地官设置司关一职务进行否定，直斥“此不以商视商，以贼视商”。

以《地官·质人》掌成市之兵器为非。《周礼》中的质人一官是市场交易管理官员。万斯大以为，周公作《周礼》，不当规定兵器在市场出售，因武王伐商，放马南山，载戢干戈，载櫜弓矢，示天下不再用兵。《王制》也提出“戎器不粥于市”。由此，万斯大提出：兵器在市场上出售，当为战国风气，可见《周礼》非周公所作。

以《内宗》《外宗》以女子有爵者充之为非。《周礼·春官》有内、外宗。“内宗，凡内女之有爵者。”“外宗，凡外女之有爵者。”万斯大指出《昏义》云“妇人无爵，从夫之爵”。

以《夏官·校人》的马政思想为非。万斯大对《周礼》马政进行了批评。按照《校人》所说，天子有马三千四百五十六匹，马官和相关管理人员有五千六百五十三人，人比马多。加上邦国、都鄙、大夫家都养马，养马多，伤国体。然而马政是封建时代军事强国的基础，在强国与息民之间，万斯大选择了后者。

以设置山虞以下十三官为非。万斯大对《周礼·地官》设置山虞、林衡、川衡、泽虞、迹人、矿人、角人、羽人、张葛、掌染草、掌炭、掌涂、掌蜃十三官提出批评：“民生其间，真一步不可行。”

以春官世妇一职以卿二人为之为非。万斯大以为西周历史上卿十分重要，卿出则为诸侯；诸侯入则为王朝卿，数量极其有限。《周礼》天官有世妇，似主内；春官世妇似主外，内外混置。①

以《秋官》设冥氏以下与鸟兽有关的官职为非。万斯大以为此为“语怪”者，非周公意。

---

① 按：郑玄以世妇以士为之；贾公彦也暗引《昏义》为二十七世妇，相当于十二小卿。孙诒让并以为误。以此世妇为外命妇充当；以天官世妇为内命妇充当，并为妇人。

以《秋官》设置闽隶、夷隶、貉隶“三隶”为非，以为“三隶”应被役，却反而为官，不利民生，形同儿戏。

以《周礼·夏官》设服不氏、射鸟氏、大罗氏三官为非。这是养猛禽、猛兽与召公诫武王“珍禽奇兽不育于国”不合。

4. 礼制之非

以《地官·牧人》祭祀用红牛也用黑牛为非。《郊特牲》《檀弓》等文献显示，周人祭祀唯用红牛。

以地官《媒氏》“奔者不禁”“男女无夫家者而会之”为非。万斯大以为这两条伤风败俗，不应为周公所制定。

以《大宗伯》“以祠春享先王，以礿夏享先王，以尝秋享先王，以烝冬享先王”为非。《王制》的四时之祭是春礿、夏禘、秋尝、冬烝。万斯大以为《大宗伯》四时祭抄自《诗经·小雅·天保》。万斯大以《天保》为武王诗，此时天子礼尚未建立，用的是诸侯礼。

以《大宗伯》朝、宗、觐、遇四宾礼为非。《周礼·大宗伯》说诸侯朝见天子之礼，春见朝，夏见宗，秋见觐，冬见遇。《礼记·曲礼》则说天子当依而立、诸侯北面而见天子曰“觐”。天子当宁而立，诸公东面、诸侯西面曰“朝”。万斯大以为“朝”，天子、诸侯通用之，诸侯见天子、诸侯相见均可称朝。“觐”仅仅用于诸侯拜天子。朝，天子当路寝之宁，诸侯北面；觐，天子当宗庙之依，诸侯东西面。至于宗，诸侯无宗天子之礼，作《周礼》者见《禹贡》有“朝宗”而用之。遇，诸侯不期而遇之礼，天子无之。

以《大宗伯》六瑞玉说为非。《大宗伯》说：“以玉作六瑞，以等邦国。王执镇圭，公执桓圭，侯执信圭，伯执躬圭，子执谷璧，男执蒲璧。”其中子男执璧，万斯大不赞成。证据有三：其一，《礼记·曲礼下》说：“凡挚，天子鬯，诸侯圭，卿羔，大夫雁，士雉，庶人之挚匹；童子委挚而退。野外军中无挚，以缨、拾、矢可也。妇人之挚，椇榛、脯修、枣栗。”其二，《礼记·杂记》引《赞大行》曰：“圭，公九寸，侯、伯七寸，子、男五寸；博三寸，厚三寸，剡上左右各寸半，玉也。藻，三采六等。”这两条都说诸侯用圭，没有子男用璧之说。其三，《考工记·玉人》故书或云“命圭五寸谓之躬圭”，五寸之圭当即子男之挚玉。《玉人》

载有九寸、七寸之公、侯伯之圭，不见五寸圭、子男圭，则五寸圭当为子男圭。

以《司服》所记服制为非。《周礼·春官·司服》说："王之吉服，祀昊天上帝，则服大裘而冕，祀五帝亦如之；享先王，则衮冕；享先公、飨、射，则鷩冕；祀四望山川，则毳冕；祭社稷、五祀，则希冕；祭群小祀，则玄冕。"万斯大以为天子凡祭祀皆服衮冕，无鷩冕、毳冕、希冕、玄冕。《礼记·礼器》说："礼有以文为贵者。天子龙衮，诸侯黼，大夫黻，士玄衣纁裳。天子之冕，朱绿藻，十有二旒。"《礼记·郊特牲》："王被衮以象天。"《礼记·玉藻》："天子龙衮以祭。"可见天子用衮，或称龙衮。而《司服》称天子祀昊天上帝服大裘而冕，无文献证据。至于诸侯所服，称裨冕，见于《觐礼》"侯氏裨冕释币于祢"。

以《周礼·春官·冢人》"凡死于兵者不入兆域"为非。万斯大列举《左传》多个死于兵的烈士例子反驳此说。

以《巾车》"祀以玉路"为非。《周礼·春官·巾车》，一曰玉路以祀。然而《郊特牲》等文献称祭天用木路。

以《巾车》"王建太常以祀"为非。《郊特牲》《明堂位》均说天子祭祀建旂，非建常。

以外宗赞宗伯为非。《周礼·春官·外宗》："凡王后之献，亦如是。王后不与，则赞宗伯。"万斯大指出，外宗为王诸姑姊妹之子。赞宗伯，外小臣可也，安得用女人！

5. 法制之非

以《调人》"和难"为非。万斯大以为"仇"则为故意杀人，不是过失杀人，调人不应当脱离正常的法制渠道而通过调解来解决。万斯大以为《周礼》的撰者将春秋战国君亲被杀的处理方法用作《周官·调人》职文，此分析可谓中的。

以《媒氏》"男女之阴讼听之于胜国之社"为非。这是万斯大"《媒氏》三非"之一。

以《大司寇》"两造法"为非。此说源自黄震。《周礼·秋官·大司寇》有"两造法"：诉讼双方先缴纳束矢钧金，然后诉讼程序才正式开启。万斯大引吴氏说，怀疑此法为官吏获取诉讼费所利用。万斯大又评"拘儒"

穷人达肺石、富人纳束矢说，质疑此法即“未问曲直，先问贫富”。

以《秋官·朝士》有处置遗失财物的规定为非。依《朝士》之说，人们发现被人遗失的财物，十天后无人认领，那么大财物归公，小财物归于发现者私人。万斯大以为圣人治国，路不拾遗。周公撰写《周礼》，怎么会规定遗失之物的处理办法？并且大者归公也不恰当。

以《秋官·司刑》五刑各五百为非。万斯大将《司刑》与《吕刑》比较，指出《司刑》所说与《大司寇》“刑新国用轻典”不符。

以《秋官·条狼氏》“誓驭曰车轘”为非。此说源自王应麟。万斯大以为此“车轘”即车裂之刑，非周公所用，乃春秋战国之刑。

6. 田制之非

以《地官·遂人》授田法为非。《遂人》说：“辨其野之土，上地、中地、下地，以颁田里。上地，夫一廛，田百亩，莱五十亩，余夫亦如之。中地，夫一廛，田百亩，莱百亩，余夫亦如之。下地，夫一廛，田百亩，莱二百亩，余夫亦如之。”针对这种授田法，万斯大指出：《周礼》在都鄙实行“井牧法”，以九为数，即《小司徒》“九夫为井”的井田法，与《小司徒》所说的“九夫为井，四井为邑，四邑为丘，四丘为甸，四甸为县，四县为都”相配合。在乡遂，授田法则不同，以五为数，以“比”“邻”为起点，行《遂人》“十夫有沟，沟上有畛；百夫有洫，洫上有涂”的沟洫法，此两法与《孟子》不合。《孟子》言周制必说“百亩而彻”，又说“乡田同井”，可见《孟子》以为周制中乡遂也实行井田法。万斯大算了一笔账，六乡共有三千六百万亩，除去三分之一不可耕，有两千四百万亩。六乡民众七万五千家。按照《遂人》上、中、下三等地平均出授田数，三夫授田六百五十亩，当去一千六百二十五万亩，余七百五十万亩。如果余夫一家一个，则缺少八百五十万亩。这还未将六乡官田、士田、宅田计算在内。结论是《周礼》乡遂沟洫制不可靠。

关于授田法，万斯大依据《王制》方百里得田九百万亩计算，在理论上是正确的。然而《周礼·遂人》三等地授田法只是指导性的授田方法，天下之地，很难说三等地平均分布。而《周礼·遂人》乡遂授田法、《大司徒》都鄙授田法即中华民族“耕者有其田”思想的源头。三等之田体现了先进的轮休耕作法，农业耕作思想对于中华民族长期领先于世界功不可没。

以《地官·遂人》沟洫法为非。《遂人》说："凡治野，夫间有遂，遂上有径；十夫有沟，沟上有畛；百夫有洫，洫上有涂；千夫有浍，浍上有道；万夫有川，川上有路，以达于畿。"但是《考工记·匠人》说："耜广五寸，二耜为耦。一耦之伐，广尺，深尺，谓之甽。田首倍之，广二尺，深二尺，谓之遂。九夫为井，井间广四尺，深四尺，谓之沟。方十里为成，成间广八尺，深八尺，谓之洫。方百里为同，同间广二寻，深二仞，谓之浍。专达于川，各载其名。"万斯大将《考工记·匠人》与《遂人》做了比较，发现《匠人》以九夫为起点，与井田制合。《遂人》以十夫为起点，与井田制不合。万斯大以为《遂人》袭《匠人》为之。而郑玄以《遂人》为六遂沟洫法，以《匠人》为畿内采地沟洫法，乃至《匠人》注以为畿内用贡法，邦国用助法。此外朱熹以周之彻法，乡遂用贡法，十夫有沟；都鄙用助法，八家同井。郑玄、朱熹都是强合两书。万斯大指出，沟洫法不当殷周有别，更不当乡遂、都鄙有别。周用井田法，九夫为井。《诗经·小雅·大田》"雨我公田，遂及我私"，公田在私田之中，十一而税，私田即公田。

（二）万斯大《周官》"四十七非"评析

万斯大《周官辨非》是古典时代"《周礼》非经说"代表性著作，也是古典《周礼》学史上质疑《周礼》的集大成之作。这部书对于《周礼》的否定有两点：一是否定《周礼》为周公所作；二是全面否定《周礼》的价值。在《序言》部分万斯大就指出《周礼》绝对不能用，在具体的"四十七非"中，更对《周礼》的经济思想、法律思想、礼治思想、天下治理思想进行了全面的否定。他的"四十七非"，有正有误。这些"非议"对《周礼》一书产生了负面影响，但在《周礼》学史上是有所贡献的。

万斯大否定《周礼》为周公所作，其说具有一定的价值。

《秋官·条狼氏》有"誓驭曰车轘"。万斯大指出，车裂之刑见于春秋之后，以秦最为酷烈，必非周公所制。这种认识也是有意义的。万斯大指出《条狼氏》"车裂之刑"出自春秋以后，透露出《周礼》刑罚思想受到春秋战国刑制影响的事实，由此可以判断此书不早于春秋。此说为判断《周礼》成书年代提供了一个佐证。

万斯大指出《匠人》与《周礼》不是一本书，不应当强合《遂人》《匠人》，这是真知灼见。《周礼·遂人》所说确实不是“正宗”的井田法。原来的九夫为井，是九家合作耕种一百亩公田之外，各自耕种各自的“一夫百亩”私田。到《遂人》，没有百亩公田，将公田直接授予农夫。从九夫为井变成十夫为井，那是因为遂人之井着眼于水利和交通，将用于排水的遂、沟和用于走路的径、畛也算进去了，十夫之中，有九夫之地是农田。井制大小不变，责任变了。不必合作耕种公田，赋税直接从九夫中征收，类似于我国农村“联产承包责任制”，这是一种进步。从原始农业共产主义的全部公田到九夫为井的井田制，公占十分之一，私占十分之九，这是一次伟大改革。万斯大没有弄懂井田沟洫法的实际情况，所非的前提就错了。①

万斯大本书最大的价值在于“四十七非”中体现的保民、安民、利民思想。他批评《周礼》中关市征税频繁、视商人为罪人的关市管理思想，批评《周礼》中赋税、徭役过重的“用民”思想，批评《周礼》五刑各五百的“重刑”思想，还批评《周礼》设官过多的劳民伤财思想，这些都是很有意义的，显示了清代《周礼》义理学所关注的问题发生了重大转变：不同于宋代《周礼》义理学，特别是王安石派义理学，从发掘《周礼》如何致政理财转变为如何避免人民负担过重。

然而万斯大《周官辨非》存在比较严重的学理缺陷：以儒家理想主义看待周公和《周礼》一书。万斯大真的以周公为圣人，那么周公制礼作乐所产生的文本必定是“圣书”，不可能为贵族“玩好”留下空间，由此有对《周礼》玉府、大府两职官负责供应“玩好”职能的批评。实际上历代王朝都有“玩好”开支，关键在于对“玩好”的规范和节制，防止出现北宋“花石纲”这样的极端“玩好”。

《周礼》职官体系中，朝廷行政官员卿有六人。但在春官系统中安排

---

① 按：我们认为《周礼》中的井田与沟洫是一个问题的两个方面。井田将农田整治、水利与排涝、道路交通综合为一体，所有的井田必有沟洫。相关问题我们将在《小宰六联通解》一书中论证。这里还是采用传统的说法。

了不属于朝廷行政体系的“世妇”多达十二人。① 万斯大以此为非。然而《周礼》非实录，如此安排体现了编撰者的思想，《周礼》的设计者更看重王朝后宫治理，这与《毛诗》重“内治”、《大学》重“齐家”是一致的。

《大司马》等职文有“九服”“九畿”，万斯大通过比较发现，传世文献关于西周疆域只有五服观念，由此判断《周礼》九服、九畿思想非西周所有。九畿为《周礼》作者的“边疆治理”思想，体现了其“天下治理”的观念，其范围远远超过了西周管理的区域，反映了战国时代人们对即将到来的“大一统时代”海内一统的向往。以“九畿”非西周实际是正确的，而以“九畿说”非儒家思想则误。因“九畿”所体现的天下一家、协和万邦思想正是儒家所倡导的。

万斯大质疑服不氏、射鸟氏、大罗氏三官设置的必要性。传世文献虽有召公戒武王“犬马非其土性不畜，珍禽奇兽不育于国”之说，然万斯大的批评属于道德批评，而以上三职官传统源远流长，非后人所能伪造。

万斯大以《大宗伯》四时祭抄自《诗经·小雅·天保》。然而《毛诗序》未有此说。《天保》作于周武王时期虽有可能，但说是诸侯礼却是错误的。周初武王时期的《天亡簋铭》就记载了周武王祭祀上帝之礼。显然，周武王征服商朝后，完全有条件“因殷礼”。

万斯大质疑《周礼》封疆之制与《孟子》不合。但无论《王制》《孟子》的五十里起点还是《大司徒》的百里起点，都是理论上的。实际上分封必然考虑封地的具体情况，并且以治理效能最佳化为目标。周武王以“道里均”为建造洛邑理由才是实际情况。可见《周礼》职官制度为未来而设计。《孟子》《王制》也是为未来设计，都不是实际情况的反映。

万斯大质疑《媒氏》等三职官，但所非三条职文反映的风俗十分古老。自从19世纪文化人类学兴起后，学术界对这些现代人难以接受的风俗才有了比较科学的认识。可见《媒氏》所说，后世人是伪造不出来的，《周礼》必有本；万斯大讥其不伦，也是儒生之见。

万斯大对《秋官·朝士》处理遗失物品办法的批评过于理想化。说周公治国，路不拾遗。此说显然不可能出现。周公辅佐成王时期，出现了

① 孙诒让：《周礼正义》，汪少华点校，第63页，又见第1516页。

商周贵族大规模反叛事件，西周几近崩溃，情况比“路有拾遗”严重得多。

儒家道德批评在政治伦理领域是有价值的，然而在学术领域不可避免地存在学术风险，那就是理想与现实不符。万斯大提出西周无沟洫法，只有井田法。然而西周青铜器铭文显示西周确实有沟洫制度，如《五祀卫鼎铭》：

> 唯正月初吉庚戌，卫以邦君厉告于邢伯、伯邑父、定伯、𣄨伯、伯俗父，曰：“厉曰：‘余执恭王恤功，于昭大室东逆营二川。’曰：‘余舍汝田五田。’”正乃讯厉曰：“汝贮田不?”厉乃许曰：“余审贮田五田。”邢伯、伯邑父、定伯、𣄨伯、伯俗父乃顜，使厉誓。乃命三有司：司徒邑人逋、司马叐人邦、司工附矩、内史友寺刍帅履裘卫厉田四田，乃舍寓于厥邑，厥逆疆眔厉田，厥东疆眔散田，厥南疆眔散田，眔政父田，厥西疆眔厉田。邦君厉眔付裘卫田。厉淑子夙、厉有司申季、庆癸、豩褭、井人敢、邢人㒼屖、卫小子逆其飨送。卫用作朕文考宝鼎，卫其万年永宝用。唯王五祀。(《集成》2832)

《五祀卫鼎铭》中，邦君厉“执恭王恤功”即为周恭王的恤功官，负责沟洫之事，这才有铭文中“于昭大室东逆营二川”之事，即邦君厉负责在召王庙东北方营造了二川。根据《周礼·地官·遂人》“万夫有川”，二川则为二万夫规模的沟洫。在这次营造二川的水利建设中征用了贵族裘卫的土地，邦君厉在征用土地时应允给予裘卫五田的补偿。这个“五田”值得注意。根据《地官·遂人》，在都鄙实行井田法，井田法以九夫为起点，以四井为基数：“九夫为井，四井为邑，四邑为丘，四丘为甸，四甸为县，四县为都。”沟洫法用于乡遂，以十夫为起点，以十为基数，百、千至万。五田之五是十的半数，二川以十为基数。显然《五祀卫鼎铭》反映的是乡遂沟洫法。

万斯大批评《大司寇》“两造法”，也属于道德批评。西周金文中常见周王册命官员的同时又有取多少诉讼费的规定。著名的《毛公鼎铭》记载毛公在被周王“命汝亟一方”的同时还被授予“取徵卅锊”的行政诉讼收费权力。西周中期的《扬簋铭》（《集成》4294）说："赐汝赤雍市、銮旂，允讼取徵五锊。"显然，这是诉讼收费标准。西周中期的《曶鼎铭》（《集成》2838）记载了一个人口交易诉讼案。原告提出被告必须归还"矢五秉"的要求，类似于今天要求诉讼费由被告方缴纳一样。可见《周礼·大司寇》"两造法"规定诉讼双方同时缴纳"束矢"并非空穴来风。

从儒家伦理道德角度看待《周礼》设官，对于那些与民俗关系极大的职官，万斯大均持怀疑甚至否定意见，然而，此类职官古老。例如对《地官·媒氏》的批评，万斯大的"《媒氏》三非"都是错误的。"奔者不禁"，显然不符合儒家的婚姻之礼思想；令"男女无夫家者而会之"更是让"文明人"难以启齿。但中外民俗学和文化人类学研究表明，世界上的许多民族都曾经有此风俗。《周礼》作者为这一古老风俗留下一席之地，显示其具有深刻的思考。至于"男女之阴讼听之于胜国之社"极有可能隐含了上古中华的"文化密码"。

万斯大对《周礼》"四十七非"的依据除了儒家道德伦理思想外，也有文献依据，即五经文献和《孟子》。然而孟子生活在战国时代，万斯大引用频率颇高的《王制》也是战国时代的文献。这些文献大多不是西周早期的产物。万斯大否定周公使用"土圭之法"营建成周。说"土圭之法"非周公所用，或许正确；但"土圭之法"是古代中国的"经验科学"，意义重大。《周礼》"建国求地中"的信念是中华"正统论"中"地缘正统"的理论支柱，不可小觑。万斯大并没有从义理学方面认识到这一价值。

万斯大《周官辨非》是宋元以来"《周礼》质疑派"最为系统的集成之作。万斯大之后，清代《周礼》学研究者逐渐放弃了对《周礼》的伦理道德式批评，将精力放在名物制度研究上，清代《周礼》学研究水平逐渐提升，最终达到古典时期《周礼》学研究的顶峰。

二　毛奇龄的《周礼》答疑

毛奇龄《周礼问》是一部问答体学术专著。此书分为两卷：第一卷六问六答，第二卷七问七答，合计十三问答。实际上"十三问"为"十三答”而设，重在答而非问。因此毛奇龄这《周礼》“十三问答”实为“《周礼》十三解”。

（一）《周礼》撰写年代答疑

前三问三答都是围绕《周礼》写作时代展开的。第一答是解《周礼》为什么非刘歆伪作。宋人胡宏等以《周礼》为西汉刘歆伪作，此为《周礼》学史上比较极端的命题。毛奇龄也不赞成《周礼》为周公所作说，在《周礼》作者所处年代这个问题上，他赞同东汉何休的“战国说”。他的这个观点让主张“周公所作说”者难以接受，被《四库全书总目提要》作者批评为“阳虽翼之，阴实攻之矣”。但在今天看来，毛奇龄所持才是实事求是的学术态度。主要证据是《汉书·景十三王传》和《汉书·艺文志》。这一“传”一“志”记载汉武帝时河间献王献《周官》。到成帝时刘向校书，发得《周官》《古文尚书》《左氏春秋》诸书，最后刘歆列之于《七略》。①

第二问是对第一答的追问：焉知《景十三王传》《艺文志》采自刘歆《七略》？毛奇龄第二答采用了常情推理法和文献佐证法。假设刘歆预先伪造古文经、传、记，那么这些经传规模庞大，要想骗过当时学者，不可想象。而《汉书·艺文志》明确记载六国人所传《窦公》篇即《周礼·大司乐》章，可见《周官》造于六国。② 平心而论，毛奇龄常情推理法并没有将刘歆不能伪造经传之情说透；至于利用《艺文志》所记汉文帝“得魏文侯乐工窦公”③ 这一事实，主张伪造说者可以反驳：刘歆正是利用《窦公》等伪造《周官》。第三问由弥补此失而起。

第三问是窦公之说恐为刘歆同时代人桓谭《新论》伪造。桓谭《新论》记载一百八十余岁的窦公见汉文帝事情，荒诞不经。毛奇龄另辟路径，用四项事实予以证明。一是河间献王与毛生采《周官》作《乐记》二十四篇，与《乐记》二十三篇不同。说明《窦公》在河间献王之前就存在，可见非桓谭伪造。二是东汉林孝存以为武帝知《周官》为“末世

---

① 毛奇龄：《周礼问》，《续修四库全书》第 78 册，第 383 页。

② 毛奇龄：《周礼问》，《续修四库全书》第 78 册，第 383—384 页。

③ 按：《汉志》此文当有遗漏。魏文侯时期人物不可能活到汉文帝时期，前人已经指出。我们推测，此句当为“得魏文侯乐工窦公所传《窦公》篇”。

读乱不验之书”，则汉武帝时有此书。三是刘歆表彰古文，非阿谀王莽；阿谀王莽者所作劝进表所用《金縢》《大诰》为今文。四是平帝四年征召通《周官》者，王莽母其年尚在，刘歆不可预先作《周官》以应对王母丧。①

通过以上三问三答，刘歆等伪造《周礼》说基本上被证伪。

(二)《周礼》设官答疑

第四、五、六、七、八项问答均可归结为《周礼》设官的合理性问题。第四项问答是关于《周礼》六卿设置问题。所问欲表达的指向是《周礼》六卿制度非古制，系伪造。毛奇龄所答包含十多条证据，包括《周礼》以《尚书·周官》为根柢；《甘誓》有“乃召六卿”；《甘誓》孔安国注“六卿”引《周礼》文，以为天子六军，军将皆命卿，宋人蔡沈《尚书集注》以六卿为六乡之卿，盖每乡一人，平时属司徒，战时属司马；《尧典》禹作百揆即作冢宰，伯夷作秩宗即作宗伯，皋陶作士即作司寇；《大戴礼记·盛德》有六官如六辔之喻，在刘歆、梅赜之前；《顾命》三公领三卿，芮伯、彤伯、康侯为另外三卿；等等。②

毛奇龄的解答没有多少新见解，其中的主要观点，唐人贾公彦《序周礼废兴》已经包含。毛奇龄此答还有一个缺陷，就是以东晋伪《古文尚书》为真《古文尚书》，影响了解说的可靠性。不过本项解答与贾公彦所说差不多，大体上是可以成立的，那就是《周礼》六卿制度有悠久的传统是不可争辩的事实。在这一答中，毛奇龄承认《周礼》作于战国时代。

第五项问答解决《周礼·冬官》空缺的“负面”猜想：《周礼》职官设置体系中，以司徒为地官，致使司空虚一。此说是明清时代颇有影响力的说法。《冬官》的缺失，让疑《周礼》者浮想联翩。以为《地官》设置失当，抢占了《冬官》的位置，致使《冬官》编不下去。毛奇龄从三个方面对这个“虚一”之问进行了解答。

第一是提出以四时名官传统源远流长。天地四时官名，一见于《楚

---

① 毛奇龄：《周礼问》，《续修四库全书》第78册，第384—385页。
② 毛奇龄：《周礼问》，《续修四库全书》第78册，第385—388页。

语》重黎，二见于《左传》蔡墨论官，三见于《左传》郯子论官。《左传》记蔡墨论五行官，有四时官。《左传》郯子论官，以为黄帝以云纪官，炎帝以火，共工以木，太皞以龙，少皞以鸟。服虔注以为皆有四时官。

第二是主张司徒与司空共官土职。毛奇龄举“宣王料民太原”“宣王不籍千亩”“洪范八政”等文献所及司徒官都与食货有关。《诗经·大雅·绵》记古公亶父从豳迁都周原，建立家室，所召职官司空与司徒连举。

第三是批评俞庭椿《周礼复古编》从《地官》中抽出部分职官归之于《冬官》之举荒谬；论证陈深、董仲舒提出的“冬官无实职说”实为误解。①

以四时名官，源自人类社会的神话时代。中华文化中的重黎“绝地天通”更是一场伟大的社会制度建设的神话化，《尚书·吕刑》记载了这则神话。此后儒家继承了这一传统，论职官起源必引重黎事迹。毛奇龄在不利用殷商甲骨文、西周金文的情况下，能将四时名官论证到这个地步已属不易。商周金文中，“司徒”“司空”分别写作“司土”“司工”。司徒为地官无疑。而人民依附土地以存，土地依靠人民而耕耘，人民与土地紧密相连，故司徒之官写作“司土”、写作“司徒”，自有其义。司空所领，为手工业者，这些人被称为“工”，是那个时代制造业从业人员。《周礼·天官·序官》说：“六曰事典，以富邦国，以任百官，以生万民。”事典为司空所掌，其事可富邦国，可生养万民。又农耕时代以种植业为主，手工制造业自然为“副业”。从秋收到春耕之间，空出一个冬季，为农业“空闲期”，正是从事手工业的黄金期，因而司空称“司空”，称冬官。在西周金文中，司徒、司马、司空被称为“三有司”，司徒、司空常有官联而并举，毛奇龄第二个方面的论证确实有新意。

第六问提出宰夫、膳夫、庖人三职官设置不当：膳夫位不当尊；膳夫、宰夫古籍常混；庖人与膳夫职务交叉乱职。可以说毛奇龄所设此问颇有深度，这几条是当时质疑《周礼》者常用于攻击《周礼》的“利器”。

---

① 毛奇龄：《周礼问》，《续修四库全书》第78册，第389—390页。

毛奇龄对此三说进行了证谬。关于膳夫“位不当尊”，毛奇龄引《诗经·云汉》的“疚哉冢宰，膳夫左右”、《十月之交》的“家伯冢宰，仲允膳夫”为证，说明膳夫地位尊，常在冢宰侧。又引《国语》所记藉田礼，指出：藉田之典，一曰“膳夫农正”一曰“膳夫赞王”，可见膳夫之尊。①

关于“膳夫、宰夫古籍常混”之说，毛奇龄提出自己的两个发现。第一个发现是《春秋》中出现宰夫，凡属于士一级的人物，《春秋》称名，如宰咺、宰渠伯纠等；凡属于大夫以上的人物，称爵、称官，如“宰周公”即东周王朝的大宰。第二个发现是宰夫称宰，而膳夫则称膳宰。因均称宰，故膳宰有时候也可以称膳夫。② 毛奇龄的这两个发现可以说是清代初期《周礼》学研究的创获之一。后来，清代学者发现，凡大宰官署的职官均可称宰，在毛奇龄说基础上又进一步。

对于“庖人与膳夫职务交叉乱职”的指责，毛奇龄引《孟子》有“庖人继肉，廪人继粟”，此两官见于《周礼》，可见此两官是当时实际存在的职官，两职有所交叉，不足为奇。毛奇龄还以自己当年在湖西讲会，见宣城高阮怀与山阴张南士关于瞽蒙之争为例，提出人读经不能执于一端。实际上毛奇龄只要用“大宰八法”的官联法就可以解释庖人与膳夫职务交叉之疑。不过清初《周礼》学还没有发展到这个水平。

第七问是关于《周礼》职官职能是否重复问题。此问提出地官中牧人、牛人均养牛，职能重复；夏官中有校人管理牲口，不当再设圉人一职；春官中有郁人，又有鬯人，均造液体香料，职能重复；天官中有兽医医治牲畜，不当在夏官中再设一巫马以医治病马。以上疑问看似有理实则未能深究经文，因而毛奇龄根据各职官职文作解答也就不难了。除了用本经证本经，毛奇龄还利用其他资料，如《檀弓》中有圉人浴马，则圉人专职马事；《国语》中有郁人荐鬯，乃祭祀兼事；《论语》有巫马期，巫马专职治疗马匹，古人以官为氏。③

宋元以来攻击《周礼》最多的是认为《周礼》所设职官太多。这第

① 毛奇龄：《周礼问》，《续修四库全书》第78册，第390—391页。
② 毛奇龄：《周礼问》，《续修四库全书》第78册，第390页。
③ 毛奇龄：《周礼问》，《续修四库全书》第78册，第392页。

七问也提出这样的疑问：按照《小宰》职文，六官所属各有六十官，总为三百六十官，而现存五官已经达到三百四十九官，如果再加上冬官系统的六十官，则超过四百官，《周礼》六官各六十之说也就不成立。毛奇龄的解答出人意料：他以为前人以六官各有属官六十的算法是对《天官·小宰》的误读。《周礼·小宰》"六官之属"说的不是天地四时六系统的官员，而是六卿官署中的办事人员。六卿官署均为一卿、二中大夫，此六卿、十二中大夫不在三百六十官属之列。以每卿官署四下大夫、八上士、十六中士、三十二下士计算，正好六十人。如此解释"其属六十"确实别出心裁，颇为独特。虽说是"新见"，也只是巧妙的新说，仅为一家之言。六卿不算在六十人之列还好说，他们是六官首长，但小宰二人、小司徒二人、小宗伯二人、小司马二人、小司寇二人、小司空二人显然是六卿各自的下属，不算在内理由不充分。况且《小宰》职文说："一曰天官，其属六十，掌邦治，大事则从其长，小事则专达。"其中"大事则从其长，小事则专达"重复了六次。三十二名下士是否有"小事专达"的权力，值得怀疑。

毛奇龄还提出《周礼》设官中有六种特殊情况：有兼者，有摄者，有一设即已者，有一设不再设者，有时而设、时而不设者，有但有其名而全不设者。再加上有其岗位却不到位的官员，《周礼》实际官员数并没有那么多。这也是毛奇龄的创见，体现了他的《周礼》研究具有了一定的深度。①

第八问是关于人民与官员的比例不合理问题。按照《周礼》经文，很容易得出以乡遂十五万家人民供养王朝三十万官员的结论。这也是自北宋欧阳修以来质疑《周礼》最有力的证据。毛奇龄既然敢于将这个问题拎出来，确实具有相当的学术自信。作为王朝官员，六官官员总数见于各官序官，数量基本确定，并非如问者所言，多达三十万人。其中最不确定的是乡遂官员数。乡遂加起来，共有三四万官员。这些乡遂官在《周礼》中没有配置属官和府、史、胥、徒等"庶人在官者"，即这些乡遂职官没有自己的"办公室"，可见他们与在朝之官不同。毛奇龄指出，这些官员

① 毛奇龄：《周礼问》，《续修四库全书》第78册，第392—393页。

称大夫、称士，多为通称，并非实质上的大夫、士。如邑宰、县长通称大夫，非真大夫。士为庶人在官者，地位不如六官官署之士，犹如宗伯之神士，食禄低，甚至有不食禄者。① 毛奇龄的解答思路，方向是正确的，但限于问答体，未能充分展开。更加细致的分析，要到乾嘉学派兴起。

（三）《周礼》封国及其他制度答疑

第九问是关于《周礼》封地制度与《孟子》《王制》等不合，因而不可信。毛奇龄解答说：郑玄以《武成》《孟子》《王制》公侯百里、伯七十里、子男五十里为殷制度，与《左传》天子一圻、列国一同相左，非《周礼》原义。《周礼》以诸公之地五百里，侯四百里，伯三百里，子二百里，男一百里，乃是最高限制。假若有新封者必须赐国，有大功者必须益地，则不能限以百里。然不必都是五百里、四百里。上限公不过五百里，侯不过四百里，伯不过三百里。这就是“封国上限说”。毛奇龄将《周礼》封国规定理解为最高限制，而不是最低限制，颇有新见。然而毛奇龄既然主张《周礼》成书于战国，也就不是为西周、东周王朝所作，其封国之制一定考虑了战国时期列国的实际情况。因而毛奇龄答疑也就不必一定要遵循《孟子》《王制》封国之说，强为之解说，以调和《孟子》《王制》之说。

第十问推出《周礼》学史上三个著名的质疑命题：一是胡宏之说，以为王赞同姓诸侯，后杂出其间，不能体现男女之别；二是王应麟以《秋官·条狼氏》有“誓驭曰车轘”为车裂之刑，车裂为秦法；三是黄震以钧金束矢先入而后听讼，是乱世的诉讼。

对于第一质疑，毛奇龄引用《坊记》“子云礼非祭，男女不交爵”的典故。这项规定的背后是阳侯杀穆侯而窃其夫人的教训，因而西周原来的大飨礼中夫人之礼废。《周礼》反映的是西周情况，其事在阳侯杀穆侯之前，故有王赞同姓诸侯，王后参与之事。②

对于王应麟的责难，毛奇龄指出《左传》记载春秋轘刑多有，非独秦有；而《甘誓》还有族刑，更加残酷。

---

① 毛奇龄：《周礼问》，《续修四库全书》第 78 册，第 394—395 页。

② 毛奇龄：《周礼问》，《续修四库全书》第 78 册，第 397 页。

至于黄震以诉讼双方先缴纳钧金束矢然后听讼，并不是主张法官多收贿赂，聚敛钱财，而是为了禁讼——减少诉讼的一项措施。① 毛奇龄在未见西周金文的情况下能做如此解，可见他的研究确实深得《周礼》之旨。其实诉讼双方先缴纳钧金束矢是中华法的一大创造，西周金文多有反映。

第十一问以为三百六十官尽属六卿，天子无臣。这个问题实际上属于狡辩，水平不高。六卿即天子之臣，六卿之属只不过以六卿为"领头人"，并为天子之臣。《周礼》设计的六卿看似"高、大、上"，实为"务实者"，即官僚中的执行官。《周礼》中还有三公、三孤，所谓"坐而论道"的官僚，他们是"务虚者"，是真正的决策官和"顶层设计"官。

第十二问以为林孝存《十论》《七难》不传，因而难以判断郑、林孰是孰非。这也是一个水平不高的质疑，也属于狡辩一类。毛奇龄利用贾疏《女巫》记载的一则林孝存难女巫歌哭的例子说明此人的学术水平。林孝存主张"歌则乐，哭则悲，不得悲喜无常"。然而《周易·中孚》就有"或泣或歌"。《礼记·檀弓》也有晋献文子"歌于斯，哭于斯，聚国族于斯"之说。可见林孝存之难低俗。②

第十三问以为《易》《诗》《书》引三礼者不见有引《周礼》。这也是比较低级的质疑，犯了读书不广的毛病。毛奇龄指出，《大戴礼记·朝事》以及《礼记·内则》关于饮食与季节关系的内容与《周礼》相关职官内容相同。可见《周礼》在先秦也被引用。③

《周礼问》显示毛奇龄是颇有才华的学者，他思考问题路径颇为新颖，常有出人意料之处，敏锐的义理感触配以信手拈来的考据，《周礼》研究的深度非万斯大所能比。毛奇龄的《周礼问》属于"通俗"类著作，但并不因此降低该书的学术价值。他所创设的"十三问答"有比较高的学术含量。毛奇龄"人品"问题多为后人诟病，影响了后世学者对他经学地位的判断。加上毛奇龄主张《周礼》战国成书说，为《四库全书》

① 毛奇龄：《周礼问》，《续修四库全书》第78册，第398页。
② 毛奇龄：《周礼问》，《续修四库全书》第78册，第398—399页。
③ 毛奇龄：《周礼问》，《续修四库全书》第78册，第399—400页。

执权柄者所不喜，给予的评价也不高，因而《周礼问》在清代不受人重视。

三 李光地的《周礼》义理学

福建安溪人李光地、李光地之弟李光坡以及李光地之子李钟伦都有《周礼》学著作传世。“安溪三李”在清代《周礼》学史上占有重要地位，其中李光地的《周官笔记》虽只有一卷，却是清初《周礼》义理学的代表作。李光坡的《周礼述注》、李钟伦的《周礼纂训》在说《周礼》设官之义之外，也兼有名物制度解说，有力支持了著作的义理分析，这个做法为方苞所继承。李光地之子李钟伦从李光坡学习《周礼》，学有根基。相较于李光坡，李钟伦更重视郑注贾疏。其书中出训频率基本上仿照贾公彦疏，先列经文，经文之后低一格列郑玄注；在注文之后低一格列贾公彦疏；接在贾公彦疏之后列出自己的“训”，用“训”字引领。与李光坡《周礼述注》大量引用郑、贾之外学者观点不同，李钟伦基本上不列郑玄、贾公彦以外学者的意见。不过整体取向与李光坡相似，看似名物制度与义理并重，实际上更注重义理的发掘。李钟伦《周礼纂训》的影响不及李光坡的《周礼述注》，本节重点分析李光地的《周官笔记》，兼及李光坡的《周礼述注》，以展示清初《周礼》义理学在万斯大、毛奇龄之外，正面解说《周礼》的面貌。

（一）《周官笔记》对《周礼》设官之义的分析

《周官笔记》只有一卷，是李光地阅读群经所作笔记中的一种，收入《榕村集》，为其中的第五卷。《周官笔记》总共论述了《周礼》中的四十五个问题，其中包括天官的十个问题，地官的二十四个问题，春官的十个问题，夏官只有一个问题，秋官和《考工记》没有涉及。可见该书规模不大，六官用力不均，还算不上标准的学术专著，以“笔记”命名恰如其分。《周官笔记》显现了标准的《周礼》义理学研究的样式。由于李光地有过在地方和朝廷任职的经历，富有国家治理经验，因此所论问题、所述观点大多平实，少有蹈虚之嫌。

《周官笔记》分别对《周礼》天、地、春、夏四个职官系统各自六十职官的设官之义、列官之义做了分析，我们举其中的天官、春官为例。对于天官系统的设官、列官之义，李光地分析说：

> 天官冢宰兼统百官，理万事，而其要以正君身为本。故自王及后、世子凡内外之饮食、服用、居处以至阍竖、阍寺、妇职、女功皆兼而掌之，盖所以相天子修身、齐家而为治国、平天下之本，其虑至远而义至精也。惟小宰、宰夫则佐冢宰兼总大体，纪纲内外之政。此外，宫正、宫伯则掌宿卫、居守王宫之事，事之最要者也；膳夫、庖人、内饔、外饔、亨人、甸师、兽人、渔人、鳖人、腊人、医师、食医、疾医、疡医、兽医、酒正、酒人、浆人、凌人、笾人、醢人、醯人、盐人、幂人，皆饮食之事；宫人、掌舍、幕人、掌次，皆王寝处次舍之事；大府、玉府、内府、外府，皆蓄藏之事；司会、司书、职内、职岁、职币，皆会计之事。以上诸职虽兼掌宫内之服食器用，然皆外职也，故以司裘、掌皮继之。盖裘、皮虽衣服之类，然不出妇功，故于内职无所附属，而自内宰以下则皆内职也。内宰、内小臣、阍人、寺人、内竖皆内之男官；九嫔、世妇、女御、女祝、女史皆内之女官；典妇功、典丝、典枲、内司服、缝人、染人、追师、屦人、夏采则皆服饰之事也。服饰成于妇功，故次于内职之后也。①

这是继唐人贾公彦和宋儒之后，《周礼》学史上又一次完整地阐释天官系统的设官、列官之义，宋学特征十分明显。以修身、齐家、治国、平天下说天官冢宰的设官之义，思想深度虽未超越宋儒，但说夏采一官的列官之义，令人为之一振。前人说夏采多未中肯綮。贾公彦以为夏采管理丧事中的“复事”，属于利用服饰的“终极服务”，故置于天官最末。孙诒让对贾公彦的解说不满意，但自己也不能提出新观点，只能怀疑《夏采》职文有脱文。② 李光地以“皆服饰之事也”一语点破，道出夏采置于典妇功、典丝、典枲、内司服、缝人、染人、追师、屦人这“服饰八官”之

① 李光地：《榕村集·周官笔记》，《文津阁四库全书》第1328册，商务印书馆，2006年版，第61页。

② 孙诒让：《周礼正义》，汪少华点校，第69页。

后的“秘密”。为什么置于最后？“服饰成于妇功，故次于内职之后也。”因服饰之事，故夏采置于服饰官之中；因内外有别，故夏采置于服饰官之末。李光地的说义平实朴素，简洁明了。

对于春官的设官、列官之义，李光地分析说：

> 宗伯职掌邦礼，而以祭祀为主，盖所以治神人而和上下。故凡有事于礼及司神之官皆属焉。小宗伯、肆师，佐大宗伯者也。其次则郁人、鬯人、鸡人、司尊彝、司几筵，皆掌祭祀之重器。其次则天府、典瑞、典命、司服，皆掌礼秩之大仪。又其次典祀、守祧、世妇、内宗、外宗，则守庙兆之官，及祭事之职也。又其次冢人、墓大夫、职丧，则守墓域之官，及丧事之职也。行礼必有乐，然后神人以和，故大司乐、乐师、大胥、小胥、大师、小师、瞽蒙、视瞭、典同、磬师、钟师、笙师、镈师、韎师、旄人、籥师、籥章、鞮鞻氏、典庸器、司干，皆乐官之属也。卜祝筮史，明鬼神之理，通阴阳之道，故次于司乐之后，而俱隶于宗伯之职。大卜、卜师、龟人、菙氏、占人、簭人、占梦、视祲，卜官之属也。大祝、小祝、丧祝、甸祝、诅祝，祝官之属也。司巫、男巫、女巫，巫官之属也。大史、小史、冯相氏、保章氏、内史、外史、御史，史官之属也。巾车、典路、车仆、司常，掌车旌之事，宜次于典命、司服而叙在巫史之后，盖车所以乘，旗载于车，后之者，贵贱之等也。都宗人、家宗人，主食邑采地之官。后之者，内外之辨也。凡以神仕者，无常数，未有官职，故又后之也。①

历代学者研究春官系统设官和列官之义各有发现，留给李光地说义的空间已经不大。但李光地依然发现了一个重要问题：大宗伯掌邦礼，礼有吉、凶、宾、军、嘉五礼，春官系统中，与吉礼——祭祀之礼有关的职官数量最多，地位最重要，显然在春官系统中，职官职责的中心是祭祀。这是为什么？李光地给出的解释是：“盖所以治神人而和上下。”

① 李光地：《榕村集·周官笔记》，《文津阁四库全书》第1328册，第70页。

这是用礼的本质解说春官的设官之义，把握住了《周礼》编撰者的初衷。

（二）《周官笔记》以阴阳五行说《周礼》的尝试

在《春官笔记》部分，李光地还记下了自己对于春官天、地、人祭祀与阴阳运行之间关系的义理学思考成果：

> 十二辰有天、地、人三统焉。子、丑、寅、卯、辰、巳，天统也。自夜半至日中，自冬至至夏至，阳生至于阳极是也。午、未、申、酉、戌、亥，地统也。自日中至夜半，自夏至至冬至，阴生至于阴极是也。卯、辰、巳、午、未、申，人统也。自日出至于日入，自春分至于秋分，品物生，成人事，作息是也。盖天之终，乃人之始；地之始，乃人之终。故人也者，各用天地之半而参乎天地者也。然阳极于巳而巳为阴辰，故阳终于辰，阴始于午，而午为阳辰，故阴始于未。阳以始为尊，故子以祀天，而丑合之；辰以祀四望，而酉合之也。阴以终为大，故亥以祭地，而寅合之；未以祭山川，而午合之也。祖妣者，生人之本也。申者，人统之终。其位居西，物之所以成。故申以享妣，而巳合之也。卯者，人统之始。其位居东，物之所以生，故卯以享祖，而戌合之也。①

在《周礼》学史上，以阴阳五行说《周礼》者实属罕见。《周礼》在西汉属于古文经学，《周礼》学的开山祖师河间献王主张实事求是，一反今文经学从方士和百家学说中获取思想资源的做法。以致到杜子春那里，我们看到《周礼》研究还是以校勘训诂为主，没有《齐诗》《京房易》用经文统摄宇宙万象的做法。李光地在这段引文中把“三统十二辰”与阴阳五行学说结合起来，将这些阴阳五行思想纳入《周礼》天神、地示、人鬼的祭祀系统，由此确定天、地、四望、先祖、先妣祭祀的时间、方位。李光地所讨论的东西，正是西汉匡衡以下经学家重建王朝祀典所思考的问题。西汉“元始祀典”建设没有用到李光地所提到的思想资料。

---

① 李光地：《榕村集·周官笔记》，《文津阁四库全书》第1328册，第71—72页。

这正是李光地《周礼》义理学最重要的建树所在。

在《地官笔记》中，李光地还发掘了五行与自然物产、人民体质的关系：

> 山林属火，川泽属水，丘陵属木，坟衍属金，原隰属土。宜毛者，火生金也；火克金，亦生金，金非火炼不成。宜鳞者，水生木也；宜羽者，木生火也；宜介者，金生水也。毛而方者土金之交也；黑而津者水木之交也；专而长者木火之交也；晰而瘠者金水之交也；倮正属土而人为之长丰而庳土形也。①

在《地官笔记》中，李光地还分析了五行与自然环境以及生物的关系：

> 林麓积草，故毛者依草食草，而毛如草之茎；山陵生木，故羽者栖木食木，而羽如木之叶；川泽积水，故鳞者居水，而鳞象水之纹；坟衍积石，故介者潜石，而介类石之体，其性则从其所禀之气也，其体则肖其所生之形也。所禀之气谓鳞，水中之飞，阴中之阳，属木。羽，陆中之飞，阳中之阳，属火。毛，陆中之伏，阳中之阴，属金。介，水中之伏，阴中之阴，属水。②

引文中的小号字也是李光地自己所加，以说明正文。以上两段引文的思想来源有两个，一个是战国时期流行的阴阳五行说，另一个是《大戴礼记》中的《本命》和《易本命》。③ 前面已经说过，两汉《周礼》学没有尝试形而上学的理论构建；宋代理学发达，但宋儒的《周礼》学重在对《周礼》治国理政思想的发掘，也没有创建一套哲学理论去解说《周礼》。李光地却试图用阴阳五行学说去构建一套《周礼》的礼学理论体系，甚至还透露出一些“自然环境决定论”的意味。无疑，这是《周礼》

① 李光地：《榕村集·周官笔记》，《文津阁四库全书》第1328册，第65页。
② 李光地：《榕村集·周官笔记》，《文津阁四库全书》第1328册，第65—66页。
③ 方向东：《大戴礼记汇校集解》（下），中华书局，2008年版，第1283—1329页。

义理学的一次新尝试，是《周礼》义理学在清代呈现的新气象。可惜影响更大的朴学即将兴起，李光地的理论创新之路缺乏追随者，只能将其看成《周礼》义理学最后的余波。

（三）《周官笔记》以义理说名物制度

《周官笔记》也包含少量的名物制度解说。“大宰八则”之六曰“礼俗以驭其民”，之八曰“田役以驭其众”。其六之“民”、其八曰“众”，民、众异称，是否有差别？李光地分析说：

> 曰民又曰众者，平居曰民，寓兵曰众。《易》曰“容民畜众”是也。①

这样训释字义，似与汉儒没有区别。然而其仍属于宋代义理学的名物解释法，不是文字学意义上的训诂，还是义理学意义上的说义，虽有引《易经》为证，却属于“孤证”，不是此后清代考据学通过字形分析和上下语境辨析字义的方法。

即使这样，李光地在部分名物制度解说中显示了扎实的知识基础。在论《大司乐》圜丘、方泽（李光地称“方丘”）、宗庙用乐中，李光地对“起调毕曲”做了详细的知识性解说：

> 圜丘、方丘、宗庙三乐，圜丘“圜钟”当为黄钟；宗庙“黄钟”当为圜钟，文互也。方丘“南吕”当为小吕，字误也。黄钟宫、黄钟角、大簇徵、姑洗羽，皆调名也，余仿此。黄钟宫为黄钟，则黄钟起调，黄钟毕曲。黄钟角为姑洗，则姑洗起调，姑洗毕曲。大簇徵为南吕，则南吕起调，南吕毕曲。姑洗羽为大吕，则大吕起调，大吕毕曲也，余亦仿此。所谓起调、毕曲者，盖如唐人所传乐谱，以《鹿鸣》为黄钟宫调，则即黄钟也，其歌之则鹿字叶黄钟，行字叶黄钟，其余杂用黄钟，为宫所生之七律，而首尾二字则必归于本调。《关雎》为夷则，商调，则亦黄钟也。其歌之则关字叶黄钟，逑字叶黄

---

① 李光地：《榕村集·周官笔记》，《文津阁四库全书》第1328册，第62页。

钟，其余杂用夷则为宫，所生之七律而首尾二字亦必归于本调，此之谓“起调毕曲”也。十二调分祀天神、人鬼、地示，而不用商调者，商为金行，杀声也。人乐当用无射，而复用南吕者，无射居干维，亦杀声也。盖去商者，去商调也。去无射者，亦去无射调也。至于调中之声，则五音十二律并用，不必嫌避，初无欠缺。①

在这一段解说中，李光地利用自己的音律学知识，对《大司乐》经文可能存在的错讹进行了大胆的调整。对“起调毕曲”现象做了详细的解说。在这一点上，李光地的做法与此后兴起的清代朴学相似。

李光地还擅长天文历法学。在分析《春官·冯相氏》“致日月”问题时，他说：

冯相氏冬夏致日，春秋致月。《疏》以为日，实也，故于阴阳极之时致之。月有盈亏，故于阴阳中之时致之。此附会为之说耳，于历义无当也。盖历法之要，惟定二至二分为先；二至定则历元正矣。必也立表测晷，检验长短之极，如祖冲之及今历之密焉，此冬夏致日之说也。月行有赢缩，历自秋分至春分之前缩，自春分至秋分赢。若但以百八十二日中分之，以求赤道之交，则晷景不得矣。此亦可以立表参求，而今历更得一术，用日月东西对望检之，便得二分之正。盖冬行南陆，则地上之天少，而地下之天多。夏行北陆，则地上之天多，而地下之天少。其日月之东西相对者，非望也。惟春分、秋分行于中道，则日月对衡于地平，即真望矣。以其真望之在何时，检二分之所在，此春秋致月之说也。冬夏致日者，于南北；春秋致月者，于东西，亦各以其方位。为此说者，以为独得之秘，而不知古之圣人知此久矣。②

《冯相氏》提到了一种“冬夏致日，春秋致月”的历法之术。然而这

① 李光地：《榕村集·周官笔记》，《文津阁四库全书》第1328册，第72页。
② 李光地：《榕村集·周官笔记》，《文津阁四库全书》第1328册，第72—73页。

一历法术是如何操作的，前人所说大多有误。李光地以所见日月东西对望的二分术解《冯相氏》的“致月”，发前人所未发，是李氏的一项重要贡献。

此外，《周官笔记》对《春官·典瑞》“四圭有邸以祀天”之“邸”的分析也颇有启发性。《大宗伯》职文说“以苍璧礼天，黄琮礼地”，而《典瑞》职文又说“四圭有邸以祀天，两圭有邸以祀地”，两职礼天地的玉器一用苍璧、黄琮，一用四圭、二圭，竟然互相抵牾，郑玄、贾公彦说都不能让人满意。李光地提出新的假说：

> 愚谓下云：“裸圭有瓒，以肆先王，以裸宾客。”则是圭头有器，可以挹鬯，恐邸亦或其类，而字讹义谬，不可考矣。①

李光地受到《典瑞》“裸圭有瓒，以肆先王，以裸宾客”的启发，以为“四圭有邸”“二圭有邸”之“邸”，当如“裸圭有瓒”之“瓒”，为挹取郁鬯的勺类玉器。这个假说比起郑玄以礼天神在北极，礼地神在昆仑，祀天在冬至、夏至，祀地为祀神州地神的解说更加朴实。

《周官笔记》也存在明显的误说。《地官·司市》有“凡市伪饰之禁，在民者十有二，在商者十有二，在贾者十有二，在工者十有二”的职文，其中四个“十有二”，李光地解释说：

> 此一条文义，似当与《老子》“生之徒十有三、死之徒十有三、动而之死地者十有三”参看，皆言于十分之中得其二、得其三也。生之徒三、死之徒三、动而之死地者三，则三分之而十分尽矣。在民者二，在商者二，在贾者二，在工者二，则四分之而十分亦尽矣。盖皆举成数而约计之也。市中饰伪之物，民及商、贾、工皆有之，故言十者之中各居二焉，皆在所禁也。解者泥于有字之说，必以为十有二者，十又二也，十有三者，十又三也，故卒难通。②

① 李光地：《榕村集·周官笔记》，《文津阁四库全书》第 1328 册，第 71 页。
② 李光地：《榕村集·周官笔记》，《文津阁四库全书》第 1328 册，第 69 页。

此说有误。《周礼》说数字，有规律可循。凡表示十位数，其中的个位数必用“有”字连接，与西周金文一致；凡是表示分数，则分母在前，分子在后，直接说出来。“十一税”，即税率十分之一。如果说十分之二，必说“十二”，不说“十有二”。这个数字表达规则与《老子》不同，不可舍弃内证而用外证。

四 李光坡的《周礼述注》

李光地的一卷本《周官笔记》最直接的影响见于他的胞弟李光坡撰写的《周礼述注》。在《周礼述注》中，李光坡直接点明“坡闻之兄曰”或“伯兄曰”的多达四十五次，所引都是李光地的观点。李光地的研究成果，又通过李光坡的《周礼述注》影响了方苞的《周官集注》。

比起李光地的《周官笔记》这部“小制作”，李光坡的《周礼述注》算得上“大制作”了。《周礼述注》二十四卷，体例与《周官笔记》不同，乃是依经出注。不过这部书撰写的用意不完全是为了记载传播自己的研究成果，而是为读经者提供简明扼要的解经读物，所述内容包括名物制度解说和义理阐发两类。

这部著作的体例是：先列一句经文，再在经文之下“述注”。“述注”部分一般先引郑玄“注曰”，再引贾公彦的“疏曰”。如果郑玄、贾公彦未给出注、疏，或以为郑、贾之说有误，则引用其他学者的成果。如果郑玄、贾公彦及其他学者没有成果，或以上成果不值得采用，李光坡不去“述注”，直接给出意见，不用“坡曰”引领。如果郑玄、贾公彦及其他学者成果有误、半误，李光坡则用“坡谓”引导出自己的见解。这样的“坡谓”全书总共有三百零九个。如果问题比较复杂，需要进一步讨论，则用“或问……曰……”或者“问……曰……”的形式进行问答式讨论。这样的讨论，前者在全书总共有二十一处，后者有十五处左右。这三十余处讨论最能体现李光坡研究《周礼》名物制度的心得。

李光坡这部书基本上做到了名物制度与义理并重。他的名物制度学研究虽然算不上开一代风气，但对前人之说的补充和“微调”不在少数。我们试举李光坡八例新说以展示该书的基本面貌。

第一例，解“辨方正位”。李光坡以为“方”是辨山林、川泽、丘陵、坟衍、原隰之方；“位”是求地中以正王国之位。说“位”没有创新，但无错。说“方”虽有创新，但将方往小处说，与“位”层次不匹配。

第二例，《天官·序官》中，大夫分中下，《典命》不分。李光坡以为“命同爵不同”。《周礼》大夫“命同爵不同”，是一个创新，颇有见地，且有内证支持。

第三例，“大宰九职”除了第一职“三农生九谷”外，还有园圃、山泽、薮牧三职，似与农民有关。李光坡以为这三职“三农之兼职”。此说也是前所未见。只有在商品经济进一步发展之后，中国社会才有专职生产农副产品的菜农、山民、渔民等，不种五谷，专事副业。《周礼》时代，难以出现专门从事与园圃、山泽、薮牧有关的职业，李光坡此说有道理。

第四例，贾疏以为凡经言“邦国”，都是指诸侯国。李光坡以为此说不全面，有时候经言“邦国”不仅包含诸侯国，还包括官府、都鄙、万民。此说纠正了贾公彦说之偏。

第五例，“大宰八柄”有“生以驭其福”。这个“生”字，李光坡解释为“臣罪可杀，以八议之辟活之”。这个解释以《周礼》证《周礼》，有一定的深度，可备一说。

第六例，地官载师职有“里布”之征。李光坡以为征里布即征布缕，属于征实物，非货币。《周礼》征赋贡大多征实物而不用货币替代，体现了《周礼》作者的防范意识，防止人们在以实物换货币过程中受到二次剥削。此说同样可备一说。

第七例，《地官·牧人》职文说：“凡时祀之牲必用牷物。”李光坡以为“时祀”可分为天神时祀和地神时祀两类。此说可以补充郑玄注所不备。

第八例，《地官·舍人》职文有“分其财守”。李光坡以为“财”即米。这是进一步点明郑玄注，属于接着说。虽无创新，却也有助于理解郑玄注。

以上八例中，除了第一例将“辨方”往小处说，不成立外，其余七例都言之有理，能够成一家之说。李光坡解《周礼》有一定的深度，读者阅读此书也常有小惊喜。但整部书没有开创新气象的气魄，缺乏给人耳目一新的成果。

《周礼述注》在义理学上有一定的贡献，其中最为突出的是对现存五官设官之义和列官次序之义的分析。其中卷五分析天官系统设官之义说：

> 朱子曰：“冢宰一官，兼领王之膳服、嫔御，此最是设官之深意。盖天下之事无重于此。”又曰：“《冢宰》一篇，周公辅道成王垂法后世，用意最深切处。欲知三代人主正心诚意之学，于此可见其实。”
>
> 坡谓自冢宰至此六十三职，或掌其要焉，或专而司焉，或联而治焉，则分职之事也。夫冢宰贰王经理天下，而诸官所掌不越于居处、服御、财赋、丝麻之事。呜呼！此圣人之议道自已者也。夫饮食男女，人之大欲存焉。然等而下之至于庶人，推而进之至于公卿，或有所制，故不敢纵，或有所求而未必逞。若王者，尊为天子，富有四海，何求而不应哉！何惮而不为哉！以是大欲而势足以恢其邪心，无制节谨度，于以治天下国家焉，吾不知其可也。周公立冢宰以统百官，以均四海，而知百官之得其统，四海之得其均，其要在王身而不外也。先以宫室安其身焉，次以饮食理其体焉，继以赋式节其用焉，终以内宫佐其德焉。析其事则至纤至悉，若无关于政治之要。合其大则本末兼修，内外交饬，其至醇至备者乎！一之以大宰之权，分之以小宰、内宰之任，一起居，一饮食，一货用，一择采，进御多寡，丰约、用舍、去取，大臣皆得与闻之，而天子不得以自私，女子、小人不得以窃惑。而又司是官者，或以德进，或以艺扬。无邪辟以荡王心，无壬人以道其恶，则上知之君就焉而益正，中材之主守焉而寡过。盖正心诚意之极功，而天下之治本于此，人主所宜深思而躬行哉！①

这一大段分析比李光地的分析更接近于宋儒，基本精神和基本观点也与宋儒相似，都是说大宰系统职官对于“人主”的劝导、约束作用。

---

① 李光坡：《周礼述注》，《文津阁四库全书》第95册，第188页。

《周礼述注》的宋学色彩明显。“大宰八统”之八为“礼宾”，李光坡说：

> 坡谓此诏王敦其德心，以为赏罚之本也，与“秋官八议”相表里。然亲亲、敬故尽乎孝，进贤、使能、保庸、尊贵尽乎弟，达吏、礼宾尽乎慈。人君躬行于上，则民兴起于下，而孝弟不倍之俗成矣。①

此说对《周礼》义理发掘不深，却也没有错误，不过也难免空泛之嫌。《周礼述注》中没有类似于李光地《周官笔记》中的理论创新冲动，也少见思辨的光芒。著作主要通过经文语序、词序、用词的变化，以及行文的详简和互文揭示《周礼》义理，学术格局相对平常，与李光地相比，思想敏锐程度有所下降。

李光坡的《周礼述注》对方苞有比较大的影响。《周官集注》的体例与《周礼述注》一脉相承，都属于相对浅显的《周礼》“通俗读物”。书中直接引用李光坡观点的有五十八次，特别是其中关于天、地、春、夏、秋五官的设官之义和列官次序之义，方苞完全赞同，并大段引用。两者的精神相同，于此可见一斑。

① 李光坡：《周礼述注》，《文津阁四库全书》第 95 册，第 111 页。

第八章

《周礼》考据学的形成

两宋《周礼》义理学盛极一时，到了元明两代，《周礼》义理学继续发展，但同时，以《周礼》知识学为宗旨的《周礼》学也在酝酿，预示着《周礼》学正在向汉唐之学回归。但就其研究重点看，又是考据学的先声，为清代朴学的发展做了可贵的探索。我们在本章专设“考据学的酝酿”一节，以明代王应电为中心，分析《周礼》学研究是如何从义理学过渡到清考据学的。

清代是《周礼》学全面繁荣的时代。自两宋《周礼》学消歇之后，经过明代学者的酝酿，到清代初期后段，一种以考据为主要特征的《周礼》学兴起。沈彤撰《周官禄田考》，显示了清代《周礼》专题论派研究的出手不凡。皖南江永撰《周礼疑义举要》，开皖派《周礼》考据学先河；东吴惠栋作《周礼古义》，带动了吴派《周礼》学的兴起。此后《周礼》考据学大盛，学者辈出。清代《周礼》考据学大致上可以分为三种类型。其一为注解派，延续从杜子春开始的随经出注传统路数，对《周礼》经文做训诂和名物制度解说，如吕飞鹏的《周礼补注》、丁晏的《周礼释注》、曾钊的《周礼注疏小笺》等，而以孙诒让的《周礼正义》成就最高。其二为札记派，随读随记，最后汇集成书。如官献瑶的《石溪读周官》、潘任的《周礼札记》、庄存与的《周官记》、俞樾的《周礼平议》等，而以王引之的《周官述闻》最具代表性。其三为专题考证派，代表作有万斯大的《周官辨非》、毛奇龄的《周官问》、方苞的《周官辨》、王鸣盛的《周礼军赋说》、程瑶田的《沟洫疆理小记》、胡匡衷的《周礼畿内授田考实》等，而以段玉裁的《周礼汉读考》为专题考证派的巅峰之作。

第一节 王应电的《周礼》学

元明时代，《周礼》学没有两宋发达，不过在看似衰微的同时，《周礼》研究的学术转型也正在酝酿中。一些学者更加注意《周礼》学文献的整理，并再次将注意力投放到《周礼》经文文字的字形辨析、字义解说和名物制度阐释上，为清代考据学的爆发积累经验。这一时期《周礼》学学者众多，著作也很丰富，但影响深远的名著确实不多。《四库全书》编者在挑选这一时期代表性成果时相当为难，似乎万不得已才挑选了元人毛应龙的《周官集传》、明人王应电的《周礼传》、王志长的《周礼注疏删翼》、柯尚迁的《周礼全经释原》四部著作。我们认为《四库全书》的编者存在主观贬低明代《周礼》学的嫌疑。明代学者有一批人在《周礼》知识学方面造诣颇深，他们从天文历法、军事工程等方面切入《周礼》，为清代《周礼》考据学的兴盛做了可贵的探索，他们的“礼图学”对清人不无启发。不过我们也承认，明代属于《周礼》学热闹但平庸的时代，未能出现《周礼》学巨匠也是不争的事实。我们选择明人王应电的《周礼传》为这一时期《周礼》学的代表作，分析这部著作在《周礼》学史上的地位和价值。

王应电，字昭明，明朝昆山（今江苏省昆山市）人，大约出生于弘治年间，卒于嘉靖丁巳后不久，① 主要学术活动时间为嘉靖年间。据《明史·儒林传》，王应电师从著名学者魏校，魏校有《周礼》学著作传世，王应电也深于《周礼》学。嘉靖三十三年（1554）倭寇扰袭东南沿海，王应电家毁亲亡，被迫流寓江西泰和，最终卒于泰和。王应电《周礼》学主要研究成果有《周礼传》一部十卷、《图说》二卷、《翼传》二卷。王应电知识渊博，除了《周礼》学著作外，还有语言文字学、天文历法学、艺术学和军事工程学著作，如《同文备考》《书法指要》《六义音切》《贯珠图》《六义相关图》等。

---

① 蔡丽华：《王应电〈声韵会通〉与〈韵要粗释〉研究》，博士学位论文，福建师范大学，2012 年，第 16—17 页。

一 王应电《周礼传》的特点

传世本《周礼传》由《周礼传》、《周礼图说》和《周礼翼传》三部分组成。其实这是三部各自独立的著作。只不过《周礼图说》与《周礼传》联系比较多：在《周礼传》正文中，为《周礼图说》的“图”和“说”留下小标题的位置，却不插入图和说；所做位置标志仅仅表示其图其说针对的就是该处的经文而已。就其学术价值来说，《周礼传》属于一般性义理类著作。《周礼图说》是图与说相结合。“图”的主要内容为职官关系图、礼器样式图、宫室布局图等；“说”为专题论文，具有一定的创新意义。《周礼翼传》多为专题论文，所论多为具体的名物制度问题，基本上摆脱了两宋《周礼》义理学的习气。三书中，以《周礼翼传》学术价值最高，《周礼图说》次之，而《周礼传》最后。

王应电有自己的政治理想和学术追求。在序言中，王应电说：“三百六十属洋洋乎广大而精密。师其意，不师其迹；用其道，不用其名，变而通之以尽利，非英君硕辅孰能与于此!”提出学习《周礼》的原则。然而如何师其意、用其道？王应电说：“王后世子庙朝宫卫之式，君臣同体、宇内一家之情，养民治兵、敷教用贤之方，百职各正、六官联事之法，密于理财而以义为利，详于会考而谨终如始，五常并立而不遗，七教兼陈而不悖，是则与天地共为贞观，日月共为贞明者也。征古验今，推旧为新，愚所传者不在兹乎?”① 提出应当师法《周礼》之式、之情、之方、之法以及以义为利、谨终如始、五常不遗、七教不悖。此为王应电发掘《周礼》义理的总纲。

（一）《周礼传》的体例

《周礼传》十卷，天、地、春、夏、秋五官各分上下卷，而对《考工记》置之不理。从总体上看，其体例与汉唐传注体相似，基本上属于随经出注。解说以小节为基本单位，三百职官根据职文长短，或分一节，或分数节。每节各句之中有时候插入双行注解，以注解词语和名物制度为主，一般都简明扼要。每节之后有一段综论性质的评论，对该节内容做进

① 王应电：《周礼传》，《景印文渊阁四库全书》第96册，第4—5页。

一步解说，以发掘义理为主。前者可见考索之功；后者展现思虑之深。知识性注解吸收了前代学术成果并融会贯通，用简明扼要的语言表述出来。例如“大宰八法”之“官法”，王应电解释说：“六曰官法，以正邦治，即宰夫‘三曰司，掌官法以治目’，及经中治法、教法与凡称法者皆是。”其中五官序官中的总序，除了天官序官总序分为两节，其余四官序官总序均为一节。

（二）《周礼传》对经文的分合

王应电不赞成俞庭椿等“《冬官》不亡派”割裂经文的做法。但他自己也有分合经文之举。与俞庭椿割裂经文、分裂六官不同，王应电将天、地、春、夏、秋五官的序官经文做了位置的变动。《周礼》经文原文，五官的第一篇都是“序官”，总列六十职官的官名、六十职官各官属的官员构成及其士、大夫、卿三类官爵的分布，以及府、史、胥、徒之类无爵位人员的员数。这些内容类似于今天人事部门为各行政部门设定的行政编制表。五官各自的序官属于本类职官的总纲，其余各节则为所属六十官员的职文，陈述各自的行政范围、权力与责任，是目，类似于今天的岗位职责。王应电的《周礼传》五官也有序官，但天、地、春、夏、秋五官的官属只保留了六十属官的官名。剩余部分被移到别处。王应电将五官各自的六十属官分为若干组，每组以一职官为该组之长。该组所从各职官官署人员构成列在组长职文之前。例如天官六十属官构成的经文，王应电在“大宰之职”前只列六十属官官名，将六十属官分为十六组，其中宫正、宫伯两官为一组，组长是宫正。膳夫、庖人、内饔、外饔、亨人五官为一组，组长是膳夫。甸师以下五官为一组，组长是甸师。医师以下五官为一组，组长是医师。酒正以下九官为一组，组长是酒正。宫人以下四官为一组，组长是宫人。大府以下四官为一组，组长是大府。司会以下五官为一组，组长是司会。司裘、掌皮两官为一组，组长是司裘。内宰到内竖五官为一组，组长是内宰。九嫔以下五官为一组，组长是九嫔。典妇功、典丝、典枲三官为一组，组长是典妇功。内司服、缝人、染人三官为一组，组长是内司服。追师、屦人、夏采一人一组，自为组长。六十职官官署人员构成经文被拆散置于这十六处各组长职文之前。我们以天官序官构成为例，将王应电天官属官分组情况列成表 8-1，以便分析。

表 8-1 王应电天官属官分组

	组别性质	职官构成	组长
天官	宫廷护卫	宫正 宫伯	宫正
	制膳食	膳夫 庖人 内饔 外饔 亨人	膳夫
	获野物	甸师 兽人 渔人 鳖人 腊人	甸师
	医疗	医师 食医 疾医 疡医 兽医	医师
	饮料滋味	酒正 酒人 浆人 凌人 笾人 醢人 醯人 盐人 幂人	酒正
	起居	宫人 掌舍 幕人 掌次	宫人
	藏财	大府 玉府 内府 外府	大府
	计财	司会 司书 职内 职岁 职币	司会
	皮革管理	司裘 掌皮	司裘
	内宫管理	内宰 内小臣 阍人 寺人 内竖	内宰
	内宫女官	九嫔 世妇 女御 女祝 女史	九嫔
	治丝枲	典妇功 典丝 典枲	典妇功
	制服装	内司服 缝人 染人	内司服
	制帽	追师	追师
	制鞋	屦人	屦人
	招魂	夏采	夏采

如此拆分破坏了《周礼》原经文的整体性，虽然分别部类便于以类相从，从而突出职官的“类职能”，但对于提高全书的质量、增强学术性并没有多少帮助。分组的合理性也值得探讨。例如追师、屦人职事相近，为什么要一职一组？典妇功组与内司服组职事相近，为什么不合并？其余分组，前人大多有论述。这种大幅度移动经文的做法，割裂经典，好处是便于作者解析经文，也便于读者理解“官属”中的“类属”；缺点是打乱了经文的次序，改变了《周礼》经文的原貌，对《周礼》经文的完整性是一种损伤。

二 王应电《周礼图说》的内容

以图说礼始于郑玄答赵商问《有司服》，此后作礼图代有其人。宋初聂崇义参考历代礼图作《新定三礼图》，成为三礼研究重要的参考资料，“礼图”俨然成为说礼一派别。说《周礼》而有图，也不自王应电始。然而集中撰作一部《周礼》图学专著，王应电为第一人。王应电《周礼图说》分为上、下两卷，其内容可以分为五类：第一类是行政管辖关系图，第二类是空间位置关系图，第三类是次序关系图，第四类为器物图，第五类为逻辑关系图。

第一类，行政管辖关系图。这一类包括《九州分星图》《八风十二风图》《职方氏九州山泽川浸利民畜谷图》《六官并掌王躬后宫王朝士庶子宫卫图》《六官咸统百官府畿内外图》《六官分治乡遂都鄙邦国图》《六官王畿赋式任地委积质剂旗号狱讼图》《国郊乡遂野图》《命令复逆出入图》《虞五服周九服合一图》《虞周邦畿千里合一图》《大宰大行人九贡合禹贡图》，一共十二幅图。这十二幅图还可以再分为三个小类别，分别是九州方域风物图示、职官职责关系平面分布图、服贡区域比较图。

《九州分星图》《八风十二风图》《职方氏九州山泽川浸利民畜谷图》三图展示九州方域风物，其中《职方氏九州山泽川浸利民畜谷图》依据《职方氏》职文，分列各州最具代表性的山、泽、川、浸、利、民、畜、谷八项内容，并且在《职方氏》九州之外添加云、贵、川、两广、福建六行政区于图中。

《六官并掌王躬后宫王朝士庶子宫卫图》《六官咸统百官府畿内外图》《六官分治乡遂都鄙邦国图》《六官王畿赋式任地委积质剂旗号狱讼图》《国郊乡遂野图》《命令复逆出入图》六图为职官职责关系的平面分布图，前五图虽为格式图，实际上暗含纵横坐标，颇为新颖。而《命令复逆出入图》将宰夫、内史、外史、太仆、小臣等有传达命令任务的职官职能用图示形式展现在一个平面关系图中，让民意上达和王命下达途径一目了然。

《虞五服周九服合一图》《虞周邦畿千里合一图》《大宰大行人九贡合禹贡图》为一小类。这三图就《尧典》五服与《周礼》九服一致、虞夏邦畿与《周礼》邦畿一致、《周礼》九贡与《尚书·禹贡》一致做了图示，这三幅图恐怕是中国最早的“历史地理图”。虽然后三图将虞、夏、商、周的畿服朝贡制度视为静态的制度不一定正确，但王应电的图示法还是比较精妙的。

第二类，空间位置关系图。包括《营国九州经纬图》《天子五门三朝图》《司士治朝图》《朝士外朝图》《王宫官府八次舍图》《后六宫图》、三幅《明堂图》《王会同宫舍图》《公墓图》《族葬图》《乐舞图》《司市次叙陈肆图》《周大学辟雍图》《乡饮酒图》《营军垒舍图》，一共十七幅图。这些图表示的都是相关职官和事务在空间位置的关系。

《营国九州经纬图》根据《周礼》中的量人和匠人两职文绘制王国之城十二门、四城郭、九区域的经纬图格以及王宫、后宫、朝、市、祖、社位置。此“九州”即王国首都九区域，实只有八州，中间一州为王朝宫殿区。

《天子五门三朝图》中五门、三朝采用郑司农说，无新意，但将巾车、外府、职币、职金、大府、内府、玉府、天府等官署具体位置标注在库门之内，略有新意。然未标注燕朝，三朝少一朝，当为疏忽。

《司士治朝图》和《朝士外朝图》将《周礼》司士和朝士两官职文图示化而已，有助于对经文的理解。三幅《明堂图》中，一幅是根据郑玄明堂说绘制的《郑氏明堂图》；一幅是根据吴澄说绘制的《吴氏明堂图》；第三幅则是王应电根据自己的研究成果绘制的《今定明堂图》。该图以明堂为天子六寝之一，即天子路寝，在南面。北为玄堂，东为青阳，西面为总章，中间标注“中央”，未说明具体名称。此图之中尚有一明堂放大图，标出东、西、北三堂位置，而明堂标出一堂、二房、一室、二夹室、东序、西序、户牖、斧扆位置。

《王会同宫舍图》根据《掌舍》职文绘制会同诸侯宫舍布局情况；《公墓图》根据《冢人》职文绘制；《族葬图》则据《墓大夫》职文绘制。以上三图都有助于理解相关经文。

第三类，次序关系图。包括《天神地示人鬼祭祀图》《觐礼方明图》《宗庙九献图》《九献笾豆图》《庙祧昭穆赐爵图》。其中《天神地示人鬼祭祀图》包括《天神之祀》《地示之祀》《人鬼之祀》三图。以上七图在平面上绘制出礼仪过程的次序关系，对于理解相关经文有帮助。

第四类，器物图。包括《乐器图》《瑞玉图》《八节图》《十二章服图》《大射皮侯栖鹄图》《宾射五采侯正图》《燕射兽侯图》《弁图》《冕斿延纽纮紞图》《章甫冠图》《缁布冠图》《端衰前式》《端衰后式》《深衣式》《大常》《大旗》《大旂》《诸侯旂》《旞》《旜》《旌》《师都旗》《县鄙旐》《州里旟》《物》《鸟章》《小麾》《八矢图》。其中《乐器图》包含颂磬、笙磬、镛镈、琴瑟、箫、篴、管、籥、箎、笙、竽、鼓、拊、埙、柷、敔十六幅图；《瑞玉图》包括大圭、镇圭、珍圭、瑁圭、桓圭、信圭、躬圭、琬圭、琰圭、谷圭、四圭有邸、两圭有邸、圭璧、土圭、裸圭、璋、牙璋、璋瓒、璧、谷璧、蒲璧、子男璧、璧羡、环、瑗、璜、驵琮、大琮、《考工记》驵琮、琥三十分图。大小总共七十四幅图。这些图大多属于礼器，对于理解相关名物大有帮助。

第五类，逻辑关系图。包括《字学六义贯珠图》《九赋九职相胥图》《载师闾师相胥图》《班禄图》《诸侯五仪诸臣五等之命图》《司服图》《内司服图》《冕旒命数图》《九命旗总图》《逐禽左图》《合弓图》《校人图》《秦汉内外朝图》《汉两府图》《汉南北军之图》，共十五幅。王应电用图表形式将复杂的逻辑关系形象地揭示出来，颇具匠心。

以上五类大小共一百二十五幅图。这一百二十五幅图虽不能说每一幅都很准确，但这是《周礼》学史上第一次用图的形式将《周礼》器物形状、建筑位置和职官关系等内容集中展示出来，对于解说《周礼》有极大的便利，对于读者阅读《周礼》同样十分便利。我们不能不说这是《周礼》学史上的重要事件，是研究方法上的重大创新。《周礼图说》提高了王应电在《周礼》学史上的地位。

三 王应电《周礼图说》评析

《图说》一书，有图有说，其中有标题的“说”就有《国中郊野辨》《五门三朝说》《王宫八次舍说》《后立六宫说》《女宫女奚女奴辨》《明堂图说》《古今纳言说》《郊社义》《班禄说》《周大学辟雍图说》《乡饮酒义》《章甫冠说》《玄端端衰深衣说》《裼袭义》《瑞玉说》《九旗说》《车制》等十七篇。从标题看，与清代考据学家几乎无区别，都是关注于具体的名物制度。

《国中郊野辨》分别对国、近郊、远郊、乡、遂、野六个概念进行了辨析。以为近郊五十里为乡，远郊百里为遂，遂外为野。这些观点前人已经说过，王应电没有提供新的证据，不过王应电辨析《秋官·乡士》职文“掌国中”是以乡为国中、《遂士》职文“掌四郊”是以遂为郊、《县士》职文“掌野”则以遂之外为野，这些说法是对叶时《礼经会元》说的继承和发展，具有一定的学术价值。

《五门三朝说》弃郑玄说而用郑司农说，本无创新，但说五门分别引用《诗经》《春秋》《尚书·顾命》《明堂位》《郊特牲》《文王世子》等材料予以佐证，颇有搜索之功。

《王宫八次舍说》根据《宫伯》职文“受八次八舍之职事”，探索王宫八次、八舍的布局。前人在这些问题上有所探索。例如郑司农说：“庶子卫王宫，在内为次，在外为舍。”郑玄说：“卫王宫者必居四角四中，于徼候便也。”又说：“次，其宿卫所在；舍，其休沐之处。”先、后郑也只是解决了何为次、何为舍以及次舍大致的所在——四中四角的问题而已。王应电对具体的八次所在做了推测：将王宫分为三层，内层包括王六寝、后六宫、后六寝，此层无宿卫；中间层为宫正、内宰所领宫内职官府，也无宿卫；向外第三层则为宿卫层，驻守八次舍，分别为正北庶子次舍、东北隅庶子次舍、正东庶子次舍、东南隅庶子次舍、南庶子次舍、西南隅庶子次舍、正西庶子次舍、西北隅庶子次舍。王应电从两个方面推进了“八次舍”问题的研究：一是将八次舍落实到具体位置；二是确定内司服等职官官署位置。王应电未能将次、舍分开，是对先、后郑研究的倒退。不过这个问题一直到晚清都没有真正解决，孙诒让作《周礼正义》才提出八舍在皋门外说。①

《后立六宫说》中，王应电主张王后有六寝，也有六宫，六宫对应王朝六官。此说有新意，且将酒正、膳夫、内饔、庖人、亨人、醢人、醯人、浆人、酒人、典丝、典枲等职官在后宫的位置标注出来，② 有助于这些问题研究的推进，但没有给予充分论证，因而流于猜想。王后六宫说，经传有证据。例如《周礼·内宰》有“以阴礼教六宫”，郑司农注以为后六宫，后五前一。③ 此外《左传》等文献还有间接证据，王应电未能引用，殊为可惜。《女宫女奚女奴辨》反对女、奚为奴说，以为内宫所用之女、奚为民间女子，女为有才智者，奚则才智下于女。④ 此说虽有合理性，但无材料证明，只能算作“一说”。

---

① 孙诒让：《周礼正义》，王文锦、陈玉霞点校，第 234 页。
② 王应电：《周礼传》，《景印文渊阁四库全书》第 96 册，第 295 页。
③ 贾公彦：《周礼注疏》，《十三经注疏》，第 684 页。
④ 王应电：《周礼传》，《景印文渊阁四库全书》第 96 册，第 297—298 页。

《明堂图说》是颇见功力的专题论文。明堂问题自古争论不休，至今无定论。王应电将《礼记》中的《明堂位》《月令》和《大戴礼记·明堂》等材料同《周礼》中的天子路寝结合起来，提出天子路寝即明堂的观点，是为明堂问题的“路寝派”。同时，否定占主流意见的“宗庙派”，以为明堂当为人事活动区，而宗庙为鬼神活动区，人鬼应当区分开来，并提出明堂有三种：一是固定的明堂，即天子路寝；二是天子巡狩，于东都见诸侯而设的明堂；三是郊祀天神而设的明堂。后两种明堂为临时设立。① 王应电之说论证比较有力，推理比较符合逻辑，其说对明堂问题的研究有推动作用。然而篇后列《魏相明堂月令奏》、《范文正公明堂赋要语》以及罗椅《明堂赋》这些非学术性资料，无助于明堂问题的学术研究，降低了专著的学术性。

《古今纳言说》篇继承宋学专题论派的做法，从《周礼》官制中发掘治国道理，并引历史教训说明《周礼》职官设置的非凡用心。本篇从天子之命的下达途径与底层人民意见向上传递途径角度分析《周礼》该制度建设的重要性。“尝参诸古今而断曰：王疑冢宰则内史重；疑内史则宦官重。自古宦官祸天下皆先窃宰夫之权，得居中承受章奏而后倾宰相之权，又窃内史之柄，典国枢机，以至废置，天子在其掌握，可不谨哉！”② 总结历史经验，强调《周礼》设官之义。

《郊社义》是一篇比较长的论文。在“郊”一节中，他提出冬至日是祭天的正祭，如果还要祭祀其他天神则可以在此日“摄祭”。③ 在“祀五帝”一节就天一体而五次祭祀的疑问提出自己的看法：“盖天体虽一而气之流行截然不同。”并且提出一年数次祭天是因为“事天之礼一视其祖考”，④ 阐释的依据为中国古代哲学中的“气”学和敬祖的伦理学。此篇讨论的是礼学问题，着眼却是“祭祀哲学”即礼义学，对具体的“礼仪学”的器具、仪注关注不多。而且一篇文章分成郊、祀五帝、迎气、致日、大祈大雩大享、类、柴、大社、四时社祭、大封先告后土、王社、军

① 王应电：《周礼传》，《景印文渊阁四库全书》第 96 册，第 299—302 页。
② 王应电：《周礼传》，《景印文渊阁四库全书》第 96 册，第 307 页。
③ 王应电：《周礼传》，《景印文渊阁四库全书》第 96 册，第 309 页。
④ 王应电：《周礼传》，《景印文渊阁四库全书》第 96 册，第 309 页。

社、亳社等十三小节，每节堆积经传有关材料，没有融会贯通，显得支离破碎，裁剪功力不足。

《班禄说》是该问题历史上第一篇专论，完整地拟定出从“庶人在官者”到王朝各等级官员受禄的数量规定。王应电从《孟子》、《左传》以及《周礼·秋官·掌客》等文献中发现了西周班禄规则：大、中、小三等国君班禄十倍于卿；大夫、士的级差为倍；大国卿禄四倍大夫，次国卿三倍大夫，小国卿二倍大夫；上农夫食九人，“庶人在官者”食禄如上农夫；下士与“庶人在官者”相同。以为“庶人在官者”的食禄为起点，根据年成上、中、下，用田百亩，供养九人至五人；中士倍下士，上士倍中士，下大夫倍上士……依此类推，王应电列出了三等诸侯国以及王朝各级官僚班禄的数目规定，① 这也是中国历史上第一个成系统的职官食禄表。

《周大学辟雍图》后所附长文实际上就是《周大学辟雍图说》。辟雍一直是礼学史上长期争论的问题。夏商周三代学校名称不同，地点有异，因而众说纷纭，难有一致意见。王应电则通过材料比较认为西周辟雍即大学，初进大学入瞽宗，学有所成入东序，小学在国之西郊。② 其说有理有据，可备一家之说。

《乡饮酒义》是一篇礼学专论，并非研究《仪礼·乡饮酒礼》的专题论文，而是针对王应电同时代人错误理解《乡饮酒礼》中的僎的地位以及四隅相向布席的批评。

《章甫冠说》《玄端端衰深衣说》《裼袭义》是一组关于服饰形制和文化内涵的论文，学术性强，研究难度大。《章甫冠说》揭示章甫之冠的文化内涵。《玄端端衰深衣说》介绍端衰、深衣的区别、联系、形制与文化含义。《裼袭义》意在否定当时流行的大多数衣服有袭衣、裼衣的错误说法，认为衣服之外加袭衣、裼衣的只有裘皮服。而《瑞玉说》《九旗说》所涉及的瑞玉、旗帜不仅具有文化含义，而且在形制上古今都有争论。王应电虽未有独特的发现，但对于细节的关注有别于两宋学者对于礼器义理的过度追寻。至于《车制》一篇更显出王应电在车辆工艺学方面的高超造诣。

① 王应电：《周礼传》，《景印文渊阁四库全书》第96册，第328—329页。
② 王应电：《周礼传》，《景印文渊阁四库全书》第96册，第334—335页。

《图说》也存在一些不足。除了上面提及的一些图示问题，在论说方面也有遗憾。《图说》一书知识性已经很强，不过全书的打磨尚未至善，瑕疵也不少见。例如目录与内容不一致。这些不一致分三种情况：一是有目无文；二是有文无目；三是目录之题与文中之题不一致。目录中有列而书中无相关内容的，如目录有《大明一统图》，书内却没有该图；目录中有《匠人营国九州经纬图说》，书中没有此文。有文却不在目录的，如《虞五服、周九服合一图》后有一篇长文，内容相当于“虞五服、周九服合一图说”，但目录中未列此文。第三种情况如目录中有《虞周九服合一图说》，无《虞周九服合一图》；而行文中的标题为“虞五服、周九服合一图”，并且有图也有说，可见标题、内容不相符。类似的还有，如《周大学辟雍图》后有一篇论辟雍的长文，没有标题，目录中也未列有此文。由此可见今本《周礼图说》尚未最后定稿。

四 王应电《周礼翼传》评析

王应电《周礼传》第三部分为《周礼翼传》，由《冬官司空补义》《天王会通》《学周礼法》《治地事宜》《握机经传》《非周礼辨》《经传正讹》七篇专题论文组成。其中《握机经传》是一篇军事学论文，与《周礼》没有直接关系，不论。

（一）《周礼翼传·冬官司空补义》对《冬官》职官做了有益的探索

宋元学者中流行“《冬官》不亡说”，俞庭椿、吴澄等试图从现存五官中剥离出属于冬官的职官。他们的思路显然错误，割裂经典，破碎大道，为学者所诟病。王应电不赞成“《冬官》不亡说”，他在“《冬官》不亡派”之外另辟蹊径，探索《周礼》设置司空一官的用意及其职官构成。《尚书·周官》说：“司空掌邦土，居四民，时地利。”《礼记》说：“司空度地居民，使地邑居民必参相得，无旷土，无游民。”王应电由此推测出司空之职与土地的关系：“盖司徒掌其图数，而司空治其功程；司空建其始，而司徒守其成，此其联事。”① 王应电还注意到古天文学中关于司空的信息：“空之为言空也，相天下之大势，择其空缺之处而修治补

① 王应电：《周礼传》，《景印文渊阁四库全书》第96册，第382页。

助之。故天文室壁之末有土司空一星，土公二星，主知水土殃咎。”① 由于掌握了这些资料，他将《冬官》研究从俞庭椿剥夺地官司徒职能的歧途中扭转过来。王应电根据有关材料对《冬官》的属官做了推测性研究。他从《尚书·周官》《礼记》和古天文数据中推测出《冬官》应有“大均”等十多个职官，这是《周礼》学史上关于《冬官》研究的重要贡献。以下对这些发现做简要评析。

《冬官》有“大均”“相景”二职。《尚书·周官》说：“司空掌邦土，居四民，时地利。”《礼记》说：“司空度地居民，使地邑居民必参相得，无旷土，无游民。”王应电由此推测，冬官之属“当有掌大均之事如地官之徙民、宗伯之恤众，又当有善于景相观卜以经营疆理于四方”。②此二官，王应电称为“大均”“相景”。

《冬官》有“工师”“梓人”二职。古《星经》天文营室之次有盖屋二星，土公吏二星。王应电由此推测：“以冬官而言，当有工师以统营造诸工，又当有梓人以统制器百工。是即《考工记》之事，《虞书》所谓共工也。”③ 由此得出《冬官》有“工师”“梓人”两职官。

《冬官》有“器府”一职。土司空四星列象于翼轸器府之下。王应电由此推测《冬官》当有“器府”一职，并以此重新解释了所谓“九府圜法”：

> 观《巾车》云：“毁折入齎于职币。”《职金》云：“入其金锡于为兵器之府。”则巾车、器府与九府圜法相通可见，故所谓“九府”者，太府、内府、外府、玉府、器府，与司徒之泉府、春官之巾车、司寇之职金、币余之职币合而为九。④

“九府圜法”是中国经济史上的著名话题，九府所指，唐人颜师古最先做出解答。班固《汉书·食货志》说“太公为周立九府圜法”。颜

① 王应电：《周礼传》，《景印文渊阁四库全书》第96册，第382页。
② 王应电：《周礼传》，《景印文渊阁四库全书》第96册，第382页。
③ 王应电：《周礼传》，《景印文渊阁四库全书》第96册，第383页。
④ 王应电：《周礼传》，《景印文渊阁四库全书》第96册，第383页。

师古注说："《周官》大府、玉府、内府、外府、泉府、天府、职内、职金、职币皆掌财币之官，故云九府。圜谓均而通也。"颜师古指出，九府即《周礼》中的六府三职。然而此注简略，未能说出理由。王应电将"天府"换成自己发现的"器府"。因《周礼·春官·天府》言天府并不掌货币，与经济没有直接关系。今天虽然难以判断王应电的探索是否正确，不过仍可备一说。

《冬官》有"匠人"一职。王应电注意到《星经》等文献记载井宿主水衡事，附星有南北河、四渎，主大水，水位；水府主沟洫小水。而禹作司空"决九川，距四海，浚畎浍距川"，当有匠人以治沟洫，通津梁。以此他推测《冬官》当有"匠人"一职官。

《冬官》有"垒壁氏"一职。《周礼》有大田之礼、大阅之礼。《星经》天文陬訾之次有垒壁阵。因此王应电推测《冬官》当有"垒壁氏"掌大阅之礼，其法统于司马，其民出于司徒，其事则掌于司空。①

《冬官》有"掌巡守"一职。《星经》天文玄枵之次有天官、河鼓、阁道等星。《周礼》天子有巡狩之礼，春东、夏南、秋西、冬北而一终。因此王应电推测《冬官》当有"掌巡守"一职，管理道路、津梁，通山川。

《冬官》有"考工"一职。五官都有职官协助各官府之正长，年终考核。王应电推测，司空当有官属总修六府之职，岁终佐冢宰考课，此职官即"考工"。

《冬官》有"准人"一职。冬官主土木工程、百工工艺，涉及技术标准问题。而人性喜爱投机取巧，没有职官以行业标准治理，则不合格产品难以禁止，因此王应电推测《冬官》有"准人"之官。②

《冬官》有"啬夫"一职。王应电推测《冬官》当有"啬夫"一职，主掩闭室庐，收藏积聚，封守键闭。

《冬官》有"左史""右史"二职。由于冬官为事官，而文献记载左史记言、右史记事，《周礼》五官有内史、大史，无左、右史，因此王应

---

① 王应电：《周礼传》，《景印文渊阁四库全书》第96册，第383页。
② 王应电：《周礼传》，《景印文渊阁四库全书》第96册，第383页。

电推测《冬官》有左史、右史二官。①

此外，王应电还推测当有“掌死器”之事官以及“掌水泉”“掌鱼政”“掌盐政”“豕人”等五官，这些探索均具有一定的合理性，在此不一一介绍。

王应电根据古老的星学、历学和其他资料，对《冬官》可能有的职官进行了推测性研究。研究成果虽然难以实证，却比“《冬官》不亡派”高明得多。他的相关研究在《周礼》学史上《冬官》研究为数不多的成果中属于佼佼者。

（二）《周礼翼传·天王会通》篇拓宽了《周礼》研究的视野

《天王会通》篇将古天文学二十八宿与《周礼》王官进行对比融通，从而把握《周礼》设官本义。这条思路非常有价值。古天文学与现代天文学不同，其内容建立在对当时社会生活的理解上，古天文学的内容乃是古代社会政治生活在天文学上的折射。从古天文学二十八宿星辰名称中发掘中国古代职官信息，郑玄注《周礼》就已经有所涉猎。但郑玄的做法局限在个别注释中用古天文学资料比附相关职官，没有做更深层次的发掘。王应电是系统研究两者之间关联的第一人。《甘石星经》撰写于战国时期，那时正处在七雄崛起时代，没有统一的中央政权。但在相关的古天文体系中出现了以紫薇垣为中心、天帝操动天枢统摄二十八宿运行的天体系统说。古天文学家设置这一套系统，必定参考了西周以天王为中心的封建体制，因而从中捕捉西周职官信息是可行的。例如参宿，王应电说：“参中三星为中军，正中一星大将，旁二星参谋也，命名为参，以此二肩为左右将军，二足为前后将军。伐，大将之柄，主大司马九伐之法以正邦国者也。”② 王应电的研究成果表明，《周礼》职官体系与古天文学二十八宿体系不属于同一个体系，《周礼》设官没有模仿古天文学。就本条引文看，古天文学所设军事系统是常备军系统；而《周礼》不设常备军，无常设军事将领，兵农一体，战时农即兵，大司徒所属官员即为将，可见《周礼》设官思想渊源更加古老，这对于探索《周礼》职官设置的思想来

① 王应电：《周礼传》，《景印文渊阁四库全书》第 96 册，第 384 页。
② 王应电：《周礼传》，《景印文渊阁四库全书》第 96 册，第 392 页。

源不无裨益。不过王应电说“周公设官分职，皆出自天”，则本末倒置。

（三）《周礼翼传·学周礼法》对如何学习《周礼》提出了有价值的新见解

《学周礼法》为通论性质的专题论文，集中体现了王应电的《周礼》研究观。他总结自己治《周礼》的心得就是“以经证经”。针对时人对《周礼》的一系列责难，王应电做了简要的回答，如以兼官、临时设官来回答《周礼》食禄人群之庞大；以注家误解回应《周礼》关于“奔者不禁”“后、世子不会”等问题；以周公通于幽明回答时人所谓“《周礼》烦琐驳杂”的责难，等等。

《学周礼法》还提出几条让人耳目一新的论点。王应电提出，学《周礼》要以天为体，才能得圣人心胸：“学礼者非与天为体，安得有圣人心胸？彼以章句训诂为能穷遗经，以仪章度数为能尽儒术，何足语此！”① 批评所指当为汉唐注疏之学，我们将王应电的《周礼》研究视为《周礼》两宋义理学的余波依据也正在于此。

王应电指出：《周礼》体系非刻意为之，天、地、人是自然演化的必然之物；《周礼》职官是一个完整的体系，不能割裂，“正如六出之花，一瓣脱即不成花。至若王宫、王朝、都鄙、邦国、士庶子、万民、万物以及于祭祀、宾客、军旅、器荒，每事重重提缀，此却如束物之六匝，一职不至即管摄有不周。苟得此三义，肯移易《周礼》乎？”② 显然此论针对俞庭椿等“《冬官》不亡”而发，王应电为《周礼》考据学酝酿期一大家也在于此。

王应电还特别指出，《周礼》制度有可用者，有不可用者，有斟酌损益可用者，不必变今泥古，“要在于变而通之，然后可与语行周礼也”。③ 最后，王应电总结说：“知《周礼》所载凡法制之琐碎烦密者可行之于封建之时，而不可行之于郡县之后。必知时适变者而后可与通经学古之说也。”④ 此为《周礼》致用学的至论，在今天仍然具有借鉴意义。

---

① 王应电：《周礼传》，《景印文渊阁四库全书》第96册，第394页。
② 王应电：《周礼传》，《景印文渊阁四库全书》第96册，第394页。
③ 王应电：《周礼传》，《景印文渊阁四库全书》第96册，第395页。
④ 王应电：《周礼传》，《景印文渊阁四库全书》第96册，第401页。

（四）《周礼翼传·治地事宜》篇对《周礼》地官研究有新贡献

《治地事宜》是一篇关于《周礼》农业问题的专论，显示王应电对于《周礼》事功问题非常重视，也显示王应电所掌握的农业相关知识相当扎实。全篇分别由“尺”“步”“公田二十亩为庐舍”“十一说”“余夫疆与受田说”“授莱田法”“井田夫家总论”“程张井地语录”“朱子开阡陌辩”“井田沟洫汇川用田数”“诸侯封地实封食禄考”“丘甸通成出车合一”“丘甸通成士徒合一”“丘甸旁加一里之非”“井田车马兵器”“成周兵民之制”“田赋兵民起数义”等十七个小论题组成，从最基础的土地丈量开始，认为最基本的度量单位寸、尺、步起于人体，而人体古今变化不大，基本度量也没有变化。由寸而尺，由尺而步，由步而亩。田亩为农事最基本问题，认为亩的大小古今虽有变，但田亩耕作安排没有变化。《周礼》时代以百步为亩，亩中三甽，深一尺；甽边为伐，高一尺。甽中种庄稼；松伐土护苗根成陇。百亩成夫，夫间有遂以行水，遂上有径以行人；十夫有沟以流水，沟上有畛行牛马，并指出这是“周礼”时代的通制。王应电所说颇有道理。

在《治地事宜》篇中，王应电提出一批新观点。王应电否定前人乡遂用贡法、都鄙用助法的旧说，认为《周礼》田法无乡遂、都鄙之分。一亩三甽、百亩成夫、夫间有遂、遂间有沟的基本形制不变，所不同者，“井限于九夫，牧则十夫，此微不同。然所谓九夫者乃九夫之地，非九家也。且每井有余夫等受田一井，实不止九夫，故举成数言，岂可因此而遂分乡遂、都鄙有二法乎？”① 这是对汉儒井田、沟洫授田法二分说的挑战，所说言之成理。

关于授田问题，王应电也有新发现。《周礼》中有莱田，即用于轮休之田，王应电发现，莱田授田有两种情况，一种是莱田与正田在一处，另一种是正田与莱田不在一处。② 这也是发前人所未发，可见其研究之深入。

关于公田的计算，王应电也有发现：“公田之入亦当以上、中、下三

---

① 王应电：《周礼传》，《景印文渊阁四库全书》第 96 册，第 405 页。

② 王应电：《周礼传》，《景印文渊阁四库全书》第 96 册，第 406 页。

等之田计之，故有三井而当一者，有二井而当一者，有一井而当一者。《夏官·量人》云‘凡班赏地三之一食’。赏地多闲田，故率三井而当一井，此可以为证。”① 此言也可备一说。

关于“十一税”，王应电也有补充。《周礼》税法，《地官·载师》有“国宅无征，园廛二十而一，近郊十一，远郊二十而三，甸、稍、县、都皆无过十二，唯其漆林之征二十而五。”王应电发现“十一税”有三种情况：“凡十一之制，有十之内取其一者，贡法是也；有十之外取其一者，公田二十亩为庐舍，民所耕田共一百一十亩是也；有九分而取其一者，公田无庐舍，官皆取之，九百亩中取一百亩是也。大约不出十之上下，故总谓之十一。”② 此发现将之前的《周礼》“十一税”研究推向更深更细处。

关于授田，《周礼》所说与《孟子》等不合。《孟子》所说一井八家，各受田百亩，似乎整齐划一。而《周礼》田分上、中、下三等，受田之家人数也有七人、六人、五人三等，此外各家尚有余夫，同样授田。看来《周礼》说更细致，更符合实际情况，也更容易操作。对于二者的不同，王应电以为《周礼》所说为王国初创期，《孟子》所说为井田制繁盛时代。③ 王应电在研究与井田有关的问题时无不以地分三等，因而在计算公田、莱田、余夫问题方面都有新说，丰富了《周礼》授田问题的研究成果。

在授田问题上，以前的学者对于“余夫”授田问题的专门研究成果不多。王应电在这个问题上提出新说，他认为所谓“余夫”，即为长子诸弟，余夫娶妇生子并不分家，直到余夫有孙，才受夫一廛、田百亩，另立一家。他认为这样做有四大好处：一是“父子兄弟永无分居之理，骨肉之亲有天伦之乐，无离索之忧”；二是“诸弟各有余夫田，宽裕自生礼让，而无迫促畔怨之患”；三是“有孙则别居受田，既以休老，又使夫人各私其亲，以尽人子之情”；四是“长子世守田里庐舍，支子以次宗之，

① 王应电：《周礼传》，《景印文渊阁四库全书》第96册，第409页。
② 王应电：《周礼传》，《景印文渊阁四库全书》第96册，第407页。
③ 王应电：《周礼传》，《景印文渊阁四库全书》第96册，第410页。

默寓宗法”。[1] 这是对余夫受田问题最“前沿性”的探讨，将余夫受田与宗法制度结合起来考虑，显然比前辈学者考虑得更周到。

此外，王应电还有一批新说，观点新颖，但论证不充分，不过对相关问题的推进也有参考价值。例如关于“五家为比”的问题，如果按照六乡、六遂、近郊、远郊四面各百里计算，为田六十四同，每同为二万五千余家，合有一百六十万余家，要有三十二万名比、邻长，显然，王朝不可能养活这么多下士比、邻长。《周礼》六乡、六遂序官之数，比、邻长只有三万人，这个数量只能管理十五万家，这是《周礼》为人诟病的地方。王应电提出一比长统辖五十家说：“是一家而兼十家，每一比长所统五十家矣。盖凡比与其长之员有定，而其民则十倍而有余，岁以五家为正，以其余为副，十年一周，名则五家，而所统实五十家。故公私之事岁无所缺，禄不见其多，而民不知扰也。”[2] 此说虽美，却没有足够的证据论证，还是留下遗憾。

再如田赋兵民起数单位问题，或以十起数，或以四起数，或以五起数，起数不同，前人没有充分论证。王应电说：“井、邑、丘、甸、沟、洫、浍、川、通、成、终、同、比、旅、族、党、伍、两、卒、旅，其起数皆不同者，井、邑、丘、甸、县、都主于兵赋，以田为事，田之势方，但欲其备车马兵器以防调发，故各寓于野而以四起数。遂、沟、洫、浍、川主于疏导以防水为事，防水之势长，当与居其间受其利者任其事，故曰井、曰牧，并以各水为分，而以十百起数。通、成、终、同，封畿者主于封国，有国之事莫急于农事，莫重于兵赋，故兼夫丘、甸、沟、洫，二者一纵一横，水于是而治，赋于此而定，兼夫十与四而为数也。若夫比、闾、邻、里主于教训，服役守御以民为事。教训必会集而后施，役民必于农隙，守御宜于团聚。故皆在邑而以五起数。若军伍之法，止则百人共庇一车，战则用伍、两、卒、旅以为奇正更休，故亦以五起数，莫不各有天然之数，所以不同也。”[3] 此说也算好学深思，心知其意，虽未充分论证，也可为一家之言。

---

① 王应电：《周礼传》，《景印文渊阁四库全书》第 96 册，第 407—408 页。
② 王应电：《周礼传》，《景印文渊阁四库全书》第 96 册，第 425 页。
③ 王应电：《周礼传》，《景印文渊阁四库全书》第 96 册，第 430 页。

（五）《周礼翼传·非周礼辨》篇具有论战性质

本篇王应电选取胡宏、舒芬、季本三位学者非议《周礼》代表性观点予以分析驳斥，学术创新虽然不多，但在《周礼》学史上具有重要意义。这是在东汉林孝存作《周礼十论》《周礼七难》及郑玄作《答临孝存周礼难》之后《周礼》学史上反对者与维护者第二次正面论战。林孝存、郑玄论战的著作已经失传。元、明两朝吴澄、舒芬、季本著有专论，或非《周礼》错乱脱落，或非《周礼》不合理，或非《周礼》伪造。王应电的《非周礼辨》选取胡宏、舒芬、季本三人非《周礼》的主要观点和论据进行驳斥，是《周礼》学史上第二次论难中维护《周礼》一方的代表作。

《辨胡氏非周礼》一章选取胡宏十四条非《周礼》的观点加以驳斥。胡宏（1106—1162），字仁仲，号五峰，南宋崇安人，理学家，湖湘学派创立者。其父胡安国与王安石新学对立，胡宏也继承了胡安国的学派立场，攻击《周礼》，以《周礼》为刘歆伪作而予以非难，相关短论如《周礼祀冕》《周礼礼乐》《极论周礼》《周礼五官》《建国井田》《祭祀郊社》《送死礼文》等收入所著《五峰集·皇王大纪论》中。胡氏非《周礼》说多为政论性质，如非《周礼》“以利为义”，非冢宰“别为一治法”，非冢宰治理后宫，非士庶子守卫王宫，非阍人守门，非甸师代王受眚灾，非《周礼》设立夏采招魂之官等，多为缺乏学术性深思熟虑的论题。王应电关于《周礼》的综合学识水平超过了胡氏，三言两语即驳倒胡氏之说，这对于推动《周礼》学术研究的深入虽助益不多，但对维护《周礼》经典的地位仍然有价值。

舒芬（1484—1527），字国裳，号梓溪，明代南昌进贤人，经学家。有《周礼定本》一书，分十三篇，为典型的疑经之作，前五篇为《五官叙辨》，走的是吴澄、俞庭椿割裂五官以为《冬官》的老路。第七篇对《周礼》经文做“剔伪”工作，直接剔除大量的《周礼》经文原文，以为伪作。以天官为例，仅仅前六职经文中，《大宰》经文被剔除九十五字，《小宰》经文被剔除十九字，《宰夫》经文被剔除十九字，《宫正》经文被剔除八字，《宫伯》经文被剔除六字，《内宰》经文被剔除二十三字。如此大规模剔除《周礼》正经，可以算得上《周礼》学史上的极端，同时也说明两宋以来的《周礼》辨伪学已经走上末路。王应电《辨舒氏非周礼》一章专为舒芬《周礼》“辨伪”、“移易”和“剔伪”而作，包括“移易《周礼》设官”二十条，“舒氏刊去《周礼》元官”七条，“舒氏更改经文”二条，“舒氏辨前人移官之非”二十六条，总共五十五条，王应电逐条分析辩驳。由于舒芬对《周礼》经文的辨伪、职官的移易和戡削以主观的“义理”推测为主，王应电也大多以义理推测针锋相对，因而其学术价值并不大。

季本（1485—1563），字明德，号彭山，会稽（今浙江绍兴）人。所著书有《庙制考义》《春秋私考》《读礼疑图》《诗说解颐》《易学四问》凡十一种，《读礼疑图》为其疑《周礼》的主要著作。王应电《辨季氏非周礼》一章专为驳斥季本非《周礼》而作。季本对《周礼》的非难具有一定的技术含量，王应电因此在该章中分为“引《礼记》证乡大夫征役之重”“引《孟子》证关市山泽之赋”“夏殷周授田不同”“匹夫匹妇之供”“居民井田俱以伍纪”“万人为一军”“调兵先近后远”“王畿侯国地方里数”“侯国王畿出车不同”“畿内外贡助异法”“大宰九赋”“季氏论军赋口赋”十二小节，逐一做回应性质的分析。例如季本对“大宰九赋”的非难，以郑玄对“大宰九赋”的错误理解为根据，而非《周礼》经文本身的问题。郑玄错误地认为“大宰九赋”类似于汉代的“口率出泉”。王应电分析说：“谓口率出泉、商货取税斥卖官物有息，皆汉已后事，注家以解《周礼》，此其大误。季氏非之是矣，但用是以非《周礼》，不亦异哉！”① 抓住季本本末倒置的失误，釜底抽薪，让季本对“大宰九赋”的非难失去了依据。

（六）《经传正讹》在《周礼》文字学研究方面具有独特的贡献

《经传正讹》是一篇五经文字学专论。本篇的贡献在于从字形学角度探索经传在隶定过程中出现的文字失误。自古研究经学音韵学的成果颇为丰富，而专门研究经传字形学的成果非常少见。《经传正讹》分别对《周易》《尚书》《诗经》《仪礼》《春秋》《论语》《礼记》《周礼》八部书的经传文字以及经传通用的一批文字字形在隶定过程中产生的错讹进行了辨

① 王应电：《周礼传》，《景印文渊阁四库全书》第96册，第450页。

析。这篇专论涉及《周礼·天官》的有二十六字，涉及《地官》的有十二字，涉及《春官》的有十四字，涉及《夏官》的有六字，涉及《秋官》的有二十四字。王应电学通《说文》，又对古文、篆文有所了解，具有比较深的文字字形学造诣，因而其说大多有据。如“教”字，他分析说：“谓小子效于师，师执朴示之，非‘孝’‘文’二字。”此说正确。又如“政”字：“从攴，刑以辅治也，不从文。”“刑”字：“从井，水静则平，言用刑者当如水之平，刀字不当作刂。”又如“事”字：“从中从之，谓执中。”又如“腊”字：“此即腊肉，字从肉，日干，因借为今昔字，复加肉作腊，赘。”再如“医”字：“医师当从巫，医言其道通神也。醫乃梅汤造法如酒之意，浆人醫酏字用之，今混为医师字，非。”这些分析虽不无瑕疵，但大多能够经受后世成熟的文字学检验。《经传正讹》标志着《周礼》训诂中的字形学研究已经摆脱王安石错误的《字说》路数走向以《说文》为标准的学术研究之路。

当然王应电说字也并非没有瑕疵。例如说“柄”字：“八柄诏王驭群臣，古文作棅，有秉执之义，尤善，别作枋，非。”此说前半部分正确，后半部分有误。“柄”字又作“枋”，当为“柄”字的异体形声字。古无轻唇音，“方”“秉”“丙”音近可通，只不过作“棅”形声兼会意，而“柄”为习见字，“枋”少见而已。

王应电《经传正讹》是一篇专业性很强的学术论文，不仅对经传隶定造成的字形不合理现象提出批评，还依据古文和篆文对《说文》的失误有所辨析。虽然单个字的研究还不够深入，不少意见也不一定正确，但该书为经学研究开辟了文字字形学领域。乾嘉考据学重视《说文》《尔雅》，学风的源头应回溯到王应电。我们不能不说王应电的《经传正讹》是经学学术研究转型酝酿期难得一见的成果。

在元、明两代《周礼》学学者中，王应电最具有创造性，知识储备丰富，学术功底深厚，是《周礼》学相对平庸的时代最具光彩的一位。他的学术遗产传承者少，未能形成自己的学术流派，在生前也少有人注意，因而未能推动有明一代《周礼》学研究的转向。他的学术著作生前没有出版，三部《周礼》学著作的整理也不精细，多多少少影响了三部书的质量。不过站在清代考据学高峰回望，王应电的成果应该在视野中，其价值不容低估。其新见之富、学问之博、根基之固，犹如在元明《周礼》学平庸时代忽见大山，让人耳目一新，精神为之一振。综合考察王应电的《周礼》研究，他的成就可以跻身《周礼》学最优秀的一批学者之列，应是在杜子春、郑司农、郑玄、贾公彦、孙诒让之下傲视群雄的学术大家。

第二节 方苞的《周礼》学

作为宋明清时期《周礼》义理学的余波，清代《周礼》义理学的余浪经过清初万斯大、毛奇龄、李光地、李光坡等学者的推动，到方苞，已经达到最高点，同时也是衰落期的开端。方苞对义理的探索兴趣逐渐让位于考证，万斯大对方苞的影响逐渐淡去，而李光坡的《周礼》学说多为方苞所发扬。但总体来说，方苞的《周礼》学呈现由义理学向考据学过渡的状态，是通向考据学的桥梁。

方苞经学著作颇丰，其中《周礼》学研究就有《周官辨》《周官析疑》《周官集注》三部专著。由于《周礼析疑》的主要成就大多见于《周官集注》，本节重点分析《周官辨》和《周官集注》两部专著。在经学学派立场上，方苞的《周礼》学宋学特征明显。在治学方法上，伦理道德评判与考据参半，显示了不同于宋学的特色。方苞的《周礼》学研究上承清初《周礼》义理学，下接乾嘉《周礼》考据学，他也是清代《周礼》学过渡期最重要的学者。从《周官辨》到《周官集注》，方苞的《周礼》学研究经历了从感觉到实证的转变，其义理学研究获得了更多的文献和训诂支持。方苞曾为三礼馆的实际负责人，学术地位高，追随者多，学术影响大。在一定程度上可以说，方苞的《周礼》学研究对于清代《周礼》学从宋学转变为朴学起到了桥梁作用。

方苞的《周礼》学思想可以分为早期、中期与后期三个阶段。早期以青年时期撰写的《读周官》为代表，全信《周礼》。中期成果以《周官辨》为代表，宋学成分浓厚，受万斯大影响十分明显，典型标志是试图从《周礼》中剔除刘歆、王莽“伪造”的部分。方苞认为，《周礼》是圣人所作，但其中有些地方窜入了王莽、刘歆伪造的内容。他的《周礼》

学术研究致力于揭示《周礼》“圣人用心处”，剔除王莽、刘歆的伪文。后期以《周官集注》为代表，在《周官辨》中确认的“刘歆、王莽伪造”的大部分条文不再被提起。可见方苞的《周礼》学思想发生了转变。《周官集注》继续关注《周礼》的“义理”问题，但往往将精力放在字义辨析、名物制度解说上，显示清代《周礼》义理学发展到方苞已经开始转向，考据学的苗头已经显现。而中期与后期相隔不到十年。

一 方苞的《周礼》辨伪解惑

根据年谱，方苞研究《周礼》在其即将步入中年之前。收在《方望溪集》中的《读周官》一文作于康熙丙子年，即 1696 年，方苞时年二十九岁。这篇短文主旨即批评欧阳修、胡宏“《周官》伪书说”，赞扬《周礼》为“三王致治之迹”；以王安石变法不合时宜；战国秦汉间人没有水平伪造此书。

方苞第一部《周礼》学专著为《周官辨》，此书也类似于宋学中的“专题论派”著述，为方苞《周礼》研究的缩影。早期版本附有多人评语，当为那个时代出版业的风尚。此后无论是《周官集注》还是《周官析疑》，乃至在三礼馆所编《周礼义疏》，都以此为出发点，只不过持论越来越平和。五十三岁作《周官集注》，五十四岁有《周官析疑》，七十四岁完成《周官义疏》编撰，方苞的《周礼》研究最终成果见于此书。[①] 由于该书为清初“钦定”的集体成果，从中难以将方苞个人的成果一一析出，我们评析方苞的《周礼》研究不得不舍弃该书。

根据清人龚绥在雍正三年（1725）为《周官辨》所作序文，方苞因“《南山集》案”入狱，狱中研究礼学，出狱后随即成《周官辨》一书，此年方苞已四十六岁。又清人顾琮乾隆七年（1742）为《周官辨》作序，以为方苞到中年因戴名世案入狱才“开通”《周礼》《仪礼》研究。龚绥、顾琮的序文都指出《周官辨》的主旨是从《周礼》经文中辨析王莽、刘歆伪造的部分经文。可见在这部书中方苞所持的主要观点与其早年所写《读周官》有比较大的变化，以为《周礼》真中有伪，此书的主旨就是辨

① 冯峰：《方苞礼学的形成及其特点》，《历史档案》2010 年第 3 期。

出王莽、刘歆所作伪处。

《周官辨》由二篇辨伪、八篇辨惑共十个专题构成。关于《周礼》的作者，自刘歆晚年提出为周公所作之后，贾逵、马融、郑玄以下直至古典《周礼》学集大成者孙诒让，均主张“周公所作说”。东汉何休、林孝存以为战国时人所作，但“周公所作说”还是古典时期的主流说法。北宋欧阳修、刘敞、苏辙、胡宏等挑战“周公所作说”，甚至主张“刘歆、王莽伪造说”。宋、元、明三代，质疑《周礼》之声不绝于耳，然而这些质疑大多为感悟式，缺乏学理和证据支持。而宋代学术大师张载、程氏兄弟、朱熹、真德秀等均主张此书非圣人不可作。方苞治《周礼》时已经处在个人学术的成熟期。一方面，《周礼》体系博大，思想深邃，构建严密，二程、朱熹高度赞誉不为过分。另一方面，《周礼》书中确实有西周不该有的东西。在处理这个问题时，方苞形成了“折中主义”观点，以为《周礼》的主体为周公所作，中间窜入了一部分王莽、刘歆等人伪造的内容。《周官辨》即辨析论证哪些地方是刘歆等伪造的。其具体内容，我们总结为：一辨《载师》赋税之伪，二辨《媒氏》荒谬，三解赋税之惑，四解“王日一举”之惑，五解“山泽有征”之惑，六解酷刑之惑，七解兵赋之惑，八解乡遂设官太多之惑，九解用《周官》之功难成之惑，十解“以五官补冬官”之惑。前六篇指证歆、莽所伪处；后四篇解世人对于《周官》之惑。

《周官辨》的第一篇提出《周礼》“三伪”：一以《载师》赋税率为伪，二以《廛人》“五布”为伪，三以方相四职为伪。前两项属于赋税问题，后一项涉及《方相》《壶涿》《哲族》《庭氏》四职，属于民俗问题：

> 《周官》九职贡物之外，别无所取于民，而《载师》职则曰：“近郊十一，远郊二十而三，甸、稍、县、都皆无过十二。”
>
> 市官所掌惟廛布与罚布，而《廛人》之絘布、总布、质布别增其三。
>
> 夏、秋二官驱疫禬蛊，攻狸蠹，去妖鸟，驱水虫，所以除民害、安物生、肃礼事也，而以戈击圹，以矢射神，以方书厌鸟，以牡橭象

齿杀神，则荒诞而不经。①

第一“伪”，以《载师》赋税率为伪。《载师》税率为什么远近不一样，实际上郑玄早已做过解释。郑玄《载师》注说：“周税轻近而重远，近者多役也。”郑玄言虽简，其义甚明了。由于近者多徭役，因而税轻；远者徭役少，因而税重。然而宋元以来质疑《周礼》者大多拿这一条文说事。江永指出“近郊十一，远郊二十而三，甸、稍、县、都皆无过十二”为《周礼》“砥远迩之法”。什么是“砥远迩之法”？平民有赋、贡、力役任务。在原则上，所有应服力役赋贡者的负担应当是平均的。但人所居有远近之别，交通成了制约因素。例如贡九谷、货物，千里之外贡九谷，路途消耗太大，得不偿失。隋朝征伐朝鲜，士兵推一车粮食，人不到辽东，粮食已经耗尽。为避免此类消耗，“砥远迩之法”不失为一种好的选择。藉田以力、近者贡粗而且服、远者贡精而不服都是这类“砥远迩之法”的内容。由此可见方苞在这个问题上对郑玄注重视不够，疑所不当疑。

第二“伪”，以《廛人》“五布”为伪。关于《廛人》“五布”问题，江永以为“絘布”之“絘”是“次”的异文，次即市次，即市场，“次布”即郑司农所说的“列肆之税布”，类似于今日的“市场交易税”。“总布”即王安石所说的“肆长总敛在肆诸物之布”，由肆长汇总到廛人处，因称“总布”。“质布”，江永以为是领取市场交易凭证质剂的成本税。“廛布”即仓储税。“罚布”即对违反市场交易规则进行罚款的收入。② 可见以上五布都有来历，《周礼》所列都说得通，方苞也是疑所不当疑。

第三“伪”，以方相四职为伪。对于方苞所说的《方相》《壶涿》《哲族》《庭氏》四职文“荒诞不经”，我们前面已经说过，其已经被现代文化人类学证实是古老的风俗，其中方相氏所说的“黄金四目”，现代学者孙作云等考证后认为与“古代戏剧的活化石”傩戏相似。西方文化人类学的引进再次证明这些“荒诞不经”之说非常可靠，属于“原始思

① 方苞：《周官辨》，《方苞全集》第1册，复旦大学出版社，2018年版，第217页。

② 江永：《周礼疑义举要》，《清经解》第2册，第212—220页。

维”，文明社会的作伪者是捏造不出来的。

方苞提出的《周礼》“三伪说”大体上沿袭宋元以来质疑《周官》者旧说，特别是沿袭万斯大之说而不挑明，实为不可取之举。同时友人李厚庵称赞说：“义理详明，证据确切。使胡文定父子见之，亦当懑然心服。”蔡良村称赞说：“其说皆古所未有，而按以经义，揆之事理，无一不即乎人心，此之谓‘言立’。”李雨苍称赞说：“此真西山先生所谓‘能定千古是非’之文。山有崩颓，河有变迁。此案一定，终古不易。”这些溢美之词，当为刊书商习气。

《周官辨》的第二篇辨《媒氏》“奔者不禁”为伪。这是重复万斯大说，第一条理由与万斯大无异：以为周公成周之治，不至于如此不堪。这个理由属于伦理道德批评。第二条理由方苞自认为是创新：

> 盖莽之法，私铸者伍坐，没入为官奴婢，传诣钟官者以十万数。至则易其夫妇，民人骇痛。故歆增窜《媒氏》之文以示《周官》之法；官会男女而听其相奔，则以罪没而易其夫妇，犹未为已甚也。莽之母死而不欲为之服，歆与博士献议《周礼》王为诸侯缌衰，弁而加环绖，同姓则麻，异姓则葛。今《周礼·司服》无“弁而加环绖”三语，则《媒氏》之文，为歆所增窜也决矣。①

这是“有罪推定法”，非学术研究方法，流于猜测，犯了学术大忌，显示方苞撰写此篇时尚沉浸于宋学武断之风，不能自拔。而李可亭称其为“程朱以后，开阐圣经之功，惟兹为巨矣”，也是言过其实。

《周官辨》的“辨惑”部分有八篇。

第一篇“辨惑”，内容有四项：批评郑玄注“九赋”为“口率出泉说”；指责《司市》遗失之物三日无人认领则充公；指责《司关》《司门》没收货物并罚款；批评《泉府》贷款收利息。结论是《泉府》职文为刘歆篡改。② 其中郑玄注“九赋”为“口率出泉说”、《泉府》“以国服

① 方苞：《周官辨》，《方苞全集》第1册，第221页。
② 方苞：《周官辨》，《方苞全集》第1册，第222—225页。

之息”两项，宋人已经提出尖锐的批评，并非方苞首创。但直言不讳地“考证”刘歆为迎合王莽而伪造《泉府》职文，这是方苞的首倡，并且对后世康有为有启发。然就学术而言，并无可取之处。

“辨惑”第二篇谈《天官·膳夫》“王日一举”与《礼记》“天子无故不杀牛”说矛盾。方苞提出，王平常日食少牢，只有月初、月半两日食太牢。太牢为最高级别之食，如果平常食太牢，那么大食时何以加之？这个推理可以成一家之言。方苞还从《醢人》《醢人》《大司乐》职文中找证据，都显示了一定的考索能力。批评王安石的“优尊说”，指出北宋亡国祸起自康成“王、后、世子之食不会”。王安石《周官新义》的确提出“优尊说”，说王安石提倡郑玄的“优尊说”导致高俅、童贯、王黼迎合徽宗穷奢极侈，以至北宋亡国，结论难以令人信服。本篇作风与南宋以下《周礼》义理学高度近似，文风类似政论。而李雨苍点评此篇，说只有刘原父释“三礼”才有此卓识，明显不符合实际。后来，方苞在《周官集注》中的观点就平和多了：

> 陪鼎之实，即庶羞在豆者，无俎。鼎实，经无明文。疑《疏》所列乃朔月、月半之馈。常日虽十有二鼎，而所用不过少牢。《玉藻》“天子日食少牢，朔月大牢”是也。《记》曰：“天子无故不杀牛。”又曰：“天子社稷皆大牢。”则群小祀不敢用也，而乃日以自奉乎？①

这段引文从维护经文角度寻找解决方案，完全不同于《周官辨》。方苞对于《膳夫》“王日一举”日食太牢说的批评在现代也有影响。台北经济学家侯家驹借用慈禧太后食谱，对此又做了发挥，貌似有理，实是未深究经传。我们的研究发现，春秋时代存在“公务餐”，君臣同食，著名的“染指”典故就出自“公务餐”待遇问题。“王日一举”，或可从“公务餐”视角来看。也可以不从郑玄注，不以“一举”为一举太牢。

---

① 方苞：《周官集注》，《方苞全集》第2册，第68页。按：该处点校有误，原文“陪鼎之实即庶羞在豆者无俎鼎实经无明文”标点为“陪鼎之实，即庶羞在豆者，无俎鼎实，经无明文”，引文为改后标点。

“辨惑”第三篇看似解说为什么关市有税、山泽有贡，实际上是赞扬周公关市山泽之策的圣人用心，批评学者指责关市之税、山泽之征。此说似对万斯大而发，显示方苞虽疑《周礼》，并不是“凡疑说皆好”，而是相信自己的独立判断。全篇文顺辞美，恰似一篇政论文，而非学术论文。

第四篇“辨惑”因《周礼》刑法而发。方苞辨析了三项内容：一是辨析《大司寇》“两造法”，即诉讼双方纳束矢钧金然后听讼问题；二是《司盟》狱讼者则使之盟诅，“盟诅各以其地域之众庶共其牲而致焉”问题；三是《条狼氏》“六誓”问题。

“束矢钧金”与“誓驭曰‘车轘’”这是万斯大“四十七非”中的两“非”。可见方苞针对的就是万斯大的误说。方苞将“纳束矢钧金”和“盟诅”合起来做了细致分析，指出纳束矢钧金正是为了让无端诉讼者付出经济代价。“盟诅”则是对难以判断的案件“临之以鬼神，以怵其心”。篇后录陈沧州点评说：“余经历郡县，久谙民事，乃知此文灼见圣人立法之意。”点评可谓到位。

但奇怪的是方苞认可《条狼氏》誓仆右以下诸条，却以誓大史、小史为非，指为刘歆伪造，难免武断。《条狼氏》誓仆右曰“杀”，誓驭曰“车轘”，誓大夫曰“敢不关，鞭五百”，誓师曰“三百”，誓邦之大史曰“杀”，誓小史曰“墨”。既然前四誓可靠，为什么后二誓有问题？方苞的辨析还不充分。

第五篇“辨惑”辨南宋魏了翁对《周礼·大司马》兵赋之惑：“《司马法》，田穰苴之法也，而康成以证《周官》。果若所云，七十五人出革车一乘，甲士三人，马四，牛十二，则井田固厉民之法也。”方苞直指魏了翁此“惑”为无知的谩骂，不知三代井田与秦汉以下租耕之别，以后世之情当三代之事。更指出魏了翁阅读《周礼》不精，以一甸出大车一乘，误为七十五人出此数。① 注意分别礼制对应社会变迁是本篇最大的亮点，显示方苞的《周礼》研究进入深层次。

第六篇为北宋欧阳修以《周礼》设官太多而作。欧阳修指斥《周礼》设官有十四万之巨，方苞则指出欧阳修计算有误，乡遂小吏里胥、邻长，

① 按：魏了翁《尚书要义》卷四讨论了这个问题，并没有见此类误读。

为不命之士，实为乡之民，与在朝之士有别。族师虽为上士，也是不命之士，享受倍田授田待遇而已，《司士》有“以功诏禄，以久奠食”，说的就是这些不命之士。其长所自辟除者，按照在职长短，配给廪食；在乡遂不命之士，则增益其田。在本篇中，方苞又以何休说井田法与《周礼》乡遂之官参照，并以秦汉赐民爵相况，这是方苞的一项贡献，发前人所未发。通篇对《周礼》比、闾、族、党、州、乡基层组织设置与职能运行如一之妙赞不绝口。

第七篇“释惑”，释用《周礼》之惑。《周礼》虽好，却不能照搬。方苞提出，余贷之法、掌节之法、读法之法、物贡之法，能行于周，不能行于后世。世变时移，治者当因地、因时制宜。管子治齐、诸葛亮治蜀，号称能用《周礼》，却不能指实用《周礼》何制，乃用其大概。方苞自称此说申“贵与马氏”说，类似政论文，与宋代李觏说《周礼》相似。其说深得《周礼》致用学的本质。

第八篇“释惑”，释“《冬官》不亡”之惑。方苞反对宋元以来从五官中提取职官弥补冬官之缺的错误做法。他利用官联法推测出司空职官的部分职责，比前七篇的学术性要强一些。其中部分思想来自李光坡。

从以上分析看，方苞凡是揭示“圣人之心”处，多有收获，而指责刘歆伪造处多有不当。总体上看，此书“辨伪”设论大胆，证据多为政治伦理原理，其中从爱民、保民出发批评《周礼》中掺入“刘歆伪造”的职文残民、害民，闪烁着学者的良心之光，然而“伪造说”毕竟没有坚实的文献学依据，暴露了方苞“义理”的缺陷。在此后的几部著作中，这种主观性大多被克服。

二 《周官集注》知识研究的创获

最能体现方苞《周礼》学成就的是《周官集注》。这部著作在不放弃《周礼》思想发掘的基础上，对《周礼》知识学所下功夫颇深，取得了一系列收获。本小节对于《周官集注》的知识学重点创获，择其要者做简要评析。

发现女御为王后大丧沐浴，不为王丧沐浴。《周礼·天官·女御》说：“大丧，掌沐浴。”郑玄注：“王及后之丧。”与郑玄说不同，方苞认为女御只为王后大丧沐浴。方苞的这个发现受到孙诒让的重视。孙诒让《周礼正义》说：

> 注云“王及后之丧”者，贾疏云：“王及后丧，沐用潘，浴用汤，始死为之于南牖下。但男子不死于妇人之手，今王丧亦使女御浴者，案《士丧礼》浴时男子抗衾，则不使妇人。今王丧，沐或使妇人，而浴未必妇人，或亦供给汤物而已，亦得谓之掌也。”方苞云：“注非也。《大祝职》‘大丧，始崩，以肆鬯渳尸’，则非女御所掌明矣。疏谓或使妇人供给汤物，亦非也。《肆师职》‘大丧，大渳以鬯，则筑鬻’，《鬯人职》‘大渳设斗，共其衅鬯’，则共给汤物不以妇人明矣。经所以不明著王后者，男不死于妇人之手，士庶人且然，况天子乎！以外官掌之则大丧为王，以妇官掌之则大丧为后，不待言耳。”案：方说是也。[①]

孙诒让肯定了方苞之说，以女御所掌丧事沐浴为王后之沐浴，非王丧沐浴，所用内证确不可移，郑玄注、贾公彦疏均有误。

发现大宰治理都鄙“祭祀以驭其神”的具体内容。大宰“以八则治都鄙”，其中“祭祀以驭其神”，方苞《集注》说：“祭祀有废置，毋得僭差；都家祭祀必致福于国；国有大故则令祷，所以驭其神也。”[②] 此说根据《左传》从积极与消极两个方面解说王朝如何控制都鄙祭祀。都鄙之内哪些神灵可以祭祀，哪些不可以祭祀，都由王朝掌握，以免僭越和淫祀，这是消极方面。“都家祭祀必致福于国；国有大故则令祷祠。”这是王朝从积极方面控制都鄙祭祀。“致福于国”，虽说是祭礼中的一个环节，即将祭祀用肉分送给亲戚朋友以分享“福气”，却也是一项政治制度：各采邑以“致福”形式向王朝通报境内祭祀情况，并接受王朝监督。“国有大故则令祷”，属于凶礼中的一个环节，即各采邑境内神灵有义务为国消除灾害。这是承担王国分配的义务。

---

① 孙诒让：《周礼正义》第2册，王文锦、陈玉霞点校，第561页。

② 方苞：《周官集注》，《方苞全集》第2册，第40页。

证实关市有征。大宰“以九赋敛财贿”，其七为“关市之赋”。方苞《集注》在该条注后讨论说：

> 关市讥而不征，乃文王治岐之政。或以九赋及关市证《周礼》为伪，非也。《孟子》“市廛而不征”，则市有赋矣。《春秋传》逼介之关暴征其私，则远关有常赋矣。①

有趣的是在《周官辨》中，方苞辨刘歆伪作窜入，就有“关市之征”。可见方苞已经放弃了《周官辨非》中的相关主张，与清初万斯大质疑《周礼》之风渐行渐远。

提出“币余之赋”新见解。“大宰九赋”之末为“币余之赋”。这个“币余之赋”到底是什么，前人意见颇为分歧。郑玄以为“占卖斥币”，不当。郑司农以币余为“百工之余”，也不明确。方苞《集注》说：“币余即职币所敛余币也。余币乃邦物，而谓之赋者，既已给之，又振之，以归于国。故亦云赋也。”方苞直指此赋为“职币所敛余币”，简明扼要，今天读者一看就懂。其赋相当于今天的财政结余。财政结余回收，又可以作为财政盈余进入下一个年度，视同国家财富进行“二次预算”，方苞说近是。“大宰九式”有“以币余之赋以供赐予”。王朝赏赐量之大，依据郑玄所说仅仅“占卖斥币”，当不够用。“币余之赋”表明，《周礼》的财政思想与今天“积极的货币政策”不同，不仅不能财政透支，还要有一定量的财政结余，即“支出小于收入”，这是在收入恒定的情况下防止乱花钱。

说透“九两得民”的含义。《大宰》职文有“以九两系邦国之民”。为什么说“九两”所系为邦国之民，而不说为都鄙、官府、乡遂或畿内王国之民？方苞《集注》说：“九两得民，都鄙之所同也。而独曰‘系邦国之民’者，畿内公卿不世国，其民皆天子之民也；外诸侯则得私其民矣，故以九两系之，示牧、长不过为天子系属此民，与师儒以下等耳。”②

① 方苞：《周官集注》，《方苞全集》第2册，第44页。

② 方苞：《周官集注》，《方苞全集》第2册，第46页。

方苞发现畿内三等采邑不世袭，其民为天子民。畿外诸侯虽然世袭，其民看似私属诸侯，但在本质上诸侯是代天子系民，不使散亡，其民还是天子之民。用“邦国”即强调诸侯之民的属性仍为天子之民。这是从词语所指范围角度辨析“系民”思想，从制度角度发现都鄙与邦国在系民问题上的差别，结论有坚实的文本证据作基础。

辨析出“治象之法”的内容。《周礼》天官、地官、夏官、秋官都有悬挂官法于象魏的职责。其中天官冢宰所悬挂的为“治象之法”。方苞《集注》说：“不曰‘治法之象’，而曰‘治象之法’者，曰‘治法之象’，则似专县其象。曰‘治象之法’，然后知并书其法也。”这是通过语义分析发现天官悬象中被学者忽视的内容：不仅有表现为图画的象，还有书写成文字的法。

辩证实有五帝祭祀。《周礼·天官·大宰》职文说：“祀五帝，则掌百官之誓戒，与其具修。”五帝祭祀是中华祀典上重要的祭祀活动。从秦开始祭祀四色帝，刘邦加上黑帝，为五色帝，此为有确切历史记载以来五帝祭祀的开端。然而两宋以下“《周礼》质疑派”多有以《周礼》祀五帝为“伪说”者。方苞《集注》说：

> 《易大传》“帝出乎震”，则四时迎气，各祭其方之帝，而以人帝配之，固有此义。屈原《九章》：“令五帝以折中，戒六神与向服。”则祭五帝而以刘汉以后始有之，而疑《周官》为伪，误矣。①

“帝出乎震”出自《易传》中的《说卦》。“十翼”传为孔子所作，此说虽不一定准确，但为先秦著作则无疑；而《九章》为战国时期楚国贵族屈原所作。一有东方帝，一有五帝，显然五帝说不造于刘汉，先秦就存在。

分别“职业之治”与“供状之治”。《周礼》天官掌治典。治典即治理天下之典，综合性非常强。天官所属六十官署中的官员全部可以称为“治官”。同时，其余五官行使职责的行为在天官看来都属于“治”。今天还有“治《礼经》”的说法。天官与夏官的活动合在一起可以称为“政

---

① 方苞：《周官集注》，《方苞全集》第2册，第48页。

治”，可见“治”字含义之丰富。方苞发现《周礼》职官之“治”可以分为两类，他在《宰夫集注》中说：

> 治有以供状言者，《小宰》“以叙进其治”“以六计弊群吏之治”是也。有以职业言者，《宰夫》“叙群吏之治”“考百官府、群都县鄙之治”是也。盖职业者，所当治之事；功状者，所已治之迹，故通以“治”言之。①

方苞所说“功状”即“大宰八法”之“官成”，类似于今天单位的年终汇报。“职业之治”，“大宰八法”首法“官职”中的一类，类似于今天的“专职”。职业之治、功状之治二分，是方苞《周礼》学的收获之一，也是《周礼》相关问题研究的新进展。

“受藏之府”与“受用之府”新说。《大府》职文说：“掌九贡、九赋、九功之贰，以受其货贿之入，颁其货于受藏之府，颁其贿于受用之府。”郑玄注说：“受藏之府若内府也。受用之府若职内也。”方苞说：

> 九职之贡曰功者，民功所成，又以别于邦国之九贡也。内府都受九贡、九赋、九功之货贿，则受藏、受用之府皆内府也。盖货若金、玉、丹、铅之类，可久藏者。贿若布、帛、皮、革之类，宜及时以用，而久之则朽蠹者。故贮之必异所也。旧说受用之府为职内，或曰外府，皆非也。职内掌赋入之总，辨其用而不受其物。外府则所掌惟邦布。②

关于受用之府，郑玄举职内。然而职内不接受财物，只掌握登记财物的账目。金榜以为“职内掌邦之赋入，职岁掌邦之赋出。盖各执其出入之总以赞逆会，乃计官之属”。③ 如果将职内视为“受用之官”，则职内必须接受财物。经文说“颁其贿于受用之府”，显然“受用之府”必接受财物实物。但职内是会计官，犹如今天的“出纳”，只管账目。此前，宋

① 方苞：《周官集注》，《方苞全集》第2册，第60页。
② 方苞：《周官集注》，《方苞全集》第2册，第107—108页。
③ 金榜：《礼笺》，《清经解》第3册，上海书店，1988年版，第821页。

人叶时《礼经会元》已经做过正确的辨析。方苞虽未列出叶时之说，但提出受藏、受用之别，仅仅因为财物性质不同，实际上是一府两职能。此说不仅优于郑玄说，还在叶时说的基础上又有所深化。

与此关联的有《职内》经文“凡受财者受其贰令而书之”。方苞《集注》说：

> 受财，受大府之颁而藏之者，若内府、外府、玉府是也。大府以其令之贰下职内，故受而书之。注谓受于职内以给公用，非也。凡出财用皆受法于职岁。疏谓职内亦有留货贿之府，故得出给，益误矣。①

方苞指出职内非受财，所受类似于今天的账目，即记录财物出入情况，方苞之说优于郑注贾疏。

提出“内宰内宫当为内官说”。《天官·内宰》有经文“会内宫之财用”。方苞说：

> 据膳夫、庖人、内饔职，所共独王及后、世子之饮食膳羞，则夫人以下皆各使女奚治之，故内宰会其财用，均其稍食。盖必如此然后事不冗而人皆得其节，适先王之政所以即人之心而无微不达也。“内宫”当作“内官”，文误也。《周语》“内官不过九御”。凡内对外而言也，无“外宫”而曰“内宫”，则义无所处矣。②

方苞根据《周礼》全经无“外宫”，判断《内宰》的“内宫”当为“内官”之误。方苞此说虽然考据不严密，没有做文献学、训诂学、字形学分析，但据《周礼》内容做逻辑推测，其说还是可以成一家之言的。

解《小司徒》“辨其物”。《地官·小司徒》说：“乃颁比法于六乡之大夫，使各登其乡之众寡、六畜、车辇，辨其物，以岁时入其数，以施政

① 方苞：《周官集注》，《方苞全集》第 2 册，第 118 页。

② 方苞：《周官集注》，《方苞全集》第 2 册，第 126 页。

教，行征令。”郑玄注“辨其物”说：“物，家中之财。岁时入其数，若今四时言事。”方苞不满意郑玄、贾公彦以物为“家中之财”，他的《集注》说：“物，谓弓、矢、甲、楯、桢、干、旗物之属，即大比所谓兵器也。旗物有度式；什器有良苦，故辨之。注、疏并误。”① 方苞说优于郑玄说。经文说“使各登其乡之众寡、六畜、车辇，辨其物”，“物”与众寡、六畜、车辇并列，显然是乡之物，非家中财物。《周礼》旗帜称物，马匹也称物。《司常》说：“司常掌九旗之物名，各有属，以待国事。日月为常，交龙为旂，通帛为旜，杂帛为物。”《校人》说：“辨六马之属：种马一物，戎马一物，齐马一物，道马一物，田马一物，驽马一物。”方苞说为孙诒让所忽视，孙氏未将其收入《周礼正义》中，却引用了惠士奇相近的说法。

提出沟洫法非税赋法。《地官·小司徒》说：“乃经土地而井牧其田野，九夫为井，四井为邑，四邑为丘，四丘为甸，四甸为县，四县为都，以任地事而令贡赋，凡税敛之事。”方苞《集注》说：

注谓此造都鄙采地，制井田，异于乡遂，非也。井、邑、丘、甸、县、都以田数计之而出税法也。沟、洫、浍、川，以经界言之，而通水道也。此经曰“九夫为井”者，以出税法，故止计所耕之地也。《遂人》曰“十夫有沟”者，以定经界，故并计所占之地也。井间之沟、沟上之畛，以及疆场之瓜、八家之场圃，皆取于所加百亩之中。且四井为邑，量地制邑，亦必取于四井之中，非每井而加百亩，势不能备。然则《遂人》所谓“十夫”，即此经所谓“九夫”，而沟、洫、浍、川之制，井、邑、丘、甸、县、都之法，乃乡遂都鄙之所同也，审矣！郑氏之误起于谓《匠人》沟浍之数与《遂人》不同，不知实无二法，特考之未审耳。

康成为乡遂用贡、都鄙用助之说，朱子终不敢易者，一则以九与十起数之异也。然《匠人》之法止九夫，与《遂人》十夫异耳；其有沟有洫有浍有川，同也。九夫、十夫，取数虽异，而占地大小相去

① 方苞：《周官集注》，《方苞全集》第2册，第173页。

无几，其不可为以十起数之沟浍者，亦不可为以九起数之沟浍也。且谓乡遂多平旷，则最宜于画井矣；谓都鄙包陵麓，则最不宜于画井矣。况建国或在中原，或阻山泽，即乡遂多平旷、都鄙包陵麓之说，亦不可通哉，一则以四与五起数之异也。然四与五之起数各异，特以异乡遂、都鄙之号名耳，必异其号名者，以师田旗物易辨耳。其实田制未尝异也。盖乡遂以五起数，计室数也。都鄙以四起数，计田数也。以田之不易、一易、再易计之，一家所占率二百亩，是合二井而约八九家，积至四甸，千一百余家。在都鄙则名之曰"县"；在乡遂则合九甸之地，约二千五百家而名之曰"州"，名之曰"县"。自是以上，都鄙则合四县而名之曰"都"；乡遂则合十有一县之地约万二千五百余家而名之曰"乡"，名之曰"遂"。室数、田数未尝不符，何不可通行井法哉！经曰"乃经土地而井牧其田野"，盖通王畿、邦国皆用此法，而中举县、都以见例耳。且制地授田出税、赋、役，稽夫家畜产之法，见于《司徒》，见于《小司徒》，见于《乡师》及乡遂群吏之职，叠出互备，不厌其繁。使乡遂用贡，都鄙用助，经界水道彼此各异，是地法之最大，宜特书而详见者，乃竟无一语及此，则为康成之臆说明矣。至《孟子》所云尤不可以此注证。盖遂当为野，而乡不可以为国中也。

成同之法，注乃以开方计之。然画井必因地势，非必万夫之地，截然齐一而为井。《春秋传》所谓牧、皋、隰、井、沃、衍，《管子》所谓五而当一，十而当一，其遗法也。①

这是方苞《周礼》学研究最重要的假说。关于《周礼》中的乡遂与都鄙田法、赋税法以及井田法与沟洫法，《周礼》学史上争论已久。宋儒叶时等也提出过类似的观点。郑玄以为乡遂不用井田法，而用沟洫法；都鄙公田用井田法。方苞认为郑玄误解了经文。以为《匠人》沟洫法乃治理水利的方法，与赋税无关。而《小司徒》将田野"井牧"出井、邑、丘、甸、县、都，乃是计地出税，是两码事。方苞此说在宋儒基础上分析

① 方苞：《周官集注》，《方苞全集》第2册，第174—176页。

更透彻，表达更明晰，观点更鲜明。以为通天下耕田均为沟洫法，均为井田法，无所谓乡遂用沟洫、都鄙用井田之别。细读两职文，方苞所说与文义相符，因而方苞的这个假说比郑玄说更有可能接近真相，不可轻易否定。

训“肆献”为大献。《周礼·春官·大宗伯》说：“以肆献祼享先王。”肆献祼是《周礼》吉礼“先王六享”之一。什么是肆献祼？郑玄注说：“肆献祼、馈食，在四时之上，则是祫也，禘也。肆者，进所解牲体，谓荐孰时也。献，献醴，谓荐血腥也。祼之言灌，灌以郁鬯，谓始献尸求神时也。”为什么肆献祼就是祫礼，郑玄没有做解释。方苞《集注》说：“肆，陈也，列也，而考《尚书》眚灾肆赦，《春秋》肆大眚，《韩非子》虑事广肆，似兼周遍之义，大祫遍于列祖，故曰肆献。大祝肆享，亦谓大祫也。”① 方苞从《尚书》《春秋》《韩非子》中找到三例，“肆”字兼有遍、周、全之义，而祫礼就是合祭祖先神。方苞此说为郑玄释肆献祼即祫祭找到了训诂学证据，是一项重要贡献。

君主称臣属为朋友说。《春官·大宗伯》有“以宾射之礼亲故旧朋友”。“朋友”指哪些人？方苞说：

> 古者君之于臣皆谓之朋友。《诗》曰“我有嘉宾”，又曰“朋友攸摄”，《书》曰“太史友”，是也。②

这是《周礼》名物学上的重要发现。这个发现为西周青铜器铭文所证实。西周金文恒称部下为“寮友”，与此相近。

六乡受田无余夫新说。《地官·遂人》叙受田情况，有“余夫”受田。但余夫如何受田？六乡受田，经文没有提到余夫授田情况。方苞《集注》说：“乡受田无余夫之文，以输将服公事者皆近取于乡也。乡之上地无莱，以近城郭，人畜多易粪也。”③ 此说指出六乡确实不存在余夫授田情况，原因是六乡近国中，服公事成本最低，余夫多服徭役。加上六

① 方苞：《周官集注》，《方苞全集》第 2 册，第 284 页。
② 方苞：《周官集注》，《方苞全集》第 2 册，第 287 页。
③ 方苞：《周官集注》，《方苞全集》第 2 册，第 238 页。

乡土地质量好，因而无须多分地给余夫。此说正确与否虽不能确定，却也具备“一说”资格，也是深思之后所得。

遂大夫不考核都鄙官吏。《地官·遂大夫》职文说：“令为邑者岁终则会。”方苞说：

> 旧说不言其遂之吏而言“为邑者”，容公邑及卿大夫、王子弟之采邑政令禁戒，遂大夫亦施焉，非也。小司徒通掌国中及四郊都鄙，故所令及群吏。而三年大比，所考止六乡四郊之吏；都鄙、甸稍之吏尚别使县师考之，则非遂大夫所及明矣。①

这是否定以遂大夫负责采邑和都鄙公邑官吏的行政事务管理和考核“旧说”。方苞通过辨析县师职责，发现采邑和都鄙公邑的行政考核由县师负责，遂大夫不参与。

大宗伯无正月之吉颁礼典的原因。《周礼》现存五官五卿中，都有“正月之吉，始和布……于邦国都鄙”的职责条文，独春官大宗伯无“正月之吉，始和布礼于邦国都鄙”之文。方苞《集注》分析说：

> 宗伯职独无“正月之吉，始和布礼于邦国都鄙”云云者，治、教、政、刑随时损益，礼则一定而不可易，无事每岁和而布之也。礼不下庶人，闾门乡党之礼，则夫人而习之矣。若郊庙朝廷邦国之礼，则当官者自肄之，无事县于象魏，使万民观之也。②

方苞的解释比较贴近春官职能。礼本身具有很强的保守性，由此形成稳定性很强的礼典。与治官的政策需要根据每年的实际情况及时调整不同，春官所掌礼典不需要年年调整，因而不需要每年正月宣布新礼典。因而大宗伯职文中少了“正月之吉”这一项。

提出“内羞”新解。《天官·笾人》有“为王及后、世子共其内羞”

---

① 方苞：《周官集注》，《方苞全集》第2册，第243页。

② 方苞：《周官集注》，《方苞全集》第2册，第293页。

之文，其“内羞”颇为费解。方苞《集注》说：

> 王及后、世子或有私亲燕赐，则为共其内羞也。注谓共王、后、世子饮食，则经文当曰“共王及后、世子之内羞”。临川王氏谓王及后、世子以此内羞共礼事，而笾人、醢人为之共。又引《世妇》职，以为此“内羞”所共为祭事。果尔，则独为后共，而不得曰为王及世子共。且祭祀、丧纪、宾客之事，即为后共，不应别见此文。①

郑玄注将“内羞”视为王、王后、世子的日常饮食；王安石将“内羞”视为礼事之饮食，二说均有漏洞。方苞此说抓住经文“为……共其……”的强调意味，提出“内羞”为王及后、世子的“私亲燕赐”新说，这个新说确实比郑、王二家更合理。

小宰观象非大宰所悬之象说。小宰有帅治官之属正岁观“治象之法”职责。而大宰有“悬治象之法”的职责。郑玄等学者认为小宰所观就是大宰所悬。方苞发现大宰悬治象之法与小宰帅治官之属观治象之法不同。方苞《集注》说：

> 冢宰县治象之法于正月，岁将终，民方无事也。小宰帅群吏观治象之法于正岁，岁更始，吏将有事也。注据此谓县治象亦以正岁，误矣。吏观法于官府，不必于县之日。小司徒正岁令群吏考法于司徒以退，各宪之于其所治，则吏观法于官府明矣。②

方苞的贡献是破郑玄说。郑玄注《大宰》，以为正岁小宰率领治官之属所观“治象之法”为大宰所悬，也是悬在象魏上。此说有误。方苞所说有两点贡献。第一，《周礼》经文中大宰所悬在正月，即周历法的正月，为农历十一月，没有说大宰到正岁即农历正月又去悬之。清人夏炘《学礼管释·释〈周礼〉时月》说：“及读《周礼》，凡时皆从夏正，月

① 方苞：《周官集注》，《方苞全集》第 2 册，第 97 页。
② 方苞：《周官集注》，《方苞全集》第 2 册，第 59 页。

皆从周正。”经文说大宰正月悬治象之法，正月为周正一月，即农历十一月。经文说小宰“正岁”，乃夏之正月，今农历正月，迟于周正月两个月。第二，大宰正月所悬在象魏，小宰带领众官所观在官府，不在象魏。此条为晚清孙诒让《周礼正义》所接受。①

以上我们从方苞《周官集注》中举出十九个例子，用以显示方苞的《周礼》学标志着清代《周礼》义理学此时正在朝着注重名物制度研究转向。

从《周官辨》到《周官集注》，方苞对《周礼》的质疑逐渐平和。这里举一例子。如前所述，在《周官辨》，方苞诋毁《媒氏》为非；在《周官集注》中，批评意味淡化不少：

> “无故而不用令”，谓非丧祸而娶，不以仲春也。周之仲春，丑月也。故《诗》曰“追冰未泮”。“奔”谓听其相从而不必备礼也。“男女之无夫家者”，谓鳏寡也。若始婚者，第可言未嫁娶，不可谓“无夫家”。覆出此文，明会而不禁其奔者，惟鳏寡也。始婚者，媒妁通之，父母主之，岂得自相会哉！世人多以此病《周官》，然圣人曲成万物，而使不纳于邪，义即在此。单丁女户无主婚者，或因怨旷以致淫逸，或相争夺以成狱讼，岂若天子之吏以王命会之而听其奔为正大而无弊乎！②

方苞从《周官辨》中的批判《媒氏》变成了为《媒氏》辩护。不过这种辩护不是全面肯定，而是用“曲解”法，将“奔者不禁”的范围缩小到鳏寡这一类群体。有意思的是，为了让曾经被自己视为“刘歆伪造”的《媒氏》正面化，方苞提出了《媒氏》经文有错简说：

> 其文恐有错简。若移“若无故而不用令者罚之”于“令男子三十而娶、女子二十而嫁”之下，移“司男女之无夫家者而会之”于

① 孙诒让：《周礼正义》，王文锦、陈玉霞点校，第186页。

② 方苞：《周官集注》，《方苞全集》第2册，第219—220页。

"令会男女"之下，则无可疑矣。①

伴随着对《周礼》研究的深入，方苞对《周礼》看法发生了转变。应当是《周礼》本身逻辑性的强大让方苞确信该书不可能经人随便添加而不露出痕迹。"奔者不禁"之说看似荒诞，而春秋时期的越王勾践采取了更加激进的办法以促进人口的繁衍。作为大学者的方苞，肯定熟悉这一历史掌故。

三 《周官集注》知识学研究的不足

方苞的《周礼》知识学研究也存在一些失误。这些失误是学术研究过程中常见的现象，尤其是在该门学术的转变期。直到乾嘉时期，《周礼》研究中的知识性错误才明显减少。因而方苞此类失误在所难免。我们这里举三例。

第一例，混淆"大宰六典"与"小宰六职"。

《大宰》职文有"以六典治邦国"，"六典"包括治典、教典、礼典、政典、刑典、事典。《小宰》职文有"以官府之六职辨邦治"，"六职"包括治职、教职、礼职、政职、刑职、事职。方苞《小宰集注》说：

> 太宰所建之六典，即小宰所辨之六职。六典所以治官府百官，职不覆列者，以职即官府之所守也。六职所谓节财用、怀宾客、事鬼神、聚百物、除盗贼、生百物，皆典之所该也。故于典略之而职则详焉。②

此说有误。大宰以六典治邦国，以八法治官府，以八则治都鄙。六典所治对象为邦国、官府、万民，非仅仅官府百官。六典虽云治、教、礼、政、刑、事，然职与典有别，"大宰六典"为王国的最高级别的天下治理制度，与"八法""八则"同列，分别用于治理邦国、官府和都鄙。"小

① 方苞：《周官集注》，《方苞全集》第2册，第220页。
② 方苞：《周官集注》，《方苞全集》第2册，第54页。

宰六职”虽也分别称治、教、礼、政、刑、事，却是职责规定，是要求，用于官府百官治理，与大宰治理官府的“大宰八法”之一的“官职”对应。六官均为官府，均为治国机构，然分职不同：天官总治邦国，依治典行事；地官以教治民，依教典行事；春官治邦礼，依礼典行事；夏官治军政，依政典行事；秋官治刑法，依刑典行事；冬官治营造，依事典行事。小宰属治官，行使的职能是治职，因而必须与首长大宰一致，治理邦国用六典，治理官府用八法，治理都鄙用八则。《周礼》经文明确显示：“小宰六职”仅仅是“大宰八法”之一中的“官职法”。职官有六大类，因而《小宰》职文称“六职”。由于这“六职”为六类官府之职，所以《大宰》职文称为“官职”，“官职”即“六职”。《小宰》职文对于“六职”也做了限定——“官府之六职”。可见“六职”的范围被限定在官府而不及诸侯、采邑。“大宰六典”虽与“小宰六职”有部分重合，但不能说“六典”就是“六职”。

第二例，误以岁终为周季冬。

《周礼·宰夫》说：“岁终则令群吏正岁会，月终则令正月要，旬终则令正日成，而以考其治。治不以时举者，以告而诛之。”方苞说：“岁终，周季冬建亥之月。”然而戴震、王引之、夏炘、孙诒让均以为岁终为夏正十二月，建丑之月，非十月建亥之月。[①] 由于以上学者讨论充分，这里不再分析。

第三例，采用前人成果而不标注。

方苞在《凡例》中说：“依朱子《集注》例，凡承用注疏及掇取诸儒一二语串合己意者，皆不复识别。”这是公开主张采用前人研究成果而不注明出处。这或许是当时普遍的做法，但这一做法对该书的学术价值有所损害。例如关于邦国之辨，方苞说：

> 凡经连言邦国者，据诸侯也；特言邦或言国者，多据王国也。不先言“均王国”而言“均邦国”者，言王国恐不兼诸侯，故举外以

① 孙诒让：《周礼正义》，王文锦、陈玉霞点校，第209—211页。

包内也。①

这段话采用贾公彦疏：

《周礼》以邦、国连言者，据诸侯也。单言邦、单言国者，多据王国也。然不先均王国，而言均邦国者，王之冢宰若言王国，悉不兼诸侯，今言邦国，则举外可以包内也。②

再如解“正岁”，方苞《小宰集注》“正岁”说：“凌人职‘正岁十有二月，令斩冰’。则正岁，夏之正月也。”此说采自贾公彦疏，我们不再列举。

总之，方苞的《周礼》考据学逐渐显示出清代朴学的面目，《周官集注》是《周礼》学从义理学向考据学转变时期的代表性著作，虽然与乾嘉时期的代表作还有一定的差距。

四 《周官集注》的义理学

方苞《周官集注》在义理学上对宋代《周礼》义理学多有继承。主要关注的主题有三：一是关注宫廷治理，二是关注人民赋税徭役负担，三是关注《周礼》设官意图。

《周礼》中“阍人”使用的设官之义，方苞有独到见解。方苞分析说：

考《周官》，内小臣四人，寺人五人，其余司服用者，通天地二官，四十五人。数既甚少，而爵以士者，又不过四人。其上有内宰、宫正、小宰、大宰层累而督察之，则亦安能为国患哉！或又以刑人不宜近嫔御，亦非也。士大夫他行皆善而独不能自戒于声色者多矣，若少动于邪，既服刑而自惩艾，安在其不可改行迁善也。刑人多矣，而

① 方苞：《周官集注》，《方苞全集》第2册，第28页。

② 贾公彦：《周礼注疏》，《十三经注疏》，第640页。

为奄者不过四十五人，其近王后者不过九人，则必简其能补前行之恶者可知矣。诸职称奄，言其精气之闭藏而已。惟王之正内谓之寺人，言能侍御于王，必其才行之出类者也。至内小臣称士，则非有士行者，不足以充之。①

显然，这是一篇为《周礼》使用阉人进行辩护的专论，强调如此安排的合理性、可靠性和可行性，继承了两宋学者警惕宦官弄权的一贯思想而又能具体问题具体分析，体会《周礼》的“设官之义”，其演进之迹分明可见。

《周礼·大宰》有“九贡致邦国之用”。方苞《集注》说：“邦国独致贡，以粟米皆取之畿内，所以用利而民不劳也。”方苞此处即解释为什么在畿内实行九赋制、在邦国实行九贡制度。九谷为主的畿内九赋，因交通方便，赋税运输成本低一些。邦国即诸侯国，若果进贡九谷之类平常之物，交通运输成本高，因而改为进贡贵重、珍稀物品。这就是“利民”“便民”，是方苞一再强调的《周礼》治赋税原则。

《司会》职文说：“以九贡之法致邦国之财用，以九赋之法令田野之财用，以九功之法令民职之财用，以九式之法均节邦之财用。”按照此文，则人民承担的赋贡有九贡、九赋、九功三大类。方苞不赞成这种纸面上的理解：

闾师掌国中、四郊之赋，而所列皆贡物。且农之九谷与诸职之物同曰贡，明贡之外别无所谓赋也。县师掌邦国、都鄙、稍甸、郊里之贡赋，别无任民令贡之法者，一同于闾师所掌也。注、疏谓九赋为口出泉，据此既云以九赋之法令田野之财用，复云以九功之法令民职之财用，似分而为二。不知财用之最多者莫如九谷，而皆出于田野；惟关市、币余无九谷，国中、山泽亦有耕者，故举其多而以田野为主，皆征其九谷也。至于园圃、山泽、薮牧、关市既非谷土，虞衡、圃牧、工商、嫔妇、臣妾、闲民又非农者，所执之业既殊，所贡之物亦

① 方苞：《周官集注》，《方苞全集》第2册，第35页。

异，不得不别而为二，非既征其贡，又责以赋，如汉以后口率出泉之制也。①

方苞强调《周礼》所贡非常简单：所职什么就贡什么，此外没有别的赋税，更没有如郑玄所说的“口率出泉”——人头税。此段分析，深得《周礼》作者之心。这种治学精神与宋代以来反对王安石以“青苗法”等扰民的宋学精神一脉相承，是《周礼》义理学传统中最宝贵的“保民”思想的又一次体现。

“小宰六职”之二说：“二曰教职，以安邦国，以宁万民，以怀宾客。”方苞《集注》说：

怀宾客宜列于礼职，乃列于教职者，朝觐、会同、聘俯之宾客，则礼职“和邦国”之事该之矣。此所谓“怀”者，专主于教也。如诸侯岁所贡士，及四方之商旅，则使慕王朝风教之隆；裔荒之贡使，则使知中国礼义之美也。聚百物列于政职者，司马主九畿，职方制贡，各以其所有。②

方苞揭示了小宰“怀宾客”职能的深义。这项职能看似与礼治交叉，有“越职”的嫌疑，实际上则蕴含深刻的天下治理思想：用文教显示泱泱大国的文化魅力。

方苞擅长义理分析，然而其成就与名物制度学相比，还是有比较大的差距。方苞《周官集注》的义理分析有时颇有创获，然而新说中多有瑕疵。这里仅举两例。

关于天官夏采的设官之义，分析独到，却有瑕疵。天官最后一职官为夏采，此设置的用心，方苞推测说：“王之宫寝内外起居饮食，无一不关于冢宰，必君之身终而后师保之责尽焉。此天官之属，所以终于夏采也。”就大宰职能看，方苞此说深得《周礼》作者对于天官职官安排的用

① 方苞：《周官集注》，《方苞全集》第2册，第114页。
② 方苞：《周官集注》，《方苞全集》第2册，第54—55页。

心。然而此说也有不严谨处。师、保之职，并不在天官系统中。传世文献所说的周公为师、召公为保并没有体现在《周礼》职官中。六卿在《周官》系统中是执行官。坐而论道的三公不在六卿之列。至于具体负责类似于《大戴礼记·保傅》篇所说职责的保氏、师氏，则被安排在地官系统。由此可见方苞对于《周礼》义理研究很深入，不过对于新说的“打磨”还稍显不足。

偶尔有空乏的说教。方苞《集注》在《天官·序官》六十官属之后有一段评论：

> 大学之道，治国平天下，必本于修身齐家，而其原又在格物、致知、诚意、正心。盖必如此而后表里无隔，细大毕贯。冢宰之属，骤视之，若纷杂琐细，而究其所以设官之意，则天子诚意、正心、修身、齐家、治国、平天下之事皆统焉，所以为父师之任，而非五官之比也。至于格物致知之学，则师氏、保氏导养有素，而随事而究察焉者，皆是也。①

其实《周礼·天官·序官》经文以上内容除了二十字大纲外，全部是罗列天官六十职官编制，包括人数和爵位等级，没有体现《礼记·大学》所谓“大学之道”。方苞所论没有针对具体的经文，似未脚踏实地，有空疏嫌疑。说天官冢宰“为父师之任”，也是错误的。冢宰在《周礼》中不是地位最高的职官。在冢宰之上还有三公“坐而论道”，虽列职于地官，却不在冢宰岁终考核之列。他们才是“父师之任”。至于修身、齐家的内容，主要体现在地官系统。方苞此处所说成了“无的放矢”。

方苞的《周礼》义理学在细致程度和深度上可以直追两宋学者，但在创新程度上显然不及两宋学者。方苞属于思想上的“接着说”型学者，两宋学者处于思想创新期，许多命题为他们所发明。清代在顾、黄、王之后思想创新接近枯竭，方苞也摆脱不了属于他自己时代的“思想贫困症”。因而方苞的《周礼》义理学研究虽然常有闪光点，但他的名物制度

① 方苞：《周官集注》，《方苞全集》第2册，第38—39页。

研究更具时代精神。在一定程度上看，方苞的《周礼》学研究架起了清初《周礼》义理学研究通往乾嘉《周礼》考据学的桥梁。相比之下，他的义理学缺乏新意；相反，他的《周礼》考据学之妙处时不时让人精神为之一振。

五 《周官集注》的特色

《周官集注》第一个特色是著作语言畅美。

《周礼》晦涩难懂，《周礼》研究著作大多艰深，缺乏语言之美。方苞是散文大师，他的学术著作也掩盖不了他作为文学家的本性。《周官集注》是一部简明扼要、语言流畅、节奏感强的经学通俗读物。这一特点可以从他的《宫正集注》中看出来。《天官·宫正》经文说："宫正掌王宫之戒令、纠禁。以时比宫中之官府、次舍之众寡，为之版以待。"方苞注说：

> 戒，戒其怠逸也；令，令所当为也；纠，纠其过恶也；禁，禁其未然也。官府之在宫中，若膳夫、玉府、内宰、内史之属。次，入直处；舍，退休处。官府、次舍执事宿卫之人有众寡，宫正以时校次之。版，其人名籍也；待，待戒令及比。①

注文简洁明了，节奏明快而富于变化，显示了高超的学术语言驾驭能力。

《周官集注》第二个特色是具有探索精神。

方苞不仅敢于怀疑别人之说，也敢于存己说之疑。《天官·浆人》说："共夫人致饮于宾客之礼——清、醴、醫、酏、糟而奉之。"方苞《集注》说：

> 疑后六饮皆致，夫人止致其三耳。盖王致飧牢委积，后致笾豆壶浆，凡宾客所需之物无不备矣。使水浆醴凉不致，宾客安从取之？

① 方苞：《周官集注》，《方苞全集》第2册，第63页。

《掌客》职诸侯相为宾，夫人致八壶，则不止三饮矣，况王后乎！既有后致饮之礼，复设夫人致饮之礼者，或后崩而夫人摄内治，则宜有宾客之事。又或来朝聘者为夫人父母之邦，则虽后在，彼此亦得致礼也。①

方苞主张王后六饮均有"致饮礼"，由于没有确凿证据，他只能用《掌客》"夫人致八壶"类推，虽然在理，但证据不足，因而存疑，体现了学术研究的严谨性。

《凌人》有"大丧，共夷槃冰"之文，方苞《集注》说：

夷，说训尸。以义测之，夷，等也。《丧大记》曰："自小敛以往用夷衾。"盖大敛衣物加多，衾必更宽大，与相等然后可遍覆夷槃，疑亦称敛衣之多寡而为之制。《记》曰："君设大盘，造冰焉。大夫设夷盘，造冰焉。"则夷不宜以尸训明矣。此统曰夷槃者，或以兼后、世子，或《记》所称非周制也。②

这是一则训诂学问题，"夷槃"之夷，旧训为"尸"。方苞怀疑此训，提出"夷"训"等"的新说。方苞感到夷训尸之说并不稳妥，然而自己的新说也存在直接证据不足的缺点，于是不再武断，以"存疑"方式写出自己的理解，既具有探索精神，勇气可嘉；又承认不足，态度可取。

类似的例子还有不少。例如《遂大夫》"四达"问题。《地官·遂大夫》说："凡为邑者以四达，戒其功事而诛赏废兴之。"方苞注说："四达，或曰治民之事大通者有四：夫家众寡也，六畜车辇也，稼穑耕耨也，旗鼓兵革也。或曰考邑治必旁达四邑以相参，而后贤不肖勤惰可见。或曰为邑者县正也，下达于鄙师、酂长、里宰、邻长，凡四等上达于遂大夫、遂师、遂人、大司徒，亦四等。"③ 连举了三种"或曰"，供读者选择。

① 方苞：《周官集注》，《方苞全集》第2册，第92—93页。
② 方苞：《周官集注》，《方苞全集》第2册，第94页。
③ 方苞：《周官集注》，《方苞全集》第2册，第244页。

《周官集注》第三个特色是辨析常有入微之处。

《天官·职内》有“掌邦之赋入，辨其财用之物而执其总，以贰官府、都鄙之财入之数，以逆邦国之赋用……及会，以逆职岁与官府财用之出”之文，赋之收入来自邦，而赋之用，用于邦国，所入所用不匹配。方苞解释说：

> 赋入独曰“邦”者，以入于王朝者言之也。赋用曰“邦国”者，九赋所待半用之于侯国也。前曰“以逆邦国之赋用”者，预计其当用之数也。后曰“以逆职岁与官府财用之出”者，钩考其已用之数也。①

《周官集注》还擅长于职官之间做比较，在比较中凸显各自职责的差异。例如同在地官，方苞通过比较乡官与遂官职文发现二者的差异。他的《遂大夫》集注说：

> 遂大夫之职与乡大夫异者，听治讼也；县正与州长异者，掌治讼也；鄙师与党正异者，掌祭祀而不及于丧纪、冠昏、饮酒也；酇长与族师异者，治祭祀丧纪也；里宰与闾胥异者，不掌祭祀丧纪之数也；邻长与比长异者，赞邑政也；乡大夫不听治讼，六官之长未遑乡邑之治也，故使乡师听之。遂大夫、遂师皆曰听其治讼者，遂师所听独财征役事之讼，凡讼并归遂大夫也。遂之治讼分听之者，烦于乡也，乡近王都，国中之讼皆归于乡士矣。遂大夫曰听治讼、县正曰掌治讼者，掌达之于遂大夫而不专决也。乡之中，州长莅大丧，党正掌丧纪冠昏，闾胥掌丧纪之数，遂之丧纪仅一见于酇长职。冠昏饮酒则并无其文者，乡乃公卿大夫贤士所萃，故丧纪冠昏饮酒礼义备焉。遂则群氓聚居，分卑礼略，不敢以烦有司也。丧纪所关尤重，其士大夫之家则酇长治之。②

---

① 方苞：《周官集注》，《方苞全集》第2册，第117页。

② 方苞：《周官集注》，《方苞全集》第2册，第243—244页。

这种相近职官职责异同的比较虽然在学术上不算新发现，却对读者理解经文有巨大帮助。

方苞处在乾嘉考据学兴起的黎明时分，这时的音韵学、训诂学、校勘学还处在大爆发的前夜。他的《周礼》学研究无疑受到时代条件的限制，存在一些不足。然而作为转型期前夜的学者，方苞在《周礼》学史上留下了光彩的一笔。

方苞《周礼》学著作的精纯程度与乾嘉时期顶级学者的成果相比尚有不足，但将方苞置于《周礼》学发展史中看，无疑能看出他的成果是一座桥梁，清代《周礼》学由此桥梁进入朴学时代。

方苞的《周礼》学著作还有《周官析疑》，属于《周官集注》的同时期著作，体例有所差别。有疑问的地方才列出经文并给出解说，书中虽有一些新发现、新观点，但主要观点与《周官集注》大体上一致，本书不再做分析。

第三节 江永的《周礼疑义举要》

《周礼疑义举要》的作者江永（1681—1762），字慎修，又字慎斋，清代徽州府婺源县（今属江西省婺源县）江湾镇人。青年时曾考中秀才，后无意于仕途，生活清贫，以教书为业，竟取得辉煌的学术成就，成为皖派朴学的鼻祖。江永曾受歙县汪氏之邀，论学歙县郊外西溪汪氏不疏园，徽州青年才俊多来问学、听讲。其中有七人才情最高，号称“江门七子”。七人之中有戴震、程瑶田、金榜等，为皖派经学中的巨擘，是清代乾嘉学派中的代表人物。① 江永的教学与研究活动促进了皖派经学的形成，因而江永在后世与吴派开创者惠栋齐名。

江永的学术研究以名物制度、历法、律学和算学最为有名，而以《周礼》学和《周易》学研究成果最为突出，《周礼疑义举要》为其代表作。《周礼》一书包罗万象，尤其是名物制度最为复杂，其中《考工记》更是我国最早的工程与手工工艺方面的著作，《周礼疑义举要》在这方面

① 汪世清：《不疏园与皖派汉学》，《江淮论坛》1997年第2期。

的收获尤其突出。今人洪湛侯说："《周礼疑义举要》六卷，对先秦各种典章制度和物产进行考释，尤其是对《周礼》的《考工记》的研究，很有创见。"① 人们赞赏江永的《考工记》研究水平，那是因为谁都知道《考工记》是专门之学，但有意无意地忽略了江永对《周礼》今存五官的研究贡献，还是属于未能深究该书。《周礼疑义举要》一书代表了江永《周礼》学研究的最高成就，尤其是对《周礼》现存五官的研究，创获连连。

江永礼学著作除了《周礼疑义举要》，还有名作《礼书纲目》，其体例与朱熹的《仪礼经传通解》相似，实为贯通"三礼"的著作，包含了不少《周礼》研究的成分，但基本框架仿照《仪礼》，从大体上看，应归于礼经学研究。

一 《周礼疑义举要》撰作缘起和体例

江永倾心向学始于幼年时期接触《周礼》。戴震介绍江永从学情况说：

> 少就外傅时，与里中童子治世俗学。一日，见明丘氏《大学衍义补》之书，内征引《周礼》，奇之，求诸积书家，得写《周礼》正文，朝夕讽诵，自是遂精心与前人所合集《十三经注疏》者，而于"三礼"尤功深。②

江永早年求学从《周礼》入手，他的学问以《周礼》为根基，成就多在名物制度方面。《周礼疑义举要》是江永晚年的作品，触发江永撰写此书的灵感，来自与当朝诸礼学大家的学术交流。乾隆五年（1740）庚申八月，江永六十岁，应同郡程恂邀请入京：

> 先生尝一游京师，以同郡程编修恂延之至也。三礼馆总裁桐城方

① 洪湛侯：《徽派朴学》，安徽人民出版社，2005年版，第41页。按：《周礼疑义举要》入四库本七卷，非六卷本，其中第六、七两卷为《考工记》研究。

② 戴震：《江慎修先生事略状》，《戴震全书》（六），黄山书社，1995年版，第409页。

侍郎苞素负其学，及闻先生，愿得见，见则以所疑《士冠礼》《士昏礼》中数事为问，先生从容置答，乃大折服。而荆溪吴编修绂自其少于礼仪功深，及交于先生，质以《周礼》中疑义，先生是以有《周礼疑义举要》一书。此乾隆庚申、辛酉间也。①

然而《周礼疑义举要》并不是在庚申、辛酉之间就已经定稿。乾隆五十七年刻本《读书随笔》之《序》为江永另一位弟子金榜所作。金榜认为该书第三到第九卷本名《周礼疑义举要》，江永因为《夏官》和《秋官》部分尚未完成，才将原名更改为《读书随笔》，将另外一些有关诸经的散论分经合编，成十二卷之书。该书曾经被四库馆采纳，由于戴震认为以“随笔”入《四库全书》不妥，遂将这一部分抽出来，恢复旧名《周礼疑义举要》，共七卷，采入《四库全书》。

江永于乾隆五年入京，与方苞、吴绂等辩难，乾隆六年回婺源，其间撰写《周礼疑义举要》初稿。到乾隆二十五年《读书随笔》成，中间二十年，全书尚未最终完成，可见此书为江永晚年精心结撰之作，代表了江永《周礼》研究的最高成就。

《周礼疑义举要》最初的写作动机虽为与吴绂讨论《周礼》问题而触发，但行文非问答体。该书依据《周礼》从《天官》到《考工记》的次序，撰写自己对相关经文的新见解，或讨论古今人对相关经文的看法，辨析这些观点的正误。全书七卷，其中《天官》《春官》各一卷，《夏官》和《秋官》共一卷，《地官》和《考工记》各两卷，各卷不分章节，分条讨论《周礼》三百五十多个问题，每个问题单独为一条，每条长短不一，也不单列名目，不分别次序。关于这三百五十多条论析，我们虽不敢说每条都言之成理，却可以肯定其中每一条都为深思熟虑之作，大多为真知灼见。在这些论析中，江永提出了许多独特的见解，纠正了前人为数众多的错误，对前人在诸多问题上的纠纷做了令人信服的剖析，这对于皖派经学的形成和发展产生了重要影响。

---

① 戴震：《江慎修先生事略状》，《戴震全书》（六），第413页。

二　《周礼疑义举要》的创获

江永写作此书前，李光坡、方苞都完成了各自《周礼》研究的代表作。成书于以上两大家之后，江永此书却获得乾嘉学者的高度评价，可见该书成就不凡。《周礼疑义举要》三百五十多条笔记中的绝大多数均值得分析。为控制篇幅，本节就其荦荦大者做简要分析。

（一）关于《周礼》经济思想创获

《周礼》的经济思想从北宋开始成为学者研究的重点。王安石提出《周礼》为“理财之书说”，显然是一种有意无意的“误读”，此说遭到两宋以来学者的激烈批评。一直到清初中后期，方苞《周官析疑》还在辨析《周礼》“节财用”的制度设计之意。江永在前人成果基础上又有一系列新发现。我们举其中“臣妾无贡说”“闲民出夫布说”“远近取平说”“五布新说”“有贡无助说”为例，展示江永《周礼》研究的一个侧面。

第一，臣妾无贡说。

“臣妾无贡说”是关于“特殊人群”的免税之说。“大宰九职”中，按照性别划分的有嫔妇、臣妾两职。臣妾无贡，因臣妾卖身为奴，为穷苦人，无独立的经济能力：

> “臣妾”，奴婢也。贫民鬻身为人奴婢，《闾师》无疏材之贡，恤其贫也，而九职生财必及之。《质人》掌成市之货贿、人民，《注》“人民，奴婢”，即此经之臣妾也。庶人商贾家皆有之。①

在江永看来，“大宰九职”列有“臣妾聚敛疏材”一职，但《周礼》不见疏材之赋之贡，而嫔妃化治丝枲，却有布帛之“嫔贡”。同为女性，嫔妃有贡，而臣妾无贡，原因在于臣妾依附于“主人”，无独立的经济地位。

第二，闲民出夫布说。

“闲民出夫布说”说的是力征之役的置换法。江永认为闲民是佣力之

① 江永：《周礼疑义举要》，《清经解》第2册，第214页。

人，执事于农、工、商贾、圃牧、虞衡之家，转徙无常，即《间师》之“无职者”。《间师》有“凡无职者出夫布”，可见闲民出夫布。江永指出：“因闲民一职，转移执事于人，不能赴公旬三日之役，故使出夫布以当之，犹后世之丁钱及雇役钱，不可以此通释赋字也。”《周礼》出贡原则是依据所职，生产什么即贡什么，唯独对闲民做出“出夫布”的具体规定。江永的解释是《间师》的“凡无职者出夫布”，说的是闲民不能出力役，则出夫布，以“购买”他人代为出力役，非闲民正贡。江永之说可备一说。

第三，远近取平说。

“远近取平说”是针对《周礼》近郊远郊赋率不一而提出的“解决方案”。江永以为此即《周礼》“赋役均衡法”。《周礼疑义举要》虽非论战性著作，实际上却回答了前人对《周礼》的质疑。江永之前，有万斯大、方苞对《周礼·地官·载师》分远近设置税率的质疑。万斯大以为该税率远比《孟子》所说的“十一而税”沉重，圣人周公绝对不会如此盘剥人民。方苞则将《载师》此条直接斥为刘歆伪造。江永辩驳说：

> 《国语》载孔子之言曰：“先王制土，藉田以力，而砥其远迩。”是田赋有远近取平之法。《禹贡》甸服五百里，近者贡粗而且服，远者贡精而不服。是虞、夏砥远迩之法也。《载师》“近郊十一，远郊二十而三，甸、稍、县、都皆无过十二”，是《周官》砥远迩之法也。取民固不过十一，然力役先取诸近，近者多而远者少，其势不得不然。益远民之赋以补近民之力，政乃均平。使可一概而施，则禹时何不以粟米责之三百里内，以总秷秸服均之三百里外乎？多乎什一、大桀、小桀，此为法制外横征者言之。若通融远近以立均平之法，乃王政也，非横敛也。如后世征粮之法，地有不便纳本色者，许纳折色，而正供外量加解费，亦民所乐从。后人多疑《周官》，亦未深思之耳。①

---

① 江永：《周礼疑义举要》，《清经解》第2册，第218页。

江永提出了赋税“砥远迩之法”新说，以“近郊十一，远郊二十而三，甸、稍、县、都皆无过十二”为《周礼》“砥远迩之法”。什么是“砥远迩之法”？平民有赋贡、力役两项任务，原则上所有服力役赋贡者的负担是平等的，但人所居有远近之别，交通成了难以忽视的制约因素。以贡九谷、贡货贿为例，千里之外的民众如果贡九谷、贡货贿，则会由于路途消耗太大而得不偿失。为避免此类消耗，《周礼》设计者设计了“砥远迩之法”。藉田以力，近者贡粗而且服，远者贡精而不服，都是“砥远迩之法”的具体实施办法。《周礼》“近郊十一，远郊二十而三，甸、稍、县、都皆无过十二”也是这类砥远迩之法，近者服力役多，以抵其税；远者纳税多，以抵其力役。这样处理，基本上达到了相对公平。王朝可以通过这个办法解决社会管理运营成本问题。当然，“砥远迩之法”并非江永首创，郑玄《载师》注早已提出，但宋元以来质疑《周礼》者大多在有意无意间忽略了郑玄此说。不过郑玄说过于简略，没有展开，江永则做了比较详细的分析。江永此说正面回答了学者对《周礼》税率的责难，是清代《周礼》学研究的一个创获。江永在引文之末所说“后人多疑《周官》，亦未深思之耳”，当有所指。

第四，五布新说。

“五布新说”是对《周礼》中征收五种货币制度的新解说。《周礼·地官·廛人》有收絘布、总布、质布等“五布”之说：“廛人掌敛市絘布、总布、质布、罚布、廛布，而入于泉府。”此说也为万斯大《周官辨非》、方苞《周官辨》所诟病。江永分析“絘布”说：

> 絘布，先郑谓“列肆之税布”，得之。絘即次字之异文。王氏谓“胥师罚在次诈伪者之布”，谬甚。罚诈伪当入罚布，何得于此？首列列肆有税，犹民之廛里有税，不必因《孟子》“廛而不征”“法而不廛”之说，曲避其名也。①

江永肯定了郑司农说，并给出“絘即次字之异文”的理由，这是校勘，

① 江永：《周礼疑义举要》，《清经解》第2册，第219—220页。

隐含训诂，属于“增成”郑司农说。“次”，《说文·欠部》说：“次，不前，不精也。”段玉裁注：“前当作歬。不歬不精皆居次之意也。”“次”有居义，即居列肆，用今天的话说就是占用了市场的摊位。郑司农直接解絘布为列肆之税，也是读“絘”为“次”。王昭禹解“胥师罚在次诈伪者之布”虽误，而以“次”释“絘”还是有眼光的。然而王昭禹以为“罚在次诈伪者之布”，还是没有吃透“廛人五布”的精髓。江永对王昭禹以絘布为罚布的否定，则是通过逻辑推理：既然“廛人五布”有罚布，将絘布视为罚布，“廛人五布”就成“四布”了。

本段引文中，江永最大的创获是“首列列肆有税”这句话，意思是货物第一次入肆有摊位税，“首列”暗示同一批货物不重复收摊位税。由此，将“絘布”与“总布”区别开来。各肆肆长收“总布”，总布是货物税，不是摊位税。不然入列肆有税，肆长又收税，就重复了，陷入王昭禹《周礼详解》以絘布为罚布的失误中。

江永分析“总布”说：

> 总布，杜子春读总为儳，谓“无肆立持者之税”。后郑读如租稯之稯，谓“守斗斛铨衡者之税”，二说皆非。无肆立持，此贩夫、贩妇鬻卖小物，暂立即去。守斗斛铨衡乃闲民佣力于商贾，皆不当征其税。王氏谓“肆长总敛在肆诸物之布”，得之。肆长陈其货贿，辨其名实，而平正之。又敛其总布，正是货物之市。①

关于总布，江永没有新发现，贡献在于一肯定二否定。肯定王昭禹总布为肆长所收货物税之说，否定杜子春、郑玄“立持者之税”和“守斗斛铨衡者之税”二说。杜子春“立持者之税”的税收法过于严酷，郑玄之说不合理。至于理由，江永在下面总结五布情况时有提及。

对于“质布”，江永分析说：

> 质布，后郑谓“质人所罚犯质剂者之泉”。王氏谓“质人罚度量

① 江永：《周礼疑义举要》，《清经解》第2册，第220页。

犯禁者之布”，皆非是。罚则当入罚布，何为别名质布？愚谓此则偿质剂之布也。古未有纸，大券小券当以帛为之交易，以给买者，而卖者亦藏其半。质剂，盖官作之，其上当有玺印。是以量取买卖之泉，以偿其费。犹后世契纸，有钱也。①

江永以“质布”为“契纸钱”，是《周礼》学史上重要的创获。所谓“契纸钱”，类似于今天各类证书的成本费，困扰了学者千年的难题，被江永如此轻易地解决了，真是一语道破天机。

关于“罚布”，江永分析说：

罚布有三：质人罚度量淳制之犯禁者，一也；胥师罚诈伪饰行儥慝者，二也；胥罚有罪者，三也。而凡犯禁之类，如不当粥而粥，乘天患而贵儥，皆有罚布可知矣。郑注谓罚“犯市令者之泉”，是矣。而质人罚犯质剂者之泉，即是诈伪饰行儥慝者之罚，乃别之入质布，则罚布之类不该矣。②

江永在“罚布”问题上的主要收获在于对“罚布”的来源做了辨析，指出质人、胥师和胥在市场管理过程中都在自己的职权范围内对买卖不法行为予以经济处罚。江永的分析让读者对“罚布”的来源一目了然，将“罚布”的研究推进了一大步。

关于“廛布”，江永分析说：

廛布，郑注谓“货贿诸物邸舍之税”；疏谓“货贿停储邸舍之税”，得之。廛与次异者，次是卖物之肆；廛是停储货物之舍，卖者买者皆有之，今时谓之栈房。卖者肆中不能容，则停货物于廛；买者当时不能即运，又或储之以待时鬻，亦须廛。此廛亦是官物，故当有税。③

① 江永：《周礼疑义举要》，《清经解》第 2 册，第 220 页。
② 江永：《周礼疑义举要》，《清经解》第 2 册，第 220 页。
③ 江永：《周礼疑义举要》，《清经解》第 2 册，第 220 页。

江永的贡献在于增成郑玄、贾公彦说，将两人未说透的事情再做创造性解说：通过比较絘与廛的区别，凸显“廛布”为货栈的租用税性质。并且进一步深挖：买卖双方都有可能使用栈房仓储货物。由此推进了“廛布”的研究。

关于“五布”各自在税收中的地位，江永分析说：

> 五布之次序，先列肆，次货贿，次质剂，次罚布，而后及廛。廛亦地税，不序于絘布之后者，总、质、罚皆肆中之物事，廛在肆外，故序之在后，属辞之体宜尔也。官独以廛名者，举廛以该肆也。五布惟总布最多，地税有定，质剂物微，罚布无常。货贿充牣市廛，源源而至，非廛人所能尽稽，故必使每肆之肆长敛之，入于廛人。此总布，是商贾之正赋，犹农之九谷、嫔之布帛、工之器物。《大宰》所谓“市赋”，《闾师》所谓“任商以市事，贡货贿者”，此也。商虽不以其所卖之物为贡，而布亦即货贿。先儒失总布之义，而诸职脉络不得贯通矣。①

江永先分析了“廛人五布”排列次序的“义理”，再给五布做了分类：“絘布”“廛布”为地税；货税唯有“总布”；“质布”非税；“罚布”不是正常税收。最后对“总布”的性质做了判断：“总布”才是“廛人五布”的中心，是市场税收的主体，是“大宰九赋”之一，是“大宰九职”之六“商贾”的正税。由此，“廛人五布”一脉贯通，《周礼》学史上的诸多纠结豁然而解。

顺带分析一下江永关于另外一个经济学问题——“里布”的新说。《地官·载师》说：“凡宅不毛者，有里布；凡田不耕者，出屋粟；凡民无职事者，出夫家之征。”关于“里布”，历代学者多有争论。江永说：

> 里布，布非布帛，谓泉也。里字之义有三：一为三百步之里，一为二十五家之里，一为里居之里。里布者，里居之里。此经“以廛

① 江永：《周礼疑义举要》，《清经解》第2册，第220页。

里任国中之地”，遂人“以田里安氓”，《王制》“田里不粥”，《孟子》“收其田里”，皆此义。即谓其所居之宅也。宅而毛则有嫔妇之贡。其不毛者，是弃地，不因其不毛而遂无征也。里布之轻重虽不可知，郑注以为二十五家之里，则太重矣。或又以为方里而井之里，皆不明里字之义。①

江永采用训诂法分析了“里”字的字义，确定《载师》“里布”之里即“里居”之里。在江永看来，如《孟子》“五亩之宅，树之以桑，五十者可以衣帛矣”的五亩之宅，因可以种桑麻果树，为“男耕女织”的“女织”提供生产原材料，也应缴纳一点赋贡，这种赋贡便是“里布”。

“廛人五布”加上“载师里布”，一共六布，江永对这六布的研究都有新贡献，由此形成江永的“六布新说”，将清代《周礼》学之“布学”总体推进了一大步。

第五，有贡无助说。

关于西周的农业生产方式，最著名的是“井田”说，以致有“井田制”之称。《孟子》有“请野九一而助，国中什一”之说，“九一而助”，即九家除了耕种各自的田地外，再合耕一百亩公家田以当赋税。“什一”即缴纳十分之一赋税。前者为井田法，后者是贡法。可见在《孟子》中，农业生产方式因地理条件差异而有所不同：在国中实行贡法，在远郊之外实行井田法。《周礼》中设计的农业生产方式是怎样的？此前的郑玄提出六乡用沟洫法、都鄙用井田法之说；贾公彦认为乡和公邑实行沟洫法，无井田法；方苞提出无论六乡还是都鄙都实行井田法。江永分析说：

《国语》亦云“先王制土，藉田以力，而砥其远迩”，此言似与《孟子》合。“藉田以力”，助耕公田也；“砥其远迩”，似谓远者用助法，近者可用贡法也。而《小司徒》惟言“九夫为井”，未及论其中区之为公为私。《载师》任地“近郊什一，远郊二十而三，甸、

① 江永：《周礼疑义举要》，《清经解》第2册，第218页。

稍、县、都皆无过什二"，似皆无公田。《司稼》"巡野观稼，以年之上下出敛法"，亦惟皆私田，乃有不定之敛法，如行助法，则惟以云田之稼归公，不必论年之上下矣。此《周官》之大疑义，有不可强通者。①

江永虽然说"此《周官》之大疑义，有不可强通者"，实际上已经举出《载师》《司稼》两内证，证明《周礼》无助法，即无井田法。所谓"疑义举要"，所举之要正在于此。江永的"有贡无助说"实为《周礼》无井田说。此说虽非江永首创，但他提出《载师》和《司稼》两条证据，也是一个贡献。当然，江永的无井田说非以《周礼》无井田，而是说无"助法"的"井田制"，即《周礼》乡遂都鄙无《孟子》所说的为私人代耕的"公家之田"。

不仅如此，江永还针对《小司徒》"九夫为井"与《遂人》"十夫有沟"的"一夫"之差提出精妙绝伦的解释："十夫有沟与九夫为井亦通为一法。九夫为井，以方言之；十夫有沟，以长言之耳。"②

实际上《小司徒》《遂人》所说的都是十夫之地的面积。由于需要预留排水沟，一井十夫之地为长方形，除掉水利设施用地，只剩下九夫之地可用，变成正方形。江永擅长算学，此处用最简单的平面几何分别长宽法，将众儒争论不休的问题一语化解，可谓"四两拨千斤"。综合起来，江永的"有贡无助说"终结了井田法与沟洫法的争论，是江永《周礼》学研究重要的创获。

（二）关于《周礼》礼学思想研究的创获

《周礼疑义举要》关于《周礼》礼学思想研究的创获同样丰富。我们分别从礼器研究、礼制研究、礼仪研究三个方面各举一例做简要分析。

江永发现"五齐"之"泛齐"只用于天地祭祀。

《礼记·礼运》说："夫礼之初，始诸饮食。"牺牲、粢盛、饔饩、酒浆、郁鬯等礼仪实施过程中的消耗品属于"礼物"中的饮食之物。根据

① 江永：《周礼疑义举要》，《清经解》第2册，第217页。

② 江永：《周礼疑义举要》，《清经解》第2册，第221页。

所举行的礼仪性质、级别，这些饮食之物也存在数量、等级、礼义的差别。江永关于这些饮食之物的研究也有不少成果。《周礼·天官·酒正》说："凡祭祀，以法共五齐三酒，以实八尊。"然而经文过于简略，"五齐""三酒"是一次性灌满八樽出现在所有祭祀场合还是有所分别？前人没有解决这个问题。江永说：

通言之，非一祭中具备也。观《司尊彝》，六尊不并用，可见汉儒谓祫大于禘，故疏家云："祫备五齐，禘备四齐。"此以意言之耳。《礼运》诸篇杂陈天子、诸侯宗庙之祭，未有及泛齐者，则泛齐惟用之祀天地。①

《礼记·礼运》内容所说天子和诸侯级别的宗庙祭祀并没有用到"五齐"中的"泛齐"，可见"泛齐"为"五齐"中使用级别最高的，因而江永推测"泛齐"只用于祭祀天地。

江永发现瑞玉和信节是两码事。

《地官·掌节》有"守邦节而辨其用，以辅王命"之说。郑玄注说："邦节者，珍圭、牙璋、谷圭、琬圭、琰圭也。"江永发现郑玄此说有问题：节与瑞必有分别。《周礼》设有"掌节"一官，又有"典瑞"一官。典瑞所掌为瑞玉，王使者出使邦国所用。节，类似于凭证，用于过境通关。《掌节》经文明明说到掌节一职掌玉节、角节、人节、龙节。江永说：

"守邦国者用玉节，守都鄙者用角节"，此谓诸侯与都鄙大夫遣使不出竟内者用之。凡邦国之使节，注云"卿大夫聘于天子，诸侯行道所执之信"是也，此即《小行人》之虎、人、龙节。后郑注谓"使之四方，亦皆齎法式以齐等之"是也……珍圭、牙璋、谷圭、琬圭、琰圭此皆王使所执以达王命之玉，非道路上为信之节也。道路为信，当如守邦国者之玉节。玉节之制当不同于圭璋。王聘诸侯，非有

① 江永：《周礼疑义举要》，《清经解》第2册，第215页。

他故，则使者执瑑圭以达王命，又不同于珍、谷、琬、琰也。学者当细辨之，不得以珍圭等为聘问之玉，又不得以典瑞之瑞为掌节之节。单子述周之《秩官》曰："敌国宾至，关尹以告，行理以节逆之。"此谓行理以节为信，将其逆宾之命，非谓以节授宾，使其道路为信也。岂有王使诸侯，须侯国沿途授节而后可历门关哉？①

江永分别出瑞玉与信节在功能、使用者、使用对象、使用场合等诸多方面的差异，纠正了郑玄注的错误，发前人所未发。此说是江永在礼器研究方面的一个重要贡献。

江永发现《春官·媒氏》令男女无夫家者会，不一定非仲春不可。《周礼·春官》有媒氏一职，其中关于仲春令会男女无夫家者，奔者不禁，遭到宋元以来道学家的猛烈批评。到清初，万斯大《周官辨非》依然拿这一条指责《周礼》为伪作。江永分析说：

有故而迟归者，或因贫乏，或因灾祸，于中春令会男女之时，许其不备礼而昏，《摽有梅》之诗是也。若无故不用是时不禁之令，而造次成昏者，则罚之，此职本无可疑。中春令会男女，亦谓此时阴阳和，宜嫁娶耳，非必以此为限。②

江永举《诗经·摽有梅》以证明《媒氏》所说，又拿出"阴阳调和"理论来说明选择"仲春"这一时间的原因。更指出，类似的"奔者不禁"并非仅限于仲春，其余如果因贫困、灾祸导致"不备礼"而婚，也在不禁之列。此说比较平和，属于对婚姻之礼礼义精神的新发掘。

（三）关于《周礼》职官思想研究的创获

《周礼》书中涉及的制度从大到小自成系统。最高级别的制度为治理邦国的六典、治理官府的八法、治理都鄙的八则。为保障六典、八法、八则的实施，这三个一级制度之下还各自有二级甚至三级职官的制度予以保

① 江永：《周礼疑义举要》，《清经解》第2册，第220—221页。
② 江永：《周礼疑义举要》，《清经解》第2册，第219页。

障。这些职官制度的设置体现了《周礼》设官分职的用心。江永在辨析这类“设官之意”中多有创获。

江永从“大宰八柄”与“内史八枋”的辨析中发现设官之义。

大宰“以八法治官府”，分别是官职、官属、官联、官常、官成、官法、官刑、官计。在这八法之外，还有爵、禄、予、置、生、夺、废、诛“八柄”管理官府官员。关于“八柄”的使用，《大宰》和《内史》两职文有不一样的表述。《大宰》说：“以八柄诏王驭群臣：一曰爵，以驭其贵；二曰禄，以驭其富；三曰予，以驭其幸；四曰置，以驭其行；五曰生，以驭其福；六曰夺，以驭其贫；七曰废，以驭其罪；八曰诛，以驭其过。”《内史》说：“掌王之八枋之法，以诏王治，一曰爵，二曰禄，三曰废，四曰置，五曰杀，六曰生，七曰予，八曰夺。”在《大宰》称“柄”，在《内史》称“枋”，并且次序也大不同。为什么会有这样不同的表述？是否《周礼》原文前后不照应？江永分析说：

> 《内史》“八枋”即《大宰》之“八柄”。爵、禄以后，其序各异，言之有不同耳。大宰诏王有宽大之意，故先予、置、生而后夺、废、诛；内史诏王有严肃之意，故废先于置，杀先于生，而且以杀易诛也，予、夺则仍如故，有予而后有夺也。①

实际上“八柄”即“八枋”，古无轻唇音，“枋”读如“柄”音。至于两者所表述次序和名称各有差异，在于《周礼》的设官之意不同。内史一官，重在治理绩效，严明纠察官治，故先废、杀；大宰一官，重在使能，故先置、生而后废、诛。此即周公设周礼“则以观德，德以处事，事以度功，功以食民”之义。

江永擅长利用民俗材料证明《周礼》“设官之意”。

江永曾经在乾隆五年入京，与方苞、吴绂讨论礼学问题，他们的交流具体情形如何，目前尚未见到明确记载。江永《周礼疑义举要》中有两条，就是针对类似于万斯大《周官辨非》、方苞《周官辨》所列之

---

① 江永：《周礼疑义举要》，《清经解》第2册，第214页。

"非"的：

庶氏除蛊，以嘉草攻之。一说嘉草，蘘荷也。《葛洪方》："人得蛊，欲知姓名，取蘘荷叶着病人卧席下，立呼蛊主名。"

壶涿氏掌除水蛊，以炮土之鼓驱之，以焚石投之。明永乐时，苏州有水怪，盖蛟蜃之类，善崩岸、坏民田，遣夏原吉治之，用壶涿氏之法，令民以百十舟载石，舟各有鼓，同时烧石投水，水沸腾，复击鼓以骇之，其怪遂死，见屈大钧《广东新语》，圣经之有用如此！①

第一条引用见于晋朝葛洪《肘后备急方》卷七"欲知蛊毒主姓名方"。② 第二条更是出自明末清初著名学者屈大钧名作《广东新语》。在万斯大、方苞眼中被视为荒诞不经的做法却实实在在地存于著名医案和近代民俗中。证据来自中医学和民俗学著作，显示江永治学具有开阔的研究视野、渊博的知识储备。

（四）关于《周礼》知识研究的创获

《周礼疑义举要》在知识方面的创获比比皆是。我们以《地官·大司徒》所说"九等十二壤"和"土圭测地中"为例。

《大司徒》说："以土宜之法辨十有二土之名物。"又说："辨十有二壤之物而知其种。"还有"以土均之法辨五物九等，制天下之地征"。对于"十二土"，郑玄注以为"十二土，分野十二邦，上系十二次，各有所宜也"。对于"十二壤"，郑玄注说："壤亦土也。"贾公彦疏说："十二壤，即上十二土。"对于"九等"，郑玄注说："九等，骍刚、赤缇之属。"江永对此辨析说：

郑以骍刚之属解九等，而以十二分野解十二壤，未确。壤者，土之类，正是骍刚、赤缇等，然《草人》言其九，合之《禹贡》又不

① 江永：《周礼疑义举要》，《清经解》第2册，第227页。

② 按：第一条证据也见于惠士奇的《礼说》。江永到三礼馆讨论礼学，当时惠士奇也在三礼馆任职，不排除此条受于惠士奇的可能。

止十二，意当时别有农书详之。《草人》所未言者，其为涂泥、黄壤、青黎三种乎？九等当如《禹贡》分田为九等。①

江永反对郑玄以十二分野解释十二土和十二壤，也反对以《草人》骍刚等九种土壤解释九等。江永主张十二土即十二壤，即《草人》所列举骍刚、赤缇、坟壤、渴泽、咸潟、勃壤、埴垆、强檃、轻爂九种特性的土壤加上涂泥、黄壤、青黎，合为“十二土”。“五物九等”之九等即《禹贡》所说的九州上、中、下各三等，合为九等土壤。可见，在江永看来，“九等”说的是土地的质量等级；“十二壤”说的是土壤特性。江永此说显然要强于郑玄的注和贾公彦的疏。

关于《大司徒》以“土圭之法”求“地中”，宋元以来都有诟病者。清初万斯大《周官辨非》即据此条指责《周礼》为“非”，指出：如果说地中，阳城才是地中；如果周公真的求“地中”，不当选洛邑，而应在阳城建都。江永分析说：

所谓土中者，合九州道里形势而知之，非先制尺有五寸之土圭，度夏至景与圭齐而后谓之土中也。既定洛邑，树八尺之表，景长尺有五寸，是为土中之景，乃制土圭以为法。他方度景亦以此土圭随其长短量之，是景以土中而定，非土中因景而得也。贾疏谓周公审慎者，近之。汉时天学未明，所谓《考灵曜》者，汉人妄作，见日行有南北寒暑进退，求其故不得，遂为“四游”之说，又谓升降于三万里中。郑氏意，地中半于三万里，遂谓景常以千里差一寸，其说甚谬。景之差，日近天顶则少，远天顶则多，本非平差，何得限以千里差一寸？唐大史监南宫说自滑台至上蔡武津，分地节节测之，谓大率五百二十六里有奇，晷差二寸余，斥旧说之妄见，《唐书·天文志》可考也。②

① 江永：《周礼疑义举要》，《清经解》第2册，第216页。
② 江永：《周礼疑义举要》，《清经解》第2册，第216页。

江永用天文知识纠正郑玄误说，认为先人选定某地为“地中”，再以圭表测景，以所得日影长度为标准，而不是先通过测量日影得到“地中”。同时否定汉儒“四游说”与“千里差一寸说”。至于阳城、洛邑何处为“地中”，江永说：

> 经文本谓测景以建王国，则当时惟于东都王城测之。至汉儒乃谓颍川阳城为然。阳城今登封县，在洛之东南。此别有其故，盖黄、赤道间之纬度，古阔而今渐狭。汉时王城夏至日稍偏南，而景微长，必进至阳城然后合土圭也。然《唐志》言阳城景尺四寸七分八厘，则汉时宜更短于此。汉唐人之言未知孰得其真。测景惟能知南北之差；若东、西，则随人所居而移。经谓“日东则景夕，日西则景朝”者，言其理当如是，非真能同时立表，知其东表日已昳，西表日未中也。西法则东西里差以月食时刻先后定之，疏立五表之说亦同。①

江永指出，汉人之所以提出阳城为理想的“天下之中”，是因为两汉时期只有阳城符合所谓的“地中日景说”。然而一地之景长短，受古今之变的影响，因“黄、赤道间之纬度，古阔而今渐狭”，那么西周时期更与两汉不一样，从而“阳城地中说”也就站不住脚了。而经义所说的“地中”，乃是“天下道里均”，即从王国交通情况而言，非天文学中的“地中”。江永以自己的天文历法学知识解决了《周礼》学史上的一个争端，功不可没。

（五）关于《周礼》制度研究的创获

江永在《周礼》制度研究方面同样有一系列创获。我们以江永“小司徒九比法”和“六军更休法”研究成果为例，对江永制度研究创获做简要分析。

《地官·小司徒》“夫家九比法”是《周礼》设计的一项国家综合数据普查制度。然而什么是“夫家九比”，历来争论不休。郑众以为即“九夫为井”之法，郑玄以为“出九赋之人数法”。江永指出“夫家九比法”

---

① 江永：《周礼疑义举要》，《清经解》第2册，第216页。

即小司徒“三年大比”的比法：

> “九比”者，夫家一，人民二，田三，莱四，畜五，车六，辇七，稼器八，兵器九。夫家为九比之首，八者皆夫家之所有，故云“夫家九比之数”。下经“使各登其乡之众寡、六畜、车辇”，约举之辞。“辨其物，以岁时入其数”，则通九比之物而别异之也。①

之前的学者或提出“九比”即“九职人民”之数，或上、中、下三等地之民数，或以为“夫三为屋、屋三为井”之数。到清人李光坡《周礼述注》，提出“邦中、四郊、甸、稍、县、都、关市、山、泽”的“九处校比人民之数说”，试图将“九比”之中的每一“比”落到实处。然而李光坡说没有提供可信的证据。江永否定先、后郑直至李光坡之说，提出新的家庭人口与财产普查的“九比说”，用《小司徒》本经作为论据，将“九比”真正落实到了具体的九项中，这是《周礼》学史上的第一次。证据确凿，分析透彻，其思路和解决方向可信。至于具体的“九比”之中的每一“比”，尚有探讨的余地。②

《周礼·地官》大司徒有“比闾法”，小司徒有“卒伍法”。“比闾法”以五家为起点单位，五比为闾，四闾为族，五族为党，五党为州，五州为乡。“卒伍法”以五人为起点单位，五人为伍，五伍为两，四两为卒，五卒为旅，五旅为师，五师为军。《小司徒》还说“凡起徒役，毋过家一人”。这个规定无疑将“卒伍法”与“比闾法”贯通起来：“比闾法”即“卒伍法”，六乡平时以“比闾法”组织起来，有田役军事行动则自动转为“卒伍法”。按照“卒伍法”，六乡、六遂、都鄙理论上可组成的战斗部队何止六军？江永分析说：

> 天子六军，惟取足于六乡，何为六遂及甸、稍、县、都皆有作民师田行役之事？六遂以外之民，皆家出一人为兵，则王畿千里，可出

---

① 江永：《周礼疑义举要》，《清经解》第2册，第217页。

② 按：我们以“九比”为算户数，别男女，断老幼，分健疾，辨田莱，计职业，合畜产，验农具，数兵器。

> 数十军，何为限以六军？以此言之，《小司徒》“会万民之卒伍而用之”，亦言其联络卒伍之法当如此。果有军旅，或调远，或调近，必有更休之法，当不令远地独逸，近地独劳。上地、中地、下地家家虽有可任之人，亦自有均平之法，当不令下地家五人亦与上地家七人者同出一人为兵也。管仲之法则是家出一人为兵，盖是时兵农已分，居士乡而受田者征其人而不征其税；居野鄙而受田者，征其税而不征其人。岂亦仿成周六乡出六军之制而变通之耶？①

江永提出《周礼》兵制设计应当包含“更休之法”，不是六乡、六军齐出。至于都鄙、甸、稍、县也有相应的军事组织。作战之前起军旅，必定根据敌情、兵力强弱、训练、劳逸等情况从各地抽调作战力量奔赴前线。此外，江永还指出：“天子六军，取之六乡，而六遂与甸、稍、县、都亦有兵，所以防守，不在六军之中。即天子六军亦所以备制。若有征伐，犹征兵于诸侯。王朝将帅元戎十乘以先启行，不尽用六军也。”此说显示江永真正吃透了《周礼》军事制度设计的用心。

（六）补充、订正前人经说的创获

《周礼疑义举要》纠正前人误解、误说及补充遗漏随处可见。

《大宰》“以八则治都鄙”，郑玄注以为“八则”用于管理有采邑的公卿大夫。江永以为“八则”不仅用于治理采邑都鄙，也用于治理公邑大夫。此说言之有据，发前人所未发。②

《天官·玉府》说：“凡王之献金玉、兵器、文织、良货贿之物，受而藏之。”郑玄注以“王之献”为王用以献遗诸侯。江永指出：“此谓臣下有献于王，如《曲礼》所谓大夫私行，反必有献。《少仪》所谓‘君将适他，臣如致金玉、货贝于君’是也。”③ 后来王引之考证“王之献”一句中，“王之”二字为衍文，从文献学角度否定了郑玄、贾公彦说，从另一个方面证明江永说不误。

《周礼·天官·内宰》说：“凡宾客之祼献、瑶爵，皆赞。”其中的

---

① 江永：《周礼疑义举要》，《清经解》第 2 册，第 217 页。
② 江永：《周礼疑义举要》，《清经解》第 2 册，第 214 页。
③ 江永：《周礼疑义举要》，《清经解》第 2 册，第 216 页。

"瑶爵"，郑玄注说："谓王同姓及二王之后来朝觐为宾客者。祼之礼，亚王而礼宾。献谓王飨燕，亚王献宾也。瑶爵，所以亚王酬宾也。"江永说："瑶爵，亚王酳宾之爵，注谓亚王酬宾之爵，非也。以币酬宾之礼惟献末，王一行，后则无酬。凡后献皆用瑶爵，上言'瑶爵亦如之'，所以别于祼用璋瓒耳。"① 实际上酳宾、酳尸，王后有亚献瑶爵，而酬宾则无之。江永说正确。

《周礼·内宰》有"岁终则会内人之稍食，稽其功事"。其中的"内人"，郑玄注、贾公彦疏都以为是九御。江永说："注疏以内人为女御，非也，此即《典妇功》之'内人'与《典丝》之'内工'，是宫中专治女功者。"江永此说可从。《周礼》中食稍食者多为士以下服公事者，而《典妇功》确有"内人"存在。

三 《周礼疑义举要》的研究方法

《周礼》一书难读，一在于它的叙述方式，二在于古今知识体系的变化。江永穷毕生精力于《周礼》，体会撰作者的用心，探索其中的知识奥秘。他善于分析《周礼》的叙事方式，采用内外证据论证法，还注意吸收西学知识以增强证据的坚实度。有些问题难以获取强有力的论证材料，他也采用合理的推测法。这些方法的合理采用，有助于《周礼疑义举要》取得丰硕的成果。

（一）从文法方法角度解析经文

《周礼》一书内容丰富，职官之间关系错综复杂，为了避免叙述的生硬重复，撰作者在写作过程中往往采取多样的叙述方式。但此种写法给后人阅读文献造成极大困难。江永细心体会，将《周礼》作者的叙述和文章布局的用心一一揭示出来。江永总结出《周礼》一书的文法有相对迭言法、详略互见法、属辞法、互为表里法、互文见义法等，提示读者不要因为这些求变的写作方法而产生歧想。

"相对迭言法"见于江永对"大宰九赋"和"大宰九功"实质的辨析提示。《大宰》有九赋之法，又有九功之法，此二法关系如何？江永分

① 江永：《周礼疑义举要》，《清经解》第2册，第216页。

析说：

“以九赋之法令田野之财用”“以九功之法令民职之财用”。“九赋”主地，“九功”主人，其实田野之财用皆出于民职，此相对迭言之耳，非有二项之财用也。①

江永认为九赋和九功实际上是同一种赋的不同说法。从土地产出角度看称为“赋”；从劳动者生产角度看称“功”。此为《周礼》文法中的“相对迭言法”。发现此法，有功于《周礼》。学术史上确实有人耗费精力，将九贡、九功、九赋视为独立的“税种”去探讨其具体内容，枉费功夫而无收获。

“详略互见法”见于江永多处经文分析。玉府、典瑞两职都有“共含玉”之职。江永分析认为，含玉当为玉府供之于典瑞，典瑞在丧礼中使用这些含玉。然而典瑞之职尚有供饭玉的职责，饭玉来源如何？江永分析说：

含玉，两官并共，岂玉府共之于典瑞，而典瑞乃共之以含与？然典瑞又有饭玉，宜亦玉府先共，而此不言，盖详略互见也。②

江永以为饭玉和含玉一样，也是玉府先供之于典瑞。《玉府》经文不说，原因是已经说了含玉，饭玉自然在所供器物之中，此为文法中的“详略互见”。

“属辞法”是《周礼》行文的一大特色。江永所说“属辞法”并不专指某一种文法，而是对《周礼》行文技法的泛称。《地官·廛人》有“五布”，江永分析其职文叙述“五布”次序说：

五布之次序，先列肆，次货贿，次质剂，次罚布，而后及廛。廛亦地税，不序于絘布之后者，总、质、罚皆肆中之物事，廛在肆外，

① 江永：《周礼疑义举要》，《清经解》第2册，第216页。
② 江永：《周礼疑义举要》，《清经解》第2册，第216页。

故序之在后，属辞之体宜尔也。①

可见这是分析行文次序问题，江永所说的“属辞”在这里即语序、词序问题。经过对《廛人》“五布”次序的分析，读者更容易理解《廛人》“五布”的具体内容。

《周礼》职官职文之间存在**“互为表里法”**。此处的“互为表里”与前面的“详略互见”有些类似。只是在“详略互见法”中，“略”非简略之义，而是“省去”之义；“互为表里法”才是详说与简说的关系。江永在分析《地官·遂人》经文时说：

《遂人》之所谓“野”实兼都鄙，《大司徒》言都鄙授田之制与此经相表里。《大司徒》言其略，此言其详，非有二法也。六乡田制亦视此矣。②

《大司徒》所说授田法是：“凡造都鄙，制其地域而封沟之，以其室数制之。不易之地家百亩，一易之地家二百亩，再易之地家三百亩。”《遂人》所说授田法为：“辨其野之土，上地、中地、下地，以颁田里。上地，夫一廛，田百亩，莱五十亩，余夫亦如之。中地，夫一廛，田百亩，莱百亩，余夫亦如之。下地，夫一廛，田百亩，莱二百亩，余夫亦如之。”两相比较，《大司徒》所说比较简略，《遂人》所说更详细一些。《大司徒》说其大概，《遂人》说其细节。《大司徒》职文说“再易之地家三百亩”。为什么是三百亩？看《遂人》职文就清楚了：原来这三百亩地中，一百亩为下等质量的土地，还有二百亩则为轮休之地，耕种一年后需要休耕两年，因而《大司徒》经文称为“再易之地”。互相参照，我们知道了《大司徒》职文所说的三百亩地由一百亩下等地、二百亩休耕地组成。这就是“互为表里法”。江永还特别指出，不仅野之地如此授田，六乡之地也是如此授田。《周礼》授

① 江永：《周礼疑义举要》，《清经解》第2册，第220页。
② 江永：《周礼疑义举要》，《清经解》第2册，第221页。

田就这一种，没有第二种。授田法是《周礼》中最重要的制度之一，历代关于《周礼》授田法多有争论。江永利用文法分析法解决了这个问题，贡献很大。

《周礼》中**“互文见义法”**随处可见。“互文法”是古代文献中常用的文法，江永也采用互文分析法解释《周礼》经文之义。例如《周礼》有山虞、泽虞，又有林衡、川衡，四职管理山川湖泊。《周礼》一书将山川、湖泊都设为国有资源，贾公彦发现二虞、二衡职文中，仅《泽虞》职文称国有，江永分析说：

> 《泽虞》，贾疏云：“山虞、林衡、川衡皆不言国，独泽虞言国者，二虞、二衡文有不同，皆互见为义。”此说是也。凡山林、川泽皆国所有，使其地之人各占其地，种艺草木，长养鱼鳖，即“九职”中虞衡之民，是谓之守而官为之禁，令当取物之时各入其物以为地职之贡，《闾师》所谓“任衡以山事，贡其物；任虞以泽事，贡其物”者也。入贡之余即是民所自有，犹必令其取物有时，取之有节。若官自取物不在禁限，此二虞、二衡之通法也。①

引文中，江永赞成贾公彦的“互文”说并做了补充性论证。指出正因为山川湖泊国有，才对民众取其资源设置时禁。

江永虽不热心于文学创作，但由于长期担任私塾教师，在传授儒学知识的同时，还教学子撰写“时文”，他自己就编有《四书典林》，深通“文章作法”。他将文学研究法用于经学研究，此法属于经学研究的“据文法探经义”的方法，后为皖派经学家所继承。

（二）利用民风民俗研究《周礼》

难能可贵的是，江永还用实证法证明《周礼》相关说法。《天官》篇中有“四饮之醫”，其内容颇令人怀疑，江永说：

> 四饮之醫，后郑引《内则》，以酏为醴释之。《内则》注云：“酿

① 江永：《周礼疑义举要》，《清经解》第2册，第222页。

粥为醴。”初疑粥如何可酿，访问今时北方造黄酒之法，先煮黄米为粥，乃入曲蘖，酿之成酒，正与郑注合。此惟黄米可酿粥，而秫稻则否，黄米盖即古之黄粱。①

江永利用当时还能看到的民间黄米粥造酒法，证明郑玄的解释可靠，体现了实证精神。郑玄是经学大师，知识丰富，但关于手工业工艺和农业种植技术方面的解释也有不少错误。例如《地官》中有草人粪种之说，先郑以为用牛角浸泡种子，郑玄以为煮汁浸泡种子。江永利用农业种植知识否定了先、后郑等的说法：

《草人》“种”字皆当读去声。凡粪种谓粪其地以种禾也。后郑谓凡所以粪种者，皆谓煮取汁。先郑谓用牛，则以牛角汁渍其种。王氏谓用麻实捣汁渍其种，是读种为上声，恐皆是臆说。凡粪当施之土，如用兽则以骨灰洒诸田，用麻子则用捣过麻油之渣布诸田，若土未化，但以汁渍其种，如何能使其土化恶为美，此物理之易明者，因读“种”字误，遂为曲说。今人粪田未见有煮汁渍种者，后人说经好破先儒，此当疑而不疑，何也?②

江永认为前人关于《草人》经文“粪种”之说均有误，粪种即为耕地施肥以利于种植庄稼，不是浸泡种子。江永不嫌稼穑之卑，利用农业生产和手工工艺知识论证古经，在文献、文字训诂之外，又辟一条解经之路，开皖派经学注重“实学”的风尚。

（三）吸收西方知识

传统知识分子即使博学如梅文鼎、钱大昕，都主张西学起源于中土。江永则不同，明确主张西学有自己的传统，并且以积极的态度吸收西方学说。《周礼·保章氏》涉及古代天文学知识，江永说：

---

① 江永：《周礼疑义举要》，《清经解》第2册，第215页。

② 江永：《周礼疑义举要》，《清经解》第2册，第222页。

《保章氏》："以星土辨九州之地，所封封域，皆有分星，以观妖祥。"《春秋》内外传而下至历朝史志及诸家论分野之言详矣。以《职方外纪》考之，大地如球，周九万里，分为五大州，幅员甚广，岂止中土之九州哉！五大州皆有山水，人物皆有君长臣民，则必与普天星宿相关，灾祥祸福随地有之，岂止中土九州分十二次之星，而徼外遐方即无预于天星哉！①

此处虽没有完全摆脱占星术思想，但吸收西学的营养还是明显的。江永虽然显示了传统知识分子主动吸收西学的意愿，但其身处偏远的皖南腹地，对于西方近代科学接触不多。《周礼疑义举要》中采用的西方科学知识大多为传教士输入，至于西方已经兴起的物理学、化学、生物学、矿物学、考古学知识在《周礼疑义举要》中未有体现，可见他对西方知识的接受还不成系统。

（四）合理推测

《周礼》中不是所有的问题都可以找到直接的证据加以证明，有些问题不得不通过现有知识推测未知。"大宰九职"有闲民，无职事。闲民无职事如何纳贡？《地官·载师》说："凡民无职事者，出夫家之征。"江永推测说：

民无职事而责其出一夫百亩之税，一家力役之征，立法太重，势必难行，不行而法弛。先王当不为此，自是后儒解者失之耳。考诸经，凡言"有夫家"者，犹云"男女"。无妻者为夫，有妻者为家，此言出夫家之征，谓其人若未受室，或丧其妻，则出一夫力役之征，已有家则并出嫔妇布帛之贡也。②

江永认为家庭有"单亲"，有"双亲"，或鳏或寡，出税当有区别，或有夫无家，或有家无夫，或家、夫并有，当据实际情况征收这些闲民的赋贡。此为依据常理对《周礼》赋税制度进行推测性解说。

---

① 江永：《周礼疑义举要》，《清经解》第2册，第225页。

② 江永：《周礼疑义举要》，《清经解》第2册，第218页。

四 《周礼疑义举要》的影响

《周礼疑义举要》为清代《周礼》学的一部力作，新见迭出，精彩纷呈。该书实际上还没有真正完成，在入编《四库全书》之前还是以读书笔记的形式存在，学术上有遗憾，在所难免。例如关于一卒百人的军事组织，江永分出兵车与重车，除重车二十五人分工明确可信外，至于御手、射手、右甲士各帅二十四人，为什么要这样分、具体分工如何？江永的解说依然模糊。书中有大量的推测没有来得及论证，虽然这些推测的正确率很高，但毕竟缺乏论证。该书在采用论证证据时，往往不注意证据的丰富性，不少精彩的发现只有一个证据。这与鼎盛时期的皖派经学遵循“孤证不立”的原则有所不同。但与江永的创获比起来，这些不足难以遮掩该书的成就。

《周礼疑义举要》的这些遗憾在皖派经学的后学中多有所弥补，戴震的“十分之见”为乾嘉学人广泛接受，“证据链”论证法在乾嘉学者的著作中随处可见。

《周礼疑义举要》的一项重要贡献就是开启了皖派经学《周礼》学实证研究之路。在江永第一代弟子中，戴震、程瑶田、金榜在《周礼》研究方面均有建树。程瑶田有《考工创物小记》《沟洫疆理小记》《九谷考》《周礼札记》，在《周礼》的名物制度方面对江永的研究多有继承和发展。特别是其中的《九谷考》，江永《周礼疑义举要》一书对“九谷”的解说只有寥寥十余字，程瑶田却撰成长篇，将九谷问题做了透彻的考证，发展了江永的学说。① 金榜的代表作《礼笺》共三卷，其中第一卷都是有关《周礼》的研究，包括《九赋九式》《内命妇之服》《周官军赋》《都鄙公邑异同》《以国服为之息》《缫藉采就》《九旗》《冕旒》《任正者任衡者》《戈戟》《桃氏为剑》《凫氏为钟》十二篇，大都是江永在《周礼疑义举要》中有所论述的话题，其中不少观点直接发挥了江永的意见。②

---

① 程瑶田：《九谷考》，《程瑶田全集》（叁），黄山书社，2008年版。

② 金榜：《礼笺》，《清经解》第3册，第820—824页。

江永《考工记》研究代表了清代前期该领域的最高水平，而“江门七子”中的戴震对江永的《周礼》学研究的继承最为突出。他的《考工记图》为自己赢得了极高的声誉，是清代《考工记》研究的代表作。该书对于江永《考工记》学术研究的继承与发展痕迹历历可见，是真正的“青出于蓝而胜于蓝”。

江永为皖派经学的开创者，皖派经学以礼学研究最为突出，这一学术成就得益于江永的大力提倡。江门再传弟子及其后学在礼学方面也多有建树，至皖派殿军孙诒让作《周礼正义》，此为两千年《周礼》研究的总结性著作，其中引用江永说多达三百五十三条，将《周礼疑义举要》全书大部分观点都包括在内。其中《考工记》就引用了一百零一条，并且绝大多数都获得孙诒让的肯定，可见孙诒让作《周礼正义》非常仔细地研究了《周礼疑义举要》并充分吸收了江永的考证成果。从《周礼疑义举要》到《周礼正义》，皖派经学中《周礼》学研究演进的脉络清晰可辨，江永的开创之功不可磨灭。

《周礼疑义举要》的著作形式是读书笔记，该书是“学问正从疑处来”最好的说明。此后王念孙的《读书杂志》，王引之的《经义述闻》《经传释词》，俞樾的《古书疑义举例》，陈衍的《周礼疑义辨证》，乃至现代学术大师刘师培的《古书疑义举例补》、杨树达的《古书疑义举例续补》无不沾溉其泽。

第四节　沈彤的《周礼》学

在方苞等人于三礼馆编修礼书之际，清代《周礼》考据学已经崭露头角。除了婺源江永致力于《周礼》研究，吴江沈彤、元和惠栋也开始了他们的《周礼》考据研究。他们的研究成果是乾嘉早期《周礼》学的重要收获。本节分析沈彤的《周官禄田考》。

沈彤（1688—1752），字冠云，号果堂，主要的学术活动在乾隆早期，是乾嘉吴派早期重要的学者之一，与当时的学术名流方苞、全祖望、惠栋、钱大昕多有交游。曾获举荐应乾隆年间的“博学鸿词科”，在京师期间受到方苞赏识。方氏曾邀请沈彤赴三礼馆参与《三礼义疏》的编修。

沈彤属于多才多艺的学者，不仅是经学家，还是文章家，并通中医学，有中医学专著《释骨》一卷传世。沈彤经学著作还有《仪礼小疏》《尚书小疏》《春秋左传小疏》等。他的《周礼》学研究代表作是三卷本的《周官禄田考》。沈彤在《序言》部分就自己成功的秘诀做了揭示："凡定公田之数以井数；定禄之数以其等；定爵之数以序官，而定爵之等以命数；定禄之等以爵等，亦以命数。"① 我们不妨称之为"五定法"。"五定法"是沈彤对《周礼》官员配置、官员俸禄和官员爵级三者关系的精妙总结，是研究方法的自我揭示。《周官禄田考》是《周礼》学史上有关禄田问题的第一部系统性的研究成果。

一 食禄田者员数考证

北宋欧阳修对《周礼》曾有"官多田寡，禄将不给"之疑。从此《周礼》设官太多成为历代质疑《周礼》者诟病《周礼》的重要理由。《周礼》官员俸禄是否真的远远超出了耕田所能承受的范围？因统计《周礼》中官员的数量确实存在巨大的技术性障碍，沈彤之前的历代学者都没有真正讲清楚这个问题。《周官禄田考》克服了这些障碍，通过考证，给出了答案。这个答案无疑是《周礼》学史上最接近《周礼》官员数真相的，是《周礼》学的重要突破，更是清代《周礼》学的重要收获。《周官禄田考》上卷为《官爵数》。《官爵数》考证的就是官员数。沈彤在这一卷先列根据《周礼》经文、注文可得的官员数和辅助人员数；再列根据一般原理推测的官员数和辅助人员数；然后用问答式解说自己得出这些数据的理由。以上数据的获取方法主要是"以爵等推人数"。

《周官禄田考》将《周礼》中的王官数、庶人在官者数、官员数分为"有常数可周知而见本经及注者"和"不见经注而数皆可推者"两大类，分别进行考证。关于"有常数可周知而见本经及注者"，沈彤得出有公卿大夫 11 人，中大夫 68 人，下大夫 269 人，上士 1150 人，中士 4496 人，下士 19507 人。关于"不见经注而数皆可推者"，沈彤推导有上士 1008

① 沈彤：《周官禄田考》，《清经解》第 2 册，第 564 页。

人，下士 5039 人。两类合计下士及以上官员 31548 人。

除了王朝任命的官员外，《周礼》中还存在以府、史、胥、徒为主体的“庶人在官者”。沈彤计算出《周礼》有府凡 455 人，史凡 1011 人，胥凡 954 人，徒凡 13778 人。类似府、史、胥、徒的贾、工、阉、竖、瞽蒙、蛮隶等凡 5505 人，合计 21703 人。这样，有爵无爵的王朝管理者合计 53251 人。

沈彤还计算了后宫妇官有爵无爵者人员数，计算出有爵者 120 人，辅助人员 1156 人。加上推导出的《冬官》有爵无爵者 4860 人，合计宫廷、朝廷、乡遂有爵无爵的官员和辅助人员共 59300 余人。此外，沈彤还对畿内诸侯、畿外诸侯、王子弟所属有爵官员进行了考证。这是《周礼》学史上第一次经过严格考证得出的《周礼》官府有禄田者人数。

沈彤以上依爵定员数的考据建立在深入研究经文和注文的基础上，取得了突出的成果。沈彤重要的贡献有五大项：一是“《冬官》人员取平均数说”；二是“驽马倍良马说”；三是“郊野有县鄙说”；四是“公卿大夫县鄙可定数说”；五是“三等封国乡遂郊野职官可数说”。以下我们对沈彤第一、第二项贡献做简要分析。

关于《冬官》官员、职员数，由于《冬官》已亡，《冬官》系统人员配置如何，前人难以解答。宋元学者有“《冬官》不亡说”，试图从其余五官中提取部分职官补充到《冬官》。实践证明此路不通。沈彤则通过“例推法”对《冬官》职官数做了评估，给出了一个相对合理的数据：

> 其爵有常数而阙者，《冬官》是也。然以五官爵数之，可周知者，去其妇官，去其公孤及乡遂郊野官，乡遂官二万二千八百七十二人，郊野官六千有五十八人，存二千六百二十九人。而五分取一以例《冬官》之有爵者，约五百二十余人。以五官在官庶人数之，可周知者而五分取一，以例其在《冬官》者，约四千三百四十人。①

① 沈彤：《周官禄田考》，《清经解》第 2 册，第 565 页。

这是取五官平均数法。先排除地官中的乡、遂、郊、野官员数，因为这些官员其余五官不设，也没有可比性。排除这些无可比性人员后，得2629人，五分之，得《冬官》有爵者520余人。再取现存五官中“庶人在官者”总数，五分之，得4340人。这两组数据就是沈彤估算出来的《冬官》官员和辅助人员数。这个数据也是《周礼》学史上第一次得出，沈彤的首创之功不可没。

夏官有趣马一职，关于趣马官府到底有多少职员，之前的学者没有形成定论。《夏官·序官·趣马》说：“趣马，下士，皂一人，徒四人。”经文没有说总共有多少个趣马官，只是说每一皂设一趣马。沈彤判断《周礼》中有下士趣马192人。他这个数据是如何得出来的？沈彤在该书的问答部分做了解释：

> 趣马之定为百九十二人，何也？
>
> 曰：《校人》云“良马三乘为皂，皂一趣马。驽马三良马之数，八丽一师，八师一趣马”。注云：“八皆宜为六，字之误也。丽，耦也，二耦为乘，良马一种四百三十二匹。五种合二千一百六十匹。驽马千二百九十六匹。”今按：“三良马”之“三”宜为“二”。驽马止八百六十四匹耳。良马二千一百六十匹，为皂百八十，当趣马百八十人。驽马八百六十四匹，为师七十二，当趣马十二人。并之，为百九十二人也。①

原来，沈彤通过《夏官·校人》来确定《周礼》中趣马一官的总人数。《校人》职文是这样说的：

> 辨六马之属：种马一物，戎马一物，齐马一物，道马一物，田马一物，驽马一物。凡颁良马而养乘之。乘马一师四圉；三乘为皂，皂一趣马；三皂为系，系一驭夫；六系为厩，厩一仆夫；六厩成校，校有左右。驽马三良马之数。丽马一圉，八丽一师，八师一趣马，八趣

① 沈彤：《周官禄田考》，《清经解》第2册，第566页。

马一驭夫。天子十有二闲，马六种。①

根据汉唐学者注疏，一乘马是四匹马，一丽两匹马。圉是养马人。良马一马一圉人，四马设一马师管理养马之圉人。十二匹马设一趣马官，为三马师之长。如果将王马的总数计算出来就可以确定王朝管理王马的下士趣马有多少人了。根据《校人》职文，王马有六种十二校，十二校马匹总数是可以推测出来的。良马有五类：种马、戎马、齐马、道马、田马。每一类为一厩，共五厩。《校人》职文说乘马一师四圉，三乘为皂，三皂为系，六系为厩。那么，一厩马匹数为 4×3×3×6 = 216。五厩良马数为 1080 匹。由于分左右校，故良马总共有十厩，驽马一种二厩。良马、驽马共六种十二厩。六种、十二厩即上引经文“天子十有二闲，马六种”。其中良马每厩 216 匹，十厩总数为 2160 匹，对于这个数字，《周礼》学史中没有争论。但驽马一种二厩有多少匹则争论不休。

《校人》管理良马、驽马的“官法”有所不同。良马的最“底层”管理者是圉人，圉人之上有师，我们姑且称为马师，圉人、马师非命士，乃庶人在官者。马师之上是趣马，再上是驭夫，再上是仆夫。圉人、马师、趣马、驭夫、仆夫分别管理 1 匹马、4 匹马、12 匹马、36 匹马、216 匹马。如果从良马的聚集单位划分，是五个层级，起点是圉，然后是师，然后是皂，然后是系，然后是厩，分别聚集 1 匹马、4 匹马、12 匹马、36 匹马、216 匹马。良马层级的倍数是三。驽马的管理者，起点也是圉人，其次是马师，再次是趣马，再次是驭夫。分别管理 2 匹、16 匹、128 匹和 1024 匹马。驽马层级的倍数是八。没有仆夫，因仆夫管理乘车，驽马不用于乘车。如果我们将良马和驽马数量通过相同职官做一个比较，则不难发现，他们之间就管理马匹的数量看，很难形成经文所说的“驽马三良马之数”。同是马师，良马马师管理 4 匹马，驽马马师管理 16 匹马，所养马匹数是前者的四倍。同样是趣马，良马趣马养 12 匹马，驽马趣马养 128 匹马，后者是前者的十倍多。同样是驭夫，良马驭夫管理 36 匹马，驽马驭夫管理 1024 匹马，后者是前者的二十八倍

① 贾公彦：《周礼注疏》，《十三经注疏》，第 860 页。

多。可见《校人》经文中的数据必有错误。《校人》还说："天子十有二闲，马六种。"闲，郑玄注说："每厩为一闲。"《校人》述驽马到驭夫为止，可见驭夫所管就是厩。驽马之厩不设仆夫，以第一级的驭夫充任管理者。前面已经分析五种良马十厩，那么驽马一种占两厩。驽马两厩总数会达到2048匹。

如何解决经文不能自圆其说的问题？郑玄给出了一个解决方案。郑玄注说：

> 驽马自圉至驭夫凡马千二十四匹，与"三良马之数"不相应。"八"皆宜为"六"，字之误也。师，十二匹；趣马，七十二匹；则驭夫四百三十二匹矣，然后而三之。既三之，无仆夫者，不驾于五路，卑之也。①

郑玄的计算是这样的：2×6×6×6×3＝1296（匹），将"八丽一师，八师一趣马，八趣马一驭夫"中的"八"全部改为"六"。郑玄不但改经，还用了一个可疑的"三"。良马一厩216匹，左右两厩432匹。432的三倍即1296。郑玄采用这个"三"，是根据《校人》经文"驽马三良马之数"而来，看似没有问题，实际上此说不成立。经文是说驽马一种是良马一种的三倍，即计算结果是三倍，不是在计算结果上乘以三。

沈彤不满郑玄说，他在郑玄改"八"为"六"的基础上，改《校人》"驽马三良马之数"为"驽马二良马之数"。这样，经文"驽马三良马之数。丽马一圉，八丽一师，八师一趣马，八趣马一驭夫"就变成"驽马二良马之数。丽马一圉，六丽一师，六师一趣马，六趣马一驭夫"。"丽马一圉，六丽一师，六师一趣马，六趣马一驭夫"的马匹数可以用这样的计算式表示：2×6×6×6＝432（匹）。良马一厩216匹，驽马一厩432匹，后者正好是前者的两倍。改经文而无文献学证据，虽然不可取，但经这么一改，经文反而自相符合了，不失为一家之说。

沈彤的这个方案在郑玄基础上有所推进，能成一家之言。但孙诒让

① 贾公彦：《周礼注疏》，《十三经注疏》，第860页。

《周礼正义》对沈彤这项成果未予置评，对郑玄方案的漏洞未予以指瑕，甚为可惜。

沈彤善于依据一般规则校正《周礼》职官人员配置数，依据经文判断职官人员配置。《周礼》辅助人员胥和徒的配置比例是1∶10。《秋官·序官·掌客》胥二、徒三十，沈彤根据“胥二”而破“三十”为“二十”。《秋官·序官·条狼氏》有下士六人。沈彤根据《条狼氏》职文“王出入则八人夹道”判断“下士六人”当为“下士八人”。根据《天官·序官·阍人》“阍人，王宫每门四人，囿游亦如之”判断阍人有二十八人。因天子宫门五，囿、游之门二，四七二十八人。沈彤此类发现甚多，我们不再一一举例。

不过，沈彤《官爵数》篇也存在一些不足。

天官有世妇，列其职文而不列其人数，春官也有世妇，列其职也列其数。在第三十五问答中，沈彤认为两世妇同人同职，应当合并为一职，并同意朱子以《周礼》为“草本”，即两世妇是修改未善留下的痕迹。其实《周礼》如此设置一官两职，是成熟的做法，不当怀疑。

《夏官·校人》说“天子十有二闲”，其中良马十厩，每厩一仆夫，当为十仆夫。但《夏官·序官》不设“仆夫”一职。沈彤认为序官应当加上一条：“仆夫，上士十人。”孙诒让指出，宋人易祓已经提出郑玄以仆夫为上士是错误的。实际上，掌管五厩的仆夫分别是大驭、齐仆、道仆、田仆、戎仆，分别掌驭王之五路。仆夫是总名，其中道仆、田仆为上士，大驭、戎仆为中大夫；齐仆为下大夫。而沈彤坚持郑玄误说，以为应添加“仆夫，上士十人”，显然错误。[①]

二　公田数考证

沈彤《周官禄田考》第二篇题目是《公田数》。这一篇也分前后两部分。前部分先列王畿田数，再列畿外邦国田数。畿内田数又分千里王畿田数、公卿采邑的大都田数和小都田数、大夫采邑田数、王子弟采邑田数以及四等公邑中的甸、丘、邑田数，还包括大都、小都、家邑“旁加”后

① 孙诒让：《周礼正义》，汪少华点校本，第3142页。

的田数，分析、考证可谓系统而严密。畿外邦国田数又细分为上公田数、侯国田数、伯国田数、子国田数、男国田数。后一部分利用问答形式列出六十八个问题，将得出这些公田数据的理由阐释清楚。这种先说结论再说论证过程和理由的著述方式让著作重点突出，降低了阅读难度，显示了作者对研究对象的掌控轻松自如。

在本篇，沈彤对《周礼》田数的考证同样取得了一系列成果。其中最重要的有五等公田数说、乡遂郊野都鄙同井田说、千里王畿总耕田数说，以下我们分别做简要评述。

（一）五等公田数说

沈彤认为《周礼》中有公田和私田。私田由国家授予平民，与官僚禄田无关。要研究官僚禄田，必须弄清楚《周礼》中“公田”的大致情况。沈彤所说公田，非《孟子》所说一井之中有公田、有私田的公田，而是王朝“中央”和地方诸侯直接掌控的公田。沈彤对公田的考证结论是：

王畿千里，有耕田二百八十八万夫，公田三十二万夫。

畿内大都，有耕地一万八千四百三十二夫，公田二千又四十八夫。

畿内小都，有耕地四千六百又八夫，公田五百一十二夫。

畿内家邑，有耕地一千一百五十二夫，公田一百二十八夫。

畿内之甸，有耕地二百八十八夫，公田三十二夫。

畿内之丘，有耕地七十二夫，公田八夫。

畿内之邑，有耕地十八夫，公田二夫。

畿内之井，有耕地四百五十亩，公田五十亩。

畿外公国，有耕地七十二万夫，公田八万夫。

畿外侯国，有耕地四十六万又八百夫，公田五万一千二百夫。

畿外伯国，有耕地二十五万九千二百夫，公田二万八千八百夫。

畿外子国，有耕地十一万五千二百夫，公田一万二千八百夫。

畿外男国，有耕地二万八千八百夫，公田三千二百夫。

沈彤是如何得出公田数的？他是按照一井九夫、公田占九分之一来计算的。以上所有公田数都是按一井九夫、一夫为公田而八夫为私田的比例得出的。《周礼》中的井田法是土地整治法，不是《孟子》所说

“井田制”的赋税法。然而《周礼》中关于公田的思想还保留着古老的井田制痕迹，即按照一井九夫之田其中一夫之田为公田的比例施行授田和预留公田。

（二）乡遂、郊野、都鄙同井田说

郑玄《周礼注》主张千里王畿之内，乡遂用沟洫法，都鄙用井田法，以井田法为赋税法。此说成为《周礼》学史上的主流。孙诒让的《周礼正义》是公认的古典时期《周礼》学集大成之作，也没有跳出郑玄说的窠臼。而在孙诒让之前，沈彤就否定了郑玄说，认为无论乡遂、都鄙、郊野，均实行井田法。为了论证这个问题，沈彤还将短论《五沟异同说》作为附录列于《公田数》第三条问答之后。

所谓“井田法”与“沟洫法”的差异缘于起点的不同：

> 九夫为井，四井为邑，四邑为丘，四丘为甸，四甸为县，四县为都。（《小司徒》）①
>
> 凡治野，夫间有遂，遂上有径；十夫有沟，沟上有畛；百夫有洫，洫上有涂；千夫有浍，浍上有道；万夫有川，川上有路，以达于畿。（《遂人》）②

所引《小司徒》经文被称为“井田法”，《遂人》所说被称为“沟洫法”。表面上看，“井田法”起于九夫，然后以四倍增率形成邑、丘、甸、县、都。“沟洫法”起于一夫，以十倍增率形成沟、洫、浍、川四级排水系统。两者看似无关，实际上是一个问题的两个方面。《考工记·匠人》说：

> 九夫为井，井间广四尺，深四尺，谓之沟。方十里为成，成间广八尺，深八尺，谓之洫。方百里为同，同间广二寻，深二仞，谓之浍。③

① 贾公彦：《周礼注疏》，《十三经注疏》，第711页。
② 贾公彦：《周礼注疏》，《十三经注疏》，第740页。
③ 贾公彦：《周礼注疏》，《十三经注疏》，第931页。

此说是对“沟洫法”最好的注解。《匠人》九夫有沟，与《遂人》“十夫有沟”是一回事。因一井与四井“接壤”，每井之间预留“广四尺，深四尺”的土地作为排水沟以及沟上小道畛的用地，再加上九夫之间各自之遂、遂上之径用地，这些用地加起来也有一夫之地。那么九夫之井田从用地上看与十夫之沟洫相同。十夫中，九夫是耕地，其余一夫之地用于交通、给排水。我们的研究表明：井田法因沟洫而生，沟洫因井田法而成。井田沟洫法实际上是农田整治法，是综合了水利、交通、农田整治三项功能的农业工程。① 沈彤发现了这个问题。他在附录短论文《五沟异同说》中说：

> 《遂人》“夫间有遂”，《匠人》“田首谓之遂”。夫间为畎，水所入，即田首，本无异也。若《遂人》“十夫有沟”，《匠人》“九夫为井，井间谓之沟”，《遂人》“百夫有洫”，《匠人》“成间谓之洫”，为九百夫之地。《遂人》“千夫有浍”，《匠人》“同间谓之浍”，为九万夫之地。则地形有大小，或且悬绝，然即夫与寻尺互计，三沟之所占，要无不合也。井九夫，以沟加一夫，则得十夫。每九夫而间以沟，其沟不占井间乎?②

沈彤的这段分析证明井田法与沟洫法是一回事，用于千里王畿之内。这是一项重要贡献，打破了郑玄为迁就《孟子》“井田说”而割裂井田、沟洫为两法的旧说。然而沈彤说未受到清人和现代学者的重视，殊为可惜。

（三）千里王畿总耕田数说

关于千里王畿田数，沈彤得出总田数为 288 万夫，郑玄注《载师》，以为千里王畿有田 600 万夫，多出沈彤 312 万夫。沈彤解释说：

> 《载师》注计夫而不计井，故方千里为九百万夫，去其三之一，

---

① 丁进：《小宰六联通解》，待刊稿。

② 沈彤：《周官禄田考》，《清经解》第 2 册，第 569 页。

为六百万夫。今计井而后计夫，则方千里而去其三之一，止六十四万井，夫亦止五百七十六万矣。①

郑玄按照王畿千里来计算土地面积，为900万夫。其中山林、川泽、城郭等不为耕地者占三分之一，得可耕土地600万夫。沈彤的计算方法有所不同。先将千里王畿换算成“井”，得96万井。其中三分之二为耕地，得64万井。按照一井900亩耕地计算，将64万井换成一夫百亩的“夫”，得576万夫。由于耕地质量分上、中、下三等，即不休耕的“不易地”、一年轮休的“一易地”、两年轮休的“再易地”，所有耕地平均起来每年只有一半在耕种，沈彤因而得出千里王畿每年可使用的土地为288万夫的数据。郑玄给出的数据虽然考虑到了山林川泽等不可耕土地问题，但没有将土地轮休问题考虑进去。他得出的只是理论数据。沈彤不仅考虑到土地轮休问题，还考虑到所有的耕地实际上都采用井田整治法，因而先用“井”为单位再换算为“夫”，所得出的结论比郑玄的更接近实际。

此外，沈彤还提出了一系列新观点。

沈彤以为王城占地四千九百井，为四万四千一百夫。以为农家之宅占地六万四千夫。以为大都含四都，方八十里；小都如一都，方四十里；家邑如县，方二十里。以为《大司徒》中的“不易之地家百亩”为上地之上者，而《遂人》上地田百亩、莱五十亩仅为上地而已。以为用于乡遂治理的土地税收法通行于畿内和畿外诸侯。以为《小司徒》之“县都”指一般性土地，未封则为公邑，已封则为采地。以为稍地如甸地之制而畺地制为都。以为家邑四甸，小都四县，大都四都……类似的成果还有不少，这些成果都是为下一篇《禄田数》做铺垫，我们这里不再枚举。

三 禄田数考证

在《禄田数》篇中，沈彤也是先列出考证成果，然后再用问答形式解说这些成果是如何得出的。沈彤先列总的考证结论：

---

① 沈彤：《周官禄田考》，《清经解》第2册，第569页。

周天子之官，则公食四都，孤卿食都，中、下大夫食县，上士食甸，中士食丘，下士食邑。其庶人在官者食井。

若在内诸侯，则公之卿食甸，下大夫食丘，上士食邑，下士与庶人在官者食井。孤卿之大夫士食如之。大夫之士食亦如之。亲王子弟之卿大夫士食如公。次疏者之大夫士食如孤卿。次更疏者之士食如大夫。

若在外诸侯，则上公之孤食都，卿食县，下大夫食甸，上士食丘，中士食邑，下士与庶人在官者食井。侯伯之卿大夫士食亦如之。子男之卿食甸，下大夫食丘，上士食邑，下士与庶人在官者食井。①

上列引文用三个板块分别列出王朝七等官员禄田数、畿内六等诸侯国属官禄田数、畿外五等诸侯属官禄田数。禄田单位不用“夫”，而用都、县、甸、丘、邑、井。这六个单位所包含的田数，在上一篇《公田数》中已经考证出来，都、县、甸、丘、邑、井所包含的田数是明确的。先这样列出，便于理解什么是《周礼》中的禄田。

接着，沈彤将以上三板块人员食禄田数换算成以“夫”为单位的田数。我们这里摘取其中关于王朝官员的部分：

凡所食皆取诸公田。天子之公田三十二万夫。公三人，人食二千有四十八夫，凡六千一百四十四夫。孤卿十四人，人食五百一十二夫，凡七千一百六十八夫。中、下大夫三百三十七人，人食百二十八夫，凡四万三千一百三十六夫。上士千一百五十人，人食三十二夫，凡三万六千八百夫。中士四千四百九十六人，人食八夫，凡三万五千九百六十八夫。下士万九千五百有七人，人食二夫，凡三万九千有一十四夫。庶人在官者二万一千七百有三人，人食五十亩，凡万有八百五十一夫五十亩。又，不见于经而推知其爵数者，上士十一人，食三百五十二夫。中士千有八人，食八千有六十四夫。下士五千有三十九

① 沈彤：《周官禄田考》，《清经解》第2册，第573页。

人，食万有七十八夫。①

这是沈彤最为重要的考据成果，分别将王朝三公、孤卿、中大夫和下大夫、上士、中士、下士、庶人在官者以及不见于经文而自己推导出来的职官所食禄田数一一列出（见表8-2）。

表8-2 王朝官员食田一览

单位：夫（一百亩）

类别	公	孤卿	大夫	上士	中士	下士	庶人在官	其他	总计
人数	3	14	337	1150	4496	19507	21703		53268
人均食田	2048	512	128	32	8	2	0.5		
合计食田	6144	7168	43136	36800	35968	39014	10851.5	18494	197575.5

注：本表中的“其他”禄田数是“不见于经而推知其爵数者”和沈彤推测冬官属官及所用庶人食田数。

从表8-2来看，沈彤所计算的王朝官员食田二十万夫，占王畿三十二万夫公田总数的三分之二。看来《周礼》所设计的王朝财政远远不是“吃饭财政”，以“公田养官”只是应对行政官员俸禄支出而已。王朝在养官之外，尚余三分之一公田。关于剩下的三分之一禄田产出的使用，沈彤指出：“王自食二万有四百八十夫，后、世子与王子弟之未官未封者、妇官女给事、王宫士庶子之食及国中之法用皆于是给焉。其外九万二千七百七十余夫以食他有爵之官及在官庶人以给国中。”② 至于祭祀、宾客、丧荒、羞服、工事、币帛、刍秣、匪颁、好用等九方面的支出，则从“大宰九赋”和“大宰九贡”中开支。可见《周礼》财政体系的设计还是基本合理的。

《禄田数》篇还将畿内三等诸侯的“公田”食田分配方案一一列出。其中畿内公国公田的食田分配方案是这样的：

若内诸侯之公田，公二千有四十八夫，王食者五百一十二夫，自

① 沈彤：《周官禄田考》，《清经解》第2册，第573页。
② 沈彤：《周官禄田考》，《清经解》第2册，第573页。

食者三百二十夫。其卿二人，食六十四夫。下大夫五人，食四十夫。上士七人，食十四夫。下士三十三人，食十六夫五十亩。凡百三十四夫五十亩，存千有八十一夫强。①

这是沈彤考证出来的畿内三公“大都”公田的食禄分配方案。其中“公二千有四十八夫”是三公采邑预留的公田数。“王食者五百一十二夫”即公田的四分之一归王所有。“其卿二人，食六十四夫”之卿是指畿内公国小朝廷的官员，“下大夫”以下都是这类官员。

沈彤还考证出了畿外五等诸侯公田的食田分配方案：

侯，五万一千二百夫，王食者万七千有六十六夫强，自食者千二百八十夫。其卿五人，食六百四十夫；下大夫十七人，食五百四十四夫；上士八十七人，食六百九十六夫；中士四百四十四人，食八百八十八夫。下士千九百六十九人，食九百八十四夫五十亩。凡三千七百五十二夫五十亩，存二万九千一百夫强。②

“王食者万七千有六十六夫强”是指侯国向王“进贡”的部分。“其卿”及下大夫、上中下士是侯国朝廷的五级官员。

除了构建了一套《周礼》中天下公田食田方案，沈彤的新发现、新贡献还有不少。如指出天子之公食四都，孤卿食一都，中、下大夫食一县。上士食一甸，中士食一丘，下士食一邑，庶人在官者食一井。公之卿食一甸，下大夫食一丘，上士食一邑，下士与庶人在官者食一井；《周礼》官员、庶人在官者所食一田。只有封邑、颁赏地属于“与之田而令自取”，其余均为收其谷，通过廪人颁赐。下士以上称禄，下士以下大多称“稍食”；禄食按月发放，由官长受而分发给其下属。从天下官员的俸禄到府、史、胥、徒稍食的领取，沈彤都做了通盘考虑，并有严格的考证，用功之深、考证之坚实，足以史上留名。

---

① 沈彤：《周官禄田考》，《清经解》第2册，第573页。

② 沈彤：《周官禄田考》，《清经解》第2册，第573页。

四 《周官禄田考》成就评述

沈彤的研究是在有限的条件下对《周礼》食禄人数和禄田数所做的最接近《周礼》设官原意的推测。在此之前，郑玄做过开创性研究，提出“耕地理论面积”与“耕地实际面积”的“三去一”原则，以及可耕地与实际耕地“五五开”原则。但郑玄的计算方案毕竟属于草创性方案，未能解决禄田、耕地、公田、官僚之间的系统性关系问题。尤其是他的乡遂用沟洫法、都鄙用井田法之说，未能揭示《周礼》井田沟洫法的实质。宋儒叶时、明儒王应电、清儒江永均主张井田沟洫法二而为一，但他们均未解决《周礼》禄田数与官员数问题。这些成果为沈彤所继承。沈彤属于“攻坚”型学者，他是《周礼》学史上攻克禄田数与官员数难关的第一人。沈彤给出的方案虽有不足，但整体框架还是成立的，思路、方向和方法都是值得肯定的。沈彤的《周官禄田考》是乾嘉学派初期最重要的研究成果之一。

《周官禄田考》也存在一些遗憾，其中之一是没有处理“兼官”问题。宋人叶时、王与之等发现《周礼》存在“兼官”现象。有些职官行使职能明显呈现季节性。如地官中有羽人，其职文“羽人掌以时征羽翮之政于山泽之农”表明，此官行使职能当在秋冬之际。春夏鸟解羽，为准备过冬，鸟羽之绒才会细密。地官掌炭也是如此，烧炭最好的季节是初冬，春夏树木汁水多，不利于烧炭。类似的情况还有地官的掌葛、掌荼，秋官的穴氏等，大多半年无事。叶时等学者以为这些官员虽设岗位，但极有可能以他官兼领。有事则称穴氏、掌荼、羽人；事毕则回归本职。对于这类职官是否真为兼职，沈彤未予置评：如果不赞成，则可设一问答予以否定；如果赞成，则在食禄田人数中体现出来。

沈彤《周官禄田考》在《周礼》学史上第一次将“天下”官员的俸禄一一考证出来，其难度之大难以想象。这表明清代《周礼》考据学在方苞之后进入“攻坚”阶段。此后段玉裁作《周礼汉读考》，程瑶田作《沟洫疆理小记》，王鸣盛作《周礼军赋说》，《周礼》考据学从多层次、多方面展开。

第五节 惠栋的《周礼古义》

《九经古义》的作者惠栋（1697—1758），字定宇，号松崖，清代江苏元和人，与其祖惠周惕、父惠士奇号称“吴中三惠”。惠栋终生布衣，与江永相似，以教书为业，培养了一批杰出学者，成为乾嘉考据学中吴派的创始人。惠栋对后学多有提携，获得皖派学术大师戴震的敬重。惠栋的学问路径正如戴震所说：“松崖先生之为经也，欲学者事于汉经师之训诂，以博稽三古典章制度，由是推求理义，确有据依。”① 惠栋著作等身，他最主要的考据学成果是总称《九经古义》的一组著作，其中《周礼古义》是惠栋最重要的《周礼》研究著作。本节对《周礼古义》的内容和特点做简要分析。

《周礼古义》主要研究《周礼》经文和注文，包括文字训诂、名物解释、制度考证和经注校勘这四大内容。这些问题按照《周礼》经文次序分条排列，一共汇集了近一百条。每条先列经文，然后根据所研究的问题先列杜子春或郑司农或郑玄的意见，之后再列惠栋自己简短的考证。这些问题中，训诂问题有三十余条，占三分之一；名物制度的考证有五十余条，超过半数；此外还有数条校勘成果。

惠栋的《周礼》考据主要是对杜子春、郑司农、郑玄等汉代训诂大师的观点做更加充分的论证和补充证明，具体内容包括考证古音发掘古义、考证名物制度和校勘文字。

一 经文音读考证

《周礼》经文存在故书、今书问题，各家理解多有不同，因此《周礼》音读也是《周礼》研究的重要问题。惠栋在考证《周礼》音读上也下了功夫。

《地官》有保氏一职，职文有“保氏五射”。惠栋考证说：

① 戴震：《题惠定宇先生授经图》，《戴震全书》（陆），第505页。

> 保氏五射，注："郑司农云：'五射：白矢、参连、剡注、襄尺、井仪也。'"《释文》云："襄音让，本作让（讓），诸音非。"栋案：让亦音襄，古字通。《大戴记·投壶》篇本云："弓既平张，四侯且良，决拾有常，既顺乃让。乃揖乃让（让从言，襄声），乃阶其堂，乃节其行，既志乃张。"是让有襄音（《诗·角弓》让与亡叶）。①

惠栋此条仅仅考证五射之四"襄尺"的"襄"字读音问题。先引陆德明《经典释文》"襄"字读让音，又在陆德明基础上提出"让"也读襄音，然后引用《大戴礼记·投壶》篇所载投壶用乐之诗证明"让"读襄声。

"大宰六典"之二为教典，经文说"二曰教典，以扰万民"。"扰"字的读音，诸家各有不同。《经典释文》以为读"而小反"，郑玄读"而昭反"，即读"干扰"之"扰"的本字。《经典释文》又说许邈、李轨读"寻伦反"。此读乃从郑玄释"驯"义而变音读。惠栋考证说：

> 大宰六典，"二曰教典，以扰万民"。注云："扰犹驯也。"案《春秋传》云："乃扰畜龙。"应劭曰："《史记注》："扰，音柔。扰，驯也。"《尚书》"扰而毅"，徐广曰："扰，一作柔。"字本作㹛，见《玉篇》。㹛有柔音，故《史记》或作柔。又有驯音，故李轨、徐邈皆音寻伦反。或音而小反，失之。②

依据《经典释文》，郑玄读"而昭反"，则不破字，故释义用"犹"字连接释字和被释字："扰犹驯也。"陆德明从之。徐邈等则破读，但《经典释文》没有给出理由。惠栋从《尚书》《左传》《玉篇》《史记》等材料中找出证据，证明应释为"柔"。"柔"字本作"㹛"，读柔音，柔有驯音。由此读者可以推导出郑玄释义、徐邈音读是正确的。此说为孙诒让《周礼正义》所接受。

---

① 惠栋：《周礼古义》，《续修四库全书》第79册，第494页。
② 惠栋：《周礼古义》，《续修四库全书》第79册，第491页。

二 经注校勘和训诂

惠栋长于校勘。在《周礼古义》中，校勘虽不是主要内容，不过惠栋的校勘成果不容忽视。“司右”条说：

> 司右注：《司马法》曰“弓矢围，殳矛守，戈戟助，凡五兵长以卫短，短以救长”。案今《司马法》曰：“右兵，弓矢御，殳矛守，戈戟助，凡五兵五当，长以卫短，短以救长。”贾公彦曰：“‘弓矢围’者，围城时也。”愚谓“围”当作“圉”。古“御”字作“圉”，《管子》《墨子》书皆然。郑注作“围”，传写之误。今《司马法》为“御”字，从俗作也。①

惠栋考证出《司马法》“弓矢围”之“围”为“圉”之误。该字作“圉”字则一通全通，文句明白晓畅；若作“围”字，则终觉不妥。惠栋的推测可备一说。

《司裘》注说：“中秋，鸟兽毴毨。”惠栋考证后发现，“毴”当为“毛”，属于“字之误”。他比较了郑玄所作《尚书·尧典》注，发现郑玄《司裘》注与《尧典》注有一个小小的差别。郑玄在《尧典》注中说：“中秋，鸟兽毛毨；中冬，鸟兽毴毛。”显然，《司裘》注中的“中秋，鸟兽毴毨”当从《尧典》注，作“中秋，鸟兽毛毨”。《司裘》注出错的原因，惠栋推测是“涉下而误耳”，即受到《尧典》注下句“中冬，鸟兽毴毛”的干扰，将“毛”字误写成“毴”字。②

《大司徒》职文有“以土圭之法测土深，正日景以求地中”。郑玄注说：“故书求为救。”杜子春说：“当为求。”惠栋考证说：“救当作救。古文求，《说文》引《虞书》云‘旁救孱功’。蔡邕石经《般庚》云：‘器非救旧’，皆以救为求（古救字作捄，裘字作求）。”③ 惠栋发现故书“求”为“救”的“救”字不当从求从攴，当从求从殳，为“救”。所引

① 惠栋：《周礼古义》，《续修四库全书》第 79 册，第 499 页。
② 惠栋：《周礼古义》，《续修四库全书》第 79 册，第 492 页。
③ 惠栋：《周礼古义》，《续修四库全书》第 79 册，第 493 页。

材料非常有说服力。

惠栋长于训诂，《周礼古义》能够深入发掘郑玄注的古义。郑玄注《周礼》有时候不提供证据，或者证据单薄，惠栋尽可能从典籍中找到相关材料以证明、补充郑玄说。

《天官·宫正》有“几其出入”。“几”，郑玄注“几”为“荷”：“荷其衣服、持操及疏数者。”毛居正《六经正误》研究了《周礼》中的一个现象说：“《阍人》注：‘苛其出入。’《比长》注：‘呵，问。’《秋官·萍氏》‘苛察’、《环人》‘苛留’，凡五处，音义皆同，而字或作荷，或作苛，或作呵，其实一也。古字通用、借用大氐如此。”毛居正总结出“荷”“苛”“呵”三字可以通用，并对《汉书》相关情况做了归纳：“谁问作何；责问作呵，亦作诃；刻虐作苛；芙渠作荷。”[①] 惠栋觉得毛居正说尚有值得补充的余地：

> 栋案：刻虐之“苛”字本作“荷”。《毛诗序》云：“哀刑政之荷。”《春秋传》云：“荷慝不作。”《汉书》“好持荷礼”是也（今本皆作苛，非也）。“荷担”之“荷”本作“何”，《易》“何天之衢”，《论语》“何蒉”是也。责问之“呵”，本作“苛”，《汉乙令》有“呵人受钱”（见陈群《新律序》）。《说文》云：“廷尉说律至以字断法，苛人受钱。苛之字，止句也。”苛从止、从句……经典所无，然古文“可”与“句”通。《康诰》云：“尽执拘以归于周。”《说文》引《书》云：“尽执抲。”但苛从艸从可，不从止，以苛为止句，故《说文》以为不合孔氏古文。[②]

惠栋不但引毛居正《六经正误》，还引《毛诗序》《左传》《汉书》《论语》《尚书》《说文解字》等经典，全面考察何、苛、呵、荷、诃、岢的关系，得出刻虐之“苛”字本作“荷”、“荷担”之“荷”本作“何”、责问之“呵”本作“苛”的结论。本例体现了惠栋对于所谓“古义”的

① 毛居正：《六经正误》，《景印文渊阁四库全书》第183册，第523页。
② 惠栋：《周礼古义》，《续修四库全书》第79册，第491—492页。

追求，其中注重字形分析尤其突出。

《内司服》职文有“六服”。郑玄注说：“六服皆袍制，以白缚为里，使之张显。今世有沙縠者，名出于此。”对于郑玄说，惠栋发现《释名》《说文》有材料可以支持：“《释名》曰：‘縠，粟也。’其形足足而踧，视之如粟也，又谓沙縠，亦取踧踧如沙也。”并补充说：“《说文》云：‘縠，细缚也。’与郑说合。”①

《周礼》有“故书”，文字与“今书”常有差异。探求故书“古义”也是《周礼古义》的一项重要内容。惠栋为《周礼》故书提供佐证。

《大宗伯》职文有“以血祭祭社稷、五祀、五岳”。郑玄注以为故书“祀”作“禩”，而郑司农以为“禩”当为“祀”。惠栋发现，《小祝》“保郊禩于社”，杜子春读“禩”为“祀”；《说文》说：“祀或从禩。”《汗简》说：“《古文尚书》以禩为祀。”② 这些发现证明《周礼》故书也有一定的合理性，此为《周礼》故书研究的一项贡献。

三 名物制度考证

《周礼古义》包含相当数量的名物考证，其成果对于读者了解《周礼》名物的真义大有裨益。

《疡医》经文说：“以五气养之。”郑玄说：“五气当为五谷，字之误也。”惠栋研究了这个问题，发现宋代学者王与之《周礼订义》注“气”音读为“饩”。清代学者何焯受王与之说的启发，肯定王与之说的价值说：“气，《订义》音饩，则字不必改而义得矣。”对于何焯新说，惠栋分析说：“案《说文》馈客刍米曰气。气本饩字。经传无五气之文。《内经》云：‘五谷为养，五果为助，五菜为充。’故郑据此五气当为五谷，《订义》非也。”③ 惠栋发现《黄帝内经》这条证据，有力证明了“五气”为“五谷”之误，从而否定了王与之的音读和何焯的新说。

《司几筵》经文有“设莞筵纷纯”，郑玄注说：“纷，如绶，有文而狭者。”惠栋发现《汉官仪》有“绶长一丈二尺，阔三尺”之说，从而证明

---

① 惠栋：《周礼古义》，《续修四库全书》第79册，第492页。
② 惠栋：《周礼古义》，《续修四库全书》第79册，第495页。
③ 惠栋：《周礼古义》，《续修四库全书》第79册，第492页。

郑玄对“纷”的描述“有文而狭”是有根据的。①

惠栋在《周礼古义》中十分注意典章制度的考证。其中以汉制证《周礼》是一大特色。

《掌节》职文说：“皆有期以反节。”郑玄注说：“将送者执此节以送行者，皆以道里日时课，如今邮行有程矣。”惠栋引《汉书·赵充国传》说：“充国陈兵利害，六月戊申奏，七月甲寅玺书报，从充国计。此‘邮行有程’之证。”②

《司稼》职文有“巡野观稼，以年之上下出敛法”。郑玄注说：“‘敛法’者，丰年从正，凶荒则损，若今十伤二三，实除减半。”贾公彦疏说：“郑举汉法以况义，‘十伤二三’者，谓汉时十分之内伤二分三分，余有七分八分在。‘实除减半’者，谓就七分八分中为实在，仍减去半不税，于半内税之。”惠栋发现《后汉纪》有类似的证据：“永元五年，诏：今年郡国秋稼为旱蝗所伤，其什四以上勿收田租，有不满者以实除之。注云：‘所损不满四者，以见损除也。’然则不满四者谓十伤二三也；十四以上勿收田租，则不在敛法之内矣。”③ 这个佐证足以证明郑玄说不误。

四 《周礼古义》的贡献

我们虽不能说惠栋《周礼古义》近百条考证都属于新发现，但该书在训诂、校勘、名物制度考证上为《周礼》学的发展做出了贡献是毫无疑问的。

在训诂上，《周礼古义》有些训诂精彩得出人意料。《大司乐》有“令去乐”，惠栋考证说：

> “令去乐”。注云：“去乐，藏之也。《春秋传》曰：‘壬午犹绎，《万》入，去籥。’”《万》言入，则去者不入，藏之可知。案：古人皆谓藏为去。《春秋传》云：“去乐，卒事。”又云：“纺焉以度而去之。”《公羊传》云：“去其有声者。”皆训为藏。顾炎武云：“《汉

---

① 惠栋：《周礼古义》，《续修四库全书》第79册，第496页。
② 惠栋：《周礼古义》，《续修四库全书》第79册，第494—495页。
③ 惠栋：《周礼古义》，《续修四库全书》第79册，第495页。

书·苏武传》‘掘野鼠，去中实而食之’，师古曰：‘去谓藏之也。’《陈遵传》‘皆藏去以为荣’，师古曰：‘去亦藏也。’《魏志·华陀传》‘去药以待不祥’，臣松之案：‘古语以藏为去。’”①

一个很平常的“去”字，经惠栋的旁征博引，原来并不像一般读者认为的，“去乐”非“去掉”乐器、乐人、乐队，而是将乐器收藏起来不用，以此证明郑玄说确不可易。

在名物制度考证方面，惠栋也取得了令人瞩目的成就。《大行人》经文有“诸侯之礼立当前疾”，“当前疾”十分可疑。毛居正《六经正误》认为车上无名“疾”者，而《说文》说：“軓，车轼前也，从车凡声。”因而怀疑《周礼》“立当前疾”当为“立当前軓”。② 此说虽有道理，终觉证据不足。惠栋考证说：

《礼说》云：“诸侯来朝，行享于庙，入大门下车。所立之位，上公立当车轵；侯伯立当前侯；子男立当车衡。”案：侯俗作疾（唐石经及宋本皆同）。《论语》邢昺疏（《乡党》）引《周礼》作“前矦”，云：“侯伯立当前矦胡下。”又《小雅·蓼萧》章，孔疏引《大行人》亦作“前矦”。盖《说文》疾作疾，古文矦作厌，相似易乱，故“前矦”讹为“前疾”。贾疏不详，莫能辨正，俗本流传，误人久矣。又案：《说文》引《周礼》作“前軓”，云“軓，车轼前也”。《诗·小戎》“阴靷”，《传》云：“阴掩，軓也。”孔疏谓以板木横侧车前阴映此軓，故谓之阴。《考工记》軓前十尺谓轼前，曲中，下垂柱地，如人之颈，故谓之矦。矦犹胡也，故郑注训为胡，以其在軓前，故曰“前矦”。然则阴也，矦也，胡也，皆前軓之名。掩軓曰阴，曲中曰矦，下垂曰胡，总名为軓，当依《说文》定作軓，则前衡后轵而軓在其间。读者一见而心目了然矣。③

---

① 惠栋：《周礼古义》，《续修四库全书》第79册，第497页。
② 毛居正：《六经正误》，《景印文渊阁四库全书》第183册，第521页。
③ 惠栋：《周礼古义》，《续修四库全书》第79册，第503页。

这一段考证，超越了毛居正，所论非常有功力，证据充足，说服力强。惠栋校勘“前疾”为“前侯”成为定论，此说为孙诒让《周礼正义》所接受。①

《质人》有“同其度量，壹其淳制”。郑玄注说：“杜子春云：‘淳当为纯，纯谓幅广，制谓匹长。’”惠栋考证说：“案：《管子》作‘综制’。《制分》篇云：‘衡石一称，斗斛一量，丈尺一綧制，戈兵一度。’”又自注说：“上经注云：‘量度若今处斗斛及丈尺。’愚谓斗斛属量，戈兵属度，《管子》是也。”②《质人》“淳制”，历代学者多有疑问。今从《管子》中找到“丈尺一綧制”，则“淳”与“綧”假借无疑，此为定论。

《周礼古义》有几处纠正贾公彦之误，很有见地。

《冢人》说：“以爵等为丘封之度与其树数。”郑玄注说：“别尊卑也，王公曰丘，诸臣曰封。”惠栋考证说：“《汉律》曰：‘列侯坟高四丈，关内侯以下至庶人各有差。’《易大传》云：‘不封不树。’虞翻注云：‘穿土称封。封，古窆字也；聚土为树。’其说与《冢人》合。丘者，丘隧，故曰‘王公曰丘’；封者，葬下棺，故曰‘诸臣曰封’。树数高下无明文，因引《汉律》以证之。疏以封为聚土，树为树木，皆失之。”③惠栋引虞翻说纠正了贾公彦“以封为聚土，树为树木”的误解，其说确不可移，大有益于《周礼》研究。

不过惠栋的《周礼古义》不足之处也很明显。第一，制度考证所引汉代制度过多，而不注意分析和提示《周礼》制度与汉代制度之间的区别。第二，虽然列举证据比较丰富，个案研究也不在少数，但对《周礼》古义的归纳总结付之阙如，因而缺乏概括，理论深度不足。第三，《周礼古义》从内容上看，汇集了惠士奇、惠栋两代人的研究成果，但惠栋在行文中没有提及哪些是他人的研究成果，与王引之在《周官述闻》中多次提示“家大人曰”相比，学术的规范性还是有所欠缺的。

---

① 孙诒让：《周礼正义》，王文锦、陈玉霞点校，第 2966 页。按：孙诒让引为惠士奇说。此说亦见惠士奇《礼说》卷十三。惠栋当采自父说。

② 惠栋：《周礼古义》，《续修四库全书》第 79 册，第 494 页。

③ 惠栋：《周礼古义》，《续修四库全书》第 79 册，第 496 页。

第九章

《周礼》考据学的发展

江永《周礼疑义举要》、惠栋《周礼古义》之后，《周礼》考据学在古音韵学、训诂学和校勘学的推动下，又有蓬勃的发展，成就十分突出。段玉裁作《周礼汉读考》，程际盛作《周礼故书考》，徐养原作《周官故书考》，宋世荦作《周礼故书疏证》，均以《周礼》故书为研究对象，开展专题研究；陈大庚撰《周礼序官考》，胡匡衷撰《周礼畿内授田考实》，程瑶田撰《沟洫疆理小记》，王引之撰《周官述闻》等，或选择一个专题，或选择几个专题对《周礼》开展考证性研究；程瑶田的《考工创物小记》和《磬折古义》、王宗涑的《考工记考辨》、吕调阳的《考工记考》、钱坫的《车制考》、阮元的《考工记车制图解》、陈宗起的《考工记鸟兽虫鱼释》、郑珍的《轮舆私笺》和《凫氏为钟图说》等则专门为《考工记》而作，《考工记》研究进入爆发期，《考工记》学从《周礼》学中独立出来，俨然成为独立的“考工之学”。本章选取段玉裁的《周礼汉读考》和王引之的《周官述闻》为代表，剖析清代《周礼》考据学在发展期的成就和基本特征。

第一节　段玉裁《周礼汉读考》训诂理论贡献

段玉裁（1735—1815），字若膺，号懋堂，江苏金坛（今常州市金坛区）人，清代杰出的文字学家、经学家，乾隆二十四年（1759）考中举人，历任国子监教习，贵州玉屏和四川富顺、南溪、巫山县知事。后辞官归田，潜心学术研究，嘉庆二十年乙亥（1815）成巨著《说文解字注》，后数月辞世。段玉裁早年曾师事戴震，是乾嘉学派中皖南学派的杰出代表，在经学、文字学、音韵学、训诂学和校勘学等方面取得突出成就，与王念孙、王引之父子一起，被视为乾嘉考据学的典范，号称“段王之学”。

段玉裁著作大多收录于1821年刊印的《经韵楼丛书》中，主要包括《古文尚书撰异》三十二卷、《毛诗故训传定本小笺》三十卷、《诗经小学》三十卷、《春秋左氏古经》十二卷、《春秋左氏传》五十一卷、《周礼汉读考》六卷、《仪礼汉读考》一卷、《声韵考》四卷。段玉裁的《周礼》研究成果主要为《周礼汉读考》一书，其余如《说文解字注》所引《周礼》也包含了一些《周礼》研究成果，但不属于直接的成果表述。本节以《周礼汉读考》为中心，分析段玉裁《周礼》研究的贡献。《周礼汉读考》全面研究了汉唐《周礼》注疏各条文，归纳出“汉注”三原则，提炼出一批凡例；对具体的“汉注”做了深入分析，发现了一大批问题，形成突出的成果。主要成果包括《周礼》文字的训诂、《周礼》经文和注文的校勘、《周礼》名物制度考证等，本节从这三个方面开展分析。

一　总结“汉读”规则

《周礼汉读考》是一部训诂学著作，以两汉注家训诂《周礼》的成果为主要研究对象。全书按照天、地、春、夏、秋、冬六官次序，每官一卷，共六卷。对于郑玄注以及郑玄注所引杜子春、郑大夫、郑司农所注《周礼》音读，《周礼汉读考》做了“竭泽而渔”式的全面梳理，既做细部分析，又做整体概括提炼，在理论总结和经注分析方面都有重要建树，是《周礼》学史上杰出的成果。

段玉裁《周礼汉读考》虽为考据学专著，却有突出的理论贡献，他是中国训诂学史上总结“汉读”规则的第一人。在《周礼汉读考序》中，段玉裁集中阐发了自己关于“汉读”的发现：

> 汉人作注，于字发疑正读，其例有三。“读如”“读若”者，拟其音也。古无反语，故为比方之词。“读为”“读曰”者，易其字也，易之以音相近之字，故为变化之词。比方主乎同，音同而义可推也；

变化主乎异，字异而义憭然也。比方主乎音，变化主乎义。比方不易字，故下文仍举经之本字。变化字已易，故下文辄举所易之字。注经必兼兹二者，故有“读如”，有“读为”。字书不言变化，故有“读如”，无“读为”。有言“读如某”“读为某”而“某”仍本字者，“如”以别其音；“为”以别其义。

“当为”者，定为字之误、声之误而改其字也，为救正之词。形近而讹谓之“字之误”；声近而讹谓之“声之误”。字误、声误而正之，皆谓之“当为”。凡言“读为”者不以为误；凡言“当为”者直斥其误。三者分而汉注可读，而经可读。三者皆以音为用，而六书之形声、假借、转注于是焉在。①

段玉裁归纳出《周礼》“汉读”的三条规则。第一条规则是注音规则，其标志是用提示词“读如”“读若”，其目的是标注音读，两字关系仅仅为音同比方关系，其方法是用音近字标注。第二条规则是释义规则，其标志是用提示词“读为”“读曰”，其目的是注解字义，两字关系是诠释与被诠释关系，其方式是以义近字作标注。第三条规则是校勘规则，其标志是用提示词“当为”，其目的是标注错字，两字关系是正字与误字关系，其方法是用正字标注。

总结《周礼》“汉读”规则，这是《周礼》学史上的第一次。段玉裁发现的这三条规则不是经学研究中一般性质的发明凡例，而是带有规律性质的一般规则。段玉裁根据这三条规则研究《周礼》“汉读”，不但在训诂学上有一系列发现，而且在校勘学上发现了许多经文、注文被改动的线索，为《周礼》校勘学打开一扇全新的窗户。在具体分析中，段玉裁还总结了多类现象，以补充以上三条规则。

“读如”“读为”仍用本字，则一字有数音数义。在“大宰九两”之六“主以利得民”条，段玉裁说：

注经之例，凡言“读如”者，拟其音；凡言“读为”者，易其

① 段玉裁：《周礼汉读考》，《续修四库全书》第80册，第261页。

字。此皆不用本字，如“祝”读如“注”、“联”读为“连”是也。凡有言“读如”“读为”而仍用本字者，如“利”读如“上思利民”之“利”、“旃”读为“圉旃”之“旃”，此盖一字有数音数义。“利民”之“利”，音与财利别；“圉旃”之“旃”，义与旗旃别，故云“读如”“读为”以别之也。利民与财利别者，如《公羊》之“伐”。①

引文中，段玉裁提出了两个凡例：第一，凡言“读如”者，拟其音；第二，凡言“读为”者，易其字。这是《周礼》学“汉读”研究的重要收获。

易字的三种情况。在“小宰之职掌建邦之宫刑”条，段玉裁说：“凡易字之例，于其音之同部或相近而易之，曰‘读为’；其音无关涉而改易字之误，则曰‘当为’；或音可相关而义绝无关者，定为声之误，则亦曰‘当为’。”② 此例子所说的三种情况均属于易字例。段玉裁还就第一种情况进行了归纳性总结：“凡易其字而音韵同部者，皆曰‘读为’也。”③

我们在研读《周礼汉读考》时发现，段玉裁除了在序言中集中阐释三大规则，并对以上三种现象进行总结归纳外，在具体的训诂分析中对三大规则有所补充，虽未采用“凡”字以标志凡例，实际上也具有凡例性质。

段玉裁发现“读为”“读曰”有时为“古今字”关系。“大宰八法”之三曰“官联”。郑司农云：“联读为连。古书连作联。”段玉裁说：“汉以后连贯字皆用‘连’，不用‘联’，故郑司农以今字易古字，而又明之曰周秦古书连贯字皆用连。许叔重曰：‘联，连也。耳连于颊，丝连不绝，故从耳从丝。’”④ 段玉裁已经指出，“联”与“连”是古今字的关系。“连”不见得比“联”更符合文意，这种标注不仅表义，也兼有表音的意思。有趣的是，两汉人喜爱用“连”取代“联”，而“连”本身也是古字，相当于“辇车”之“辇”，但此义被“辇”字承担了，自己却

① 段玉裁：《周礼汉读考》，《续修四库全书》第80册，第264—265页。

② 段玉裁：《周礼汉读考》，《续修四库全书》第80册，第265页。

③ 段玉裁：《周礼汉读考》，《续修四库全书》第80册，第270页。

④ 段玉裁：《周礼汉读考》，《续修四库全书》第80册，第264页。

承担了“联”字的联合、连接之义。正如“钱”字本义是农具，却抢了“泉”字表示货币的功能一样。段玉裁对这种“古今字”现象虽未再做进一步的探讨，但毕竟为后人的研究开了坦途。

段玉裁发现“读为”“读曰”有时为假借关系。“大宰九式”之八曰“匪颁之式”。郑司农云：“颁读为班布之班，谓班赐也。”段玉裁分析说：“颁，大首儿。《诗》曰：‘有颁其首。’司农谓非其义，故易为分瑞玉之班。颁古音读如汾，在十三部；班古音在十四部，合音最近，古相假借。若读为分或读为攽，则同部假借。”① 段玉裁根据自己发明的《六书音韵表》古音十七部，提出古音假借说，为后人深入研究假借做了示范。

段玉裁说：“训诂必就其原文而后不以字妨经；必就其字之声类而后不以经妨字。不以字妨经，不以经妨字，而后经明，经明而后圣人之道明。”② 这段论述是段玉裁治《周礼》的经验总结。

二 归纳“汉注”规则

《周礼汉读考》还研究了“汉注”规则，总结出注用今古文规则和两条假借规则。以下我们对段玉裁总结出的“汉注”规则做简要分析。

第一条规则：经用古文、注用今文或经用今文、注用古文。

汉人注经，对于今古文是否有规则可循？《周礼》虽无经学意义的今古文之争，但郑玄注《周礼》特别注意今文与古文的区别。郑玄没有学派意义的今古文立场，他的注文在今古文的选择上有意与经文的今古文岔开，以便形成对比，以增进读者对经文文字之义的了解。段玉裁是《周礼》学史上第一个关注这个问题的学者。段玉裁在《地官·牛人》职文“军事共其槁牛”条分析说：

> 汉人注经之例，经用古文，注用今文。如经“灋”注“法”，经“眂”注“视”，经“示”注“祇”，经“槁”注“犒”，经“齍”注“粢”，经“媺”注“美”，经“匶”注“柩”，经“于”注

---

① 段玉裁：《周礼汉读考》，《续修四库全书》第80册，第264—265页。

② 段玉裁：《周礼汉读考》，《续修四库全书》第80册，第262页。

“於”，其大较也。学者以此求之，思过半矣。①

段玉裁发现了一条重要的规则，该规则对于校勘《周礼》经文和注文，对于分别《周礼》所用今文、古文情况非常有用。例如《地官·遗人》经文有“乡里之委积，以恤民之艱阨”，郑玄注说：“故书艰阨作㯖阨。”则“艰”为今文，“艱”为古文。② 该规则为孙诒让《周礼正义》所用，在郑玄《仪礼注》《礼记注》中也可以找到许多类似的例子。

第二条规则：经文同部字和部近字可假借。

段玉裁总结出《周礼》“汉注”的两条假借原则：同部可假借和近部可假借。这些原则的总结建立在坚实的音韵学研究成果基础之上。

《大司徒》有“其植物宜膏物”。郑玄注说：“郑司农云：‘膏物，谓杨柳之属，理致且白。’玄谓膏当为櫜，字之误也。莲芡之实有櫜韬。”郑司农说显然没有说到关键处。郑玄以“膏”为“櫜”之误。段玉裁分析说：

> 此郑君谓为声之误也。膏、高声在古音二部；櫜、咎声在古音三部，二字双声。杨柳之属理致且白究与膏形质不同，不得命之膏也。③

郑玄以为误字，不尽可信。段玉裁利用古音部分析法，指出“膏”“櫜”音部相近。以“膏”为“櫜”，乃为音近假借，不一定是误用。

为节省篇幅，我们将《周礼汉读考》判断为假借关系的部分考证简要罗列如下：

《天官·腊人》借“豆”为“羞”。“豆”“羞”二字一在古音第四部，一在古音第三部，古多合用不分。

《天官·腊人》有“膴胖”。郑兴读“膴判”，杜子春读“膴版”。“判”“版”“胖”古音同在第十四部。

---

① 段玉裁：《周礼汉读考》，《续修四库全书》第 80 册，第 284 页。
② 段玉裁：《周礼汉读考》，《续修四库全书》第 80 册，第 284 页。
③ 段玉裁：《周礼汉读考》，《续修四库全书》第 80 册，第 287 页。

《地官·封人》“置其絼”，东汉人称絼为雉。“絼”在第十五部，“雉”在第十六部。

《地官·载师》故书“廛”作“坛”，“郊”为“蒿”。“廛”“坛”在第十四部，“蒿”“郊”在第二部。

《地官·遂师》“蜃车”，《礼记》或作“槫”或作“辁”。辰声在第十三部，专声全声在第十四部。

《地官·委人》“羁旅”，故书“羁”作“奇”，《遗人》作“寄”。“寄”“羁”在第十七部，“奇”在第十六部。

《地官·廪人》“接盛”，郑玄注“接”读“扱”。“及”在第七部，“妾”在第八部。

《春官·肆师》“祭表貉”，郑注“貉”读为“百”。“貉”“百”古音同在第五部。

《春官·鬯人》“庙用脩”。郑注“脩”读曰“卣”。“脩”“卣”同在古音第三部。

《春官·司尊彝》“诸臣之所昨”，郑注读“昨”为“酢”，“昨”“酢”同在古音第五部。

三 故书揭秘

《周礼》文本中有故书，什么是“故书”？郑玄注《周礼》经常提出“故书”某字作某。然而对于“故书”到底是什么性质的书，郑玄并没有说明。唐人贾公彦疏说：

> 言“故书”者，郑注《周礼》时有数本，刘向未校之前，或在山岩石室，有古文；考校后为今文。①

依照贾公彦此说，郑玄《周礼注》称引的故书就是未经刘向校勘的《周礼》古文本，这个古文本传到了郑玄作《周礼注》的时代。然而问题是河间献王所获古文《周礼》经过西汉末年战火，未必能传到郑玄时

① 贾公彦：《周礼注疏》，《十三经注疏》，第648页。

代；同时以刘向校勘书籍为标尺来划分古文、今文，将问题简单化了。从郑玄注称引一百八十七条“杜子春云”看，杜子春尚未提出故书与今书问题，郑司农偶有提及。称引故书最多的是郑玄。根据我们的研究，《周礼》“今书”还吸收了杜子春、郑司农的校勘成果。显然，《周礼》的故书、今书问题发生在杜子春之后，与刘向没有关系，贾公彦说与事实不符。

段玉裁在《周礼汉读考》中针对贾公彦说，提出了自己的看法：

> 《周礼》以出于山岩屋壁、入于秘府者为故书。然则郑君时所传为今书也。今书往往与故书不同，如今作嫔、故作宾是也。就故书中亦复互异，今书亦然。盖说者既殊，而转写乖异矣。郑君所见故书，非真秘府所藏也，亦转写之本，目为秘府之本耳。①

段玉裁这段话有五点值得注意。一是“《周礼》以出于山岩屋壁、入于秘府者为故书”；二是“郑君时所传为今书”；三是今书与故书在文字上往往不同；四是故书与故书之间、今书与今书之间也互有差异；五是故书不是真的秘府本，只是“目为秘府之本”，故书不是河间献王所得原本，是传写本。以上五点除了第一点外，其余四点都正确，段玉裁以上发现推动了《周礼》故书问题研究的进步。②

四　发明凡例

段玉裁《周礼汉读考》对杜子春、郑司农和郑玄注《周礼》的凡例也做了探索，发现“汉注”存在审定之例、增字之例、单字全经释义一致例、易字释音释义例、“之言”例、存异本之例。我们略举数例以说明段玉裁此书的研究方法。

---

① 段玉裁：《周礼汉读考》，《续修四库全书》第 80 册，第 265 页。

② 按：不过仍然有两个问题段玉裁没有予以探索。第一个是“目为秘府之本”的传写本与真正的秘府本有什么联系和区别，这些传写本为什么要被郑玄称为“故书”？第二个问题是“今书”又是怎么来的，它们与秘府本以及秘府转写本又有什么联系和区别？这些问题段玉裁也没有做进一步分析。

审定之例。“小宰八成”之一“听政役以比居”，郑玄注说：“政谓赋也，凡其字或作政，或作正，或作征。以多言之，宜从征，如《孟子》交征利云。”段玉裁说：“此郑君著审定之例。”①

增字之例。《天官·酒正》经文有“酒正奉之”。郑玄注说：“故书‘酒正’无‘酒’字。郑司农云：‘正奉之，酒正奉之也。’”段玉裁说：“此郑君从司农说增字也。”②

单字全经释义一致例。《周礼》中存在一种现象，那就是某一字与汉代流行的某一字有对应关系。这种词义的对应关系适用于整部书中的该字。例如《周礼》中的“廞”字，故书作“淫”字，郑司农全读为“廞”字，郑玄全部训为“兴”字。经文“媺”字，注文全作“美”字。《甸师》“以时入之，以共齍盛”中的“齍”，郑玄注说：“齍盛，祭祀所用谷也。粢，稷也，谷者，稷为长，是以名云。”段玉裁说：“按粢即齍。”又说：“全经内齍字当以此例之。”③ 即《周礼》中凡用“齍”之字都可以训“粢”字。

易字释音释义例。《疡医》有“祝药”，郑玄注说：“祝当为注，读如注病之注，声之误也。注谓附着药。”段玉裁指出：“此易其字而释其音又释其义也。”④

“之言”例。《地官·序官》有“卝人”，注说：“卝之言矿也，金玉未成器曰矿。”段玉裁总结说：“凡云‘之言’者，皆就其双声迭韵以得其假借转注之用。”⑤

存异本之例。“小宰六计”，“六曰廉辨”。杜子春注解说：“廉辨或为廉端。”段玉裁说：“‘或为’者，志其本之异也。子春乃刘歆弟子，所见之本已有乖异不同之处。古人于不同必谨志之者，存之以待后贤论定也。”⑥

① 段玉裁：《周礼汉读考》，《续修四库全书》第80册，第266页。
② 段玉裁：《周礼汉读考》，《续修四库全书》第80册，第269页。
③ 段玉裁：《周礼汉读考》，《续修四库全书》第80册，第267页。
④ 段玉裁：《周礼汉读考》，《续修四库全书》第80册，第268页。
⑤ 段玉裁：《周礼汉读考》，《续修四库全书》第80册，第277页。
⑥ 段玉裁：《周礼汉读考》，《续修四库全书》第80册。第266页。

五　训诂新发现

郑玄等注解《周礼》，大多数情况下只给出解释，不做充分论证。贾公彦疏《周礼》则以疏通证明为己任，然而贾疏也存在证明不力甚至不当的问题，这为段玉裁留下了发挥才能的余地。段玉裁以其渊博的文字学、音韵学功底，在《周礼汉读考》中通过对杜子春、郑大夫、郑司农、郑康成注以及贾公彦疏的梳理，发现了前人《周礼》训诂存在的许多不准确甚至错误的地方，前人未发现或发现而未证明的，段玉裁则加以证明；前人证明不充分的，段玉裁则予以补充；前人证明不当的，段玉裁则加以纠正。这是《周礼》训诂学在郑玄之后又一次重要收获。这一类成果数量庞大，我们分别从证明、补充、纠正杜子春、郑司农、郑玄注及贾公彦疏之说三个角度各举数例以说明。

（一）证明汉唐诸家说

前人未做证明的，段玉裁予以论证。

《地官·载师》经文说："以廛里任国中之地，以场圃任园地，以宅田、士田、贾田任近郊之地，以官田、牛田、赏田、牧田任远郊之地，以公邑之田任甸地，以家邑之田任稍地。"根据郑玄注，故书"廛"或作"坛"，"郊"或为"蒿"，"稍"或作"削"。郑司农以为"坛"读为"廛"。杜子春以为"蒿"读为"郊"。郑玄以为："廛里者，若今云邑里居矣。廛，民居之区域也。"又说："士读为仕。仕者亦受田，所谓圭田也。"可见郑玄从郑司农说，读"坛"为"廛"；又从杜子春说，读"蒿"为"郊"。此三家都没有说明自己的主张的主要根据是什么。段玉裁分析说："古音廛、坛同在第十四部；蒿、郊同在第二部；稍、削亦同在第二部；仕、士同在第一部。"[①] 可见这一组字，两两同部，同部则可以假借，因而以上三家所读正确。段玉裁以自己发明的《六书音韵表》十七部为工具，再利用自己发明的同部、近部可假借理论，为以上三家"汉读"做了证明。

《地官·载师》经文还有"唯其漆林之征二十而五"，故书"漆林"

---

① 段玉裁：《周礼汉读考》，《续修四库全书》第80册，第284页。

为“桼林”，杜子春以为“当为桼林”。为什么“漆林”当为“桼林”？段玉裁考证说，依据《说文》：“桼，木汁。可以髹物。”而“漆”，《说文》说：“水。出右扶风杜陵岐山，东入渭。”① 可见作“漆林”有误，“漆”本指河流名。此为引《说文》以证明汉唐诸家说。

（二）补充汉唐诸家说

前人解说不充分的，段玉裁加以补充证明。

《地官·序官》有丱人一职。郑玄注说：“丱之言矿也，金玉未成器曰矿。”段玉裁发现“丱”字乃古文“卵”字，他指出：“丱本古文卵字，古音如关，亦如鲲，引申为‘总角丱兮’之丱，又假借为金玉朴之矿，皆于其双声求之也。读《周礼》者径谓丱即矿字则非矣。又或云与总角之丱有别，亦误。至于《说文》卵字之下本有‘丱，古文卵’之云，见《五经文字》《九经字样》，而今本删之。石部矿字之下本无‘丱，古文矿，《周礼》有丱人’之云，而今本增之。倘《说文》果如是，郑注不当云‘之言’，《正义》不当云‘此官取金玉，与丱字无所用矣’。”② 郑玄只说“丱之言矿也”，指出两者假借关系，至于为什么能假借，郑玄没有说，而段玉裁将“丱”字的本义、引申义、假借义一一列出，并借此成果校勘出《说文解字》今本遭人删改痕迹，弥补了郑玄注的不足，并对今本《说文》可能遭受过不恰当的删改提出推测，一举多得。

（三）纠正汉唐诸家说

段玉裁发现杜子春训诂存在多处疏忽。例如《天官·染人》有“夏纁玄”，故书“纁”作“窷”，郑司农易其字，读为纁。段玉裁发现“窷”字就是《说文解字》所收“黗”字，义为黑有文也，从黑，冤声，读若“饴盌”之“盌”字。《周礼》以“窷”假借为“纁”字。杜子春、郑司农、郑玄见经传无此字，故改为“纁”字。③

《小司徒》经文有“乃分地域而辨其守，施其职而平其政”。郑玄注说：“故书域为邦，杜子春云当为域。”杜子春用“当为”，则以为经文用“邦”字是错误的，因而改“邦”为“域”，这个更改有什么依据？贾公

① 段玉裁：《周礼汉读考》，《续修四库全书》第80册，第284页。

② 段玉裁：《周礼汉读考》，《续修四库全书》第80册，第277—278页。

③ 段玉裁：《周礼汉读考》，《续修四库全书》第80册，第275页。

彦疏说："故书云分地邦，非其义，故子春还从域。"也只是陈述事实，没有给出证据，可见贾公彦疏在这个字的训诂问题上也没有作为。段玉裁考察了《说文》"或""域""国"三字，得出三字本一字的结论，而"国"与"邦"双声，"邦"为统词，"域"为别词。[①] 段玉裁基本上厘清了"邦"可以解为"域"的问题，原来"邦""国"双声可假借，而"国""域"本一字，则"域""邦"可假借，非字之误。

郑司农是杜子春之后又一训诂大师，但同样存在训诂有误的问题。郑司农有时候误判假借关系。《周礼》有"赒"字，《论语》《孟子》此义之字均用"周"字，"周"假借为"赒"。《大司徒》职文有"五党为州，使之相赒"。杜子春认为"赒"为"纠"。《乡师》有"赒万民之艱厄"，郑司农以为"赒"读为"周急"之"周"。郑玄以为："赒，礼物不备，相给足也。"段玉裁否定了杜子春、先郑之说，而以郑玄说最契合《周礼》。他分析"赒"为本字，"周"为假借字，郑司农以假借字读为本字，显然有误。而《说文》不收"赒"字，同样是误以为"周"为本字。"赒"为后起字，[②] "周"是本源字；但在救济人财物这个意义上，"赒"才是本字，用"周"字则以本源字假借为后起他义之字。段玉裁的分析，将字形的演变、字义的变迁说得清清楚楚。

郑司农有时候误读古今字。例如《乡师》有"正治其徒役与其輂辇"，故书"辇"作"连"。郑司农认为"连"读为"辇"。段玉裁指出，"连"为古字，"辇"为今字，"司农当云'连，今之辇字'，不当云'连读为辇'"。[③] 可见段玉裁非常讲究学术用语的规范。

郑玄学通天人，知识渊博，是两汉可与许慎争名的训诂大师，但同样存在训诂之误。例如《天官·屦人》职文有"青句"，郑玄注说："句当为絇，声之误也。"段玉裁指出，"句"当为"絇"是正确的，但非声之误，而是假借字关系。[④]

---

① 段玉裁：《周礼汉读考》，《续修四库全书》第 80 册，第 279 页。
② 段玉裁：《周礼汉读考》，《续修四库全书》第 80 册，第 279 页。
③ 段玉裁：《周礼汉读考》，《续修四库全书》第 80 册，第 280 页。
④ 段玉裁：《周礼汉读考》，《续修四库全书》第 80 册，第 276 页。

贾公彦之疏的主要目的是疏通证明郑玄注，但有时候郑玄没有说错，贾公彦反而说错了。例如《天官·酒正》经文“四饮”之二为“醫”，郑玄注说：“醫之字，从殹从酉省也。”贾公彦疏解释说：“从殹省者去羽，从酉省者去水，故云‘从殹从酉省也’。”贾公彦疏未得郑玄注析字真意，段玉裁认为贾公彦疏“大误。郑意此字俗用醫药字，而其字上从殹，下从酒省，则四饮之一，乃此字本义也。郑不言‘从酒省，殹声’者，殹、翳、繄字在古音弟十五部，醫字古音在弟一部”。①

第二节 《周礼汉读考》校勘名物制度考证贡献

段玉裁利用自己发现的三条“汉读”规则审视《周礼》全经的经文和注文，发现了一大批问题，尤其是今本《周礼》经注多有“浅人”妄改，段玉裁一一挑选出来予以指明，从而在杜子春之后取得突出的校勘学成果。同时，训诂和校勘的新发现，带来对相关名物制度的重新认识，段玉裁在坚实的训诂和校勘基础上对相关名物制度进行了考证，使《周礼汉读考》一书也收获了一批名物制度研究成果。本节分别就《周礼汉读考》的校勘成果和名物制度考证成果做简单分析。

一 《周礼汉读考》的校勘成果

《周礼汉读考》不仅仅研究训诂问题，其中不少发现属于校勘成果，段玉裁发现今本《周礼》多处出现依据注文改经文、依据经文改注文现象，以及虽非注疏系统版本也有学者改经文、注文现象，这些成果是《周礼汉读考》的成就之一。

（一）发现今本以注改经、以经改注

今本《周礼》在杜子春、郑司农甚至郑玄作注之后仍然有过多次校勘，这些校勘由何人所作？由于年代久远，今天已经不能一一追寻出来。校勘正确与否，倒是可以在一定程度上做出回答。段玉裁《周礼汉读考》在这方面下了很大功夫。他发现今本存在以注改经、以经改注现象，包括

① 段玉裁：《周礼汉读考》，《续修四库全书》第80册，第268页。

以杜子春说改经改注、以郑司农说改经改注、以郑玄说改经改注等多种情况。段玉裁在《周礼汉读考》中做了多处分析。

今本《地官·闾胥》说："以岁时各数其闾之众寡，辨其施舍。凡春秋之祭祀、役政、丧纪之数，聚众庶，既比则读法，书其敬敏任恤者。"郑玄注说："祭祀，谓州社、党禜、族酺也；役，田役也；政若州射党饮酒也；丧纪，大丧之事也。四者及比，皆会聚众民，因以读法，以敕戒之。故书既为暨。杜子春读政为征，暨为既。"根据郑玄注说"四者及比，皆会聚众民"，郑玄解释经文中的"既"为"以及"之"及"，但"既"字无"及"义，而"暨"字有"以及"义，可见经文作"既"字应当为"暨"字，因"读法"活动如果在大比之后进行，人群已经散去，读给谁听？杜子春为什么将正确的"暨"字易为"既"字，以致经文不可理解？段玉裁《周礼汉读考》分析说："杜读'政'为'征'，而郑君曰'政若州射党饮酒也'，则不从杜说也。杜子春读'既'为'暨'，而郑君曰'祭祀、役政、丧纪四者及比会聚众民，因以读法'，以'及'训'暨'，则从杜说也。或从或不，而皆存其说者，以俟后之人有考也。故书'既'，杜易为'暨'，郑君依以证经文。今各本以注改经，以经改注，遂使'及'训不可通矣。经谓当案比时读法，不在既案比之后也。《公羊传》曰：'会、及、暨皆与也。'"① 按照段玉裁的研究，经文当为"以岁时各数其闾之众寡，辨其施舍。凡春秋之祭祀、役政、丧纪之数，聚众庶，暨比则读法，书其敬敏任恤者"。而郑玄注文则应为"故书暨为既。杜子春读政为征，既为暨"。可见今本经文改反了。

《地官·序官》有土训一职。郑玄注引郑司农说："训读为驯，谓以远方土地所生异物告道王也。《尔雅》云：'训，道也。'"郑玄自己认为训"谓能训说土地善恶之势"，可见郑玄从"训"，不从"驯"。但是段玉裁发现，如果按照郑司农说"训读为驯"，那么引《尔雅》则应当说"驯，道也"。因而段玉裁判断，今本先用注改经"驯"为"训"，后又用已改之经改注，成为今本经、注目前的样子。②

---

① 段玉裁：《周礼汉读考》，《续修四库全书》第 80 册，第 282 页。
② 段玉裁：《周礼汉读考》，《续修四库全书》第 80 册，第 277 页。

“大宰八法”之六，今本经文作“敛弛之联事”，郑玄注说：“杜子春‘弛’读为‘施’。玄谓荒政弛力役。”段玉裁说：“此郑君不从杜易字也。又按：经文刘昌宗本作‘施’，盖杜易弛为施而郑发明其义。今本恐是依注改经作‘弛’，复依经改注作‘弛’，读为‘施’耳。”由此可见，今本在郑玄之后依据郑玄说有过修改。①

（二）发现四大名家校勘有误

杜子春、郑大夫、郑司农、郑康成为汉代《周礼》学四大名家。然而段玉裁发现四大名家《周礼》校勘或多或少地存在失误之处。

仅以辨析郑兴所校错误为例。《天官·甸师》有“祭祀，共萧茅”。注引郑大夫说，以“萧”字或本为“莤”，“莤读为缩，束茅立之祭前，沃酒其上，酒渗下去，若神饮之，故谓之缩”。而杜子春认为当从“萧”，“萧，香蒿也”，郑玄也从杜子春说，不从郑兴说。许慎《说文解字·酉部》收“莤”字，说同郑大夫。段玉裁认为郑大夫、许慎并误，字当为“萧”。②

（三）今本经文勘误

今本“菭菹”误作“箈菹”。《天官·醢人》今本经文说：“加豆之实，芹菹兔醢，深蒲醓醢，箈菹雁醢，笋菹鱼醢。”注说：“芹，楚葵也。郑司农云：‘深蒲，蒲蒻，入水深，故曰深蒲。或曰深蒲，桑耳。醓醢，肉酱也。箈，水中鱼衣。’故书雁或为鹑，杜子春云：‘当为雁。’玄谓深蒲，蒲始生水中子。箈，箭萌。笋，竹萌。”对于经文、注文中的“箈”字，段玉裁发现，《说文·艸部》有“菭”字，释曰：“水衣也。从艸，治声。”先郑说与此相似但字作“箈”，非“菭”。《尔雅》有“篙”字，释为“箭萌”，字不作“箈”。由此，段玉裁推断：“然则先郑本作菭，后郑易菭为篙，用《尔雅》箭萌之训。郭景纯引《周礼》‘篙菹雁醢’，用后郑说也。篙从竹，怠声，亦见《说文》。而今本《周礼》作箈，实混误不成字。注文讹脱，今皆正之，以质诸大雅。”③段玉裁通过几条线索判断今本经文可能被误改，甚至连郑玄注文也有讹脱。

① 段玉裁：《周礼汉读考》，《续修四库全书》第80册，第265—266页。
② 段玉裁：《周礼汉读考》，《续修四库全书》第80册，第267—268页。
③ 段玉裁：《周礼汉读考》，《续修四库全书》第80册，第270页。

（四）今本注文勘误

段玉裁发现今本注文多处有误。例如《天官·酒正》“四饮”之二为“醫”，郑玄注说：“醫之字，从殹从酉省也。”段玉裁认为“从酉省”当为“从酒省”。① 因“酉”字已省无可省，今本当为“酒”字省水旁，为传抄致误，段说正确。再如《天官·序官》有“胥十有二人”，今本郑玄注为“胥，读如谞。谓其有才智，为什长”。段玉裁认为今本有误，“胥，读如谞”原本应当作“胥，读为谞”。为什么不能作“胥，读如谞”？段玉裁所举内证是《大行人》经文注：“胥，读为谞。象胥，谓象之有才智者也。”旁证是《小雅》“君子乐胥”，郑玄笺说：“胥，有才智之名也。”段玉裁的意思，“胥”为本字，而易其本字，“汉读”一般用提示语“读为”，不用“读如”。“汉读”凡用“为”者，表示字义发生了变化。②

段玉裁发现的今本注文有误大致上可以分为注文脱文、疏文误入注文、“汉读”提示语有误三种情况。以下我们各举例分类说明。

今本注文脱文。《笾人》有“菱芡㮚脯”。郑玄注：“栗与馈食同。郑司农云：‘菱芡脯脩。’”段玉裁发现“郑司农云”下脱落“当言”二字。因“栗”在上文“馈食之笾”中已经出现，此处不当出现“栗”，应当是“脯脩”。③

疏文误入注文。《天官·腊人》经文有“凡祭祀，共豆脯，荐脯、膴、胖，凡腊物”。段玉裁作《周礼汉读考》所见各本郑玄注文误将贾公彦疏文纳入。其中“有司曰”之上误入十二字；“《内则》曰”之上误入十三字。④ 此成果为阮元《校勘记》所用，我们今天所见阮元校勘的《十三经注疏》本已经将这些衍文剔除，并做了简要的证明。可惜的是阮元并没有在《校勘记》此处提及段玉裁的研究成果。⑤

“汉读”提示语有误。“大宰九贡”有“斿贡”。今本郑玄注说：

---

① 段玉裁：《周礼汉读考》，《续修四库全书》第 80 册，第 268 页。
② 段玉裁：《周礼汉读考》，《续修四库全书》第 80 册，第 264 页。
③ 段玉裁：《周礼汉读考》，《续修四库全书》第 80 册，第 269 页。
④ 段玉裁：《周礼汉读考》，《续修四库全书》第 80 册，第 268 页。
⑤ 阮元：《校勘记》，《十三经注疏》，第 666 页。

"斿读如囿游之游。游贡，燕好、珠玑、琅玕也。"段玉裁以为"读如囿游之游"中的"读如"误，应为"读为"。因为根据段玉裁自己的发现，郑玄读"斿"为"游"，其解释又为燕好、珠玑、琅玕，显然不采纳"斿"为旗帜之旒的意见，而以为"游观"之"游"，读音还在，但字义变了，应当属于第二条规则"读为""读曰"。贾公彦疏此条说："云'斿读为囿游之游。游贡，燕好、珠玑、琅玕也'者，此破先郑物上生名为羽毛也。珠即玭珠，徐州所贡；玑即玑组，荆州所贡；琅玕，雍州所贡。"正好作为佐证。①

注文"汉读"提示有误，包括错用、漏用两种情况。漏用的如《小宰》职文有"七事者，令百官府共其财用，治其施舍，听其治讼"。注说："'七事'，故书为'小事'，杜子春云'当为七事'，书亦为七事。"段玉裁以为"书亦为七事"脱"或"字，当为"书亦或为七事"。这是脱漏"汉读"提示语"或"字。② 误用提示语最为普遍。例如《甸师》职文有"祭祀，共萧茅"。郑玄注说："杜子春读为萧。"段玉裁以为"读为"当为"读以"。③ 又如《腊人》职文说："凡祭祀，共豆脯，荐脯、膴、胖，凡腊物。"郑玄注说："郑大夫云：'胖读为判。'杜子春读胖为版。"段玉裁认为"判""版""胖"古音同在第十四部，两"读为"疑当作"读如"，此拟其音，不必易其字，其字从肉则为正字。④

段玉裁通过与《经典释文》、唐石经的比勘，发现有些讹误唐以前就有了。看来经文和注文讹误也是一个漫长的过程。在这个过程中有"浅人"妄改，也有抄手失误，而今本缺乏精心校勘，导致多处偏离经注原文。

二 《周礼汉读考》名物制度考证成果

《周礼》一书涉及非常多的名物典章制度。段玉裁《周礼汉读考》在名物和典章制度研究方面都有许多新发现。我们分别从制度考证和名物考

① 贾公彦：《周礼注疏》，《十三经注疏》，第 648 页。
② 段玉裁：《周礼汉读考》，《续修四库全书》第 80 册，第 266 页。
③ 段玉裁：《周礼汉读考》，《续修四库全书》第 80 册，第 267 页。
④ 段玉裁：《周礼汉读考》，《续修四库全书》第 80 册，第 268 页。

证两个视角略举两例，分析《周礼汉读考》名物制度的考证成果。

（一）制度考证成果

《周礼》用夏正。《天官·凌人》有“掌冰正岁十有二月令斩冰”。“正”字故书为“政”，郑司农读本字，杜子春以“正”字从下读，郑玄从之。段玉裁发现《周礼》一书凡“岁”都用夏正，岁终即夏正十二月。如果是“正岁十有二月”，则“岁”为多余。① 这是一个重要发现，王引之《经义述闻》接受了段玉裁此说。

职官“读法”频率遵循的原则。《周礼》特别强调“读法”，从冢宰到比长都有“读法”任务。一年中“读法”的频率是什么原则决定的？段玉裁发现《周礼》中官员“读法”频率与该官员同基层民众的距离有关。《地官·族师》有“族师各掌其族之戒令政事。月吉，则属民而读邦法”。郑玄注说：“政事，邦政之事。郑司农云：‘百家为族。’月吉，每月朔日也。故书上句或无‘事’字。”杜子春说：“当为‘正月吉’。书亦或为‘戒令政事，月吉则属民而读邦法’。”此句杜子春作“正月吉”，郑司农、郑玄都作“月吉”。段玉裁从故书或本无“事”字入手，分析郑玄不从杜子春说的原因：“弥亲民者于教亦弥数。州长正月之吉读法，党正四时孟月吉日读法，族师则每月吉日皆读之，于义为长，不得族师转同于州长也。”② 段玉裁在这里提出一个“读法”的规则，那就是越接近下层民众，“读法”的次数越多。州长一年读一次，党正每个季节头一个月读一次，族师每个月读一次。这样，州长每年“读法”一次，党正每年“读法”四次，族师每年“读法”十二次。“弥亲民者于教亦弥数”这个规则的发现，不仅论证杜子春说错误，还将《周礼》一书十分看重的“读法”规则肯定下来。这是《周礼》“读法”制度研究的又一收获。

（二）名物考证成果

窆、塴、封三字一事。《地官·乡师》说：“及窆，执斧以莅匠师。”注引郑司农书说：“窆谓葬下棺也。《春秋传》曰：‘日中而塴。’《礼记》

---

① 段玉裁：《周礼汉读考》，《续修四库全书》第80册，第269页。

② 段玉裁：《周礼汉读考》，《续修四库全书》第80册，第282页。

所谓封者。”关于窆、堋、封，段玉裁说：“窆、堋、封三字虽异，实为一事也。《周礼》作窆，《左氏传》作堋，《礼记》作封，皆谓葬下棺也。堋从崩声，在古音弟六蒸登部。窆从乏声，在古音弟七侵缉部。封在古音弟九冬钟部。其音通转相近，故朋俗读如蓬。覂读方勇切，故《礼记》以封字代窆、堋字也。语言敛侈而字因之异焉。不特异字同义，实一语也。故《遂人》注曰‘声相似’；《说文·穴部》曰：‘窆，葬下棺也。’引《周礼》‘及窆，执斧’。土部曰：‘堋，丧葬下土也。’引《春秋传》‘日中而堋’。又曰：‘《礼》谓之封，《周礼》谓之窆。’”① 段玉裁利用自己坚实的音韵学和训诂学知识，将窆、堋、封皆谓葬下棺之事论证得十分清晰，分析得十分透彻，此说已经成为定论。

茆为凫葵说。《天官·醢人》有“茆菹”。根据段玉裁校勘，郑大夫“读茆为茅，茅菹，茅初生。或曰茆，水草”。杜子春读“茆”为“茆”，郑玄以为“茆”即凫葵。段玉裁对“茆”字做了深入讨论：

> 茆凡三说。郑大夫易为茅，释之曰：“茅菹，茅初生之菹。”此一说也。或曰茆，水草，此大夫所引或说，不改字，此又一说也。杜子春以茆不见于经传，易为《鲁颂》“薄采其茆”之茆。郑申之曰“凫葵”，又一说也。知郑必申杜者，若非杜说，则郑当云“茆当为茆，凫葵也”。且今本杜说读茆当为卯，殊不可通。若云读茆如卯，亦当训为何物？惟杜破字作茆，则凫葵之解已在其中，郑特明言之耳。②

段玉裁将今本经、注文错误一一清理出来，然后对“茆”字诸解做了分析，最后确定，杜子春破读“茆”为“茆”，俗称凫葵，杜子春说正确。作为《周礼》名物之“茆”，由于段玉裁的考证，凫葵之说得到证实。后来孙诒让另起一说：“窃疑杜、郑自作茆字。此当云‘读茆如卯’，非正其字，乃拟其音耳。”③ 我们认为孙诒让分析是合理的。不过段玉裁论证“茆”即凫葵，这个功劳不可抹杀。

---

① 段玉裁：《周礼汉读考》，《续修四库全书》第 80 册，第 280 页。
② 段玉裁：《周礼汉读考》，《续修四库全书》第 80 册，第 269—270 页。
③ 孙诒让：《周礼正义》，王文锦、陈玉霞点校，第 399 页。

段玉裁《周礼汉读考》名物考证精彩的地方还很多，我们以上仅举两例予以说明。

三 《说文》学与《周礼》学融合

段玉裁学问渊博，《周礼汉读考》中广引四部著作，并通过对《周礼》经文、注文、疏文的校勘，形成一批成果，尤其是将《周礼》经注文与《说文解字》相关内容进行校勘，成果更为突出。段玉裁是《说文》学大师，在《周礼汉读考》中将两书贯通，让自己的解说左右逢源，新发现层出不穷。

《天官·大宰》"大宰九两"之"六曰主以利得民"之下，段玉裁按语说："《说文解字》之例，有'读如'，无'读为'，只释其本字，不必易字也。又'读如'之下必用他字而不用本字，盖字书之体，一字而包数音数义，不为分别之词。"① 这是提示《说文解字》虽为汉代著作，然而与经注著作不同，只解本义，不解引申义、比喻义。而经注所解则为文字在具体语境中的含义。例如"夏宜腒鱐，膳膏臊"条，段玉裁说："鱼部鱢下当云'读如《周礼》膳膏臊'。"② 这是依据《周礼》校勘成果纠正《说文》失当。大体上说，段玉裁这方面的成果可以分为用《说文解字》校勘《周礼》和用《周礼》校勘《说文》两类。

（一）用《说文解字》校勘《周礼》

用许慎所见异文校勘《周礼》。通过与《说文》引《周礼》经文的比勘，段玉裁发现许慎所见《周礼》版本有异文，而汉四大注家未能提及。例如《内饔》有"豕盲视而交睫，腥"，段玉裁说："许叔重说'胜'为犬膏之臭，'腥'为星见食豕，令肉中生小瘜肉，故其字从肉、星，星亦声。则'腥'为正字，而'胜'为《周礼》腥臊之正字。许所据《周礼》与郑所据《周礼》不同，两司农作'腥'，而一云豕膏，一云鸡膏。许作'胜'而曰犬膏，说又乖异耳。"③

证明经注音读。《说文解字》中有音读，可以与汉四大注家音读比较。例如《天官·笾人》有"朝事之笾，其实麷"。郑司农说："麦曰麷。"郑

---

① 段玉裁：《周礼汉读考》，《续修四库全书》第80册，第265页。
② 段玉裁：《周礼汉读考》，《续修四库全书》第80册，第267页。
③ 段玉裁：《周礼汉读考》，《续修四库全书》第80册，第267页。

玄注说："今河间以北，煮穜麦卖之，名曰逢。"段玉裁说："许君《说文》亦曰读若冯。冯与逢音正同。许时冯字已同今冯姓之音矣。"①

校勘《周礼》脱字。通过与《说文》比勘，段玉裁发现今本《周礼》有脱文。例如《醢人》职文说："朝事之豆，其实韭菹、醓醢，昌本、麋臡，菁菹、鹿臡，茆菹、麇臡。"其中"菁菹"，今本郑注引郑司农云："菁菹，韭菹。"段玉裁发现，《醢人》职文本句已经出现"韭菹"，"菁菹"不当又为韭菹。查《说文》有"菁，韭华也"，则"韭菹"当为"菁，韭华菹"，脱一"华"字。②

（二）用《周礼》校勘《说文解字》

《说文》"胖"误作"判"。通过用经文与《说文》引文比较，段玉裁发现《说文》引文有误。例如《腊人》有"凡祭祀，共豆脯，荐脯、膴、胖，凡腊物"。郑大夫云："胖读为判。"杜子春读"胖"为"版"，又云："膴、胖皆谓夹脊肉。"又云："礼家以胖为半体。"段玉裁指出，《说文·半部》"胖"字下曰："半体肉也。""膴"字下曰："《周礼》有膴判。""判"为"胖"之误；若依郑大夫易为"判"，那么"半部"之字不当有"胖"字。③

《说文》当收字而未收。通过与《周礼》经文文字的比较，段玉裁发现许慎《说文》存在某些文字应当收录却未收录的情况。

《地官·封人》职文有"置其絼"，郑司农以为"着牛鼻绳，所以牵牛者"。郑玄说："絼，当以豸为声。"此字《说文》未收，而收"纼"字，并说："牛系也，从糸引声，读若矤。"段玉裁发现《礼记·少仪》有"牛则牵纼"；而《礼记·祭统》说"君执纼"，郑玄注说："字当以豸为声。"段玉裁分析说："正谓不当从《礼记》以引为声也。郑意盖驳《说文》。《说文·糸部》有'纼'无'絼'。"④

《媒氏》有"纯帛无过五两"。郑玄注说："纯实缁也。古缁以才为声。"段玉裁分析郑玄注说："古文缁以才为声，作纔，篆作紂。纯，篆作

① 段玉裁：《周礼汉读考》，《续修四库全书》第80册，第269页。
② 段玉裁：《周礼汉读考》，《续修四库全书》第80册，第269页。
③ 段玉裁：《周礼汉读考》，《续修四库全书》第80册，第268页。
④ 段玉裁：《周礼汉读考》，《续修四库全书》第80册，第283页。

𥿑，隶作紑。形略相似，是以误作纯字也。《说文》无紨字，盖失之。”①

此外，段玉裁还发现《九经三传沿革例》改经文之误。例如《小宰》职文有“凡祭祀，赞玉、币、爵之事，祼将之事”，岳氏《九经三传沿革例》以为“玉”当为“王”之误，而唐石经本、越注疏本、建大字本均作“王”。段玉裁以为这些版本并误，当作“玉”。② 这类成果还有不少，我们仅举《九经三传沿革例》一例，其余不再论及。

四 《周礼汉读考》的影响与不足

《周礼汉读考》在训诂学、校勘学和名物制度考证上均取得了突出成果，对于清代《周礼》考据学具有广泛的影响。

段玉裁通过《周礼汉读考》丰富了对许慎《说文解字》的认识，为撰作《说文解字注》提供了丰富的材料。同时，对许慎《说文解字》的研究也为《周礼汉读考》的撰写提供了便利条件，让他对《周礼》经文、注文的训诂、校勘得心应手。

《周礼汉读考》所总结的三条“汉读”原则对此后训诂学的影响十分深刻。一代代学者以此为基础，对其他典籍进行了研究，此三条“汉读”原则为清代训诂学达到巅峰起到助推作用。段玉裁在《周礼汉读考》中使用的利用古韵部分析古汉字假借的方法在此后的学者中获得继承和发展，王引之、阮元、俞樾、孙诒让都是使用此法的高手。段玉裁在《周礼汉读考》中提出的训诂学上的理论以及具体的训诂实践为现代古汉语学科的建立提供了许多帮助。

《周礼汉读考》的校勘成果多为阮元《校勘记》所吸收；研究方法也为《校勘记》所发扬。孙诒让《周礼正义》吸收《周礼汉读考》研究成果多达七百九十二处，可见孙诒让对《周礼汉读考》的重视，其“汉读”之说也为孙诒让所接受。

《周礼汉读考》取得了突出的成就，不过也存在一些不足。段玉裁所依据的古音部类以他自己的《六书音韵表》古韵十七部为基础，此后古汉语

① 段玉裁：《周礼汉读考》，《续修四库全书》第80册，第286页。

② 段玉裁：《周礼汉读考》，《续修四库全书》第80册，第266页。

音韵学分部更为细密，所依据古韵十七部的音韵考证也就暴露出不少弱点；段玉裁所使用的古今字、本义、引申义、假借义等分析手段，此后又有发展，对《周礼》“汉读”分析更加透彻；段玉裁所使用的通假字考证法，此后也更加严密。相比之下，段玉裁的一些分析也就稍显不足。段玉裁发现了“汉读”的三条基本规则，这是了不起的发现。不过近代学者发现“读如”“读若”不仅为标注音读关系，也兼有释义关系；“读为”“读曰”不仅仅是释义关系，两字之间有假借与被假借、本字与借字、本源字与后起字、通俗字与生僻字、正体字与异体字等关系，而段玉裁将“读为”“读曰”概括为“易其字也”，未能就两者之间复杂的关系再做详细的分析。不过这些不足是学术研究过程中的正常现象，这是学术进步所致，不影响段玉裁《周礼汉读考》的成就，更不影响段玉裁首创之功。他在具体的分析中也对两字之间的关系做了准确的定位，为后人进一步研究提供了思路。

除了“读如”“读为”“当为”外，《周礼》训诂还有“某字犹某”等，段玉裁未能予以总结。

段玉裁偶有小失误。例如《甸师》职文有“祭祀，共萧茅”，段玉裁说：“郑仲师从莤而读缩。”① 此句有知识性错误，郑仲师为郑众字，郑众，郑玄称为“郑司农”。郑兴，郑众父，郑玄称为“郑大夫”。郑玄此条注说：“郑大夫云：‘萧字或为莤。莤读为缩，束茅立之祭前，沃酒其上，酒渗下去，若神饮之，故谓之缩。缩，浚也。故齐桓公责楚不贡苞茅，王祭不共，无以缩酒。’”可见“从莤而读缩”者为郑大夫，即郑兴，非其子郑众。

段玉裁发明的“读为”“读曰”“当为”例获得阮元、孙诒让、刘师培等一大批学者的推崇。然而当代学者发现段玉裁所发明的这些体例不尽符合郑玄等人的“汉读”。凡不符合处，段玉裁都视为“妄人所改”。虞万里指出：“注言读如者五十九条，段氏改者疑者十七条，占三分之一弱；注言读为者，二百三十六条，段氏改者疑者四十三条，占六分之一弱。”因而虞万里对段玉裁说表示怀疑。② 杨天宇的研究也证实虞万里所

① 段玉裁：《周礼汉读考》，《续修四库全书》第 80 册，第 267 页。

② 虞万里：《三礼汉读、异文及其古音系统》，《语言研究》1997 年第 2 期。

疑有根据。杨天宇甚至提出："段玉裁所谓'形近而讹谓之字之误，声近而讹谓之声之误'的说法，是相当片面而武断的，实不可信从也。"① 我们认为今人对段玉裁说有所怀疑，显示了学问的进步，是值得肯定的。但全盘推翻段玉裁说则不妥。郑玄"汉读"并不自觉，但杜子春、郑兴父子、郑玄的"汉读"确实显示了使用相同提示语提示字之误、声之误的趋势。段玉裁也是根据这种趋势总结出了"汉读"的几条规则。他反过来用这些规则衡量郑玄的"汉读"，发现有不一致处，这些不一致处不一定都是"妄人所改"，因郑玄等人尚未达到自觉使用"汉读"提示语的程度。段玉裁以为凡是"汉读"提示语不符合他所发现的规则的，都是经过篡改的，将问题简单化、绝对化了，这也算是段玉裁《周礼汉读考》小小的缺点吧。

第三节　王引之的《周官述闻》

皖派经学领袖戴震曾受高邮王安国之聘，为其子王念孙授音韵训诂之学，王念孙师事戴震，成为皖派代表人物之一，有《广雅疏证》《读书杂志》传世。王念孙之子王引之又传父学，作《经义述闻》《经传释词》。以上四部著作学术界并称"高邮王氏四种"，是乾嘉学派"小学"类代表性成果。

王引之（1766—1834），嘉庆四年（1799）中进士，历任编修、侍讲、侍郎以及工部、户部、礼部、吏部尚书等职，仕途十分成功，卒后获谥"文简公"。然而王引之最终还是以学术成就著称。他学通天人，尤其是小学研究，在当时天下独步。王引之关于《周礼》学的研究成果主要见于《经义述闻》第八、第九卷。这两卷内容都研究《周礼》，因此可称其为《周官述闻》，其中第八卷五十个专题，第九卷四十六个专题，两卷共有九十六个专题，每个专题包含一项研究成果，因而王引之关于《周礼》的新发现近百项。这近百项研究成果可分为校勘、名物制度解说、训诂三大类。②《周官述闻》体现了乾嘉皖派《周礼》"知识考据学"的典型气派。

① 杨天宇：《郑玄三礼注研究》，中国社会科学出版社，2008年版，第670页。

② 按：王引之用"述闻"命名著作，表示《经义述闻》部分成果来自王念孙。书中"家大人曰"即为王念孙的研究成果，因而在一定程度上，《经义述闻》当为王氏父子共同的研究成果。

一 《周官述闻》校勘成果举要

《周官述闻》校勘成果又可分为订正讹误、剔除衍文、补充脱文、调整错位四小类。其中讹误订正二十三条，衍文剔除十二个，补充脱文九处，错误调整五处，共四十九条。占《周官述闻》全书的一半。我们将《周官述闻》中的校勘成果列表如下：

表 9-1 《周官述闻》校勘成果一览

类别	原文	校勘结论	出处
讹文	掌次、鬯人、司尊彝、司几筵、司服、磬师、典庸器七官府史之数府多于史	府、史数互讹	《大宰·序官》
	以作二事	“三”讹为“二”	《天官·内宰》
	夏纁玄	“纁”讹为“纁”	《天官·染人》
	故书绥为禮	“禮”讹为“绥”	《天官·夏采》
	六乡之治、六乡之吏	“其”讹为“六”	《乡师》
	九比	“九比”为“人民”之讹	《小司徒》
	地域	“域”为“邦”之讹	《小司徒》
	祭祀役政丧纪之数	“数”为“事”之讹	《闾胥》
	饰行郑注“使人行卖恶物”	为浅人所改	《胥师》
	其浸颍湛，杜子春云“湛或为淮”	“淮”疑当为“淫”	《职方氏》
	故书蜃或为谟	疑“谟”作“譆”	《鬯人》
	故书蜡为蚕	“蚕”为“蠚”讹	《籥章》
	二曰噩梦	“咢”讹变为“噩”	《占梦》
	硩蔟氏段玉裁以硩当从石析声	段说非	《硩蔟氏》
	重罪旬有三日坐，期役	“三”为“二”之误	《大司寇》
	誓邦之大史曰杀	“大史”当为“大事”	《条狼氏》
	掌除蠹物。故书蠹为橐。释文或作橐	作“橐”是也	《翦氏》
	上公铏鼎四十有二	“四”为“三”之误	《掌客》
	桯长倍之，四尺者二	当作“桯长四之，二尺者四”	《轮人》
	龟蛇四斿	“旐”讹为“蛇”	《辀人》
	师都建旗	“帅”讹为“师”	《司常》
	淫之以蜃，杜子春淫为涅，故书或作湛	当作“湛”，“湛”“涅”形近而讹	《㡛氏》
	篆间谓之枚。郑注“今时钟乳侠鼓与舞每处有九面三十六”	“面”为“而”之讹	《凫氏》

续表

类别	原文	校勘结论	出处
衍文	腊人无府史	衍“府二人、史二人”	《腊人·序官》
	爨亨煮	衍“亨”字	《亨人》
	凡王之献	衍“王之”	《玉府》
	凡上之用财用	衍后一“用”字	《司书》
	下士十有六人	衍“下士十有六人”	《司门·序官》
	乐礼	衍“礼”字	《大司徒》
	凡四时之大甸猎,祭表貉,则为位	衍“祭”字	《肆师》
	牲出入则令奏王夏	衍“出”字	《大司乐》
	邦国都家县鄙之数	“之数”衍	《司士》
	其山镇曰岳山	“山”字衍	《职方氏》
	次事上士,下事庶人	衍“上”字	《象胥》
	轮辐三十以象日月	衍“日”字	《辀人》
夺文	宾客食	“食”前漏“飧”字	《膳夫》
	疕疡者	“疕”前漏“有”字	《医师》
	民之财	“财”后漏“用”	《司书》
	掌敛市絘布总布质布罚布	“市”后漏“之”	《廛人》
	凡治野	“野”下漏“田”字	《遂人》
	与其施舍者	“与”前漏“可任者”三字	《遂人》
	大夫雁	“雁”前脱“执”字	《射人》
	辨其丘陵坟衍遼隰之名物之可以封邑者	“物”后漏一“地”字	《遼师》
	饰棺乃载遂御	“御”下脱一“之”	《丧祝》
倒错	赞冢宰受岁会	与“岁终,则令群吏致事”错位	《小宰》
	荐豆笾彻	荐彻豆笾	《大宗伯》
	若军将有事则与祭,有司将事于四望	若军将有事于四望则与祭,有司将事	《小宗伯》
	五隶错简	多处错简	《罪隶》
	引而信之欲其直也	当在“欲其柔而滑也”下	《鲍人》

以下我们分讹文、衍文、夺文、倒错四个小点对这些成果略做分析。

（一）发现讹文

《周官述闻》列《周礼》讹文二十三条，这二十三条分别是“府多于史”“作二事”“夏纁玄”“故书绥为禮”“六乡之治”“祭祀役政丧纪之数”“九比”“地域”“饰行”“其浸颍湛”“故书蜃或为谟”“故书蜡为蚕”“二曰噩梦”“若蔟氏”“重罪旬有三日坐，期役”“誓邦之大史曰杀”“掌除蠹物”“上公铏鼎四十有二”“桯长倍之，四尺者二”“师都建旗”“龟蛇四斿”“淫之以蜃”“面三十六”。造成《周礼》文本以上讹误的原因，我们依据王引之的分析，归纳出五种情况。

一是数字传写致误。“作二事”条，“二”为“三”之误。“重罪旬有三日坐，期役”条，“三”为“二”之误。“上公铏鼎四十有二”条，“四”为“三”之误。“桯长倍之，四尺者二”条，“四”和“二”混淆。

二是上下文互讹。“府多于史”条，贾公彦疏提出《周礼》府、史配置通例为史多于府，并且指出全书唯有天府一职府多于史。但今本《天官·序官》之掌次及《春官》之鬯人、司尊彝、司几筵、司服、磬师、典庸器都是府多于史。王引之怀疑以上职官中府、史配置之文有可能上下互讹。①

三是字形相近致误。“誓邦之大史曰杀”条，“大史”“小史”本为“大事”“小事”，古文“史”与“事”形体相近致误；“九比”二字字形与“人民”相近而误；“面三十六”之“面”字形与“而”形近致误。其余如“夏纁玄”“二曰噩梦”“师都建旗”中的“纁”“噩”“师”也是如此。

四是受上下文互相干扰致误。“祭祀役政丧纪之数”中的“之数”受“地域广轮之数”“人民之数”干扰，将“之事”写成“之数”。

五是前辈学者整理故书致误。《周礼》故书不错，但杜子春、郑司农或其他学者校勘出错。这些成果见于“地域故书或为地邦”“故书蜃或为谟”“故书蜡为蚕”“若蔟氏”等条，这里不一一举例。

（二）发现衍文

王引之判定《周礼》经文属于衍文致误见于“腊人无府史”“爨亨煮”“凡王之献”“凡上之用财用”“下士十有六人”“乐礼”“凡四时之大甸猎，祭表貉，则为位”“牲出入则令奏王夏”“邦国都家县鄙之数”“其山镇曰岳山”“次事上士，下事庶人”“轮辐三十以象日月”等十二条。

① 王引之：《经义述闻》，江苏古籍出版社，2000年版，第183页。

"腊人无府史"条，贾公彦疏提出腊人、食医二官无府史，今本《腊人》职文有"府二人、史二人"，王引之因此断定此六字为衍文。"爨亨煮"条以《亨人》职文"职外内饔之爨亨煮"中，亨、煮意义相同，判定衍一"亨"字。最精彩的是"凡王之献"条。《玉府》说："若合诸侯，则共珠槃、玉敦。凡王之献金玉、兵器、文织、良货贿之物，受而藏之。"王引之考证出此句衍"王之"二字，连带否定了郑、贾"王献诸侯"怪诞之说。① "凡上之用财用"条最后一"用"字、"次事上士，下事庶人"条"上士"之"上"字、"其山镇曰岳山"条"岳山"之"山"字、"轮辐三十以象日月"条"日月"之"日"字，王引之认为都是受后世双音节词习惯的干扰，抄手无意中添加的衍文。

（三）发现夺文

王引之判定属于夺文致误的有"宾客食""疕疡者""民之财""掌敛市絘布总布质布罚布""凡治野""与其施舍者""大夫雁""辨其丘陵坟衍邍隰之名物之可以封邑者""遂御"等九条。

《周礼·膳夫》有"凡王祭祀、宾客食，则彻王之胙俎"。王引之发现"宾客食"文不成义，当脱一"飧"字，为"宾客飧食"。《天官·医师》职文"凡邦之有疾病者、疕疡者造焉"，王引之以为"疕疡者"当作"有疕疡者"，脱一"有"字。"民之财"条，"财"后脱一"用"字。"掌敛市絘布总布质布罚布"条，"市"后漏一"之"字。"凡治野"条，"野"下漏"田"字。"与其施舍者"条，"与"前漏"可任者"三字。"大夫雁"条，"雁"前脱"执"字。"辨其丘陵坟衍邍隰之名物之可以封邑者"条，"物"后漏一"地"字，全句当为"辨其丘陵坟衍邍隰之名物、地之可以封邑者"。

（四）发现倒错

还有一种情况，是句子位置错位致误。王引之一共发现了五处，分别是"赞冢宰受岁会""荐豆笾彻""若军将有事则与祭，有司将事于四望""五隶错简""引而信之欲其直也"。

"赞冢宰受岁会"条，《小宰》职文"月终，则以官府之叙受群吏之

① 王引之：《经义述闻》，第194—195页。

要，赞冢宰受岁会。岁终，则令群吏致事”，王引之判断“赞冢宰受岁会”位置有错，当在“岁终，则令群吏致事”之后。

“荐豆笾彻”条，王引之考证出该句的词序当为“荐彻豆笾”。“若军将有事则与祭，有司将事于四望”条，词序当为“若军将有事于四望则与祭，有司将事”。“引而信之欲其直也”条，王引之指出，整句当在“欲其柔而滑也”之下。至于“五隶错简”条，王引之发现多处错简、脱字。如“牛助为牵傍”错位，当在“夷隶掌役牧人养牛”之下；“厉禁者如蛮隶之事”当在《蛮隶》职文之后；“与鸟言”当在《闽隶》“凡封国若家”之下。[①] 其余脱文、衍文也不在少数，此不赘述。

《周礼》文本经过杜子春、郑司农的精心校勘，郑玄的择善而从之后，留下的问题已经非常有限，郑玄之后在校勘上鲜有成批成果涌现，《周官述闻》一次出现了四十九条校勘学成果，显示出王引之卓越的胆识和高超的判断能力。这四十九条，几乎每一条都让人吃惊。例如“誓邦之大史曰杀”条，以“大史”为“大事”之误，以“小史”为“小事”之误，而汉宋学者对“誓邦之大史曰杀，誓小史曰墨”多有研究成果。经王引之的校勘，以上研究成果连文本基础都不存在了，建立在错误文献基础上的成果彻底失去了价值。虽然王引之说到目前为止还缺乏文献学支持，但是在逻辑上可通。《周礼》从未有“邦之大史”“邦之小史”之说。同为史官，为什么誓小史只用墨刑警戒，誓大史要用最残酷的消灭生命之刑来威胁？为什么要如此“独怜”小史而“大恨”大史？显然说不通。毫无疑问，王引之校勘学成就是继郑玄之后的第一人。

王引之还发现杜子春的校勘对许慎《说文解字》有重要影响。例如凡是杜子春不从故书的地方，《周礼》故书之字许慎《说文》往往不收入。这个发现对于《说文》研究也具有重要价值。

二 《周官述闻》名物考证举要

王引之《周礼》研究在名物制度方面也取得了突出成果。主要为纠正郑玄等名物制度解说的错误和补充其疏漏。其中属于制度解说的有

① 王引之：《经义述闻》，第218—219页。

“九嫔以下无三夫人”“一曰正二曰师”“丰年则公旬用三日”“九卿”“岁终”“正岁年”“孤”“行其秩叙”“膳用六牲”一共九条。属于名物解说的有“肉物”“巾絮”“大故，致余子”“兴舞”“鞭度”“莅玉鬯、奉玉粢”“缋纯”“丘封之度与其树数”“郑说大岁建辰”“币马”“政学”“铏鼎”“钟旋旋虫”等十三条。为便于对照，我们将这二十二处名物考证成果列表如下：

表 9-2 《周官述闻》名物制度诠释成果一览

问题	问题缘由	结论	出处
无三夫人	郑玄以为三夫人坐而论道，故不列	《周礼》无三夫人，与《昏义》非一个系统	《天官·序官》
一曰正	郑注以六官之长为正，其贰为师	正指百官，师之百官之贰，非六官专有	《宰夫》
岁终	郑、贾以为在周季冬	岁终、正岁为夏季冬、孟春	《大宰》
行其秩叙	郑玄以秩为禄，叙为才等	宿卫次序，一月为秩，一年为叙	《宫伯》
膳用六牲	郑玄解成祭祀之六牲	当为膳食六牲	《膳夫》
肉物	郑玄解为胾燔之属	胾燔与体名不对，当为肠、胃、肺、肝、心、舌之属	《内饔》
孤	郑玄以孤有三人	孤只有一人	《掌次》
巾絮	郑注燕衣服为巾絮	絮当为帑	《玉府》
大故，致余子	郑注“余子”为卿大夫之子当守卫王宫者	卿大夫百姓凡未应役者皆余夫	《小司徒》
兴舞	乡射之礼五物杜、郑解释脱离乡射礼	五者都包括在乡射礼中，兴舞即弓矢舞	《乡大夫》
丰年则公旬用三日	郑注旬训为均	旬如字，谓冬三月九旬	《均人》
鞭度	郑训度为殳，贾以执鞭度一以鞭挞，一以度量	只供鞭戮，衡器另有	《司市》
莅玉鬯、奉玉粢	贾疏以为莅玉鬯、奉玉粢，一祀天神，一祀人鬼	莅玉鬯，省牲镬，奉玉粢皆为享人鬼	《大宗伯》
缋纯	蒲筵缋纯，郑注“缋，画文也”	缋，赤色组，为缘饰	《司几筵》
丘封之度与其树数	丘封之度，郑注王公曰丘，诸臣曰封。惠栋否定郑注	分析惠氏六误	《冢人》
正岁年	戴震以为年，周正岁首建子	岁年皆用夏正	《大史》

续表

问题	问题缘由	结论	出处
郑说大岁建辰	郑注岁为岁星与日同次之月斗所建之辰,引《乐说》岁星应大岁,月建以见	郑前说为建辰之一,星日同次;《乐说》又一法,星日隔次。不可混同	《冯相氏》
币马	郑司农以马当币处者也	以马为币,合六币之一	《校人》
政学	郑注政为赋税	政为政教	《都司马》
铏鼎	贾公彦以铏鼎为陪鼎	铏与鼎为二器	《掌客》
钟旋旋虫	郑注旋为盘龙辟邪蹲熊	旋为环,旋虫为钮	《凫氏》
九卿	外有九室,九卿朝焉,郑玄以三孤六卿为九卿	孤为六卿之首一人。九卿无明文,阙之可也	《匠人》

为彰显王引之考证成果的精妙，以下我们选择几个例子做简要分析。

《周礼》六牲有祭祀六牲与食用六牲之别。前者在《牧人》职文中，后者在《膳夫》职文中。《膳夫》所说“凡王之馈，食用六谷，膳用六牲”，郑玄注以马、牛、羊、豕、犬、鸡为六牲，显然将祭祀六牲与日常食用六牲混为一谈。王引之考证《膳夫》六牲当为牛、羊、豕、犬、雁、鱼。直接证据有《天官·食医》“凡会膳食之宜，牛宜稌，羊宜黍，豕宜稷，犬宜粱，雁宜麦，鱼宜苽”。佐证有《尔雅》李巡注“野曰雁，家曰鹅”、《说文》“鹅，雁也”、《方言》“雁，楚之外谓之鹅”、《庄子·山木》篇“命竖子杀雁而亨之”、《战国策·齐策四》“士三食不得餍，而君鹅鹜有余食”、《韩诗外传》与《说苑·尊贤》篇“鹅鹜有余粟”、《墨子·杂守》篇“寇至先杀牛羊鸡凫雁”、《说苑·臣术》篇“公孙支归取雁以贺”、《汉书·翟方进传》“有狗从外入，啮其中庭群雁数十”、《尧典》以羔雁为“二生”、《史记·封禅书》与《汉书·郊祀志》以羔雁为“二牲”、《大司马》“飨食，羞牲鱼”、《昏义》“教成祭之，牲用鱼”等。[①] 王引之摘取经、史、子三部中二十多条证据，证明日常食用的鹅、鱼可为之“牲”，王引之“《膳夫》六牲”新说确不可易。

王引之这种穷尽性引经据典除上文“膳用六牲”条外，还可以举出许多例子。“一曰正二曰师”条，王引之用八条证据证明：正不必六官之

① 王引之：《经义述闻》，第190页。

长，师不必六官之贰，正、师乃就百官府各自的官员配置而言，郑玄的解说有偏差。其一，《大射仪》有小臣正、小臣师，仆人正、仆人师，司马正、司马师。其二，《左传》成公十八年有“师不陵正，旅不偪师”。其三，《左传》襄公二十五年有“百官正长师旅”。其四，《国语·周语》有“农师一之，农正再之，后稷三之”。其五，《周语》又有“官正莅事，上卿监之”。其六，又引《尚书·多方》“小大多正”。其七，《左传》隐公十年的工正、候正、校正、隧正、四乡正、马正、陶正、令正、五工正、九农正、贾正、车正、牧正、庖正。其八，又引《周礼》党正、酒正、宫正。以上之“正”或“师”大多不为六官之长、六官之贰。①

《天官·掌次》有“孤卿”一职，其职事为“有邦事则张幕设案”。郑玄注说“孤，王之孤三人，副三公论道者”。王引之在“孤”条对信奉“三孤”诸说进行了梳理，他发现班固《百官公卿表》以太师、太傅、太保为三公，又有少师、少傅、少保为三孤，三孤与大宰等六卿合为九卿，此说为郑玄注所本。而“三少”说出自《大戴礼记·保傅》篇。同时，郑玄以《周礼》之孤为三人，又与新莽有关。从《保傅》篇到新莽、到班固《百官公卿表》再到郑玄“三孤说”，此为溯源头。又指出东晋伪古文《尚书·周官》窃取郑玄说，将“三孤”编入，这是考其流。② 同样，《考工记·匠人》有“九卿”，郑玄注以《周礼》六卿加“三孤”合为九卿。王引之考证《周礼》无九卿，所谓“孤”乃六卿之首天官冢宰，不存在“三孤”。以《周礼》之孤为三公之副，乃新莽之误，班固《百官公卿表》沿袭其误，乃有《周礼》九卿之说，郑玄沿用误说以解《周礼》，同样错误。③ 以上三礼中，王引之找到“三夫人说”和“三孤说”的源头分别是《礼记·昏义》篇和《大戴礼记·保傅》篇，而这两篇文献都为七十二子后学所作，与《周礼》职官设置思想差别明显。

《小司徒》有“大故，致余子”，郑注“余子”为卿大夫之子当守卫王宫者。王引之根据“大故”为大灾难，发现仅仅动用卿大夫之子守卫王宫还不足以应付所有的大灾难。由此他考察《大司徒》职文“国有大

① 王引之：《经义述闻》，第 187—188 页。

② 王引之：《经义述闻》，第 193—194 页。

③ 王引之：《经义述闻》，第 227—228 页。

故则致万民于王门”，“万民”显然不仅仅为卿大夫之子，这正好证明大灾难所致余子，包括卿大夫之子，也包括百姓凡未应役者。①

三 《周官述闻》训诂方法简析

汉唐《周礼》研究，训诂学成果最为坚实，这个领域为后人留下的空间非常有限。王引之《周官述闻》训诂学成果有二十四条，不同于王安石《周官新义》以无节制的会意解字，王引之的训诂成果经过严格考证，大多可信。他将前辈学者的因声求义法运用到极致，又以本经证本经，以他经佐证本经，因而他的成果大多有多重证据，形成证据链，成为清代考据学的标本。为便于分析，我们将《周官述闻》训诂成果列表于下：

表 9-3 《周官述闻》训诂成果一览

问题	缘由	处理	出处
解止	贾疏解为解脱	解训休	《掌舍》
币余之赋	郑注币为占卖国中斥币	币通敝，为财物之残余	《大宰》
和布	郑注和连上读，布下读	和布连读，和训宣	《大宰》
具修	郑注修为埽除	修为羞之通假字	《大宰》
嫔贡	郑注嫔为妇女治丝枲	嫔借为宾	《大宰》
敛弛	郑解弛为松弛，不征力役	弛借为施，训施惠	《小宰》
选百羞酱物珍物	郑注选为择	选借为僎，具备也	《内饔》
振掌事者之余财	郑注振为检为拚	振训收	《职币》
与有地治者	郑注治为治理	地治为地讼，土地纠纷案件	《大司徒》
王举则从	郑注举犹行也	举借为与	《师氏》
中	掌国中失之事，故书中为得，郑从故书不改字	中训得	《师氏》
内列	郑注蕃营在内者	列训为厉，厉禁也	《师氏》
主友	郑注主友为大夫君也	泛指交游者	《调人》
纯帛	郑训纯为缁	纯借为黗	《媒氏》
柏席	郑以柏为椁字磨灭之余	柏借为椁	《司几筵》
帅瞽而廞	郑注廞为兴，讽诵诗	陈丧礼之器	《大师》
鼜读为忧戚之戚	贾疏忧戚解之	鼜蹙音近，义取疾促	《视瞭》

① 王引之：《经义述闻》，第199—200页。

续表

问题	缘由	处理	出处
四曰会	郑注会,会同盟誓之辞	借为譮	《大祝》
以博为帴	郑司农帴为剪,马融音浅	当为浅	《鲍人》
𡲻	瓒读为饔𡲻之𡲻	瓒,形声字,声中兼义	《玉人》
鳞之而	郑注之而颊頌也	之为连词与;而,颊毛	《梓人》
则弓不发	贾疏发为伤	发为拨,枉也	《弓人》
诳豫	贾疏豫为预谋	豫也训诳	《司市》
树渠	贾疏以渠为沟渠	树渠即树落,渠即椐,古今字	《掌固》

表9-3所列成果，王引之的考证精彩纷呈。王引之之所以取得这些训诂成果，在于他善于利用因声求义法、内证法、他证法、多重证据法。我们从研究方法角度对王引之取得这些成果的技术问题做简要分析。

（一）因声求义法

这一类包括“币余之赋”“和布”“具修”“嫔贡”“敛弛”“选百羞酱物珍物”“振掌事者之余财”“与有地治者”等。

《周礼》有职币一职，“九赋”有币余之赋。“九赋”是《周礼》基本问题之一，郑玄释“币余”，以为币帛之余，让读者总有“其说未安”的感觉。历代学者对此多有探讨，然而苦于没有证据，大多数“别解”流为猜想。王引之引用“家大人曰”，以为“币”字有破败之义，“币”借为“敝”，为财物之残余，从而让“币余之赋”问题多了一个解决方案。王引之父子先从《说文》字形分析入手：“敝，帗也。一曰败衣，从支㡀，㡀，败衣也，象衣败之形。”得出“是敝为衣败残之名。残，则余矣，因而凡物之残者皆谓之敝余。今时营造用物有余价卖以还官谓之回残是也”的基本结论。接着引用《急就章》“帔敝囊橐不直钱”颜注证明帔为残帛、敝为败衣。然后引用《职币》职文“掌式法以敛官府都鄙与凡用邦财者之币，振掌事者之余财”，得出“是余财谓之币”的结论。再提出“古敝字多通作币”，并引《鲁语》“不腆先君之币器”、《管子·轻重甲》篇“靡币之用”、《管子·轻重乙》篇“器以时靡币”、《孔宙碑》“雕币”、《管子·小匡》篇“戎车待游车之弊，戎士待臣妾之余”、《赵策》“赵以七败之余收破军之罷”等材料，证明“币为敝之假借，读当如其本字”。[①] 证据链环环相扣，可以成一家之说。

《周礼·大宰》有“正月之吉，始和布治于邦国都鄙”之文，郑玄注以为“凡治有故，言始和者，若改造云尔”，将“和”字从上读为“始和”。王引之读为“始和布”，“和布”连读，“和”读为“宣”，“和布”即“宣布”，证据确凿。此前也有学者提出“和布”连读，苦于没有证据，只是猜想而已；经王引之考证，“和布”连读成为定论。

《周礼》“大宰九贡”有“嫔贡”，故书作“宾贡”，郑司农以为宾客币帛之贡，郑玄、贾公彦以为妇女丝枲之贡。王引之提出，在“大宰九贡”中，祀与宾相对为文。《周礼》“大宰九式”中有“宾客之式”，《乡师》职文中有“闾共宾器”，“大宰九贡”还有“服贡”，包含“嫔妇化治丝枲”在内。因此王引之提出故书作“宾”正确，当为“宾贡”，即供宾客之事所用，“宾”为本字，“嫔”为借字。可见郑司农说正确，郑玄、贾公彦说有误。[②]

（二）内证法

王引之擅长以本经证本经。

“具修”条讨论的是《大宰》职文“祀五帝，则掌百官之誓戒，与其具修”的“具修”。具修之“修”，郑玄以为“埽除粪洒”。王引之以为“修”“羞”通假，“修”借为“羞”。《典祀》职文有“掌修除”，可见粪洒之事由典祀一官负责，冢宰不当任之。而《宰夫》职文有“荐羞”、《世妇》职文有“内羞”、《大司徒》职文有“羞其肆”，均为祭祀进珍贵食物。以上四职官职文作为内证，足以证明大宰无粪洒之事而有进祭祀食物职责。钱大昕《十驾斋养心录》举《乡饮酒礼》“乃羞，无算爵”之“羞”，《礼记·乡饮酒义》作“修”字，可见二者可通，王引之说可以成立。

“小宰六联”之六为“敛弛之联事”，“敛弛”之“弛”，杜子春读“施”，郑玄、贾公彦解为“松弛”之“弛”，不征力役。王引之赞成杜

① 王引之：《经义述闻》，第184—185页。

② 王引之：《经义述闻》，第186页。

子春说，以为“敛施”即一聚一散，“弛”即施惠。《周礼》中有先施后敛，如《地官·族师》职文；先敛后施，如《司稼》《仓人》职文。又举《乡师》、《司救》和《委人》并有施惠之职，说明“敛施之联事”。这些都是《周礼》职官系统内的职文，作为证据，说服力尤为突出。

（三）他证法

王引之还擅长以他书证本经。

《周礼》有掌舍一职，郑玄解“舍”为“解止”，贾公彦以“解”为“解脱”；王引之引《左传》昭公五年“敝邑休怠”、《管子·五辅》“上弥残苛而无解舍”、《吴子·治兵》“马疲人倦而不解舍”、《汉书·郊祀志》“无解已时”、《淮南子·原道》“解车休马”等，考证“解”有“休”之义，其说比贾公彦更准确。①

《天官·内饔》有“选百羞酱物珍物”，郑玄注“选”以为“选择”之义。《夏官·大司马》职文有“撰车徒”，郑玄注“撰”说：“杜曰算，算车徒谓数择之也。”王引之不同意郑玄注，以为“选”“撰”并读为“僎”。王引之依据《说文》解“僎”说：“僎，具也。”又解“巽”说：“巽，具也。”认为“巽”与“僎”古同声，“选百羞酱物珍物”即“具百羞酱物珍物”，“撰车徒”即“具车徒”。此为依据《说文》立论。又引《广雅》“撰，具也”、《左传》隐公元年“具卒乘”、襄公二十七年“具车徒”为佐证。② 这些证据均来自他书。

《天官·职币》有“振掌事者之余财”，郑玄注说：“振犹抍也，检也。”王引之引用“家大人”说，训“振”为“收取”之义，并以《中庸》“振河海而不泄”、《孟子·万章》“金声而玉振”、《广雅》“收、敛、抍，取也”和“抍，收也”、《孟子·梁惠王》“狗彘食人食而不知检”等证明“振”当训为“收取”。③

（四）多重证据法

王引之父子的训诂特别讲究证据，大多数情况下都能形成多重证据叠加，从而避免了“孤证不立”。

---

① 王引之：《经义述闻》，第 183—184 页。
② 王引之：《经义述闻》，第 191 页。
③ 王引之：《经义述闻》，第 195 页。

《大司徒》职文有“凡万民之不服教而有狱讼者，与有地治者听而断之”。郑玄注说：“有地治者谓乡州及治都鄙者也。郑司农云‘与其地部界所属吏共听断之’。”王引之引“家大人”说，将“有地治者”之“治”训为“讼”，“有狱讼者”“与有地治者”连读，都是打官司的人，不是断狱讼之人。引《小司徒》“地讼，以图正之”、《讶士》“四方之有治于士者造焉”、《小宰》“听其治讼”、《小司徒》“听其辞讼”、《司市》“听大治大讼，小治小讼”、《胥师》“听其小治小讼”、《公羊传》僖公二十八年“叔武为践土之会，治反卫侯”、《左传》成公十六年“公子喜时外治诸京师而免之”八条证据佐证“治”训“讼”说。①

王引之的成果在当时就产生了极大的影响。孙诒让《周礼正义》引用王引之成果就有一百二十八条之多。《周官述闻》无疑是乾嘉《周礼》学考据派的代表作。

《经义述闻》成书后，赢得同时代学者的普遍赞誉。阮元称赞此书说：“凡古儒所误解者，无不旁证曲喻，而得其本义之所在。使古圣贤见之，必解颐曰：‘吾言固如是。’数千年误解之，今得明矣。”② 王引之的研究成果多为晚清孙诒让《周礼正义》所接受。梁启超在《中国近三百年学术史》中盛赞王氏父子为“清代第一流大师”。评价此书说：“这部书的最大价值，在校勘训诂方面。”

四 《周官述闻》考据特色简析

王引之父子《周礼》名物制度解说集中体现了他们学识的渊博、思考的精深和问题意识的敏锐。以下从这三个方面进行评述。

（一）学识渊博

杜子春、郑司农和郑玄与《周礼》诞生的时代相去不算太远，因而他们的名物解说取得了辉煌的成就。此后学者研究《周礼》名物，大体上属于补缺补漏。王引之父子凭借其渊博的学识，发现郑玄等人在名物阐释上存在二十多条误说、误释，这成为郑玄之后《周礼》名物阐释最重

① 王引之：《经义述闻》，第 198 页。

② 阮元：《揅经室集》，中华书局，1993 年版，第 120 页。

要、最显赫的收获。

在“岁终”条，王引之用四条本经证据考证《周礼》“岁终”为夏正季冬之月；“正岁”为夏正孟春之月，充分证明郑玄、贾公彦以岁终为周之季冬错误，肯定了段玉裁说。同理，《周礼·凌人》职文有“掌冰正岁十有二月令斩冰”，郑司农在“冰正”处断句，杜子春在“掌冰”处断句，因十二月为岁终，正岁为首月孟春。王引之根据段玉裁说，以为杜子春、郑玄说皆非，郑司农断句正确。同时也为段玉裁“岁终为夏正十二月说”提供了有力的论证。①

在“兴舞”条，王引之引马融注《论语·八佾》“射不主皮”提出的“射有五善”说，否定郑玄、贾公彦关于《乡大夫》职文“以乡射之礼五物询众庶”的解释，以为此“五物”都与射有关，并重点阐释了第五物“兴舞”，以为兴舞即射礼中的弓舞。所引证据有《大司乐》职文“召诸侯以弓矢舞”、《乐师》职文“燕射，帅射夫以弓矢舞”、《舞师》职文“凡小祭祀，则不兴舞”等，其说内、外证充分，结论确不可易。②这些考证可视为清代考据学的典范，我们在下文还有评述。

（二）思考精深

王引之研究《周礼》名物制度，除了学识渊博外，思考之精深往往令人惊叹。这种思考的精深在王引之考证《周礼》所谓“三夫人说”“九卿说”源流上可见一斑。

《天官·序官》有“九嫔”，有“世妇”而无“夫人”。郑玄以为三夫人犹如三公坐而论道，无具体职掌，因而不列。王引之在“叙官有九嫔以下无三夫人”条，考证《周礼》与《礼记·昏义》不同，不设三夫人，因而序官无三夫人，从而否定了郑玄依据《礼记·昏义》提出的有三夫人假说，指出《礼记·昏义》为儒者“三夫人说”的源头。③

（三）问题意识敏锐

王引之的问题意识非常敏锐，他往往对旧说保持警惕，从平常处发现大问题。

① 王引之：《经义述闻》，第 192 页。
② 王引之：《经义述闻》，第 201 页。
③ 王引之：《经义述闻》，第 184 页。

《内饔》职文有“掌王及后、世子膳羞之割亨煎和之事，辨体名肉物，辨百品味之物”。其中“肉物”，郑玄注说：“肉物，胾燔之物。”王引之认为胾燔乃烹饪方法，与“体名”不对应，因而推测说：“肉物盖若《大雅·行苇》篇之‘嘉肴脾臄’，《少牢馈食礼》之‘肠三、胃三、举肺一、祭肺三’。”①

《均人》中有“丰年，则公旬用三日”。郑玄训“旬”为“均”，贾公彦疏引《王制》用民“岁不过三日”，以证明郑玄说。王引之没有轻信《王制》。《周礼》此条分上、中、下三等年成，既分年成，则何以有“均”？既以年成作区别，则此用民当在庄稼收获之后，可见用民在冬三月，因而无须破读“旬”为“均”。冬三月九旬，丰年用民二十七日，中年十八日，灾年九日。② 这样的解释别开生面，又言之有据，显示了高度敏锐的问题意识。

① 王引之：《经义述闻》，第191页。
② 王引之：《经义述闻》，第201—202页。

第十章

《周礼》考据学的集大成

清代《周礼》学经过两百年的发展，到了晚清，迎来了清代经学最具有代表性的成果，那就是孙诒让的学术巨著《周礼正义》。这部著作不仅代表清代经学最高成就，也是整个《周礼》学史上的最高成就。

孙诒让（1848—1908），字仲容，号籀庼，浙江瑞安人。学通四部，尤其擅长金石学、天文历算学，是百科全书型的学者，是清代考据学最后一位大师，也是清代朴学的集大成者。他还是著名的教育家和社会活动家，先后创办瑞安算学书院、瑞平化学学堂、瑞安普通学堂，是晚清浙江近代西方科学教育的倡导者和实践者。他还兴办农学会、蚕学馆等实学，积极参与社会改革。孙诒让一生学术研究成果十分丰富。他的地方志研究代表作是《温州经籍志》，他的先秦诸子研究代表作是《墨子间诂》，他的校勘学研究代表作是《札迻》，他的甲骨文字研究的代表作是《契文举例》，金文研究方面的代表作是《古籀拾遗》和《古籀余论》。当然最具影响力、成就最高的还是经学研究代表作——巨著《周礼正义》。这是《周礼》学史上知识学的集大成之作，代表两千多年《周礼》学的最高成就。此外他还撰写了《周礼政要》，有《周礼》“致用”性质，是一次《周礼》用于社会改革的探讨，更是《周礼》致用学在古典时代的绝唱。本章重点分析巨著《周礼正义》和《周礼政要》的成就。

第一节　孙诒让《周礼正义》的体例和内容

孙诒让从二十六岁（清同治十二年，1873）开始撰写《周礼正义》

的长编，历时二十六年，到五十二岁（清光绪二十五年，1899）定稿，成一部二百余万字的注疏体学术巨著。这部著作占用了他精力最充沛的青壮年时期，也为他赢得了“清代经学的殿军”美誉。

一 《周礼正义》的体例

孙诒让《周礼正义》对郑玄《周礼注》的全部注文进行了逐句的分析，并一一加以充分考证。对《周礼》全部经文以句子为单位进行了梳理，并对其中绝大多数经文进行了细致精深的校勘、训诂和解说。该书是目前《周礼》学史上卷帙最为浩繁、内容最为丰富、学术成果最高的注解体学术专著。全书按照《周礼》天地四时六官次序展开，其中《天官》六十三职官，十六卷；《地官》七十八职官，十五卷；《春官》七十职官，二十二卷；《夏官》七十职官，十一卷；《秋官》六十六职官，九卷；《冬官考工记》十三卷，总共八十六卷。

孙诒让《周礼正义》的体例与贾公彦《周礼注疏》相似，也是以大字列《周礼》经文，将郑玄注文以小字列于经文之后。他自己的研究成果用一个“疏”字隔开，先对《周礼》经文做逐字逐句的阐释，然后对郑玄《周礼注》进行逐句疏通，并用“注云”插入语作为分析单元的分割提示。

孙诒让的《周礼正义》与贾公彦的《周礼注疏》在体例上有三点相似。第一，在所疏对象上都是《周礼》经文与郑玄的注文。第二，在经、注、疏文排列上都是《周礼》经文在前，郑玄注文附在经文之后，经文用大一号字排列，郑玄注文以小一号字排列，自己的疏文列于郑玄注文之后，疏文明确分为疏经之文和疏注之文。第三，在出疏频率上，孙诒让《周礼正义》基本上以贾公彦《周礼注疏》所分节点为单位。从这些相似点看，孙诒让《周礼正义》对贾公彦《周礼注疏》具有继承意义。

两者的不同也有三点。第一点，孙诒让对经文和注文的考证更加细密，只要传世典籍中有相关内容，孙诒让尽可能穷尽性地引用，以证明经文和注文。第二点，贾公彦很少否定郑玄注，而孙诒让考证出一大批郑玄训诂和名物制度解说方面的不妥和失误，也包括考证贾公彦疏的失误。第三点，孙诒让花费巨大篇幅引用并评析历代《周礼》学者的研究成果，明确指出成果的归属者；而贾公彦《周礼注疏》对于前人如皇侃、熊安生等研究成果引用却不点明成果归属者，直接掠人之美，很少评说其他学者的研究成果。这是与贾公彦疏最大的不同。孙诒让尽可能全面地收集前人优秀的学术成果，辨析这些成果正确与否。前人正确的成果能补充的尽量加以补充；错误的直接予以否定，有时候也做辨误论证。因此这部巨著在学术的规范性上达到了郑玄以来新的高度。也正因如此，孙诒让的一条条疏文实际上就是一条条考证，并且往往是一篇篇《周礼》专题学术史论文，数千条知识点就是数千篇学术专论，学术史上所说的"集大成"就体现在这一条条考证中。

二 《周礼》经文的研究

孙诒让《周礼正义》的主要内容有对《周礼》经文的研究，对郑玄《周礼注》注文的研究，对贾公彦、陆德明以来历代学者《周礼》学成果的研究。这些研究不是一般性的叙述，而是通过论证，揭示经文字义和设官之义、立法之义，包含了数量巨大的研究成果。

孙诒让在《周礼》经文研究方面倾注了大量心血，取得了骄人的研究成果。例如《考工记》"车人为车"一段，经文说："车人为车，柯长三尺，博三寸，厚一寸有半，五分其长，以其一为之首。"孙诒让疏说：

> "车人为车"者，王宗涑云："此车谓任载者。任载之车有三：行泽者曰大车，行山者曰柏车，介乎行山行泽间者曰羊车。"诒让案：此车人所为三车，皆牛车，与轮人、舆人、辀人三职所为驷马车不同。其制粗略，故轮舆及辕以一工为之。
>
> 云"柯长三尺"者，贾疏云："此车人为造车之事。凡造作皆用斧，因以量物，故先论斧柄长短及刃之大小也。"
>
> 云"博三寸，厚一寸有半"者，《庐人》注云："齐人谓柯斧柄为椑，则椑隋圜也。"若然，斧柄盖椭方而微圜，略铊其觚棱，使握之不锲手也。其围盖九寸弱。
>
> 云"五分其长，以其一为之首"者，斧以刃为首，与桃氏为剑以柄环为首异。①

① 孙诒让：《周礼正义》，王文锦、陈玉霞点校，第3516页。

孙诒让将经文分为四小节进行解说。第一节“车人为车”引王宗涑说，重点对此“车”进行解说，其类别有三，其性质都是任载之车。孙诒让在此基础上补充王宗涑说，以大车、柏车、羊车都是牛拉车，非马拉车，因此均可以称为“牛车”，这些牛车相对来说做工粗糙。第二小节分析为什么要“柯长三尺”问题。由于此前贾公彦疏已经做了令人信服的解释，孙诒让直接引用贾公彦说，这是尊重前人研究成果。第三小节分析柯斧为什么“博三寸，厚一寸有半”。郑玄在《庐人》注中提出柯斧柄为椭圆形，孙诒让采用郑玄说，略加发挥，指出椭圆形“握之不锲手”，并推测“其围盖九寸弱”。第四节分析为什么“五分其长，以其一为之首”：原来斧与剑不一样，斧头以刃为首，剑以柄环为首。经过这样的解说，以上经文基本上无疑义。从上面这个例子我们可以看出孙诒让的经文研究尽可能将经文解说到位，并且尽可能引用前人学术研究成果。

三 郑玄注文研究

孙诒让对郑玄《周礼注》的注文同样重视，他一条不落地对郑玄注文进行分析解说。我们还是以上引“车人为车”为例。郑玄注说：“首六寸，谓今刚关头斧。柯，其柄也。郑司农云：‘柯长三尺，谓斧柯，因以为度。’”郑玄注解决了两个问题：一个是“首六寸”，郑玄以汉代器物刚关头斧比况；二是解释“柯”就是斧头柄。又引郑司农说，解决柯长和作用问题。孙诒让疏说：

> 注云“首六寸，谓今刚关头斧”者，六寸谓斧刃之长度也。《六韬·军用篇》说：“大柯斧刃长八寸。”与此微异。贾疏云：“汉时斧近刃皆以刚铁为之，又以柄关孔，即今亦然，故举为况也。”案：《后汉书·马融传·广成颂》云“扬关斧”，李注云：“关斧，斧名也。”盖即郑所谓关头斧，贾所谓以柄关孔也。程瑶田云：“斧之安柲也，横其刃，而于其首为銎，上下相通，柲直插銎中，不为内也。”丁晏云：“《毛诗·破斧·释文》：‘錶，一解云今之独头斧。’”其刚关头斧之类与？
>
> 云“柯，其柄也”者，前注义同。

郑司农云“柯长三尺，谓斧柯，因以为度”者，程瑶田云：“车人为车，而取度于柯，与上言倨句之柯异事，故特著长三尺，以为下文言车者起度。倨句之柯言其折，故与磬折并称。长三尺之柯，言长不言折也。”王宗涑云：“车人为车，首言柯长三尺，犹匠人为沟洫，首言耜广五寸也，即所执之器以起度，取其便于事。”①

孙诒让对郑玄注文进行了逐句分析。对于“首六寸，谓今刚关头斧”句，他首先引《六韬·军用篇》，次引贾公彦疏，又次引《后汉书·马融传》所载《广成颂》及李贤注，又次引程瑶田说，最后引丁晏说，可谓旁征博引，用力甚勤。至于郑司农说，孙诒让引程瑶田、王宗涑说予以证明，“柯长三尺，谓斧柯，因以为度”无复疑义。

由于郑玄注文中引用了杜子春、郑兴、郑众的研究成果，孙诒让在《正义》中也对以上三位汉代学者被引用的注文做了逐条分析，有肯定，有否定，也有补充。

第二节　集《周礼》经、注和经义研究之大成

孙诒让《周礼正义》在训诂学、校勘、名物制度解说和经义阐释方面取得了巨大成就。他总结了两千年以来《周礼》研究的经验，系统分析、鉴别了历代学者的研究成果，或择善而从，或纠正其偏，或予以补充，或创立新说。孙诒让在吃透《周礼》经文的基础上对他之前《周礼》学史上绝大多数杰出成果进行了深入研究，真正做到了“站在前人的肩膀上”。《周礼正义》包含着一个庞大的阐释体系，只有深入《周礼正义》文本内部，才能发现孙诒让所构建的这座《周礼》学大厦如何的富丽堂皇。本节从具体例子入手，突破这部著作“坚硬的外壳”，进入《周礼正义》的内部世界，就其成就做点面结合的分析。

一　集《周礼》经文研究之大成

孙诒让《周礼正义》不放过《周礼》经文和郑玄注文每一个动词、

① 孙诒让：《周礼正义》，王文锦、陈玉霞点校，第3516—3517页。

形容词和名物词的训诂，在总结前人训诂经验的基础上全面审查这些成果的可靠性，错误的予以纠正；不足的予以补充；正确的添加更多证据，从而成为《周礼》训诂学的集大成之作。我们以《天官·内司服》为例，展现《周礼正义》内容的具体情况。

《内司服》说："掌王后之六服，袆衣、揄狄、阙狄、鞠衣、展衣、缘衣、素沙。"这就是有名的"王后六服"问题。孙诒让疏是一篇长文，我们仅以其中疏解经文部分为例：

"掌王后之六服"者，此辨后服名物尊卑之差，即此官之官法也。六服者，一袆衣，二揄狄，三阙狄，四鞠衣，五展衣，六缘衣是也。《玉海·车服》引《三礼义宗》云："阳爻九，故王服有九；阴爻六，故后服惟六。天子九服，祭服有六；王后六服，祭服有三。阳色尚文，故有章数等级之别；阴色尚质，故无殊章之品。"

云"缘衣"者，《释文》云："缘或作禒。"案：经注缘字并当作缘，后郑改为禒，或本依郑义改，非其旧也。详后。

云"素沙"者，贾疏云："此非服名。六服之外别言之者，此素沙与上六服为里，使之张显。但妇人之服不殊裳，上下连，则此素沙亦上下连也。王之吉服有九，韦弁已下，常服有三，与后鞠衣已下三服同。但王之祭服有六，后祭服唯有三翟者，天地山川社稷之等，后、夫人不与，故三服而已。必知外神后、夫人不与者，案《内宰》云：'祭祀祼献则赞。'天地无祼，言祼唯宗庙。又《内宗》《外宗》佐后皆云宗庙，不云外神，故知后于外神不与。是以《白虎通》云：'《周官》祭天，后、夫人不与者，以其妇人无外事。'"

孔广森云："礼，妇人从夫之服位。男子冕弁之服凡有九等，妇服此唯见六服者，外祀武甸非后所有事，故不备其服。今差次之：盖袆衣视衮冕，揄狄视鷩冕，阙狄视毳冕，鞠衣视希冕，襢衣视玄冕，税衣视爵弁，锡衣视冠弁，宵衣视玄端。何以明之？《记》曰：'君衮冕立于阼，夫人副袆立于房中。'是袆衣视衮冕也。《玉藻》曰：'王后袆衣，夫人揄狄，君命屈狄，再命袆衣。'郑曰：'侯伯之夫人揄狄，子男之夫人阙狄。'是揄狄视鷩冕，阙狄视毳冕也。郑曰：'其夫孤也，则服鞠衣。’孤之服自希冕而下，是鞠衣视希冕。《丧大记》曰：‘复，大夫以玄赪，世妇以襢衣。’玄上而赪下，冕服之色。大夫一命而冕，世妇一命而襢。故《玉藻》曰‘一命襢衣’，是襢衣视玄冕也。《丧大记》曰：‘复，士以爵弁，士妻以税衣。’《杂记》曰：‘诸侯以褒衣、冕服、爵弁服，夫人以税衣揄狄、狄税素沙。’亦以狄比冕服，税比爵弁服，是税衣视爵弁也。《少牢馈食礼》：‘主妇被锡衣侈袂。’锡衣者，緆衣也。主人朝服布，主妇緆衣亦布，是锡衣视冠弁也。《特牲馈食》主人冠端玄，主妇缅笄宵衣，是宵衣视玄端也。”

案：孔分配男服，自鞠衣以上与郑义同。襢衣视玄冕，税衣视爵弁，亦依郑《礼记注》义。《丧大记》之襢衣，即此展衣，税衣即此褖衣也。综而论之，展衣以上，郑义差次甚当。其褖衣，依郑此职及《追师》注义，服次者视弁服、冠弁服，服缅笄者亦曰宵衣，则视玄端服，并未尽精析。今依孔说，参之《礼经》，盖女子次褖衣，视男子之爵弁、皮弁服；女子被锡衣，视男子之冠弁朝服；女子缅笄宵衣，视男子之玄端服。宵衣即锡衣而以绡为领者，与褖衣实不同，此经无者，亦文不具也。又依郑义，此王后六服当皆侈袂，然于经无文，未知是否。详《追师》疏。①

以上引文仅仅是对“掌王后之六服，袆衣、揄狄、阙狄、鞠衣、展衣、缘衣、素沙”这句经文的疏证，俨然就是一篇关于“王后六服”的专题论文。我们将这篇短论分为五段，分析每段所要解决的具体问题。

第一段是解决王后之服种数为什么是六服问题。前人已经有研究成果，那就是梁朝崔灵恩的《三礼义宗》。崔灵恩以《周易》说王九服、后六服，王后少王三服；而王后所少三服为祭服。该书已逸，《玉海》尚记载其说，因此孙诒让从《玉海》中引出该成果。不过经文此句有自己的章法，前人没有揭示，故孙诒让指出：“此辨后服名物尊卑之差，即此官之官法也。”这是对于“大宰八法治官府”之六“官法”的提示。孙诒让认为“官法”有大宰的官法，也有内司服的官法，除了六官的“大官法”

① 孙诒让：《周礼正义》，王文锦、陈玉霞点校，第577—579页。

外，三百六十余官还有自己的“小官法”。此处是对内司服“小官法”的提示。

第二段解决“缘衣”的文字辨析问题。“缘衣”有作“褖衣”的，也有作“綠衣”的。孙诒让以为经、注原本都作“綠衣”。引后面对于郑玄的注文还有更长的一段疏，具体的论证见该段，此处只做简要介绍。

第三段解决两个问题。一是要说明“素沙”是什么；二是为什么王后祭服少王三服。由于这个问题贾公彦在《周礼注疏》中已经很好地解决了，因此孙诒让直接引用过来。“素沙”不是衣服，而是六服的衬里，因而不单独计算，不然王后之服不是六服，而是七服了。王后少三祭服，是因为王后不参与祭祀“外神”的活动，而“外神”即天地、山川、社稷三类神祇。

第四段是解决王后六服如何与王服配合问题。按照礼学原则，主妇衣服与主人衣服有对应关系，如何对应？郑玄说了一部分，而清人孔广森有过比较系统的研究，比郑玄更全面。因此孙诒让引用孔广森《礼学卮言》的搭配方案。

第五段是对孔广森这个搭配方案的评论。孔广森在《礼学卮言》中对郑玄说颇有微词。孙诒让在本段对郑玄说做了客观的评价，认为郑玄的搭配方案，“综而论之，展衣以上，郑义差次甚当”，其余则“并未尽精析”，有肯定，有否定。同时指出，孔广森的“宵衣即锡衣说”、郑玄的“王后六服当皆侈袂说”由于《周礼》相关问题“文不具”，不能作为定论，自己也不作强解，这显示出其实事求是的治学态度。

在“王后六服”这个小专题中，孙诒让引用了郑玄、崔灵恩、陆德明、贾公彦、孔广森五家研究成果。但与一般的“集解”不同，孙诒让并不是汇编相关说法，而是选择他认为有价值的研究成果；如果没有这方面的成果，他就自己给出，例如《内司服》的官法；如果研究成果有偏差，他就予以纠偏，例如郑玄说展衣以下；如果研究成果论证不充分，他就予以补充或说明，例如郑玄“王后六服当皆侈袂说”和孔广森“宵衣即锡衣说”。孙诒让此篇“正义”既能够反映前代学者的研究成果，又能展示孙诒让个人的研究心得。说明他已经完全厘清了相关问题的学术研究轨迹，看清了相关问题的要害所在。因而，大多数情况下，孙诒让对于《周礼》具体问题的“正义”就是一篇相关问题的学术史专题论文，更是集相关经文研究之大成，形成新的学术高峰。

二 集《周礼》注文研究之大成

在漫长的《周礼》阐释史中，人们积累了丰硕的阐释成果。在经文研究之外，如何处理这些汇集历代学者心血的成果，成为《周礼》学研究不可回避的问题。孙诒让选择以郑玄注为主要研究对象、其他各家解说为辅助研究对象的研究策略，维护了郑玄注的经典地位，取得了超越前人的研究成果。

我们依然以《内司服》注为例。关于内司服所掌“王后六服”，郑玄注比较长，我们将郑玄的注文分为三段，并择取第一段为例。在第一段中，郑玄说：

> 郑司农云：“袆衣，画衣也。《祭统》曰：‘君卷冕立于阼，夫人副袆立于东房。’揄狄、阙狄，画羽饰。展衣，白衣也。《丧大记》曰：‘复者朝服，君以卷，夫人以屈狄，世妇以襢衣。’屈者音声与阙相似，襢与展相似，皆妇人之服。鞠衣，黄衣也。素沙，赤衣也。”①

本段主体内容是郑玄引用郑司农关于“王后六服”的解释。郑司农的解说也可以分为五层。第一层提出袆衣是画衣，引《祭统》以证明己说；但《祭统》如何证明袆衣是画衣，一般读者还是不好判断。第二层提出揄狄、阙狄二服是画羽饰衣。第三层提出展衣是白衣，并引《丧大记》证明自己的观点。但所引《丧大记》文与阙狄、展衣是如何关联的，一般读者还是难以一目了然。第四层，郑司农提出鞠衣是黄衣，从颜色上予以区别性解说。第五层，郑司农提出“素沙”是赤色衣服，也是从颜色上做区别性解说。面对郑玄所引郑司农研究成果，孙诒让是如何展开研

① 贾公彦：《周礼注疏》，《十三经注疏》，第691页。

究的？他疏注文道：

注“郑司农云‘袆衣，画衣也’”者，贾疏云：“先郑意，袆衣不言狄，则非翟雉。知画衣者，以王之冕服而衣画，故知后衣画也。”吕飞鹏云：“《说文·衣部》云：‘《周礼》曰：王后之服袆衣，谓画袍。’说与先郑合。”诒让案：许云袍者，即后注所谓“六服皆袍制”也。袆衣，后郑谓“以缯刻翚雉为饰”，则自当与揄狄、阙狄同名。今不名翟而名衣，明与二翟异制。贾疏谓“以其衣是服之首，故自言衣”，盖曲说也。窃谓当以先郑及许“画衣”之说为长。《穆天子传》云：“天子大服冕袆。”冕袆者，盖衮冕之服。后之袆衣视王之衮冕服，衮衣有画章，故亦谓之袆衣，犹妇人有褖衣。《士丧礼》及《杂记》名男子玄端服之连衣裳者亦曰褖衣也。此可证司农“画衣”之说。或当如《释名》说衣画翚雉之形，若九章之有华虫耳。倘云“缯刻雉形”，则不可通于男子之衮衣矣。郭璞注《穆传》云：“袆衣，盖王后之上服。今帝服之，所未详。”殆未达其义。

引《祭统》曰“君卷冕立于阼，夫人副袆立于东房”者，证袆衣与男子衮冕相当也。贾疏云：“彼据二王后、夫人助祭服袆衣，与后同也。”

云“揄狄、阙狄，画羽饰”者，《广雅·释器》云：“狄，羽也。”吕飞鹏云：“《说文·衣部》云：‘褕，褕翟，羽饰衣。’据此则褕为正字，揄为假借。《毛诗·鄘风·君子偕老》传云：‘褕翟、阙翟，羽饰衣也。’毛、许皆不言画，与先、后郑异。”诒让案：先郑盖亦读狄为翟，但以狄为雉羽，而揄非雉名。毛、许说亦略同。依后郑说则揄为摇之叚字；依许说则自有本字，此许、郑说字之异。画羽饰，盖谓以采色画鸟羽，缀之衣以为饰。毛、许止云羽饰衣不言画者，文省。三君说实同也。但衣以羽饰，于制未协。《君子偕老》孔疏引孙毓云：“自古衣饰山、龙、华虫、藻、火、粉米及《周礼》六服，无言以羽饰衣者。羽施于旌旃则可，施于衣裳则否。盖附人身，动则卷舒，非可以羽饰故也。郑义为长。”案：孙说是也。陈启源据《左》昭十二年传，有“秦复陶翠被”，胡承珙据《乐师》先郑注云

"翣舞者衣饰翡翠之羽",《说苑·善说篇》"襄成君衣翠衣",证古衣服有用羽饰者。然彼皆非礼法之服,不可以释此经。《诗·君子偕老》篇又以二翟为"象服",孔疏谓以象骨饰服,尤谬。

云"展衣,白衣也"者,后郑《诗·邶风·绿衣》、《鄘风·君子偕老》笺及《释名·释衣服》义并同。《说文·衣部》云:"襢,丹縠衣也。"案:许以襢为正字,则展为同声假借字。《君子偕老》毛传亦云:"礼有展衣者,以丹縠为衣。"《诗·释文》云:"襢衣,毛氏、马融皆云色赤。"说并与郑异。孔广森云:"《诗》言'瑳兮瑳兮,其之展也'。《说文》曰:'瑳,玉色鲜白。'以玉之白喻衣之白,则展衣白信矣。"案:孔说是也。

引《丧大记》曰"复者朝服,君以卷,夫人以屈狄,世妇以襢衣"者,证屈、襢文异。

云"屈者音声与阙相似,襢与展相似,皆妇人之服"者,明此经与《礼记》文异义同。屈、阙,襢、展,古音并同部,故云音声相似。屈,《玉篇·糸部》又作"緆",则俗字也。

云"鞠衣,黄衣也"者,《绿衣》笺义同。

云"素沙,赤衣也"者,盖释沙为丹沙也。《周书·王会篇》云:"卜人以丹沙。"先郑意素沙别为一服,以生帛为之而以丹沙染其色也。然经传凡言素者并为白,不当为赤。且经明言六服,如先郑说素沙为一服,则有七服,故后郑不从。①

以上所引仅仅是孙诒让对郑玄注所引"郑司农云"的疏证。第一段只为郑司农"袆衣,画衣也"而发。"袆衣,画衣也"仅仅提出袆衣是画衣,郑司农没有展开解说,所提供的证据即《祭统》所云,也是晦涩难懂。因此孙诒让引贾公彦疏文"先郑意,袆衣不言狄,则非翟雉。知画衣者,以王之冕服而衣画,故知后衣画也"来解说,这是继承前人成果而不掠美。贾公彦提出:"知画衣者,以王之冕服而衣画,故知后衣画也。"但"王之冕服而衣画"有什么证据?贾公彦没有提供,显然,贾公

① 孙诒让:《周礼正义》,王文锦、陈玉霞点校,第579—580页。

彦疏还是没有疏解到位。因此孙诒让引吕飞鹏说证明袆衣的确为画衣。吕飞鹏从《说文·衣部》中找出一个证据：“《周礼》曰：王后之服袆衣，谓画袍。”可见许慎认为袆衣就是画袍，也就是画衣。至此，郑司农注第一句话基本上解说清楚了。孙诒让随后以按语形式分析郑司农与郑玄在这个问题上的分歧，指出郑玄解释袆衣是“以缯刻翚雉为饰”不如郑司农和许慎说通脱，而贾公彦“以其衣是服之首，故自言衣”是“曲说”。然后分别引《穆天子传》《士丧礼》《礼记·杂记》《释名》证明郑司农说，并批评郭璞《穆天子传》注文不达文意，这显示出孙诒让超越前人的文献功底和见识，在继承中又有发展。

第二段点明郑司农为什么要引用《祭统》文，乃为“证袆衣与男子衮冕相当也”。正如上段引《穆天子传》分析的，衮冕有华章，华章即画，则袆衣即画衣。

第三段证明郑司农“揄狄、阙狄，画羽饰”说正确，引《广雅·释器》、吕飞鹏《周礼补注》以及《毛诗·鄘风·君子偕老》毛传证明揄狄、阙狄以羽为饰。又以按语形式分析毛、许、先郑说看似有分歧，实际一致。又引前人孙毓说分析以羽毛为衣饰不可行，当以画羽毛说为长，否定陈启源“古衣服有用羽饰说”、孔疏“以象骨饰服说”。① 这是对前人误说的纠正，也是研究成果中的一种。

第四段证明郑司农“展衣，白衣也”正确。支持性证据孙诒让列有郑玄《诗·邶风·绿衣》笺、《鄘风·君子偕老》笺，以及《释名·释衣服》；同时也分析了一种歧说，即《说文》以展衣为“丹縠衣”，而《鄘风·君子偕老》的毛传、《经典释文》的《君子偕老》释文所引马融说都以展衣为赤色。孙诒让最后引用孔广森《礼学卮言》一条发现：《诗经》“瑳兮瑳兮，其之展也”之“瑳”，而《说文》说“瑳，玉色鲜白”，可见《诗经》以玉之白喻衣之白，那么展衣为白色无疑。

最后一段为郑司农“素沙，赤衣也”而发。郑司农此说有误，孙诒让此段则为证误性考证。“然经传凡言素者并为白，不当为赤”，这是用

---

① 按：衣以羽毛为饰，文化人类学研究证明世界多地有此古老风俗，孙诒让未能吸纳民俗学证据，所做分析要打折扣。《周礼》六服保留了些许古老的图腾文化信息，难能可贵。

经传通例证明郑司农说有误；“且经明言六服，如先郑说素沙为一服，则有七服”，这是用算术中的加法证明郑司农说有误。

为进一步展现孙诒让《周礼正义》注文研究的集大成性，我们将贾公彦对“郑司农云”这一段的疏文列于后做一个比较：

> 司农云“袆衣，画衣也”者，先郑意，袆衣不言狄，则非翟雉。知画衣者，以王之冕服而衣画，故知后衣画也。又引《祭统》者，彼据二王后、夫人助祭服袆衣，与后同也。“揄狄、阙狄，画羽饰”者，以其言狄是翟羽故也。云“展衣，白衣也”者，见鞠衣黄以土色，土生金，金色白，展衣文承鞠衣之下，故知展衣白也。引《丧大记》，证阙狄与展衣为妇人服故也。彼君以卷，据上公而言；夫人以屈翟，据子男夫人复时，互见为义。云“世妇以襢衣”者，彼亦据诸侯之世妇用襢衣，复之所用也。云“鞠衣，黄衣也。素沙，赤衣也”者，先郑意以素沙为服名，又以素沙为赤色，义无所据，故后郑不从之。①

贾公彦疏虽然简洁，但大多数问题没有展开讨论，并且以推理论证为主，证据相对薄弱，因而此段的学术价值并不高。而孙诒让疏郑司农说以文献证据为主，辅之以训诂，穷尽性地搜罗文献资料并加以分析辨别，其思考之深刻、搜罗之细致、论证之充分、视野之广阔，贾公彦疏难望其项背，可见孙诒让站在前人肩膀之上，《周礼正义》的集大成性就体现在精深、广博、细致上。

三　集经义解说之大成

《周礼》一书的内容就是三百六十余职官的职责要点及其履行职责的规则，作者的治国、安民、平天下思想全部隐含在职官条文和职官体系安排中。对《周礼》职官体系设置用心的揭示、对《周礼》职官条文隐含的天下治理思想的发掘，构成《周礼》经义阐释的基本内容。阅读《周

---

① 贾公彦：《周礼注疏》，《十三经注疏》，第691页。

礼》，高明者透过细节看本质；暗昧者陷入细节的汪洋大海而不能自拔。孙诒让既能吃透《周礼》名物制度，整体把握庞大的职官体系，又能处处体会其职官设置的用心。孙诒让《周礼》经义研究最精彩的地方有《周礼·序官》“二十字大纲”研究，大宰之八法、八则、九职、九赋、九式、九贡研究，大司徒之三物、五礼、八刑、十二教、十二荒政、十二职事、建五等邦国、造都鄙之法研究，小司徒之大比之法、卒伍之法、稽民之法、井牧之法研究，大宗伯之五礼、典瑞之九命研究，大司马之九伐之法和九畿之籍、职方氏之九服之法研究，大司寇之三典、五刑研究，小司寇之三询、五听、八辟研究，大行人之大宾之礼、九仪之命研究，等等。这些研究无不在充分吸收前人研究成果的基础上形成自己的新见解，将相关问题的研究提升到新的高度。由于在《周礼》学所有重大问题上孙诒让大多有自己的新见解，成就不胜枚举，我们仅以“大宰八法”为例，分析《周礼正义》在《周礼》经义解说方面的集大成性质。

《周礼》治官府之法，掌于大宰，用于大宰，其法与治邦国之六典、治都鄙之八则并列，属于王国治理的“根本大法”。《大宰》经文说：

> 以八法治官府。一曰官属，以举邦治；二曰官职，以辨邦治；三曰官联，以会官治；四曰官常，以听官治；五曰官成，以经邦治；六曰官法，以正邦治；七曰官刑，以纠邦治；八曰官计，以弊邦治。①

这就是著名的“大宰八法”，简略地说其内容就是官属、官职、官联、官常、官成、官法、官刑、官计。以上属、职、联、常、成、法、刑、计八项的具体内容有哪些？郑玄《周礼注》说：

> 百官所居曰府。弊，断也。郑司农云：“官属，谓六官，其属各六十，若今博士、大史、大宰、大祝、大乐属大常也。《小宰职》曰‘以官府之六属举邦治，一曰天官，其属六十’是也。官职，谓六官

① 贾公彦：《周礼注疏》，《十三经注疏》，第645页。

之职，《小宰职》曰：'以官府之六职辨邦治，一曰治职，二曰教职，三曰礼职，四曰政职，五曰刑职，六曰事职。'官联，谓国有大事，一官不能独共，则六官共举之。联读为连，古书连作联，联谓连事，通职相佐助也。《小宰职》曰：'以官府之六联合邦治，一曰祭祀之联事，二曰宾客之联事，三曰丧荒之联事，四曰军旅之联事，五曰田役之联事，六曰敛弛之联事。'官常，谓各自领其官之常职，非连事通职所共也。官成，谓官府之成事品式也。《小宰职》曰：'以官府之八成经邦治，一曰听政役以比居，二曰听师田以简稽，三曰听闾里以版图，四曰听称责以傅别，五曰听禄位以礼命，六曰听取予以书契，七曰听卖买以质剂，八曰听出入以要会。'官法，谓职所主之法度。官职主祭祀朝觐会同宾客者，则皆自有其法度，《小宰职》曰：'以法掌祭祀、朝觐、会同、宾客之戒具。'官刑，谓司刑所掌墨罪、劓罪、宫罪、刖罪、杀罪也。官计，谓三年则大计群吏之治而诛赏之。"玄谓官刑，司寇之职五刑，其四曰官刑，上能纠职。官计谓小宰之六计，所以断群吏之治。①

从郑玄注看，"大宰八法"研究以郑司农的成果最早。郑司农通过找内证，将小宰"六属"与大宰官属对接；又将小宰"六职"与大宰官职对接；又将小宰"六联"与大宰官联对接；又将小宰"八成"与大宰官成对接；又将小宰"掌戒具之法"与大宰官法对接；又将司刑"五罪"与大宰官刑对接；又将大宰"大计群吏"与大宰官计对接。至于官常，则直接予以界定，以为官常即各官之常职。郑司农似乎通过找《周礼》内证，很好地解决了"大宰八法"问题，因而郑玄接受了郑司农八法中六法的解释，只纠正了郑司农的官刑、官计两法解说：其一，纠正郑司农以司寇"五刑"之四释官刑；其二，纠正郑司农以小宰"六计"释官计。似乎"大宰八法"经过先、后郑的研究，已经圆满解决了。其实不然。我们看孙诒让之疏：

① 贾公彦：《周礼注疏》，《十三经注疏》，第645—646页。

此八法为治百官之通法。全经六篇，文成数万，总其大要，盖不出此八科。以《大宰》一职论之，自职首至末，通为官职。其中六典八法之等，建立大纲，则官法也。“正月之吉，始和布治于邦国都鄙”以下，行事细别，则官常也。“岁终，则令百官府各正其治，受其会，听其致事，而诏王废置。三岁，则大计群吏之治而诛赏之。”受会则官成也，废置诛赏则官刑也，计吏则官计也。至于率领贰、考以下，则有官属；旁通五官，则有官联。其余六官三百六十职，虽爵有尊卑，事有繁简，要此八法足以晐之矣。①

孙诒让此段解说对于“大宰八法”有三项贡献。第一，对“大宰八法”在全书中的地位做了准确定位。“全经六篇，文成数万，总其大要，盖不出此八科”，此为《周礼》学史上对“大宰八法”重要性最准确的揭示。该判断揭示“大宰八法”不仅仅是治官府那么简单，此乃《周礼》六篇构成之真正的“骨架”：以“八法”为八条线索，可以将《周礼》职官所有职文如剥茧抽丝一样抽出来。由此带来第二项贡献：揭示《周礼》每个职官的职文都可以做“八法”分析，掌握了“大宰八法”就等于掌握了“解剖”《周礼》的“手术刀”，从此《周礼》不再难懂。第三项贡献是在《周礼》学史上第一次以具体职官为例解释什么是“大宰八法”。如此明白晓畅地分析“大宰八法”如何体现在具体职官的职文中，在《周礼》学史上还是首次。当然，除了天地四时六官职文如此完整地包含八法外，其余三百六十余官每官职文不一定都包含这八方面的内容，但孙诒让这个举例分析具有典型性，不但展示了他自己对“大宰八法”研究的成果，也包含了他对郑司农以下学者研究成果的吸纳和纠正。只不过具体的细节在随后的疏文中逐步展开。由于孙诒让关于“大宰八法”的考证是在对经文和注文疏通中展开的，篇幅过长，我们以下挑选其中的官属、官职、官联、官常、官成做简要分析。

“大宰八法”首法即“官属法”。关于官属，孙诒让疏证说：

---

① 孙诒让：《周礼正义》，王文锦、陈玉霞点校，第63页。

郑司农云："官属，谓六官，其属各六十"者，据《小宰》六属文。属犹言属别，谓以爵秩尊卑相领隶。《国语·楚语》云："五物之官陪属万，为万官。"彼据五官言之，义亦同也。凡官属，有总属，有分属，有当官之属，有冗散之属。总属即六官属各六十，通属于其正是也。分属若庖人、内饔、外饔、亨人属膳夫是也。当官之属者，宫正中、下士以下，属于上士是也。冗散之属，若四方之以舞仕者属旄人，国勇力之士属司右，相犬、牵犬者属犬人，皆无职名员数是也。四者各以尊卑相隶，通谓之官属。先郑举其大者言之。①

孙诒让认可郑司农官属说，但郑司农说只是从大方面解释，忽略了《周礼》一书官属设置的细密性。孙诒让提出官属有总属、分属、当官之属、冗散之属四类，补充了郑司农说，将问题的研究提升到新的高度。孙诒让的"大宰八法"之官属研究丰富了我们对《周礼》官属的认识。

关于官职、官联，孙诒让疏说：

云"官职，谓六官之职"者，职者，主领之言，即《叙官》注云"各有所职而百事举"也。凡三百六十职，通谓之官职，此举其大者明之。引《小宰》职曰"以官府之六职辨邦治，一曰治职，二曰教职，三曰礼职，四曰政职，五曰刑职，六曰事职"者，亦证此官职辨邦治，与彼文同。

云"官联，谓国有大事，一官不能独共，则六官共举之"者，大事即小宰六联之属，其事众多，则六官之属相佐助共举之。依《小宰》云"凡小事皆有联"，则不必大事而后有联。此据六官共举者言之，故云"大事"。其小事则不必合六官，或异官，或同官，凡各属共为一事，亦得为联。《仪礼》燕、食、射、聘诸篇，众官各执其事，亦即官联之法，故《燕礼》《大射仪》注谓庶子与膳宰、乐正联事，即其义也。②

---

① 孙诒让：《周礼正义》，王文锦、陈玉霞点校，第64页。
② 孙诒让：《周礼正义》，王文锦、陈玉霞点校，第64—65页。

关于官职和官联，郑司农说显然不全面，存在比较严重的疏漏，只举其大而遗其小。官职并非只有治职、教职、礼职、政职、刑职和事职，凡三百六十余官都为官职；官联也不仅仅是祭祀、宾客、丧荒、军旅、田役、敛弛，凡大小之事都有联事。孙诒让补充了郑司农说，使官职、官联的阐释更加准确。但孙诒让没有因此责难郑司农，他用体谅的语气叙述自己的发现，没有半点沾沾自喜与傲人之态。

关于官常、官成，孙诒让疏证说：

> 云"官常，谓各自领其官之常职，非连事通职所共也"者，谓各职当官常行之事，《大史》云"祭之日，执书以次位常"是也。每官各有其专领之职事，不得相侵越。官常主分，与官联主合，义正相反。盖以官职分言之，著于书者为官法，布于行事者为官常。官尊者法与常皆备；官卑者则惟奉行官常而已。故《宰夫》八职"一曰正，掌官法以治要；二曰师，掌官成以治凡；三曰司，掌官法以治目；四曰旅，掌官常以治数"。明司以上皆布官法，旅以下则惟守官常也。
>
> 云"官成，谓官府之成事品式也"者，谓各官府所掌之事已成，则案其簿书文字，考其品数法式，即治会之事。《司会》云："以参互考日成，以月要考月成，以岁会考岁成。"此官成正与日成、月成、岁成同义。《司书》云："凡税敛，掌事者受法焉。及事成，则入要贰焉。"注云："成犹毕也。"此注云"成事"，犹彼云"事成"。彼要贰，亦即官成之要会也。然则郑所谓成事品式，即谓凡官事之有文籍可稽校案验者。《小宰》以比居、简稽等为八成，正是此义。士师掌士之八成，邦汋、邦贼之等，亦即最会刑名之簿书。《王制》云"百官各以其成质于三官，大司徒、大司马、大司空以百官之成质于天子"，即此官成也。①

对于官常，孙诒让从两个方面进行了比较分析。与官联相比，官联主合，官常主分；与官法相比，官法书写在竹帛上，官常体现在行事上。关

① 孙诒让：《周礼正义》，王文锦、陈玉霞点校，第65—66页。

于官成，孙诒让虽然接受了郑司农说，但对郑司农“官府之成事品式”予以更加详细的解说：“官事之有文籍可稽校案验者”，所指更加具体。由此可见，孙诒让对于官常、官成的理解更加精确。

第三节 集朴学研究方法之大成

孙诒让《周礼正义》在研究方法上也集乾嘉朴学研究方法之大成，训诂的因声求义、偏旁系联，校勘的本校、他校、理校，经义考据的多重证据、历史文献比勘等方法他都融会贯通，由此形成其研究方法的特色。他善于创立凡例，例如：“此经凡言听治、听狱讼，皆谓平正断决其是非，义并略同。”① 他揭示郑玄注经用今古文原则：“凡经皆作灋，注皆作法，经例用古字，注例用今字也。”② 不过本节不探索孙诒让具体的考据手段，只是重点分析孙诒让最具代表性、最具个性化的研究方法，那就是链形证据法、专题史法和发明凡例法。

一 链形证据法

所谓链形证据法，就是考证的证据之间形成一个完整的证据链，使自己的论点获得坚实的证据支持，从而把《周礼》考据学推向新的高度。孙诒让以自己渊博的学识，搜罗证据链几乎穷尽典籍，勤劳与智慧令人惊叹。

关于《周礼》天官冢宰之“宰”，郑玄注说：“宰者，官也。”孙诒让从《说文·宀部》“宰，罪人在屋下执事者”入手，提出：“引申之，凡官吏皆得称宰。”然后再从《周礼》一经中的大宰、小宰、宰夫、内宰、里宰归纳出“宰”的称呼通用于尊卑，以证明郑玄说正确。接着分析董仲舒《春秋繁露·三代改制质文》中的周代“以相名宰说”，指出郑玄“宰者，官也”的解说具有最大的包容性，董仲舒说将“宰”限制在相这个特定官职上，与郑玄说不同。孙诒让引《曲礼》“天子建天官，先

① 孙诒让：《周礼正义》，王文锦、陈玉霞点校，第 178 页。
② 孙诒让：《周礼正义》，王文锦、陈玉霞点校，第 63 页。

六大”，典司六典，以及“天子之五官”典司五众，再引《郑志》“崇精问焦氏”，说明殷代大宰已经为六卿，否定了董仲舒“以相名宰说”。再分别点评仲长统《昌言》“尧官说”，干宝《周礼注》的“中和说”，班固《白虎通义》的“制事说”，马融《周官礼注》的“治事说”，以及采用马融说的何休《公羊传》僖公九年注、高诱《吕氏春秋·季秋》注、《淮南子·时则训》注，以为均不如郑玄说闳通。①

《大宰》“以九两系邦国之民”，其一曰“牧，以地得民”。孙诒让从该问题首倡者郑玄的意见说起。郑玄关于“牧”的注解有三处，孙诒让一一列举。一是《周礼注》“牧以地得民”注，以“牧”为“州长”；二是随后经文“建其牧，立其长”注“以侯伯有功德者加命作州长，谓之牧”；三是《尚书·立政》“宅乃牧”注“牧，州长”。然而郑玄此说不够完满。孙诒让随后列刘敞的意见：“牧者，司牧也，谓诸侯之君也。诸侯世，故曰以地得民。”此说为刘敞首创，而王安石、李光坡、方苞、庄有可说相似，孙诒让只列这些人姓名，不再列举其具体意见，这是重首创。随后孙诒让做出论证，举《孟子·梁惠王》之“人牧”和《大戴礼记·文王官人》“七属”惠士奇、孔广森说为证，得出结论：“盖自畿外九州牧伯、五等诸侯及附庸之君与公卿大夫食三等采邑，凡世守其国邑者，通谓之牧。”从这个“牧”的考证看，孙诒让的证据链相当长，并且举证时间从西周开始，一直到孙诒让自己所处的时代。

二 专题史法

所谓专题史法，就是将《周礼》一个个问题变成专题进行深入发掘，在历史进程中描述该问题的演进轨迹，使研究成果体现一个问题的发展序列，从而提高了研究的学术规范性和可靠性。孙诒让将前人引经据典以证明自己的见解转变为对学术史的梳理，从而将论证变为对该问题发展史的描述。这种描述不是材料的堆积，而是对走向正解的学术道路的描述，对单个成果在这一过程中的价值予以评判，因而在学术史上具有总结性价值。《周礼》研究有一系列专题，其中很多专题已经形成学术研究史，孙

① 孙诒让：《周礼正义》，王文锦、陈玉霞点校，第1—2页。

诒让尽可能穷尽地描述这些专题研究史。我们以第一卷对于“周礼”二字的疏文为例，说明孙诒让《周礼正义》的这一研究方法。

孙诒让关于“周礼”这一名物词的疏证有两千多字，俨然就是一篇关于“周礼”一词的研究史专论，内容包括《周礼》的称呼问题、《周礼》的传授问题、《周礼》真伪的争论等。为避免引文过长，我们通过对孙诒让疏文的概括，整理出孙诒让对“周礼”一词疏证的梗概。

（一）《周礼》名称演变史的考证

关于《周礼》一书的名称，孙诒让考证出，有“周官”“周官经”“周礼”“周官礼”“经礼”五个。

《周礼》的第一个名称是“周官”。“周官”之称，孙诒让指出首见于《史记·封禅书》，次见于《汉书·礼乐志》和《汉书·河间献王传》。

《周礼》第二个名称是“周官经”。“周官经”之称，孙诒让以为首见于刘歆《七略》，次见于《汉书·艺文志》。

《周礼》第三个也是影响最大的一个名称是“周礼”。“周礼”之称，孙诒让根据荀悦《汉纪·孝成皇帝纪》“歆以《周官》十六篇为《周礼》，王莽时，歆奏以为《礼经》。置博士”判断，“周礼”之称也首出刘歆。在考证中，孙诒让还对陆德明《经典释文·序录》记载刘歆为王莽国师时“建《周官经》为《周礼》”做出否定。孙诒让不同意陆德明说，他指出，按照《王莽传》，刘歆为国师在始建国元年。但是在之前的王莽居摄的三年九月，刘歆担任“羲和”之职，与博士讨论王莽母亲功显君服，已经提出“发得《周礼》”，引《司服》职文，也称《周礼》。孙诒让考证说，刘歆完成《七略》上奏，仍然称《周官》，自此到担任羲和以前，更名《周官经》为《周礼》。[①] 孙诒让对刘歆改《周官》为《周礼》的原因进行了推测。《左传》文公十八年季文子说：“先君周公制《周礼》曰：‘则以观德，德以处事，事以度功，功以食民。’”《左传》闵公元年齐国仲孙湫说：“鲁犹秉周礼。”《左传》昭公二年，晋韩起见《易象》与《鲁春秋》，曰：“周礼尽在鲁矣。”刘歆可能觉得《尚书·周

① 孙诒让：《周礼正义》，王文锦、陈玉霞点校，第3页。

官》与此《周官》相混，此《周官》为周公旧典，与《士礼》同为正经，因此采用《左传》称呼为“周礼”，孙诒让以为刘歆所做“允当”。①自刘歆改称后，杜子春、马融传刘歆之学。根据郑玄《周礼注序》，杜子春、郑兴、郑众、卫宏、马融、贾逵都作了《周礼注》，但马融《自序》称《周官传》。因而杜子春等人的著作是否称“周礼”，已经难以确定真相。不过其中的郑玄称“周礼”不称“周官”是肯定的。

《周礼》第四个名称是“周官礼”。孙诒让发现《隋书·经籍志》载汉晋所作注，全部题作“周官礼”，孙诒让认为这是唐人兼采二名，不是汉魏旧题。而《周官》称“周礼”，始于刘歆，成于东汉经学家。

《周礼》第五个名称是“经礼”。孙诒让考证，《礼记·礼器》有“经礼三百，曲礼三千”。郑玄注说：“经礼谓周礼也。”孔颖达《曲礼注疏》提出《周礼》名称有七种。一，《孝经说》“礼经三百”；二，《礼器》说“经礼三百”；三，《中庸》说“礼仪三百”；四，《春秋说》“礼义三百”；五，《礼说》“正经三百”；六，《周官外题》谓为“周礼”；七，《汉书·艺文志》“周官经”六篇。“礼经三百”，郑玄、韦昭、颜师古都以为是《周官》。臣瓒以为“礼经三百”谓冠、婚、吉、凶；《周礼》三百，是官名。孙诒让认为臣瓒说公允，郑玄以下说错误。《周礼》是官政之法，《仪礼》是礼之正经，不可相对而为经曲。《中庸》礼仪、威仪专属礼经，与《周礼》无涉。他最后做出总结，以为《周礼》的实质是西周政典。②

（二）《周礼》在两汉的传授史

肯定河间献王献《周官》。孙诒让首列《汉书·河间献王传》“献王所得书，皆先秦旧书，《周官》《尚书》《礼记》《孟子》《老子》之属”，得出汉武帝时《周礼》才出现的结论。次列《经典释文·序录》所载“或说”：“河间献王开献书之路，时有李氏上《周官》五篇，失《事官》一篇，乃购千金，不得，取《考工记》以补之。”再列《隋书·经籍志》、杜佑《通典·礼》篇之说，最后引《左传序》孔颖达疏“汉武帝时河间

① 孙诒让：《周礼正义》，王文锦、陈玉霞点校，第 3 页。
② 孙诒让：《周礼正义》，王文锦、陈玉霞点校，第 4 页。

献王献《左氏》及古文《周官》”之说，论证河间献王得《周礼》为真。

否定孔子壁中书有《周官》。孙诒让分析《经典释文·序录》引郑玄《六艺论》“后得孔氏壁中、河间献王古文《礼》五十六篇，《记》百三十一篇，《周礼》六篇”，以为这句话是郑玄“兼溯二原，不分区畛”。[①]郑玄《六艺论》此说引起后世误会。孔颖达《曲礼》疏说《周礼》出自孔壁，《后汉书·儒林传》、杨泉《物理论》都以为孔安国献书有《周官》。孙诒让用《汉书·艺文志》和《汉书·楚元王传》、刘歆《移太常博士书》、许慎《说文解字序》备举孔壁所得书，指出其中无《周官》，进行反证，证实《周礼》确实为河间献王所得，别无其他来源。

否定汉文帝时出现《周官》。孔颖达疏《礼器》首倡此说。《汉书·礼乐志》说文帝时得魏文侯乐人窦公，献其书，乃《周官·大宗伯》之《大司乐》章。孙诒让考证后指出，窦公献书以及西汉他人根据《周官》校出此篇为《大司乐》章，两事不在同一时间，从而否定了汉文帝时已经出现《周官》之说。

（三）《周礼》真伪争论史考证

根据袁宏《后汉纪》，汉章帝建初八年（83）立《周官》博士，此后今古文之争论起。何休、林孝存发难，唐人赵匡《五经辨惑》、陆淳《春秋纂例》以为后人伪托。清人汪中列六证，证明《周官》不伪。孙诒让对这个学术史专题进行了梳理，他总结汪中证明《周礼》不伪的“六征”如下。第一，《逸周书·职方》即《夏官·职方》职文。第二，《汉志》记载汉文帝得窦公，献其书《窦公》，此乃《春官·大司乐》篇。第三，《大戴礼记·朝事》载《典瑞》《大行人》《小行人》《司仪》四篇职文。第四，《礼记·燕义》载有《夏官·诸子》职文。第五，《礼记·内则》“食齐视春时”以下，为《天官·食医》职文；“春宜羔”以下，为《庖人》职文；“牛夜鸣”以下，为《内饔》职文。第六，《诗经·生民》毛传“尝之日”以下，为《春官·肆师》职文。

以上我们仅举一例说明孙诒让《周礼正义》疏文注重研究对象学

① 孙诒让：《周礼正义》，王文锦、陈玉霞点校，第5页。

术成果的梳理和总结。在这部巨著中，有大量的问题可以借助疏文做研究史摘要。例如沟洫问题、莱田问题、五瑞问题、十二章问题、社稷问题、庙制问题等，每个问题的演进历程就是该问题学术研究的发展史。

三 发明凡例法

经学研究，发明凡例是一种比较高端的研究手法，《春秋》学的“五十凡”就是著名的例子。礼学中，凌庭堪作专著《礼经释例》，将“发明凡例”之术发挥到登峰造极的地步。《周礼》学史上，历代学者多有人采用过这一方法，清代段玉裁的“汉读”研究就是著名的例子。孙诒让也擅长这一手法，他的《周礼正义》集发明凡例法之大成。孙诒让从多个方面发明凡例，其出疏之密，前所未有。以下选择孙诒让发明名物训诂凡例、发明经文叙事凡例两个方面，从《周礼正义》前两卷中挑选部分例子略做说明。

（一）发明名物训诂凡例

孙诒让揭示名物训诂凡例包括揭示郑玄注所作训诂凡例，也包括孙诒让自己总结的经文用词用字的凡例：

> 引申之，凡官吏皆得称宰。（《天官·序官》）
>
> 凡杜、郑训义之言“犹”者，并本训不同，而引申假借以通其义。（《天官·序官》）
>
> 引申之，凡助并谓之“左”。（《天官·序官》）
>
> 凡经“逵领”字，通段“帅”为之。（《天官·序官》）
>
> 凡诸官中大夫，《书·牧誓》《立政》谓之“亚旅”。（《天官·序官》）
>
> 凡郑云“之言”者，并取声义相贯。（《天官·序官》）
>
> 凡注例云“言”者，多依声以通其义。（《天官·序官》）
>
> 此经凡作官民以立其职事，治土地以立其材产，并谓之任。（《大宰》疏）
>
> 经例凡言“诏”者，并以言语诏告相左助之谓。（《大宰》疏）

引申之，凡可用之物皆曰材。（《大宰》疏）

此类训诂凡例在《周礼正义》中比比皆是，显示孙诒让对《周礼》经文、注文的研究达到了前所未有的高度，眼光敏锐，披沙拣金，随手拈来。

（二）发明经文叙事凡例

孙诒让对《周礼》经文的写作、叙事方法的研究多有心得，常于疏文中予以揭示。孙诒让疏《天官·序官》说：

凡六官序官之法，其义有二。一则以义类相从，谓若宫正、宫伯，同主宫中事；膳夫、庖人、外内饔，同主造食。如此之类，皆是类聚群分，故连类序之。二则凡次序六十官，不以官之尊卑为先后，皆以缓急为次第，故此宫正之等士官为前，内宰等大夫官为后也。①

这是揭示《周礼》六篇《序官》对职官排列次序的一般规则。职官职事同类的放在一起连续排列，排列次序有两种：一显尊卑，一显缓急。显尊卑者位尊者在前，位卑者在后；显缓急者急者在前，缓者在后。

凡诸官有市买之事者，并有贾，列府、史下，胥、徒之上。（《天官·序官》疏）

凡六官之属亦多赢羡，不皆六十。小宰约举大数耳。（《大宰》疏）

凡采邑与公邑地相比，经或合举之。（《大宰》疏）

以上三例中，第一例揭示《周礼》市场官人员配置的一个通例，即市场官配有一种称为“贾”的“庶人在官者”。第二例揭示《周礼》六十官府配置法又一通例：虽言“六十”，或过之，或不及，然均言“其属六十”。第三例揭示《周礼》经文“叙事”又一项通例：以合举法显示

① 孙诒让：《周礼正义》，汪少华点校，第29页。

“采邑与公邑地相比”。

《周礼》职官排列还有特殊情况。对于这种特殊情况，孙诒让同样能发明凡例：

> 全经五篇，凡本非属官而以事类附属者有三：一妇官，此九嫔、世妇、女御、女祝、女史及春官世妇、内外宗等是也；一三公，地官之乡老，爵尊于大司徒是也；一家臣，春官之都宗人、家宗人，夏官之都司马、家司马，秋官之朝大夫、都士、家士是也。三者皆无所系属，故以其职事相近者附列各官，亦大宰八法“官属”之变例也。①

孙诒让总结出官属与职官位次排列的“三特例”。九嫔、世妇、女御、女祝、女史本非内宰属官，列在内宰之后，是因为这些职官具有后宫管理责任。春官世妇、内宗、外宗本非大宗伯属官，列于春官系统，是因为此三职官有礼事责任。至于三公、乡老，爵位高于大司徒，不是大司徒的属官，但由于负有“教职”，因而列于地官系统。同样，都宗人、家宗人是都鄙属官，非春官属官，却列于春官系统；都司马、家司马是都鄙家臣，却列于夏官系统；朝大夫、都士、家士是都鄙家臣，却列入秋官系统。那是因为他们分别有礼事、军事、刑事责任。虽是特例，但特而不特，有逻辑可循。孙诒让对这三特例的揭示也是另一种发明凡例。

《周礼正义》代表了古典《周礼》学的最高水平，同时也标志着古代《周礼》学研究的终结。此后中国学术经历了一次重大转型，虽有陈衍、刘师培等依然撰写了《周礼》考据学方面的论著，但那已经不属于时代主流学术，影响甚微。

改革开放以来，《周礼》研究井喷式发展。成书年代考证成为长久不衰的选题；从法律、管理、经济角度研究《周礼》蔚然成风，义理之学再次兴盛。然而弊端也不容讳言。第一，关于《周礼》法律、经济、管理思想的研究大多属于跨界研究，学者自身并不具备扎实的经济、管理、

① 孙诒让：《周礼正义》，汪少华点校，第60页。

法律、军事等学科研究背景。第二，《周礼》文本尚未吃透，相关问题的学术史尚未厘清，知识性错误屡见不鲜。今日要研究好《周礼》，让这部著作在这个时代发挥应有的作用，孙诒让的《周礼正义》不得不读，我们只有站在他的肩膀上才能把握《周礼》一书的知识体系、思想体系和精神实质。

第四节 《周礼》致用学的绝唱

孙诒让不仅是古典时期《周礼》知识学和义理学的集大成者，也是致用学的集大成者。他的《周礼政要》撰作于《周礼正义》成书之后的第三年——清光绪二十八年（1902），为响应清政府“变法诏”而作，是一部典型的《周礼》致用学著作。此时，戊戌变法失败已经过去两年，清政府迫于困局，不得不重启变法，敦促官员上奏变法条议。翰林院编修费念慈应商务大臣盛宣怀之托，邀请孙诒让撰写《变法条议》，这就是其序言中所说的“天子眷念时艰，重议更法。友人以余尝治《周礼》，属捃摭其与西政合者甄缉治，以备财择”① 之事。可惜盛宣怀得此《条议》后，多有顾虑，请人修改补充，多有折腾。在盛宣怀犹豫不决之际，张之洞、刘坤一的《江楚会奏三疏》已经提交，《三疏》包含了孙诒让《条议》中的大部分主张，孙诒让《条议》失去先机。由于盛宣怀的顾虑，孙诒让的致用研究成果未能获得清廷采纳。次年孙诒让将该书改名为《周礼政要》，以瑞安普通学堂名义刊行。该书刊行后，产生了比较大的社会影响，各地翻刻不断，次年还出现了评点本，可见该书在当时的受欢迎程度。

《周礼政要》撰写于各种思想大交锋的时代，书中思想复杂，并且多多少少受到了委托者要求的限制：“以《周官》为之纲，以历代政治之因革损益诸大端为之目，包举西政，寻其源之出于中法，不谬戾于经义，可实见施行者，条举而件系之。”② 这部书在现代也受到思想史家刘咸炘、

① 孙诒让：《孙诒让集》第 18 册，凤凰出版社，2016 年版，第 70 页。

② 胡珠生：《〈周礼政要〉探略》，《孙诒让研究论文集》，百花洲文艺出版社，2007 年版，第 325 页。

汤志钧等人的批评。本节从《周礼》致用学角度给这部书在《周礼》学史上做一个定位。

一 《周礼政要》的内容

《周礼政要》分四十个小标题展开，每个小标题相当于一篇短文，在形式上接近于宋代《周礼》义理学的“专题论派”。四十个专题采用同样的写作模式：先选定一个主题，利用官联法将《周礼》中相关职官的职文串联起来放在一起，然后以按语形式表达自己的观点和建议。按语一般有四项内容：第一，对《周礼》相关职官经文的治理思想和方法做简要的梳理；第二，接着分析此类思想与方法在中国历史上的沿革，在“国朝”的兴废；第三，类似做法在“泰西”的实施情况，或“泰东”（日本）学习“泰西”的情况；第四，给出改革现状的对策建议。我们以第二十六个议题“券币”为例：

《载师》：“凡宅不毛者，有里布。”《注》：郑司农云“里布者，布参印书，广二寸、长二尺，以为币，贸易物。《诗》云‘抱布贸丝’，抱此布也”。

《质人》：“掌稽市之书契。”

谨案：《载师》郑众注有“布参印书”之说，于古无征。元何异孙《十一经问对》以为后世钞币之类。考《质人》“市有书契”，与《小宰》“八成听取予以书契”文相应。窃疑周时已有后世银行汇票之类，则钞券容亦有之，何说固足备一义也。

盖泉币之有大小金银铜，以轻重贵贱相权也；而钞币之与银钱，则以虚实相权，轻重贵贱及虚实之相权，必正相准，乃可通行天下而无滞。苟不相当，则窒碍而不行，此自然之理，非权力所能强也。唐有飞钱，宋有交子、会子，金、元、明皆行钞法。然其弊也，持虚币以索实金，或无所得而其法穷，往往挟千万之钞而仅直一二钱。国初时以用不足，尝一造钞，岁造十二万贯。咸丰间，亦尝行之，皆不久即罢。

日本维新之初，亦尝行札币，民争用之，而币多本少，其后卒亦有弊。夫富商大贾，一纸之券，行之千里而民不疑，而钞币则以帝王之令不能使其必行，是钞本之宜豫筹审矣。

闻之西国行钞法，则官贮金存本，与民间银行相与挹注。故民咸乐用之。其为物轻便，舟车筐箧易以赍携，而储之又简省，虽千万可无慢藏之患。故其行不滞，亦以存本充裕，虚实足以相抵也。

中国前已设官银行，则宜兼行钞法，以机器精制纸张，钤以部司印，以检奸伪，但储本宜多筹，方可不蹈前代执空纸而无从得银之弊。窃谓宜于户部储款百万两而如其数以制钞，其增羡以四五十万两为额，不得过多。明降谕旨，俾民间得以钞票完纳租赋税厘。京外官俸、兵饷亦以钞匀搭支放。内则户部，外则各省布政司，凡出入之款悉准用钞。再令各省银号殷户咸得存现银于户部司库，而以钞给之。公私互相维持，申以大信，以钞易银，应时付给，不得片刻留难。持钞当银，如数收受，不得分毫短折。民与国相信，则其行必远，此亦阜通财计之要图也。①

引文第一、第二自然段从《周礼》中选出《载师》和《质人》两职文中与货币有关的职文。第三自然段以下都是孙诒让的按语。按语第一段对《周礼》两职文做了简要分析，提出“窃疑周时已有后世银行汇票之类，则钞券容亦有之”的观点。第四自然段简要回顾中国历史上使用钞币情况，包括“国朝”钞币兴废情况。第五自然段简介日本使用钞币情况。第六自然段简要分析“西国”行钞法成功经验。第七自然段给出在中国行“钞法”的对策建议。《周礼政要》四十议题大多如此。孙诒让四十议题对《周礼》治国思想的精蕴做了发掘，这是在宋儒之后《周礼》义理学方面的重要收获；所提建议是《周礼》致用学对“三千年未有之大变局”挑战的回应，尤为可贵。我们将四十篇按照内容分为官府改革条议的“议官府”、文化教育改革条议的“议文教”、工商业改革的“议产业”、法制改革的“议法律”四大类。这四大类“条议”或对《周礼》

① 孙诒让：《周礼政要》，《评点周礼政要》卷下，从新书局，光绪二十九年石印本，叶八—叶九。

思想意蕴的发掘有新贡献，或为变革提供了新思想。以下我们从《周礼》思想意蕴发掘和变法思想两个方面对《周礼政要》做简要评述。

二 《周礼》思想意蕴发掘评述

《周礼政要》中，研究官府政治改革的有第一卷中的《朝仪》《冗官》《重禄》《达情》《宫政》《奄寺》《吏胥》《乡吏》《治兵》《巡察》《图表》《会计》十二篇。这十二篇属于“议官府”，主要讨论宫廷、官员及其相关问题。其中《朝仪》议跪拜仪，《冗官》议裁减官府和官员，《重禄》议官员待遇，《达情》议民情上达，《宫政》议宫廷政务管理，《奄寺》议革除宦官，《吏胥》议整治官府辅助人员，《乡吏》议基层治理，《治兵》《巡察》《图表》议改革官府公文制作法，《会计》议改革官府审计法。在这一组“条议”中，孙诒让对《周礼》义理发掘的突出成果有六项。

第一项，从《大祝》九拜、《司士》朝位“一向三面法”、《司士》路门揖法以及《司仪》见诸侯揖法、《考工记》“三公与坐而论道说”得出《周礼》君臣相见有揖无跪的结论。这个发现，为他建议废除朝廷君臣相见跪拜、地方官民相见跪拜陋习提供了经典依据。

第二项成果是在《宫政》篇中发掘出《周礼》“经济一统于户部”思想。历史上，从诸葛亮“宫中府中俱为一体”到宋儒李觏、叶时对《周礼》宫政的研究，学者都发现了《周礼》内宫管理就是以“外府”管理“内府”，即大宰府管理王宫和后宫。不过大多数学者关注的还是谁管谁的权力问题，孙诒让探讨了宫殿管理的深层次问题：财富来源、物质财富的消费、王宫与后宫日常服务等。孙诒让通过对大宰、小宰、宰夫、宫伯、宫人、大府、内府、外府、司书、职币、内宰、内小臣、寺人、内竖十四职官职文的分析，指出内宫饮食、服饰、器具、玩好等财富和消费品均由大宰为首的天官系统管理，王宫、后宫的所有服务人员的使用、监督和考核都由大宰府负责；王宫、后宫没有独立获取财富的权力，财富由天官系统提供，并受天官系统官府的监督和审计。其经济、人事权力全部掌握在“外官”天官手中。王朝政府不仅负责宫中管理的人事权，还掌握宫中经济权力。孙诒让这个发现现实针对性极强。晚清海关、织造统归

“内务府”，在政府经济之外形成了另外一套独立的“宫廷经济”支收系统，滋生了严重的腐败。

第三项成果是发掘出《周礼》“乡吏”设置的思想精蕴。孙诒让梳理了《地官·序官》中乡师、乡老、乡大夫、州长、党正、族师、闾胥、比长八类“乡吏”的职位配置情况，对《乡大夫》职文“使民兴贤，出使长之；使民兴能，入使治之”解读说：

> 出长者，出乡而为王朝百官府之长；入治者，入当乡而为比长以上地治之官也。就其地之人推举而治其众，其情亲而禄薄，举凡官吏仪制之文、供张之费，一切无之，而有事则其征调、赋敛、刑政、教治之详，无不躬莅之，事毕举而民不扰。①

关于“出使长之”“入使治之”，郑玄注、贾公彦疏均主张是“兴贤”的两条落实途径：一是进入朝廷职官体系，二是进入六乡职官体系。但关于“入使治之”，郑玄、贾公彦并没有再深挖：被推举的贤能是如何回乡治理六乡的？孙诒让的“就其地之人推举而治其众”与后世回避原籍原则相反，执行的反而是“就地原则”。关于实行“就地原则”的好处，孙诒让指出了三条：禄薄、无费、躬莅。禄薄，指乡官耗费俸禄少；无费，指乡官无行政费用；躬莅，指乡官事事在场。总之，兴贤使能的“就地原则”花钱少、行政效率高。这样，为什么《地官·序官》不为乡遂官配置官署也就获得解释：乡人治乡，遂人治遂，除了任命乡官、授予爵位外，王朝不需予以人力、财力支持。

第四项成果是从《秋官·小司寇》“三询”中发掘出《周礼》“民议”思想。“小司寇三询”分别是询国危、询国迁、询立君。所询三项都是国家重大事务，所询对象是“万民”。“小司寇三询”确实带有一定的“原始民主主义”精神，其中询国危更具深刻性和广泛性。孙诒让在《博议》篇中将这种做法归结为“国有大事，博访周咨，庶民咸与”。不过历代王朝接受《周礼》这种原始的民主主义精神的并不多。孙诒让根据

---

① 孙诒让：《周礼政要》，《评点周礼政要》卷上，叶十四。

“小司寇三询”发掘出《周礼》“博访周咨”的庶民议政思想，为提出建立制度化的“议院制”对策找到了思想依据。

第五项成果是《广报》篇从《土训》《诵训》《小史》《外史》《训方氏》《小行人》六职文中发掘出《周礼》“通下情”思想。“通下情”即了解各地风土民情与正在发生的事情以及人们的看法、要求等，也即了解各地的民情、事情、舆情。通过《周礼》“通下情”思想的发掘，为提出建立官方和民间报馆的对策建议提供经典依据。

第六项，在《观新》篇中，孙诒让从《周礼·夏官·训方氏》“正岁，则布而训四方，而观新物”中的“观新物”发掘出《周礼》重器用、重制造技术创新思想。孙诒让分析说：“新物者，盖谓物产珍异、器械便利。观之者，所以资民用而劝艺事也。《书·盘庚》曰‘器惟求新’与此经之指足相印证。”① 并指出西方国家设专利申报和保护制度与《周礼》“观新”之意“暗合”，从而为建议设立专利局、举办博览会、创建博物馆奠定理论基础。

孙诒让分析了《大宰》的“财用九式”，《宰夫》中的岁会、月要、日成，《大府》“九赋之用”，以及《内府》《外府》《司会》《司书》《职内》《职岁》《廪人》《小司寇》等十一职职文，发掘出其中包含的财政预算和财政决算思想，为建议仿照西方近代国家会计制度提供了思想支撑。

三 《周礼政要》的变法思想评述

《周礼政要》四十篇包含四十条变革建言，这四十篇变革建言都针对时弊而发，现实性极强。以下我们挑选其中一部分做简要评述。

建议改革朝仪，变跪拜为作揖。上卷第一篇《朝仪》，主题是“议朝仪”，分析出《周礼》君臣相处有座有席，相见有揖无跪，而当时朝仪臣见君必跪、民见官必跪既不合《周礼》，也不便于近代社会和国际交往，建议依据《周礼》君臣相见有拜无跪，废除朝廷、官府跪拜仪，改跪为揖。这个建议是对礼制的一个小变革，却是历史潮流的大趋势，符合开启民智、追求公正平等的时代要求。

① 孙诒让：《周礼政要》，《评点周礼政要》卷上，叶二十六。

建议内务府划归户部，将二轨财政并为单轨财政。清代设内务府管理宫廷事务，内务府逐渐发展成具有独立财政收支体系的强大部门。在内，内务大臣独立于六部之外，具有独立的人事权和经济权力；在外，内务府派出人员管理江宁、苏州、杭州三织造府，并派驻官员参与海关、榷关的管理。到了晚清，内务府官员及其所辖织造、榷关、海关贪污腐败严重，奢靡之风大炽。内务府官员勾结内寺，交接外臣，成为保守派的堡垒，严重制约了晚清社会变革。孙诒让用"百弊之首"来形容内务府。孙诒让建议取消内务府独立的人事权、财权，将其划归户部管辖；将各地织造、海关划归地方管辖。这一建议切中要害，一旦施行，许多达官贵人的利益将受到重大损害，盛宣怀之所以没有第一时间呈上这部《周礼政要》，本条建议不无关系。

废除旧学堂，建立各级近代教育体系。在《教胄》《广学》《通艺》三篇中，孙诒让从《周礼》师氏、保氏、大司乐、大司徒、乡大夫、州长、党正等职官职文中发掘出无论贵族还是国中、乡遂之民都要分层次普遍接受教育的思想。他指出当时从贵族教育到民众教育，从国子监到府、州、县再到半民间的书院，都以"时文试贴"为课程主流，不教授"博究天人之奥、深通中外之情"的内容，所学内容与社会管理无关，与社会需要脱节。孙诒让建议"远法成周，近采西制，尽改府、州、县学及书院为小学堂，而设总学堂于各省会。重开大学堂于京师。凡高才生自小学堂升入省学堂，又自省学堂升入大学堂"，① 并建议开设"专门学堂"。孙诒让所说的专门学堂相当于后来的农学院、医学院、纺织学院、冶金学院、机械学院、商学院等，这些专门学堂在师资方面应"延聘西儒为之教授"，"凡习算学既通而后升入专门之学堂"。他建议撤销贵族子弟旧学堂，与平民学堂并轨；之后留学欧美，学成归来委以重任。孙诒让以上建议在本质上是师法西方近代教育体系，全面改革学制和教学内容，开启民智，培养各类人才。

建立京师和各省议院，重大决策经议员投票决定。这条建议实质上就是建立类似于英国的议会制。在《博议》篇中，孙诒让提出："今当更化

---

① 孙诒让：《周礼政要》，《评点周礼政要》卷上，叶十八。

之初，经纬万端。宜博采群议以祛专己之弊，示公溥之规。当仿西国上议院之例，设大议院于京师，定议员之额数。半由特旨选派，半由内外各衙门公举。又设中议院于各省会，亦半由督抚札充，半由各州县绅民公举。设小议院于各郡县，半由守、令谕充，半由绅耆公举。凡公举者亦仿西例，以投票多少为凭。公派私举，互相检察相赞助。"① 这是大议院、中议院、小议院的三级议院制度，并规定了三级议院议员的来源。皇帝、各省督抚、各郡县守和令分别掌握着大、中、小三级议院一半议员的举荐权力，另外一半由投票选出。显然，这是一个不彻底的议会制，尽管这条建议的实质就是要推进国家政体改革。

实施税收改革，开征人口税等税种。《周礼政要》中，属于"议赋"类的有《口税》《廛布》《券税》三篇，孙诒让在这三篇短论中提出了关于税收方面的建议。

在税收方面，孙诒让建议恢复"人头税"，即按人口纳税。人口税又称"丁税"，清朝雍正年间，将丁税与地税合二为一，百姓受恩泽。西方国家有丁税，而此时清政府面临内忧外患，财政支出捉襟见肘，因此孙诒让主张恢复丁税征收。

孙诒让建议征收"廛布"。廛布相当于房地产税。《周礼》中有廛布之征，后世多不征收。由于设立警察制度所需开支无所出，借鉴西方房地产税征收制度，时人认为维持警察系统费用应当从市场和房地产税中支取，所谓"取之于市场，用之于市场"，因此孙诒让也建议征收廛布。

孙诒让还建议征收券税。券税，《周礼》中有"质剂"，而《廛人》有"质布"。质布即使用质剂的税收，类似于西方列国的"印花税"，即使用官方开具的凭证所缴纳的税收。

孙诒让以上三条税收类建议中，第一条丁税征收的建议有失公允。未改革，先恢复人头税征收，必将加重百姓负担。

广铸金属货币，提高钞币信用。在《金布》篇中，孙诒让指出墨西哥钱、吕宋钱、日本钱以九成钱压倒清朝十成银锭，金价倍增，收益外溢他国，货币之柄已落入外人之手。孙诒让建议政府仿效西方，铸造金银

① 孙诒让：《周礼政要》，《评点周礼政要》卷上，叶二十三。

币，建立国家货币信用，掌控国家货币权力，堵住利益外流的漏洞。在《券币》篇中，孙诒让建议朝廷建立纸钞信用体系，提出四点保障措施。第一，本金保障：户部储存百万两，印制相对额度的纸钞，最高羡额不得超过百分之五十。第二，用途保障：百姓可以用钞票纳租税；京官、外省官员俸禄、兵饷以钞票和金属币搭配的方式发放；户部、各省布政司出入款项用钞票。第三，各省银号、富商大户以资产保障：这些银号、大户存现银于户部司库交换等额钞票。第四，信用保障：以钞易银，银行不得片刻刁难，如数收受，不得打折扣。①

收入开源，征收渔业税。孙诒让分析《周礼》有渔人之征，美国、加拿大、英国、法国、北欧都有渔业税，年收入数百万两至一千余万两不等；但清政府不重视渔业税，将其划入杂税，或征或不征，渔业之利多为官吏中饱私囊，书吏埠头也多有所索。孙诒让建议停止卖官鬻爵之策，开征渔业税，认为这不仅能革除卖官鬻爵之弊，还能为政府增加收入。②

以下以单篇为例，具体分析。

在《度量》篇，孙诒让从《周礼》司市、质人、廛人、合方氏、大行人、㮚氏等职官职文中发掘出统一度量衡的思想。孙诒让又指出西方国家的度量衡大多统一，并且更加精密。当时的清朝则各地度量衡各行其是，甚至官府各部也不统一，在市场交易活动中，奸诈频发，纠纷不断，严重阻碍了全国统一大市场的形成。孙诒让建议由户部制作标准度量衡器范式，向各地颁布，以此为准；并计算出中西度量衡换算标准予以公布。统一度量衡虽不是急务，却会给商业贸易、税收和其他经济生活带来巨大的便利。孙诒让这条建议具有实际价值。

在《矿政》篇，孙诒让分析了《周礼》中丱人职官的职文，发现《周礼》已经有了统一管理国家矿业的官僚机构，不仅保护矿产资源，而且为矿业开采提供一定的技术支持，已经形成极其精密的矿政。但明朝禁止开采矿山，属于因噎废食。孙诒让又根据西方对中国矿产资源的调查资料，判断中国的矿产资源丰富，但是之前落后的开采思想、技术、设备和

① 孙诒让：《周礼政要》，《评点周礼政要》卷下，叶九。

② 孙诒让：《周礼政要》，《评点周礼政要》卷下，叶十。

交通运输条件严重制约了中国矿业的发展。孙诒让提出，采矿业上可强国，下可富民，而当时的俄国、德国、英国、法国在中国各地已经获取了许多矿山开采权。如果中国人不开采，“十年以后，矿利尽归西人。噬脐之悔，不复可及”。[①] 孙诒让给出四条建议：广开矿学学堂；允许民间开矿，官员予以保护；允许各省兵勇开采矿山；铺设铁路以便于矿产运输。

在《冶金》篇，孙诒让分析了《考工记》金属熔炼及㮚氏为量等炼化铜、锡等内容，发掘出《考工记》有化分、化合之法。然后分析指出西方冶金方法之妙，缘于其化学、电学的发达；西方枪炮之利、轮船之坚、机器之强，多得益于冶炼业的进步；中西冶金业的差距，根本在于基础科学的差距。孙诒让提出：“宜于化学、矿学诸学堂中专立炼金一门，广译西国专门书籍，使士民精研博试，亦工政之要图也。”[②]

在《水利》篇，孙诒让分析了《周礼·地官》中的《稻人》职文和《考工记》中的“匠人为沟洫”一节，揭示《周礼》“通水以备旱，防水以备潦”的水利法。指出清代黄河治理办法不善，“燕齐水利不修，使中原膏土，雨为沮洳，水无所泄；旸为枯尘，水无所留；赋减民穷，公私交病”。[③] 孙诒让建议开设水利学堂，教学内容以测量工程为主，学成后分配到河工处治理江河，或派往各省兴修水利；并建议购买西方挖泥船清淤河道港口。

在《教农》篇，孙诒让对《周礼》农学方面的研究又有新创获。他研究了《大宰》“三农生九谷”，《大司徒》辨析壤性而教稼穑，《遂人》以土宜教稼穑，《遂师》的巡稼穑，《遂大夫》的稼政，《草人》土化之法，《司稼》辨种子及所宜地，发掘出《周礼》“古农学”五大精妙：一辨土宜，二选谷种，三治稼器，四治粪肥，五修水利。这是《周礼》研究的新贡献，此项贡献不见于《周礼正义》，乃撰写《变法条议》期间的新收获。孙诒让认为《周礼》农学中的土化思想与西方植物化学“冥符遥契”；粪肥思想也与英美近代农业契合。然而西方农业领先于中国，在于因化学、植物学、地质学而兴起的施肥法、种子法和土壤改良法，因机

① 孙诒让：《周礼政要》，《评点周礼政要》卷下，叶十三。
② 孙诒让：《周礼政要》，《评点周礼政要》卷下，叶十五。
③ 孙诒让：《周礼政要》，《评点周礼政要》卷下，叶十六。

械、制造和水利学而兴起的农用机器耕地、播种、收割和灌溉。孙诒让建议，在全国各地设立农学堂，购买农业机械，开垦荒地，增加粮食供应。

在《树艺》篇，孙诒让对《周礼》农艺学的发掘是一项新贡献。孙诒让对《大宰》《大司徒》《委人》《山虞》《林衡》《泽虞》《掌葛》《掌染草》《掌荼》《场人》《司险》等十一职文有关园林农艺的条文做了分析，发现《周礼》农、圃兼重。园圃之政即树艺草木之政，有三大内容："一曰园圃，为种植草木果蔬之专地，草人所掌是也。二曰山泽，以养木材、草材，山虞、林衡、泽虞所掌是也。三曰道路，以树木为藩落，司险所掌是也。"① 这样的概括，古典时期仅见。孙诒让对西方近代农艺学先进的原因做了精彩的分析，他发现西方近代农艺学建立在近代植物学、化学、光学、环境学发展基础之上，因而农艺学高效，附加值高，而且农艺与审美、养生结合，构建了友好的农艺环境，中国园圃树艺远远落在后面。孙诒让还发现了让人痛心的事情：桑、棉、茶本为中国出口的大宗商品，中国以此类外贸获利极大，然而晚清之际，法、意、美、日所产远超中国，中国再无桑、茶之利。中国蔗糖、酿酒和造纸业全面落后于西方，西方将樟脑、橡胶开发成工业原料，获利巨大；而中国相关树艺业守着初级产品，难有利可取。至于中原荒芜，不见森林；造船木材，多为进口。孙诒让痛心疾首地说："茶丝之利既衰，徒恃区区川陕之大黄、齐兖之草帽缏以为抵制，岂足以挽回利权？"② 中国的农艺业全面落后于西方。那么，恢复和发展农艺，就是追赶西方，实现农业近代化。孙诒让为此开出对策：兴办学堂，学习西方树艺业，加强农业植物学研究，加快引种国外珍贵林木、草木，加强林禁，植树造林，培植道路林木和防护林，尽快恢复林业生态，形成美好环境。

在《保商》篇，孙诒让利用《大宰》《司市》两篇职文，尤其是后者，对《周礼》的保商思想做了发掘。《大宰》任民九职，其中就有"商贾阜通货贿"，对商人职业的重要性做了肯定。司市则为市场最重要的行政管理部门，管理职能包括维护市场秩序、稳定物价、统一度量衡、保障

① 孙诒让：《周礼政要》，《评点周礼政要》卷下，叶十九。
② 孙诒让：《周礼政要》，《评点周礼政要》卷下，叶二十。

商品均衡供应、提供交易凭证、处理诉讼、监管商品质量、打击盗窃、协调发放短期商业贷款等。孙诒让总结说：

> 贾之义在乎处，商之义取乎行。而皆以阜通为要义。阜者厚其积；通者利其行也。周商贾之事掌于司市。今观其有教有治，民货不售，则敛买之；民无货，则赊贳之。而又禁其伪饰，除其盗贼，以至量度、质剂，琐屑凌杂，无不察而治之。其所以为商计者，何其纤悉而周备也。西商挟其财力之富，雄视五洲。然治以商部，则即周司市之官也。国有官银行，商资以为挹注，则犹周之泉府赊贷之政也。其他伪饰之禁与夫开塞消息之微权，无不与古经相符契。则知西国富强之规，周公已约举之矣。今欲振中国之商务，窃谓宜以司市之职为本，而旁采西法以辅之。①

孙诒让发现《周礼·司市》有浓厚的保护商业思想。在两千年的古典《周礼》学时期，学者们大多主张"重农抑商"，对《周礼》中这一思想多有忽略。孙诒让发掘出的《周礼》商业思想有两点特别有价值。第一是揭示商贾的基本功能是阜通货贿。"阜通货贿"来自经文，但之前的学者并没有重视阜通货贿的意义。阜通货贿就是商品流通，就是保持有效而充分的商品供应。安全、充分的商品供应关系到人民的生活保障问题。第二是揭示《周礼》市场管理的目的是"为商计"，其中的护商、保商不仅仅是保护商贾，用今天的话就是维护优良的商业环境。这个发现，是孙诒让的一个新贡献。

在孙诒让看来，西方设立的商业部，相当于《周礼》中的司市官府；官方银行向商人放贷，类似于《周礼》中泉府的"赊政"。令西方国富民强的经济制度，周公早已在《周礼》中举其要。因此孙诒让提出以司市为本、以西法为辅的商业发展思想，开出自己的"药方"：立商部以管理商业；开商学堂以培养商业人才；官方银行发放商业贷款；海军武装保护出洋华商。以上四条中，官方银行发放商业贷款是对《司市》经义的回

① 孙诒让：《周礼政要》，《评点周礼政要》卷下，叶二十一。

应，是中国第一次出现政府“金融支持”商业思想。至于武装保护华商这种出于军事力量积弱时期的言论，无疑令人侧目。盛宣怀评说《周礼政要》“议论太高”，这两条当在内。

《同货》篇紧接《保商》篇而来，讨论的是发展商业策略如何落实问题。“同货”出于《周礼·秋官·朝士》：“凡民同货财者，令以国法行之。”郑司农注说：“同货财者，谓合钱共贾者也。以国法行之，司市为节以遣之。”① 孙诒让将“民同货”视为人民集体的商业行为。他在陈述西方商业强盛的情况时说：“今泰西诸国，士、农、工皆有合群之会，而商之商会公司则规模为尤大。盖一业也，其资本巨而端绪繁者，一人不能独举，则合群力而为公司。通力合资，相辅而成……此即《周礼》‘民同货财’。”② 孙诒让在感叹西方国家商会、公司之强而中国商业者力量之弱的同时，建议推进各业成立公司，联合各公司成立总商会，按照商会章程帮助各业做大做强，国家商部以国家之力予以保护，以与西人抗衡，在“寰球商战”之秋，求得生存发展。

《考工》是《周礼政要》议产业的最后一篇。《周礼·大宰》“任民九职”之五是“百工化饬八材”；《考工记》则说“国有六职，百工与居一焉”，又有攻木七工、攻金六工、攻皮五工、设色五工、刮摩五工和抟埴二工之别，可见《周礼》司空所掌百工分工之细致，行业管理办法之精，质量要求之严。孙诒让将《考工记》百工分为“制造之事”和“工程之司”两大类别，他在《考工》篇所论即工程和制造业。孙诒让认为，西方工艺之巧，冠绝五洲，然根本不过《考工记》规矩、准绳之用。然而西方工程制造业之所以超绝中国，而中国落后于西方，不外乎西方近代工程制造业以物理学、化学原理为基础以求新、求精，中国则抱残守缺。为此，孙诒让提出六条建议：第一，广译西方工艺制造书籍；第二，广开工学堂、工艺院；第三，仿制西方产品，研究其原理；第四，为新产品、新工艺发放专利证书；第五，开设工艺报馆，报道世界工程制造业新消息；第六，遣散内务府数千工匠，以其岁费用于开工艺学堂、报馆。

① 贾公彦：《周礼注疏》，《十三经注疏》，第878页。

② 孙诒让：《周礼政要》，《评点周礼政要》卷下，叶二十二。

《考医》篇就晚清医疗技术严重落后于西方世界而发。《考医》篇对《周礼》医师、食医、疾医、疡医医官职文做了分析："《周礼》医官区三等：疾医，今内科；疡医，今外科也；食医，则调护之于未疾之前；而医师总其成。"① 但是晚清时期，中国医疗毕竟全面落后于西方。孙诒让指出，晚清医疗界虽然名医辈出，但皆依据《内经》，在医疗方法、医疗器械方面没有创新；相反，西方医学界建立了完整的医疗教育体系，以医学院培养专业医生及后备人员，同时医疗行业实行医师准入制度，保证了从业人员的专业水平。更为重要的是，西方近代医学建立在生物化学、药物化学、人体解剖学、营养学、人体科学等自然科学基础上，又有医学学会、研究院、医学学报推进医学科学的发展，加上显微镜、X 光技术等的使用，提高了医疗诊断的准确性，西方医学全面超越了中国医学。孙诒让建议在京师开设太医院，在各省建医学学堂，广译西医著作，实行医师准入制度、医师年度考核制度。

《周礼政要》最后三篇都与律法有关。《狱讼》篇分析了《大司寇》《小司寇》《司刺》三职文，总结出西方刑律与《周礼》慎刑思想相同的两点：一是预纳诉讼金，二是以众人判案，孙诒让概括为"一曰纳金，二曰众断"。前者是为了提高好讼者发起诉讼的难度，防止滥讼；后者是防止狱讼出错，体现公平、公正。孙诒让比较了中西狱讼的现状，批判晚清违背了《周礼》基本原则，虽不收金，而吏胥皆索要"铺堂费"；刑讯，内则刑部有司主之，外则按察使、郡县有司主之，他人不得参与，容易造成冤假错案。孙诒让提出两条建议：第一，仿照西方，恢复《周礼》原告、被告均缴纳诉讼费的制度，最终的诉讼费由败诉方承担；第二，仿照西方建立陪审团制度。

《谕刑》篇通过对《周礼·秋官·讶士》职文的分析，发现《周礼》有以朝廷官员管理诸侯国狱讼的制度。但这篇"议刑"的重点在于学习西方法律，为中国官民在与西方官民发生法律纠纷时争取利益。这一条建议出于防止列强强行使用西方法律来保护西方官民在中国获取最大利益，对中国官民正当利益予以打压剥夺。

---

① 孙诒让：《周礼政要》，《评点周礼政要》卷下，叶二十五。

最后一篇《收教》对《大司寇》《司圜》两职文中“教罢民”的思想做了发掘。晚清社会大动荡，一方面，旧的社会秩序面临崩溃；另一方面，新的社会秩序没有建立起来，人民多有流离失所者，或毙于沟壑，或混迹于都市，饥寒交迫。孙诒让建议本着《周礼》“教罢民”精神，欲师法西方社会救济制度，在各地设立“警惰院”“教游院”“教病院”：“警惰院”收容赌博斗殴者、盗窃初犯者、乞丐强壮者，给衣食，教以农工杂艺；“教游院”收容酗酒、吸毒者，强行戒烟，教以书算；“教病院”收容盲人、聋哑人，仿照西方以凸字教盲人，以传声器教聋人，以手语教哑人，培养残疾人识字做工技能。

孙诒让《周礼政要》属于“奉旨”而作，其论仍然是在保留清廷前提下而变法，因而没有“革命”内容，依然属于“改良”建议。该书完成于旬日之内，未免思考不周。总体上来看，《周礼政要》的思想倾向还是“中学为体，西学为用”，透露出他对中华传统思想文化的执着。在部分篇目中，却也显示出直接采用西方制度的倾向。这一点在“议文教”“议产业”诸篇更加明显。由于委托者盛宣怀没有奏上该书，《周礼政要》的致用价值没有实现。而且与同时期张之洞、刘坤一的《江楚会奏三疏》相比，“依古”色彩更加浓厚。但就《周礼》学史来看，孙诒让“以古学挽狂澜”比《江楚会奏三疏》更具学理价值。

第十一章

现代《周礼》学概要

晚清民国之际，科举制被废除，西式教育渐起。各地兴办西式小学、中学和大学，大学实施分学科教学，经学在现代学科中找不到自己的位置，遭遇空前的危机。这是自西汉武帝设立五经博士以来不曾有过的事情，这种状况已经持续了一百一十余年。即使这样，经学研究仍以多种形式在持续。《周礼》学也是如此，一百来年的现代《周礼》学研究形成新的特色，我们暂且称之为“分学科《周礼》学”。传统的《周礼》学分别成为历史学、政治学、语言学、法学、经济学、管理学等学科的研究对象，不似古典时期在四部之学中隶属经部，在经部中有独立的《周礼》之学。

“分学科《周礼》学”一个突出的现象是《周礼》研究的“专门史化”。20世纪二三十年代，周予同先生提出建立“新史学”，将经学“史学化”。经过他的努力，经学史研究在很大程度上取代了传统的经学研究，因而经学史研究相对繁荣，这种情况一直持续到今天。经学在现代学科历史学的次级学科“专门史”中获得栖息地。专门史具有极大的包容性，《周礼》学史属于专门史，中国礼制史属于专门史，中国职官史、中国服饰史等都可以纳入专门史中。《周礼》学史成为中国经学史的一个组成部分，学者将历代经学研究活动视为一种历史现象，研究重点不在经文本身。

“分学科《周礼》学”是《周礼》学在现代“学分七科”情况下为了生存，主动“寄生”于现代学科之下形成的特殊状态。在一定程度上，《周礼》学已经失去了学科独立性。即使这样，近现代《周礼》学依然取得了重要成就，尤其是在知识学和义理学方面，还开拓了不同于传统《周礼》学的新领域。对于“分学科《周礼》学”，我们仍然“身在此山中”，属于“剧中人”，对于现代《周礼》学特点的认识受到“当局者”的限制，还不能真正“吃透”其本质，也难以预料“分学科《周礼》学”的发展趋势。尽管这样，《周礼》学史的研究不能回避这一史实。本章只能对“分学科《周礼》学”的主要面貌做简要分析。

第一节 古典《周礼》学的余波

清朝灭亡后，中国历史进入民国时期，《周礼》学研究形成两条发展路径：第一条是继续随着“历史惯性”发展，代表作有陈衍的《周礼疑义辨证》，刘师培的《西汉周官师说考》《周礼古注集疏》等；第二条路径是《周礼》史学化研究，最突出的研究是关于《周礼》撰作时代的研究。本节研究第一条路径中的《周礼》学。

一 陈衍的《周礼疑义辨证》

陈衍（1856—1937），福建侯官（今福州）人，晚清民国时期学术界风云人物，以“同光体”诗人而闻名遐迩。同时，陈衍还是杰出的经学家，《周礼疑义辨证》是他经学研究的代表作，也是继孙诒让《周礼正义》之后以传统的治经方式研究《周礼》的代表性成果之一。这部书的初稿完成于光绪十七年（1891），出版于1932年，其中有二十条分析孙诒让《周礼正义》天官部分的研究成果。虽然初稿于晚清，但修改补正过程延续到民国初期，因此我们将这部书视为民国时期的《周礼》学研究成果。该书除了天官部分有驳正孙诒让说外，其余四官不见对孙诒让说的驳正，说明这部书尚未完成。

这部书由卷首、卷一到卷四总共五个部分组成。卷首有三篇《总论》，总论《周礼》的作者和性质、《冬官》是否亡佚以及《考工记》的价值问题，其余部分大体上以经为纲，选择议题，有所发现则依经出说。《总论》部分维护“周公所作说”，创新不多。该书的精华在后四卷。精华部分选取一百余条经文以及针对这些经文的各家注说，以按语的形式进行“辨证”。这部书一百余条按语就是一百余篇专题论文，每条按语都有学术价值。其中以分析孙诒让《周礼正义》的按语最能体现《周礼疑义辨证》的学术特点和价值。孙诒让《周礼正义》被视作古典《周礼》学的集大成之作，然而陈衍能对孙诒让的成果做令人信服的驳正，可见陈衍研究水平之高。由于该书驳正孙诒让《周礼正义》部分最能体现该书的成就，我们从驳正孙诒让的部分归纳出该书的四大长处，并做简要分析。

第一是重视经文字义，更重视经文文义。通过经文文义辨析，获得出人意料的创获。我们以论证“孤有三人，为九卿说”为例。《周礼》中有一种官爵叫“孤”，“孤”常与“卿”连称“孤卿”，如《掌次》“孤卿有邦事”、《司常》“孤卿建旜”、《大仆》“掌三公、孤卿之吊劳”。关于这个“孤”，王引之提出“孤一人说”，孙诒让提出“孤即六卿之中执政者说”。陈衍却从经文中辨析出王、孙之说有误，论证《周礼》之“孤”有三人，在九卿中。孙诒让疏《天官·序官》“大宰，卿一人”说；

> 此经王官之爵凡七等：曰公，曰卿，曰中大夫，曰下大夫，曰上士，曰中士，曰下士，而无上大夫。沈彤云：“上大夫即孤卿也。《大戴礼记·盛德篇》云：‘三少皆上大夫也。’《王制》云：‘诸侯之上大夫，卿。’天子亦然。”案：沈说是也。《士相见礼》云：“上大夫相见以羔。”注云：“上大夫，卿也。”孤即六卿之中执政者之称，盖无专职，亦无员数，而爵等则与卿同，故五官之叙不见。①

对于这段引文，陈衍认为清人沈彤说正确，而孙诒让说反而有误，问题出在孙诒让对于“孤”的理解上。孙诒让说“孤即六卿之中执政者之称”，那么“孤”为《周礼》六卿之一，即在《周礼》中“孤”只有一人。陈衍根据《考工记》“九卿朝焉”之文，确定《周礼》有九卿。孙诒让以为“孤”为六卿之执政者，则《周礼》只有六卿，与九卿之数不合。陈衍此论的依据来自对《周礼》经文的细致分别。他从《司士》经文“孤卿特揖，大夫以其等旅揖”中辨析出孤卿非一人，不然，经文没

① 孙诒让：《周礼正义》，王文锦、陈玉霞点校，第17页。

有必要强调孤卿是特揖，而特揖是一个一个地作揖；旅揖则为一干人众成批地作揖。陈衍凭这条证据，否定了王引之的“孤一人说”。① 王引之、孙诒让之所以认为“孤”只有一人，是因为“孤”字多用作“单独”之义。关注字义的辨析是理所当然的，但更应当关注该字在具体语境中的含义。陈衍通过《司士》“孤”字在“孤卿特揖，大夫以其等旅揖”语境中所显示的具体含义的辨析，发现此孤“不孤”。这个发现显示陈衍对《周礼》相关经文的研究已经做到了前后融会贯通的程度。

第二是善于在旧命题中发现新问题。《周礼》赋税问题是郑玄以来学者研究的“老话题”，历代学者都有这方面的成果。然而陈衍依旧在孙诒让《周礼正义》中发现了问题。孙诒让以为《周礼》赋贡有两种：第一种是“九职之贡”，即《大宰》职文“以九职任万民”之“三农生九谷”以下之“九功”，此为赋税之小者；第二是《大宰》职文“以九赋敛财贿”之“一曰邦中之赋”以下“九赋”，此为赋税之大者。然而宋人王与之、明人王应电、清人方苞和江永对此都有驳正。孙诒让博览群书，却不取王与之以下之说，而取清黄以周“九职、九赋二税法”之说。陈衍以为这是黄以周、孙诒让对《周礼》经文的大误解。他排比了王与之以下之说后总结道：

> 贡与赋二名，非二事也。方其任之为九职，及其成之为九功，迨其敛之为九赋，分之合之又为八贡。②

然而这个还不是陈衍的创获。他在分析黄以周、孙诒让为什么会产生如此大的误解时发现，原来孙诒让误解了《大府》经文“万民之贡以充府库”：“盖任民之贡，不为正赋，其率亦甚轻，故惟实府库，以共余羡之用。”③ 显然，孙诒让以此“万民”为“以九职任万民”之“万民”。《大府》“万民之贡”的“万民”是哪些人？贾公彦疏《大宰》“以纪万民”以为，“万民”为畿内之民，不包括诸侯邦国之民，因诸侯之民已经

① 陈衍：《周礼疑义辨证》，潘林校注，华夏出版社，2011 年版，第 21 页。
② 陈衍：《周礼疑义辨证》，第 42 页。
③ 孙诒让：《周礼正义》，王文锦、陈玉霞点校，第 80 页。

分封给诸侯，由诸侯治理。陈衍受此启发，以为“九赋”中有邦中、四郊、邦甸、家稍、邦县、邦都、关市、山泽、币余之赋，却不见三等采地之赋。陈衍由此判断《大府》“万民之贡”即采地之贡。不称“都鄙之贡”而称“万民之贡”，都鄙之民仍然属于王直接管辖之民。① 以《大府》“万民之贡”为畿内人民之贡，非“九赋”之外别有一贡。此说出人意料，却又在情理之中，可成一说。

第三是擅长在“理所当然处”发现“不然”。《周礼·天官》有“祀五帝，则掌百官之誓戒，与其具修。前期十日，帅执事而卜日”。孙诒让在对这一段经文的疏证中，耗费极大心血，全面梳理了与五帝祭祀有关的郊祀、圜丘祀、方泽祀、明堂祀、四时迎气等文献，汉晋直至唐代的相关祀典以及郑玄、王肃两派的争论，基本上说清了上帝、受命帝、五帝祭祀及其配祀组合的问题，并且提炼出“祭祀之卜”的四种情况，疏证很精彩。提出“常祀之有定日者，则又不卜日。此经五帝及大神示，皆常祀”之说，也很正确。然而就在最平常的“前期十日，帅执事而卜日”之“卜日”问题上，孙诒让反而未深究，有点想当然了。他说：“五帝之祀，四郊迎气，依《月令》说不卜日。然则此卜日，专指夏正南郊祭受命帝及季秋大飨明堂言之。”② 孙诒让此说说对了后者；但南郊祭祀用辛日，经有明文，显然此说有误。孙诒让又说：“凡二至、圜丘、方丘并卜日，详《大司乐》疏。”③ 这就明显与前面自己所说的“常祀不卜日”矛盾了。此说被陈衍斥为“真臆说矣”。既然是“二至”，即冬至、夏至，则日期已经确定，哪有再卜日的必要？孙诒让之误，当误在维护本节经文“前期十日，帅执事而卜日”最后二字“卜日”上。既然经文说祭祀五帝有卜日，就必须找到在哪些环节上卜日。不过，这种思路只是想当然。五帝祭祀都是重大的“常祀”，日期确定，可是《大宰》经文确实出现了“卜日”，那么这个“卜日”当作别解。陈衍从《左传》僖公三十一年“礼不卜常祀，而卜其牲日”之说中受到启发，发现《大宰》“卜日”即《左传》“卜其牲日”：“明是其日本已定，以牛卜之，与其日合否，吉则

① 陈衍：《周礼疑义辨证》，第 44—45 页。

② 孙诒让：《周礼正义》，王文锦、陈玉霞点校，第 141 页。

③ 孙诒让：《周礼正义》，王文锦、陈玉霞点校，第 143 页。

曰牲，否则改卜他牛。故曰‘牛卜日’。”① 陈衍提出《大宰》中的祀五帝“卜日”就是《左传》中的“牛卜日”，即卜此日用此牛是否吉祥；如不吉则改卜他牛。陈衍跳出孙诒让在大宰祀五帝卜日问题上的直线思维，提出新的解决方案，可备一说。此说显然比孙诒让自相矛盾的说法更有价值。

第四是坚持以本经证本经为重、他经次之的证据原则。《大宰》有“以九两系邦国之民。一曰牧，以地得民；二曰长，以贵得民；三曰师，以贤得民；四曰儒，以道得民；五曰宗，以族得民；六曰主，以利得民；七曰吏，以治得民；八曰友，以任得民；九曰薮，以富得民”。“九两”即牧、长、师、儒、宗、主、吏、友、薮。清人惠士奇从《大戴礼记·文王官人》中发现该篇“国则任贵，官则任长，学则任师，先则任贤，族则任宗，家则任主，乡则任贞”的“七属”与此经“九两”相近。孙诒让受惠士奇说的启发，指出：

> 盖牧以地得民，故国则任贵；长以贵得民，故官则任长。以贤得民者师，以道得民者儒。族则任宗，宗以族得民；家则任主，主以利得民；乡则任贞，吏以治得民。此《文王官人》以“七属”任之之法。周公又分七属为九两者，有师以贤得民，自有友以任得民；有吏以治得民，自有薮以富得民：则“九两”包于“七属”也。②

孙诒让深信《文王官人》是周文王的治国方法，周公的治国方法来自对周文王的继承发展，因而提出《大戴礼记·文王官人》的“七属”包含了《周礼·大宰》的“九两”。陈衍对于孙诒让舍本经、依传记的说经方法提出质疑。他指出：

> 释经之道，惟于本经自相违异者，乃不得不舍经从传。若此经之牧长师儒各本义，于本经皆有确证。《大戴记》之《官人》七属则传

① 陈衍：《周礼疑义辨证》，第60—61页。
② 孙诒让：《周礼正义》，王文锦、陈玉霞点校，第109—110页。

也，虽与此经不无巧合处，然径谓七属即九两，则其不合者尚多也。①

陈衍从本经中找到证据，指出“牧”即《大宰》经文“乃施典于邦国，而建其牧”之“牧”；“长”即《大宰》经文“乃施则于都鄙而建其长”之“长”；“宗”即本经内宗、外宗、都宗人、家宗人之类；“吏”即“大宰八统”之七“达吏”之吏；“薮”即“大宰九职”之四“薮牧养蕃鸟兽”之“薮”。因《文王官人》与《周礼》各为一书，作者不同，学派属性也不清楚，因而《周礼》本经证据价值要远高于《文王官人》，陈衍以本经证本经显然比孙诒让说更有说服力，陈衍的新说更可靠。

陈衍的《周礼疑义辨证》所讨论的一百多个问题大多言之成理，创新之说随处可见，但在整体上远远谈不上超越孙诒让。新发现的数量不及孙诒让的十分之一，不具备孙诒让《周礼正义》的穷尽性、系统性，也没有开创一代治学新风气。在这个意义上，我们视《周礼疑义辨证》为孙诒让《周礼正义》的余波。

二　刘师培的《西汉周官师说考》

刘师培是民国初期《周礼》学研究最重要的学者之一。他的两部《周礼》研究著作都成于孙诒让《周礼正义》之后，研究方法也是传统的乾嘉考据法。在孙诒让之后用传统的注疏法研究《周礼》并取得一系列成果，耗费心血之巨可以想象。其中第一部《西汉周官师说考》只是刘师培《周礼》研究的“牛刀小试”；第二部《周礼古注集疏》才是宏大制作。从《西汉周官师说考》到《周礼古注集疏》，刘师培《周礼》研究的技术演进痕迹历历可见。

《西汉周官师说考》分上下两卷。上卷分析“西汉《周官》师说”的三个问题；下卷发掘出六条西汉《周官》师说。《周礼》在新莽时期曾经被立为博士，但关于这一时期的《周礼》师法师说，东汉学者都没有直接征引。然而，这些师说是《周礼》学史上最早的经说，价值可想而知。由于相关文献湮灭，研究难度极大，刘师培之前没有学者做过有效尝试。

---

① 陈衍：《周礼疑义辨证》，第52页。

《西汉周官师说考》上卷讨论的第一条“师说”是关于《周礼》九州与《禹贡》不同的西汉旧说。《汉书·王莽传》记载王莽始建国四年(12)二月授诸侯茅土，下诏书说：“《周礼·司马》则无徐、梁。帝王相改，各有云为。或昭其事，或大其本。”刘师培通过与传世其他文献的比较，判断王莽所实施的行政区划，体现了刘歆等人关于《周礼·大司马》的师说。

第二条是关于《周礼》王国、九州幅员问题的西汉《周官》旧说。刘师培指出，以为“万里为中国之方；六千为九州之方，并且从古到西周没有改变”，这样的“王国九州幅员说”反映的就是歆、莽《周官》疆畿之说。

第三条是关于《周礼》六乡、六遂地方组织、行政区划与土地制度问题的西汉旧说。刘师培主要从《汉书·王莽传》所记天凤元年(14)王莽置六乡、六队中分析出刘歆、王莽关于《周礼》六乡、六遂的思想。刘师培综合《周礼》全经中关于乡遂组织层级、土地分配、户口多少等问题，并且指出郑玄注的许多不合理之处。

《西汉周官师说考》下卷发掘出六条西汉《周官》师说。

第一条是所谓“列爵分土”问题的解说，这是关于《周礼》诸侯封国大小与爵位等级的“西汉师说”。主要材料还是来自《汉书》中居摄三年(8)王莽的奏章，始建国四年王莽明堂授茅土诏书，天凤元年王莽置卒正、连帅、大尹、郡监，以及地皇二年(21)以州牧为三公等。刘师培在分析了以上材料后提出：王莽以《礼记·王制》贯通《周礼》。封土里数从《王制》百里、七十里、五十里三等说，外加“附庸”——《莽传》之“附城”，为四等，而封国具体内容多从《周礼》。刘师培指出：王莽之制，侯伯称“国”，子男称“则”；而《周礼·大宗伯》说“五命赐则，七命赐国”，《典命》说“子男五命，侯伯七命”。王莽封国称牧立监，来自《周礼·大宰》“乃施典于邦国，而建其牧、立其监”以及《大司马》“建牧立监，以维邦国”等。① 刘师培认为，这些设置反映了西汉经师的《周礼》师说。

---

① 刘师培：《刘申叔遗书》，凤凰出版社，1997年版，第177—178页。

第二条是《周礼·大宗伯》“九命作伯”的西汉解说。主要材料是王莽始建国元年（9）设太傅、太师、国师、国将，即所谓“上公四辅”。刘师培认为，“四辅”设置仿照《尚书》的“四岳”，而爵位上公的思想则来自《周礼》。《周礼·典命》有“上公九命为伯”之说；《大宗伯》也有“九命作伯”之文。“上公”之称，见于《周礼》的还有《掌客》《行人》等职，而上公九命，高于“八命”的三公。①

刘师培此条研究最能显示该书的风格。新莽爵位所见，不仅有伯，有方伯四伯，四伯之外还有二伯。这些“伯”是什么关系？刘师培关于四伯的分析已见上文。始建国二年，王莽以甄丰为右伯，以平晏为左伯。这“二伯”与元年所封的太傅、太师、国师、国将上公四伯有什么区别？刘师培从《周礼·秋官·掌客》职文“诸侯长十有二献”中发现了线索。《大行人》说“上公九献”，而诸侯长十二献，可见诸侯长地位高于上公，也高于始建国元年所设太傅、太师、国师、国将四上公。那么，这个“二伯”设置显然来自起于西周时期周、召分陕而治的做法。《左传》说周公、太公夹辅周室，《顾命》说召公、毕公率东西诸侯，都是“二伯制”的体现。由此可见西汉经师说《周礼·掌客》“诸侯长”的影子。刘师培由此判断《礼记·曲礼下》“五官之长曰伯，是职方。其摈于天子也，曰‘天子之吏’。天子同姓，谓之‘伯父’；异姓，谓之‘伯舅’。自称于诸侯曰‘天子之老’”即上公作伯之制。“王官之长”即四辅；“于外曰公”即上公；而《左传》刘子、单子或称“天子之老”，或云“王官伯”之谜也就解开了。②

第三条是《周礼》公、孤、卿、大夫问题的解说。刘师培根据《汉书·王莽传》始建国元年设立大司马、大司徒、大司空以及相关诏书判断，新莽设“七公”，即“四辅”四上公加上大司马、大司徒、大司空这“三公”。这是“以《王制》通《周官》”：地皇二年（21），王莽下诏书责“七公”；始建国三年，莽又令七公六卿。可见王莽大夫、士的设置遵循《王制》设二十七大夫、八十一元士，而公、卿设置遵循《周礼》的

① 刘师培：《刘申叔遗书》，第179页。

② 刘师培：《刘申叔遗书》，第179—180页。

“三公六卿制”，并且以大司徒、大司马、大司空上兼“三公”。此即西汉经师的“公卿说”。①

第四条是关于“九锡”的解说。元始五年（5），王莽加“九锡”。《周礼》有“九锡”，郑司农注以为“九命之赐”。但王莽所受“九锡”乃一次性完成，不是与命数相对应的一次次累加，并且九命者只有上公，上公之下不与。这种规定显然不同于东汉郑玄等说《周礼·大宗伯》“九仪”、“九命”和《典瑞》“九赐”。②

第五条是关于大夫、士的分级解说。《汉书·王莽传》记载始建国元年，更名百石为庶士，三百石为下士，四百石为中士，五百石为命士，六百石为元士，千石为下大夫，比二千石为中大夫，二千石为上大夫，中二千石为卿。这种“五士三大夫制”与东汉经师说《周礼》《王制》不同，当为西汉《周官》师说。③

第六条是关于后宫配置问题的解说。王莽地皇四年，以杜陵史氏女为皇后，再配置一百二十“御妻”：和嫔、美御、和人各一人，爵视公；嫔人九人，爵视卿；美人二十七，爵视大夫；御人八十一，爵视元士。《周礼》有王后，有夫人，不列职；列职九嫔、女御，无人数，无爵位。刘师培考证，王莽后宫“御妻”配置，采用《礼记·昏义》说，不采《王制》说。后来郑玄注《周礼》相关内容，即采《昏义》，当本西汉师说。④

由于相关材料实在太少，刘师培不得不以《汉书·王莽传》为主，结合《汉书》的《地理志》《食货志》等材料做艰难的辨析，成果虽有开创性，但同时也有局限性。他难以分别以上九条“师说”到底属于刘歆还是王莽，或者刘歆学术集团的其他学者。对于西汉时期另外一个重要的《周官》研究基地河间国的《周礼》学，刘师培也没有涉及。

以上九条西汉《周官》旧说的考证类似于“专题”研究，上卷三条更为典型。《西汉周官师说考》是对西汉《周官》“师说”的一次成功解

---

① 刘师培：《刘申叔遗书》，第180—181页。

② 刘师培：《刘申叔遗书》，第181—182页。

③ 刘师培：《刘申叔遗书》，第182页。

④ 刘师培：《刘申叔遗书》，第182页。

读，主要解决了如何发掘刘歆、王莽《周官》“师说”的问题，发现王莽进行社会改革的理论依据不仅仅是《周官》，而是“以《王制》通《周官》”。[①] 刘师培这方面的成果，对研究王莽改制具有启发意义。同时，刘师培总结出来的以上九条，实际上也可以视为西汉《周礼》致用学的成果。当然，与《周礼古注集疏》比起来，这部书只是刘师培西汉经师《周礼》旧说研究的一个前奏而已。

三 刘师培的《周礼古注集疏》

《周礼古注集疏》体制宏大，内容的丰富性远远超过了《西汉周官师说考》。在体例上，该书放弃了《西汉周官师说考》的专题论证形式，回归更加传统的疏证体。全书原稿四十卷，是一部依据《周礼》经文逐条疏证“古注”的著作。根据1936年彭作桢为该书出版所作的序言，如今所见的版本并非依据刘师培原著的清稿所刻，乃是外传草稿或初稿的校勘本，并且残缺严重，不到清稿的一半。特别是前六卷遗失，让大宰到大府之间三十三职文的相关内容“集疏”全部付之阙如。这一部分的内容超过了治官系统的大半，是《周礼》全书核心中的核心，损失惨重。又据陈钟凡的跋文，刘师培清稿托付给黄侃作序，不想该清稿竟然遗失，至今再也没有出现。即使这样，传世的《周礼古注集疏》仍然是孙诒让《周礼正义》之后以传统研究方法治《周礼》最重要的收获之一。

《周礼古注集疏》与孙诒让《周礼正义》的最大区别在于两书的关注点不同。刘师培书重点在于“古注”，所疏证的重点对象是“古注”；孙诒让书不是历代《周礼》注的汇集，所关注的是《周礼》学的全局，重点在于对经文和郑注的正确理解。正因为这样，两书征引的材料多有重合，而刘书依然别具一格，有不可替代的价值。为说明刘师培书的不可替代性，我们以《天官·外府》“掌邦布之入出”为例。

刘师培通过《汉书·食货志》记载王莽“以《周官》税民”，找出西汉关于《闾师》的“夫布”、《载师》的“里布”经说，都以布为“布

① 按：实际上王莽改制，综合运用了《尚书》《礼记》等材料与《周官》结合，不是纯粹的《周官》致用，而是经学的综合致用。这种“综合致用”正好反映了王莽、刘歆对《周官》相关内容的理解。因此刘师培借此分析其“师说”是有道理的。

帛”之“布”相诠。无疑，这样的研究正是《西汉周官师说考》的深化。孙诒让也引用了王莽货币“改革”的材料，却没有将相关做法视为西汉《周官》师说的现实致用。显然，关于这一部分内容，刘师培的研究更加深入。另外，在这一句经文诠释中郑玄注没有引用杜子春、郑大夫、郑司农等“汉说”。刘师培通过《司市》郑玄注引郑司农说，指出《周礼》全经之“布”，郑司农全部释为“泉”，那么此处的“布”，郑司农必然也释为“泉”，显示了学术大家在“考索功夫”外，还有高超的“独断之识”。①

为了更清晰地说明这一点，我们再以《天官·玉府》“凡王之好赐，共其货贿”的疏证为例。孙诒让疏说：

> “凡王之好赐”者，《内饔》注云：“好赐，王所善而赐也。”案：“好赐”与《大宰》“好用”、《内府》“好赐予”义同。贾疏谓王于群臣有恩好，因燕饮而赐之货贿，未析。详《大宰》、《内饔》疏。“好用”殿九式之末，其事较轻，而此及内府、外府、职岁、职币五官通掌之者，此及内府共其货贿，外府、职岁、职币则共其财用。货贿财用，分储诸官府，或此有彼无，不能一律，故必众官通共乃能具给也。②

刘师培的《集疏》说：

> “凡王之好赐，共其货贿”者，即《大宰》“好用之式”也，别于常赐，故谓之“好”。如《左传》庄二十一年，虢公请器，王予之爵。《疏》引服注，以爵为饮酒器玉爵。此即好赐之器也。③

刘师培《集疏》没有重复孙诒让的内容，却有不同于孙诒让的两项贡献。第一项贡献是指出因有别于王一般性的常赐，经文称赏赐物品为

① 刘师培：《刘申叔遗书》，第187页。
② 孙诒让：《周礼正义》，王文锦、陈玉霞点校，第467页。
③ 刘师培：《刘申叔遗书》，第187页。

"好赐"。此说正确，一般性的货贿藏于大府，质量高的货贿藏于内府。玉府所藏为玉器货贿，更是良货中的良货，"好赐"之称正适当。这是刘师培的第一项贡献。第二项贡献是引用了《左传》虢公请赐的历史例子。这个例子，孙诒让没有引用。

刘师培《周礼古注集疏》别具慧眼的新发现随处可见。

《天官·内府》的"凡王及冢宰之好赐予，则共之"的"好赐予"，孙诒让当成一个词来理解："'好赐予'，即《内饔》《玉府》之'好赐'也。"刘师培的理解则不同："疑王称'好赐'，宰称'好予'。"① 在孙诒让之说外，给出了一种令人眼前一亮的新见解。

《天官·缝人》经文有"丧，缝棺饰焉"。郑玄注说故书"焉"写作"马"，杜子春以为当作"焉"。郑玄从杜子春说，以为"马"为"焉"之误。孙诒让疏仅仅引用段玉裁说"此字之误"一带而过。刘师培疏说：

> 故书作"饰马"则与"缝棺"并文。据《既夕礼》"荐马缨三就"，则天子丧车之马亦当有饰。杜氏以丧礼荐马无饰马明文，故易"马"为"焉"，以"缝棺饰"连读。②

刘师培此疏言简意赅，辨析故书"饰马"也有道理，揭示了故书为什么作"马"，杜子春、郑玄为什么改"马"为"焉"的学术思路，可谓深得古人之心。我们从这一条小疏中不难看出，故书、杜子春说各有道理；杜子春、郑玄之说并不比故书更优。相比之下，孙诒让对"故书焉作马"的疏证就没有收获了。

刘师培《周礼古注集疏》在孙诒让《周礼正义》之后取得的新进展是不容置疑的，不过我们还不能说这部书已经超越了孙诒让的《周礼正义》。在整体上，刘师培所关注的"古注"只是《周礼》学的一个方面，其他方面不是刘师培研究的重点。在这个方面的研究与孙诒让《周礼正义》形成部分重合，但重合而不重复。比较这些重合部分，不难发现刘

① 刘师培：《刘申叔遗书》，第 187 页。
② 刘师培：《刘申叔遗书》，第 201 页。

师培研究技术的精湛。正是在这个方面，刘师培将《周礼》学研究又推进了一步，就“古注”方面来说，刘师培研究的精深程度显然超过了孙诒让的《周礼正义》，这些地方是《周礼古注集疏》最重要的价值所在。据陈钟凡为该书撰写的跋文，刘师培临终前称这部著作是平生“堪称信心之作”，此言不虚。此书用功之勤，思考之深，考证之严，堪称孙诒让《周礼正义》之后又一典范。欲得两汉《周礼》古经说，舍此书当别无所求。可惜的是，这部书的传世部分是残存的草稿，刘师培更多更重要的成果没有流传下来。

第二节 《周礼》成书年代研究

现代分学科《周礼》学有三大贡献：在《周礼》成书年代研究上，基本上推翻了“周公所作说”，将《周礼》成书年代大体确定在春秋之后、西汉之前的数百年之间；在《周礼》的思想价值研究上，分学科推进，在两宋《周礼》义理学之后，取得了新的进展；在《周礼》学历史的研究上，关于历代《周礼》学断代史的研究、关于历代《周礼》学大师的个案研究空前繁荣。这种状况在两千年的《周礼》学史上未曾出现过。本节对第一个方面做简要分析。

一 西周金文职官与《周礼》的比较研究

在史学化的现代《周礼》学中，关于《周礼》一书性质的讨论耗费了学者大量的心血，各种争论延续了一个多世纪。迄今为止，所取得的成果足以终结此类争论。此为现代《周礼》学研究最大的收获之一，本节将其作为一个小专题做简要分析。

《周礼》一书的性质研究实际上离不开《周礼》成书年代研究、《周礼》作者研究、《周礼》编撰目的研究。由此涉及《周礼》是西周真实的制度记录还是东周以下某位学者或某个学派编撰的子部著作问题，解决这些问题的关键在于正确判断《周礼》的成书年代。

当河间献王征集到古文写本《周官》的时候，此书缺少最后一篇《冬官》篇。河间学者称其为“周官”，极有可能原书有此类篇题；至于作者问题，原书没有任何记载。刘向是亲眼见到这部书原貌的学者，他校勘这部文献，并没有指出该书的作者就是西周的周公。刘向极有可能判断作者为六国时人，不然刘歆不会到晚年才悟出这部书就是“周公致太平之迹”。以刘歆之才，到晚年才悟出《周官》是“周公所编”，那是因为《周官》这部书的逻辑性特别强，只有全部吃透三百六十余职官之间的联系与区别，才能勾勒出《周官》治国的整体框架与纲目。但刘歆这一“悟”，悟出了一个两千多年的大难题：《周官》是否为周公所作？从此，《周官》的作者问题成为历代学者回避不了的《周礼》学核心问题。这个问题不解决，《周礼》的性质就难有定论，对于《周礼》内容的解读也存在极大的困难。从刘歆提出《周官》乃“周公致太平之迹”到晚清廖平说《周官》乃刘歆伪造，两千年之间没有定论，而以“周公所作说”为主流。令人颇感意外的是，对《周礼》研究用功最深、成就最大的一批学者大多主张周公作《周礼》之说，他们的意见成为古典时期学术界的主流意见也就不足为奇了。《周礼》学研究带着这个问题进入现代。与古典《周礼》学“质疑派”主要依据《周礼》与《孟子》不合、与“圣人”之心不合的思路不同，现代学者主要从西周金文文献、制度史、思想史三个方面探索《周礼》的成书年代。本小节主要讨论第一个方面。

西周金文文献是真正的原汁原味的“周文”。如果《周礼》编撰于西周，那么《周礼》中的职官制度应当与西周金文相符。这是以西周金文来印证《周礼》成书年代的逻辑前提。原本在晚清时期，孙诒让是具备这个学术条件的，但他没有迈出这一步。直到1928年，杨筠如发表《周代官名略考》，西周金文与《周礼》职官的比较研究才起步。不过这篇论文以冢宰、司徒、司马、司空、司寇、大宗、大师、大保、大史、内史等一个个职官名为小单位，罗列与这些职官名相同或相近的传世文献，西周金文篇名附之于后。他自己也说：“故就古籍金石所见周代之官名，略为辑释，以存其真；亦以待考国闻者审订焉。”① 然而辑录有之，考释则基本上付之阙如。

① 杨筠如：《周代官名略考》，《国立中山大学语言历史学研究所周刊》第2集第20期，1928年3月。

真正具有开创性意义的此类研究当数郭沫若1932年发表的《金文所无考》和《周官质疑》两文。[①] 在《金文所无考》中郭沫若指出：西周金文中没有发现四时、朔晦、地、九州、畿服、五等爵禄、三皇五帝、八卦、五行等概念。这个发现对于《周礼》学研究来说几乎就是"地动山摇"。这些概念构成《周礼》书中最重要的文化背景；如果金文所无，那么《周礼》天下治理的"天地四时"的总体框架就会"散架"，《春官》祭祀昊天上帝、祭祀五帝以及祭祀天神、地示、人鬼的祭祀体系也就无从谈起了。[②]

《周官质疑》直接针对《周礼》而发。郭沫若从西周金文中选取西周职官机构卿事寮与大史寮以及"三左三右"进行分析，颠覆了《周礼》"天地四时"职官体系的"周公所作说"。西周金文显示，西周政府为"两寮制"。《周礼》为"六卿制"，职官有官府而无"寮"，有六卿而无总的"卿事寮"，有的是六卿各自的官府，如大宰府、大司徒府、大宗伯府、大司马府、大司寇府。有大史和大史府，而无"大史寮"。其中大史作为一个职官，归属在春官大宗伯之下。至于《小盂鼎铭》所记"三左三右入服酒"的"三左三右"，《周礼》中也无明文。以上两个议题对《周礼》"周公所作说"造成沉重的打击。至于接下来讨论的作册、冢司徒、宰、司卜、司射、左右走马、诸侯、诸监等，《周礼》大体上都有与之对应的职官或说法，对《周礼》成书"西周说"还构不成真正的颠覆。

此后金文职官研究成为金文研究的重要选题。牛夕于1933年撰写的《西周官制考略》以西周金文、《诗经》、《尚书》等材料所反映的职官情况论证《周礼》成书"西周说"不可靠。[③]

斯维至于1947年发表《两周金文所见职官考》一文，研究的金文职官数量远超《周官质疑》，分析更加深入，新见迭出。该文得出结论：《周礼》六官系统非古制，而《周礼》职官名称和职掌往往与金文契合。

---

① 郭沫若：《金文丛考》，日本东京文求堂石印本，1932年版。

② 按：由于材料等条件所限，《金文所无考》也存在错误结论，例如八卦，金文就有。"安州六器"中的"中鼎（甲）"就铭刻了《剥》卦和《比》卦，见张政烺《试释周初青铜器铭文中的易卦》，《考古学报》1980年第4期。

③ 牛夕：《西周官制考略》，《清华周刊》第39卷第2期，1933年。

因而，他提出应当将六官系统和具体的职官区别对待，并对郭沫若全盘否定《周礼》提出批评。① 斯维至的意见非常重要：第一，指出《周礼》六官系统非古制，根本上否定了《周礼》为周公所作，或《周礼》为西周实录的可能；第二，指出《周礼》具体职官的官名和职掌多与金文契合，言外之意即《周礼》的作者参考了西周真实的职官材料。此后金文职官与《周礼》的比较研究基本上被笼罩在这两点意见之下。

徐宗元于1957年发表《金文中所见官名考》，他曾从容庚问学，考证尤为扎实。其中对“左右戏繁荆”的考释，在许印林、郭沫若的基础上又提出“戏”为麾之说。综合三人之说，基本上解决了西周金文“左右戏繁荆”问题。②

从徐宗元开始，学者有意摆脱“质疑”之学，试图实事求是地研究金文职官。至张亚初、刘雨撰成的《西周金文官制研究》一书，为此类研究的集大成之作。该项研究建立在至20世纪80年代为止所发现的西周金文基础上，搜罗材料的丰富，论及职官之繁多，辨析问题之细致，确实做到了“前无古人”。由于两位作者本身就是文字学家，材料的使用和论证都很扎实。该书的最终结论是：“《周礼》的作者在编书时一定是借鉴或参照了西周中晚期职官系统，并吸收了其中对他有用的东西。”③ 这个结论显示，《周礼》非周公所作，却在一定程度上仿照了西周的职官制度。由此不难推导出：《周礼》不是真实制度的实录，而是一部仿照西周职官制度“杜撰”出来的著作。这个结论终结了两千多年关于《周礼》作者是否为周公的争论，是现代《周礼》学对《周礼》学史最大的贡献。

二　从制度史角度切入的研究

现代学者从制度史角度研究《周礼》，最早从职官制度展开，然后逐渐深入到礼制、经济制度、法律制度、服饰制度、饮食制度等领域。凡是涉及西周制度史研究的，大多会引用《周礼》或与《周礼》进行比较。这方面的成果也很丰富，这里主要关注那些从制度史角度研究《周礼》

---

① 斯维至：《两周金文所见职官考》，《中国文化研究汇刊》第7卷，1947年。

② 徐宗元：《金文中所见官名考》，《福建师范学院学报》1957年第2期。

③ 张亚初、刘雨：《西周金文官制研究》，第141页。

性质的成果。需要指出的是，现代学者无论是制度史研究还是思想史研究，大多会引用西周金文，只不过与郭沫若、斯维至、徐宗元、张亚初、刘雨相比，侧重点有所不同。前面提到的杨筠如《周代官名略考》也是一篇从职官制度角度切入研究《周礼》的文章。敖士英于1931年撰《周官六官沿革表》，指出从夏、商职官百人，到《周礼》突然爆发为六万余人，显然不为西周官制实录。①

钱穆于1930年在《燕京学报》上发表了《刘向歆父子年谱》之后，又于1932年撰写了《周官著作时代考》一文。前者用编年谱的办法证明刘歆伪造《左传》《周礼》之说不成立；《周官著作时代考》则通过对相关祭祀制度、刑罚制度、土地制度的比较研究，得出《周礼》成书于战国晚期的结论。②

从钱穆开始，《周礼》制度的比较研究逐渐深入到礼制和其他制度领域。蒙文通于1942年发表的《从社会制度及政治制度论周官成书年代》一文，虽然主张"西周说"，但使用的方法已经是制度史研究法。③ 刘起釪1947年完成了硕士学位论文《两周战国职官考》，发现《周礼》官制不出春秋时代周、鲁、卫、郑四国范围，与晋、齐、楚、宋、秦不同，更不用说战国时期的列国了。因此他提出了"《周礼》作于春秋说"。这个见解，在《周礼》成书年代诸说中独树一帜。后来，刘起釪又撰写了《〈周礼〉真伪之争及其书写成的真实依据》一文，坚持这个观点。④

20世纪80年代以来，此类研究进入繁荣期，论文和专著成果为数众多，令人目不暇接。

陈汉平的《西周册命制度研究》还是以西周金文材料为中心，研究西周礼制中的"册命"制度，即研究西周册命礼仪的相关问题，属于礼制史研究。然而该书以四分之一的篇幅讨论册命礼与《周官》的关系问题，即该书第四章"册命诰命与西周官制"。在这一章中，作者分别进行了西周册命金文百寮与《周官》百官的对比、西周册命金文傧者六职与

① 敖士英：《周官六官沿革表》，《女师大学术季刊》第2卷第1期，1931年。
② 钱穆：《两汉经学今古文平议》，商务印书馆，2001年版，第369页。
③ 蒙文通：《从社会制度及政治制度论周官成书年代》，《图书集刊》第1期，1942年。
④ 刘起釪：《古史续辨》，中国社会科学出版社，1991年版。

《周官》六官的对比、西周册命金文官名与《周官》官名的对比、西周册命金文官职职司各属官与《周官》的对比、西周册命金文职官组合及顺序与《周官》的对比、西周册命金文佐官制度与《周官》的对比、西周册命金文官制细节与《周官》的对比等七项对比研究，最后进行“《周官》真伪及年代推定”，得出结论：“册命金文所见西周官制表明，《周官》一书有相当成分为西周官制实录，保存有相当成分西周史料。”① 这个结论虽然有些出乎意料，但基本上可以接受，所说没有超出斯维至1947年给出的结论太多。然而该书还说：“笔者倾向于《周官》成书在西周之说，此书之写作时间绝不致晚在战国初年。”② 陈汉平之所以在成书年代问题上又回到“西周说”，主要是因为他所研究的范围局限在册命礼仪方面，而册命礼仪最具有保守性。不过陈汉平提出《周礼》书中有相当成分的西周实录，对于纠正“疑古”思潮以来全盘否定《周礼》的史料价值是有好处的。陈汉平的研究无疑告诉读者，《周礼》不仅具有思想史价值，同样还具有一定程度上的史料价值。③

郭伟川的《〈周礼〉制度渊源与成书年代新考》是当代从制度史角度研究《周礼》成书时代的最新成果。这部著作以“六卿”制度为核心，全面梳理尧、舜、夏、商、西周、春秋时期六卿官制的演变及其与战国魏文侯时期六官体系的关系，得出《周礼》成书于战国初年魏文侯时期的结论。④ 这部书是从职官制度角度研究《周礼》的集大成之作，引用的传世文献、两周金文材料、古今学者相关研究成果，搜罗范围之广、分析之深入也是空前的。加上作者对《周礼》本经、《礼记》、《逸周书》、《尚书》、《左传》、《国语》等传世文献的研究功底深厚，论证过程令读者“叹为观止”。该书研究涉及的时间跨度很大，却被“管控”在“从六卿到六官”这条主线上，让读者在复杂纷繁的材料中依然能够清晰地辨析出《周礼》一书的“前身今世”。由于该书发掘出《周礼》“六官”形成

① 陈汉平：《西周册命制度研究》，学林出版社，1986年版，第218页。

② 陈汉平：《西周册命制度研究》，第218页。

③ 按：《周礼》史料价值一再被现代考古学所证实，特别是对于西周墓葬中的礼器及其制度的分析，《周礼》具有重要的启发作用。关于这方面的内容，我们将在《周礼学通史》的“现代致用研究”中论述。

④ 郭伟川：《〈周礼〉制度渊源与成书年代新考》，第36页。

的脉络，“战国初年成书说”具有一定的说服力。应该说该书已经形成强有力的证据链，这些证据链将《周礼》的成书年代指向战国时期。不过该书的作者相信自《大戴礼记·武王践阼》以来的“周公摄政说”，而该说与西周初年《禽簋铭》等一批周公集团制作的青铜器铭文不合，未免遗憾。

三 从思想史角度切入的研究

假如《周礼》非实录，那么这部书的意义为何就成了问题。然而，任何文本都反映了撰写者的思想，因此研究《周礼》的思想就没有文献学的“风险”了，《周礼》的思想史研究应运而生。这里的“思想史”是指研究者在研究《周礼》各种制度中更加关注这些制度的思想内容。这一类研究成果同样丰富，我们分别选取20世纪50年代杨向奎、70年代末顾颉刚和90年代彭林三位学者的相关研究成果做简要评述。

杨向奎在1954年发表《周礼内容的分析及其制作时代》一文，对《周礼》中体现的经济、政治、法律、哲学、宗教思想进行了系统性的比对研究，结合这些相关思想流行的年代学分析，判断这些思想只能出现在战国时期，并推测最有可能出自战国时期的齐国。[①] 这篇论文中出现了以“封建领主制”和“封建地主制”解释今古文经学立场的新说法，辨析《周礼》存在奴隶，但奴隶不从事农业生产，因而判断《周礼》所设计的社会非奴隶制社会。文中还辨析了用牛情况，发现牛用于牺牲、肉食和运输，没有耕地用途，而耕种方式为“耦耕”，即《周礼》的农耕方式是两人合作耕田，没有出现牛耕。所用金属工具为铜、锡合金，没有出现铁器。[②] 文中指出《周礼》的作者坚持领主封建制，不用牛耕，不用铁器工具，显示了领主封建思想。文中利用社会存在决定社会意识的原则来判断《周礼》经济、政法思想产生的年代，这是两千多年来《周礼》学史上未曾有过的新说。这篇论文可以视为用历史唯物主义方法研究《周礼》的代表作。

① 杨向奎：《周礼内容的分析及其制作时代》，《山东大学学报》1954年第4期。

② 按：杨向奎根据无奴隶农耕、无牛耕、无铁器，判断这是“春秋以后的情况”，并以《周礼》作者“坚持领主封建制”来证明这个结论，证据还是不充分。

顾颉刚在1979年发表《“周公制礼”的传说和〈周官〉一书的出现》一文。该篇原是为万斯大《周官辨非》一书所作的序言，内容却有六七万字之多，篇幅超过了万斯大原书，算得上一部小型专著。根据王煦华的“后记”，这篇长文作于1955年，1979年在《文史》杂志上发表时做了修改。收入《顾颉刚全集》时，恢复了原题《周官辨非序》，而以“‘周公制礼’的传说和《周官》一书的出现”为副标题。这是一篇以“周公制礼作乐”为中心，系统梳理相关材料的《周官》思想史长文，分九章展开。第一章梳理了周初职官的传世文献，特别是辨析了多为人们所忽视的《尚书·立政》中的周初职官情况，并对《尚书·洛诰》中的“惟周公诞保文、武受命，惟七年”和“朕复子明辟”做了不同于传统经学家的解读，基本上肯定有“周公制礼作乐”之事。① 第二章分析战国齐、秦东西称帝时期的学术思想动态，其中包括对以《王度记》为代表的稷下学派职官思想的精彩分析。第三章、第四章分别分析《孟子》和《荀子》中的“王政”思想。《孟子》关于“周爵”和“王政”之说，是历代《周礼》质疑者的主要依据，万斯大也不例外。与之前的学者不同，顾颉刚指出，《孟子》“王政说”与《荀子》“法后王说”，在本质上是相通的，《孟子》所说也并非西周实录，也属于“理想”性质的学说。第五章分析《管子》书中的六官体系和基层组织思想。《周礼》基层组织多与《管子》类似，古典时期学者多有论述，而如此将《管子》置于《周礼》形成史中做集中分析，还是历史上的第一次。第六章分析《礼记·曲礼》中“天官六大”“天子五官”“天子六府”“天子六工”问题。第七章分析汉文帝命博士“刺六经，作《王制》”问题。第八章以“王朝大一统”为视角，分析《周礼》一书的性质，认为《周礼》为战国齐人所作，体现了法家思想。提出该书不成于一人、不成于一时、其中一部分保存了古代真实的历史资料的观点。② 第九章基本上属于《周礼》学史简述，并对万斯大《周官辨非》做了简要分析。这一章在《文史》上发表时被删除，收入《顾颉刚全集》时则又恢复原貌。

① 顾颉刚：《顾颉刚全集》第12册，中华书局，2010年版，第391—393页。

② 顾颉刚：《顾颉刚全集》第12册，第454—460页。

从《尚书·立政》《古文礼记·王度记》的“职官说”、《孟子》的“周爵说”、《荀子》的“王制说”、汉文帝博士的“王制说”，到《周礼》天地四时职官体系，顾颉刚梳理出了一条由简到繁、由零碎到系统的中华职官思想发展脉络。顾颉刚是现代学术大师，学术功底深厚，学术眼光明锐，证据确凿，分析独到，从思想史角度判断《周礼》必然诞生于战国时期，结论可信。至于具体到战国齐人，或可再议。不过该文尚有小小的遗憾，将《礼记·王制》视为汉文帝时期博士刺六经所作《王制》，而以不见《服制》《兵制》等篇为“遗失”，其说未经论证，与西汉刘向《别录》相违。① 另外，全文对其他资料分析颇深，对于《周礼》一书经文本身的分析反而不能与之相比。

彭林于1991年出版了博士学位论文《〈周礼〉主体思想与成书年代研究》，这部著作重在研究《周礼》书中的主体思想。全书共七章，从第二章到第六章分别论述《周礼》的阴阳五行思想、治民思想、治官思想、理财思想、国家政权模式。第一章综论《周礼》成书年代的研究方法，最后一章论述《周礼》成书于汉初。这部书最重要的贡献是关于《周礼》阴阳五行思想的分析。关于《周礼》中所包含的阴阳五行思想，前人虽有所论及，然而都属于零星的论述，不成系统。《〈周礼〉主体思想与成书年代研究》是《周礼》学史上第一部系统论述《周礼》阴阳五行思想的著作。这个成果主要体现在第二章中。

第一节论述《周礼》一书存在阴阳对立的宇宙观，包括以阴阳为纲的王朝格局、以王宫与后宫两个阴阳对称的宫廷体系、以阴祀和阳祀相对应的自然神灵祭祀体系。“以阴阳为纲的王朝格局”，即现存五官总序的“二十字总纲”中的“辨方正位”。彭林弃郑玄“辨方正位”解说，从《太平御览·皇亲部》所引干宝旧说，以“辨方”为“别东西南北之名，以表阴阳也”，以“正位”为“君南面当阳，臣北面即阴，居后北宫以体

① 按：孔颖达《礼记正义》引郑玄《三礼目录》，说《礼记·王制》“此于《别录》属制度”。可见刘向校书对该篇有所涉及。我们从刘向校书的一般原则中得知，刘向不为重复的著作做书录。例如大、小戴《礼记》，由于采自他书，刘向不予著录。“此于《别录》属制度”，即《王制》篇来自《礼古文记》一百三十一篇。刘向校《礼古文记》，对一百三十一篇做了分类处理，“制度”是其中一类。

太阴，居太子于东宫以位少阳之类”。以“求地中”为《大司徒》所说的“天地之所合也，四时之所交也，风雨之所会也，阴阳之所和也”。至于左祖右社、面朝后市，则以左为阳、右为阴。①

第二节分析《周礼》六官设置所包含的五行思想。《周礼》有牛人、羊人、鸡人、犬人四官，分属地官、春官、夏官、秋官。彭林通过研究四官的归属发现了隐藏在《周礼》职官设置中的五行思想，论证精彩。综合《墨子·迎敌祠》、贾谊《新书·胎教》以及《吕氏春秋》的十二纪，不难发现，定形的五行说中，鸡，木畜，属东方，于季节属春；羊，火畜，南方，夏；牛，土畜，中央，季夏；犬，金畜，西方，秋；彘，水畜，北方，冬。由此，彭林解开了暗藏在《周礼》中的“文化密码”。②

该章第三节、第四节分别论证“六官与五行辅天”问题、五帝和五帝祭祀中的五行问题，也是精彩纷呈。第五节则举出十大证据，集中分析隐藏在《周礼》中的阴阳五行思想：《大宗伯》的“以玉作六器”问题，《司常》中的“九旗”问题，《巾车》中的“五路”问题，《龟人》中“六龟”之色问题，以《天官·疾医》为中心的五味、五谷、五药问题和五气、五声、五色问题，《夏官·司爟》的“四时国火”问题，《春官·保章氏》的“五云”问题，《大司乐》中的百物“五虫”问题，《大司乐》“成均之法”的“四学”问题。经过分析，上述问题无不包含阴阳五行思想。以此为基础，彭林得出《周礼》成书于西汉的结论。这个结论有可再议之处，但该书发掘出《周礼》具有浓厚的阴阳五行思想，此说几为定论。

第三节　《周礼》学历史研究

现代《周礼》学研究在刘师培之后走向低谷，直到 20 世纪 70 年代末，随着改革开放，《周礼》学研究才进入恢复发展期。在顾颉刚、钱穆、徐复观等老一代学者辞世之后，一批中青年学者成长起来，逐渐推

① 彭林：《〈周礼〉主体思想与成书年代研究》，第 26—27 页。
② 彭林：《〈周礼〉主体思想与成书年代研究》，第 34 页。

出自己的成果，经过四十多年的努力，《周礼》学研究水平最终上了一个新台阶。除了前面提到的关于《周礼》成书年代的研究，当代分学科《周礼》学的一项重要贡献是关于《周礼》学历史的研究取得了可观的成果。大体上看，个案研究成就最高，断代史研究次之，未见通史类著作。

一 杨天宇的郑玄《周礼注》研究

当代《周礼》学研究中，《周礼》学史的个案研究成果最为突出，从两汉之际的杜子春到晚清孙诒让，上百位《周礼》学名家及其著作都有学术论文论及，其中不乏有分量的学术专著。得益于20世纪70年代末期研究生制度的恢复，四十余年来，国家研究生教育成果逐渐呈现，大文科各学科研究生纷纷以历代《周礼》学名家和名著为研究对象，推出自己的硕士、博士学位论文。其中胡金旺的《王安石的哲学思想与〈三经新义〉》（博士学位论文，上海师范大学，2010年）、董小梅的《考据与经世——孙诒让周礼学研究》（博士学位论文，华中师范大学，2014年）、杨学东的《贾公彦〈周礼疏〉研究》（博士学位论文，西北大学，2015年）、武勇的《江永的三礼学研究》（博士学位论文，华中师范大学，2016年）给我们留下深刻印象。这些硕士、博士中的一部分人后来依然从事学术研究，逐渐成为学术名家。由于这些学者人数众多，目前正处在学术研究的旺盛期，成果还在不断涌现，因此我们在本书中不予置评。我们以其中已经完成学术研究使命的杨天宇教授的研究成果为例做介绍。

杨天宇（1943—2011），安徽安庆人，1968年毕业于北京大学中文系，1981年毕业于河南大学历史系，获硕士学位，先后在河南大学、郑州大学任教。① 他的硕士学位论文《论郑玄〈三礼注〉》发表在1983年《文史》第21辑上。从1978年师从朱绍侯开始，杨天宇三十余年的学术研究生涯都与郑玄《三礼注》密切关联。他最重要的代表作就是收入“国家社科基金成果文库”的《郑玄三礼注研究》。《郑玄三礼注研究》

---

① 杨天宇：《郑玄三礼注研究》作者简介，中国社会科学出版社，2008年版。

以郑玄《仪礼注》《周礼注》《礼记注》为研究对象，分“通论编”“校勘编”“训诂编”三部分展开。这部书“通论编”中的第六章“论郑玄《三礼注》”和“训诂编”综合论述郑玄《三礼注》；第二编“校勘编”则将郑玄三注各注别立，以方便读者了解郑玄“三礼”各注校勘的具体情况。

《郑玄三礼注研究》最重要的成就是穷尽性地分析郑玄“三礼”注各条，并归纳出凡例，基本方法属于传统经学的发明凡例法，学术精神与杜预的《春秋释例》、凌庭堪的《礼经释例》一脉相承。在“校勘编”中，第三、第四、第五章专论《周礼注》。在第四章中，杨天宇通过对郑玄《周礼注》中一百九十二条校勘的“考辨”，归纳出三十五条《周礼注》校勘条例。在“结语”中，又对这三十五条校勘条例再做归纳，得出五项原则：字义贴切原则、习用易晓原则、合理原则、符合规范原则、不轻改字原则。最后从以上三十五条条例、五项原则中得出结论：郑玄校勘《周礼》从“今书”不从“故书”，原因是“今书”用字优于“故书”。① 至于郑玄从“今书”存在的失误，杨天宇也做了直言不讳的分析：有“未审经义而误从今书者”两例，有“自违其例而误从今书者”两例，有“未审《周礼》词例而误从今书者”一例。② 由此可见，杨天宇关于郑玄《周礼注》的校勘研究紧扣《周礼》学的“故书”“今书”问题这一条主线，这一主线贯穿一百九十余条校勘辨析，确实触及《周礼注》校勘问题的“核心机密”。第五章对第四章提出的五项原则用了两万余字的篇幅进行充分的论证。

“训诂编”没有区分具体的“三礼注”各注，这与杨天宇选择的切入点有关。段玉裁《周礼汉读考》提出《周礼》“汉读”的注音、释义、校勘三条原则。杨天宇遵循《周礼》学史发展规则，接着段玉裁开创的“话题”继续走下去。“训诂编”一共四章。第一章，“读为”“读曰”例考辨，分出十三条条例，涉及《周礼》一百零九条“汉读”。第二章，“读如”“读若”例考辨，分出五条条例，涉及一百条“汉读”。第三章，

---

① 杨天宇：《郑玄三礼注研究》，第 430 页。

② 杨天宇：《郑玄三礼注研究》，第 430—433 页。

“当为”例考辨，分出十一条条例，涉及一百三十条“汉读”。第四章，“声之误”“字之误”例考辨，前者分出七条条例，涉及六十五条“汉读”；后者分出九条条例，涉及“汉读”三十四条。

杨天宇的“训诂编”是段玉裁之后研究郑玄“三礼注”之“汉读”最为系统的学术成果。然而令人遗憾的是，杨天宇的研究结论全面推翻了段玉裁关于《周礼》“汉读”的三项假说，以为段玉裁说不可信。① 我们认可杨天宇的所有“考辨”，但对杨天宇的结论有不同看法。以“字之误”为例。杨天宇在分析这三十四例后指出，其中确实存在字之误的十四例，占百分之四十一；形近而误但郑玄没有指出来的三例；不合礼制而误，郑玄以为字之误的七例；不合事理、不合文意而误，郑玄注“字之误”各两例；字不误而郑玄以为误的一例；记文用字与经文不一致，被郑玄注“字之误”一例；非习用字而郑玄注“字之误”的两例；通假字被郑玄误以为字误的两例。② 由此可见杨天宇认为“非字之误”的“误会”主要与郑玄有关。那么我们要问：郑玄虽然有误，这些误会是不是同样属于“汉读”？毫无疑问，这些都是“汉读”。那么段玉裁研究的对象就是这些“汉读”，建立在这些“汉读”基础上的“声之误”说显然错在郑玄，不在段玉裁。因此段玉裁关于“汉读”的三假说依然成立。杨天宇的贡献在于通过穷尽性的辨析，发现郑玄“三礼注”的“汉读”有误，将段玉裁的研究又推进了一大步。

杨天宇《郑玄三礼注研究》中的“考辨”大多以《说文》为依据，显示了十分扎实的训诂学功底。加上采用“涸泽而渔”式的研究方法，大幅度提高了这部著作的学术分量，可以说是目前关于郑玄“三礼注”研究最具代表性的著作。不过，该书在编撰体例上略显匆忙，各章内容分配也有失衡之处。“校勘编”第三章实际上是一篇驳斥李源澄“郑玄据故书而参以今书说”的短文，有章无节，篇幅只有数千字，完全可以合并到第四章或第五章。然而这些小瑕疵不足以影响全书的质量，仅仅有些许遗憾而已。

---

① 杨天宇：《郑玄三礼注研究》，第 670 页。
② 杨天宇：《郑玄三礼注研究》，第 670 页。

二 关于宋代《周礼》学史研究

当代对于《周礼》断代史的研究，成果比较丰富的是宋代《周礼》学史研究，其次是清初《周礼》学研究。其余朝代的《周礼》学史研究成果要逊色一些。本小节重点分析宋代《周礼》学史研究。

吴万居的《宋代三礼学研究》是一部断代“三礼学”史研究著作。该书号称研究“宋代三礼学”，然而全书仅仅第三章是专论宋代《周礼》研究。该章重点分析的宋代《周礼》学名家仅有王安石一人，其余名家名著在第一、二、四节做了简要述评。第三节虽然“专论”王安石的《周礼》学，实际内容仅为“泛论”熙宁变法的思想依据和《周官新义》的撰写及其影响，① 没有深入《周官新义》内部做“内核”辨析，因而就两宋《周礼》学来说，该书的研究深度明显不足。

刘丰的《北宋礼学研究》是近年来研究北宋礼学的收获之一。该书就其体制看，大体上可归纳在北宋礼学史研究范围内。全书共分六章，第一章通论北宋礼学的发展；第二章分析《周礼》与北宋儒学的发展；第三章研究王安石的《周官新义》；第四章研究《周官新义》对于宋代《周礼》学的影响。可以说这部著作虽号称研究北宋“礼学”，但其中《周礼》学的内容超过大半，由此可见作者的志趣所在。这部书更像礼学史论著作，长处在于提出一系列新论，如提出北宋礼学发展的三条路径；认为王安石编“三经新义”实际上是对经学的简化，意义可与理学家编“四书”相比；以北宋庆历时期为一重大转折，此后汉唐注疏之学迅速衰微；以为宋代道学家将礼纳入“天理”的理论框架当中，极大地推进了礼学思想的发展；② 提出宋代学者通过调整士大夫“庙数”来振兴礼乐，实现“三代情怀”；等等。③ 这些都给人耳目一新的感觉。

完全意义上的宋代《周礼》学史著作当首推夏微的《宋代〈周礼〉学史》一书。夏微是21世纪通过研究生教育培养出来的《周礼》学专家。在完成博士学位论文《〈周礼订义〉研究》之后，她又用了十多年时

---

① 吴万居：《宋代三礼学研究》，台北：“国立”编译馆，1999年版。

② 刘丰：《北宋礼学研究》，中国社会科学出版社，2016年版，第67页。

③ 刘丰：《北宋礼学研究》，第188页。

间完成了《宋代〈周礼〉学史》的撰著。夏微此书对于宋代《周礼》学研究有四项贡献。

第一项贡献是为宋代《周礼》学史做了比较合理的六阶段划分。北宋三阶段，以庆历年间为节点，第一阶段即庆历之前的建隆至康定时期，这一时期因循汉唐《周礼》学研究范式。第二阶段是庆历到治平年间，是《周礼》学的转变期，代表成果为刘敞《七经小记·周礼》和李觏《周礼致太平论》，前者质疑郑注，后者开创新的《周礼》研究样式。熙宁至靖康年间为第三阶段，代表作是王安石的《周官新义》。[①] 南宋三阶段，建炎至绍兴年间为第一阶段，隆兴至开禧年间为第二阶段，嘉定至南宋末年为第三阶段。[②] 夏微的“两宋六阶段说”建立在对两宋《周礼》学史深入考察的基础之上，是宋代《周礼》学研究的新收获。

第二项贡献是设专节系统地评述了李觏的《周礼致太平论》、王安石的《周官新义》、王昭禹的《周礼详解》、黄度的《周礼说》、俞庭椿的《周礼复古编》、易祓的《周官总义》、叶时的《礼经会元》、郑伯谦的《太平经国之书》、朱申的《周礼句解》、魏了翁的《周礼折衷》、王与之的《周礼订义》、林希逸的《鬳斋考工记解》，这十二名著的评述抓住了这些名著各自的特点，言之成理，论之有据。对郑伯熊、薛季宣、陈傅良、叶适、曹叔远、孙之宏六人的《周礼》学说也分要点做了简要评述。如此系统地评述一个时代的《周礼》学，在《周礼》学史上还是第一次。

第三项贡献是对于十二名著的评析形成了自己的“套路”：大体上按照撰写背景、著作的传播、著作的内容与体例、撰者对《周礼》的态度、撰者对郑玄注的态度、解经特点、学术影响这七项要点展开。这个“套路”来自对两宋《周礼》学发展史的总结，便于对研究对象的把握，具有一定的合理性。

第四项贡献是对宋代《周礼》学史上的突出问题做了专题专章论述。从第六章到第十章，分别论述宋代学者关于《周礼》真伪的辨疑、《周礼》作者辨疑、对郑玄《周礼注》的攻驳、“《冬官》不亡说”的兴起与

---

① 夏微：《宋代〈周礼〉学史》，中国人民大学出版社，2018年版，第22—26页。

② 夏微：《宋代〈周礼〉学史》，第73页。

发展、《考工记》专门化研究的兴起与发展。这五章内容超过了全书三分之一的篇幅；加上第十一章“宋代《周礼》学的特点”、第十二章“宋代《周礼》学在《周礼》学史上的地位”，史论部分已经接近全书的一半。书中所述宋代学者关于《周礼》真伪的争论、对于郑玄注的全面挑战、给《冬官》补亡的强烈冲动、《考工记》研究的专门化确实是宋代《周礼》学的突出现象，值得学者花大力气研究，该书确实把握住了宋代《周礼》学的重点。

三 当代《周礼》学史研究的发展趋势

当代学者《周礼》学史的研究取得了比较突出的成果，在个案研究上出现了杨天宇《郑玄三礼注研究》这样的名作；在断代史研究上，也有一批代表作。然而在看似热闹的《周礼》学史研究领域，存在一个突出现象：学者大多从现有版本目录学研究成果入手，对文献考证用力最勤，对著作本身经义研究用力不足。这种现象在硕士、博士学位论文中尤其明显。造成这种现象的根本原因是学者对于《周礼》本经所下的功夫不够。特别是在一些以“三礼”或“礼学”命题的著作中，这种情况更加突出。无论是《周礼》《仪礼》还是《礼记》，如果不吃透三部注疏，在三个领域难有发言权。撰写硕博论文，用三年左右的时间吃透贾公彦的《周礼注疏》和孙诒让的《周礼正义》是不容易做到的。然而这一步必须完成，不然，对于历代《周礼》学名著的是非得失难以有自己独立的判断。研究历代《周礼》学名著的撰写背景、文献流传、版本目录的变化、时人或后世学者对该名著的评价就可以避难就易，这就是许多硕博论文自称某经之史却实为某经文献学发展史的原因。

经过四十多年的沉淀，学者普遍意识到经学史研究必须建立在吃透本经的基础之上，将传统经学的研究手段与现代人文、社会科学的研究方法结合起来，上承乾嘉经学传统，开创当代经学研究新局面。近年还陆续出现了对于《周礼》本经研究的新成果，例如朱红林及其指导的研究生关于大宰八法、九式、六计以及秦汉简牍文献与《周礼》相关内容的比较研究。由于此类研究尚在探索中，我们暂不予以置评。

第四节 《周礼》思想内涵的发掘

现代《周礼》学另外一项成就是分学科对《周礼》的思想进行了深度发掘，在一定程度上，我们可以将这样的研究视为《周礼》义理学的现代形式。在经济思想方面，李普国的《〈周礼〉的经济制度与经济思想》、侯家驹的《周礼研究》、朱红林的《〈周礼〉中商业管理制度研究》等专著都产生了一定的影响。在法律思想研究方面，张全民的《〈周礼〉所见法制研究·刑法篇》和温慧辉的《〈周礼·秋官〉与周代法制研究》两部专著系统分析了《周礼》书中的刑罚与法制思想。郑定国的《周礼夏官的军礼思想》则系统研究了《周礼》中的军礼思想。阎步克的《服周之冕——〈周礼〉六冕礼制的兴衰变异》、王雪萍的《〈周礼〉饮食制度研究》属于制度思想研究。至于单篇学术论文，数量庞大，我们不再一一列举。我们分别以李普国、张全民、王雪萍的专著为例，展示现代学者《周礼》思想研究的几个侧影。

一 《周礼》经济思想研究

自20世纪80年代以来，关于《周礼》经济思想的研究，见于多部《中国经济思想史》著作。单篇论文数量庞大。这些由经济学科学者撰写的论著，利用了现代经济学科的分析工具和理论依据，对《周礼》经济思想的分析更加透彻，是两宋以来古典《周礼》学的《周礼》经济思想研究在当代的新发展。本小节以李普国的《〈周礼〉的经济制度与经济思想》为例，对当代经济学家的《周礼》经济思想研究做简要评述。

李普国的《〈周礼〉的经济制度与经济思想》全书不足十二万字，正文部分不足八万字，其余部分收录的是《周礼》经济资料注译文。正文部分讨论行政区划与分封、千里王畿内的土地占有形式、农民受田、井田制度与沟洫制度、社会组织、财政思想、商业与工业、其他经济主张等八个专题。李普国的这部著作，对《周礼》的经济思想有不少新发现。

关于六乡、六遂的设置，李普国分析说：

> 六乡、六遂和公邑均归王所有，只是六乡、六遂的设置在于建立正、副六军，侧重于军事的意义；公邑的设置更多地出于经济上的考虑。若不实行“寓兵于农”制度，则无需建六乡、六遂，而只有公邑。①

提出《周礼》设置六乡、六遂，是出于军事目的，是为了“寓兵于农”，即服从军事需要，不然没有必要设置。言下之意，六乡、六遂之外，并不“寓兵于农”。其余公邑的设置则多为经济考虑。这是一新说，虽然还不能作为定论。

关于《周礼》中的公邑面积问题，李普国指出公邑面积远远大于遂地，并且通过批评顾颉刚先生忽视公邑来点破《周礼》设置公邑所占面积最大的意义：

> 顾先生闭口不提公邑。这样，极易引起误解，似乎在千里王畿内，直属于王的只有六乡、六遂。殊不知千里王畿内占地面积最广的正好是公邑。这个疏忽，不仅有“拣了芝麻，扔了西瓜”之嫌，而且在理论上也有缺憾。因为一切社会关系和国家关系，一切宗教制度和法律制度，都为社会经济制度所决定。在封建社会，谁占有土地最多，谁的权力就最大。王不仅在理论上是全国的最高土地所有者，也是实际上的最大的地主，历代封建王朝莫不如此。这是王的至高无上的政治权力的经济基础。②

古典时期的学者如郑玄、沈彤等也计算过乡遂的面积和人口；但将公邑提高到占王朝经济的决定地位，这还是第一次。

李普国还发现《周礼》中存在一种被称为“郊里”的区域。关于郊

① 李普国：《〈周礼〉的经济制度与经济思想》，第 16 页。
② 李普国：《〈周礼〉的经济制度与经济思想》，第 16 页。

里的位置、特征，李普国分析说：

官田、牛田、牧田、赏田都在远郊，即在距王城五十里至一百里的范围内。这几种田不能尽有远郊五十里之地，其余土地亦有人民居住耕种，称为郊里。《县师》经有“县师掌邦国、都鄙、稍、甸、郊里之地域”。《遗人》既有乡里之委积，又有郊里之委积，可知郊非乡。《书·费誓》鲁人三郊、三遂。则郊又非遂。王昭禹云：“郊里在乡遂之间。”乡在郊以内，遂在郊以外。可证，郊里是远郊范围内除去官田、牛田、牧田、赏田等外的余地。郊里与乡里同称为里，因此其形制与公邑异，而与乡、遂同，只是乡、遂家数有定额，而郊里居民无定数。①

由于该书对郊里的存在论证还不充分，也没有描述郊里的具体情况，我们很难肯定在乡遂之外《周礼》存在与之相似的“郊里”。然而正如上面引文所示，李普国此说也有几条文献依据。《周礼》中存在“郊里”是有可能的。

李普国发现《周礼》中的“籍田”与《国语》所说的“籍田以力”的“籍田”是两码事，二者应区分开。“籍田以力”是一种生产关系；“籍田礼”是一种仪式，所涉及的田只有千亩，面积很小，不影响生产关系。② 此为真知灼见。

李普国还指出《周礼》中《小司徒》和《遂人》的井田法与《孟子》所说的井田法完全不同。《孟子》说一井八夫，有私田八百亩，有公田一百亩，八家共耕百亩公田，这种生产关系属于劳动力地租。《周礼》中一井九夫，无公田明文，实际上也无公田。如果有公田，则近郊、远郊均耕公田以代税，不当有出税率的不同。然而《周礼》有明文规定，“近郊十一，远郊二十而三，甸、稍、县、都皆无过十二”，可见《周礼》无公田。而《大宰》还有“任农以耕地事，贡九谷”，可见农民出实物地

① 李普国：《〈周礼〉的经济制度与经济思想》，第 21 页。
② 李普国：《〈周礼〉的经济制度与经济思想》，第 82—83 页。

租，不是通过“籍田”出劳动力地租。《周礼》中的井田仅仅是土地规划法，并且适用于三等采邑，公邑实行沟洫法。农民受田以家庭为基本实施单位。① 清儒江永已经提出“《周礼》无公田说”，不过也只是简单地表述。李普国在江永说基础上又做了进一步论证。

作者熟悉马克思主义政治经济学，对《周礼》书中“市场经济”思想、商业思想、工业思想的性质判断及其对中国历代王朝影响的评论，往往一语中的。对《周礼》的统计会计报表制度、将国王私藏与国库库藏区分制度、会计与出纳分立以防止徇私舞弊制度、设置职币一职以奉行财政结余政策、量入为出的支出节约原则、专款专用原则等做出积极的肯定。

在书中，李普国也不回护《周礼》经济思想的缺点，指出《周礼·司市》人为干涉货物价格，积极的一面是平抑物价，并为历代王朝“平准策”所继承；消极的一面是违背价值规律，阻碍了市场经济的发展。②

当然，李普国的《〈周礼〉的经济制度与经济思想》中有些说法也值得商榷。例如关于余夫授田，李普国说：

> 与正夫同等受田，于理不通。那末，余夫究竟受田若干？《孟子·滕文公上》云：“余夫二十五亩。”《公羊传》宣公十五年注：“余夫以率受田二十五亩。”这个数字就比较合理了。③

此说有误，《遂人》明明说“余夫亦如之”，则余夫与正夫授田相同，即“一廛，田百亩，莱百亩”。《孟子》《公羊传》非《周礼》正文，当从《周礼》本经。

《周礼·小司徒》职文有“乃经土地而井牧其田野，九夫为井，四井为邑，四邑为丘，四丘为甸，四甸为县，四县为都，以任地事而令贡赋，凡税敛之事”。《遂人》职文说：“凡治野，夫间有遂，遂上有径；十夫有沟，沟上有畛；百夫有洫，洫上有涂；千夫有浍，浍上有道；万大有川，

① 李普国：《〈周礼〉的经济制度与经济思想》，第 35—45 页。
② 李普国：《〈周礼〉的经济制度与经济思想》，第 72—73 页。
③ 李普国：《〈周礼〉的经济制度与经济思想》，第 25 页。

川上有路，以达于畿。”李普国以为这是两种土地规划法，对应两种不同的土地所有制：《小司徒》对应三等采邑；《遂人》对应王田。① 此为误说。《小司徒》所说，是出贡赋法的“土地规划”，实际上就是出贡赋的土地计算法，用四进制。《遂人》是“治野法”，即野外水利交通规划法，实际上就是水路、陆路交通用田法，用十进制，是两码事。《周礼》王畿只有一种授田法，即《遂人》的“颁田里法”：

> 辨其野之土，上地、中地、下地，以颁田里。上地，夫一廛，田百亩，莱五十亩，余夫亦如之。中地，夫一廛，田百亩，莱百亩，余夫亦如之。下地，夫一廛，田百亩，莱二百亩，余夫亦如之。②

沟洫法通用于王畿内所有地区。不然采邑、王田采用不同的水道、陆道，不遵从各地水文，强行安排河渠走向，在现实中是行不通的。

李普国著作还有一些小小的遗憾，例如林孝存，非李书所说“孝成”；③ 杜子春并没有如李书所说，传《周官》学于郑兴，杜子春所传乃郑兴之子郑众；④ 又以江永为“王永”，⑤ 以“大府”为“九府”⑥ 等。这些小错误或为校勘失误，不一定为作者的知识性失误。

总体上看，《〈周礼〉的经济制度与经济思想》一书详于土地制度分析，至于税收、财政、商业等方面虽做了分析，但深入的程度还是显得不够。书中将《周礼》中的经济制度和思想定位为“领主封建”的性质，是一个重要的收获，但对于这个“领主封建经济”思想体系的发掘，也只是初步的探索。

二 《周礼》法律思想研究

现存《周礼》五篇中有《秋官》一篇，号称“刑官之篇”。《秋官》

① 李普国：《〈周礼〉的经济制度与经济思想》，第 37 页。
② 贾公彦：《周礼注疏》，《十三经注疏》，第 740 页。
③ 李普国：《〈周礼〉的经济制度与经济思想·前言》，第 4 页。
④ 李普国：《〈周礼〉的经济制度与经济思想·前言》，第 4 页。
⑤ 李普国：《〈周礼〉的经济制度与经济思想》，第 21 页。
⑥ 李普国：《〈周礼〉的经济制度与经济思想》，第 53 页。

虽不能被直接称为“刑典”，但篇中有六十余刑官职文确实体现了成系统的刑律思想。古代学者在对汉唐及以下历代法律学的研究中，无不利用《秋官》篇；近代以来关于中国法制史、中国法律思想史的研究同样将《周礼》列为研究对象，可见《周礼》在中国法制史上的地位。不过近代以来的中国法制史和中国法律思想史著作大多将《周礼》列为其中一节，最多设一专章，难免有“走马观花”的遗憾；加上此类著作繁多，难以做平面化简述。因此本小节挑选 21 世纪初出现的张全民的专著做简要述评。

张全民《〈周礼〉所见法制研究·刑法篇》是一部系统发掘《周礼》刑律思想的著作，在整体上突破了“中国法制史”的写法。作者依据现代刑法理论，从犯罪、刑罚、科刑三个角度切入。在犯罪研究方面，发掘出《周礼》的犯罪观、犯罪形态、犯罪种类和名称，总结出《周礼》犯罪规定的特点。在刑罚研究方面，总结出《周礼》有生命刑、身体刑、自由刑、财产刑、名誉刑五大类刑罚。在科刑方面，发掘出《周礼》刑罚存在加减、缓刑、赦免三种科刑法，以及区分故意和过误、惯犯与偶犯原则，刑及犯意原则，数罪并罚原则，连坐原则，类推原则等五项科刑原则。指出《周礼》所见刑法具有灵活性、阶级性、原始色彩浓厚、儒家思想突出四个特点，并对《周礼》所见刑法的影响予以积极的高度评价。以上重要发现建立在具体文本分析和论证基础上，我们以该书第一章为例，择其要者予以简要评述。

关于《周礼》刑律思想的“犯罪观”，该书分别从犯罪动机和犯罪主体、犯罪形态、犯罪的种类和名称等多个方面对《周礼》进行了发掘。

在犯罪动机方面，该书指出《周礼》中体现了犯罪主体、犯罪的主观方面、犯罪的客观方面等法律思想。

在犯罪主体问题上，该书发现《周礼》有责任年龄、精神状态两个方面的规定。在犯罪的主观方面，该书指出《司刺》“三宥”所列不识、过失、遗忘三种情况考虑了犯罪的主观性。在犯罪的客观方面，该书指出《地官·调人》中的“杀人而义”、《秋官·朝士》中的“凡盗贼军乡邑及家人，杀之无罪”类似于现代法律中的正当防卫；《朝士》中的“凡报仇雠者，书于士，杀之无罪”、《调人》的“凡和难，父之仇辟诸海外”

等规定体现了犯罪的客观方面。①

在犯罪形态方面，该书找到犯罪阶段、合并罪、累犯三个法律议题。判断《秋官·野庐氏》“若有宾客，则令守涂地之人聚柝之。有相翔者则诛之”属于“罪及犯意”的惩治，以惩治有犯罪意向者。② 指出《秋官·司刺》“施上服、下服之罪，然后刑杀”类似于现代法律中的“数罪并罚”。③ 指出《地官·司救》“三让而罚，三罚而归于圜土”属于对累犯的刑罚规定。④

在犯罪的种类和名称方面，该书从《周礼》中发掘出八类罪名。

第一类是危害国家罪。《秋官·士师》所记有三：有“邦汋罪”，即盗取国家机密罪；有“邦贼罪”，即“犯上作乱罪”；有“邦谍罪”，即间谍罪，此罪又见于《夏官·环人》《秋官·掌戮》。⑤《大司徒》有“造言罪”，即造谣罪，此罪又见于《秋官·禁暴氏》。《大司徒》还有“乱民罪”，也属于用言论思想蛊惑民众的犯罪。

第二类是反对和侵害国君罪。有见于《夏官·大司马》的“放弑其君则残之”的“放弑国君罪”；有见于《秋官·士师》的“犯邦令罪”；有见于《大司马》的“犯令陵政罪”；见于《士师》的“挢邦令罪”、“为邦诬罪”；见于《秋官·掌戮》的“杀王亲罪”；见于《天官·小宰》《地官·大司徒》的“其有不共，则国有大刑”“其有不正，则国有常刑”等不尊敬国王的“邪僻”之罪。

第三类是危害人身安全罪，有见于《秋官·掌戮》的杀人罪；见于《秋官·禁杀戮》的伤人罪。

第四类是侵害官私财产罪，又分一般性盗窃罪和“为邦盗罪”。一般性盗窃罪见于《地官·司市》的“去盗”、《掌戮》的“刑盗于市”、《地官·司稽》的“掌执市之盗贼”、《秋官·司隶》的“搏盗贼”。“为邦盗罪”见于《秋官·士师》。

---

① 张全民：《〈周礼〉所见法制研究·刑法篇》，法律出版社，2004 年版，第 13—19 页。
② 张全民：《〈周礼〉所见法制研究·刑法篇》，第 23—24 页。
③ 张全民：《〈周礼〉所见法制研究·刑法篇》，第 25 页。
④ 张全民：《〈周礼〉所见法制研究·刑法篇》，第 26 页。
⑤ 张全民：《〈周礼〉所见法制研究·刑法篇》，第 28—29 页。

第五类是危害公共安全罪，包括“国中失火罪”以及其他危害公共安全的犯罪，涉及的职官职文有《夏官·司爟》的“凡国失火……则有刑罚焉”、《秋官·修闾氏》的“禁径逾者，与以兵革趋行者，与驰骋于国中者”、《秋官·衔枚氏》的“禁叫呼叹鸣于国中者，行歌哭于国中之道者”。

第六类是妨害管理秩序罪，又分为“破坏丧祭礼制行为”“违反伦理道德行为”“破坏经济秩序行为”“其他妨害管理秩序行为”四个子目。其中第一个子目涉及《春官·世妇》的“比外内命妇之朝莫哭不敬者而苛罚之”、《夏官·射人》的“比其庐，不敬者苛罚之”、《夏官·祭仆》的“既祭，帅群有司而反命，以王命劳之。诛其不敬者”、《春官·肆师》的“相治小礼，诛其慢怠者”四职官职文。第二个子目以《地官·大司徒》“乡之八刑”展开，包括不孝罪、不悌罪、不睦罪、不姻罪、不任罪、不恤罪、作鸟兽行罪、冯弱犯寡罪，这是子目下又有子目。第三个子目从《地官·司关》中分析出“偷运货物罪”，从《地官·胥师》中分析出“诈伪、饰行、儥慝罪”，从《地官·司暴》中分析出“扰乱市场秩序罪”，从《地官·朝士》《地官·泉府》中分析出“取息不中律罪”，从《夏官·司爟》“野焚莱，则有刑罚焉”中分析出擅焚草莱罪。① 第四个子目从《秋官·司寤氏》“禁宵行者、夜游者”、《秋官·野庐氏》“禁行作不时者”中分析出“夜晚潜行罪”，从《秋官·野庐氏》“禁野之横行径逾者”中分析出“野中横行径逾罪”，从《秋官·朝士》“禁慢朝、错立族谈者”中分析出“禁慢朝错立族谈罪”，从《秋官·讶士》“诛戮暴客者”中分析出“侵暴宾客罪”，从《地官·比长》“若无授无节，则唯圜土内之”中分析出“非法迁徙罪”，从《秋官·大司寇》“其不能改而出圜土者，杀”中分析出“越狱逃亡罪”。②

第七类是职务上的犯罪，分出四个子目。第一子目是从《秋官·司士》中析出“为邦朋罪”。第二个子目是从《天官·宰夫》中析出“失财用、物辟名罪”。第三个子目是从《天官·宰夫》“治不以时举者，以告而诛之”、《秋官·朝大夫》“凡都家之治有不及者，则诛其朝大夫。在

① 张全民：《〈周礼〉所见法制研究·刑法篇》，第46—52页。
② 张全民：《〈周礼〉所见法制研究·刑法篇》，第52—55页。

军旅，则诛其有司”中析出“工作拖拉罪”。第四个子目“攘狱遏讼罪”则从《秋官·禁杀戮》“攘狱者、遏讼者，以告而诛之”中析出。①

第八类是军事上的犯罪，也分出四个子目。第一个子目“田猎、征发迟到罪”从《大司马》“质明，弊旗，诛后至者”中析出。第二个子目“不从将命罪”从《大司马》“群吏听誓于陈前，斩牲以左右徇陈”中析出。第三个子目“干犯军阵罪”从《秋官·士师》“犯师禁者而戮之”中析出。第四个子目“不关罪”从《秋官·条狼氏》“敢不关，鞭五百”中析出。②

《〈周礼〉所见法制研究·刑法篇》最大的优点是利用比较明锐的法律眼光对《周礼》法制方面的内容做了深入发掘，形成一家之言。作者张全民的主要学术背景还是属于古典文献学领域，但在爬梳《周礼》全书的法制材料时依然具有比较明锐的法制问题意识，因而正如上面所述，他能从《周礼》职官职文中发掘出成系统的刑法制度规定和刑律思想。

《〈周礼〉所见法制研究·刑法篇》还显示了比较突出的考证功力。我们以该书第二章中关于“辜刑”的考证为例：

> 《掌戮》又云：“杀王之亲者，辜之。”郑玄注：“辜之言枯也，谓磔之。”《说文·桀部》：“磔，辜也。”可见，磔能与辜互训，磔刑与辜刑乃一事之异名。
>
> 《吕氏春秋·行论》云：“舜于是殛之于羽山，副之以吴刀。”陈连庆先生认为“副”与《周礼·春官·大宗伯》“疈辜”之“疈”相同，为辜磔之义。若然，则虞舜时已有其事。但其时尚未有严格意义的刑法，所以这个记载只能看作辜刑的源头。卜辞云：“辛卯㞢三宰，葡羌。”郭沫若读葡为疈，陈先生进而以为殷代已有辜磔之刑。其说可从。
>
> 关于辜刑的含义，唐人司马贞认为辜磔之刑是“裂其支体而杀之”。从《荀子·正论》“斩断枯磔”，《韩非子·内储说上》“采金

① 张全民：《〈周礼〉所见法制研究·刑法篇》，第55—58页。

② 张全民：《〈周礼〉所见法制研究·刑法篇》，第58—61页。

之禁，得而辄辜磔”及秦律用磔刑处置教唆未成年人“盗杀人”者的规定来看，小司马之言近是。秦始皇陵西侧赵背户村的秦刑徒墓所埋尸体，有的身首分离、四肢与躯体分离，应可证明其时存在辜刑之制。

沈家本以为小司马所言“恐非古义”，“两《汉书》之磔亦只为榜示之意”。沈氏看到后世之磔刑与汉代的名同实异，此乃其过人之处。但由汉不裂肢体而谓此前亦不曾施行，未免证据不足。①

这段文字是对辜刑的辨析考证，先引用郑玄注文，再引用《说文》之训，解决了“辜”字的训诂问题。然后引用当代学者陈连庆观点，以为《吕氏春秋·行论》的“副之以吴刀”与《周礼》“疈辜”之“疈”相近；又引甲骨卜辞相关文字郭沫若的读法、陈连庆的主张，解决辜刑的源头问题。继而利用司马贞的解说、《荀子·正论》、《韩非子·内储说上》以及秦刑徒墓地所出刑徒尸体情况等来解决辜刑的具体实施情况问题。最后对晚清沈家本“辜刑未曾实施说”做了辨析。由此可见张全民对问题论证之细致，考证之扎实。

三　《周礼》饮食思想研究

《周礼》书中存在一套系统的饮食职官制度，从这些饮食职官职文中不难整理出一套系统的饮食制度。研究中国古代的饮食文化，《周礼》一书是绕不过去的，撰写中国酿酒史、中国食物史、中国烹饪史、中国饮食工艺史都不可能舍弃《周礼》。当代学者从不同学科视角，对《周礼》的饮食制度和饮食思想进行了考证和发掘，尤其是改革开放以来，这方面的成果不断积累。王雪萍的《〈周礼〉饮食制度研究》是21世纪第一个十年关于《周礼》饮食制度研究的代表性成果，本小节简述该书对《周礼》饮食思想发掘的成果。

《〈周礼〉饮食制度研究》全书分五章展开。第一章属于总论，第二章研究《周礼》的食官制度，第三章研究《周礼》的饮食结构和膳食制

① 张全民：《〈周礼〉所见法制研究·刑法篇》，第69—70页。

度，第四章研究《周礼》的饮食器具制度，第五章研究《周礼》的饮食礼。

这部书在研究《周礼》饮食制度和思想方面有一批创获，其荦荦大者就有五条。

第一，对于《周礼》所记饮食制度的价值做了评价：指出《周礼》记载了我国上古最完整、最系统的饮食制度，记述了提供烹饪原料的职官及其职掌，阐释了以“和”为核心的饮食准则，制定了合理开发和利用食物资源、保护生态环境的相关制度，记载了按爵秩和命数制定饮食规格的饮食礼制。①

第二，确定了《周礼》食官构成体系。该书以《周礼》所载从事饮食活动相关事务的职官来确定“食官系统”，突破了古典《周礼》学以天官膳夫以下十官、酒正以下九官为食官的惯常做法，将《周礼》食官系统划分为“制定饮食政令、控制饮食开支的职官”“供应烹饪原料的职官”“制定保健、食疗食谱的职官”“烹饪加工饮食的职官”“提供餐饮服务的职官”“掌管制造饮食器具及调节餐饮市场的职官”六个子系统，涉及天地四时六大职官体系中的五十个职官，② 又将这五十职官纳入上、中、下三层次的食官体系中。③ 这样扩大饮食职官系统不仅体现了《周礼》一书的“官联”设官分职思想，还体现了《周礼》“重食”思想，更重要的是，体现了《周礼》礼制思想：通过礼器、粢盛、礼仪在数量、等级、规模上的不同规定，体现《周礼》“礼治”精神。

第三，考证出《周礼》食官制度与西周食官制度具有一致性。王雪萍利用前辈学者金甲文考释成果对《周礼》中的内饔、外饔、甸师、牧人、牛人、山虞、林衡、泽虞、场人、廪人、囿人十一官以及宰官、膳夫与金甲文中相关职官的职责职能进行了详细的比较，得出这一结论。④ 这个结论无疑为《周礼》“参考了西周制度说”又提供了一个有力支持。

第四，归纳出《周礼》的“重食”思想。指出食官制度具有“职官

① 王雪萍：《〈周礼〉饮食制度研究》，广陵书社，2010年版，第17—22页。
② 王雪萍：《〈周礼〉饮食制度研究》，第41—59页。
③ 王雪萍：《〈周礼〉饮食制度研究》，第89页。
④ 王雪萍：《〈周礼〉饮食制度研究》，第60—88页。

排列以食官为先，以食为重”“以食论政，食政交融”“饮食与祭祀结合，食官兼有祭祀职能”三大特点，以及“后世与烹饪饮食有关者多以宰、膳等字命名”“掌供饮食一直是后世食官的重要职责”“后世食官中常设食医”三大影响。① 这些表述尚有进一步提炼的余地。

第五，该书分别分析了《周礼》选用食材原料的因地因时原则、五味调和的烹饪制度、三餐制与筵席制度，总结出《周礼》膳食制度体现了“谐和”精神。②

该书对《周礼》饮食器具制度和饮食礼制的分析也很深入，但对这两类制度所体现精神的提炼未能给人意料之外的惊喜。以“等级分明”概括《周礼》饮食器具制度特征，以“庄严”概括《周礼》饮食礼典精神，显得比较平淡。不过全书各章都在各自的“饮食制度精神”统摄之下展开细致入微的研究，做到了义理研究与名物制度研究的统一。

该书在名物制度研究方面也创获颇多，以下略举三例。

在辨析什么是郁鬯一节中，作者指出古今人关于郁鬯有多种误说：以鬯为鬯草、以鬯为混合了郁金香汁的酒、将秬鬯视为已经混合了郁金香汁的秬黍酿造的酒等。③ 作者还辨析了《浆人》“六饮”之浆是微酸的熟粟米汁水制成的冷饮，非今人所称“米汤”。④

作者熟悉烹饪学，在将《周礼》饮食术语进行古今对释时得心应手。《天官·笾人》有“羞笾之实，糗饵、粉餈”之文，其中的糗饵、粉餈是什么，尽管注疏有所阐释，但一般读者还是难以理解。作者王雪萍将两者直接解释成“用稻米粉、黍米粉制成的糕和饼”。《天官·醢人》有“羞豆之食，酏食、糁食”之文。其中的“酏食”，王雪萍直接解为“是以稻米和牛、羊、豕膏熬成的厚粥”；其中的“糁食”也不好懂，王雪萍解释为“细切牛、羊、豕之肉和稻米粉煎成的饵”，⑤ 这些解说通俗易懂。

书中引用西周金文资料并非大段照抄，而是摘其要言，因而行文流

---

① 王雪萍：《〈周礼〉饮食制度研究》，第 93—106 页。
② 王雪萍：《〈周礼〉饮食制度研究》，第 164—184 页。
③ 王雪萍：《〈周礼〉饮食制度研究》，第 151 页。
④ 王雪萍：《〈周礼〉饮食制度研究》，第 156 页。
⑤ 王雪萍：《〈周礼〉饮食制度研究》，第 125—126 页。

畅。作者对《周礼》本经的相关职文和注疏下过真功夫，能够不脱离《周礼》学传统。讲饮食不脱离《周礼》学，属于真正的《周礼》“内部研究”，拓展了《周礼》研究的新领域。

该书也有少量不尽如人意的地方。第三章第一节对《周礼》“食饮膳羞的饮食结构是以阴阳五行学说为依据”这一观点的论证并不充分，对《周礼》相关职文中涉及的四季、五味、五谷、五药、五气与“五行说”关系的解释论证稍显不充分。第五章辨析牢礼、飧礼、食礼、燕礼显示了相当高的礼学造诣，然而所揭示的义理比较平常。书中还有少量知识性错误，如将《说文·酉部·醜》所引“贾侍中说”的贾侍中认作唐人贾公彦。①

以上我们对现代《周礼》学做了简要的评述。在此基础上我们做出这样的判断：现代《周礼》学是《周礼》学的新发展；一个不同于汉唐注疏学、宋明义理学和清代考据学的“新《周礼》学”时代已经到来，目前正处在复兴期，并且已经产生了一批可以在《周礼》学史上留下一笔的成果。这些成果至少有两大重要贡献。

第一，多学科渗透研究《周礼》成书时代，成果几乎可以终结“周公所作说”。从考古学角度，将《周礼》与西周青铜器铭文所见职官进行比较研究后不难发现，西周青铜器铭文所见西周职官没有天地四时六官之分，没有治、教、礼、政、刑、事六官之分，也没有卿事寮、大史寮的两寮行政制度。然而今本《周礼》五官系统的职官名称大部分可以在西周青铜器铭文中找到影子，说明《周礼》职官制度更加系统，更具有哲学意蕴。显然，《周礼》吸收了西周职官制度的精华，并在此基础上进行了系统化、哲学化改造，形成以保民为终极目标的用民、生民、系民的职官体系。这样的《周礼》显然不是周公所作的《周官》。

第二，借助于现代人文社会科学研究工具，进一步发掘《周礼》所蕴含的思想，在两宋《周礼》义理学之后，开辟了《周礼》义理学研究的新境界。现代学者利用哲学、政治学、经济学、法学、军事学、文化人类学等学科理论，对《周礼》的思想做了发掘。他们的研究无不说明

① 王雪萍：《〈周礼〉饮食制度研究》，第156页。

《周礼》治国思想是全人类关于国家治理的宝贵遗产，是中华政治文明强有力的证据。姜广辉先生曾经说经学是“意义的信仰”，① 此说道出了两千多年经学的实质，也道出了《周礼》学的实质。

当然，现代《周礼》学也存在一些不足。

新中国成立以来，学者大多能秉持“社会存在决定社会意识”的观点看待《周礼》这一文化遗产中的思想和制度设计，其中一部分学者采用阶级斗争观点和人类社会五大历史形态观点看待《周礼》，强调阶级对立，强调统治者对劳动人民的统治，因而对这部经典少了同情，多了批判主义色彩。有些论著不能贯彻以历史唯物主义思想方法看待中华文明的统一性，将今天与中华古典文明割裂开来，不以今天的文明是对古典文明的继承和发展，缺乏对《周礼》这部经典的自信，由此造成重新认识《周礼》、评价《周礼》灵感的匮乏。

分学科研究虽然取得了一些成果，但经济学家、法学家、政治学家不愿驻足于此，沉浸于《周礼》经文和历代学者的注疏论说中做更加深入的研究。这些学者往往稍有涉猎、略有所获即大踏步跨过，因而难以写出足以与《周礼》学史上经典名著媲美的著作。

从文献数量看，百余年间关于《周礼》学的学术论文总量十分庞大，但其中有相当比例的论文观点和结论并不是建立在对《周礼》经典名著深入研究的基础之上，不少论著对《周礼》本经的理解缺乏深度。

至于未来的发展趋势，我们可以大致预测出两大发展方向：一个方向是综合性研究，另外一个方向是分学科的深挖、细耕和拓展。今后必将出现长期致力于《周礼》研究的人文社会科学主要领域的专家，将《周礼》的经济学、法学、政治学研究推向深入。同时，融会这些学科成果的《周礼》综合研究也将出现一批代表作。

① 姜广辉：《儒学是一种“意义的信仰”》，《传统文化与现代化》1997年第3期。

结　论

两千多年的《周礼》学史在中国文化发展历史进程中留下了清晰的轨迹：《周礼》知识学、义理学、致用学“三驾马车”同驱并进，从河间献王开始，杜子春、郑司农、郑康成、贾公彦、王安石、李觏、郑伯谦、叶时、王与之、王应电、毛应龙、方苞、江永、惠栋、沈彤、段玉裁、王引之、孙诒让等一代代“驭手”接力前行，创造了一个又一个奇迹，在中华文化发展进程中留下了自己的荣耀。《周礼》学三大分支参与了两千多年来中华文明的创造，在中华文明的进程中居功至伟。在《周礼》知识学方面，《周礼》学史上出现了三座高峰，分别是汉末郑玄的《周礼注》、唐代贾公彦的《周礼注疏》和晚清孙诒让的《周礼正义》，这三部著作分别是《周礼》汉魏传注学、晋唐义疏学和清代朴学的集大成之作。《周礼》义理学的高峰出现于两宋，郑伯谦的《太平经国之书》、叶时的《礼经会元》、王与之的《周礼订义》三峰耸立，其成就让《周礼》义理学足以与《周礼》知识学相提并论。其余时代相对于《周礼》知识学，《周礼》义理学略显平淡。三者之中，对历史上各王朝影响最为深刻的是《周礼》致用学。从西汉匡衡创“建始祀典”开始，到晚清孙诒让作《周礼政要》，《周礼》致用学以喜剧开场，以悲剧结束。但此悲剧不是《周礼》学本身的悲剧，而是延续两千多年的中国专制时代已经病入膏肓，无药可救。其中如《开元礼》《唐六典》《大明集礼》等著作，正是《周礼》致用学绽放的花朵。

以下我们从三个方面对两千多年的《周礼》学史做简要的总结，并对《周礼》学未来的发展趋势做一次管窥。

一 《周礼》知识学

两汉学者首先面临的问题是如何读懂《周礼》，杜子春的主要精力放在“通其读”上。能“通其读”，必须先辨别通假字以及普通动词、名词、形容词在《周礼》文本具体语境中所要表达的意思，由此，杜子春奠定了《周礼》文献学、训诂学的基础。他对《周礼》中反映百科知识的专有名词和表达特殊的礼乐文明意义的动词予以特别关注，由此奠定了《周礼》知识学中名物阐释的基础。《周礼》中记载了大量的政治、法律、军事、经济和文化制度，这些制度既带有礼乐文明的烙印，又承载着春秋战国时代人们对于未来大一统王朝的期望，需要学者对这些制度进行解说，由此，杜子春奠定了《周礼》学中制度解说的基础。此后，郑司农对杜子春《周礼》知识学多有推进；郑玄对杜子春、郑司农等学者未攻克或训解失误的重点、难点做了为数众多的突破，在杜子春、郑司农基础上又有大幅度的跨进，集两汉《周礼》知识学大成，达到两汉《周礼》知识学的顶峰。三国魏晋南北朝时期，王肃、干宝、皇侃、崔灵恩等学者在郑玄的基础上再做“捡漏”“补缺”工作，可惜他们的成果除了零零星星地见于唐宋人著作引文中外，其余大部分都没有流传下来，或隐含在贾公彦《周礼注疏》中，难以一一辨别出来。贾公彦《周礼注疏》主要精力用在对郑玄注的解说上，他自己关于《周礼》知识学的新发现也包含在对于经文和注文的疏解中。贾公彦《周礼注疏》是汉唐《周礼》知识学的集大成之作。

随着出版业的繁荣，两宋进入知识大爆发时代，两宋学者平均知识水平无疑超过了汉唐时代。然而《周礼》知识学在宋元时代却没有进入爆发期。王安石以会意解字过于随意，对宋元《周礼》训诂学是一种损害。加上宋元学者致力于《周礼》义理学的创立和发展，宋元《周礼》知识学的成果除了礼图学外，训诂、名物阐释和制度研究成果被掩盖在《周礼》义理学光芒之下，没有开创《周礼》知识学新局面。

明清时期，《周礼》知识学再次进入繁荣期，尤其是清代朴学兴起，考据学异常发达，在《周礼》训诂、校勘和制度研究上取得了傲人的成就。清人重视《说文解字》，参考《说文》《尔雅》《广雅》等“小学”

著作解读《周礼》，大幅度提高了清代《周礼》训诂的质量。《说文》大师段玉裁作《周礼汉读考》，成为《周礼》训诂学杰作。孙诒让作《周礼正义》，成就古典《周礼》训诂学的集大成之作。清代众多的版本目录学家大多对《周礼》做过校勘工作，阮元的《周礼校勘记》是其中的代表，孙诒让的《周礼正义》汇集了古典时期《周礼》校勘成果，同样是《周礼》校勘的集大成之作。以段玉裁、王引之为代表的一批学者在训诂学上不仅对两汉《周礼》学有所突破，还在训诂理论上有新建树，尤其是段玉裁的《周礼汉读考》归纳出两汉训诂学几条重要的凡例，对现代"古汉语"学科有重要影响。沈彤、程瑶田、金榜、王鸣盛在名物制度的专题研究方面同样取得了突破，他们对井田沟洫法、禄田、军赋等问题研究的深度无疑超过两汉经师。

现代《周礼》知识学比古典《周礼》知识学又有所进步。

在训诂学方面，由于甲骨文学和金文学的兴起，现代学者见到了东汉许慎不曾见到的商周文字形体，这些文字对于纠正《说文解字》的失误、确定汉字本义有极大的帮助。古汉语训诂学的进步对于《周礼》训诂研究有启发。杨天宇《郑玄三礼注研究》以现代训诂学的视角对郑玄《周礼注》各条训诂做了重新审视，收获颇丰。从杜子春到杨天宇，《周礼》训诂学发展进步的足迹历历可见，并且在杨天宇之后，《周礼》训诂学依然在发展。

在文献学方面，现代学者最大的贡献是终结了西汉刘歆提出的《周礼》为"周公所作说"，并将《周礼》撰作年代限定在春秋战国到秦汉之际这个范围内。

在校勘学方面，杨天宇《郑玄三礼注研究·校勘编》共六章，有四章研究郑玄的《周礼注》校勘问题。杨天宇对郑玄《周礼注》取舍"今书""故书"的所有注解逐一做了梳理，分析了郑玄取舍的原则和原因。这是对郑玄《周礼》校勘成果的深化和拓展，是段玉裁之后《周礼》校勘学的新收获，证明现代学者在《周礼》校勘领域基本上达到了承接乾嘉朴学的水平。

在《周礼》名物学研究方面，由于现代学科的兴起，生物学、矿物学、地理学、水利学、工艺美术学、财政学、经济学、行政学、法学、营养学等学科介入《周礼》相关名物制度研究，再一次打开了《周礼》研究的新视野。这些研究新成果多为钱玄等人的《三礼词典》、刘兴均的《〈周礼〉名物词研究》以及曹建墩的《三礼名物分类汇释》① 和《三礼名物分类考释》② 所吸纳。在本书即将定稿时，丁鼎等一批学者正在展开“中国礼学大百科全书”的研究，成果值得期待。

至于《周礼》制度学研究，古典《周礼》学在官制、田制、赋制、军制、祀制、庙制、学制、丧服制、器物制等多个分支取得了巨大成就，为《周礼》致用提供了坚实的知识支持。现代学者利用金甲文研究《周礼》职官制度，取得了突出的成就，这是古典《周礼》学的制度研究不曾出现过的。现代学者为“三礼”学开拓了一个新领域——中国礼制史。陈戍国《中国礼制史》是现代第一部礼制史著作。此后，汤勤福、吴丽娱带领各自的团队在这个领域进一步深耕，又取得了一批新成果，这个领域呈现逐渐“升温”的趋势。

二　《周礼》义理学

《周礼》义理学研究诞生于两汉，在北宋开始爆发，历经南宋和元、明、清，到现代依然经久不衰。

郑玄深信《周礼》为周公所作，因而将研究重点放在如何读懂《周礼》上面，对于《周礼》所包含的治国平天下的思想发掘不多。唐人贾公彦虽然注重《周礼》义理的阐发，但主要关注点在于《周礼》设官之义、各职官之间的联系与区别等方面，对于《周礼》治国理政思想有所阐发，但不是重点，也不成系统。

到了北宋时期，王安石《周官新义》注重《周礼》治国思想的发掘。不过王安石发掘的重点在于《周礼》的财政思想，这被后人指责为过分关注《周礼》“理财”方法而迷失了《周礼》“理财”的本真。李觏的《周礼致太平论》是第一部系统研究《周礼》治国理政思想的专著。该书从《周礼》经文中归纳出一系列天下治理的重要原则，再以史为证，借

① 曹建墩：《三礼名物分类汇释》，人民出版社，2021 年版。
② 曹建墩：《三礼名物分类考释》，商务印书馆，2021 年版。

用历代历史事件，证明违背这些原则必将造成重大失误。由于李觏自己没有政治经验，加上他所处时代是宋代《周礼》义理学的初创期，《周礼致太平论》的系统性强，但深度略显不足。而这些不足，到郑伯谦《太平经国之书》中基本上被克服了，郑伯谦对《周礼》治国理政思想的发掘更加深入，论证更加有力。南宋叶时的《礼经会元》则为宋代《周礼》义理学的巅峰之作，就以其发掘《周礼》"民极"思想来说，就有驭民在宽、任民在爱、役民在均、系民在淑心、聚民在散利、化民在恒产六条原则。二程、朱熹虽未有专门的《周礼》学著作，但他们对《周礼》的推崇屡见于各自的著作。如果一定要将两汉《周礼》学与宋明《周礼》学做一个比较的话，宋明《周礼》学在《周礼》知识学方面略显逊色；但在义理学方面，足以与两汉《周礼》名物训诂学相提并论。两宋学者凭借《周礼致太平论》《天平经国之书》《礼经会元》三部著作，为自己的时代建立了三座学术高峰。

清代《周礼》义理学没有像宋代那样具有开创性，却也取得了一定的成果。清初李光坡的《周礼》义理学研究虽然未受乾嘉学者重视，但李光坡所发掘的《周礼》义理，在方苞的《周官集注》中多有继承和发挥。此后清代学术界主流崇尚考据之学，对于《周礼》义理学的发掘逐渐沉寂。

现代学者特别是改革开放后的学者对《周礼》思想的发掘再次兴起，其中大多将《周礼》当作思想史资料加以研究。张心澂是现代比较早地发掘《周礼》会计思想的学者，此后学界从政治、经济、管理、军事、法律等多学科入手，对《周礼》蕴含的相关思想进行了发掘。大多数中国政治史、官制史、经济史、管理学史、礼制史、服饰史、法制史、军事史著作都会选择《周礼》作为研究对象。特别是改革开放后出现了李普国的《〈周礼〉的经济制度与经济思想》、王雪萍的《〈周礼〉饮食制度研究》、张全民的《〈周礼〉所见法制研究·刑法篇》这一类学有根底的优秀学术专著，足以在漫长的《周礼》学史上留下一笔。不过从事这方面研究的学者大多来自古典文献学或思想史领域，对于经济、法律、农学等学科知识和理论的把握还有待深入。

《周礼》作为中华文化的元典，思想价值远远没有被发掘穷尽。《周礼》设计的各种制度虽然大多已经过时，但设计这些制度背后的思想，经两千多年的沉淀却历久弥新。《周礼》“二十字总纲”所体现的“以为民极”精神远没有过时。《周礼》为贯彻“以为民极”在当时的历史条件下设计出的职官体系虽然已经过时了，但背后体现的“设官为民”精神在当今世界仍然是全球治理所追求的政治目标之一。在处理中央和地方关系方面，《周礼》所体现的中央集权的大一统精神正在为西方敌对势力所“诟病”。然而正是这一精神，才有了中华民族共同体的长治久安，长久不衰。两千多年来，防止分裂已经根植在中华文化的血脉中，“统一”成为中华文化的本能要求，“人心思治”成为民族共同心理。这些根植于中华文化血脉中的民族共同认知，正是我们优秀的传统文化。《周礼》中日成、月要、岁会的监察考核思想，无疑是中华行政文明的瑰宝。《周礼》中打破“阶层固化”，不分等级，从基层到顶层实行“兴贤选能”的人才选拔和使用思想，在今天依然有价值。中华民族已经处于伟大复兴进程中，这一进程中，将面临国际国内前所未有的挑战，必须解决前所未有的复杂难题，这需要从优秀传统文化中寻找智慧，获取思想资源，捕捉思想灵感。在中华民族伟大复兴进程中，《周礼》义理学研究不能缺席，《周礼》义理的现代转换还没有真正开始，当代《周礼》义理学研究任重道远。

三 《周礼》致用学

北宋以来的历代政治领域，《周礼》致用学存在一种隐形的忌讳。刘歆、王莽以《周官》改制，苏绰、宇文氏以《周礼》建官制，王安石以《周礼》变法，这些《周礼》致用失败的案例确实存在，但不应对历代王朝暗用《周礼》的情况视而不见。《周礼》的设官精神和设官办法往往以礼制、官制、学制、赋制、兵制的形式进入历代的国家治理体系中。王莽利用《大司乐》建立汉朝天神、地示、人鬼祭祀大典，北周卢辩仿照《周礼》建立王朝官制，唐朝官员模仿《周礼》建《唐六典》，此后历代王朝均仿照《周礼》“五礼”建立“本朝礼典”。到晚清孙诒让响应清廷“变法”之诏作《周礼政要》，可以说，《周礼》已经融入国人政治生活的血液中。

首先看秦汉以来历代礼制建设。我们在本书第一章中分析了从秦系祀典到真正的“汉典”——元始祀典的建立，认为其就是对《周礼》所设计的祭祀体系的回归。其中神灵祭祀祀典建设的依据就是《周礼·春官》中的《大司乐》《大宗伯》两职文。实际上从南朝刘宋开始，王朝礼典体系已经回归到《周礼·大宗伯》吉、凶、宾、军、嘉五礼体系。先秦文献中，没有任何著作对礼典类别的凝练达到了《大宗伯》的高度。此后历代王朝的礼典建设无不在这“五礼”框架内。显然，历代礼学家和政治家参考了《周礼》。但《周礼》学研究对于历代礼家和政治家的这类《周礼》致用研究活动或视而不见，或讳莫如深，有违学术研究的客观精神。

再看历代职官制度。西汉因秦制，朝廷设丞相、太尉、御史大夫三职，丞相总领朝政，太尉负责军事，御史大夫负责监察。三人之下又设奉常、郎中令、卫尉、太仆、廷尉、典客、宗正、治粟内史、少府九职，相当于一个“三公九卿”职官体系。到了隋朝，不仅保留了西汉的一级职官“三公”，还添加了太师、太傅、太保三个一级职官。在二级职官层次，不仅保留了西汉的“九卿”，还增加了尚书省、门下省、秘书省、内史省、御史省、内侍省这六省。在尚书省之下，再设六个三级职官：吏部、礼部、兵部、刑部、民部、工部。显然这“六部”乃是吸收了《周礼》天地四时职官的设官思想，改“德称”为“职称”。苏绰、宇文氏的职官改革成果为隋朝所用。此后，历经唐宋，到明朝，皇帝直接管理六部，六部尚书从三级职官升格为一级职官，这是对《周礼》六官等级的回归。清朝六部之上虽然还有一个“内阁”，但六部地位明显高于隋唐体系。可见隋唐以来的职官制度虽未完全按照《周礼》来设计，但基本上都可以视为《周礼》与秦汉官制的混合。以上职官体系的设计无疑就是《周礼》致用学的一个重要组成部分。然而大多数经学史专家并未将此类活动纳入经学史研究范围。

再看田制问题，《周礼》所设计的田制既不同于西周时期的领主封建制，也不同于秦汉以下的地主所有制。在王畿千里之内，所有的土地山川归王朝所有。这个精神在秦汉以下历代王朝难以实现，土地地主所有制是秦汉以下历代王朝的“经济基础”，一旦动摇，皇权赖以生存的基础就垮塌了。王莽曾经尝试土地国有，最终还是失败了。历代农民起义大多高举“耕者有其田”的旗号，也是难以实现，或者最初实现了，随着土地兼并，“耕者无其田”程度越来越严重。历代王朝开国之初，无不实施授田制，但随着土地的兼并，失去土地的人口越来越多。一旦活命的保障低于临界点，必然爆发农民大起义。古代政治家大多懂得这个道理，就是没有办法解决。中国共产党人明白这个道理，开展了土地革命。在改革开放之后，依然实行土地国有，杜绝土地兼并。在农村和城市，可以转让土地使用权，但不允许买卖土地所有权。坚持这个“底线思维”不一定直接受《周礼》启发，但《周礼》田制思想已经融入政治传统，在不知不觉中发挥着作用。

清儒孙诒让说：

> 刘歆、苏绰托之以左王氏、宇文氏之篡，而卒以踣其祚。李林甫托之以修《六典》而唐乱，王安石托之以行新法而宋亦乱。彼以其诡谲之心，刻核之政，偷效于旦夕，校利于黍杪，而谬托于古经以自文，上以诬其君，下以杜天下之口，不探其本而饰其末，其侥幸一试，不旋踵而溃败不可振，不其宜哉。而惩之者遂以为此经诟病，即一二闳揽之士，亦疑古之政教不可施于今，是皆胶柱锲舟之见也。夫古今者，积世积年而成之者也。日月与行星，相摄相绕，天地之运犹是也。圜颅而方趾，横目而直干，人之性犹是也。所异者，其治之迹与礼俗之习已耳。故画井而居，乘车而战，裂壤而封建，计夫而授田，今之势必不能行也，而古人行之。祭则坐孙而拜献之以为王父尸，昏则侄娣媵而从姑姊，坐则席地，行则立乘，今之情必不能安也，而古人安之。凡此皆迹也，习也。沿袭之久而无害，则相与遵循之；久而有所不安，则相与变革之，无勿可也。且古人之迹与习，亦有至今不变者。日月与地行同度则相掩蚀，地气之烝荡则为风雨，人之所稔知也。而薄蚀则拜跪而救之，湛旱则号呼而祈之，古人以为文，至今无改也。柷敔拊搏，无当于铿枪之均，血腥全烝，无当于饮食之道，而今之大祀，犹沿而不废。然则古人之迹与习，不必皆协于事理之实，而于人无所厌恶，则亦相与

守其故常，千百岁而无变，彼夫政教之闳意眇旨，固将贯百王而不敝，而岂有古今之异哉。①

孙诒让提出：《周礼》所述，有可变者，有不可变者；有可行者，有不可行者。“沿袭之久而无害，则相与遵循之；久而有所不安，则相与变革之”，这是可行者与不可行者；“彼夫政教之闳意眇旨”则为不变者。孙诒让所说的“政教之闳意眇旨”，即《周礼》作者设计的《周礼》最深处的核心思想观念。《周礼》致用研究就是学以致用，就是受《周礼》核心思想观念启发，制定反映所处时代要求的政策措施。当代《周礼》致用研究还没有进入自觉时代，成果也远远比不上《周礼》知识研究和义理研究。《周礼》的核心思想观念是保民、任贤、大一统、文明行政，这些也是中国经学的核心观念，每一项都有丰富的内容。如就“春秋公羊学”所提倡的“大一统”而论，《周礼》在实质上可以视为对“大一统”做制度性保障，包括政治一统、经济一统、文化一统、资源一统，即天下治理权力一统于王朝。

总之，《周礼》学研究知识学、义理学、致用学并行不悖，各自在自己的领域里取得了辉煌的成就。两汉、两宋和清代《周礼》学是《周礼》学史上成果最突出的三个时代。《周礼》知识学促进古典时期学者对自然和社会知识的探求，其实事求是精神和无征不信的学术追求最接近于近代科学精神，为后来接受西方的近代科学知识和科学理论准备了土壤。《周礼》义理学在宋代尤以发掘治国理政的道理最为突出。到清代，逐渐转变为从次序、用词变化、逻辑关系等方面探求“圣人用心”，从宋儒的“外向”探求转变为“内心”探索，最终衰落。《周礼》致用学研究从南北朝的礼制建设到官制建设，深刻地切入国家政治、文化生活和精神生活中。到了晚清，孙诒让作《周礼政要》却无所用，说明单一的传统文化已经不能完成中华民族“救亡”的使命。21 世纪《周礼》学再次兴起，又说明优秀传统文化仍然具有重要价值，在当今世界政治和文化舞台上仍然占有一席之地。《周礼》致用学当能在构建人类命运共同体中有所作为。

① 孙诒让：《周礼正义》，王文锦、陈玉霞点校，“序”第 3—4 页。

主要参考文献

一　古籍

班固：《汉书》，中华书局，1962年版。

陈亮：《陈亮集》，中华书局，1987年版。

陈友仁等：《周礼集说》，《景印文渊阁四库全书》第95册，台北：台湾商务印书馆，1986年版。

陈振孙：《直斋书录解题》，上海古籍出版社，2015年版。

程瑶田：《程瑶田全集》，黄山书社，2008年版。

戴震：《戴震全书》，黄山书社，1995年版。

丁晏：《周礼释注》，《续修四库全书》第81册，上海古籍出版社，2002年版。

杜预：《春秋左传注》，《十三经注疏》，中华书局，1980年版。

段玉裁：《周礼汉读考》，《续修四库全书》第80册。

范晔：《后汉书》，中华书局，1965年版。

方苞：《方苞全集》，复旦大学出版社，2018年版。

房玄龄等：《晋书》，中华书局，1974年版。

官献瑶：《石溪读周官》，《续修四库全书》第81册。

惠栋：《周礼古义》，《续修四库全书》第79册。

胡匡衷：《周礼畿内授田考实》，《续修四库全书》第81册。

纪昀等：《四库全书总目提要》，河北人民出版社，2000年版。

贾公彦：《仪礼注疏》，《十三经注疏》本。

贾公彦：《周礼注疏》，《十三经注疏》本。

江永：《周礼疑义举要》，《清经解》第2册，上海书店，1988年版。

金榜：《礼笺》，《清经解》第3册。

柯尚迁：《周礼全经释原》，《文津阁四库全书》第91—92册，商务印书馆，2006年版。

孔颖达：《礼记注疏》，《十三经注疏》本。

孔颖达：《尚书正义》，《十三经注疏》本。

李觏：《周礼致太平论》，《景印文渊阁四库全书》第1095册。

李光地：《榕村集》，《文津阁四库全书》第1328册。

李光坡：《周礼述注》，《文津阁四库全书》第95册。

李钟伦：《周礼纂训》，《文津阁四库全书》第96册。

凌庭堪：《凌庭堪全集》，黄山书社，2009年版。

吕飞鹏：《周礼补注》，《续修四库全书》第81册。

毛奇龄：《周礼问》，《续修四库全书》第78册。

毛应龙：《周官集传》，《景印文渊阁四库全书》第95册。

潘任：《周礼札记》，《续修四库全书》第81册。

皮锡瑞：《经学历史》，周予同注释，中华书局，2008年版。

阮元：《揅经室集》，中华书局，1993年版。

司马迁：《史记》，中华书局，1959年版。

孙诒让：《周礼正义》，王文锦、陈玉霞点校，中华书局，1987年版。

孙诒让：《周礼正义》，汪少华点校，中华书局，2015年版。

万斯大：《周官辨非》，《续修四库全书》第78册。

王安石：《周官新义》，程元敏：《三经新义辑考汇评》，台北："国立"编译馆，1987年版。

王鸣盛：《周礼军赋说》，《续修四库全书》第80册。

王引之：《经义述闻》，江苏古籍出版社，2000年版。

王应电：《周礼传》，《景印文渊阁四库全书》第96册。

王与之：《周礼订义》，《景印文渊阁四库全书》第93册。

王昭禹：《周礼详解》，《景印文渊阁四库全书》第91册。

王志长：《周礼注疏删翼》，《文津阁四库全书》第92—93册。

魏了翁：《周礼折衷》，郭善兵校注，齐鲁书社，2022年版。

魏徵等：《隋书》，中华书局，1973年版。

夏休：《周礼井田谱》，北京大学图书馆藏钞本。

邢昺：《论语注疏》，《十三经注疏》本。

荀悦：《两汉纪》，中华书局，2020年版。

叶时：《礼经会元》，《景印文渊阁四库全书》第92册。

易祓：《周官总义》，《文津阁四库全书》第87册。

余嘉锡：《世说新语笺疏》，中华书局，1983年版。

俞庭椿：《周礼复古编》，《景印文渊阁四库全书》第91册。

俞樾：《周礼平议》，《俞樾全集》，汪少华等整理，凤凰出版社，2021年版。

曾钊：《周礼注疏小笺》，《续修四库全书》第81册。

郑伯谦：《太平经国之书》，《景印文渊阁四库全书》第92册。

朱彝尊：《经义考》，林庆璋等点校，上海古籍出版社，2010年版。

庄存与：《周官记》，《续修四库全书》第80册。

庄存与：《周官说》，《续修四库全书》第80册。

二　专著

陈汉平：《西周册命制度研究》，学林出版社，1986年版。

曹建墩：《三礼名物分类汇释》，人民出版社，2021年版。

曹建墩：《三礼名物分类考释》，商务印书馆，2021年版。

陈茂同：《中国历代职官沿革史》，百花文艺出版社，2005年版。

陈戍国：《中国礼制史》，湖南教育出版社，2011年版。

陈衍：《周礼疑义辨证》，潘林校注，华夏出版社，2011年版。

方向东：《大戴礼记汇校集解》，中华书局，2008年版。

谷衍奎：《汉字源流字典》，语文出版社，2008年版。

郭沫若：《金文丛考》，日本东京文求堂，1932年版。

郭伟川：《〈周礼〉制度渊源与成书年代新考》，国家图书馆出版社，2016年版。

郝铁川:《经国治民之典——〈周礼〉与中国文化》,河南大学出版社,1995年版。

洪湛侯:《徽派朴学》,安徽人民出版社,2005年版。

侯家驹:《周礼研究》,台北:联经出版事业公司,1987年版。

胡适:《胡适文存》,华文出版社,2013年版。

贾海生:《周代礼乐文明实证》,中华书局,2010年版。

姜广辉:《中国经学思想史》,中国社会科学出版社,2010年版。

姜广辉:《中国经学史》,岳麓书社,2023年版。

姜国柱:《李觏评传》,南京大学出版社,1996年版。

金春峰:《周官之成书及其反映的文化与时代新考》,台北:东大图书股份有限公司,1993年版。

李峰:《西周的政体》,三联书店,2010年版。

李剑农:《中国古代经济史稿》,武汉大学出版社,1991年版。

李普国:《〈周礼〉的经济制度与经济思想》,中州古籍出版社,1987年版。

刘丰:《北宋礼学研究》,中国社会科学出版社,2016年版。

刘起釪:《古史续辨》,中国社会科学出版社,1991年版。

刘师培:《刘申叔遗书》,凤凰出版社,1997年版。

刘兴均:《〈周礼〉名物词研究》,巴蜀书社,2001年版。

罗泰(Lothar von Falkenhausen):《宗子维城》,上海古籍出版社,2017年版。

潘斌:《二十世纪中国三礼学史》,南京大学出版社,2016年版。

彭林:《〈周礼〉主体思想与成书年代研究》,中国社会科学出版社,1991年版。

彭林:《〈周礼〉史话》,国家博物馆出版社,2019年版。

钱穆:《两汉经学今古文平议》,商务印书馆,2001年版。

钱穆:《周官著作时代考》,商务印书馆,2001年版。

乔秀岩:《义疏学衰亡史论》,台北:万卷楼图书股份有限公司,2013年版。

沈文倬:《宗周礼乐文明考论》,杭州大学出版社,1999年版。

汤勤福：《中华礼制变迁史》，中华书局，2022年版。

汤勤福、王志跃：《宋史礼志辨证》，上海三联书店，2011年版。

童书业：《春秋史》，商务印书馆，2010年版。

王葆玹：《今古文经学新论》，中国社会科学出版社，1997年版。

王锷：《三礼研究论著提要》，甘肃教育出版社，2001年版。

王雪萍：《〈周礼〉饮食制度研究》，广陵书社，2010年版。

吴才麟、文明主编《中国古代财政史研究》，中国财政经济出版社，1990年版。

吴承仕：《经典释文序录疏证》，中华书局，2008年版。

吴丽娱：《礼与中国古代社会》，中国社会科学出版社，2016年版。

吴万居：《宋代三礼学研究》，台北："国立"编译馆，1999年版。

夏微：《宋代〈周礼〉学史》，中国人民大学出版社，2018年版。

徐复观：《徐复观论经学史二种》，上海书店出版社，2002年版。

许倬云：《西周史》，三联书店，2018年版。

杨华：《先秦礼乐文化》，湖北教育出版社，1997年版。

杨华：《新出简帛与礼制研究》，台北：台湾古籍出版有限公司，2007年版。

杨华：《古礼新研》，商务印书馆，2012年版。

杨华：《古礼再研》，商务印书馆，2021年版。

杨宽：《西周史》，上海人民出版社，2016年版。

杨联陞：《中国制度史研究》，江苏人民出版社，1998年版。

杨松华：《大一统制度与中国兴衰》，北京出版社，2003年版。

杨天宇：《郑玄三礼注研究》，中国社会科学出版社，2008年版。

杨向奎：《宗周社会与礼乐文明》，人民出版社，1992年版。

叶世昌：《中国古代经济管理思想》，复旦大学出版社，1990年版。

于省吾：《甲骨文字释林》，中华书局，1979年版。

张全民：《〈周礼〉所见法制研究·刑法篇》，法律出版社，2004年版。

张亚初、刘雨：《西周金文官制研究》，中华书局，1986年版。

郑定国：《周礼夏官的军礼思想》，台北：文史哲出版社，1994年版。

周世辅、周文湘：《周礼的政治思想》，台北：东大图书股份有限公司，1981年版。

周延良、翟双萍：《〈周礼〉的自然生态观》，海天出版社，2015年版。

周予同著，朱维铮编《周予同经学史论著选集》，上海人民出版社，1996年版。

三 论文

敖士英：《周官六官沿革表》，《女师大学术季刊》第2卷第1期，1931年。

蔡方鹿：《胡宏对王安石经说及〈周礼〉的批评》，《中国社会科学院研究生院学报》2008年第4期。

陈安金、孙邦金：《论孙诒让的礼学研究与中西政治文化观》，《哲学研究》2012年第9期。

陈采勤：《试论〈周礼〉的荒政制度》，《学术月刊》1998年第2期。

陈业新：《〈周礼〉生态职官考述》，《中原文化研究》2017年第6期。

陈赟：《郑玄"六天"说与禘礼的类型及其天道论依据》，《陕西师范大学学报》（哲学社会科学版）2016年第2期。

陈赟：《论周礼的制度根基与精神基础》，《中州学刊》2018年第7期。

成祖明：《论〈周官〉与西汉河间儒学》，《南京大学学报》（哲学·人文科学·社会科学）2008年第4期。

程政举：《〈周礼〉确立的司法制度理性考论》，《中州学刊》2019年第2期。

David McMullen、张凌云：《〈周礼〉与唐代前期的国家治理》，《陕西师范大学学报》（哲学社会科学版）2019年第3期。

丁鼎：《刘歆的〈周礼〉学及其在两汉之际的传承谱系》，《湖南大学学报》（社会科学版）2016年第5期。

丁鼎：《郑玄三礼学成就述略》，《山东省社会主义学院学报》2018年第5期。

丁海斌、谢宇欣：《〈周礼〉“天府”再说》，《辽宁大学学报》（哲学社会科学版）2019 年第 2 期。

董金裕：《〈周礼〉六艺的内涵及其在教育上的作用》，《孔子研究》2014 年第 1 期。

冯峰：《方苞礼学的形成及其特点》，《历史档案》2010 年第 3 期。

付林鹏：《〈周礼·籥章〉与周部族的岁时活动》，《民族艺术》2014 年第 3 期。

盖青：《旧神的没落——〈周礼〉女官制度考》，《湖北社会科学》2012 年第 6 期。

宫长为：《〈周礼〉官联初论》，《求是学刊》2000 年第 1 期。

宫长为：《说六卿》，《黑龙江社会科学》2015 年第 6 期。

顾颉刚：《五德终始说下的政治和历史》，《清华大学学报》（自然科学版）第 1 期，1930 年。

顾颉刚：《“周公制礼”的传说和〈周官〉一书的出现》，《文史》第 6 辑，1979 年。

顾颉刚、谭其骧：《关于汉武帝的十三州问题讨论》，《复旦学报》（社会科学版）1980 年第 3 期。

郭沫若：《班簋的再发现》，《文物》1972 年第 9 期。

郭善兵：《干宝〈周礼注〉初探》，《地方文化研究》2020 年第 2 期。

韩悦：《日本京都大学藏〈周礼疏〉单疏旧钞本探论》，《文史》2018 年第 2 期。

黄建军、于希贤：《〈周礼·考工记〉与元大都规划》，《文博》2002 年第 3 期。

黄晓非：《论〈周礼〉的备荒救灾思想》，《社科纵横》2006 年第 12 期。

黄益飞：《金文所见拜礼与〈周礼〉九拜》，《南方文物》2016 年第 3 期。

黄玉顺：《“周礼”的现代价值究竟何在——〈周礼〉社会正义观念诠释》，《学术界》2011 年第 6 期。

惠吉兴：《宋代学者对〈周礼〉的争论》，《管子学刊》2001 年第 4 期。

姜广辉：《儒学是一种“意义的信仰”》，《传统文化与现代化》1997年第3期。

焦桂美：《崔灵恩的经学成就及其经学史意义》，《管子学刊》2007年第4期。

敬德：《〈周礼〉所见两周丝织品管理类职官考论》，《丝绸》2020年第6期。

李春艳：《〈周礼·盐人〉与周代盐政》，《盐业史研究》2018年第1期。

李晶：《从“以厩名官”看〈周礼〉的国别与时代》，《南开学报》（哲学社会科学版）2012年第4期。

李竞恒：《试论〈周礼〉与习惯法》，《天府新论》2017年第6期。

李蜜：《〈周礼〉的医官制度与医学思想考辨》，《中国典籍与文化》2012年第2期。

李若晖：《主权在上　治权在下——周礼德性政治要论》，《中山大学学报》（社会科学版）2016年第3期。

李若晖：《放逐君主：周礼权力结构解析》，《政治思想史》2017年第2期。

李文艳：《清代〈周礼〉学文献述论》，《儒家典籍与思想研究》第11辑，北京大学出版社，2019年。

李学勤：《从金文看〈周礼〉》，《寻根》1996年第2期。

李雪山：《〈周礼〉中的土地所有制问题》，《史学月刊》1998年第3期。

李亚明：《〈周礼·考工记〉沟洫词语关系》，《农业考古》2007年第4期。

李严冬：《“卒伍”与“什伍”——论〈周礼〉所见两种军队编制法》，《哈尔滨师范大学社会科学学报》2012年第4期。

李严冬：《论〈周礼〉“王六军”与西周“六师”的关系》，《哈尔滨师范大学社会科学学报》2012年第6期。

李严冬：《论〈周礼〉建军模式与战国秦军制的差异》，《沈阳农业大学学报》（社会科学版）2015年第2期。

连雯：《从方位系统的使用看〈周礼〉与〈尔雅〉的成书》，《南通大学学报》（社会科学版）2015年第1期。

梁艺馨：《俞庭椿〈周礼复古编〉若干问题再商榷》，《文化学刊》2017年第6期。

林琳：《浅谈〈周礼〉中的酒官制度》，《古籍整理研究学刊》2014年第4期。

林琳、傅亚庶：《周礼庙祭中的用酒与用牲》，《社会科学战线》2011年第11期。

林素英：《〈管子〉与〈周礼〉政治教化之道比较》，《管子学刊》2020年第2期。

刘翠萍：《周礼与华夏民族习惯法初探》，《社会科学家》2002年第2期。

刘丰：《百年来〈周礼〉研究的回顾》，《湖南科技学院学报》2006年第2期。

刘丰：《叶时〈礼经会元〉与宋代儒学的发展》，《中国哲学史》2012年第3期。

刘丰：《王肃的三礼学与“郑王之争”》，《中国哲学史》2014年第4期。

刘洪清：《〈周礼〉中的“社保制度”》，《中国社会保障》2014年第7期。

刘怀堂：《“周代大傩仪官联说”辨——与黎国韬兄商榷》，《文化遗产》2015年第5期。

刘继保：《从刘歆到郑玄——论〈周礼〉的“经”变之路》，《郑州大学学报》（哲学社会科学版）2017年第3期。

刘继刚：《论〈周礼〉中的“豕人”》，《农业考古》2013年第4期。

刘凯：《从“南耕”到“东耕”：“宗周旧制”与“汉家故事”窥管——以周唐间天子/皇帝耤田方位变化为视角》，《中国史研究》2014年第3期。

刘坤、林琳：《〈周礼〉中的酒器考辩》，《古籍整理研究学刊》2015年第1期。

刘茜：《〈诗·豳风·七月〉与〈周礼〉“豳诗、豳雅、豳颂”之关系考述》，《中华文化论坛》2006年第3期。

马卫东：《〈周礼〉所见地图及其地图管理制度》，《档案学通讯》2012年第5期。

蒙文通：《从社会制度及政治制度论周官成书年代》，《图书集刊》第1期，1942年。

牛夕：《西周官制考略》，《清华周刊》第39卷第2期，1933年。

潘斌：《王与之〈周礼订义〉的宋学特征及学术价值》，《古籍整理研究学刊》2015年第6期。

潘斌：《论李觏的〈周礼〉诠释》，《宋代文化研究》第22辑，四川大学出版社，2016年。

潘斌：《王安石〈周礼〉诠释的新义》，《唐都学刊》2016年第6期。

潘斌：《时代学风与宋儒通经致用的经典诠释取向》，《史林》2017年第3期。

彭林：《〈周礼〉冢宰及周代辅相问题》，《福建论坛》1987年第3期。

彭林：《〈周礼〉成书于汉初说》，《史学史研究》1989年第3期。

彭林：《〈周礼〉的礼与刑》，《孔子研究》1990年第2期。

彭林：《〈周礼〉五行思想新探》，《历史研究》1990年第3期。

彭林：《〈周礼〉畿服所见中央与地方的关系》，《史学月刊》1990年第4期。

彭林：《论〈周礼〉的三公与六卿之制》，《人文杂志》1990年第6期。

彭林：《〈周礼〉抑商思想刍议》，《管子学刊》1991年第3期。

彭林：《〈周礼〉理财思想二题》，《浙江财经学院学报》1991年第3期。

彭林：《丁荼山与〈周礼〉》，《北京图书馆馆刊》1994年第3期。

彭林：《〈周官〉“六代大舞”说考辨》，《清华大学学报》（哲学社会科学版）2018年第1期。

齐思和：《毛诗谷名考》，《农业考古》2001年第1期。

乔辉：《贾公彦〈周礼注疏〉〈仪礼注疏〉引礼图考略》，《理论月刊》2014年第9期。

曲柄睿：《〈周礼〉诸图研究》，《孔子研究》2015年第2期。

任松峰、王杰：《〈周礼〉“六廉”思想及其现代价值》，《中共中央党校学报》2014年第3期。

沈薇、李修松：《祼礼与实物资料中的“瓒”——试以〈周礼〉资料分析》，《中原文物》2014年第5期。

石琳：《〈周礼〉工匠文化研究》，《文化遗产》2020年第2期。

石荣传：《〈周礼·考工记·玉人〉所载“命圭”的考古学试析》，《湖南大学学报》（社会科学版）2014年第2期。

史建群：《〈周礼〉乡遂组织探源》，《郑州大学学报》（哲学社会科学版）1986年第3期。

史卫：《隋唐财政制度之北周渊源略论》，《唐都学刊》2007年第5期。

史卫：《北周六官与三省六部》，《唐都学刊》2012年第6期。

史卫：《〈周礼〉的财政制度设计》，《新理财（政府理财）》2016年第5期。

斯维至：《两周金文所见职官考》，《中国文化研究汇刊》第7卷，1947年。

宋希仁：《“周礼三德说”与道德的层次性》，《中国人民大学学报》1996年第4期。

苏畅、周玄星：《〈管子〉与〈周礼〉营国思想比较》，《华中建筑》2008年第12期。

孙庆伟：《〈考工记·玉人〉的考古学研究》，《考古学研究》2000年第1期。

孙瑞：《〈周礼〉中市场行政管理文书探究》，《吉林大学社会科学学报》2003年第3期。

孙瑞：《〈周礼〉中版图文书制度与人口、土地资源管理探析》，《人口学刊》2003年第3期。

孙施文：《〈周礼〉中的中国古代城市规划制度》，《城市规划》2012

年第8期。

孙笑颜:《〈周礼〉六禽考辨》,《农业考古》2019年第3期。

孙燕杰:《〈周礼〉内部牵制的思想与现代内部控制的关系》,《审计月刊》2007年第4期。

汤标中:《〈周礼〉中的粮食经济思想》,《商业研究》2001年第3期。

汤勤福:《秦晋之间:五礼制度的诞生研究》,《学术月刊》2019年第1期。

唐启翠:《出土玉器再证〈周礼〉为汉初之书》,《上海交通大学学报》(哲学社会科学版)2016年第5期。

唐启翠、公维军:《"圭璧以祀" 三证〈周礼〉成书于汉初》,《上海交通大学学报》(哲学社会科学版)2018年第1期。

田天:《西汉末年的国家祭祀改革》,《历史研究》2014年第2期。

王锷:《〈周礼〉白文经版本考辨》,《古籍整理研究学刊》1995年第4期。

王锷:《郑玄〈周礼注〉版本考》,《图书与情报》1996年第2期。

王海娜:《〈周礼〉中所记交通管理制度研究》,《古籍整理研究学刊》2007年第4期。

王会斌:《〈周礼〉"徒"考》,《山西大同大学学报》(社会科学版)2016年第1期。

王晶:《卌三年来鼎铭中的"历人"即〈周礼〉中的"校人"》,《中原文物》2007年第3期。

王明前:《〈天朝田亩制度〉"乡政"考》,《深圳大学学报》(人文社会科学版)2008年第2期。

王启发:《在经典与政治之间——王安石变法对〈周礼〉的具体实践》,《湖南大学学报》(社会科学版)2007年第2期。

王启发:《从官廷后妃伦理到民间家庭伦理及昏礼的意义——李觏〈周礼致太平论·内治〉析论》,《湖南大学学报》(社会科学版)2014年第2期。

王启发:《李觏〈周礼致太平论·国用篇〉考察》,《国学学刊》2015

年第 1 期。

王书华：《苏轼苏辙对荆公新学的批判》，《河北大学学报》（哲学社会科学版）2005 年第 3 期。

王素珍：《〈周礼〉民俗思想研究》，《文化遗产》2012 年第 3 期。

王文涛：《〈周礼〉荒政思想试论》，《齐鲁学刊》2005 年第 3 期。

王雪萍：《〈周礼〉食官制度及其影响》，《社会科学家》2006 年第 6 期。

王振红：《〈周礼〉"巫恒"补释》，《北京师范大学学报》（社会科学版）2016 年第 1 期。

汪世清：《不疏园与皖派汉学》，《江淮论坛》1997 年第 2 期。

魏峙：《直讲李先生年谱》，《李觏集》，王国轩校点，中华书局，1981 年版。

温慧辉：《〈周礼〉"肺石"之制与"路鼓"之制考》，《史学月刊》2007 年第 6 期。

温慧辉：《〈周礼〉"八议之辟"考论》，《福建论坛》2008 年第 3 期。

温慧辉：《〈周礼·秋官〉中的刑事政策——"三典刑三国"之制辨析》，《殷都学刊》2009 年第 4 期。

温慧辉：《〈周礼〉中的司法官联制度论析》，《法律文化研究》2010 年第 1 期。

吴土法：《〈周礼〉宗祀乐事官联考》，《杭州大学学报》（哲学社会科学版）1997 年第 2 期。

吴土法、秦佳慧：《〈周礼〉天子庙享卜日礼仪考》，《浙江大学学报》（人文社会科学版）2009 年第 1 期。

夏微：《李觏〈周礼〉学述论》，《史学月刊》2008 年第 5 期。

夏微：《魏了翁〈周礼折衷〉经学特点探析》，《西华大学学报》（哲学社会科学版）2014 年第 3 期。

肖永奎：《清初"大典本"〈周礼新义〉之"地夏二官"存缺考》，《中国哲学史》2015 年第 2 期。

谢芳琳：《略说〈周礼〉的"六官""三公"和"五等爵"》，《文史杂志》2016 年第 4 期。

谢继帅：《毛应龙〈周礼集传〉体例、引文与辑佚问题考辨》，《儒家典籍与思想研究》第11辑，北京大学出版社，2019年。

谢继帅：《北京大学图书馆藏钞本〈周礼井田谱〉小考》，《中国典籍与文化》2019年第3期。

谢乃和：《〈周礼〉"冢宰"与金文所见西周王家之宰》，《古代文明》2007年第3期。

谢乃和：《西周官制中王与后分治制度考论》，《东北师大学报》（哲学社会科学版）2009年第1期。

解丽霞：《为学重〈仪礼〉与为术重〈周礼〉——扬雄与王莽古文经学》，《孔子研究》2011年第3期。

辛德勇：《〈周礼〉地域职官训释——附论上古时期王官之学中的地理学体系》，《中国史研究》2007年第1期。

熊十力：《论六经》，《熊十力全集》第5册，湖北教育出版社，2001年版。

徐迎花：《东晋郊祀制度研究》，《福建论坛》2008年第2期。

徐宗元：《金文中所见官名考》，《福建师范学院学报》1957年第2期。

许海星：《虢国墓地出土玉器的六瑞与六器》，《收藏家》2009年第9期。

许结：《论东汉周礼学兴起的文化问题》，《古典文献研究》2008年第1期。

阎步克：《宗经、复古与尊君、实用（中）——〈周礼〉六冕制度的兴衰变异》，《北京大学学报》（哲学社会科学版）2006年第1期。

阎步克：《宗经、复古与尊君、实用（下）——〈周礼〉六冕制度的兴衰变异》，《北京大学学报》（哲学社会科学版）2006年第2期。

颜庆余：《〈周礼井田谱〉及〈问答〉辑考》，《中国典籍与文化》2014年第3期。

杨朝明、褚燕：《〈周礼〉成书问题再思考》，《燕山大学学报》（哲学社会科学版）2019年第2期。

杨玲：《先秦法家对〈周礼〉的继承发展——兼论连坐法和法家"以

吏为师，以法为教”文化专制的形成》，《兰州大学学报》（社会科学版）2007年第2期。

杨玲、潘斌：《郑伯谦〈周礼〉诠释的特色》，《湖北民族学院学报》（哲学社会科学版）2016年第3期。

杨善群：《论周礼的制订在历史上的进步作用》，《学术月刊》1984年第11期。

杨天宇：《略述〈周礼〉的成书时代与真伪》，《郑州大学学报》（社会科学版）2000年第4期。

杨天宇：《〈周礼〉的内容、行文特点及其史料价值》，《史学月刊》2001年第12期。

杨向奎：《周礼内容的分析及其制作时代》，《山东大学学报》1954年第4期。

杨新宾：《刘歆、王莽与〈周礼〉问题考辨》，《理论月刊》2015年第12期。

杨学东：《贾公彦〈周礼疏〉所见唐制考》，《内蒙古大学学报》（哲学社会科学版）2014年第4期。

杨学东：《〈周礼疏〉袭用旧说考论》，《内蒙古大学学报》（哲学社会科学版）2015年第1期。

杨艳秋：《明代三礼学论略》，《山西大学学报》（哲学社会科学版）2014年第5期。

杨筠如：《周代官名略考》，《国立中山大学语言历史学研究所周刊》第2集第20期，1928年。

余复生：《〈周礼〉“大司乐”考辨》，《中国音乐学》2016年第3期。

俞菁慧：《〈周礼·泉府〉与熙宁市易法——〈泉府〉职细读与王安石的经世理路》，《首都师范大学学报》（社会科学版）2014年第4期。

俞菁慧：《〈周礼〉“比闾什伍”与王安石保甲经制研究》，《中国史研究》2016年第2期。

俞菁慧、雷博：《北宋熙宁青苗借贷及其经义论辩——以王安石〈周礼〉学为线索》，《历史研究》2016年第2期。

虞万里：《三礼汉读、异文及其古音系统》，《语言研究》1997年第2期。

虞万里：《两汉经师传授文本寻踪——由郑玄〈周礼注〉引起的思考》，《文史》2018年第4期。

张慧、王其亨：《中国古代国土规划思想、理论、方法的辉煌篇章——〈周礼〉建国制度探析》，《新建筑》2008年第3期。

张丽娟：《〈周礼注疏校勘记〉"惠校本"及其他》，《文献》2016年第4期。

张亮：《程瑶田为什么说稷是高粱——读〈九谷考〉笔记》，《农业考古》1993年第3期。

张荣明：《〈周礼〉国野、乡遂组织模式探原》，《史学月刊》1998年第3期。

张腾辉：《〈周礼〉王城：天下一家的空间图式》，《学术月刊》2012年第2期。

张雁勇：《关于〈周礼〉鸟兽尊彝形制研究的反思》，《史学月刊》2016年第3期。

章丽琼、黄朴民：《〈周礼〉中的"禁"：一种国家对社会管理模式的建构》，《浙江学刊》2016年第6期。

赵伯雄：《〈周礼〉胥徒考》，《中国史研究》2000年第4期。

赵光贤、彭林：《〈周礼〉的主体思想与成书年代》，《文献》1990年第2期。

赵梦涵：《论〈周礼〉的治国方略》，《山东大学学报》（哲学社会科学版）1993年第2期。

周慧珺：《朱熹〈周礼〉学研究》，《长沙理工大学学报》（社会科学版）2013年第3期。

周书灿：《20世纪以前的〈周礼〉学述论》，《河北师范大学学报》（哲学社会科学版）2006年第4期。

朱红林：《里耶秦简"金布"与〈周礼〉中的相关制度》，《华夏考古》2007年第2期。

朱红林：《战国时期国家法律的传播——竹简秦汉律与〈周礼〉比较研究》，《法制与社会发展》2009年第3期。

朱红林：《战国时期官营畜牧业研究——竹简秦汉律与〈周礼〉比较

研究（六）》，《古代文明》2010 年第 4 期。

朱红林：《〈周礼〉官计文书与战国时期的行政考核——竹简秦汉律与〈周礼〉比较研究（十七）》，《吉林师范大学学报》（人文社会科学版）2010 年第 4 期。

朱红林：《里耶秦简 8-455 号木方研究——竹简秦汉律与〈周礼〉比较研究（七）》，《井冈山大学学报》（社会科学版）2011 年第 1 期。

朱红林：《战国时期有关婚姻关系法律的研究——竹简秦汉律与〈周礼〉比较研究（四）》，《吉林师范大学学报》（人文社会科学版）2011 年第 2 期。

朱红林：《〈周礼〉"六计"与战国时期的官吏考课制度》，《吉林大学社会科学学报》2012 年第 1 期。

朱红林：《〈周礼〉大宰九式研究》，《古代文明》2016 年第 2 期。

四　博士学位论文

蔡丽华：《王应电〈声韵会通〉与〈韵要粗释〉研究》，博士学位论文，福建师范大学，2012 年。

董巧霞：《〈周礼〉所见地方行政组织考察》，博士学位论文，东北师范大学，2009 年。

董小梅：《考据与经世——孙诒让周礼学研究》，博士学位论文，华中师范大学，2014 年。

方向东：《孙诒让训诂研究》，博士学位论文，南京师范大学，2004 年。

李严冬：《〈周礼〉军制专题研究》，博士学位论文，吉林大学，2010 年。

李玉平：《〈周礼〉复音词郑注研究》，博士学位论文，北京师范大学，2006 年。

林存阳：《清初三礼学》，博士学位论文，中国社会科学院研究生院，2000 年。

林琳：《中国上古涉酒词语研究》，博士学位论文，东北师范大学，2012 年。

刘涛：《〈周礼〉中所见天神祭祀考论》，博士学位论文，吉林大学，2014年。

齐丹丹：《〈周礼〉所见学校外教育专题研究》，博士学位论文，吉林大学，2014年。

钱慧真：《〈周礼正义〉所见孙诒让名物训诂研究》，博士学位论文，山东大学，2009年。

王书华：《荆公新学初探》，博士学位论文，河北大学，2001年。

夏微：《〈周礼订义〉研究》，博士学位论文，四川大学，2008年。

杨学东：《贾公彦〈周礼疏〉研究》，博士学位论文，西北大学，2015年。

叶友琛：《周代玉瑞文化考论》，博士学位论文，福建师范大学，2007年。

张雁勇：《〈周礼〉天子宗庙祭祀研究》，博士学位论文，吉林大学，2016年。

张燕：《〈周礼〉所见王室起居职官专题研究》，博士学位论文，吉林大学，2011年。

朱琨：《〈周礼〉中的圜丘祀天礼研究》，博士学位论文，郑州大学，2012年。

后　记

记得在2002年秋天，我随蒋凡先生攻读博士学位，先生询问我打算研究什么。那时候我刚刚完成了两戴《礼记》的研究，希望再拿下《周礼》。我的想法获得蒋凡先生的首肯，先生期许我会有一系列新发现。我从此展开了《周礼》的研究。在完成了博士学位论文《周礼考论——周礼与中国文学》之后，为深入了解真西周礼，我继续对西周青铜器铭文中的周礼做了一系列研究。2010年，姜广辉先生邀请我加入“中国经学史研究”课题组，承担其中的“周礼学简史”子课题研究。到交稿时，姜广辉先生已经以一己之力独立完成了百万字巨著《中国经学史》，我的那份稿子已经用不上。姜先生鼓励我以那本《周礼学简史》为基础，继续研究下去，于是就有了这部《周礼学史》。本书得以完成，首先感谢姜广辉先生给予的机会以及长期的提携和鼓励。

完成这部书耗费了我十四年时间。记得有一次到福建师范大学参加郜积意教授召集的经学会议，私下谈到经学史著作撰写问题，郜兄对时下某些做法嗤之以鼻，以为翻检二十五史艺文志、经籍志、儒林传或者《经义考》之类的二手文献就写经学史，这样的事情一个本科生就能完成。此说虽显激进，却是大实话。研究经学史不深度阅读经学史名著不行，深度阅读了经学史名著而未深入理解本经经文和本经注疏还是不行。没有读懂本经就不可能真的读懂历代经学家著作，没有读懂经学家著作就不可能对经学家著作给出正确的评价。十四年间我就是这样将名著一部一部地读，一句一句地辨析，研究进度也就难以快起来。

二十多年来，我的学术研究均以《周礼》为中心，但我发表的多为金文和经学史研究这类“顺带”的成果，有关《周礼》的反而不多，远没有“兑现”蒋凡先生期许的“一系列新发现”。待本书出版后，面对蒋凡先生，我谈《周礼》的勇气要足上半分。

十分感谢给本书立项的匿名评审专家。本书质量的提高，三位匿名评审专家与有焉。十分感谢给本书结项的三位评审专家，他们所提意见很宝贵，尤其是其中一位专家建议“把成果做成此后研究《周礼》绕不过去的参考书”，让我感动。本书所选研究对象以第一等的《周礼》学著作为主，第二等的只选了一部分，第三等及其下的所选甚少。但正是第三等及其下的成果形成《周礼》学史雄厚的基础，将第一、第二等成果抬得“高高在上”。希望将来有机会继续探索《周礼》学史上巨量的基础性著作。

本书写作时间跨度大，其间学术界新成果不断涌现。拿孙诒让的《周礼正义》来说，先有王文锦、陈玉霞的点校本，流行了二十多年后，近年又有汪少华先生的点校本，质量又有提高。本书前半部用的是王、陈本，后半部用的是汪本。为尊重那段艰苦的历程，本书对这类前后引文出处不一未做“统一”。我由于长期游离于学术中心之外，难免孤陋寡闻，最为担心的是本书关于现代《周礼》学研究的这一部分，虽以“概要”为题，但难免漏掉了不少“真要”。如果有机会，我将在通史中弥补遗憾。

皖人丁进

2024 年 1 月 12 日

记于岳麓书院胜利斋 123 室